JN411801

전직 대법관
김선수의 탐색

글 김선수 전 대법관

전직 대법관 김선수의 탐색

초판인쇄 2026년 1월 2일
초판발행 2026년 1월 13일
지 은 이 김선수
발 행 인 이수형
발 행 처 (주)법률신문사
출판등록 1980.4.22 제6-46호
주 소 서울특별시 서초구 서초대로 396, 1402호
대표전화 02-3472-0602~5
팩 스 02-3472-0606
홈페이지 www.lawtimes.co.kr

ISBN 979-11-5919-059-9(03810)
정 가 29,000원

전직 대법관
김선수의 탐색

책머리에

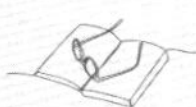

2024. 8. 1. 자로 6년의 대법관 임기를 마쳤다. 한 달 쉬고 9. 1.부터 사법연수원 석좌교수로 근무를 시작했다. 경력법관 연수, 신임법관 연수, 전문분야별 연수 등의 프로그램에서 사법연수원 측의 요청을 받고 특강을 했다. 또 대학교나 도서관 또는 서점 등의 요청을 받고 법학전문대학원생이나 학부생 또는 일반인을 대상으로 강연도 했다. 대상과 주제에 따라 몇 가지 강의안을 준비했고, 이를 토대로 논문을 작성해서 발표하기도 했다.

첫째, 우리나라에서 근대적 사법제도의 도입과 그 이후의 변천 과정 그리고 나아갈 방향에 관하여 사법개혁의 관점에서 정리했다. 사법시험이나 법학전문대학원의 교육 그리고 법조실무는 현행 법률의 해석 위주로 이루어지고 있다. 그 결과 일반국민들은 물론이고 법조인조차도 사법제도의 역사적 과정에 관하여는 특별히 관심을 갖고 탐구한 사람들을 제외하고는 구체적으로 알지 못한다. 그래서 법조인을 포함한 일반 국민의 이해를 돕기 위해 사법제도의 역사적 과정을 정리했다.

둘째, 대법원의 조직과 재판 유형을 사법개혁에 참여한 경험과 대법관으로서의 경험을 토대로 정리했다. 우리나라는 해방 이후 다양한 상고제도를 시도해 보았다. 대법원의 조직과 재판유형이 어떠한 역사적 배경과 맥락에서 현재의 모습이 되었는지, 사법 개혁을 위해 어떠한 방안들이 제시되고 논의되었는지 종합적으로 살펴보았다.

셋째, 1993. 9. 윤관 제12대 대법원장 취임 이후부터 2023. 9. 김명수 제16대 대법원장 퇴임까지 30년간의 대법원 재판의 정수라고 할 수 있는 전원합의체 재판을 통계 분석했다. 1년간 접수되는 상고본안사건 수가 3만 건이 넘는데(1년 접수건수가 가장 많은 해는 2022년 52,480건이다), 그 중에서 평균 20건(가장 많은 해는 2012년 29건) 정도의 사건만이 전원합의체 재판으로 처리된다. 전원합의체 재판에 대한 통계 분석만으로도 개혁방향에 대한 의미 있는 시사점을 도출해 낼 수 있었다.

넷째, 우리나라에서 선고된 노동사건에 대한 대법원 전원합의체 판결 전체를 분석했다. 노동변호사로서 활동하면서 대법원의 노동판결에 많은 경우 실망했고 간혹 환호하기도 했다. 51건의 전원합의체 노동판결의 분석을 통해 대법원의 노동판결이 어느 정도 긍정적인 방향으로 발전해 왔으나, 여전히 판례 변경이나 법률 개정이 필요한 쟁점이 많음을 확인할 수 있다.

다섯째, 윤석열 제20대 대통령이 2024. 12. 3. 비상계엄을 선포함으로써 초래된 내란 국면에서 두 재판[내란우두머리 혐의로

기소된 피고인 윤석열에 대한 구속취소결정(서울중앙지방법원 2025. 3. 7. 자 2025초기619 결정)과 제20대 대통령선거 더불어민주당 후보 이재명에 대한 공직선거법위반 사건에 대한 대법원 전원합의체 파기환송 판결(대법원 2025. 5. 1. 선고 2025도4697 전원합의체 판결)]에 분노한 국민들은 내란 극복의 중요한 과제 중 하나로 법원의 근본적인 개혁을 요구하기에 이르렀다. 다양한 법원 개혁 방안들이 제안되었고 법률개정안까지 발의되었으며, 국회에서 곧 처리될 것 같은 급박한 상황이 전개되었다. 내란에 동조한 것으로 볼 수밖에 없는 위 두 재판만 없었다면, 사법개혁 작업은 비교적 차분하게 추진될 수 있었을 것이다. 과반다수당인 더불어민주당은 대법원에 우호적인 태도를 취해왔다. 신임 대법원장과 대법관 임명동의안을 모두 통과시켜 주었고, 법조일원화와 관련하여 신임법관의 임용자격을 법조인 경력 5년으로 조정하는 법원조직법 개정안을 2024. 9. 26. 통과시켜 주었으며, 판사 정원의 증원을 위한 법률 개정안을 내란의 혼란 속에서도 2024. 12. 10. 통과시켜 주었다. 그런데 몇 개월 만에 대법원이 국민들의 개혁 요구의 쓰나미를 스스로 불러들여 조직 전체를 그 앞에 내던져 버린 꼴이 되었다. 내란 사건에 대한 법원의 전체적인 대응은 국민들을 더욱 분노하게 하고 나아가 국민들의 사법 불신을 극대화하고 있다. 사법개혁과 관련하여 아무리 진정성을 갖고 건설적인 제안을 하더라도 국민들의 불신의 벽을 넘어설 수 없는 지경에 이르렀다. 이러한 안타깝고도 절박한 상황에서 사법개혁 작업에 참여한 경험과 대법관으로 근무한 경험에 비추어 바람직한 법원 개혁방안과 추진체계·일정에 관하여 의견을 정리해서 발표하고, 인터뷰를 통해 보완했다.

여섯째, 국민참여재판의 활성화 방안에 관하여 법률 개정안을 중심으로 정리했다. 필수적 대상사건을 도입하고, 일정 규모 이상의 지원에서도 국민참여재판을 실시하고, 단독사건은 재정합의로 진행할 필요 없이 단독판사가 진행하도록 해야 한다. 또한 국민참여재판의 전문성을 강화하고 활성화하기 위해 국민참여재판 전담재판부를 설치하고 전담 부장판사 또는 단독판사를 전담법관으로 보임하여 원칙적으로 정년까지 해당 법원에서 국민참여재판을 전담하도록 하고, 또한 참여관과 주무관 등 법원 직원도 국민참여재판 전담직원으로 배치할 필요가 있다.

위 글들은 전직 대법관으로서 사법제도와 법원이 나아가야 할 방향에 대해 나름 고민하여 탐색한 결과물들이다. 법원은 국가권력의 3권 분립의 한 축을 이루는 기관이다. 법원이 바로 서야 민주주의가 제대로 작동할 수 있다. 사법권은 국회와 같이 입법권도 없고, 행정부와 같이 집행권이나 예산권도 없다. 법원은 오직 재판을 할 따름이다. 그렇기에 삼권 중에서 가장 취약한 것으로 평가된다. 그렇지만 재판에 대한 국민의 신뢰를 바탕으로 하여 구체적 분쟁을 법률의 해석과 적용을 통해 해결함으로써 사회 체제와 질서를 유지하고 입법과 행정에 대한 견제 역할을 수행한다. 사법부 존립의 근거는 국민의 사법부에 대한 신뢰와 존중이다. 법관들이 기득권 유지에 몰두하여 자정능력이 없는 집단으로 전락한다면 이는 국민의 신뢰를 배반하는 것으로서 독립을 논하기에 앞서 스스로의 존립 근거를 부정하는 꼴이 될 수도 있다. 법원이 국민의 요구에 부응하는 개혁을 완성하여 국민에게 신뢰와 존중을 받는 기관으로 거듭 나길 바란다.

김선수

목
차

검찰은 민주적으로 선출된 정부가 국민의 검찰개혁 요구를 수용해 개혁을 시도하는 것에 저항했다. 그로 인해 국민들은 검찰을 오로지 기득권 유지에 몰두하고 자정능력이 없는 조직으로 봤다. 법관들이 국민의 개혁 요구에 저항해 기득권 지키기에 몰두하는 태도를 보인다면, 검찰과 비슷한 길을 걷게 될 것이다. 사법부 존립의 근거는 국민의 사법부에 대한 신뢰와 존중인데, 법관들이 기득권 유지에 몰두해 자정능력이 없는 집단으로 전락한다면 이는 국민의 신뢰를 배반하는 것으로, 그 독립을 논하기에 앞서 스스로 존립 근거를 부정하는 꼴이 될 수 있다는 점을 명심할 필요가 있다.

전직 대법관
김선수의 탐색

전직 대법관 김선수의 탐색

제 1.

근대적 사법제도 도입 이후 변천과정 - 사법개혁의 관점에서

Ⅰ. 머리말

근대 민주주주사회를 작동하는 원리로는 국민주권주의, 권력(삼권)분립, 법치주의, 다당제, 개인의 자유와 평등의 보장, 대의민주주의(선거에 의한 대표 선출), 시장경제 등을 들 수 있다. 이중 권력분립은 절대 권력은 절대적으로 부패할 수밖에 없다는 역사적 경험과 통찰에 따라 국가권력을 입법, 사법, 행정으로 나누어 견제와 균형의 원리가 작동하도록 함으로써 국민의 자유와 권리를 보장하고 사회를 유지하는 원리이다. 삼권은 일반적으로 법에 대한 역할과 기능에서 구분된다. 입법은 법률을 제정하고,

행정은 법을 집행하며, 사법은 법을 해석하고 적용하는 역할을 수행한다. 입법부인 국회는 법률을 정하는 방식으로 국가가 나아가야 할 방향을 설정하고, 행정부는 설정된 방향(즉 정책)을 실현하는 역할을 하며, 사법부는 정책의 집행이 법에 따라 이루어지고 있는지 종국적으로 심판하는 역할을 한다.[1]

사법권은 입법권도 집행권도 예산권도 없고 오직 재판을 한다. 그렇기에 삼권 중에서 가장 취약한 것으로 평가된다.[2] 그렇지만 재판에 대한 국민의 신뢰를 바탕으로 하여 구체적 분쟁을 법률의 해석과 적용을 통해 해결함으로써 사회 체제와 질서를 유지하고 입법과 행정에 대한 견제 역할을 수행한다. 사법은 통상 선출되지 않은 권력으로서 다수결 원리가 적용되지 않는다. 그렇기에 사법의 정당성의 근거는 대의제도에 의해 대변되지 않는 소수자 보호에 있다. 다수결 논리가 모든 영역에 일률적으로 관철된다면 소수자는 설 땅이 없기 때문이다. 다수자는 스스로의 힘으로 권리와 이익을 보호할 수 있지만, 소수자는 국가 권력을 빌어야만 자신의 권리와 이익을 보호할 수 있고, 바로 거기에 사법의 올바른 역할이 있다.

사법권의 작용도 궁극적으로는 통치권 행사의 일부분이므로 통치권자와 사법부가 '정의로운 범위에서' 서로 협력해야 하는

---

1 양삼승, 권력, 정의, 판사-폭풍 속을 나는 새를 위하여, 까치(2017), 18~19.

2 한인섭, 가인 김병로, 박영사(2017), 651.

것은 당연하다. 그러나 사법부는 법적 안정성, 형평성, 인권옹호 등을 중요시하는 경향이 있고, 통치권자는 합목적성, 경제지향성, 구체적 타당성 등을 강조하는 경향이 있다. 어떤 사안이 정치적인 이해관계가 클수록 양자 간에 갈등의 소지가 클 수밖에 없다.[3] 사법부의 독립은 주로 행정부, 특히 대통령제하에서는 압도적인 힘을 가진 대통령과의 갈등관계를 함의한다. 행정부와 대통령은 사법부를 순치시키고 굴종시키려 든다.[4] 헌법과 법률에 사법권의 독립이 보장되어 있음에도 정치권력은 끊임없이 정권유지를 위해 사법부를 동원·이용하려는 유혹에 쉽게 빠진다. 헌법이나 법률의 규정과는 관계없이 현실적인 측면에서 통치권자가 사법부의 독립과 재판상 독립을 지켜줄 것이라고 생각하는 것은 희망사항일 뿐이고, 통치권자로부터의 재판상 독립은 어려움 없이 절대로 그냥 얻어지지 않는다.[5]

우리나라에 근대적 사법제도가 도입된 이래 현재까지도 정치권력과 사법부의 긴장관계는 계속되고 있으며, 국가제도가 존속하는 한 정치권력과 사법부의 긴장관계는 완전하게 해소될 수 없을 것이다. 한 나라의 사법제도는 정치권력과의 긴장관계에 의해

---

3 양삼승(주 1), 78.

4 한인섭(주 2), 651.

5 양삼승(주 1), 25.

영향을 받으면서 사법부의 독립을 실질적으로 확보·확장해가는 과정이라고 할 수 있다. 우리나라에 근대적 사법제도가 도입된 이후 사법제도의 변천과정을 정치권력과의 관계에서, 특히 사법개혁의 관점에서 살펴보고자 한다. 사법개혁이라는 관점에서는 민주국가를 구성하는 기본시스템인 사법제도는 국민주권의 원리를 반영하고, 자유·평등의 헌법적 이념을 구현하며, 인류의 보편적 가치인 정의를 실현하여야 하고, 나아가 국제적 기준에 부합하고 국가발전을 뒷받침하는 미래지향적이고 선진화되는 방향으로 나아가야 한다.[6] 사법제도의 개혁을 추진하는 동력은 민주주의국가에서 모든 권력의 원천인 국민에게서 나온다.

Ⅱ. 근대적 사법제도의 도입과 일제 강점기의 왜곡

1. 조선말과 대한제국의 근대적 사법제도 도입

가. 근대적 사법제도의 핵심은 권력분립원칙에 따라 행정권으로부터 독립된 법원을 설치하고, 법관이 오로지 헌법과 법률 그리고 양심에 따라 재판하도록 그 독립을 보장하는 것이다. 근대적

---

6 김선수, 사법개혁 리포트, 박영사(2008), 8.

형사소송절차의 확립도 근대적 사법제도의 중요한 구성요소이다. 국가권력을 동원하여 국민을 형사처벌하려면 법률로 명확하게 규정하여야만 한다는 죄형법정주의 원칙과 강제수사를 하려면 독립된 법관으로부터 발부받은 영장에 의하여야만 한다는 영장주의 원칙은 근대적 형사소송절차의 근간을 이룬다. 영장주의의 본질적 내용은 누가 영장을 신청하느냐가 아니라 법관이 발부한 영장에 의하여 강제수사의 적법성을 통제한다는 것이다. 국민의 신체의 자유를 비롯한 기본적 인권을 국가권력으로부터 보장하기 위해서는 소추기관과 재판기관의 분리, 나아가 수사기관과 소추기관의 분리와 견제가 필요하다.

나. 한반도에서는 4세기경부터 7세기경 사이에 중앙집권적 국가가 출현하여 관료제와 율령제(律令制)에 입각한 통치가 도입되었고, 이후 그것이 구현·관철되는 정도의 차이가 있긴 했지만 19세기 말까지 본질적인 변동은 없었다.[7] 조선시대는 유교에 기초한 국가로서 대명률을 포괄적으로 계수하고 경국대전, 속대전, 대전통편, 대전회통 등 법전이 편찬된 통일법전의 시대였다고 할 수 있다. 조선시대까지는 절대 왕정의 시대였기 때문에 권력분립이 이루어지지 못했고, 수사·소추·재판권도 분리되지 않았다.

---

7 문준영, 법원과 검찰의 탄생, 역사비평사(2010), 57.

근대적 사법제도의 도입은 1894년(고종 31년) 갑오개혁을 통해서 이루어졌다. 개화파정권은 1894. 6. 25. 정치개혁과 사회개혁을 추진할 합의기구로 군국기무처(軍國機務處)를 설치하고, 6. 28. 형조와 의금부를 통합·개편하여 법무아문(法務衙門)을 설치했다.[8] 1894. 8. 군국기무처는 군율위반자를 제외하고는 각 관청, 군문, 궁에 의한 범인 체포를 금하고, 사법기관에 의한 재판절차에 따라서만 형벌을 과하게 하는 내용의 의안을 결의함으로써 형식상 사법권을 행정권으로부터 분리했다.[9] 1894. 12. 12.(음력) 국문·국한문·한문의 세 가지로 반포된 홍범14조는 우리나라 최초로 법치주의 원칙을 천명한 헌법이라 할 수 있다. 그 중 제13조는 "민법 및 형법을 엄명(嚴明)하게 제정하고 가(可)히 감금과 징벌을 남행(濫行)하지 않음으로써 인민의 생명과 재산을 보전한다." 라고 정함으로써 죄형법정주의와 재판제도에 관하여 규정했다. 폭증하는 재판에 대응하고자 1894. 12. 16. 의금사를 법무아문권설재판소로 개명하여 재판업무를 처리하도록 함으로써 역사상 처음으로 '재판소'라는 명칭과 기구가 탄생했다. 1895. 3. 25.(양력 4. 19.) 각부 관제를 정하는 칙령들이 공포되어 법무아문이 법부로 개칭되었다.[10]

---

8 법원행정처, 법원사(1995), 18.

9 사법발전재단, 역사 속의 사법부: 대한민국 사법부 1948~2008(2009), 26~27.

10 문준영(주 7), 174; 사법발전재단(주 9), 27.

같은 날 법률 제1호로 재판소구성법이 공포되고 1895. 4. 1.(양력 4. 25.[11]) 시행되었다. 재판소구성법은 행정권으로부터 분리된 재판소 창설을 목적으로 제정되었고, '법률'이라는 명칭을 처음 사용했다.[12] 재판소구성법은 제3조에서 재판담당자와 소추담당자를 분리하여 모든 재판소에 검사를 두도록 하여 탄핵주의를 채택했다.[13] 재판제도는 2심제를 채택했다. 제1심으로 지방재판소, 한성 및 인천 기타 개항장재판소, 특별법원을 두고, 제2심으로 순회재판소, 고등재판소를 두는 등 총 5종의 재판소를 두었다. 고등재판소는 법부에 임시 개정하는 재판소로 한성 및 인천재판소 판결에 불복하는 상소사건을 합의재판(재판장 1명과 판사 2명) 했다. 순회재판소는 부산재판소, 원산재판소, 각 지방재판소의 판결에 불복하는 일체의 민·형사 상소사건을 재판(단석판사 또는 합석)했다. 특별법원은 왕족의 범죄에 관한 형사사건을 재판하는 제1심이자 최종심(재판장 1명과 판사 4명의 합의재판)이다.[14] 1895. 3. 25. 칙령 제49호로 법관양성소 관제를 공포하여 법관을 양성했다.[15] 1905년까지 재판소 판사의 임명은 사실상

---

11 법무부는 4월 25일을 '법의 날(Law Day)'로 지정하여 기념하고 있다.

12 법원행정처(주 8), 18.

13 사법발전재단(주 9), 27.

14 법원행정처, 2024 사법연감(2024), 167~168.

15 법관양성소의 졸업생 배출현황은 1회 1895. 11. 10. 함태영 외 47명, 2회 1896. 4. 22. 38명, 3회 1904. 7. 25명, 4회 1906. 1. 20명, 5회 1908. 1. 22명, 6회 1908. 12. 27. 54명이다. 법원행정처(주 8), 35~36.

이루어지지 않았고, 지방관이 판사직을 겸임했다.[16]

1895. 4. 15.(양력 5. 9.) 법부령 제1호에 의해 최초의 근대적 재판기관인 한성재판소가 한성부 중부 등천방 혜정교변에 설치되었다.[17]

다. 1897. 10. 11. 대한제국 수립 이후 황제권의 강화를 위해 사법제도를 개혁 이전으로 되돌리기도 했다.[18] 1899.(광무 3년) 5. 30. 재판소구성법을 개정하여 제1심 재판기관을 지방행정기관에 합설하고 판사를 지방관이 겸임하도록 했으며, 고등재판소를 평리원으로 개칭했다.[19] 평리원은 전국 재판소의 판결에 대한 상소심이 되었고, 재판장 1명과 판사 4명은 모두 전임이었다. 칙령 제27호로 개정된 「법부관제」에 의해 법부대신이 특별권한을 통해 평리원의 판결을 재심사할 수 있게 함으로써 법부대신이 최고재판기관으로 기능했다.

1905. 11. 을사늑약(勒約, unwilling treaty) 이후 일본인들이 법부의 사법행정사무에 관여하고, 재판소에 일본인 판·검사와

---

16 사법발전재단(주 9), 167.

17 법원행정처(주 13), 168.

18 문준영(주 7), 263~278.

19 법원행정처(주 13), 168; 사법발전재단(주 9), 136. 평리원은 차별을 두지 않고[平] 심리한다[理]는 것을 의미한다.

보좌관들이 배치되기 시작했다. 1907. 7. 24. 정미7조약(제3차 불평등조약)을 통해 법령 제정, 중요 행정처분, 고위관리 임명 등을 하기 위해서는 조선통감의 사전 승인을 얻도록 했고, 사법사무와 행정사무를 구분하는 등 반식민지 통치체제가 확립되었다. 일본인 법관이 한국 재판소 판사로 임명되기 시작했다. 1907. 12. 23. 공포된 법률 제8호 '재판소구성법'(1908. 1. 1. 시행)에 의해 재판소는 대심원, 공소원, 지방재판소, 구재판소 등 4종 3심제를 채택했다. 제3심인 대심원은 판사 5명으로 구성된 부(민사부와 형사부, 재판장 1명과 판사 4명)에서 재판했고, 판례를 변경할 필요가 있으면 연합부(3분의 2 이상이 열석하고, 관등이 제일 높은 판사가 재판장이 된다)에서 담당했다. 1909. 10. 31. '대심원'을 '고등법원'으로 명칭을 변경했고,[20] 대한제국의 각급 재판소, 법부 및 감옥은 모두 폐지되고 통감부에 흡수됨으로써 사법권은 완전히 일제의 지배 아래 들어갔다. 한국인 판사와 검사는 원·피고가 모두 한국인인 민사사건과 피고인이 한국인인 형사사건만 담당했다.[21]

1905. (광무 9년) 11. 8. 법률 제5호로「변호사법」(통칭 '광무변호사법')이 공포되었고, 11. 14.「변호사시험규칙」이 제정되

20 일본 최고법원인 대심원보다 그 지위를 격하시킨 것이다. 사법발전재단(주 9), 136.

21 법원행정처(주 13), 169; 사법발전재단(주 9), 30~31.

었다.[22] 1906. 6. 30. 홍재기·이면우·정명섭 등 세 사람이 법부로부터 변호사 인가증을 받았는데, 홍재기가 가장 먼저 인가증을 받아 제1호 변호사가 되었다. 1907. 6. 24. 제1회 변호사시험이 실시되어 이항종, 장택환, 허헌, 옥동규 등 6명이 합격했고, 1908. 11. 16. 실시된 제2회 변호사시험에서는 4명이 합격했다.[23] 1907. 9. 23. 한성변호사회가 설립·인가되어 우리나라에 처음으로 변호사 단체가 탄생했다.[24] 1909.(융희 3년) 4. 이른바 융희변호사법이 제정, 공포(6. 1.부터 시행)되면서 경성에는 일본인 변호사로 구성되는 경성제1변호사회와 한국인 변호사로 구성되는 경성제2변호사회가 별도로 설립되었다.

2. 일제강점기의 사법제도 왜곡

가. 1910. 8. 29. 한일강제합방조약에 의하여 총독정치가 시작되었다. 1910. 10. 통감부재판소를 조선총독부재판소로 바꾸었는데, 식민지 전역의 민·형사재판과 비송사건에 관한 사무를 관할했다. 식민지통치의 효율성을 높이기 위해 인원과 기구를 정리

---

22 박원순, 한국인권변론사-역사가 이들을 무죄로 하리라, 두레(2003), 57; 법원행정처(주 8), 61.

23 박원순(주 22), 25.

24 한성변호사회는 서울지방변호사회의 전신으로서 서울지방변호사회는 매년 9월 23일에 창립기념일 행사를 거행하고 있다. 2025. 9. 23.에 창립 118주년이 된다.

하고 법령을 재정비할 필요성에 따라 1912. 3. 18. 공포한 제령 제4호 조선총독부재판소령 개정, 제령 제7호 조선민사령, 제령 제11호 조선형사령, 제령 제13호 조선태형령 등으로 사법제도를 재편했다.

종래의 고등법원, 공소원, 지방재판소, 구재판소의 4급 3심제를 고등법원, 복심법원, 지방법원(지방법원지청 포함)의 3급 3심제로 변경하고, '구재판소'를 폐지하고 '지방재판소지부'를 '지방법원지청'으로 개칭했다.[25] 지방법원 재판은 판사 단독이 원칙이고 중요사건에 한하여 3명 합의부가 담당했고, 복심법원 재판은 3명 합의부, 고등법원 재판은 5명 합의부(민사부와 형사부, 원장 또는 부장 1명 + 4명 부원 판사)가 담당했다.[26]

조선총독부재판소의 판사·검사는 일본 재판소구성법에서 정한 판사·검사 또는 사법관시보의 자격을 가진 사람 중에서 임용되었다. 1913년에 조선에도 사법관시보제도가 창설되어, 조선총독부 사법관시보로 임명된 후 조선총독부재판소와 검사국에서 실무수습을 거쳐 시험에 합격한 사람 중에서 판사·검사를 임명했다. 사법관시보제도만으로는 판사·검사를 충원할 수 없어 1910년

---

25 법원행정처(주 13), 169.

26 반면에 일본은 제2차 세계대전 종전 후 1947년 헌법과 재판소법을 제정할 때까지 1890년 제정 재판소구성법에 따라 대심원, 공소원, 지방재판소와 구재판소 체제를 유지했다.

에 한국인을 판사·검사로 특별임용하는 규정이 마련되었다. 제국대학이나 조선총독이 지정하는 학교에서 법률학을 전공한 한국인을 문관고등시험위원의 전형을 거쳐 판사·검사로 임용했다. 1914년 이우익, 양대경, 1919년 김병로가 이 제도로 판사로 임용되었다. 1920년부터는 5년 이상 판임관 이상에 재직하면서 사법사무에 종사하고 판임관 5급봉 이상 봉급을 받는 사람의 경우 총독이 정하는 고시를 거쳐 지방법원지청 판사로 특별임용될 수 있었다.[27] 판사 수는 1910년 254명(조선인 71명), 1913년 190명(조선인 25명), 1940년 232명이었고, 검사 수는 1910년 60명(조선인 6명), 1913년 58명(조선인 5명), 1940년 127명이었다. 변호사 수는 1910년 81명(조선인 51명), 1913년 151명(조선인 91명), 1940년 354명(조선인 201명)이었다.[28]

1944. 2. 15. 제령 제2호 '조선총독부재판소령 전시특례' 등에 의해 항소심 없는 2심제가 시행되었다. 민사사건의 경우 지방법원 단독판사의 판결은 복심법원이, 지방법원 합의부 판결은 고등법원이 관할하는 3급 2심제로 운영되었다.[29] 형사사건의 경우 지방법원 합의부 관할사건을 사형 또는 무기징역이나 금고에 처할

27 사법발전재단(주 9), 169.

28 문준영(주 7), 450~451.

29 사법발전재단(주 9), 31; 법원행정처(주 13), 170.

사건으로 한정하고, 대부분의 형사사건에 대하여 항소를 금지하는 3급 2심제를 도입했다. 상고이유 없음이 명백한 경우에는 검사의 의견만 듣고 상고기각판결을 하도록 했다.[30]

나. 1912년 사법제도 개편의 목적 중 하나는 사법기구 축소와 인원정리를 통한 경비절감이었다. 지방법원과 지청의 승격·격하·폐지를 통해 최종적으로 고등법원 1개, 복심법원 3개, 지방법원 11개, 지청 48개로 되었다. 일제강점기 시대에 사법부는 조선총독부의 산하기관으로서 독립성이 없는 식민지 지배도구의 성격이 강했다.[31] 축소된 조직과 인원으로 사건을 효율적으로 처리하기 위하여 민·형사소송상 각종 특례를 통해 소송절차를 간편하게 하고 수사·검찰기관의 권한을 강화했으며, 민사소송에서는 화해를, 형사소송에서는 기소유예를 강조했다. 지방법원지청이 소재하지 않은 지역에서는 경찰서장이 민사쟁송조정을 통해 경미한 민사사건을 해결했고, 경찰서장(또는 경찰분서장, 헌병분경대장)이 범죄즉결제도를 통해 상당량의 형사사건을 처리했다. 1912. 3. 18. 제령 제11호로 개정된 범죄즉결례는 ① 구류 또는 과료의 형에 해당하는 죄, ② 3월 이하의 징역 또는 1백 원 이하의

---

30 사법발전재단(주 9), 34.

31 사법발전재단(주 9), 31.

벌금이나 과료의 형에 처할 도박죄 및 구류 또는 과료의 형에 처할 단순폭행죄, ③ 3월 이하의 징역, 금고나 구류 또는 1백 원 이하의 벌금이나 과료의 형에 처할 행정법규 위반죄를 즉결사건으로 규정했다. 사법경찰 즉결사건을 법정형을 기준으로 분류하지 않고 처단형을 기준으로 분류함으로써 법관에 의한 재판받을 권리가 제대로 보장되지 못했다.[32] 즉결사건은 정식재판을 하지 않고 즉결관청이 피고인의 진술을 듣고 증빙을 조사해 곧바로 형을 선고하며, 피고인이 불복할 경우 관할 지방법원에 정식재판을 청구할 수 있다.[33]

식민지 형사사법제도는 일본 제도와 비교하여 형사절차가 식민지적 특례에 의해 수사·검찰기관의 권력을 강화하고 국가의 편의와 소송경제를 극단적으로 추구했다는 점, 경미한 형사범죄 및 행정법규 위반에 대한 즉결제도로 인해 형사사법 피라미드의 밑바탕에 광범한 경찰사법체계가 존재했다는 점, 이민족에 대한 특정의 형벌체계(조선태형령)가 존재했다는 점(조선태형령은 3.1운동 이후 폐지되었다) 등의 특징이 있다.[34] 식민지에서는 검사의 인원부족으로 예심에서 죄의 유무죄를 결정하기에 필요한

---

32 사발발전재단(주 9), 32.

33 문준영(주 7), 454~457.

34 문준영(주 7), 549.

증거까지 수집하는 방향으로 운영했다. 수사기관 작성 조서에 절대적 증거능력이 인정되는 예심판사의 조서와 동일한 효력을 부여했고, 일본인 판사에 의한 재판 진행으로 언어가 통하지 않아 형사재판은 조서재판으로 진행되었는데, 그 잔재는 오랜 기간 지속되었다. 제2차 세계대전 말기 국방보안법 제정과 치안유지법 개정으로 사상사법 체제가 확립되면서 모든 강제수사권을 검사에게 집중시키는 검사 중심의 일원적 수사체제가 정립되었다. 위 두 법률 위반 사건에서는 검사가 장기 1년간 구류권을 가졌고, 예심을 청구하지 않고 바로 공판을 청구하도록 했다.[35]

다. 3·1운동[36] 이후 대한민국 임시정부가 수립되고 1919. 4. 11. 헌법에 해당하는 「대한민국임시헌장」이 제정되었으며, 이를 바탕으로 1919. 9. 11. 「대한민국임시헌법」이 제정되었고, 1944. 4. 22. 「대한민국임시헌장」으로 개정되었다. 1919. 9. 11. 대한민국임시헌법은 제6장 '법원'편에서 법원은 사법관으로 조직하고, 사법관은 독립하여 재판하며, 법원의 재판은 안녕질서 또는 선풍양속에 방해가 있는 때를 제외하고는 공개하도록 정했다. 법원의 종류와 최고법원에 관한 규정은 없었다. 1944. 4. 22. 「대한민국

---

35 문준영(주 7), 595~598.

36 994. 4. 22. 대한민국임시헌장 전문에서는 '3·1대혁명'이라 표현했다.

임시헌장」은 제5장에서 '심판원'에 관하여 규정했다. 사법권은 중앙심판원, 지방심판소, 기타 특종심판위원회에서 집행하고, 중앙심판원은 심판위원장 1명과 심판위원 2명 내지 5명과 보조직원 약간 명으로 조직한다고 하여 중앙심판원을 최고법원으로 규정했다. 중앙심판위원장과 심판위원은 국무위원회에서 선임하도록 했고 임기는 3년으로 정했으나, 중앙심판원이 구성되지는 않았다.[37]

Ⅲ. 근대적 사법제도 수립기: 미군정기, 이승만 정부 시기, 제2공화국

1. 미군정기

가. 1945. 8. 15. 일본의 패전으로 남한에서는 9. 7. 태평양미국육군총사령부 포고령 제1호로 남조선에 군정을 실시한다고 포고한 후 9. 12. 아놀드 소장이 군정장관에 취임함으로써 미군정이 시작되었다.[38] 미군정청은 일제의 모든 법률 및 사법제도를 일시적으로 유지했다. 1945. 10. 9. 군정법령 제11호로 「일정법령

37 사법발전재단(주 9), 35~36, 137.

38 사법발전재단(주 9), 36.

일부개정 폐기의 건」이 선포되어 일제의 정치범처벌법, 예비검속법, 치안유지법, 사상범보호관찰령, 신사법 등을 폐지하고, 경찰관의 즉결처분권을 박탈했으며 죄형법정주의 원칙을 선언했다. 1946. 1. 군정법령 제41호로 특별심판원 제도를 제정하고 특별심판원이 종래의 즉결심판권을 행사했는데, 특별심판원은 나중에 치안관으로 변경되었다. 예심제도는 해방 직후 실무상 폐지되었고, 1954년 형사소송법 제정으로 법률적으로도 폐지되었다.

해방 당시 조선총독부재판소의 판사 정원은 250명, 검사 정원은 138명이었으나, 대부분 일본인이었다. 전국의 변호사 수는 420명 정도였으나, 한국인은 250명이었고, 그 중 남한에 남아있던 자격 있는 법률가는 150명 정도에 불과했다.[39] 다수의 판사·검사 경력자는 친일파라는 지탄을 받고 있었다.

미군정청은 1945. 10. 11. 일본인 사법관을 모두 파면하고 대법원, 경성공소원, 경성지방법원 등에 판사 39명과 검사 23명을 임명했다.[40] 이 때 미군정청은 조선고등법원을 'Supreme Court'로, 복심법원을 'Appeal Court'로 표기했고, 조선인 판검사를 임명한 임명사령에 'Supreme Court'를 '대법원'으로, 'Appeal Court'를 '공소원'으로 번역하여 관보에 게재함으로써 우리나라

---

39 법원행정처(주 8), 175; 사법발전재단(주 9), 37.

40 사법발전재단(주 9), 37~38.

에서 '대법원'이라는 명칭이 최초로 사용되었다.[41] 미군정청은 대법원재판장에 김용무를,[42] 대법원재판관에 서광설, 이종성, 심상직, 이인을 임명했다. 미군정청은 1945. 11. 19. 이상기를, 1946. 5. 24. 노진설, 양대경을 '대법관'으로 호칭을 변경하여 추가로 임명했다. '대법관'이라는 직책 명칭을 처음 사용되었다.[43]

미군정청은 각급 법원과 검찰의 판사·검사들을 신규임용 했다. 새롭게 충원된 한국인 법률가의 절대 다수가 식민지 시기 법조 실무경력자였다. 신생 사법기구의 인적 구성은 개략적으로 최고위직은 명망 있는 재야법조 출신이, 중견 간부직은 고시 사법과와 재야법조 출신이, 그 밑은 서기 경력자가 자리 잡은 것으로 평가된다.[44] 미군정청은 부족한 판사·검사를 충원하기 위하여 응급적인 조치를 취하거나 편법으로 법조인 자격을 부여하기도 했다. 임용자격을 완화하여 서기 경력자들을 판사·검사로 특별임용하는 제도를 시행했다. 한편 1945년도 조선변호사시험 필기시험을 8. 14.부터 17.까지 실시할 예정이었으나, 15일 오전에 일본이 항복을 하는 바람에 15일 오후 시험부터 실시하지 못했다. 당시 응시자들이 의법회(懿法會, 일명 以法會)라는 단체를 만들어

---

41 법원행정처(주 8), 171.

42 문준영(주 7), 631; 법원행정처(주 8), 170.

43 법원행정처(주 8), 170.

44 문준영(주 7), 628.

응시자 전원에게 변호사시험 합격증서를 교부해줄 것을 요구했다. 결국 전체 응시자 200여 명 중 연락된 106명에게 변호사시험 합격증서를 교부했다. 교직자의 등용, 만주국 고등문관시험 합격자 기용, 사법요원양성소 입소시험, 판검사특별임용고시(세칭 제1차 특임시험), 제주도사법요원시험 등 다양한 방법이 시행되었다.[45] 1947. 10. 제1회 조선변호사시험이 치러졌는데, 변호사시험 합격자 중에서도 판사와 검사를 임용했다.[46]

미군정청은 사법행정 감독기관인 미군정청 법무국을 한국인화하는 정책도 추진했다. 1945. 12. 법무국장 보좌관 김영희가 법무국장 대리에 취임하여 실질적인 책임자가 되었고, 1946. 3. 법무국을 사법부로 개칭했다. 1946. 6. 27. 김병로가 한국인 최초의 사법부장으로 취임했고, 미국인 사법부장과 함께 근무하는 체제를 유지하다가 1947. 2. 미국인 사법부장이 물러남으로써 사법행정기구의 한국인화 정책이 완결되었다.[47] 김병로 사법부장, 김용무 대법원장, 이인 검찰총장 등 이른바 '빅 쓰리(Big Three)'가 남한의 사법진영을 이끌었다. 이들은 일제 강점기에 항일변론과 민족주의 활동을 통해 법률가와 정치가로서 명망을 쌓은 재야법조

---

45 법원행정처(주 8), 198~200; 사법발전재단(주 9), 170~173.

46 사법발전재단(주 9), 39, 172~173. 대표적인 인물로 유태흥·이일규 전 대법원장(제2회), 김용철 전 대법원장(제3회) 등이 있다.

47 사법발전재단(주 9), 39.

의 지도자들로서 해방 후 한민당 창당에 참여했고, 미군정에 적극적으로 협력한 동질의 사람들로 평가된다.[48]

나. 미군정기에도 사법파동이라 불릴 만한 사건이 발생했다. 미군 방첩대에서 수사를 시작하여 검찰(김홍섭 검사)이 1946. 1. 17. 기소한 김계조 사건에서 경성지방법원 오승근 판사가 김용무 대법원장이 위 사건에 관련되어 있다는 주장을 확인하기 위해 김용무 대법원장을 증인으로 소환하려는 적극적인 의사를 표시했다. 그러자 김용무 대법원장이 1946. 2. 20. 장경근 경성지방법원장에게 오승근 판사를 형사부에서 민사부로 전임조치하라고 지시했다. 이에 서울지역 현직 판사와 검사 40여 명[49]이 2. 25. 대법원장 불신임안을 미군정 법무국에 제출했다.[50] 이유는 김용무 대법원장이 신성한 사법권을 그르쳤다는 것이다. 결국 김용무 대법원장은 2. 28. 증인으로 출석하여 증언했고, 오승근 판사는 3. 19. 김계조에게 간첩예비죄를 적용하여 징역 5년, 추징 310만 원에 처하는 1심 판결을 선고했다. 3. 22. 판사·검사 40여명은 다시 불신임안 관철을 다짐했다.[51] 김용무 대법원장이 4. 2. 사표를

48 문준영(주 7), 622.

49 당시 '서울신문'은 불신임안에 연명한 판 · 검사가 전체의 80% 이상이라고 보도했다.

50 김두식, 법률가들-선출되지 않은 권력의 탄생, 창비(2018), 261~271.

51 법원행정처(주 8), 177.

제출했고, 4. 4. 판사·검사들이 대법원장 후임자로 심상직을 미군정 사법부에 추천했으나 미군정청은 이를 수리하지 않았다. 5. 16. 발표된 인사(공식적 발령일자는 5. 24.)에서 오승근 판사가 광주지방법원 장흥지청으로 좌천발령 되었고, 김용무 대법원장은 복귀했다.[52] 오승근 판사는 장흥지청에 부임 후 사표를 제출했고 6. 19. 자로 공식해임 되었다. 이로써 첫 번째 사법파동이라 할 수 있는 대법원장에 대한 불신임안 제출 사태는 성과 없이 마무리되었다.[53]

김용무 대법원장은 1946. 6. 9. 광주지방법원에서 법관들에게 훈시하면서 "(좌우익 대립 관련) 법원의 정치적 중립성이나 객관성을 언급하는 자는 사법부 관리로서 자격이 없다. 미군정 정책에 반대하는 자나 신탁통치와 좌파이데올로기에 찬성하는 자는 그들의 범법행위를 증명할 만한 충분한 근거가 없더라도 엄중히 처벌해야 한다."라는 취지로 발언하여 물의를 일으켰다. 변호사회는 위 훈시가 사실이라면 건국 도상에 있는 현 단계의 조선 법조인으로서 편당적(偏黨的)이고 반민주주의적이라 할 것이니 진상을 규명하여 달라고 요구했다.[54]

---

52 한홍구, 사법부-법을 지배한 자들의 역사, 돌베개, 2016, 28; 김두식(주 50), 269~283.

53 김두식(주 50), 269~281.

54 법원행정처(주 8), 179; 사법발전재단(주 9), 43.

다. 법원 명칭은 1947. 1. 1. 공소원이 고등심리원으로, 지방법원 및 지방법원지청이 지방심리원 및 지방심리원지원으로 변경되었다. 검찰조직은 대검찰청, 고등검찰청, 지방검찰청으로 되었다. 판사와 검사라는 직명 대신 심판관과 검찰관이라는 직명이 사용되었다. 1948. 4. 남조선과도정부법령 제181호「전시특례에 관한 법령의 폐지 및 관계 법령의 개정」으로 5. 1.부터 3심제가 부활했다.[55]

미군정의 재판소는 한국 법원과 헌병재판소(Provost Courts), 군사재판소(Military Court)로 구성되었다. 헌병재판소는 미군이나 군속 등이 관련된 사건을 전담했고, 군사재판소는 미군의 안전과 명예 등이 관련된 범죄를 관할했으며, 한국 법원은 군정법령위반 사건의 재판을 담당했다. 군정법령위반 사건이라도 헌병재판소나 군사재판소가 그 관할사건이라고 인정할 때에는 재판권을 행사할 수 있었기 때문에 한국 법원과 미군 재판소 사이에 관할권을 둘러싸고 날카로운 대립이 발생하기도 했다. 1947. 7. 서울지방심리원은 상해치사죄 등으로 기소된 김두한 외 13명의 선고공판에서 김두한 등 6명에게 벌금형을 선고했다. 미군정은 서울고등심리원에 항소하도록 지시한 후 항소심 진행 중이던 11. 22. 사건을 군사재판소로 이송하도록 명령했다. 이에 항의하여 서울

---

55 사법발전재단(주 9), 40~41.

고등심리원 법관들이 사직의 변을 발표하고 사표를 제출했고, 대검찰청과 서울지역 검사들도 사법사무에 대한 외부 간섭을 배제할 것을 상부에 건의하기로 의견을 모았고, 대법원과 서울지역 법관들은 재판에 대한 외세의 간섭을 규탄하는 결의문을 채택했다. 미국 육군군법회의는 1948. 1. 김두한 등 14명에게 사형을, 나머지 2명에게 무기징역을 선고했다. 김두한은 극동사령부 총사령관 승인 과정에서 무기징역형으로 감형되었고, 대한민국 정부 수립 후 특별사면으로 석방되었다.[56]

라. 1948. 3. 20. 법령 제176호는 조선형사령의 독소조항과 행정집행명령을 폐지하고 영장주의, 구속 피의자의 변호인 선임·접견교통권, 구속적부심사제도 등을 도입하고 보석제도를 보완했다. 3. 31. 공포된 법령 제180호 '형사소송법의 보충규정'은 영장 신청에 대한 검사의 독점적 지위와 경찰의 영장청구는 검사를 경유해야 한다는 원칙을 규정했다. 1948. 4. 2. 법령 제213호로 검찰청법이 공포되어 검찰의 수사주재자적 지위를 확인하고 인적·물적 조직을 강화했다.

1948. 5. 4. 남조선과도정부법령 제192호로 법원조직법(약칭 '과도법원조직법')이 공포되고 6. 1.부터 시행되었다. 미군정청 사법부

---

56 사법발전재단(주 9), 44~45.

에서 관장하던 법원행정이 대법원으로 이관됨으로써 사법사상 처음으로 사법행정이 행정부로부터 실질적으로 분리·독립되었다.[57] 대법원 산하에 사법행정사무 처리기구로서 사법행정처를 설치하도록 했고, 법원 예산도 행정부가 아닌 사법행정처에서 담당하도록 했다.[58] 법원의 종류를 대법원, 고등법원, 지방법원 및 간이법원으로 나누되, 지방법원 관할구역 내에 지방법원 지원을 설치했다. 간이법원이 설치되지는 않았다.[59] 군정장관 또는 그 권한을 승계한 행정수반이 대법원장, 검찰총장, 변호사회장 등으로 구성된 위원회에서 추천한 자 가운데서 대법원장과 대법관을 임명하도록 규정했다. 대법관의 수를 11명 이내로 규정(당시 6명 공석)했다. 과도법원조직법은 대법원의 기능 조정, 하급심의 기능 강화, 간이사건의 신속한 처리, 법관의 신분 보장, 대법관 임명절차와 법원의 인사·행정 개선, 대법원장으로의 지나친 권력 집중 해소 등의 문제에 대해 나름의 해결책을 제시함으로써[60] 그 성취 수준이 후대의 법원조직법들보다 결코 뒤지지 않는다는 평가다.

---

57 사법발전재단(주 9), 40.

58 사법발전재단(주 9), 555.

59 일본의 경우 간이재판소(일반법관과 다른 자격 요건)가 소가 140만 엔 이하의 민사 사건을 관할하여 1심 전체 사건의 약 70%를 분담하고, 약식사건 100%를 전담하며, 영장발부 업무의 약 80%를 담당하고, 법정형이 벌금형 이하 형에 해당하는 죄 또는 절도, 횡령 등 비교적 경미한 사건을 담당하고 있다. 서현웅, 일본 간이재판소에 관한 연구, 사법정책연구원(2023), 186~190.

60 문준영(주 7), 719~722.

2. 이승만 정부 시기

가. 김병로 제1대 대법원장 체제

1) 1948. 5. 10. 최초의 국회의원선거가 실시되어 5. 31. 198명의 국회의원으로 제헌국회가 개원했다. 1948. 7. 17. 대한민국헌법을 공포함으로써 사법권 독립이 헌법상 보장되었다. 제헌 헌법은 법관으로 조직된 법원이 사법권을 행사하고, 최고법원인 대법원과 하급법원의 조직은 법률로 정한다고 규정했다. 제정 헌법은 '대법원, 대법원장, 대법관'이라는 용어를 사용했고 '재판소' 대신 '법원'이라는 용어를 사용했다.[61] 대법원장은 대통령이 임명하되 국회의 승인을 얻도록 했다. 법관은 탄핵·형벌·징계처분에 의하지 아니하고는 파면·정직·감봉되지 않도록 했다. 대법원장과 대법관을 포함한 법관의 10년 임기제와 연임제를 채택했는데, 이는 당시 법관 중에는 조선총독부재판소 재직 경력이 있는 사람이 많았고, 법관들의 보수적인 성향이 국가의 진취적인 사회경제적 역할에 방해가 될 것으로 우려했기 때문이다.[62] 위헌법률심사권을 헌법위원회에 부여하여 법원의 입법부 견제 기능이 약화되었다.

---

61 일본의 경우에는 1947년 일본국 헌법과 재판소법의 시행에 따라 최고재판소, 고등재판소, 구재판소, 간이재판소 등의 명칭을 사용하고 있다.

62 사법발전재단(주 9), 47.

이승만 대통령은 1948. 8. 5. 가인(街人) 김병로를 초대 대법원장으로 임명하기로 하여 국회에 승인요청 했고, 국회는 같은 날 임명승인안을 가결했다(재석의원 157명, 가 117명, 부 31명, 무효 6명, 기권 3명). 김병로 대법원장은 1948. 8. 16. 국회에서 가진 취임 연설에서 "사법부가 다른 방면으로부터 간접이나 직접으로 강제받거나 어떠한 정실이 첨부된다면 아무리 소신을 갖고 나아간다 하더라도 지장이 없지 않을 것이므로, 국회가 법령을 제정할 경우 3권 분립 원칙에 기준하여 사법기관으로 하여금 유감없는 소신과 능력을 발휘하게 해줄 것을 바란다"라고 했다.[63] 김병로 대법원장은 사법권을 미군정청으로부터 완전히 이양받은 1948. 9. 13.[64] 취임식을 가졌다. 이로써 대한민국의 근대적 사법제도가 비로소 온전하게 출범했다. 1948. 11. 1. 김찬영, 노진설, 김익진, 양대경, 최병주 5명이 대법관에 임명되었다.

1949. 9. 26. 법원조직법을 공포하여 명실상부한 근대적인 사법제도를 구비하게 되었다. 법원의 종류로 상고심으로 최고법원인 대법원, 항소심으로 고등법원,[65] 제1심으로 지방법원과 그

---

63 법원행정처(주 8), 248; 사법발전재단(주 9), 49.

64 대법원은 2015년부터 9. 13.을 '법원의 날'로 정하여 기념행사를 개최하고 있다.

65 고등법원은 서울과 대구 2곳만 있었으나, 1952년 광주고등법원, 1987년 부산고등법원, 1992년 대전고등법원, 2019년 수원고등법원이 차례로 개원했다. 1995. 3. 원, 춘천지방법원, 창원지방법원, 울산지방법원, 인천지방법원 등에 고등법원 원외재판부가 설치되었다.

지원을 두어 3심제를 채택했다. 대법원장과 대법관은 법관회의(대법원장, 대법관, 각 고등법원장으로 구성)의 제청으로 대통령이 임명하도록 규정했다. 대법관의 수를 9명 이내로 규정했다. 5명의 대법관으로 구성된 소부에서 재판하고, 소부는 민사부, 형사부, 특별부 등 전문부 형태로 운영했다. 대법원장의 정년은 70세, 기타 법관의 정년은 65세로 정했다. 대법관이 부족한 상황에 대처하기 위하여 대법원장은 대법관회의의 결의로써 고등법원 판사로 하여금 대법관의 직무를 대리케 할 수 있다(제6조 제1문)고 정했다.[66] 판사의 임명은 대법관회의의 결의에 의하여 대법원장의 제청으로 대통령이 행하고, 판사의 보직은 대법원장이 행한다고 정했다. 법원행정처장은 대법원장의 지휘를 받아 법원행정처의 사무를 관장하고 소속 직원을 지휘·감독할 권한을 가졌다.

1949년 대통령령인 「고등고시령」과 고시위원회 고시인 「고등고시령시행규칙」이 공포되었고, 1950. 1. 26.부터 31.까지 제1회 고등고시 사법과 필기고사가 실시되어 19명이 합격했다. 판사의 임용자격은 고등고시 사법과에 합격한 사람 중에서 사법관시보로 1년 이상 수습하고 성규(成規)의 고시에 합격한 사람, 검사나 변호사의 자격이 있는 사람 등으로 정했다.[67] 6·25 전쟁으로 상당

---

66 대법원 1957. 10. 4. 선고 4290형비상1 전원합의체 판결에 의하면 당시 대법관들 뿐만 아니라 대법관대리 판사 한환진과 김제형이 판결에 관여했다.

67 사법발전재단(주 9), 173.

수의 판사가 납치되거나 행방불명되어 인원을 보충하고자 1950. 12. 「판사 및 검사 특별임용시험법」을 공포하고, 1952. 4. 제1회 시험을, 1955. 제2회 시험을 실시했다. 지원자의 90% 정도가 법원·검찰의 현직 공무원이었다.[68]

1949. 12. 20. 법률 제81호로 검찰청법이 제정되었다. 검찰청법은 '검찰관' 대신 '검사'라는 직명을 사용했고, 간이검찰제도와 검사보제도를 폐지했으며, 직무승계·이전권이 미치는 범위를 소속 검찰청 내로 한정했고, 검찰항고제도를 명문화했다. 대검찰청 중앙수사국 제도가 도입되었는데, 이는 검찰이 수사기관화되는 경향을 부추겼다.

2) 대한민국 사법제도는 김병로 대법원장에 의해 기초되었다고 할 수 있기에 김병로 대법원장을 '대한민국 사법의 창조주'라고 칭한다.[69] 김병로 대법원장은 사법권 독립에 대한 투철한 의식을 가지고 외부로부터의 압력이나 간섭을 효율적으로 차단하는 전통을 세웠다. 법관들 개개인도 선비적인 지조와 법관으로서의 자존심을 지키려는 분위기가 조성되었다. 당시 헌법과 법원조직법이 법관회의와 대법관회의를 법관의 실질적인 임명권자로 하는

---

68 사법발전재단(주 9), 173~174.

69 한인섭(주 2), 692.

제도를 설정했다는 점도 초기 사법권 독립에 기여했다.[70]

이승만 대통령은 기회가 있을 때마다 사법부 흔들기를 시도했고, 김병로 대법원장은 사법부 독립을 수호하기 위해 즉각적으로 대응했다. 이승만 대 국회의 대결이 현실화되면서 '강력한 행정부와 독재권력 대 사법부'라는 프레임이 형성되었다. 김병로 대법원장은 사법권의 독립을 수호하기 위해서는 행정부와 입법부를 비판하고, 때로는 대통령과 정면으로 맞서기도 했다.[71] 대표적인 예로 살인죄로 기소된 서민호 국회의원 사건에서 부산지방법원 합의부(재판장 안윤출, 박정표, 김홍한)의 국회의 석방결의안 의결에 따른 구속집행정지결정(1952. 5. 19. 자 4285형공합[72] 결정)과 살인죄 부분에 대하여 정당방위를 이유로 무죄를 선고한 부산지방법원(재판장 양회경 부장판사) 제1심 판결(1953. 10. 20. 선고)72에 대하여 이승만 대통령이 공개적으로 불만을 표시하고 이에 대하여 김병로 대법원장이 즉각적으로 응수한 발언,[73] 국가보안법위반 사건 등에서 무죄판결이 이어지자 이승만 대통령이 1956. 2. 20. 제22회 정기국회 개회식에 대통령 메시지를 보내 법관들을 비난하자 김병로

70 임지봉, 사법적극주의와 사법권 독립, 철학과현실사(2004), 254.

71 한인섭(주 2), 652.

72 양삼승(주 1), 218~219. 이 판결은 우리나라에서 정당방위를 인정한 최초의 판결로 자리매김하게 되었다.

73 한인섭(주 2), 661~665; 법원행정처(주 8), 262~263; 사법발전재단(주 9), 54.

대법원장이 정면으로 반박한 발언[74] 등이 있다.

김병로 대법원장은 헌정이 위기에 처할 때마다 적극적으로 발언하여 헌법과 민주주의의 수호자로서의 역할을 충실하게 수행했는데, 그것은 언론과 대중의 기대에 부응하는 차원에서 이루어진 것으로 볼 수 있다.[75] 대표적인 예로 반민족행위특별조사위원회(약칭 '반민특위') 활동을 방해하는 이승만 대통령에 항의하는 김병로 대법원장의 담화와 기자회견 등과 1949. 6. 6. 경찰의 반민특위 본부 습격에 대하여 기자회견을 통해 가차 없는 법적 심판을 추궁할 의지를 표명한 것,[76] 1952년 이른바 발췌개헌을 전후하여 이루어진 헌법 수호 차원의 발언,[77] 1954년 이른바 4사5입 개헌에 대한 기자회견을 통한 발언[78] 등이 있다.

김병로 대법원장은 1957. 12. 15. 정년퇴임했는데, 12. 16. 퇴임식에서 "굶어 죽는 것이 부정을 범하는 것보다 수만 배 명예롭다. 법관은 최후까지 오직 '정의의 변호사'가 되어야 한다."라고 했다.[79] 12. 18. 국회 민의원 본회의에서 퇴임 인사를 했는데, 사법부

74 한인섭(주 2), 677~684; 법원행정처(주 8), 263~264; 사법발전재단(주 9), 55.

75 한인섭(주 2), 686.

76 한인섭(주 2), 479~500.

77 한인섭(주 2), 652~661.

78 한인섭(주 2), 672~676.

79 한인섭(주 2), 691~695.

의 독립성 유지를 위해 법관들의 최저생활을 보장해 줄 것을 간곡히 호소했다.[80] 김병로 대법원장은 재임 9년 3개월 동안 사법부 밖에서 오는 간섭과 압력을 뿌리치며 사법권 독립의 기틀을 다졌다는 평을 받았다.[81]

나. 김병로 대법원장 정년퇴임 후

1) 이승만 대통령은 김병로 대법원장이 퇴임한 이후 지속적으로 사법부 길들이기를 시도했다.

우선 제2대 대법원장의 임명을 문제로 삼았다. 1949년 제정 법원조직법은 "대법원장은 대법관으로써 보한다."(제15조), "대법원장의 보직은 대법원장, 대법관, 각 고등법원장으로 구성된 법관회의의 제청으로 대통령이 이를 행한다."(제37조), "대법원장인 대법관의 정년은 70세, 기타 법관의 정년은 65세로 한다."(제39조)라고 정했다. 법관회의는 1957. 11. 23. 의결을 거쳐 11. 25. 제2대 대법원장 후보로 김동현 전 대법관(1957. 7. 65세로 정년퇴직)을 제청했다. 이승만 대통령은 대법관 정년이 지난 김동현 전 대법관의 대법원장 자격에 문제가 있다고 트집을 잡았다. 1957.

---

80 한인섭(주 2), 695~697.

81 법조삼성 평전 간행위원회, 한국 사법을 지킨 양심–김병로·최대교·김홍섭, 일조각 (2015), 169.

12. 23. 법원조직법을 개정하여 "대법원장은 대법관으로써 보한다."라는 규정을 삭제하고 "대법원장은 대법관이 된다."라고 규정하고, "대법원장의 보직을 대통령이 행한다."라는 규정을 "대법원장의 임명을 대통령이 행한다."라고 개정했다. 이승만 대통령은 1958. 1. 16. 김동현 전 대법관의 대법원장 임명을 거부하고, 1. 18. 법원행정처장에게 이우익 전 법무부장관(당시 자유당 경북도당위원장)을 대법원장으로 제청해달라고 요구했다. 1. 21. 열린 법관회의는 이승만 대통령의 요구를 거부했고, 대한변호사협회도 이승만 대통령의 월권에 대해 강력하게 비판했다. 법관회의는 1. 28. 조용순(대법관 역임 후 법무부장관을 거쳐 사정위원회 위원장으로 재직)을 추천했다. 이승만 대통령은 2. 21. 대법원장 임명에 법관회의의 제청절차를 거치도록 한 규정을 삭제하는 내용의 법원조직법 개정안을 국회에 제출했다. 대한변호사협회와 서울지방변호사회는 2. 24. 위 개정에 반대하는 결의문을 발표했다. 김병로 전 대법원장은 법률개정안을 낸 의원들을 향해 '입법권을 가진 사람들이 방자하다'고 신랄하게 비판했다.[82] 법원조직법 개정안은 3. 18. 철회되었다. 결국 1958. 6. 9. 이승만 대통령은 조용순을 제2대 대법원장으로 임명하기로 하고 국회에 승인을 요청했다. 6. 16. 국회는 임명승인안을 가결했고, 조용순 제2대 대법원장

82 한인섭(주 2), 707.

은 공석 6개월이 넘은 6. 20. 취임식을 가졌다.[83]

조용순 대법원장은 취임사에서 "사법관이라고 하여 국가 목적 달성에 관한 숭고한 정신을 망각하고 편협하고 주관적인 견해만을 고집하여 국민의 복리를 도외시한 처사가 있다고 하면 이는 권력분립이 기도한 국가목적 달성 이념에 배치되는 것으로서 단연코 배제 반성해야 할 것"이라고 밝힘으로써[84] 일제 말기의 전시 사법체제를 부활한 듯하다는 평가를 받았다.[85] 대법원장이 법관의 양심과 소신에 입각하여 사법부 독립을 내세우는 것이 아니라, 이를 "편협하고 주관적인 견해만 고집"하는 것으로 폄하함으로써, 향후 대법원이 개별 법관들의 소신을 지켜주는 방파제 역할을 하지 않고 순치된 법관상을 원하고 있음을 내외에 천명했다.[86]

2) 1958. 4. 3. 서울지방법원 형사3부(재판장 부장판사 유병진, 판사 이병용, 배기호)는 국가보안법위반죄로 기소된 서울대학교 학생 유근일에 대하여 징역 5년 형을 선고하면서 국가보안법위반죄 부분에 대해 무죄를 선고했다.[87] 또한 같은 재판부는

83 법원행정처(주 8), 265~268; 한인섭(주 2), 697~711.

84 법원행정처(주 8), 268.

85 문준영(주 7), 877.

86 한인섭(주 2), 711.

87 신동운 편저, 재판관의 고민, 법문사(2008), 392. 그러나 이 부분은 항소심과 대법원에서 파기되어 유죄로 인정되었다.

1958. 7. 2. 조봉암 등 진보당 23명에 대한 국가보안법위반 등 사건에서 조봉암의 간첩죄 부분에 대해 무죄를 선고하고 나머지 부분을 유죄로 인정하여 조봉암에게 징역 5년을 선고했다. 이승만 대통령은 공개적으로 위 판결에 대해 "법관들만 무제한 자유가 허용된다는 것은 이해할 수 없다. 이러한 판사들을 처리하는 방법이 없는지 모르겠다." 등 원색적으로 비난했다.[88] 이에 고무된 반공청년단 2백여 명이 7. 5. 법원에 난입하여 "친공 판사 규탄한다"라며 궐기했다. 법원난입사건은 커다란 충격파를 불러일으켰다. 7. 6. 시위대 가운데 5명이 긴급구속 되었고, 조용순 대법원장은 "확정판결도 아닌 1심판결만을 가지고 그런 난폭한 짓을 한 것은 경거망동한 짓이며 유감스러운 일"이라고 담화했다. 김병로 전 대법원장은 "기록 한 장도 보지 못한 무지한 자들이 옳으니 그르니 하고 더욱 난폭한 행동까지 한다는 것은 법치국가 사회에서는 상상도 못할 일이다. … 데모한 자들의 배후엔 누가 있어서 조종했기 때문에 … 우리나라 사법이 있느냐? 없느냐? 하는 중대한 관건이 되는 문제이므로 철저히 사건 진상을 규명해야 한다. 법관을 가리켜 '공산판사' 운운한 것은 '모욕죄' 중에도 가장 악질에 속하며 그들의 행동은 '살인강도'에 비할 바 아니다."라고 강력하게 비판했다.[89]

---

88 한인섭(주 2), 717~718; 신동운 편저(주 87), 395~398.

89 한인섭(주 2), 716~717.

1958. 7. 29. 사법감독관회의가 열렸고, 조용순 대법원장은 3권 분립 원칙에 관하여 훈시했다. 3권 분립 원칙은 국가 이념과 목적을 위해서만 존재가치가 있는 것이고 3권을 균형 있게 육성·행사함으로써 국가 목적 하에 3권이 귀일·통합되도록 힘써야 한다는 취지로[90] 진보당 사건의 1심 판결을 비판하는 것으로 비쳐졌다. 서울고등법원(재판장 김용진, 최보현, 조규대)은 1958. 10. 25. 1심 판결을 파기하고 간첩 부분을 유죄로 인정하여 조봉암, 양이섭 피고인에게 사형을 선고하고 나머지 피고인들에 대해서도 모두 유죄판결을 선고했다. 1959. 2. 27. 대법원[대법관 김세완(재판장), 김갑수, 허진, 백한성, 변옥주]은 조봉암에 대해 사형을 선고하고 2심에서 유죄판결을 선고한 일부 피고인들에 대해 무죄를 선고했다(대법원 1959. 2. 27. 선고 4291형상559 판결). 1959. 7. 31. 조봉암에 대한 사형이 집행되었는데, 이로써 사법부는 이승만이 정적을 살해하는 데 공동정범이 된 것으로 평가되었다.[91] 위 대법원 판결은 대법원 2010. 10. 29. 자 2008재도11 전원합의체 결정으로 재심절차가 개시된 후에 대법원 2011. 1. 20. 선고 2008재도11 전원합의체 판결[92]이 선고되었다. 전원일치 의견

90 법원행정처(주 8), 271.

91 한홍구(주 52), 35.

92 관여법관: 대법원장 이용훈(재판장) 대법관 박시환(주심) 김지형 이홍훈 김능환 전수안 안대희 차한성 양창수 신영철 민일영 이인복.

으로 원심판결과 제1심판결 중 유죄 부분을 각 파기하고 직접 판결하면서 제1심판결에서 무죄가 선고된 진보당 관련 구 국가보안법 위반의 공소사실에 대한 검사의 항소를 기각하고, 간첩의 공소사실에 대하여 무죄를 선고하는 한편, 무기불법소지행위에 대하여 형의 선고를 유예했다.

3) 제헌헌법은 "법관의 임기는 10년으로 하되 법률의 정하는 바에 의하여 연임할 수 있다."(제79조)라고 정했다. 1958년은 10년 전인 1948년에 임명되었던 판사들의 임기가 만료되는 해로 대부분 부장판사급 57명(당시 대법관 9명을 포함한 법관 정원 301명의 19%)이 연임대상이었다. 1957년까지 법관 연임에 관한 법률이 제정되지 않았다. 1958. 10. 16. 공포·시행된 법관연임법은 "임기가 만료된 법관은 법관회의의 제청에 의한 대통령의 연임발령으로써 연임한다."(제2조)라고 규정했다. 이승만 대통령은 1958. 10.부터 12. 22.까지 연임 제청된 52명(윤학노 부장판사 등 5명은 독소가 존재하는 법관연임법에 의한 연임을 원치 않는다며 연임신청을 하지 않았다[93]) 중 13명의 연임발령을 거부했고, 나아가 1959. 12. 20. 17명 중 7명의 연임발령을 거부했다. 유병진 부장판사와 안윤출 부장판사 등 20여 명의 판사들이 연임발령을 받지 못했는데, 이는 연임제청 인원 69명 중 29%의 탈락률을 기록

93 법원행정처(주 8), 275.

한 것이다.[94] 일제 강점기의 법관들에 대한 불신 때문에 도입된 법관 임기제와 연임 규정이 집권자의 의도에 따라 사법권 억압에 악용되었다고 평가된다.[95]

4) 1959. 1. 13. 개정 법원조직법은 대법관의 부족 상황을 극복하기 위하여 대법원을 대법관 9명과 대법원판사 11명으로 이원적으로 구성했다. 2원적으로 구성된 부는 민사부(대법관 1명과 대법원판사 4명으로 구성된 4개 재판부, 대법원판사 6명), 형사부(대법관 3명과 대법원판사 2명으로 구성된 4개 재판부, 대법원판사 5명 / 1960. 6.부터 대법관 1명과 대법원판사 4명으로 구성된 3개 재판부)를 두었고, 대법관부(5명)는 민사부, 형사부, 특별부를 두었다. 연합심판을 요할 때에는 대법관 전원 및 당해 계속사건에 관여한 판사 전원으로써 구성된 연합부에서 행하도록 했다.

3. 4·19 혁명과 제2공화국

가. 1960. 3. 15. 실시된 대통령선거에서 대통령에 이승만, 부통령에 이기붕이 당선되었으나, 마산에서 부정선거에 항의하는

---

94 사법발전재단(주 9), 59; 한인섭(주 2), 711~714.

95 한홍구(주 52), 37.

시위가 일어나 전국적으로 확산되었다. 4. 19. 서울에서 군중들이 국회의사당 앞에 집결하여 경무대를 향하여 시위행진을 벌였고, 경찰과의 충돌로 수많은 희생자가 발생했으며, 서울, 부산, 대구, 광주, 대전에 비상계엄이 선포되었다(4·19혁명). 4. 25. 대학교수단이 시위하면서 이승만 대통령의 하야를 요구하는 시국선언문을 채택했다. 이승만 대통령이 4. 26. 오전 사임하겠다고 발표하고, 4. 27. 국회에 사임서를 제출했으며, 사임서가 5. 3. 국회 본회의에서 수리되었다.

이승만 정권 말기 법원에 대한 불신은 4·19혁명 이후 경향신문사 발행정지처분 집행정지 재항고 사건을 계기로 직접적으로 표출되었다. 1959. 4. 30. 이승만 정부 공보실장은 경향신문사의 기사를 문제 삼아 군정법령 제88호를 근거로 하여 발행허가를 취소했다.[96] 경향신문 발행인은 5. 5. 발행허가취소처분 집행정지신청을 했고, 서울고등법원(재판장 부장판사 홍일원, 판사 최보현, 김정규)은 6. 26. 집행정지결정을 했다.[97] 정부 공보실장은 종전

---

96 1946. 5. 공포된 미군정령 제88호 제4조는 신문 기타 정기간행물을 허가 없이 발행하는 것을 불법으로 규정하고, 법률위반 등의 사유가 있을 경우에는 발행허가를 취소하거나 정지할 수 있다고 정했다.

97 홍일원 부장판사는 34년 뒤에 "이 사건을 배당받자마자 대법원장과 고등법원장이 매일 불러 '정부 패소 나면 다 죽는다'고 하여 목숨 내놓고 독립운동 하는 기분으로 정부 패소 결정을 내렸다"고 회상했다. 한인섭, 100년의 헌법, 푸른역사(2019), 329~330.

처분을 취소하면서 발행허가정지처분을 했다. 경향신문 발행인은 다시 집행정지신청을 하면서 정부가 근거로 삼은 미군정법령 제88호에 대한 위헌심사를 헌법위원회에 제청해 줄 것을 신청했다. 서울고등법원(재판장 김치걸 부장판사)은 8. 8. 위헌제청신청을 각하했고, 8. 29. 집행정지신청각하결정을 했으며, 9. 8. 정지처분취소를 구하는 본안소송을 기각했다(4292행103). 이에 대해 경향신문 발행인이 대법원에 상고 및 재항고했는데, 대법원[대법원장 조용순(재판장), 대법관 김두일, 김갑수, 배정현, 고재호, 백한성, 변옥주, 오필선]은 1960. 2. 5. 미군정법령 제88호의 위헌심사를 헌법위원회에 제청한다고 결정했다(4292행상110). 당시 헌법위원회가 구성조차 되지 않았기 때문에 대법원의 위헌제청결정에 대하여는 회의적인 견해가 지배적이었다.[98] 대법원은 1960. 4. 26. 오전에 이승만 대통령이 하야성명을 발표한 후 오후 2시 50분에 집행정지결정을 했다(4292행항12).

1960. 4. 27. 서울고등법원과 서울지방법원 판사들은 조용순 대법원장을 비롯한 대법관 전원의 사퇴권고를 결의했다. 대한변호사협회도 같은 날 대법원장, 중앙선거관리위원장, 대법관 등 고위 공무원들의 자진사퇴를 촉구하는 성명서를 발표했다. 조용순 대법원장은 4. 28. 사법부 독립의 완벽을 기하지 못한 책임을 느끼

---

98 법원행정처(주 9), 281; 한인섭(주 2), 765.

고 사임하겠다는 의사를 밝혔고, 중앙선거관리위원장인 김두일 대법관이 3·15 부정선거에 대한 책임을 지고 4. 29. 사임했다. 대한변호사협회가 5. 5. 조용순 대법원장의 즉각 사퇴를 재촉구했고, 결국 조용순 대법원장은 5. 11. 사임했다. 김갑수 대법관이 대법원장 권한대행으로 6. 18.까지 재직하다가 국회의원선거에 입후보하기 위해 퇴임했고, 그 이후 배정현 대법관이 대법원장 권한대행으로 근무했다.

조용순 대법원장 체제에서 대법원은 조봉암 사형판결 확정, 경향신문 사태에 대한 미루기식 대응 등에서 보듯, 사법부 독립과 사법정의 구현에 제대로 된 역할을 하지 못했다. 이승만의 대법원 흔들기와 법관재임용 탈락 등으로 법관의 위축사태를 가져온데 대해 제도권 법관들은 유병진, 홍일원 등의 사법 독립을 수호한 선례를 남기기도 했지만, 대체로는 위축되어 정치적 권력 남용을 억제하지 못하고 그 도구로 전락했다는 평가이다.[99]

대법원장을 포함한 3명의 대법관이 사임하여 대법관 수가 절대적으로 부족하게 되자 1960. 7. 1.「대법관직무대리에 관한 임시조치법」을 제정하여 "대법원장의 직무를 대행하는 자는 헌법 제78조에 의한 대법원장 및 대법관이 선임될 때까지 고등법원장 또는 대법원판사로 하여금 대법관의 직무를 대리케 할 수 있다."

---

99 한인섭(주 2), 766.

라고 정했다. 1961. 8. 12. 개정 법원조직법부터는 고등법원판사로 하여금 대법관의 직무를 대리하게 하는 근거조항이 삭제되었음에도 위 임시조치법은 폐지되지 않고 효력을 유지하다가 2007. 5. 17.에야 폐지되었다.

나. 경향신문사 집행정지신청 재항고 사건에 대한 대법원의 눈치 보기에 분노한 한 시민이 1960. 5. 18. 조용순 대법원장을 비롯한 대법관 전원을 직무유기 혐의로 서울지방검찰청에 고발했다. 서울지방검찰청이 무혐의 불기소처분을 하자 고발인이 서울고등법원에 재정신청을 했다. 서울고등법원 제1형사부(재판장 윤병칠 부장판사)는 적극적으로 사건을 조사하여 대법관들이 4. 26. 집행정지결정을 하면서 전화로 합의했고, 결정문에도 사후에 서명한 사실을 밝혀냈다. 윤병칠 부장판사는 대법관들에게 준기소명령을 할 것임을 시사했고, 배정현 대법원장 권한대행을 비롯한 대법관 6명은 1960. 11. 7. 재판부 기피신청을 했다. 윤병칠 부장판사가 회피하자 대법관들은 기피신청을 취하했다. 사건은 제2형사부에 재배당되었고, 제2형사부는 사건을 맡은 지 3시간 만에 재정신청 기각결정을 했다.[100]

---

100 한홍구(주 52), 37~39.

다. 1960. 6. 15. 시행된 제2공화국 헌법은 헌법위원회를 폐지하고 헌법재판소를 설치했으며, 대법원장과 대법관은 법관 자격이 있는 자로 조직되는 선거인단이 선거하고 대통령이 확인하며, 나머지 법관은 대법관회의의 결의에 따라 대법원장이 임명하도록 했다. 제2공화국 헌법이 대법원장과 대법관 선거제를 채택한 것은 대통령이나 국회가 대법원장과 대법관 임명에 관여하지 못하게 하여 사법권 독립을 확고히 보장하기 위함이었다. 김병로 대법원장 퇴임 이후의 사법부가 정치권력에 굴복한 결과 국민여론은 사법부의 근본적인 개편을 가져올 선거제를 지지했던 것이다.[101] 개정 헌법 부칙은 선거제가 도입된 대법원장과 대법관의 임기는 개정 헌법에 의하여 대법원장과 대법관이 선임되는 전일까지로 한다고 규정했다.

1961. 4. 26. 법률 제604호 「대법원장 및 대법관 선거법」이 공포되었다. 대법원장 및 대법관의 선거는 후보자 입후보와 후보자 추천(대법원장·대법관후보선출인단[102]이 입후보자 중에서 3배수로 후보자 선출·추천), 예비선거에 의한 선거인단 구성(법관 자격을

---

101 한홍구(주 52), 40.

102 선출인단은 ① 대법원장, 대법관 및 고등법원장, ② 국회 각원 의장이 각각 지명한 법관자격 있는 국회참의원 의원 2명, 민의원 의원 4명, ③ 대법원장의 직에 있던 자, ④ 검찰총장, 고등검찰청 검사장, ⑤ 대한변협 회장 및 30명 이상의 회원을 가진 변호사회 회장, ⑥ 헌법재판소장으로 구성한다.

가진 사람 전원이 참가한 예비선거에서 현직 법관 50명, 그 밖의 법관자격자 50명 등 100명으로 선거인단 구성), 후보자에 대한 선거인단의 본선거(대법관은 현직법관인 후보자 중 5명, 비법관인 후보자 중 3명 선출)로 구성되었다. 당시 선거일정은 1961. 5. 8. 대법원장직에 재조 1명, 재야 8명이, 대법관직에 재조 16명, 재야 24명이 입후보한 상태에서 5. 17. 선거인단 예비선거, 5. 19. 추천인단의 후보 추천, 5. 25. 선거인단의 본선거로 예정되어 있었다. 예비선거에는 재조 87명, 재야 144명이 입후보했고, 유권자 총수는 1,184명이었다. 그런데 예비선거 전날 5·16 군사쿠데타[103]가 일어나는 바람에 선거는 무기한 연기되었고, 그 이후 선거제도는 사라졌다. 결국 제2공화국 헌법에 따른 대법원은 구성되지 못했다.[104]

---

103 '5·16 군사쿠데타' 명명(命名)은 법원행정처, 법원사(자료집)(1995), 274; 대법원 2011. 6. 30. 선고 2009다72599 판결[대법관 민일영(재판장) 김능환(주심) 안대희 이인복]; 헌재 1998. 9. 30. 선고 97헌바51 결정 중 재판관 조승형의 반대의견.

104 법원행정처(주 8), 294~298; 사법발전재단(주 9), 62.

Ⅳ. 군사정부 시기의 사법부 수난과 굴욕

1. 5·16 군사쿠데타 및 제3공화국

가. 1961년 5·16 군사쿠데타 후 사법부는 독립성이 약화되고 법관의 지위가 격하되는 방향으로 개편되었다. 국가재건최고회의는 5. 31. 제1군 사령부 법무부장 홍필용 대령을 대법원감독관(후에 대법원연락관으로 명칭 변경)으로 임명했고, 각급 법원에도 군인 감독관을 파견했다. 홍필용 대령은 6. 2. 대법원감독관에 취임하면서 5·16혁명의 과업완수를 위하여 사건의 신속처리는 물론 구악과 부패 일소에 진력할 것을 요망한다고 훈시했다.[105] 6. 5. 「국가재건비상조치법」을 공포했는데, 이에는 대법관직을 폐지하고 대법원판사로 명칭을 변경하고, 대법원장과 대법원판사를 국가재건최고회의에서 제청하는 등의 내용이 담겨 있다. 법관의 임기도 제한하여 당시 재직하고 있던 모든 법관과 법원행정처장은 새로 임명될 때까지만 재임하는 것으로 했다. 이에 항의하여 배정현 대법원장 직무대행을 비롯한 대법관 전원이 사임하고, 지방법원장급 이상의 법관들도 일괄 사표를 제출했으나, 위와 같은 조치는 그대로 추진되었다. 이후 1981년까지 헌법이 개정될 때마다 모든

---

105 법원행정처(주 8), 447.

법관은 재임용을 받고 법원이 재구성되었다.[106]

1961. 6. 22. 「특수범죄처벌에 관한 특별법」을 제정하면서 공포일로부터 3년 6월까지 소급적용하도록 했다. 위 특별법위반 사건을 수사·심판하기 위하여 「혁명재판소 및 혁명검찰부 조직법」을 제정하고 7. 12. 혁명검찰부와 혁명재판소를 설치했다. 혁명재판소에는 심판부 5개부(제1심, 심판관 5명으로 구성)와 상소심판부 2개부(제2심, 심판관 7명으로 구성)를 두었고, 상소심판부의 판결에 대해서는 대법원에 상고할 수 없도록 했다.[107]

1961. 6. 30. 제3대 대법원장에 조진만 전 법무부장관이 임명되었다. 국가재건최고회의는 1961. 8. 26. 국가재건비상조치법에 따라 228명의 판사를 임명했다. 그 과정에서 47명은 의원면직 형식으로, 5명은 재임용 탈락 형식으로 퇴임했다. 윤병칠 부장판사 등 사법개혁에 적극적인 판사들이 판사직을 그만두게 되었다.[108] 9. 1. 국가재건비상조치법에 따라 대법원판사 8명이 임명되었다. 당시 국가재건최고회의에서 대법원판사 중 1명을 군법무관 출신으로 임명하는 의견이 제기되었으나, 조진만 대법원장이 "내가

---

106 사법발전재단(주 9), 64.

107 사법발전재단(주 9), 64~65. 위 두 법률은 사문화되었으나 공식 폐지되지 않고 있다가 「혁명재판소 및 혁명검찰부 조직법」은 2008. 12. 19. 폐지되었다. 제3공화국 헌법 부칙 제4조 제1항에 따라 효력이 유지된 「특수범죄처벌에 관한 특별법」은 공식적으로 폐지되지 않고 있다.

108 한홍구(주 52), 44.

그만두겠다."라며 강력하게 반발함으로써 무산되었다.[109]

1961. 8. 12. 개정 법원조직법(9. 1.부터 시행)은 "대법원에 대법원판사를 둔다."라고 규정하고, 대법원의 심판권은 대법원판사 전원의 3분의 2 이상의 합의체에서 행하도록 함으로써 9명 전원 합의체로 운영했다. 고등법원 상고부를 도입하여 제1심 단독사건에 대한 상고사건을 담당하도록 했다. 이는 조진만 대법원장이 취임 직후 법률신문 기자와의 인터뷰에서 밝힌 의견이 반영된 것이다.[110]

1961. 9. 27. 국가재건최고회의 의장의 명에 의해 신태섭 중령이 법원행정처장 보좌관에, 이명배 대위가 법원행정처 총무국장 보좌관에 임명되었다. 1962. 4. 30. 전우영 대령이 법원행정처장에 취임했는데, 법관임용 자격이 없는 사람이 법원행정처장에 임명된 것은 사상초유의 일이었다.[111] 일본식 교육을 받은 박정희 대통령은 사법부를 군대의 법무감실 정도로 여겼으며, 민복기 전 대법원장조차 "민주주의 국가이니 사법부의 독립을 내세우지 않을 수는 없었겠지만 대추 밤 놓듯이 구색을 맞춘 정도"였다고 평가했다.[112]

---

109 사법발전재단(주 9), 66.

110 사법정책연구원, [법원 인물사] 조진만 전 대법원장(2018), 65.

111 사법발전재단(주 9), 67.

112 한홍구(주 52), 44~45.

나. 1962. 12. 26. 개정되고 1963. 12. 17. 시행된 제3공화국 헌법은 대법원에 위헌법률심사권한을 부여하고, 대법원장은 법관추천회의의 제청을 거쳐 대통령이 임명하고, 대법원판사는 대법원장의 제청으로 대통령이 임명하며, 판사는 대법원판사회의를 거쳐 대법원장이 임명하도록 했다. 특기할 점은 대통령이 법관추천회의 또는 대법원장의 제청에 구속된다는 점이다.[113] 대법원장인 법관의 임기는 6년이고 연임할 수 없으며, 그 외 법관의 임기는 10년이고 연임할 수 있도록 규정했다. 모든 법관의 정년은 65세로 정했다. 제3공화국 헌법은 "체포·구금·수색·압수에는 검찰관[114]의 신청에 의하여 법관이 발부한 영장을 제시하여야 한다."라고 규정했다(제10조 제3항). 제3공화국 헌법은 시행 당시 공무원은 개정 헌법에 의하여 임명된 것으로 보되, 선임방법이 변경된 공무원은 개정 헌법에 의하여 후임자가 선임될 때까지만 직무를 행하도록 했다. 그에 따라 대법원장과 대법원판사가 새로 임명되어야 했다.

1963. 12. 13. 개정 법원조직법은 대법관의 수를 대법원장 외 12명으로 하고, 소부를 부활했으며, 고등법원 상고부를 폐지했다. 법관연임에 관한 규정을 법원조직법에 두고 법관연임법을 폐지

113 사법발전재단(주 9), 149.

114 유신헌법 이후에는 '검사'로 변경되었다.

했다. 대법원장이 법관추천회의의 동의를 얻어 연임을 제청하고 대통령이 연임 발령을 하는데, 제청이 있으면 연임 발령을 해야 하는 것으로 했다. 법관추천회의를 대법원장, 대법원판사회의가 대법원판사 중에서 선출한 법관 3명, 대한변호사협회장, 대한변호사협회장이 소집한 전국변호사회장회의가 선출한 변호사 1명, 대통령이 지명하는 법학교수 1명, 법무부장관, 검찰총장 등 9명으로 구성하도록 했다.

1964. 1. 13. 법관추천회의가 개최되어 조진만 대법원장을 제4대 대법원장으로 제청하기로 의결했고, 1. 14. 박정희 대통령이 국회에 임명동의를 요청하여 1. 27. 국회 본회의에서 임명동의안이 가결되었다. 조진만 대법원장은 2. 1. 취임식을 가졌다. 1964. 3. 3. 12명의 대법원판사에 대한 임명장 수여식이 개최되었다. 주운화 대검찰청 차장검사가 대법원판사에 임명되어 검찰 출신 대법원판사가 탄생했다.[115] 당시 민복기 법무부장관과 신직수 검찰총장은 대법원이 전체 법조계를 대표하기 위해서는 검사 출신 1명이 대법관이 되어야 한다는 논리로 밀어붙였다. 주운화 대법원판사는 임기(10년) 도중인 1969. 8. 사퇴했다.[116] 검찰 출신

---

115 법원행정처(주 9), 460.

116 검사 출신 대법원판사 또는 대법관은 1975년에 1명(나길조), 전두환 시절인 1981년에 2명(정태균, 강우영), 1986년에 2명(이준승, 이명희)이 임명되었다. 1988년에 3명으로 증원하려고 시도했다가 젊은 법관들의 반대로 1명을 임명한 이래 그것이

인사의 대법관 임명에 대해서는 그렇게 해야 할 합리적인 이유는 하나도 없다고 단정적으로 말할 수 있다는 지적이 있다.[117]

다. 조진만 대법원장은 재임 중 재판사무의 현대화에 힘썼다. 1961. 12. 「법원공문서규칙」을 제정하여 판결서를 한글 전용으로 바꾸고, 1962년부터 16절지를 세워서 한글로 판결서를 작성하도록 했다. 또한 1961년 개정 민사소송법은 판결서 작성을 간소화했다.[118] 1962. 2. 서울대학교에 사법대학원(수업연한 2년)을 설립했고, 사법관시보 제도를 폐지했다. 1962년 제14회 고등고시 사법과 합격자 50명 가운데 47명이 제1기생으로 사법대학원에 입학했다. 사법대학원생은 법원에서 3개월 형사실무수습과 5개월 민사실무수습, 검찰에서 2개월 실무수습, 변호사 사무실에서 1개월 실무수습을 거쳤다. 사법대학원 과정을 마친 사람과 검사나 변호사 자격 있는 사람에게만 법관 임용자격이 주어졌다.

관행으로 굳어졌다. 1988년 김주한, 1994년 지창권, 2000년 강신욱, 2006년 안대희 등 1명씩 임명되어 왔다. 사법발전재단(주 9), 154~155. 한편 2012. 7. 대법관 4명을 신규 임명하는 과정에서 검사 출신 김병화 전 인천지검장이 청문회 후 사퇴하고, 김소영 대법관이 임명된 이후 검찰 출신 대법관이 없어졌다. 그 후 2015. 5.에 검사로 근무하다가 퇴직 후 변호사, 한국형사정책연구원장으로 근무한 박상옥 대법관이 임명되었다. 박상옥 대법관이 퇴임한 2021. 5. 이후에는 검사 출신 대법관이 임명되지 않고 있다.

117 양삼승(주 1), 29, 37.

118 사법발전재단(주 9), 70.

사법대학원은 1970. 12. 제13기 수료생 배출을 끝으로 폐지되었다.[119] 제16회 고등고시 사법과 시험이 마지막으로 실시된 1963년에 사법시험령에 의해 사법시험제도를 도입했다. 제1회 사법시험은 1963. 8. 5.부터 9.까지 실시되어 41명이 합격했다.

1963. 7. 가사심판법을 제정하고 법원조직법 등을 개정한 후 1963. 10. 1. 최초의 전문법원인 서울가정법원을 설치했다. 1963. 7.에 시국사건의 영장 및 형사재판에 대한 통제의 편의를 위해 법원조직법을 개정하여 서울지방법원을 서울형사지방법원과 서울민사지방법원으로 분리했다. 군사정부가 파견한 장교가 서울지방법원에 상주하면서 재판에 간섭하고 법원장에게 판사들에게 영향력을 행사해 줄 것을 요청했는데, 김제형 서울지방법원장이 그 요청을 단호히 거절하자 서울지방법원을 효과적으로 조정.통제하고 법원장을 제거하기 위한 방편으로 분리했다는 설명이 있다.[120] 김제형 법원장은 1963. 7. 1. 서울고등법원 수석부장판사로 전보되었다가 8. 1. 의원면직되었다.[121] 군사정부 시기 동안 서울형사지방법원은 정권의 요구에 부응함으로써 사법권 독립에 오점을 남겼다는 평가다.[122] 1966년부터는 서울형사지방법원에

---

119 사법발전재단(주 9), 174, 190~191.

120 사법정책연구원(주 110), 81~82.

121 사법발전재단(주 9), 69.

122 한홍구(주 52), 215~216.

'수석부장판사' 자리를 만들었는데, 고등법원 부장판사가 편법으로 파견근무 형식으로 임명되었다.[123]

1963. 12. 13. 개정 법원조직법은 지속적으로 증가하는 상고사건을 효율적으로 처리하기 위하여 대법원 사건의 조사·연구를 담당할 재판연구원제도를 도입했다. 1965년에 12명이 처음으로 재판연구원에 지명되었고, 인원도 늘고 근무기간도 늘어 1975년에는 31명으로 대법원판사 1명마다 재판연구원 2명씩 배정했다. 1975. 12. 31. 개정 법원조직법은 재판연구원 명칭을 재판연구관으로 바꿨다. 재판연구관제도는 확대와 강화의 과정을 거쳐 왔는데, 공동재판연구관을 통해 전문성을 강화하고, 전속재판연구관을 통해 대법관의 업무를 분담하는 역할을 하는 것으로 평가된다.[124]

---

123 유신 이후에는 서울형사지방법원 수석부장판사가 검찰이나 중앙정보부에 협조해주는 인물로 판사나 변호사들로부터 '중앙정보부원'으로 불렸으며, 1980년대에는 서울형사지방법원장이나 수석부장판사가 공안사범이나 시국사범의 재판에 관여하는 것이 공공연한 비밀이었다. 전두환 정권 시절 법원과 정치권력의 유착이 심해지면서 서울형사지방법원은 규모가 훨씬 큰 서울민사지방법원보다 서열이 앞서게 되었고, 서울형사지방법원장이나 수석부장판사는 대부분 대법원판사로 승진했다. 국가안전기획부(약칭 '안기부') 조정관들은 서울형사지방법원장이나 수석부장판사를 통해 안기부의 의사를 관철했다. 한홍구(주 52), 215~216.

124 공두현, "대법원의 조직과 상고제도의 변화-역사적 제도주의의 관점에서", 사법 55호, 사법발전재단(2021. 3.), 756. 1989년에 상고허가전담부가 폐지되면서 재판연구관을 36명으로 증원하여 대법관 1명당 3명씩 배정했다. 1990년에 전속 재판연구관을 2명으로 감축하고 11명을 공동재판연구관으로 배정했다. 1994. 7. 27. 개정 법원조직법은 "대법원에 재판연구관을 둔다."라고 규정하여 재판연구관을 독립된 직제로

조진만 제4대 대법원장이 1968. 10. 20. 65세로 정년퇴임했다. 10. 8. 법관추천회의를 개최하여 민복기 전 법무부장관을 제5대 대법원장으로 제청하기로 의결했고, 박정희 대통령은 10. 10. 국회에 임명동의를 요청했으며, 국회는 10. 15. 본회의에서 임명동의안을 가결했다. 민복기 대법원장은 10. 21. 취임했다. 1969. 7. 25. 전우영 법원행정처장이 의원면직했고, 7. 29. 김병화 법무부차관이 법원행정처장에 임명되었다.

1969. 1. 20. 개정 법원조직법은 대법원에 사법제도개선심의위원회를 둔다고 규정했다. 1969. 4. 법원 외부 인사를 포함한 11명의 심의위원[125]이 위촉된 후 1969. 10. 사법시험 개선방안을, 1969. 12. 사법연수원 설치를, 1970년에는 항소심 개선방안과 상고이유 제한 방안 등을 건의했다. 1973. 1. 25. 개정 법원조직법에서 설치 근거규정이 삭제되었다. 사법제도개선심의위원회는 변호사, 검사, 교수, 국회의원까지 망라한 범국민적 위원회를 구성하여 사법제도 개선을 논의한 첫 번째 시도로서 1979년 대법원에 설치된 송무제도개선위원회와 상고심제도개선위원회, 1993년에

했다. 2002년부터 전속재판연구관을 3명으로 증원했다. 2005. 12. 14. 개정 법원조직법은 비법관연구관을 2급 또는 3급 상당 별정직공무원 또는 계약직공무원으로 임명할 수 있도록 했다. 2016. 4. 청년연구관제도를 도입했고, 2018. 2. 전속재판연구관을 대법관 1명당 2명으로 감축하고 그만큼 공동재판연구관 수를 증원했다.

125 구체적인 명단은 사법발전재단(주 9), 574.

설치된 사법제도발전위원회, 2003년에 설치된 사법개혁위원회를 통한 사법개혁의 바탕이 되었다.[126]

1970. 8. 7. 개정 법원조직법에 의하여 사법연수원의 설치근거가 마련되었다. 사법연수원은 1971년 대법원청사 신관에서 개원했고, 사법대학원 1학년생 32명과 1970년 제12회 사법시험 합격자 49명을 합한 81명이 제1기가 되었다. 사법연수원 연수과정은 2년간 실시되었다. 사법연수생은 3급(현 5급) 상당의 공무원이었고, 수료 후 판사 또는 검사로 5년 이상 근무할 의무가 있었으나, 사법시험 합격자 수가 300명으로 늘어난 1981년부터는 그 의무가 철폐되었다. 사법연수생은 1997년 500명에서 2002년 1,000명으로 증가했고, 사법연수원 수료생 중 다수가 변호사가 되었다.[127]

라. 제3공화국 시기에도 사법권의 독립을 침해하거나 위협하는 사건들이 자주 발생했다. 1964. 5. 20. 서울형사지방법원 양헌 판사가 한일회담 반대 투쟁에 나선 서울대학교 시위학생들에 대해 청구된 구속영장 중 일부를 기각하자 수도경비사령부 공수특전단 황길수 대위 지휘 하의 장병 13명이 권총과 소총으로 무장

---

126 사법발전재단(주 9), 74.

127 사법발전재단(주 9), 192~193.

하고 법원 당직실을 난입했다.[128] 1968. 7. 30. 대법원[대법원판사 김치걸(재판장), 사광욱, 최윤모, 주운화]이 동백림 사건(피고인 작곡가 윤이상 부부, 화가 이응노 부부, 시인 천상병, 경희대 정치학과 정하룡 교수 등)에 대하여 간첩, 회합, 잠입부분에 대해 무죄 취지로 그리고 양형 과중을 이유로 파기환송 판결을 선고하자(68도754), 애국시민회 명의로 "김일성의 판사 잡아내라", "북괴 야합 붉은 도당 처단하라" 내용의 전단이 뿌려졌고, 법원 근처 벽보에도 "김일성의 앞잡이 000를 처단하라"라고 쓰였으며, 대법원장에게도 협박 서신이 발송되었다.[129] 1971. 7. 16. 서울형사지방법원 목요상 판사는 김대중 후보 측근 3명(필자인 사회평론가 임중빈, 발행인 윤형두, 주간 윤재식)의 반공법위반 사건(월간 '다리'지에 게재한 논문을 이유로)에서 직권보석 후에 모두 무죄 판결을 선고했는데(71고단2423[130]), 목요상 판사는 그 과정에서 중앙정보부 조정관으로부터 위협을 받았고 결국 판사직을 사임했다.[131]

---

128 법원행정처(주 8), 461~463; 사법발전재단(주 9), 75; 한홍구(주 52), 46~49. 박정희 대통령은 1964. 6. 3. 비상계엄을 선포했다. 당시 법원에 난입했던 군인들과 공모자들은 1964. 7. 군법회의에서 징역 5년 또는 3년을 선고받았다.

129 법원행정처(주 8), 463~466; 사법발전재단(주 9), 77, 416~417; 한홍구(주 52), 49~52. 동백림 사건 대법원 판결에 관여했던 최윤모 대법원판사는 사법권 독립이 훼손되는 사태에 분개하여 1968. 8. 대법원판사직을 사임했다.

130 위 판결은 서울형사지방법원(71노3571)과 대법원(73도3423)을 거쳐 확정되었다.

131 법원행정처(주 8), 488~489; 사법발전재단(주 9), 76, 415~416; 한홍구(주 52), 56~60.

1971. 5.경 대법원에는 국가배상법 제2조 제1항 단서(국가재건최고회의 비상입법, 군인 등에 대한 국가배상 책임 제외)의 위헌 여부가 문제되는 사건이 400여 건 정도 계속되어 청구금액이 10억 원 정도에 이르렀다. 대법원은 1971. 6. 22. 국가배상법 제2조 제1항 단서와 개정 법원조직법 제59조 제1항 단서[132]가 위헌이라는 전원합의체 판결을 선고했다(대법원 1971. 6. 22. 선고 70다1010 전원합의체 판결). 국가배상법 제2조 제1항 단서의 위헌 여부에 대하여는 9명(손동욱, 김치걸, 사광욱, 양회경, 방순원, 나항윤, 홍남표, 유재방, 한봉세)이 위헌 의견이었고, 법원조직법 제59조 제1항 단서의 위헌 여부에 대하여는 11명(손동욱, 김치걸, 사광욱, 홍순엽, 방순원, 나항윤, 홍남표, 김영세, 한봉세, 민문기, 양병호)이 위헌 의견이었다.[133] 이 판결은 우리나라 70년 사법부 역사상 가장 중요한 판결로 여겨지고,[134] 대법원이 국민의 기본권 보장을 위해 위헌심사권을 적극적으로 행사한 것으로서 사법사적 의의가 실로 크다고 평가된다.[135] 국가배상법 제2조 제1항

---

132 "대법원이 법률, 명령 또는 규칙이 헌법에 위반함을 인정하는 합의심판을 하는 때에는 대법원판사 전원의 3분의 2 이상 출석과 출석인원 3분의 2 이상의 찬성으로 결정한다." 이 조항은 이 사건이 대법원에서 심리 중인 1970. 8. 7. 개정 법원조직법에 따라 평결정족수를 과반수에서 3분의 2로 개정한 것이다.

133 법원행정처(주 8), 479~483; 한홍구(주 52), 53~55.

134 양삼승(주 1), 63.

135 사법발전재단(주 9), 321.

단서에 대해 위헌의견을 낸 9명의 대법원판사는 모두 유신 이후 재임용에서 탈락했다. 이로써 법관의 신분보장을 규정한 헌법규정은 정면으로 무시되었고, 사법사상 최초로 '공개적으로' 판사가 그가 내린 판결을 이유로 보복을 당하는 치명적이고 치욕적인 사태가 발생했다.[136]

1971. 6. 28. 서울형사지방법원[부장판사 양헌(재판장), 판사 김성기, 장수길]은 신민당사에 들어가 선거 거부를 요구하는 농성을 하다가 「집회 및 시위에 관한 법률(약칭 '집시법')」위반 혐의로 기소된 대학생들에게 무죄를 선고했다. 1973년 유신정권은 양헌 부장판사와 김성기, 장수길 판사를 재임명과정에서 탈락시켰다.[137]

1971. 7. 28. 서울지방검찰청 공안부 이규명 검사가 국가보안법위반 사건 증인신문을 위해 제주도에 출장 갔던 서울형사지방법원 항소부[138]의 이범열 부장판사, 최공웅 판사, 이남영 서기에 대하여 구속영장을 청구(변호사로부터 항공료, 숙박료, 식대 등 뇌물수수 혐의)함으로써 제1차 사법파동[139]의 서막이 올랐다. 법원 전체

---

136 양삼승(주 1), 77.

137 한홍구(주 52), 56.

138 위 재판부는 1971. 7.까지 19건 22명의 피고인에게 유죄를 선고한 원심을 파기하고 무죄를 선고했고, 11건 11명의 피고인에게 유죄를 선고한 원심을 파기하고 선고유예를 선고했다. 무죄를 선고한 사건 중에는 반공법위반 사건 5건이 있었다. 사법발전재단(주 9), 79.

139 법원행정처(주 8), 489~497; 한홍구(주 52), 62~73.

형사사건 중 무죄 선고된 피고인 숫자가 1968년 267명, 1969년 698명, 1970년 903명으로 증가했고, 1971년에도 서울형사지방법원에서 정부의 뜻에 반하는 판결·결정이 연이어 나왔다.[140] 이범열 부장판사 등에 대한 구속영장 청구는 시국사건에서 잇따라 무죄판결을 선고한 이범열 부장판사에 대해 반감을 갖고 있던 검찰이 당시 관행상 이루어지던 현장검증 시 변호사로부터의 최소한의 접대를 문제로 삼은 것으로서 정권의 법원 길들이기 차원에서 유발된 것이었다. 서울형사지방법원 유태흥 수석부장판사는 증거 인멸과 도망 우려가 없다는 이유로 구속영장신청을 기각했다. 서울형사지방법원의 유태흥 수석부장판사 등 37명이 7. 28. 오후에 집단적으로 사표를 제출했다. 검찰은 7. 29. 구속영장을 재청구했으나 법원은 다시 기각했다. 그 이후 전국적으로 판사 100여 명(당시 전국 법관 총수는 455명)이 사표를 제출했다. 서울민사·형사지방법원 판사들은 7. 30. 사법권 독립 보장과 검찰 관계자의 인책을 요구하는 '사법권 수호 건의문'[141]을 채택했고, 서울형사지방법원 판사 7명(홍성우, 김인중, 최영도, 장수길, 금병훈, 목요상, 김공식)이 대법원장을 면담하고 이를 제출했다. 대한변호사협회는 7. 31. 대법원장과 검찰총장, 법무부장관에 대하여 사퇴할 것을 촉구했다. 대법원장이

140 사법발전재단(주 9), 78.

141 건의문의 일부 내용은 사법발전재단(주 9), 80.

법무부장관, 검찰총장과 만나 수습방안을 논의했으나, 대통령은 대법원장의 면담 요청도 거절했고, 법무부장관은 대법원장의 관련 검사들에 대한 문책 요구에 응하지 않았다. 8. 10. 부산지방법원 법관 12명이 추가로 사표를 제출하여 총 150명의 법관이 사표를 제출했다. 이 사태는 8. 27. 법관들이 민복기 대법원장의 호소를 받아들여 사표 제출을 철회함으로써 성과 없이 일단락되었다. 이범열 부장판사는 9. 7. 사직했고, 송명관 서울형사지방법원장은 9. 13. 대전지방법원장으로 전보되었다가 14. 사직했다. 대법원장을 면담했던 판사 중에서 2명(홍성우, 김공식)은 사법파동의 결과에 실망하고 1971. 10. 사표를 제출했고, 5명은 유신헌법 제정 이후 1973. 3. 31. 재임용을 받지 못해 법원을 떠났다.[142] 1971. 9. 30. 제78회 정기국회 본회의에서 법무부장관 해임결의안이 제출되었으나 표결 결과 부결되었다.

제1차 사법파동은 법을 집행하는 사람이 지위를 앞세워 권한을 남용할 때 얼마나 쉽게 사법권 독립이 훼손될 수 있는지를 보여주었다.[143] 김병로 대법원장 시절에 대통령에도 맞서는 형국으로 독립을 유지하던 법원은 1971년 사법파동 이후 권력에 완전히 종속된 것으로 평가된다. 법관 인사는 시국사건이나 공안사건 등

---

142 한인섭 대담, 홍성우 변호사의 증언 인권변론 한 시대, 경인문화사(2011), 43; 사법발전재단(주 9), 78~83.

143 사법발전재단(주 9), 83.

에서 정부 입장에 반하는 판결을 한 법관들에 대한 보복 수단으로 악용되곤 했다.[144]

2. 제4공화국(유신시대)

가. 박정희 대통령은 1972. 10. 17. 특별선언을 통하여 헌법 일부 조항의 효력을 정지시키고 전국에 비상계엄을 선포하고 국회를 해산하는 등 비상조치를 단행하고 '10월 유신'이라 명명했다. 10. 23. 공포된 비상국무회의법은 대통령, 국무총리, 국무위원으로 비상국무회의를 구성하고 비상국무회의가 국회의 권한을 행사한다고 규정했다. 비상국무회의가 10. 27. 헌법개정안을 의결·공고하고, 11. 21. 국민투표를 실시했으며, 12. 27. 개정 헌법이 공포되어 시행되었다.

유신헌법은 통일주체국민회의를 설치하고, 국회의 권한도 대폭 축소하여 국정감사를 폐지하고, 통일주체국민회의가 국회의원 정수의 3분의 1(73명)을 선출하는 등 민주국가의 외피마저 철저히 훼손했다. 유신헌법은 대통령이 국가의 원수라는 규정을 신설하고[145] 대통령에게 긴급조치권을 부여하면서 긴급조치는

---

144 임지봉(주 67), 255.

145 그 이전에는 대통령은 행정권의 수반이고, 외국에 대하여 국가를 대표한다는 취지로 규정했을 뿐이다.

사법심사의 대상이 되지 않는다고 규정했다. 법원의 구성에 관하여 대법원의 법관은 16명 이하로 한다고 규정하고, 법관추천회의를 폐지하고 대법원장은 대통령이 국회의 동의를 얻어 임명하도록 했다. 대법원장이 아닌 법관은 대법원장의 제청에 의하여 대통령이 임명하도록 했다. 대법원장의 임기는 6년으로 하고, 대법원장이 아닌 법관의 임기는 10년으로 하며, 법관은 연임될 수 있도록 정했다. 법관은 탄핵·형벌 이외에 징계처분에 의해서도 파면될 수 있도록 했다. 구속적부심사제도를 폐지했고, 검사의 '신청'에 의한 영장 발부를 검사의 '요구'에 의한 영장 발부로 개정했다. 법원의 위헌법률심사권도 폐지하고 헌법위원회 제도를 도입했다. 1971년에 위헌판결을 했던 국가배상법 제2조 제1항 단서와 관련하여서는 아예 헌법 제26조 제2항에서 군인·군속 등의 국가배상청구권을 배제했다. 유신헌법 부칙은 선임방법이나 임명권자가 변경된 공무원은 개정 헌법에 의하여 후임자가 선임될 때까지만 직무를 행한다고 규정했다.

1973. 1. 25. 개정 법원조직법 부칙 제2조는 시행 당시 법관은 1973. 4. 30.까지 새로 임명받아야 한다고 규정했다. 박정희 대통령은 1973. 3. 12. 민복기 대법원장을 제6대 대법원장 후보로 국회에 임명동의안을 제출했고, 3. 13. 국회에서 임명동의안이 가결되었으며, 3. 14. 제6대 대법원장 취임식이 열렸다. 1973. 4. 2. 자로 12명의 대법원판사가 임명되었는데, 국가배상법 제2조 제1항

단서 조항에 대하여 위헌의견을 냈던 9명의 대법원판사는 1973. 3. 31. 자로 의원면직되었고, 합헌의견을 냈던 7명은 모두 다시 대법원판사로 임명되었다. 4. 2. 자로 종전 판사 356명이 다시 판사로 임명되었고, 38명의 판사가 의원면직되었으며 3명은 4. 30.까지 임명받지 못해 직을 면했다. 제1차 사법파동을 주도한 판사, 시국사건에서 무죄판결을 선고한 판사 등이 보복 차원에서 면직되었다.[146] 국가배상법 제2조 제1항 단서의 위헌성과 관련하여 대법원은 1977. 6. 7. 전원일치 의견으로 종전 위헌판결의 견해를 변경했다(72다1359).[147]

나. 유신정권은 1973. 1. 25. 비상국무회의 의결을 거쳐 사법관련 법률들을 개정했는데, 대통령이 사법부를 완전히 장악하고 검사 우위의 형사절차를 확립하는 것을 주된 목적으로 했다.

개정 법원조직법은 판사의 보직에 관하여 "대법원장이 관계 고등법원장의 의견을 듣고 대법원판사회의의 의결을 거쳐서 행한다."라고 규정되어 있던 것을 "대법원장의 제청에 의하여 대통령이 행한다."라고 정했다. 개정 법관징계법은 징계의 종류에 파면을 추가하고, 징계의 집행에 관하여 감봉, 정직, 파면은 대법원장

146 법원행정처(주 8), 690~691; 한홍구(주 52), 79~89.

147 관여법관: 대법관 민복기(재판장) 이영섭 주재황 김영세 민문기 양병호 한환진 임항준 안병수 김윤행 이일규 강안희 라길조 김용철 유태흥 정태원.

의 제청에 의하여 대통령이 행하도록 했다.[148]

형사소송법을 대폭 개정하여 수사기관의 인신구속에 관한 권한을 강화하고 확대했다.[149] 구속적부심사제도 폐지, 보석결정 등에 대한 검사의 즉시항고권 인정, 재구속의 제한적 허용, 긴급구속의 범위 확대, 재정신청 대상의 축소(고소인 또는 고발인이 모든 불기소처분에 대해 재정신청을 할 수 있었던 것을 형법 제123조 내지 제126조의 죄에 대하여만 재정신청권 인정), 법원의 공소장변경요구제도 신설, 제1회 공판기일 전 참고인에 대한 증인신문제도 도입, 수사 중인 피의자에 대한 감정유치제도 도입, 형집행장제도 도입 등이 이루어졌다.

개정 변호사법은 변호사의 개업지를 제한했다. "판사·검사와 변호사의 자격이 있는 군법무관 또는 경찰공무원으로서 판사·검사·군법무관 또는 경찰공무원의 재직기간이 통산하여 15년에 달하지 아니한 자는 변호사업무 개시의 신고 전 2년 이내의 근무지가 속하는 지방법원의 관할구역 내에서는 퇴직한 날로부터 3년간 개업할 수 없다. 다만, 정년으로 퇴직하거나 대법원장 및 대법원판사가 퇴직하는 경우에는 그러하지 아니하다."(제8조 제5항)라고 정했다. 이 조항으로 말미암아 제1차 사법파동에 참여했던 서울

---

148 종전에는 대법원장이 감봉과 정직의 집행을 한다고 규정되어 있었다.

149 법원행정처(주 8), 761.

근무 판사들이 퇴직 후 3년간 지방에서 변호사 개업을 해야만 했다.[150] 이 조항에 대해서는 헌법재판소가 1989. 11. 20. 위헌결정을 했다(89헌가102).

다. 1973. 12.부터 유신헌법에 대한 개정운동이 본격적으로 일어나자 박정희 대통령은 1974. 1. 8. 긴급조치 제1호 및 제2호를 선포함으로써 긴급조치 시대를 열었다. 대통령 긴급조치는 사법심사의 대상이 되지 않고 위반자를 법관의 영장 없이 체포·구금할 수 있다. 1974. 1. 14. 긴급조치 제3호, 4. 3. 긴급조치 제4호, 8. 23. 긴급조치 제5호(제1호와 제4호 해제)를 선포했다. 긴급조치위반 사건에 관하여는 군법회의법이 준용되어 비상보통군법회의, 비상고등군법회의, 대법원이 관할했다.

1974. 12. 31. 긴급조치 제6호(제3호 해제), 1975. 4. 8. 긴급조치 제7호, 5. 13. 긴급조치 제8호(제7호 해제) 및 제9호를 선포했다. 긴급조치 제9호는 헌법 개정을 주장하는 행위, 긴급조치를 비방하는 행위 등을 처벌대상으로 삼았고, 긴급조치 제9호 위반자는 법관의 영장 없이 체포·구금할 수 있게 했다. 긴급조치 제7호 위반 사건부터는 법원에서 심판하도록 했다. 긴급조치 제9호는 10.26 이후 최규하 대통령이 1979. 12. 7. 자정을 기하여 이를 해제

---

150 한인섭 대담(주 142), 43~45.

했다.[151] 유신 시절은 긴급조치의 시대로 2,159일 동안 국민들은 긴급조치라는 살생 흉기의 협박을 받았다.[152] 긴급조치 제9호 사건에는 유언비어 유포 사건이 가장 많았고, 술집, 다방, 택시 등에서 술에 취하여 한 말이나 이웃과 나눈 대화, 전화통화 내용 등이 유언비어에 해당한다고 유죄판결을 받은 경우가 대부분이었다.

박정희 대통령은 1974. 4. 3. 긴급조치 제4호를 선포하면서 '전국민주청년학생총연맹(민청학련)'이라는 불법단체가 반국가적 불순세력의 배후조종 아래 인민혁명을 획책하고 있다고 발표했다. 4. 25. 신직수 중앙정보부장은 민청학련에 대한 수사상황을 발표하면서 민청학련 배후에 과거 공산계 불법단체인 인민혁명당(약칭 '인혁당') 조직이 있다고 밝혔다. 정부는 1964년에 있었던 인혁당 사건의 관련자 8명을 인혁당 재건위 사건으로 엮어서 기소했다. 제1심과 제2심은 군법회의에서 진행되었는데, 재판 시작 직전까지 변호인 접견이 허용되지 않았고 가족 면회도 금지되었다. 변호인이 신청하는 증거는 하나도 채택되지 않았고, 검찰 측 증인이 증언하는 날 변호인들은 가택연금되어 법정에 출두할 수도 없었다. 민청학련 사건 재판에서 변호인 강신옥 변호사가 1974. 7. 9. 17:20경 최종 변론을 하면서 "이번 학생들 사건

151 법원행정처(주 8), 844.

152 한홍구(주 52), 96.

의 변호를 맡으면서 법은 정치의 시녀, 권력의 시녀라고 단정하게 되었다. … 본 변호인은 … 직업상 이 자리에서 변호를 하고 있으나, 그렇지 않다면 차라리 피고인들과 같이 피고인석에 앉아 있겠다."라고 발언했다가 7. 15. 대통령긴급조치위반, 법정모욕죄로 구속되어 피고인석에 앉았다.[153] 7. 13. 선고된 1심 판결에서 피고인 32명 중 29명은 검사의 구형량과 똑같은 형이 선고되어 한승헌 변호사는 이를 '정찰제(正札制) 판결'이라 지칭했다.[154] 인혁당 재건위 사건 피고인 8명에 대하여 사형이 선고되었고, 대법원 판결(74도3323)이 선고되어 확정된 후 18시간 만인 1975. 4. 9. 사형이 집행되었다. 국제법학자협회는 4. 9.을 '사법사상 암흑의 날'이라고 불렀다.[155] 민청학련·인혁당재건위 사건은 1995년에 한 언론사가 근대 사법제도 100주년을 맞아 법관 357명을 대상으로 '현직 판사들이 가장 부끄럽게 생각하는 사법부 관련 사건'을 조사했을 때 가장 수치스러운 판결 1위로 선정되었다.[156] 사형이 집행된 8명의 가족이 2002년 서울중앙지방법원에 재심을 청구했는데, 서울중앙지방법원은 2005. 12. 27. 재심개시결정을 하고(2002재고합6, 2003재고합5), 2007년에 여정남의 일부 국가보안법위반을

---

153 한홍구(주 52), 105~109; 양삼승(주 1), 147~162.

154 한승헌, 한 변호사의 고백과 증언, 한겨레출판(2009), 167,

155 한홍구(주 52), 105.

156 사법발전재단(주 9), 421.

유죄로 인정하고 우홍선 등에게는 무죄 또는 면소를 선고했다. 전창일 등 피고인이 2007년 서울중앙지방법원에 재심을 청구한 사건에 대해서는 2008년 무죄 또는 면소판결이 선고되었다(2007재고합4).[157]

강신옥 변호사 사건에 대해서는 1974. 9. 4. 보통군법회의가 유죄를 인정하여 징역 10년을 선고했고, 1974. 10. 11. 고등군법회의가 피고인의 항소를 기각했다. 85명의 변호사들이 변호인단을 구성하여 상고했고, 대법원은 1975. 2. 구속기간 만료를 이유로 구속집행정지결정을 하여 피고인을 석방했다. 대법원은 1985. 1. 29. 긴급조치의 근거가 된 유신헌법이 제5공화국 헌법의 제정, 공포로 폐지되었기 때문에 긴급조치가 실효되었으며, 긴급조치의 유효를 전제로 한 원심판결은 파기되어야 한다는 이유로 원심판결을 파기했다(74도3501). 파기환송받은 서울고등법원은 1988. 3. 4. 법정모독죄에 대하여 상세한 이유를 들어 무죄를 선고했다(85노503). 검찰이 상고하지 않아 위 판결이 확정되었다. 이 사건에서 "양심은 있으나 용기는 없는" 사법부가 은밀하게 사용하는 방법인, 사건처리를 미루어두고 세월이 변하기를 바라는 소극적인 조치가 취해졌다.[158]

---

157 사법발전재단(주 9), 421~422.

158 양삼승(주 1), 159.

긴급조치 시기에 법원과 검찰은 사법부 본연의 역할을 제대로 수행하지 못했고, 특히 검찰은 정권의 충실한 하수인 역할을 수행했다. 당시 형편을 '판사의 검사화, 검사의 형사화'라고 표현한다. 구속영장 발부율이 거의 100%에 육박했고, 심지어 판사 집까지 찾아가서 구속영장에 서명을 받는 사태까지 발생했다. 공소장의 오탈자도 그대로 베낀 판결을 선고하는가 하면, 검사의 구형에 정확하게 비례해서 형량을 선고하여 정찰제 판결이라 평가되었다.[159] 중앙정보부 조정관이 법원에 상주했고, 법원장은 권력층의 요구를 받아 담당판사와 양형에 대해 상의를 요구하기도 했다. 시국사건을 담당하는 재판부는 심리 과정에서 고압, 과민, 간섭, 영합 등의 태도를 보였고, 이에 항의하여 피고인과 방청객들은 법관기피신청[160]과 재판거부 및 법정 소란 투쟁을 전개하기도 했다. 1975. 5. 시인 김지하가 인혁당 사건이 조작이라는 내용의 수기를 신문에 발표했다가 기소된 사건에서 재판장 권종근 판사에 대해 기피신청을 했고, 1975. 8. '어떤 조사(弔辭)'라는 수필에서 사형이 집행된 간첩에 대해 애도의 뜻을 표해 반공법위반 혐의로 기소된 한승헌 변호사의 변호인들이 이영범 판사에 대해 기피신청을 했으며, 1975. 9. 선거법위반 혐의로 기소된 김대중 씨가

---

159 한홍구(주 52), 99~104.

160 법원행정처(주 8), 698~699.

재판장 황석연 판사에 대해 기피신청을 했다.[161] 법관기피신청은 결과적으로 모두 기각되었으나, 법원에 대한 국민의 불신이 어느 정도로 심각했는지 보여주는 현상이었다.

1970년대 긴급조치 위반으로 유죄판결을 받은 피고인들은 「민주화운동 관련자 명예회복 및 보상 등에 관한 법률」에 따라 2000년부터 명예회복 및 보상을 받았다.[162] 진실·화해를 위한 과거사정리위원회가 2007. 1. 31. 긴급조치 위반으로 기소된 589개 사건 판결문 1,412개를 분석하여 '2006년 하반기 조사보고서'를 작성해 국회와 청와대에 제출했다. 긴급조치 사건 재판에 관여한 판사 총 492명을 공개했는데, 이 가운데 101명이 지방법원장급 이상 직위까지 올라갔다.[163] 대부분의 법관들이 긴급조치 위반 사건에 대해 경우에 따라서는 매우 적극적으로, 경우에 따라서는 온정적으로 그 효력을 인정하여 형사처벌을 내렸다. 이영구 부장판사는 1976. 11. 8. 서울지방법원 영등포지원에서 수업 도중 "후진국일수록 1인 정권이 오래가는데 우리나라 정권은 동해물과 백두산이 닳도록 해먹는다, 1인 장기 집권에 염증 느끼는 사람 많다"라고 말한 여자고등학교 교사가 긴급조치위반으로 기소된 사건

---

161 한홍구(주 52), 127~128; 한승헌(주 154), 199.

162 사법발전재단(주 9), 88.

163 진실과 화해를 위한 과거사정리위원회, 2006년 하반기 조사보고서(2007).

에서, 피고인이 장기집권이라고 표현한 것은 사실을 왜곡한 것이 아니고, 장기집권에서 오는 단순하고도 가벼운 염증감정을 표현한 것에 불과하다는 등의 이유로 무죄를 선고했다.[164] 1976년 1년 동안 긴급조치 제9호 위반으로 판결을 선고받은 피고인은 221명이었는데, 무죄가 선고된 경우는 이 피고인 한 명뿐이었다.[165] 이영구 부장판사는 판결 후 채 2개월이 안 된 1977. 1. 4. 전주지방법원으로 전보되었고, 2. 5. 자로 사직했다. 후에 이영구 변호사는 "유신시대에 사법부가 정권에 맹종한 것은 아니었다. 나처럼 무죄판결을 내린 판사도 있었고, 유죄를 선고하면서도 최대한 낮은 형을 내리려고 애쓴 판사들이 많았다"라고 밝혔다.[166]

긴급조치에 대해서는 헌법재판소[167]와 대법원[168]이 각각 위헌으로 선고했고, 긴급조치위반 사건에 대해서는 재심이 개시되어 무죄가 선고되었다. 대법원은 긴급조치 제9호 위반으로 구속되고 기소되어 유죄판결을 선고받은 사람들과 그 가족들에 대하여

164 서울지법 영등포지원 1976. 11. 8. 선고 76고합186 판결.

165 양삼승(주 1), 186.

166 사법발전재단(주 9), 92; 양삼승(주 1), 186~196; 한홍구(주 52), 131~132.

167 긴급조치 제1호, 제2호, 제9호에 대하여 헌재 2013. 3. 21. 선고 2010헌바70, 132, 170 결정.

168 긴급조치 제1호에 대하여 대법원 2010. 12. 16. 선고 2010도5986 전원합의체 판결, 긴급조치 제9호에 대하여 대법원 2013. 4. 18. 자 2011초기689 전원합의체 결정.

국가배상책임을 인정했다.[169] 이용훈 전 대법원장은 2012. 9. 21. 특강에서 "유신헌법은 헌법의 이름으로 일당 독재의 길을 열어준 것이다. 대법원이 2010. 12. 긴급조치에 대하여 위헌판결을 한 것은 사법부의 원죄를 씻는 것이다. 폭압적인 정치권력 앞에서 헌법도 법치주의도 소용없다는 것을 목격했으며, 저항권을 인정하지 않으면 (권력자들이) 국민을 나락으로 몰아넣을 수 있다는 것을 알아야 하고, (악법에) 저항하는 깨어있는 국민이 있어야 진정한 민주국가다."라고 말했다. 나아가 "유신헌법 제정에 참여한 분들은 나중에 승승장구해서 요직을 다 거쳤다. 그게 대한민국 현실이다. 출세와 재물에 눈이 어두우면 사람이 짐승의 수준으로 행세할 수 있다."라고 강하게 비판했다.[170]

라. 1978. 12. 21. 제6대 민복기 대법원장이 65세 정년에 이르렀다. 이영섭 대법원판사가 대법원장 권한대행을 하다가 제7대 대법원장에 임명되어 1979. 3. 23. 취임식이 열렸다.

1979. 10. 26. 박정희 대통령이 김재규 중앙정보부장의 총격을 받고 사망했다. 1979. 12. 6. 통일주체국민회의가 최규하를 제10대 대통령으로 선출했다. 전두환, 노태우 등 신군부세력이 12.

---

169 대법원 2022. 8. 30. 선고 2018다212610 전원합의체 판결.

170 한겨레신문, "이용훈 '유신, 헌법의 이름으로 독재 길 열어줘'"(2012. 9. 22.), <https://www.hani.co.kr/arti/society/society_general/552862.html>.

12. 권력을 장악했고, 1980년 봄 학생들의 민주화 요구 시위가 격화하자 이를 진압하는 과정에서 5·18 광주민주화 운동이 일어났다. 신군부는 5·18 민주화운동을 계엄군으로 진압하고 5. 31. 국가보위비상대책위원회(약칭 '국보위')를 설치하고, 삼청교육대를 설치·운영했다. 최규하 대통령이 사임한 후 통일주체국민회의는 1980. 8. 전두환 국보위 상임위원장을 제11대 대통령으로 선출했고, 9. 1. 취임식이 거행되었다.

1979. 11. 13. 계엄사령부 합동수사본부는 10.26 사건과 관련하여 김재규 등 8명을 내란목적살인 등의 혐의로 군법회의에 기소했다. 1979. 12. 20. 육군본부 보통군법회의는 김재규 등 7명의 피고인에 대하여 사형을 선고했다. 현역 대령 박흥주 피고인은 단심제가 적용되어 사형 판결이 확정되었다. 육군 고등군법회의는 1980. 1. 28. 김재규 등 6명에게 사형을 선고했다. 판결이 확정된 박흥주 피고인에 대하여는 1980. 3. 6. 사형이 집행되었다. 대법원 소부에서 의견일치가 이루어지지 않아 1980. 5. 20. 전원합의체 판결로 선고했고(80도306), 5. 24. 김재규 등에 대한 사형이 집행되었다. 의견이 갈린 쟁점은 내란죄의 성립에 필요한 '국헌문란 목적'과 '폭동'이 인정되는지 여부였다. 다수의견(이영섭, 주재황, 한항진, 안병수, 이일규, 나길조, 김용철, 유태흥)[171]은 내란

171 다수의견 가담자 중 이영섭, 김용철, 유태흥, 이일규 4명이 대법원장을 역임했다.

목적살인죄의 성립을 인정했으나, 소수의견(민문기, 양병호, 임항준, 김윤행, 정태원, 서윤홍)은 내란목적살인죄의 성립을 부정했다. 내란목적살인 인정 여부와 무관하게 현직 대통령을 살해한 행위의 중대성에 비추어 양형은 최고형인 사형 선고가 확실했으나, 전두환을 비롯한 신군부의 입장에서는 국가비상사태 하에서 국헌을 수호하기 위하여 정권을 인수했다는 정당성을 강변하기 위하여 내란목적살인이라는 공소사실을 대법원으로부터 인정받아야 할 절체절명의 필요성이 있었다.[172] 전원합의체 판결은 내란목적살인을 인정함으로써 명분상 신군부정권의 정통성을 긍정해준 결과가 되었다. 이 전원합의체 판결은 선고 후 10년이 지나도록 법원공보나 다른 어느 인쇄물에도 게재되지 않았다가 1990. 8. 27. 간행된 대법원 전원합의체 판결집에 처음으로 게재되었다. 직설적이고 논리정연한 소수의견의 내용이 널리 알려지는 것을 두려워한 신군부의 조치에 기인한 것이지만, 이에 협조한 사법행정 담당자의 책임도 무겁다.[173]

1980. 7. 31. 육군본부 보통군법회의 검찰부는 김대중, 문익환 등을 내란음모 등 혐의로 군법회의에 기소했다. 신군부는 김대중 내란음모 사건을 앞두고 김재규 사건에서 소수의견을 낸

172 양삼승(주 1), 89.

173 양삼승(주 1), 102~103.

대법원판사들에 대해 사표 제출을 강요했다. 양병호 대법원판사는 이를 거부했다가 8. 3. 보안사령부 서빙고분실로 연행되어 가혹행위를 당했다. 결국 8. 9. 자로 양병호, 민문기, 임항준, 김윤행, 서윤홍 대법원판사가 의원면직되었다. 사법부의 독립은 신군부 군화에 철저히 유린당했고, 사상초유로 판사를 물리적으로 납치하여 고문했으며, 판사의 제거과정도 협박으로 자신사표를 강요했다. 정태원 대법원판사(부수적 피고인의 부수적 쟁점에 대해서만 인용 형식으로 소수의견에 가담)는 1981. 4. 19. 제5공화국 헌법에 의해 대법원이 재구성될 때 재임명에서 탈락했다. 양병호 대법원판사 등은 변호사 개업도 제대로 하지 못했고, 이들의 비서관과 운전기사 등도 정화 바람에 퇴직했다고 한다.[174] 1971년의 국가배상 위헌판결에 따른 조치가 '사법권 독립의 사살'이었다면, 김재규 판결에 따른 조치는 '사법권 독립의 확인사살'이었다고 평가된다.[175] 김대중 내란음모 사건은 1981. 1. 23. 대법원에서 전원일치 의견으로 상고기각되어 김대중의 사형이 확정되었다. 1시간 후 국무회의를 열어 사형을 무기징역으로 감형했다.

---

174 한홍구(주 52), 156; 법원행정처(주 8), 850.

175 양삼승(주 1), 101~102.

3. 5공화국(전두환 정부)

가. 1980. 10. 27. 제5공화국 헌법이 공포되어 시행되었고, 1981. 1. 24. 비상계엄이 해제되었다. 제5공화국 헌법은 대통령의 긴급조치권을 폐지하고 비상조치 권한을 부여했는데, 이 비상조치 권한은 법원의 권한에 관하여 특별한 조치를 취할 수 있으나 사법적 심사의 대상이 되지 않는다고 규정되지는 않았다. 제5공화국 헌법은 대법원장이 대법원판사 이외의 법관을 임명한다고 규정했다. 법관의 파면은 탄핵이나 형벌에 의해서만 가능하고 징계처분에 의해서는 불가능하도록 했다. 제5공화국 헌법은 부칙에서 국보위가 국회의 권한을 잠정적으로 대행하도록 했고, 부칙 제8조는 임명권자가 변경된 공무원과 대법원장 및 대법원판사는 개정 헌법에 의하여 후임자가 선임될 때까지만 직무를 행한다고 규정했다. 국보위는 1980. 12. 18.부터 31.까지 각종 법률을 전부 또는 일부 개정했고, 1981. 1. 29. 법원조직법을 개정했다.

1981. 1. 29. 개정 법원조직법은 대법원판사의 수를 대법원장 외 12명으로 하고, 대법원판사 중에서 임명하는 법원행정처장은 대법원판사의 수에 산입하지 않는다고 규정했다. 법관을 9. 1.까지 새로 임명하고, 새로 임명되지 않은 법관은 후임자의 임명이 있기 전날까지 직을 가진다고 규정했다. 1981. 1. 29. 제정 「소송촉진 등에 관한 특례법(약칭 '소송촉진법')」에 따라 1981. 3. 1.부터 상고허가제가 실시되었다. 상고허가 여부는 4명으로 구성된 3개

재판부가 결정했다. 1987년에는 대법원판사 3명으로 구성된 4개 부를 구성하여 제1부가 상고허가신청사건을 전담했다.[176]

1981. 2. 25. 대통령선거가 실시되어 전두환이 제12대 대통령에 당선되었다. 1981. 4. 10. 전두환 대통령은 유태흥 대법원판사를 제8대 대법원장으로 국회에 임명동의를 요청했고, 국회는 4. 15. 임명동의안을 가결했다.[177] 이영섭 대법원장은 취임 후 2년여 만에 신군부의 압력으로 퇴임해야 했다. 이영섭 대법원장은 4. 15. 퇴임식에서 "취임 초에는 포부와 이상도 컸었지만 과거를 돌아보면 회한과 오욕으로 얼룩진 것 이외 아무 것도 아닌 것이 되었다"라고 술회했고, 퇴임사에 '사법부'를 '司法府'라 쓰지 않고 '司法部'라고 써서 사법부의 위상이 행정부의 일개 부서로 전락했다는 사실을 자조적으로 표현했다.[178]

전두환 대통령은 1981. 4. 17. 유태흥 대법원장이 제청한 법원행정처장을 포함한 13명의 대법원판사를 임명했고, 대법원장은 김용철 대법원판사를 법원행정처장에 임명했다. 대법원판사로 다시 임명되지 않은 6명의 대법원판사(주재황, 안병수, 정태원, 김태현, 김기홍, 윤운영)는 같은 날 퇴직했다. 1981. 4. 20. 기존 판사

---

176 사법발전재단(주 9), 162.

177 이영섭 대법원장까지의 대법원장들은 모두 일제강점기에 법조인 자격을 취득한 반면, 유태흥 대법원장은 1948년 제2회 변호사시험에 합격한 법조인이다.

178 한홍구(주 52), 158; 법원행정처(주 8), 852.

가운데 526명이 다시 판사에 임명되었고, 37명은 탈락했다.[179]

나. 1981년 하반기부터 대학생들의 시위가 다시 시작되었다. 체포된 대학생들은 보통 집시법위반죄로 실형을 선고받았고 집행유예 형을 선고받는 경우는 드물었다. 초기에는 징역 1년 또는 징역 1년 6월이 선고되다가 징역 2년 또는 2년 6월을 선고하기도 하더니 1983. 4. 시위 대학생에게 징역 3년을 선고한 이후 징역 3년을 선고하는 예가 많아졌다. 안기부는 1983. 4. 11. '학원사태 관련자 조기 공판진행 조정보고'를 작성했는데, 학원 관련 사범, 특히 군대 입대 기피 목적으로 시위를 한 자에게 5년 이상 구형하여 3년 이상 선고되도록 하고 재판을 신속하게 하여 시위를 줄인다는 방침을 제시했다. 안기부는 법원에 신속한 재판과 3년 이상 선고에 대한 조정을 요구했고, 사건처리 결과를 놓고 담당판사를 뒷조사하거나 법원장에게 항의하는 사례도 발생했다.[180]

1984. 11. 대학생 260여 명이 집권여당인 민주정의당 당사에 들어가 농성을 벌인 사건과 관련하여 4명에 대한 제1회 공판이 1985. 2. 15. 서울형사지방법원에서 열렸다. 피고인들이 퇴정하면서 구호를 외치는 등 소란을 일으킨 이후 1986년경까지 노동자

179 법원행정처(주 8), 853.

180 사법발전재단(주 9), 100~101.

또는 대학생 피고인들이 재판부에 항의하는 등의 법정소란이 자주 발생했다.[181] 1985. 5.부터 대학간 연합행사가 빈번해짐에 따라 가투(街鬪)가 격화되었는데, 5. 23.에는 대학생 70여 명이 서울 미국 문화원 점거농성을 하여 20명이 서울형사지방법원에 기소되었다. 7. 15. 열린 제1회 공판기일[부장판사 이재훈(재판장), 판사 서명수, 강일원]에 피고인들이 재판거부의사를 밝히고 퇴정했다. 7. 16. 김석휘 법무부장관이 경질되었고, 구속학생에 대해 무기정학이라는 가벼운 처벌을 내린 서울대학교 이현재 총장도 전격 경질되었다.[182] 미국 문화원 사건은 1985. 10. 2. 1심 판결이 선고되었는데, 19명에게 징역 7년부터 3년이라는 중형이 선고되었고, 1명에게 집행유예가 선고되었다. 이재훈 재판장은 판결을 선고하면서 판결문 외에 장문의 '훈계문'을 낭독하여 법관은 판결로만 말한다는 법언을 깬 것으로 평가됐다.[183] 1985. 10. 당시 서울형사지방법원에서는 학원과 노동 관련 공판이 하루에 2건 내지 5건씩 진행되었는데, 재판거부와 항소포기가 널리 이루어져 사법부에 대한 국민의 신뢰가 실추될 대로 실추되었다. 재판거부와 항소포기는 법원이 정권의 압력에 굴복하여 제 역할을 하지 못하자 그에 대한 항의로써 불신감을 표출한 현상이었다.

---

181 사법발전재단(주 9), 102.

182 한홍구(주 52), 219.

183 한홍구(주 52), 221.

다. 1985. 8. 16. 발표된 법관에 대한 9. 1. 자 정기인사에서 광주고등법원 윤석명 부장판사가 합의부도 없는 광주지방법원 장흥지원장 직무대리로 좌천 발령되자 사표를 제출하여 8. 24. 의원면직되었다. 8. 26. 박시환 판사가 시국사건 대학생 11명의 즉결심판에서 무죄판결을 내렸다는 이유로 인천지방법원에 부임한 지 6개월 만에 9. 1. 자로 춘천지방법원 영월지원으로 좌천 발령되었다. 서울형사지방법원 조수현 판사는 반정부유인물을 배포한 전국기독교농민총연합회 사무국장에게 즉결심판에서 무죄를 선고했다는 이유로 대전지방법원 강경지원으로 좌천 발령되었다.

서태영 판사는 1985. 9. 2. 자 법률신문에 위 인사발령을 비판한 '인사유감(人事有感)'이란 제목의 글을 게재했다. "그런 인사는 사법부의 자상(自傷)행위 … 인사가 법관에 대한 처벌의 도구로 쓰여서는 안 된다"라는 내용이 포함되어 있었다. 서태영 판사는 9. 1. 자로 서울민사지방법원으로 발령받았는데, 다시 9. 4. 자로 부산지방법원 울산지원으로 좌천 발령되었다.[184]

대한변호사협회가 9. 10. 유태흥 대법원장의 사퇴를 권고했고, 국회에서 10. 18. 헌정사상 최초로 유태흥 대법원장에 대한 탄핵소추안이 발의되었다. 10. 21. 표결 결과 부결되었다.[185]

---

184 사법발전재단(주 9), 101.

185 법원행정처(주 8), 864~866.

라. 1986. 4. 15. 유태홍 대법원장의 임기(5년)가 만료되었다. 전두환 대통령은 1986. 3. 19. 김용철 법원행정처장을 제9대 대법원장으로 임명하는 동의안을 국회에 제출했고, 3. 22. 임명동의안이 국회에서 가결되었다. 일부 대법원판사의 임기만료일이 1986. 4. 16.이어서 4. 2. 10명의 대법원판사가 임명되었다.

김용철 대법원장 체제가 출범한 이후 사법부에 변화의 조짐이 나타났다. 고문으로 조작된 사건이나 주요 시국사건은 여전히 정권의 입맛대로 유죄가 선고되었으나, 사법부가 인신구속에 신중해지고 시국사건이나 공안사건에서 무죄가 선고되는 일이 나타나기 시작했다. 김용철 대법원장은 법과 양심에 따라 판결한 법관들에게 유태홍 대법원장처럼 보복조치를 취하지 않았다.[186] 안기부는 1987. 3. 26. 작성한 보고서에서 김용철 대법원장이 주요 문제 결정 시 외부 눈치를 지나치게 의식하여 소신껏 처리하지 못하고 여론에 민감하게 반응하는 등 되는 것도 없고 안 되는 것도 없는 '주사급 대법원장'이라고 혹평하는 여론이 유포되고 있다고 썼다.[187] 정권에 의한 대법원장 길들이기 공작이 어떻게 작동하는지 보여주는 사례라고 할 수 있다.

---

186 김용철 대법원장은 사법부 수장으로서 사법관의 독립을 위해 판사가 재판하는 데 영향을 미쳐서는 안 되고, 판사가 소신에 따라 판결한 결과가 인사에 영향을 주어서는 안 되며, 외풍을 막아주어야 한다는 자세를 견지했다고 한다. 법원도서관, 구술총서 6 김용철(2024), 140~142.

187 한홍구(주 52), 258~263.

V. 1987년 헌법(제6공화국) 이후 정상화

1. 노태우 정부

가. 1987년 6·10 시민민주화 운동으로 노태우가 6·29 특별선언을 하고 여야 간에 대통령 직선제를 핵심으로 하는 헌법개정안이 마련되었다. 1987. 10. 27. 헌법개정안에 대한 국민투표가 실시되어 93.1%의 찬성률로 통과되었다. 개정 헌법은 1987. 10. 29. 공포되고, 부칙 제1조에 따라 1988. 2. 25.부터 시행되었다. 1987. 12. 16. 실시된 제13대 대통령선거에서 노태우가 당선되었고, 1988. 2. 25. 취임식이 열렸다.

1987년 헌법은 대통령을 국민이 직접선거로 선출하도록 했고, 대통령의 비상조치 권한을 폐지했다. '대법원판사'를 '대법관'으로 개칭하고, 대통령이 대법원장의 제청으로 국회의 동의를 얻어 대법관을 임명하도록 임명절차를 변경했다. 이는 국회에서 민주적 정당성을 부여받은 동등한 지위의 대법관들이 최고법원을 구성하고 상고심 재판을 최종적으로 책임져야 한다는 헌법적 결단을 의미한다.[188] 대법관 이외의 법관은 대법원장이 임명하되 대법관회의의 동의를 얻도록 바꾸었다. 법관의 파면에 관하여 금고 이상의 형의 선고에 의하지 않고는 파면되지 않는 것으로 그 사유

188 공두현(주 124), 754.

를 축소했다. 1987년 헌법은 위헌법률심사권을 헌법재판소에 부여했다. 부칙에서 시행 당시 대법원장과 대법원판사를 제외한 나머지 법관은 새 헌법에 의해 임명된 것으로 본다고 규정했으나, 선임방법이나 임명권자가 바뀐 공무원과 대법원장은 개정 헌법에 의해 후임자가 선임되기 전날까지 직무를 행한다고 규정했다.

1987. 12. 4. 전면개정 법원조직법은 대법관의 수를 대법원장을 포함한 14명으로 한다고 규정했고, 대법관 가운데 1명을 법원행정처장에 보하도록 했으며, 대법원장의 정년을 70세로 정했다.

나. 1988. 4. 26. 실시한 제13대 국회의원선거로 여소야대 국회가 출현했다.[189] 5. 6. 야당은 대법원장과 대법관의 전면적인 교체를 주장했는데, 5. 26. 노태우 정부는 현 김용철 대법원장을 다시 대법원장에 임명하고 대법관을 대폭 교체한다는 방침을 밝혔다. 1988. 6. 15. 서울민사지방법원, 서울가정법원, 서울지방법원 북부지원 법관들은 '새로운 대법원 구성에 즈음한 우리의 견해'라는 성명서를 발표했다. "돌이켜보면 우리 국민은 자신의 기본권을 보장하여 줄 것을 위임한 사법부에 기대어 기본권을 보장받기

---

189 민주정의당 125석, 평화민주당 70석, 통일민주당 59석, 신민주공화당 35석, 한겨레당 1석, 무소속 9석.

보다는 오히려 많은 부분을 국민들 자신의 희생과 노력으로써 스스로 쟁취해 왔으며, 이 과정에서 많은 국민들이 사법부를 불신하고 심지어는 매도하기에 이르렀습니다." 당시 대법원판사였던 이정우, 김형기, 정기승, 황선당 등 4명은 서울형사지방법원장으로 재직한 바 있는데, 소장법관들의 입장에서는 대법원의 이러한 인적 구성 자체가 사법독립을 해치는 현상이었다. 소장법관들은 김용철 대법원장 사퇴, 정보부 기관원 법원 상주 폐지, 법관의 청와대 파견 금지 등을 주장했다.

1988. 6. 17. 오전까지 전국 1,037명의 법관 중 280명이 성명서에 서명하기에 이르자 김용철 대법원장이 사임의사를 밝히고, 6. 20. 퇴임식을 가졌다. 김용철 대법원장은 사임의사를 밝히면서 소장법관들의 서명은 충정에서 우러나온 것으로서 서명 법관들을 비난해서는 안 되고 서명사태가 사법부 발전의 계기가 되어야 한다고 했다.[190] 노태우 대통령은 정기승 대법원판사를 후임 대법원장 후보자로 지명했다. 125명의 변호사들과 천주교 정의구현전국사제단이 반대성명을 발표했고, 사법연수원생 185명도 7. 1. 정기승 후보자의 대법원장 임명동의안 철회를 요구했다.[191] 1988. 7. 2. 국회에서 정기승 대법원장 임명동의안이 표결 결과

---

190 법원행정처(주 8), 1051~1053; 사법발전재단(주 9), 108~109.

191 사법발전재단(주 9), 109; 민경한, 동굴 속에 갇힌 법조인, 나래짓(2012), 70~71.

부결되었다(재석 295명, 찬성 141표, 반대 6표, 기권 134표, 무효 14표).[192]

노태우 대통령은 이일규 전 대법관을 대법원장 후보자로 임명했고, 국회에서 가결되어 1988. 7. 6. 이일규 제10대 대법원장이 취임했다. 이일규 대법원장은 1988. 7. 7. 13명의 대법관을 노태우 대통령에게 제청했고, 노태우 대통령이 국회에 동의 요청하여 7. 9. 국회에서 동의안이 모두 가결되었고, 7. 11. 대법관 13명에 대한 임명식이 개최되었다. 김덕주, 이회창, 이재성, 김상원 변호사와 김주한 대검찰청 감찰부장 등 법원 외부 인사가 많았고, 정기승 대법원판사 등 9명은 7. 11. 임기만료로 퇴임했다.

이일규 대법원장은 대법관 후보 2배수 제청 관행을 개선하여 단수만 제청했고, 검찰 출신 대법관을 2명에서 1명으로 축소했으며, 재판에 대한 외부의 압력을 차단하기 위해 노력했다.[193] 1989. 9. 1. 법원도서관이 분리·독립하여 개관했다. 1990. 1. 13. 개정 소송촉진법에 따라 1990. 9. 1.부터 상고허가제가 폐지되었다.

다. 이일규 대법원장이 1990. 12. 15. 정년에 이르러, 노태우 대통령은 김덕주 대법관을 제11대 대법원장으로 임명하기로 하고

---

192 한홍구(주 52), 377~382.

193 한홍구(주 52), 381.

국회에 임명동의안을 제출했고, 1990. 12. 10. 임명동의안이 국회에서 가결되었다. 김덕주 대법원장은 1955년 제7회 고등고시 사법과에 합격하여 1956년 법관으로 임용되었는데, 김덕주 대법원장의 취임은 본격적인 법조인 충원제도로 도입된 고등고시 합격자가 사법부 수장이 되었다는 점에서 또 다른 시대의 시작을 의미했다.[194]

대법원은 1992. 11. 17. 「법관인사위원회규칙」을 제정하여 대법원장 자문기구로 법관인사위원회를 설치했다.[195]

2. 김영삼 정부와 윤관 대법원장, 김대중 정부

가. 김영삼 정부와 윤관 대법원장

1) 여소야대의 상황을 극복하기 위해 민주정의당(총재 노태우)은 1990. 1. 제2야당 통일민주당(총재 김영삼) 및 제3야당 신민주공화당(총재 김종필)과 3당 통합을 했고, 1992. 12. 18. 실시된 제14대 대통령선거에서 김영삼이 당선되어 1993. 2. 25. 제14대

194 사법발전재단(주 9), 111.

195 사법발전재단(주 9), 118. 법관인사위원회는 1994. 7. 27. 개정 법원조직법에 근거 규정을 마련했다. 당초 법관만으로 구성했으나, 2005년 규칙을 개정하여 법원 외부 위원을 지명하거나 위촉하도록 했고, 법관의 인사에 관한 중요한 사항에 관하여 심의하여 실질적인 자문기구로서의 위상을 확립했다.

대통령 취임식이 있었다.

1993. 4. 29. 서울지방법원 서부지원 김종훈 판사는 법원 상층부에 개혁을 촉구하는 의견서를 제출했다. 의견서에서 "우리 법관들 중 누가 감히 국민들에게 비친 우리의 모습이 헌법정신에 투철했다고 장담할 수 있는가. 안기부(중정), 검찰, 심지어는 기무사(보안사) 등으로부터 얼마나 자유롭게 재판권을 행사했는가. 인사권을 통한 간접통제는 없었는가. 왜 법관이 국보위나 대통령 비서실에 파견 나가 있었는가." 자문했다.[196] 1993. 6. 26. 서울민사지방법원 단독판사 28명(박시환, 강금실, 김종훈 등)은 '사법부 개혁에 관한 건의문'을 작성하여 대법원장에게 제출했다(제3차 사법파동). 위 건의문은 과거 정치권력에 대하여 무력하게 침묵했던 사법부의 대대적 반성과 개혁을 촉구하며 김덕주 대법원장의 사임을 요구했다. "판사들은 판결로써 말해야 했을 때 침묵하기도 했고, 판결로써 말해서는 안 될 것을 말하기도 했으며, 판결이라는 방패 뒤에 숨어 진실에 등 돌리기도 했다"라고 스스로를 비판했다.[197] 구체적인 사법개혁 방안으로 법관인사위원회의 의결기관화와 전체 법관의 의사를 반영한 법관인사위원회의 구성, 법원 인사권 분산, 고등법원 부장판사제도 재검토, 전국법관회의

196 한홍구(주 52), 383.

197 권석천, 대법원 이의 있습니다, 창작과비평사(2017), 71; 사법발전재단(주 9), 112; 한홍구(주 49), 384.

설치 등을 요구했다. 대한변호사협회가 7. 1. 과거 정치권력에 영합한 인사들의 사퇴를 요구하는 결의문을 발표했다. 안우만 법원행정처장이 7. 22. 사임했다. 대법원은 1993. 7. 12. 「법관회의의 설치 및 운영에 관한 규칙」을 제정하여 각급법원에 법관회의를 두었고, 1994. 7. 27. 개정 법원조직법에 판사회의 설치에 관한 근거규정을 신설했다.

1993. 6. 11. 공직자윤리법이 개정되어 1개월 후부터 시행되었다. 그에 따라 모든 법관은 재산을 등록하고, 고등법원 부장판사급 이상의 법관은 등록 재산을 관보나 공보에 게재하여 공개하게 되었다. 8. 11. 법관을 포함한 25,000여 공직자의 재산등록이 마감되었고, 9. 7. 고위법관을 포함한 1,167명의 재산이 공개되었다. 그 과정에서 김덕주 대법원장의 재산 축적 문제가 떠올랐고, 결국 9. 11. 김덕주 대법원장이 퇴임했다. 퇴임사에서 "지금 국민 앞에 비쳐지고 있는 사법부의 모습에 대하여 저는 깊은 책임감을 느낍니다. 우리가 당면하고 있는 모든 현안은 최고 책임자인 제가 물러남으로써 매듭지어져야 한다고 생각합니다."라고 했다.[198]

후임으로 1993. 9. 25. 윤관 제12대 대법원장이 취임했다. 윤관 대법원장은 취임사에서 "우리가 일을 게을리 한 채 새롭게 태어나

198 사법발전재단(주 9), 113; 한홍구(주 52), 383~385.

기를 주저한다면 국민은 우리를 외면하고야 말 것"이라면서 "사법부의 인사에 관한 문제는 법관의 신분보장에 관한 헌법정신과의 조화 속에서, 스스로의 자율과 양심에 터 잡아 슬기롭게 매듭지어질 수 있을 것으로 확신한다."라고 했다.[199] 아울러 국민을 위하고 국민의 편에 서는 사법을 만들기 위해 범국민적 사법제도 개혁기구를 설치하겠다고 밝혔다.[200]

2) 김영삼 정부 이후 사법개혁이 우리 사회의 중요한 과제로 대두했다. 김영삼 정부 이후 각 정부는 사법개혁추진기구를 구성하여 사법개혁 작업을 진행하고 일정한 성과를 올려왔다. 그 명칭과 시기 및 소속 등은 다음 표 기재와 같다.[201]

정부	명칭	시기 및 소속
김영삼	사법제도발전위원회 (사발위)	1993. 11. 10. 대법원(윤관 대법원장)에 설치
	세계화추진위원회 (세추위)	1995. 1. 범행정부적 기구로 구성

199 법원행정처(주 8), 1081~1087.

200 사법발전재단(주 9), 114.

201 김영삼 정부부터 노무현 정부까지 사법개혁 추진의 구체적인 내용과 위원 명단은 김선수(주 6), 10~27.

<table>
<tr><td rowspan="2">김대중</td><td>새교육공동체위원회
(새교위)</td><td>1998. 7.
대통령자문위원회로 설치
1998. 11.
법학교육제도개선 소위원회 구성</td></tr>
<tr><td>사법개혁추진위원회
(사개추)</td><td>1999. 5.
대통령자문기구로 구성</td></tr>
<tr><td rowspan="2">노무현</td><td>사법개혁위원회
(사개위)</td><td>2003. 10. 28.
대법원(최종영 대법원장)에 설치</td></tr>
<tr><td>사법제도개혁추진위원회
(사개추위)</td><td>2005. 1. 19.
대통령자문기구</td></tr>
<tr><td>이명박</td><td>사법개혁특별위원회
(사개특위)</td><td>제18대 국회
(2010. 3. ~ 2011. 9.)</td></tr>
<tr><td>박근혜</td><td>사법개혁특별위원회
(사개특위)</td><td>제19대 국회
(2013. 4. ~ 2013. 10.)</td></tr>
<tr><td rowspan="3">문재인</td><td>사법개혁특별위원회
(사개특위)</td><td>제20대 국회 전반기
(2018. 1. ~ 2018. 6.) /
후반기
(2018. 7. ~ 2019. 8.)</td></tr>
<tr><td>형사사법체계개혁특별위원회</td><td>제21대 국회
(2022. 8. ~ 2023. 5.)</td></tr>
<tr><td>국민과 함께 하는 사법발전위원회</td><td>2018. 3. ~ 2018. 12.
대법원(김명수 대법원장)에 설치</td></tr>
</table>

노무현 정부 시기까지는 사법개혁추진기구의 측면에서 사법부와 행정부가 논의를 주도하고 범정부 차원의 기구가 구성되기도 했으나, 이명박 정부 이후에는 국회 차원의 특별위원회가 구성되어 구체적인 방안에 관하여 논의하고 여야가 합의한 내용을 입법하는

형태로 추진되었다.[202] 이는 여러 정부에 걸쳐서 다양한 사법개혁 방안에 관한 연구가 이루어지고 구체적인 법률안이 국회에 발의되는 등 자료가 축적되어 있어서 국회가 정책적인 결단을 내리기만 하면 관련 법률안 등을 만드는 것이 가능하게 되었고, 또한 국회 입법조사처의 역량이 강화되어 이를 뒷받침할 수 있었기 때문이다.

3) 윤관 대법원장은 취임 직후인 1993. 11. 3. 법조계, 학계, 정계, 언론계, 사회단체 인사 등으로 대법원에 사발위를 구성하여[203] 사법개혁에 관하여 논의하고 개혁방안을 마련했다.[204] 사발위는 1994. 2. 16. 24개 항목의 사법제도개혁방안을 의결하여 대법원장에게 건의했다. 대법원은 4. 14. 대법관회의를 개최하여 사법개혁 6대 법률안[205]을 의결했고, 윤관 대법원장은 4. 15. 이를 국회의장에게 송부했다. 국회의장은 4. 16. 이를 법제사법위원회(약칭 '법사위')에 송부했고, 법사위는 '사법제도개혁관련 법률안 기초소위원회'를 구성하여 관련 기관과의 협의를 거쳐 일부 수정안을

---

202 이재원, "사법제도 개선의 경과와 향후 과제", 저스티스 통권 206-2호, 한국법학원(2025), 50.

203 사발위의 구체적인 위원 명단은 사법발전재단(주 9), 577.

204 대법원, 사법제도개혁백서 (상) Ⅰ·Ⅱ·Ⅲ, (하) Ⅰ·Ⅱ (1994).

205 ① 법원조직법 개정안, ② 행정소송법 개정안, ③ 각급 법원의 설치와 관할구역에 관한 특례법 개정안, ④ 각급 법원 판사 정원법 개정안, ⑤ 법관의 보수에 관한 법률 개정안, ⑥ 상고심 절차에 관한 특례법 제정안.

마련했다. 이렇게 마련된 법률안이 7. 14. 국회 본회의에서 통과되었고, 김영삼 대통령이 7. 27. 이를 공포했다. 김영삼 대통령이 윤관 대법원장을 전적으로 신뢰하고 윤관 대법원장의 사법개혁 추진을 적극적으로 지원했기 때문에 가능했다.[206] 사발위를 통한 사법제도 개선은 사법부가 자율적·능동적으로 추진한 최초의 제도개선으로 법원의 조직과 인사제도, 재판제도 등에 광범위한 변화를 가져왔고 상당한 입법적 성과를 거둔 것으로 평가할 수 있다.[207] 사발위 건의사항과 후속조치는 아래 표와 같다.[208]

사발위 건의사항과 후속조치

목표	주요사항	비고
국민의 편익보장	전국 각지에 간이 상설법원 설치	수정 입법
	제주에 광주고등법원 제주지부 설치	입법
	서울민사지방법원과 서울형사지방법원 통합	입법
	행정소송 제1심을 지방법원 관할, 행정심판 임의화	입법
국민의 인권보장	구속영장실질심사제도 도입, 판사의 임의적 심문	입법
	기소전 보석제도 도입	입법

206 법원도서관, 구술총서 1 법관의 길 윤관(2021), 138.

207 이재원(주 202), 29.

208 사법발전재단(주 9), 579; 법원행정처(주 8), 1091~1092.

재판의 공정성과 심리의 충실	부판사제도 도입 → 예비판사제도 도입	수정 입법
	법관 근무평정제도 도입	입법
	제1심과 민사항소심 구조조정 / 사법보좌관제 도입	입법
	상고허가제 단점 보완 → 심리불속행제도 도입	수정 입법
	특허소송 고등법원 관할 → 특허법원 설립[209]	수정 입법
	원로법조인력, 간이상설법원 판사로 활용 → 시군법원	수정 입법
사법권의 독립	예산편성상 사법부의 독립과 자율 존중	수정 입법
	법원의 입법의견 제출	수정 입법
	고등법원 부장판사 이하 모든 법관 단일호봉제 채택	입법
	법관인사위원회(자문기구) 설치 / 법관회의(자문기구) 설치	입법
	법관의 파견근무 원칙적 금지	입법
법률문화 발전	사법정책연구실 설치 / 서울행정법원[210] 설치	입법

209 특허법원을 설립하기 전까지 특허사건에 대해서는 상공부 산하 특허국(1976. 12. 31. 개정 정부조직법으로 특허청으로 됨) 내 심판과에 심판소와 항고심판소를 두어 특허심판과 항고심판을 담당하게 했고, 항고심판에 대해서는 대법원에 제소하도록 하여 단심제로 운영했다. 사법발전재단(주 9), 224.

210 행정법원을 설립하기 전까지 행정사건에 대해서는 제1심은 피고 소재지를 관할하는 고등법원에서 전속으로 관할하고, 대법원에 상고할 수 있도록 하는 2심제를 채택했었다. 사법발전재단(주 9), 224~225.

시군법원은 1995. 9.부터 설치되기 시작하여 지속적으로 확대되어 지역주민에게 더 편리한 사법서비스를 제공하고 있다.[211] 예비판사는 1998. 3. 2. 처음 임명된 이래 '사건의 심리 및 재판에 관한 조사·연구업무'라는 법원조직법상의 담당업무와 무관하게 배석판사와 마찬가지로 사건기록 검토, 합의 참여, 판결문 작성 등의 업무도 담당하는 방식으로 운영되다가 2007. 4. 개정 법원조직법에 의하여 폐지되었다.[212] 행정법원과 특허법원에 관한 사항은 1998. 3. 1.부터 시행했다. 행정법원이 개원한 이래 행정심판절차가 임의적인 전치절차로 바뀌어 3급 3심제가 도입되었는데, 공정거래위원회를 피고로 하는 행정사건의 경우에는 종전처럼 2심제가 유지되었다. 「상고심 절차에 관한 특례법(약칭 '상고심법')」 제정으로 도입된 심리불속행제도는 1994. 9. 1.부터 시행되었다.

이 개혁 작업에는 법조계 외에 각계를 망라한 인사들이 참여했고, 사법제도 전 부문을 점검하고 대대적으로 개선했으며, 대법원이 발의한 내용을 여야의원이 제안하는 의원입법 형식으로 법률개정을 함으로써 중요한 성과를 냈다. 다만 주로 법원 내부의 개혁에 중점을 두었을 뿐 법조인력 양성제도 개선 등의 문제는

---

211 사법발전재단(주 9), 146.

212 사법발전재단(주 9), 176. 당시 예비판사 181명은 2007. 5. 모두 판사로 임용되었다.

결론을 내지 못하고 장기연구과제로 미루는 등 사법 전반의 개혁에는 이르지 못한 한계가 있었다.[213]

1994. 9. 1.부터 심리불속행제도가 시행된 이후 현재까지 대법원 조직과 상고제도는 그대로 유지되고 있다. 1963년 전원합의체 원칙을 중심으로 재구성된 대법원의 구조는 수직적 차원에서 대법원의 최고법원성과 법령해석의 통일성이라는 가치를 강하게 구현하는 동시에 수평적 차원에서 소부제도(4명의 대법관으로부 구성), 재판연구관제도, 심리불속행제도 등이 연결된 방식으로 중층적 제도복합체를 이루면서 장기간 지속되고 있다.[214]

4) 1995. 1. 출범한 범행정부적 기구인 세계화추진위원회는 '법률서비스 및 법학교육의 세계화'를 추진과제의 하나로 논의했다. 위 과제는 세계화추진위원회 내의 사법개혁 담당 소위원회 및 전문가회의[215]에서 담당했다. 세계화추진위원회는 법조인 수(사법시험 합격자 수) 확대, 법학전문대학원(로스쿨) 도입방안, 변호사 보수의 적정화, 공익법무관제도 및 공공변호사제도 도입 등을 통한 법률복지의 확충, 법관임용방법의 개선과 전문화, 법조인

213 김선수(주 6), 10~11.

214 공두현(주 124), 767~768.

215 구체적인 위원 명단은 사법발전재단(주 9), 581.

의 자질 향상과 직역 확대, 법률서비스 시장 개방에 대처 등을 주요의제로 논의했다.[216]

세계화추진위원회와 대법원의 합동 논의 결과 로스쿨제도 도입이 채택되지 못했다. 박세일 정책수석비서관 등이 대통령의 의지를 바탕으로 로스쿨을 도입하고자 강력하게 추진했으나 법조계의 저항으로 실패했다.[217] 사법시험 합격자 수를 1996년 300명에서 500명으로 증원하고, 매년 100명씩 증원하여 1,000명까지 증원 방안과 사법연수원 운영을 개편하는 방안 정도만 도입했다.

5) 1995. 12. 29. 형사소송법 개정을 통해 체포영장제도 도입, 구속영장실질심사제도 도입, 긴급구속 폐지와 긴급체포 도입, 기소 전 보석제도 도입, 체포된 자의 적부심사 인정 등 형사소송절차를 정상화했다. 구속영장실질심사제도에 대하여 검찰실무에서는 '실질심사'라는 표현을 피하기 위하여 '구속 전 피의자심문절차'라고 부르나,[218] 그동안 서류심사를 형식심사로 불렀다는 점에서 영장실질심사제도라고 부르는 것이 타당하다.[219] 구속영장실질심사제도(법관에게 실질심사의 선택권 부여)는 1997. 1. 1.부터

---

216 세계화추진위원회, 법률서비스 및 법학교육의 세계화 주요자료집(1995. 12.).

217 김선수(주 6), 12.

218 신동운, 신형사소송법(제4판), 법문사(2012), 281~284.

219 김인회, 형사소송법(제2판), 피엔씨미디어(2018), 128.

시행되었다. 그 후 평검사들이 구속영장실질심사제도 폐지 건의문을 검찰총장에 제출하는 등의 과정을 거쳐 1997. 12. 13. 개정 형소사송법을 통해 '피의자 등의 신청 있는 경우에만' 구속영장실질심사를 하는 것으로 변경되었다. 2007. 6. 형사소송법 개정으로 현재와 같은 '필요적 심문절차'가 도입되었다. 즉, 구속영장을 청구받은 판사는 원칙적으로 모든 피의자를 심문하도록 하되, 구속영장이 청구된 날의 다음날까지 피의자를 심문하도록 했다.[220]

6) 1995년은 우리나라에 최초로 법원이 설립된 1895년으로부터 100년이 되는 해이다. 대법원은 대한민국의 근대사법 100년의 역사를 정리하여 『법원사(The History of the Courts in Korea)』를 편찬했다. 1928년 신축하여 경성재판소 청사로 사용하다가 광복 후 대법원 청사로 사용하던 서소문동의 구 청사를 떠나 1995. 10. 21. 서초동의 새 청사로 이전했다.

대법원은 공직자 재산공개를 계기로 공직윤리의 확립이 강조되자 1995. 7. 1. 「법관윤리강령」을 제정하여 시행했다. 1997. 10. 경'의정부 법조비리 사건'이 폭로되고 관련자들이 구속되자 대법원은 1998. 6. 「법관윤리강령」을 전면 개정하여 법관의 직무 외의 활동 중 허용되지 않는 범위를 구체적으로 규정했다.

---

220 권순일, "대한민국의 사법개혁 현황과 전망", 사법 39호, 사법발전재단(2017), 7.

윤관 대법원장은 사법개혁과 사법부 독립 확보에 초석을 세웠으며, 윤관 대법원장 이후 비로소 대법원장들이 중도에 퇴임하지 않고 6년의 임기를 마치는 관행이 확립되었다. 그러기에 윤관 대법원장을 '민주화 이후 대한민국 사법부의 기틀을 단단히 다진 선구자'라고 평가한다.[221] 윤관 대법원장은 군사정부 잔재 청산 차원에서 대통령 해외 순방 때 대법원장이 공항에 나가는 관행을 폐지하고, 대법원장실 등에 걸었던 대통령 사진을 제거했으며, 안기부 직원의 법원 출입을 금지했다.[222]

나. 김대중 정부

1) 1997. 12. 18. 실시된 제15대 대통령선거에서 새정치국민회의 김대중 후보가 당선되어 역사상 처음으로 여야 정권교체가 이루어졌다.

1998. 7. 김대중 정부에서 대통령자문위원회로 설치된 새교위는 11월에 법학교육제도개선 소위원회를 구성하고 법학전문대학원 도입에 관하여 논의했다.[223] 소위원회는 1999. 8. '법학교육

---

221 세계일보, "이회창 제치고 발탁된 윤관, '사법부 안정' 가져오다"(2022. 11. 15.), <https://www.segye.com/newsView/20221115502182?OutUrl=naver>.

222 문화일보, "영장심사제 도입…'사법개혁 초석'"(2022. 11. 14.), <https://www.munhwa.com/news/view.html?no=2022111401072921068001>.

223 법학교육제도연구위원회, 법학교육제도 개선 연구-'학사 후 법학교육'의 도입(1999. 8.)

제도개선 연구: 학사 후 법학교육의 도입', 즉 학부전공자를 대상으로 한 3년제 법학전문대학원 도입을 건의했다. 입학정원에 대해서는 법률가에 대한 사회적 수요를 고려하여 결정하도록 했다. 그러나 더 이상의 후속추진은 이루어지지 못했다.

2) 1999. 1. 이른바 '대전법조비리사건'이 언론에 보도된 후 국민들의 사법불신을 해소하기 위해 1999. 5. 대통령자문기구로 사법개혁추진위원회가 구성되었다.[224] 사법개혁추진위원회는 종합적인 사법개혁방안을 강구하여 2000. 5. 최종 건의안을 대통령에게 보고했다. 사법개혁추진위원회는 법무부가 주도하고 법관 2명을 포함한 법조인, 법학교수, 비법조인들이 참여했다.[225]

사법개혁추진위원회는 공정하고 신속한 권리구제제도, 법률서비스의 질적 향상, 법조의 전문화·합리화, 법조인 양성제도의 개선, 법조비리 근절, 세계화 조류에의 대응 등 6개 부분, 34개 안건에 대하여 연구·검토하고 개혁방안을 마련했다. 공정하고 신속한 권리구제제도 중에는 체포·구속제도 개선, 석방제도 개선, 재정신청 범위 확대, 피해자 권리보호, 자백사건의 신속한 선고제도, 피고인신문제도 개선, 공판정 좌석배치 개선 등이 포함되어

---

224 이재원(주 202), 31.

225 사법개혁추진위원회, 민주사회를 위한 사법개혁-대통령 자문위원회 보고서(2000); 사법개혁추진위원회, 사법개혁추진위원회 전문위원 보고서(상)·(하)(2000).

많은 논의가 있었다. 법조인 양성과 관련된 개선방안으로는 선발시험제도 개선(장기적으로 절대점수제인 자격시험으로 전환하나 정원제 유지, 선발인원 2001년부터 1,000명으로 증원, 응시자격 및 회수 제한), 선발 후 교육제도로서 한국사법대학원 도입(학생은 공무원 신분 부정) 등이 검토되었다.

사법개혁추진위원회는 사법개혁 주제의 대부분을 검토하고 개혁방안을 마련했으나, 그 이후 법률 제·개정을 통해 제도화하기 위한 구체적인 추진체계와 일정을 확립하지 않았기 때문에 김대중 정부가 끝날 때까지 법률안을 국회에 제출하지도 못함으로써 제도화에 실패했다.

3) 김대중 대통령은 1999. 9. 22. 임기가 만료되는 윤관 대법원장의 후임으로 최종영 전 대법관을 제13대 대법원장 후보자로 지명했고, 9. 20. 국회에서 임명동의안이 가결되었으며, 9. 29. 취임식이 열렸다. 최종영 대법원장은 취임식에서 '21세기에 걸맞은, 국민을 위한 사법'이라는 새로운 지평을 열어가겠다고 밝혔다. 대법원은 구체적 실천방안으로 2000. 2. '21세기 사법발전계획'을 수립했는데, 주요 내용은 지방법원 지원의 항소부 설치와 집중심리제를 골자로 하는 민사소송법 개정, 새로운 민사사건관리모델 실시, 공판중심주의를 핵심으로 하는 형사심리절차의 개선, 법관

직급제의 개선 등이다.[226]

2000. 6. 「인사청문회법」이 시행되어 대법원장과 대법관 후보자에 대해 인사청문회를 실시하게 되었다. 2000. 7. 사상 처음으로 이규홍, 이강국, 손지열, 박재윤, 강신욱, 배기원 대법관 후보자에 대한 인사청문회가 실시되었다.[227]

3. 노무현 정부와 이용훈 대법원장

가. 노무현 정부

1) 2002. 12. 19. 실시된 제16대 대통령선거에서 새천년민주당 노무현 후보가 당선되어 2003. 2. 25. 취임했다. 2003. 5. 20. 서울지방법원 판사 26명이 대법원에 법관인사제도 개선 건의문 및 사법개혁 방안을 전달하는 등 사법개혁의 필요성을 제기했다. 대법원은 대법원장의 대법관 제청절차를 개선하기 위하여 2003. 7. '대법관제청자문위원회내규'를 제정하여 대법관제청자문위원회를 구성했다.[228] 임기만료로 퇴임하는 대법관(서성)의 후임자 선임을 위해 2003. 8. 12. 대법관제청자문위원회가 개최되었다. 자문위원회에서 종전 관행에 따라 서열대로 후보자 3명을 선정

---

226 사법발전재단(주 9), 115~116.

227 사법발전재단(주 9), 151.

228 사법발전재단(주 9), 118, 151.

하자 강금실 법무부장관과 박재승 대한변호사협회장이 항의하여 회의 도중 퇴장한 뒤 위원직을 사퇴했다.[229] 다음날 박시환 서울지방법원 부장판사가 대법관 후보자 선정에 항의하여 사표를 제출했다. 서울지방법원 북부지원 이용구 판사가 '대법관 제청에 관한 소장 법관들의 의견'이라는 글을 법원 내부게시판에 올려 159명의 판사가 이에 서명했고, 8. 14. 이를 대법원장에 제출했다(제4차 사법파동).[230] 소장법관들은 의견서에서 "기존의 대법관 선임이 법관 승진의 최종 단계로 운영됨으로써 결과적으로 대법원이 지나치게 동질적인 연령, 배경, 경험을 가진 법조인들로만 구성되었고 … 다양한 입장이 조화를 이룬 대법원을 구성하기 위해서는 지금까지의 인사 관행에서 벗어나 새로이 검증된 법조인이 제청돼야 한다."라고 썼다.[231]

대법원이 지나치게 동질적인 연령, 배경, 경험을 가진 법조인들로만 구성됨으로써 그 폐단이 심각하므로 법해석을 통한 법창조적 기능을 중시하는 사법적극주의와의 조화를 위해서는 대법원 구성을 다양화할 필요가 있다는 요구가 시민사회로부터 강력

---

229 한겨레신문, "소장판사 집단서명 나서…대법관 후보 추천에 반발"(2003. 8. 13.), <https://n.news.naver.com/mnews/article/028/0000022340?sid=110>.

230 머니투데이, "부장판사도 가세…'사법파동 조짐'"(2003. 8. 14.), <https://n.news.naver.com/mnews/article/008/0000311277?sid=101>.

231 경향신문, "연판장 사태 '사법파동' 조짐"(2003. 8. 13.), <https://www.khan.co.kr/national/court-law/article/200308132213401>.

하게 제기되었다. 이에 대해 대법원 측은 업무량이 많아 실무능력을 중시하는 것은 불가피하다는 입장을 견지했다. 8. 18. 최초로 전국법관대표회의가 소집되어 격론을 벌인 끝에 '이번에는 최종영 대법원장의 의견을 존중하되 다음에는 인사제도를 개혁하자'는 것으로 일단락되었다.[232] 최종영 대법원장은 8. 19. 헌법재판관 후보로 최초로 여성인 전효숙 서울고등법원 부장판사를 지명했다. 8. 22. 노무현 대통령과 최종영 대법원장은 행정부와 사법부가 사법개혁기구를 구성하기로 합의했고,[233] 예정대로 김용담 대법관을 임명했다. 대법원 구성의 다양화를 요구하는 소장법관들의 의견을 수용하는 차원에서 2004. 8. 최종영 대법원장은 김영란 대전고등법원 부장판사를 대법관으로 제청했고, 결국 최초의 여성대법관이 탄생했다.[234]

---

232 오마이뉴스, "대법원장 '사법부 독립 절대 훼손될 수 없어"(2003. 8. 19.), <https://n.news.naver.com/mnews/article/047/0000035062?sid=102>.

233 권석천(주 197), 36.

234 미국의 경우 1981. 9. 25. 로널드 레이건 대통령에 의해 임명된 샌드라 데이 오코너(Sandra Day O'Connor) 대법관이 최초의 여성대법관이다. 일본의 경우 1994. 1. 25. 호소카와 모리히로 수상에 의해 임명된 다카하시 히사코(高橋久子) 최고재판소 재판관이 최초의 여성 최고재판소 재판관이다. 다카하시 히사코 최고재판소 재판관은 도쿄대학 법학부를 졸업하고 노동성 부인소년국장으로서 남녀고용기회균등법의 기초를 만들었다. 야마모토 유지, 김용찬 옮김, 일본 최고재판소 이야기, 법률문화원(2005), 643.

2) 노무현 대통령과 최종영 대법원장은 2003. 8. 22. 사법개혁의 공동 추진에 합의하여, 사법부가 주축이 되어 사법개혁의 기본방향을 설정하고 구체적인 입법 추진은 대통령을 중심으로 한 행정부가 담당하기로 했다. 2003. 10. 28. 대법원규칙인 「사법개혁위원회 규칙」에 근거하여 대법원 산하에 법조계·법학계 이외에 행정부·언론계·경제계·노동계·시민단체·여성계 등 각계각층을 대표하는 21명의 위원으로 구성된 사법개혁위원회가 출범했다.[235]

사법개혁위원회는 대법원장이 부의하는 안건과 위원이 제안하여 위원회가 의결한 안건을 처리했다. 대법원장이 부의한 안건은 대법원의 기능과 구성(Ⅰ주제), 법조일원화와 법관임용방식의 개선(Ⅱ주제), 법조인 양성 및 선발(Ⅲ주제), 국민의 사법참여(Ⅳ주제), 사법서비스 및 형사사법제도 개선(Ⅴ주제) 등이다. 위원이 제안하여 추가안건으로 채택된 안건들은 재판기록 및 재판정보의 공개, 징벌배상제도, 공익소송 및 공익법률시스템의 구축, 효율적인 분쟁처리제도(ADR), 가정법원 개편방안, 민사재판의 개선방안(증거조사제도의 개선방안, 강제집행의 실효성 강화방안, 가처분제도의 개선방안, 송달제도의 개선방안,

235 구체적인 위원 명단은 사법발전재단(주 7), 584.

기타 개선 필요사항) 등이다.[236] 사법개혁위원회는 2개 분과위원회를 두고 1분과에서 Ⅰ, Ⅱ, Ⅲ주제와 추가안건 중 민사재판의 개선방안을, 2분과에서 Ⅳ, Ⅴ주제와 나머지 추가안건을 담당했다.

2004. 4. 15. 실시된 제17대 국회의원선거에서 여당인 열린우리당 152석, 야당인 한나라당 121석으로 여당이 과반수를 차지했다. 사법개혁위원회는 2004. 8.경 대법관 1명의 교체에 즈음하여 대법관 구성절차를 투명화하고 시민사회의 다양한 의견이 반영될 수 있도록 하기 위해 2004. 5. 17. 개최된 제13차 전체회의에서 대법원장의 자문기구로 대법관제청자문위원회를 구성하도록 의결했다. 사법개혁위원회는 2004. 10. 종래 사법개혁 과정에서 추진기구의 결여로 사법개혁이 제대로 결실을 거두지 못했다는 점을 지적하면서 사법개혁위원회 건의내용을 구체적·체계적으로 추진해 나갈 기구를 대통령 산하에 설치할 필요성이 있다는 건의문을 채택함으로써 후속추진기구인 사법개혁추진위원회 탄생의 계기를 마련했다. 사법개혁위원회는 2004. 12. 최종 건의문[237]을 채택했다.

---

236 사법개혁위원회, 사법개혁위원회 자료집 Ⅰ·Ⅱ·Ⅲ(2004), Ⅳ·Ⅴ·Ⅵ·Ⅶ(2005).

237 사법개혁위원회, 사법개혁을 위한 건의문(2004).

사법개혁위원회 건의사항

유형	건의 내용
시기를 정하여 건의한 사항	① 법조일원화와 법관임용 방식의 개선 ⇒ 법조일원화를 2012년까지 신규임용법관의 50%까지 시행, ② 법조인 양성 및 선발: 법학전문대학원 설립 ⇒ 2008년까지 도입, ③ 국민의 사법참여 ⇒ 2007년부터 1단계 실시, 2012년부터 본격적인 국민참여재판제도 도입
시기를 정하지 않고 건의한 사항	① 대법원의 기능과 구성: 고등법원 상고부 설치(다수의견), 대법관 증원(소수의견) / 대법관 구성의 다양화, ② 항소심의 기능과 구조 개선, ③ 노동분쟁해결절차의 단기적 개선방안: 중노위 재심절차의 임의화 / 노동사건 재판에서 조정 활성화 등, ④ 형사사건 처리절차 다양화: 통상처리절차와 신속처리절차로 2원화, ⑤ 인신구속 제도의 개선, ⑥ 변호인 조력 받을 권리의 실질적 보장: 국선변호제도의 개선, ⑦ 공판중심주의적 법정심리절차의 확립, ⑧ 형벌체계의 합리적 재정립, ⑨ 양형제도의 개선, ⑩ 범죄피해자의 보호, ⑪ 군 사법제도의 개혁, ⑫ 법률구조제도 개선: 분야별 법률구조 프로그램의 활성화 방안, ⑬ 법조윤리 확립, ⑭ 법조인력의 효율적 활용: 법률전문가의 행정공무원 진출 기회 확대 / 기업 내 법률전문가 진출 방안 / 변호사에 대한 계속교육 제도 정비, ⑮ 재판기록 및 재판정보의 공개
연구·검토를 건의한 사항	① 노동분쟁 해결절차의 장기적 개선 방안: 노동사건재판에 대한 사법참여 / 노동전문법원 설치, ② 공익소송 및 공익법률 시스템 구축: 집단소송 제도 도입 / 국민소송 제도 도입, ③ 효율적인 분쟁처리 제도(ADR) 활성화, ④ 징벌배상제도 도입, ⑤ 법률구조 제도 개선: 법률구조 프로그램의 통합관리 / 공적 변호사 제도 도입 등

3) 2004. 12. 15. 대통령령 제18599호로 「사법제도개혁추진위원회 규정」이 제정되고 사법제도개혁추진위원회가 구성되었다. 사법제도개혁추진위원회는 국무총리와 민간인(한승헌 변호사)을 공동위원장으로 하고, 관계 부처 장관과 민간위원 등 총 20명으로 구성되었으며, 2006. 12. 31.까지 한시적으로 존속했다. 위원회에 상정할 안건을 사전에 검토·조정할 차관급의 실무위원회를 두고, 위원회의 사무처리와 조사·연구업무를 담당할 기획추진단을 별도로 두었다.[238] 노무현 정부는 대통령비서실에 사법개혁비서관직을 신설하고 사법개혁비서관으로 하여금 사법제도개혁추진위원회 간사를 맡아 위원회 회의를 보조하고, 사법제도개혁추진위원회 기획추진단장을 맡아 연구와 실무지원 등을 총괄하도록 했다. 사법개혁비서관직은 사법사상 초유의 직책이었고, 사법제도개혁추진위원회 기획추진단도 역사상 유례없는 유일무이한 기구였다. 이는 대통령의 의지를 실어 관련 정부 부처의 의견을 조율하고 각 부처로 하여금 사법제도개혁추진위원회의 결정을 이행하도록 담보하기 위함이었다. 사법개혁에 대한 노무현 대통령의 강력한 의지가 표현된 것이라고 할 수 있다.[239]

사법제도개혁추진위원회는 2005. 1.부터 2006. 12.까지 28개

---

238 구체적인 위원 및 기획추진단 구성 인원 명단은 사법발전재단(주 9), 586.

239 김선수(주 6), 19.

의결안건을 처리했다. 사법제도개혁추진위원회가 의결한 법률안은 대통령에게 보고되고, 대통령은 주무부처에 정부입법안으로 국회에 제출할 것을 지시하고, 이에 따라 정부 주무부처가 필요한 절차를 밟아 정부안으로 국회에 제출했다. 입법이 완료된 법안은 범죄피해자 보호방안을 담은 범죄피해자보호법 제정안(2005. 12. 1. 본회의 통과)과 범죄피해자구조법 개정안(2005. 12. 8. 본회의 통과), 군사법제도 개혁방안 중 일부를 담은 군인사법 개정안(2006. 4. 8. 본회의 통과), 법조윤리 확립방안을 담은 법관징계법과 검사징계법 개정안(2006. 9. 29. 본회의 통과), 변호사법 개정안(2006. 12. 22. 본회의 통과), 국선변호 확대방안을 담은 형사소송법 개정안(2006. 6. 30. 본회의 통과), 양형제도 개선방안(양형위원회 제도 도입)을 담은 법원조직법 개정안(2006. 12. 22. 본회의 통과), 재판기록 공개 개선방안을 담은 민사소송법, 가사소송법, 「가정폭력범죄 등의 처벌에 관한 법률」 개정안(2007. 4. 27. 본회의 통과), 인신구속 및 압수·수색·검증제도 개선방안, 재정신청 확대방안, 공판중심주의적 법정심리절차 확립방안, 재판기록 공개 개선방안을 담은 형사소송법 개정안(2007. 4. 27. 본회의 통과), 재정신청 확대방안을 담은 검찰청법 개정안(2007. 4. 27. 본회의 통과), 국민의 형사재판참여재판제도를 도입한 「국민의 형사재판참여에 관한 법률」 제정안(2007. 4. 27. 본회의 통과), 법학전문대학원제도를 도입한 「법학전문대학원 설치·운영에 관한

법률」 제정안(2007. 7. 3. 본회의 통과) 등이다.[240]

사법제도를 근본적으로 변혁하는 3대 개혁과제라고 할 수 있는 법학전문대학원 도입, 국민의 형사재판참여제도 도입, 형사소송법의 대폭적인 개정을 입법까지 완료한 것은 큰 성과이다. 아쉽게도 경죄사건 신속처리절차 도입방안, 고등법원 상고부 도입방안(서울 12명, 부산 4명, 대전·대구·광주 각 3명 등 전국 25명 규모의 고등법원 상고부를 구성하여 일정한 상고사건을 담당하도록 하는 방안을 채택한 법률안),[241] 양형조사관제도 도입방안, 일부 군사법제도 개혁방안(군사법원과 군검찰의 독립방안, 장병의 형사재판참여제도 도입, 군행형제도 개선 방안) 등은 입법에 실패했다.

노무현 정부의 사법개혁은 대법원장과 대통령의 합의에 기해 시작되어 범정부 차원에서 두 단계의 전문가와 시민의 의견을 수렴할 수 있는 위원회를 구성하여 개혁방안과 구체적인 법률안을 마련하여 국회에 제출하고 국회에 대한 설득과정을 거쳐 입법을 완료함으로써 중요한 개혁을 성공했다는 특징이 있다. 정상화된 사법제도를 한 단계 선진화한 것으로 평가할 수 있다. 일본에서

---

240 김선수(주 6), 581.

241 고등법원 상고부 도입방안의 문제점에 관하여는 오정후, "민사소송법학의 관점에서 본 '고등법원 상고부 도입을 위한 법원조직법 등 관련 법률의 개정안'", 한국민사소송법학회지 19권 2호, 한국사법행정학회(2005), 147~176.

는 한국이 예전부터 법학과 사법제도 역시 일본의 것을 모델로 삼아 모방해왔으나, 법학전문대학원 구상 이후부터는 그 제도를 일본보다 더욱 성공시켰고, 법조일원화제도의 채용과 도입을 염두에 둔 사법의 민주화, 성숙을 향한 제도 개혁을 착실히 성공시켜 일본을 추월해 나가고 있다고 지적하는 견해도 있다.[242]

나. 이용훈 대법원장

노무현 대통령은 2004년 8·15 경축사에서 "독재정권시기에 인권침해 의혹을 받았던 국가기관도 의혹을 계속 은폐하거나 진상규명에 소극적으로 방관할 것이 아니라 스스로 적극적으로 나서서 진실을 밝혀야 한다"라고 국가기관의 과거사 청산을 촉구했다. 이에 따라 국가정보원, 경찰청, 국방부가 민간인도 참여하는 과거사진상규명위원회를 구성하고 조사한 결과를 보고서 형태로 발간했다.

최종영 대법원장의 임기가 2005. 9. 24. 만료함에 따라 노무현 대통령은 이용훈 전 대법관을 제14대 대법원장 후보자로 지명했고, 9. 14. 국회에서 임명동의안이 가결되었다. 이용훈 대법원장은 9. 26. 개최된 취임식에서 "독재와 권위주의 시대를 지나면서 사법부는 정치권력으로부터 독립을 제대로 지켜내지 못하고,

---

242 세기 히로시, 박현석 옮김, 절망의 재판소, 사과나무(2014), 245.

인권보장의 최후 보루로서 소임을 다하지 못한 불행한 과거를 갖고 있다," "사법부가 과거의 잘못을 벗어 던지고 조직과 제도개혁을 통해 새롭게 거듭나는 것만이 잃어버린 국민의 신뢰를 되찾는 유일한 길"이라면서 사법부의 과거사 청산을 강조했다.

2005. 12. 14. 개정 법원조직법은 사법행정조직과 재판조직을 분리하여 재판의 독립성을 강화하면서 사법행정의 전문성을 제고한다는 취지에서 법원행정처장을 정무직(장관급)으로 바꾸었다. 장윤기 법원행정처장 권한대행이 초대 정무직 법원행정처장으로 임명되었으나, 2년 후에 2007. 12. 27. 개정 법원조직법에 따라 다시 대법관 중에서 법원행정처장을 임명하게 되었다. 법원행정처장이 사법행정에서 주도적인 역할을 다하려면 사법행정에 관한 최고의결기관인 대법관회의에 참여해야 할 필요가 있었기 때문이다.[243]

대법원은 2006. 2. '국민을 섬기는 법원, 국민과 함께하는 법원'을 위한 사법운영 기본계획을 수립했다. 구술심리와 공판중심주의를 기축으로 하는 법정 중심의 재판운영, 법정 확충과 사무환경의 개선을 비롯한 사법시설의 대대적 정비, 종합민원실 설치와 원스톱 민원시스템 도입 등 대국민 사법서비스의 고도화 등이 추진되었다.[244] 대법원은 2006년에 법원행정처에 윤리감사관실을

---

243 사법발전재단(주 9), 557.

244 사법발전재단(주 9), 117~118.

설치했고,[245] 「법관의 의원면직 제한에 관한 예규」를 제정하여 재직 중에 비위행위를 저지른 법관이 형사처벌이나 징계처분을 피하기 위해 사직하고자 할 때는 원칙적으로 의원면직을 허용하지 않도록 했다.[246] 2006. 10. 27. 법관징계의 절차적 정당성과 투명성을 확보하기 위하여 법관징계법을 개정하여 법관 아닌 사람도 징계위원으로 임명되도록 했다.[247]

이용훈 대법원장은 2006. 9. 19. 대전고등·지방법원 순회 훈시에서 "법원이 재판 모습을 제대로 갖추려면 (검사의) 수사기록을 던져버려야 한다. 검사들이 사무실에서, 밀실에서 비공개로 진술을 받아놓은 조서가 어떻게 공개된 법정에서 나온 진술보다 우위에 설 수 있느냐."라며 공판중심주의를 강조했다. 이용훈 대법원장은 2008. 9. 26. 사법부 60주년 기념식에서 "저는 대법원장으로서, 이 자리를 빌어 과거 우리 사법부가 헌법상 책무를 충실히 완수하지 못함으로써 국민에게 실망을 드린 데 대하여 죄송하다는 말씀을 드리고자 합니다."라며[248] "권위주의 시대의 각종 시국관련 판결문을 분석했고, 조만간 발간될 사법부의 역사자료에

---

245 2020. 3. 24. 개정 법원조직법으로 정무직 윤리감사관을 두도록 했고, 2021. 1. 29. 대법원규칙으로 윤리감사관과 보좌관을 임명했다.

246 사법발전재단(주 9), 181~182.

247 사법발전재단(주 9), 122~123, 182.

248 사법발전재단(주 9), 130~131.

포함해 국민에게 보고할 예정"이라고 한 후 2009년 말『역사 속의 사법부』라는 자료집을 발간했다.

이용훈 대법원장은 자문기구로 법원조직법 제25조에 근거한 사법정책자문위원회를 2009. 7. 24. 구성하여 2010. 6. 30.까지 운영했다.[249] 이용훈 대법원장은 사법개혁추진위원회가 추진한 고등법원 상고부 방안에 대하여 반대 입장을 견지했다. 고등법원 상고부 도입 관련 법안들의 입법이 실패한 후 법원행정처는 2010. 6. 23. 고등법원 상고심사부를 도입하는 내용(고등법원 상고심사부가 '이유 없음이 명백한' 상고를 '상고심에 보내지 아니하는 결정'으로 처리하고 나머지 상고만 대법원에 보내도록 하는 방안)의 상고심법 전부 개정안[250]을 제18대 국회 사법개혁특별위원회에 제안했다. 고등법원 상고심사부 도입 방안은 상고심에 보내지 아니하는 결정에 대하여 즉시항고할 수 있도록 한 것은 4심제를 도입하는 것이어서 위험하다는 비판,[251] 현재의 심리불속행 제도보다 나을 것이 없고 심리불속행 결정을 고등법원에서 '대행'

---

249 이재원(주 202), 45.

250 국회, "고등법원 상고심사부 설치를 위한 상고심절차에 관한 특례법 개정의견"(대법원 2010. 6. 23.), <https://likms.assembly.go.kr/bill/billDetail.do?billId=PRC_M1G0T0P6X2X3Q1E7E2T0N2V4M9O5X7&ageFrom=22&ageTo=22>.

251 오정후, "고등법원 상고심사부 설치를 위한 「상고심절차에 관한 특례법」 개정안에 대하여", 법학 52권 3호(통권 160호), 서울대학교 법학연구소(2011), 167.

하는 것에 불과하다는 비판[252] 등에 직면하여 입법에 실패했다.

이용훈 코트의 경우에는 이전 코트와 비교하여 2명의 여성 대법관(김영란, 전수안), 시국형사사건에서 무죄판결을 하여 좌천발령을 받은 바 있고 제4차 사법파동 과정에서 서열에 따른 대법관 후보자 추천에 항의하여 법관직을 사직했던 박시환 대법관, 노동법 전문가인 김지형 대법관, 환경법 전문가인 이홍훈 대법관 등 이른바 독수리 5남매가 2006. 7.부터 2010. 8.까지 함께 근무하면서 진보적인 견해를 피력하며 대법원에 새바람을 불러일으켰다.[253] 독수리 5남매의 등장으로 우리나라도 사법역사상 처음으로 이념적 스펙트럼이 다양한 대법원을 갖게 되었다고 평가된다.[254] '다섯'이라는 최소한의 숫자가 확보되면서 논쟁다운 논쟁이 펼쳐졌고, 그들의 소수의견은 다수의견과 맞서고 부딪히면서 다수의견을 변화시켰고, 판례를 변화시켰으며, 사회를 변화시켰다고 평가된다.[255]

---

252 국회(제18대) 사법제도개혁특별위원회, 국민을 위한 사법제도 개혁-법원관계법에 관한 공청회 자료집(2010. 4. 10.), 16.

253 이춘재·김남일, 기울어진 저울-대법원 개혁과 좌절의 역사, 한겨레출판(2013), 38~44; 권석천(주 197), 83.

254 이춘재·김남일(주 253), 44.

255 권석천(주 197), 469.

4 이명박 정부, 박근혜 정부와 양승태 대법원장

가. 이명박 정부

1) 2007. 12. 19. 실시된 제17대 대통령선거에서 한나라당 이명박 후보가 당선되어 2008. 2. 25. 취임했다. 2008. 4. 9. 실시된 제18대 국회의원선거에서는 여당인 새누리당 165석, 야당인 민주통합당 81석 등으로 여당이 과반수를 획득했다. 2008. 5. 광우병 우려 있는 미국산 쇠고기 수입 문제로 이른바 '촛불정국'이 전개되었다. 분위기 전환을 꾀한 정권은 대검찰청 중앙수사부를 앞세워 노무현 정부의 고위공직자들에 대하여 전방위적으로 수사를 진행했다. 한명숙 전 국무총리를 기소했고, 노무현 전 대통령에 대한 강도 높은 수사를 전개했다. 그 과정에서 언론에 수사상황을 흘리는 것은 물론 검증되지 않은 사실을 보도되도록 하여 노무현 전 대통령을 인격적으로도 모독했다. 이에 노무현 전 대통령이 항의 차원에서 2009. 5. 23. 스스로 목숨을 끊었다.

신영철 서울중앙지방법원장은 2008. 7. 15. 취임한 이후 촛불집회 관련자들 형사사건을 배당하는 과정에서 정권의 입장을 고려하는 성향의 특정판사들에게 몰아주었다.[256] 신영철 법원장이 대법관 후보자로 지명되어 2009. 2. 10. 실시된 인사청문회 과정

---

256 이춘재·김남일(주 253), 200~213.

에서 이 문제가 제기되었으나, 아랑곳없이 2. 28. 신영철 대법관은 취임했다. 이에 대해 일선 판사들이 재판권 침해라며 반발했고, 대법원 진상조사단이 3. 16. '전자우편 등을 보내 재판에 관여하고 자의적으로 배당한 것은 사법행정권 남용으로 볼 소지가 있다'고 결론 냈고, 대법원 공직자윤리위원회는 5. 8. 신영철 대법관에게 경고 또는 주의처분을 권고했다.[257] 이용훈 대법원장은 5. 13. 신영철 대법관에게 엄중 경고처분을 했고, 신영철 대법관은 법원 내부게시판에 사과문을 올리면서 사퇴하지 않겠다는 뜻을 피력했다. 5. 14.부터 22.까지 전국 26개 고등·지방법원 중 17개 법원에서 판사회의를 개최하여 판사 500여 명이 신영철 대법관이 재판권 독립을 침해했다는 결의를 했다. 민주당·민주노동당·진보신당·창조한국당·친박연대 등 야 5당과 무소속 국회의원 105명이 2009. 11. 6. 신영철 대법관 탄핵소추안을 발의했으나, 한나라당의 표결 거부로 3일 뒤에 자동 폐기되었다.[258]

2) 민주당은 노무현 전 대통령의 사망 이후 검찰이 무소불위의 권력을 왜곡하고 편파적으로 행사하여 정권의 앞잡이 역할을 하고 있다고 보고, 검찰개혁을 위해 국회에 사법개혁특별위원회

---

257 이춘재·김남일(주 253), 216~218.

258 한겨레21, "'신영철 파문'은 끝나지 않았다"(2015. 2. 4.), <https://www.hani.co.kr/arti/society/society_general/676793.html>.

를 설치할 것을 요구했다. 여당이던 한나라당은 이에 불응하다가 이명박 정부 검찰에 의해 무리하게 기소되었던 집회시위와 인터넷상의 표현행위, 노무현 정부 인사들에 대하여 1심에서 다수 무죄판결이 선고되자 민주당이 요구한 국회 사법개혁특별위원회 구성을 수용했다. 그 결과 2010. 2. 제18대 국회에서 사법개혁특별위원회가 구성되었다.

사법개혁특별위원회는 법원, 검찰, 변호사 관련 등 3개 분과로 구성되었고, 6인 소위(이주영, 주성영, 홍일표, 김동철, 박영선, 김창수)를 두어 실질적인 검토 및 합의를 하도록 했다. 6인 소위는 2011. 3. 10. 합의안을 발표했다. 6인 소위 합의안은 검찰, 법원, 변호사 관련 사항으로 구성되었다.[259] 검찰 관련 사항은 특별수사청 설치,[260] 검찰시민위원회 설치,[261] 대검찰청 중앙수사부 폐지, 경찰 수사권 조정,[262] 압수수색제도 개선,[263] 피의사실

---

259 국회 제298회 사법제도개혁특별위원회 회의록 제11호, 국회사무처(2011. 3. 11.), 1~2.

260 ① 판사와 검사 및 검찰수사관의 직무 관련 범죄와 관련사건(무고, 위증 등), ② 국회 의결로 의뢰한 사건, ③ 검찰시민위원회의 재의결 사건 기소 · 공소유지 담당, ④ 대검찰청 소속으로 인사와 예산 및 수사 독립.

261 ① 부정부패, 경제, 강력, 사회적 관심사건에 대한 불기소처분, ② 시민으로 구성된 검찰시민위원회의 의결: 재수사, ③ 재수사 결과 불기소하면 재의결: 강제기소, ④ 기소와 공소유지는 특별수사청이 담당함.

262 ① 경찰의 수사개시권 명문화(형사소송법 제196조), ② 검찰청법에 규정된 경찰의 복종의무 조항을 삭제함(검찰청법 제53조).

263 ① 대상의 범위와 기간 규제, ② 영장항고와 압수물 반환청구권 인정.

공표죄 적용대상 확대(변호사 포함), 재정신청 대상 확대(피의사실공표죄 고발 사건 포함), 검찰 인사제도 개선,[264] 기소검사실명제 수용, 출국금지 영장주의[265] 등이다. 법원 관련 사항은 법조일원화 방안,[266] 상고심제도 개선,[267] 법관인사제도 개편,[268] 양형기준법안,[269] 판결문과 법원 작성 증거목록 공개, 영장항고제도(조건부 석방제도와 함께 도입) 등이다. 변호사 관련 사항은 로스쿨 졸업 후 변호사시험 합격자 실무수습(6개월), 전관예우 방지,[270] 법무법인 설립 요건 완화,[271] 장관급 법조인(대법관, 헌법재판관,

---

264 ① 검찰총장추천위원회: 자문기관 법제화, ② 검사인사위원회: 심의기관 법제화.

265 ① 6월 이상 장기간 출국금지 시 영장주의 도입(이후 3월마다 영장), ② 수사기관에 긴급출국금지 인정.

266 ① 법조 10년 경력자 법관 임명, 정년 연장, ② 2017년 전면 실시, ③ 전면 실시 후 로클럭제 도입.

267 ① 대법관 6명 증원하여 20명으로 대법원 구성, ② 3명 재판부 총 6개 구성, 3개 재판부로 제1·2부 편성(독·불사례), ③ 제1부는 민사·특허 등을, 제2부는 형사·행정 등을 전담, 대법원장을 포함한 각 부 전원합의체 구성(10명씩), ④ 두 합의체간의 법령해석의 통일이 필요한 경우 전원이 참석하는 대법원전원합의체(20명) 구성, ⑤ 제1·2부는 상고이유 유무를 사전 심사하는 지정재판부 운영(헌법재판소 사례), ⑥ 이번 정부에서는 증원하지 아니함.

268 ① 대법관추천위원회 강화: 자문기관 법제화, ② 법관인사위원회 강화: 심의기관 법제화, ③ 법관평정제도 개선: 공정한 평정기준 마련.

269 ① 양형기준법을 제정하여 양형위원회 설치, ② 대법원 소속으로 인사와 예산, 활동의 독립성 보장, ③ 양형기준은 국회의 동의를 얻도록 함.

270 ① 사건수임제한 기간: 1년, ② 대상: 민사와 형사 및 행정 등 모든 사건, ③ 합동사무소 등의 명의대여에 의한 소송수행을 금지함.

271 ① 구성원 3명으로 완화(종전 5명), ② 7년 이상(종전 10년 이상) 경력 1명 포함.

검찰총장 등)의 변호사 개업 제한 권고 규정 등이다.

제18대 국회는 사법개혁특별위원회 활동 결과를 수용하여 2011. 4. 전관예우 방지 등의 내용을 담은 변호사법 개정안을 본회의에서 의결했고, 2011. 6. 30. 검찰개혁, 법원개혁 등 관련 형사소송법, 법원조직법 등 개정안을 의결했다. 그 후 미진했던 검찰개혁을 목표로 다시 사법개혁특별위원회를 구성하기로 여야가 합의했으나 선거 국면으로 전환되면서 그 구성에 이르지 못했다.

개정된 법원조직법은 법관인사위원회를 심의기관화 했고, 대법관후보추천위원회제도를 법률상 도입했다. 판사평정제도를 개선하여 공정한 평정기준을 마련하고, 평정 결과를 인사관리에 반영하도록 했다. 대법관의 정년을 65세에서 70세로, 판사의 정년을 63세에서 65세로 연장했다. 재판연구원제도를 2012년부터 도입하는 것으로 했다. 법관 임용자격을 강화하고 법조일원화를 도입하여 판사는 10년 이상 변호사 등의 직에 있던 사람 중에서 임용하도록 했다. 다만 판사 임용을 위한 재직연수에 관한 경과규정을 명시하여 2013. 1. 1.부터 2017. 12. 31.까지 3년 이상, 2018. 1. 1.부터 2019. 12. 31.까지 5년 이상, 2020. 1. 1.부터 2021. 12. 31.까지 7년 이상, 2022. 1. 1.부터는 10년 이상으로 했다. 판결서 등의 열람 및 복사 대상을 확대했다.

개정 검찰청법은 법무부장관이 검찰총장을 제청할 때에는 검찰총장후보추천위원회의 추천을 받도록 했다. 검찰인사위원회의 구성과 심의사항을 법률로 규정하고, 검찰인사위원회 위원 11명 중 8명을 외부인사로 했다. 개정 형사소송법은 사법경찰관리가 검사의 직무상 명령에 복종하도록 한 규정을 삭제했다. 판결서에 기소검사의 관직과 성명을 기재하도록 했다. 압수·수색 요건인 '필요성'에 '피고사건과의 관련성'을 추가하고, 정보저장매체 등에 관한 압수 범위와 방법을 명시하고, 정보주체에게 해당 사실을 통보하고 영장에 작성기간을 기재하도록 했으며, 수사기관의 압수·수색·검증 요건으로 피고사건과의 관련성에 더하여 '피의자가 죄를 범했다고 의심할만한 정황이 있을 것'을 추가하는 등 압수·수색제도를 개선했다. 수사기관의 수사과정에서 목록작성의무를 명문으로 규정했다. 재정신청 대상을 형법 제126조의 죄에 대한 고발사건까지 확대하고, 피공표자의 명시한 의사에 반하여 할 수 없도록 단서를 달았다. 검경수사권과 관련하여 형사소송법 제196조도 개정하여 검사의 사법경찰관에 대한 수사지휘 조항은 유지하되, 사법경찰관의 수사 개시·진행권을 명문으로 규정했다. 사법경찰관리는 검사의 수사지휘에 따르도록 하고, 검사의 지휘에 관한 구체적 사항은 대통령령으로 정하도록 했다. 이에 따라 2011. 12. 30. 자로 「검사의 사법경찰관리에 대한 수사지휘 및 사법경찰관리의 수사준칙에 관한 규정」(대통령령 제23436호)이 제정되었다.

나. 박근혜 정부

1) 2012. 4. 11. 실시된 제19대 국회의원선거에서는 여당인 새누리당 152석, 야당인 민주통합당 127석 등의 분포를 보였다. 2012. 12. 19. 실시된 제18대 대통령선거에서 새누리당 박근혜 후보가 당선되었다. 박근혜 정부 출범 이후 새누리당과 민주당은 2013. 3. 17. 정부조직법 쟁점을 타결하면서 검찰개혁 방안에 합의했다. 박근혜 대통령의 대선 공약이었던 상설특검제 및 특별감찰관제 도입과 대검찰청 중앙수사부 폐지, 법무부 주요 요직에 대한 검사 임용 제한 등을 2013년 상반기 중 입법 완료하고 차관급인 검사장 이상 직급 규모를 축소하는 방안도 2013년 안에 끝내기로 했다. 국가청렴위원회 설치 검토 등 반부패제도 개혁을 위해 제19대 국회에 사법개혁특별위원회를 설치하고 위원장은 새누리당에서 맡기로 했다. 위 합의에 따라 2013. 3. 22. 본회의 의결로 사법개혁특별위원회가 구성되어 9. 30.까지 활동했으나 특별한 성과 없이 활동보고서만 채택했다.[272]

대검찰청 중앙수사부는 합의대로 폐지되어 2013. 4. 23. 현판철거식이 거행되었다. 2014. 2. 28. **「특별검사의 임명 등에 관한 법률」과 「특별감찰관법」이 국회를 통과하고 3. 18. 공포된 후 6. 18.부터 시행되었다. 기구특별검사제도의 상설특별검사제도를**

272 이재원(주 202), 42.

도입하고자 했던 것에서 크게 후퇴하여 제도특별검사제도 형태로 도입되었다. 국회는 2014. 4. 29. 「특별검사후보추천위원회 구성 및 운영 등에 관한 규칙」을 제정했다. 박근혜 대통령은 2015. 3. 6. 이석수 특별감찰관을 지명했고, 이석수 특별감찰관은 3. 24. 국회 인사청문회를 거쳐 3. 27. 정식으로 임명되어 임기를 시작했다.

제19대 국회에서 2015. 12. 9. 군사법원법 개정안이 통과되어 군사법개혁이 일부 이루어졌다. 주요 내용은 평시 사단급 보통군사법원 폐지,[273] 심판관제도 원칙적 폐지,[274] 국방부 소속으로 국방부검찰단 설치,[275] 관할관 확인 감경권 제한[276] 등이다.

박근혜 정부에서 법원 개혁에 관해서는 별다른 논의가 진전되지 않았다. 법원 개혁은 1987년 민주화 이후 꾸준하게 추진되었고 또한 일정한 성과를 거두어 왔다. 이명박 정부에서 법조

---

273 육군은 사단급 이상, 해군은 함대급 이상, 공군은 비행단급 이상 부대에서 설치 · 운영하고 있던 보통군사법원을 원칙적으로 군단급 이상 부대에서 설치 · 운영함.

274 보통군사법원도 국방부 고등군사법원과 동일하게 군판사 3명으로 재판부를 구성하고, 관할관 지정 사건에 한하여 심판관을 재판관으로 하며, 관할관 지정 사건을 군형법 및 군사기밀보호법에 규정된 죄에 관한 사건 중 고도의 군사적 전문지식과 경험이 필요한 사건으로 한정함.

275 단장은 국방부장관이 군법무관 중에서 영관급 또는 장관급 장교를 임명하고, 수사의 공정성 확보를 위한 검찰부 관할 이전을 허용함.

276 관할관이 무죄, 면소, 공소기각, 형의 면제, 형의 선고유예, 형의 집행유예, 사형, 무기징역 또는 무기금고의 판결을 제외한 판결 확인, 감경권을 행사할 수 있는 대상 범죄를 작전 등 업무를 성실히 수행하는 과정에서 발생한 범죄로 한정하고, 형의 감경 비율도 3분의 1 미만으로 제한함.

일원화를 전면적으로 도입하는 내용의 법원조직법 개정을 이룸으로써 정부 차원에서 시도하는 법원 개혁은 상당한 정도 진전되었다고 할 수 있다. 반면 민주화 이후에도 검찰 개혁은 제대로 이루어진 바가 없어 우리 사회 최대의 개혁과제는 검찰 개혁이 되었고, 모든 역량이 검찰 개혁에 초점이 맞춰졌다. 긴급성이나 절박성의 측면에서 법원 개혁은 검찰 개혁에 비하여 뒷전으로 밀렸다.

2) 2016년 들어 부장판사 출신의 최유정 변호사(2016. 5. 13. 구속), 검사장 출신의 홍만표 변호사(2016. 6. 1. 구속)가 거액의 수임료를 받고 불법적인 변론활동을 한 것이 밝혀져 구속되었다. 진경준 검사장은 넥센 창업주로부터 주식을 건네받아 수백억 원의 경제적 이익을 얻은 혐의로 구속되었다(2016. 7. 17.). 검사장 출신의 우병우 청와대 민정수석은 비리가 드러나 사퇴 압력을 받았다. 박희태 전 국회의장의 사위인 김형준 부장검사는 스폰서 역할을 한 고등학교 동기 사업가의 수사를 담당한 검사에게 로비를 시도했다. 특별검사는 한 번도 임명되지 않았다. 이석수 특별감찰관은 대통령의 여동생 박근령을 사기 혐의로 검찰총장에게 고발했고, 우병우 민정수석의 비리 혐의에 대해 검찰총장에게 수사의뢰했다. 대통령비서실은 이석수 특별감찰관이 감찰 내용과 결과를 미리 조선일보 기자에게 알려줌으로써 특별감찰관법을 위반했다는 혐의로 문제 삼았다. 검찰은 우병우 민정수석과 이석수

특별감찰관 관련 고발사건을 담당할 특별팀을 구성했다. 우병우 민정수석의 경우에는 자택이나 집무실에 대해 압수수색을 하지 않은 반면, 이석수 특별감찰관에 대해서는 스마트폰까지 압수하는 등 편파적인 수사를 진행했다. 이에 항의하여 이석수 특별감찰관은 2016. 8. 29. 사퇴서를 제출했다. 제도특검과 특별감찰관 제도가 실효성이 없음이 증명되었다고 할 수 있다.

다. 양승태 대법원장

양승태 제15대 대법원장이 이명박 정부 시기인 2011. 9. 취임하여 박근혜 대통령이 탄핵으로 물러나고 출범한 문재인 대통령 시기인 2017. 9.까지 재직했다. 양승태 대법원장은 '법원은 국민 속으로, 국민은 법원 속으로'라는 기치를 내걸었고,[277] 2013. 7. 24. 제2기 사법정책자문위원회를 구성하여 2014. 6. 30.까지 운영했다.[278]

법원 개혁 과제 중 미완으로 남아 있는 중요한 과제는 상고제도 개선이다. 상고 본안사건 수의 추이를 살펴보면, 상고허가제가 실시되던 1989년 5,534건에서 상고허가제가 폐지된 1990년 8,319건, 1991년 10,883건, 1992년 12,390건, 1993년 13,740건

---

277 법원행정처, 양승태 대법원장 재임기념 국민과 소통하는 열린 법원 4 사법행정, 사법발전재단(2018), ⅲ.

278 이재원(주 202), 46.

으로 증가했고, 심리불속행제도를 도입한 1994년 12,604건이 되었다. 그 이후 상고사건 수는 꾸준히 증가했는데 처리건수 기준으로 2018년 48,105건, 2019년 42,263건, 2020년 38,809건, 2021년 43,980건, 2022년 48,460건, 2023년 39,662건이다.[279] 대법관 1명당 1년 처리건수가 3,300건을 넘는다. 상고사건 수가 너무 많아 법률적·사회적으로 중요한 사건에 대하여 전원합의체에 의한 심도 있는 심리를 거치지 못하고, 대법원의 법령해석 통일 및 정책법원 기능이 약화됐다. 분쟁이 계속되고 있는 당사자들 사이의 법률관계를 확정하고 정당한 권리를 보호하는 기능 역시 사건부담으로 신속·적정하게 처리되지 못해 대법원은 권리구제 기능도 제대로 수행하지 못했다. 심리불속행제도로 상고이유에 대하여 만족할만한 답변을 듣지 못하고 상고가 기각된다는 문제가 당사자들로부터 꾸준히 제기되고 있으나 과중한 업무 부담을 해결하지 않는 한 해소되기 어렵다.[280] 양승태 대법원장과 법원행정처는 서울에만 상고법원을 두는 방안을 강력하게 추진하여 2014. 12. 제19대 국회에 홍일표 의원 등 168명이 관련 법률개정안을 발의했다.[281] 그러나 법률개정안이 2016. 5. 제19대 국회 임기만료와 함께 폐기됨으로써 입법에 실패했다.

---

279 법원행정처(주 13), 802.

280 한승, "상고법원 도입방안", 상고제도 개선 공청회, 대법원(2014), 40~42.

281 법원행정처(주 277), 29~32.

양승태 대법원장은 전원합의체 재판을 활성화하기 위해 대법원장과 각 부 소속 대법관 1명(6개월씩 돌아가며 맡음)씩 4명으로 전원합의체 소위원회를 구성하여 운영했다. 2015. 7.부터 2017. 7.까지 25차례 소위원회를 개최하여 전원합의체에 회부할 사건을 선정했다. 소위원회 개최 전에 수석재판연구관, 선임재판연구관, 총괄연구관 등이 참여하는 총괄연구관회의를 열어 전원합의체에 올린 안건을 준비했다. 그 결과 이용훈 코트에서는 97건의 전원합의체 판결을 선고했는데, 양승태 코트에서는 116건의 전원합의체 판결을 선고하는 성과를 냈다.[282] 그러나 전원합의체 소위원회는 대법원장이 전원합의체에 회부할 사건을 선정하는 데 영향력을 행사하는 통로가 되었고, 개별 대법관의 전원합의체 회부권한을 사실상 제약하는 효과가 있다는 점 등의 문제점이 지적되었다. 그에 따라 김명수 대법원장 취임 이후에는 소위원회가 운영되지 않다가 2018. 6. 18.「전원합의체의 심리절차에 관한 내규(약칭 '전합심리내규')」를 제정하여 소위원회를 폐지했다. 김명수 코트에서도 116건의 전원합의체 판결을 선고했다.

양승태 대법원장은 2004. 2. 법관 정기인사부터 운영되어 오던 지역법관제도와 관련하여 소위 '향판'의 폐단이 언론의 비판을 받자 2015. 2. 정기인사부터 지역법관제도 개선 방안을 실시

282 법원행정처(주 277), 33.

했다.[283] 법조경력 15년 이상의 법조인을 선발하여 특정 사무분담만 전담하도록 하는 전담법관제도를 도입하여 2013. 2. 5. 3명의 전담법관을 임용한 이래 그 숫자를 늘려왔다.[284]

2017. 2. 16. 이탄희 판사의 사직서 제출로 '사법농단'으로 불린 사법행정권 남용 사태가 세상에 드러났다.[285] 사법농단 사건은 법원행정처가 중심이 되어 '상고법원 도입'이라는 목표를 달성할 목적으로 행정부와 입법부 등에 불법적인 로비를 하고 과거사 관련 재판이나 국정운영과 관련된 주요사건들에 관하여 대통령실과와의 '재판거래' 의혹을 받을 수밖에 없는 방식으로 재판에 개입했으며, 그러한 불법·부당한 사법행정에 비판적인 법관들을 사찰하고 신분상 불이익을 가하는 등 조직적으로 사법행정권을 오·남용한 사건을 가리킨다.[286] 이 사건에 관여된 100여 명에 이르는 법관이 검찰에 소환되어 조사를 받았고, 최종책임자인 양승태 대법원장과 임종헌 전 법원행정처 차장이 구속·기소되기도 했다.

---

283 법원행정처(주 277), 179~182.

284 법원행정처(주 277), 19~22. 전담법관제도에 대해서는 2024. 10. 16. 개정 법원조직법에 의해 20년 이상 법조경력을 요구하는 것으로 명문화했다.

285 권석천, 두 얼굴의 법원–사법농단, 그 진실을 추적하다, 창비(2019), 84~118.

286 윤정인·김선택, "법관 탄핵의 요건과 절차–사법농단 사태와 관련하여", 공법연구 47집 3호, 한국공법학회(2019), 188.

5. 문재인 정부와 김명수 대법원장

가. 박근혜 정부는 2015. 10. 25. 재단법인 미르를 설립했고, 2016. 1. 5. 재단법인 케이스포츠를 설립했다. 2016. 7. 28. 이화여자대학교 학생들이 본관 점거농성을 시작했다. 10. 19. JTBC가 최순실의 국정농단을 증명할 수 있는 태블릿 피시에 관하여 보도했다. 10. 26. 제1회 촛불집회가 열린 이후 매주 대규모 촛불집회가 열렸다. 12. 3. 국회는 대통령 박근혜 탄핵소추안을 발의했고, 12. 9. 234명의 찬성으로 의결했다. 2017. 3. 10. 헌법재판소가 대통령 박근혜를 파면한다는 탄핵심판결정을 했고 5. 9. 제19대 대통령선거가 실시되어 더불어민주당의 문재인 후보가 당선되어 바로 대통령 직무를 수행했다.

박근혜 정부 3년차인 2016. 4. 13. 실시된 제20대 국회의원선거에서 야당인 더불어민주당 123석, 여당인 새누리당 122석, 국민의당 38석 등으로 여야 단독으로 과반수를 형성하지 못하고 국민의당이 캐스팅 보트를 행사하는 구도가 형성되었다. 제20대 국회 전반기에 사법개혁특별위원회가 2017. 12. 29. 본회의 의결로 구성되어 2018. 6. 30.까지 활동할 예정이었으나 소위 구성도 마치지 못한 채 중도에 활동을 종료했다. 제20대 국회 후반기에는 2018. 7. 26. 본회의 의결로 사법개혁특별위원회가 구성되어 2019. 8. 31.까지 활동했다.[287] 국회 사법개혁특별위원회는 2019.

---

287 이재원(주 202), 43.

4. 29. 고위공직자비리수사처 설치법안과 검경수사권 조정법안(형사소송법 개정안, 검찰청법 개정안) 등을 신속처리안건(패스트트랙)으로 지정했다. 공수처법안은 2019. 12. 30. 본회의를 통과하여 2020. 1. 14. 공포되었다. 검찰·경찰 수사권 조정 관련 개정안은 2020. 1. 3. 본회의를 통과하여 2020. 2. 4. 공포된 후 2021. 1. 1.부터 시행되었다.[288] 개정 형사소송법과 검찰청법은 검사의 직접수사권을 6개 범죄(부패, 경제, 공직자, 선거, 방위사업, 대형참사)로 국한하고, 경찰에 대한 검사의 수사지휘권을 폐지하는 대신 보완수사·시정조치 요구권을 규정했다. 검사 작성 피의자신문조서의 증거능력 조항도 개정되어 경찰 피의자신문조서처럼 피고인이 내용을 인정하여야만 증거능력을 인정하도록 했고, 이 조항은 2022. 1. 1.부터 시행되었다.

2020. 4. 15. 실시한 제21대 국회의원선거에서 여당인 더불어민주당 178석, 야당인 미래통합당 108석 등 여당 우위의 국회가 구성되었다. 제21대 국회에서 군사법개혁법안이 2021. 8. 30. 국회를 통과하고 2021. 9. 24. 공포되어 2022. 7. 1.부터 시행되었다. 개정 군사법원법은 항소심인 고등군사법원을 민간에 이양하고, 각 군 군사법원을 국방부로 통합하기 위한 조직 방안(국방부와 각 군에 설치되어 있던 30개 보통군사법원을 국방부장관 직속

---

288 이재원(주 202), 44.

5개 지역군사법원으로 통합)을 규정했다. 국방부장관 직속으로 설치되는 군사법원은 2022. 7. 1. 출범했다. 관할관 및 심판관 제도를 폐지했고, 성폭력범죄, 사망사고, 입대 전 범죄행위 등 3대 범죄에 대한 수사와 재판은 민간 사법기관이 담당하도록 했다.

2022. 5. 9. 개정 검찰청법은 검찰의 직접 수사범위를 2대 범죄(부패, 경제범죄 등)로 축소하고, 검사는 자신이 수사 개시한 범죄에 대해 공소제기를 할 수 없다는 조항을 신설(수사검사와 기소검사 분리)했다. 같은 날 개정 형사소송법은 검찰이 경찰 송치사건에 대해 '동일성 인정 범위 내에서'만 보완수사를 할 수 있도록 하고, 별건수사를 엄격히 금지했으며(기존 사건과 별개 사건을 수사하거나 다른 수사를 통해 확보된 증거를 통해 자백이나 진술을 강요할 수 없도록 규정), 이는 2022. 9. 10.부터 시행되었다. 헌법재판소는 2023. 3. 23. 법무부장관과 검찰이 2022. 5. 9. 개정 형사소송법과 검찰청법과 관련하여 국회를 상대로 청구한 권한쟁의심판에 대하여 각하결정(5 대 4)을 했다.[289]

제21대 국회 후반기에는 2022. 5. 3. 사법개혁특별위원회가 구성되었고, 7. 22. 형사사법체계개혁특별위원회(위원장 정성호)로 명칭을 변경한 후 2023. 5. 31.까지 가칭 중대범죄수사청(한국형

---

289 헌법재판소 2023. 3. 23. 선고 2022헌라4 결정. 그 이유는 헌법이 수사권을 검사에게 부여한 것으로 해석할 수 없고, 수사권 조정으로 검사들의 헌법상 권한이 침해될 가능성이 없다는 것이다.

FBI) 신설 방안 등에 관하여 논의하는 등의 활동을 했으나 별다른 성과를 내지 못했다.[290] 문재인 정부 시기에도 주된 개혁과제는 검찰 개혁이었고, 법원 개혁은 우선수위에서 밀려 거의 주목을 받지 못했다.

나. 김명수 대법원장

양승태 대법원장의 임기가 만료된 후 문재인 대통령이 임명한 제16대 김명수 대법원장이 2017. 9. 25. 취임했다. 2017. 2. 촉발된 사법행정권 남용 사태는 대법원장에게 집중된 사법행정권한과 그 보좌기구인 법원행정처를 중심으로 한 수직적 의사결정 구조와 집행, 그로 인한 법관의 관료화, 재판에 대한 사법행정의 우위 현상, 사법행정에 대한 통제와 감독 기능 부실 등 그동안 누적되어 왔던 사법부의 문제점들이 한꺼번에 드러나는 계기가 되었다.[291] 전대미문의 상황에서 취임한 김명수 대법원장은 사법행정권 남용 사태로 벌어진 법원 내부의 분열과 갈등을 통합하고 사법개혁을 완수함으로써 사법부에 대한 국민의 신뢰를 회복해야 하는 막중한 과업을 부여받았다.[292] 사법행정권 남용 사태의

---

290 이재원(주 202), 44.

291 법원행정처, 김명수 대법원장 재임기념 국민과 함께하는 좋은 재판 3 사법행정백서 (2024), 6.

292 법원행정처(주 291), 7.

해결을 위해 추가조사위원회(2017. 11. 구성, 2018. 1. 22. 조사결과 발표), 특별조사단(2018. 2. 구성, 2018. 5. 25. 조사결과 발표) 등 두 차례 추가 진상조사를 진행했다. 2017. 7.부터 2019. 5.까지 12명의 법관이 징계(정직 3명, 감봉 6명, 견책 3명)를 받고, 2명의 법관은 불문, 5명의 법관은 무혐의처분을 받았으며, 3명의 법관은 임기만료로 인한 퇴직으로 징계청구가 철회되었다. 2018. 11.부터 2019. 4.까지 14명의 전·현직 법관이 구속 또는 불구속 기소되어 6명에 대해서는 무죄판결이 선고되어 확정되었고, 8명에 대해서는 재판이 진행 중이다.[293]

김명수 대법원장은 2018. 3. 자문기구로 이홍훈 전 대법관을 위원장으로 하는 '국민과 함께 하는 사법발전위원회'(약칭 '사법발전위')[294]를 구성했다. 사법발전위는 2018. 12.까지 활동하면서 전관예우 근절방안,[295] 판결서 공개 확대,[296] 형사 국민참여재판 활성화 방안[297]과 민사 국민참여재판 실시와 배심조정 제도화,[298]

---

293 법원행정처(주 291), 8.

294 구체적인 명단은 법원행정처, 국민과 함께하는 사법발전위원회 백서(2019), 24~25.

295 법원행정처(주 294), 63~108.

296 법원행정처(주 294), 109~128.

297 법원행정처(주 294), 131~155.

298 법원행정처(주 294), 155~165.

수요자 중심의 사법접근성 강화,[299] 법관인사제도 개편,[300] 재판지원 중심의 법원행정처 구현[301] 등의 방안에 관하여 심의하고 건의문을 채택하여 대법원장에게 제출했다.[302]

김명수 대법원장은 중요한 사법행정사무에 관한 자문기구로 사법행정자문회의를 2019. 9.부터 2023. 9.까지 운영했으며, 그 산하에 일반분과위원회(재정·시설분과위원회, 재판제도분과위원회, 사법정책분과위원회, 법원공무원인사제도 개선 분과위원회, 법조일원회제도 분과위원회)와 법관인사 분과위원회 그리고 각종 특별위원회(상고제도개선 특별위원회, 법관평가제도 특별위원회)를 운영했다.[303]

김명수 대법원장 시기에는 대법원 구성의 다양화가 이루어졌다고 평가할 수 있다. 문재인 정부 초기 제20대 국회에서 임명된 대법원장과 대법관들은 캐스팅 보트를 행사하는 국민의당의 지지를 받아야만 임명동의안이 국회를 통과할 수 있었다. 대법관 출신이 아닌 대법원장, 여성 대법관 4명이 동시에 재직한 시기가 있고, 비서울대 출신 대법관들이 상대적으로 많았으며, 순수 재야

299 법원행정처(주 294), 166~197.

300 법원행정처(주 294), 201~264.

301 법원행정처(주 294), 267~331.

302 법원행정처(주 291), 17~29.

303 법원행정처(주 291), 30~79.

출신 대법관도 재직했다. 김명수 대법원장은 과거의 수직적·권위적 리더십을 지양하고 경청과 소통, 합의를 바탕으로 한 수평적·민주적 리더십을 발휘했다.[304]

김명수 대법원장은 지방법원장 후보 추천제(2019년 정기인사부터)를 시행했고,[305] 고등법원 부장판사 직위를 폐지(2021. 2. 9. 개정 법원조직법 시행)했으며,[306] 고등법원과 지방법원 법관의 인사 이원화(2011. 2. 28. 법관 정기인사부터 시행)를 확대.안착시켰다.[307] 지방법원 경력대등재판부를 시행하고 확대했다. 지역법관제도가 폐지되었으나 잦은 법관인사는 재판의 공백과 전문성 강화에 역행하는 등의 문제가 있으므로 이를 개선하기 위해 장기근무제도를 시행했다. 결과적으로 지방권에 근무하는 판사의 경우 의무적으로 7년, 선택적으로 추가 3년을 근무할 수 있도록 하여 지역법관제도를 보완·수정했다.[308] 법조일원화 관련 신임법관 자격으로 7년 이상 경력을 요구하는 법원조직법 부칙을 2021. 12. 21. 개정하여 그 시행시기를 2025년으로 연기했다. 법원행정처의 비법관화를 추진하여 2019. 1. 1. 자 일반직 정기인사

---

304 법원행정처(주 294), 10.

305 법원행정처(주 291), 221~224.

306 법원행정처(주 291), 218~220.

307 법원행정처(주 291), 216~218.

308 법원행정처(주 291), 224~225.

와 2019. 2. 25. 자 법관 정기인사를 통하여 법원행정처 상근법관 10명을 감축하고, 2020. 2. 24. 자 법관 정기인사를 통하여 7명의 법관을 감축했으며, 2021. 2. 22. 자 정기인사를 통하여 5명의 법관을 감축했다.[309]

김명수 대법원장은 2018. 12. 12. 사법행정 개혁 관련 법원조직법 개정의견을 국회에 제출했다. 사법행정권 남용 사태에서 드러난 대법원장과 법원행정처의 과도한 사법행정권한 집중 문제를 해소하기 위한 방안을 제시했다. 주요 내용은 사법행정회의(중요 사법행정사무에 관한 합의제 심의·의결기구) 신설과 사법행정회의 산하 분야별 위원회 설치, 법원행정처 폐지, 법원사무국 설치와 비법관화, 대법원 사무국 설치, 전국법원장회의와 전국법관대표회의의 법률기구화, 법관 보직인사제도 개선 등이다.[310]

상고제도 개선과 관련하여서는 먼저 2022. 11. 8. 상고이유서 원심법원 제출 제도 도입에 관한 민사소송법 개정안(의안번호 제2118167호)이 국회에 발의되었다.[311] 김명수 대법원장은 2023. 1. 5. 상고제도 개선 관련 입법의견을 국회에 제출했다. 주요 내용은

---

309 법원행정처(주 291), 204~208.

310 법원행정처(주 291), 193~204; 법원행정처(주 294), 340~351; 법원행정처, 국민과 함께하는 사법발전위원회 자료집 백서 하권(2019), 347~420.

311 법원행정처(주 291), 144~145.

대법관 4명 증원(일시에 증원함에 따른 예산상 문제 등 제반 사정을 감안하여 6년에 걸쳐 순차로 증원), 상고심사제(민사소송법, 형사소송법, 법원조직법 개정안),[312] 심리불속행제도 폐지(상고심법 폐지 법률안) 등이다.[313] 대법원이 대법관 증원 방안을 수용할 수 있다는 의견을 제시했음에도 국민들과 국회의 무관심으로 입법에 실패했다.

6. 윤석열 정부와 조희대 대법원장

가. 2022. 3. 9. 실시된 제20대 대통령선거에서 국민의힘 소속 윤석열 후보가 당선되어 2022. 5. 10. 취임식을 가졌다. 제21대 국회에서는 여당에서 야당으로 바뀐 더불어민주당이 압도적 다수당이었으므로 윤석열 정부와 여당이 이렇다 할 정책을 추진하지 못했다. 2024. 4. 10. 실시된 제22대 국회의원선거에서도 여당인 국민의힘은 108석에 그친 반면, 야당인 더불어민주당 170석,

---

312 상고심사제도는 본안 절차와 본안 전 심사 절차를 명확히 구별하고, 명백히 법정상고사유에 해당하지 않거나 심사상고사유가 인정되지 않는 경우에는 상고기각결정을 하고, 법정상고사유 또는 심사상고사유가 인정되는 경우에는 본안심사를 하여 파기환송판결 등 또는 상고기각판결을 선고하는 형태로 운영된다. 민사사건에 한하여 본안 전 심사기간을 4개월(기산점은 상고이유서에 대한 답변서 제출기간 만료일)로 정하고, 해당 기간이 지난 경우 상고기각결정을 할 수 없도록 하여 신속을 도모했다.

313 법원행정처(주 291), 140~147.

조국혁신당 12석 등 여소야대 국회가 형성되었다. 야당 주도로 법률안과 각종 비리의혹에 대한 특별검사 임명에 관한 법률안이 국회에서 통과되었지만 대통령이 거부권을 행사하여 재의결 결과 재적의원의 2/3 이상의 찬성을 얻지 못해 폐기되는 수순을 반복했다.

윤석열 대통령은 2023. 6. 두 명의 대법관을 새로 임명하는 과정에서 특정 성향의 후보자 두 명에 대하여 그들이 제청되면 대통령이 임명을 거부할 수 있다고 밝힘으로써 대법원장의 제청권을 침해했다는 논란을 야기했다. 결국 김명수 대법원장은 대통령실이 문제 삼은 두 후보자를 제청하지 못했다.[314]

윤석열 대통령은 취임 후 2년 7개월도 지나지 않은 2024. 12. 3. 22:28경 비상계엄을 선포했으나, 12. 4. 01:00경 국회가 계엄해제안을 의결했으며, 윤석열 대통령이 04:27경 비상계엄 선포를 해제하고 04:30경 국무회의를 열어 계엄해제안을 의결했다. 우리나라 국민뿐만 아니라 전 세계 사람들이 완전무장한 군인들이 국회, 중앙선거관리위원회, 몇몇 언론기관에 침입하고 시민들이 이를 저지하기 위해 맞서 싸우는 현장을 실시간으로 지켜보았다. 국회의 조사와 수사기관의 수사에 의하여 비상계엄이 절차적,

---

314 법률신문, "현직 부장판사, '대법관 후보 제청' 갈등 논란에 공개 비판"(2023. 6. 17.), <https://www.lawtimes.co.kr/news/188452>.

실체적 요건을 구비하지 못했음이 밝혀졌다. 야6당은 2024. 12. 4. 윤석열 대통령에 대한 탄핵소추안을 발의했고, 12. 7. 본회의에서 표결했으나 투표 불성립으로 폐기되었다. 12. 12. 재차 윤석열 대통령 탄핵소추안이 발의되었고, 12. 14. 본회의에서 재적 300명 중 204명이 찬성하여 가결되었다.

적법요건을 갖추지 못한 상태에서 비상계엄을 선포하고 위헌적인 포고령을 발포한 후 군병력을 헌법기관인 국회와 중앙선거관리위원회 등에 침투시켜 국회의원 등을 체포하려고 한 것은 형법상 내란죄에 해당하는 범죄행위이다. 내란의 중요임무종사 혐의로 김용현 국방부장관(2024. 12. 27. 구속), 여인형 방첩사령관과 이진우 수도방위사령관(2024. 12. 31. 구속), 박안수 육군참모총장과 곽종근 육군특수전사령관(2025. 1. 3. 구속), 문상호 정보사령관(2025. 1. 6. 구속), 조지호 경찰청장과 김봉수 서울경찰청장(2025. 1. 8. 구속), 노상원 전 정보사령관(2025. 1. 10. 구속) 등이 구속기소되었다.

윤석열 대통령에 대해서는 2024. 12. 31. 서울서부지방법원 판사(이순형)가 체포영장을 발부했고, 2025. 1. 3. 공수처와 국가부사본부가 체포영장의 집행을 시도했으나 무산되었다. 1. 6. 1차 체포영장의 유효기간이 만료되자 공조수사본부는 체포영장을 다시 신청했고, 1. 7. 서울서부지방법원 판사(신한미)는 체포영장을 다시 발부했다. 공조수사본부는 1. 15. 다시 체포영장의 집행을 실시하여 10:33 대통령관저에서 윤석열에 대한 체포영장을 집행했다. 1. 19. 02:59경 서울서부지방법원 차은경 부장판사는 윤석열 대통령에 대한 구속영장을 발부했다. 03:10경부터 윤석열 대통령의 구속에 반대하는 극렬지지자들이 서울서부지방법원을 습격하여 점거하고 기물을 손괴하며 구속영장을 발부한 판사를 공격하기 위해 7층 판사실까지 침입하는 폭동사태가 발생했다. 서울서부지방법원 불법난입 폭동 사태는 그 규모와 조직적 움직임, 기물손괴와 판사를 추적하는 행태 등의 측면에서 과거의 사례보다 훨씬 심각한 법원에 대한 침탈행위이다.

검찰은 2025. 1. 26. 윤석열을 내란우두머리 등 혐의로 구속기소했다(서울중앙지방법원 2025고합129 내란우두머리). 헌법재판소는 8명 체제에서 2025. 4. 4. 11:22 대통령 윤석열에 대하여 파면결정(2024헌나8)을 선고했다. 2025. 6. 3. 제21대 대통령선거가 실시되어 더불어민주당 이재명 후보가 당선됨으로써 6개월 걸친 내란 사태에 대한 정치적 책임을 묻는 절차는 어느 정도 정리되었다.

윤석열 정부에서는 이렇다 할 정부 정책이나 제도 개혁이 이루어진 바가 전혀 없다. 대통령이 정치력 제로의 역량으로 거대야당과의 대화 자체를 거부했기 때문에 야당에 의한 개혁법안 또는 특검법 의결과 대통령의 거부권 행사 그리고 재의결에 의한 폐기만이 무한반복 되었을 뿐이다.

나. 김명수 대법원장의 임기가 2023. 9. 22. 자로 만료되자 윤석열 대통령은 후보자로 이균용 서울고등법원 부장판사를 지명하고 국회에 임명동의안을 제출했다. 국회는 2023. 10. 6. 표결 결과 임명동의안을 부결했다(총투표수 295표, 가 118표, 부 175표, 기권 2표). 윤석열 대통령은 조희대 전 대법관을 후임자로 지명했고, 국회는 2023. 12. 8. 여야의 압도적 지지로 임명동의안을 가결했다(총투표수 292표, 찬성 264표, 반대 18표, 기권 10표). 조희대 제17대 대법원장은 2024. 12. 11. 취임식을 가졌다. 취임사에서 "국민들이 법원에 절실하게 바라는 목소리를 헤아려 볼 때, 재판지연 문제를 해소하여 분쟁이 신속하게 해결될 수 있도록 하는 것이 시급"하다는 점을 강조했다.

조희대 대법원장 취임 이후 대법원 구성의 획일화가 다시 강화되었다. 새로 임명된 6명의 대법관은 모두 보수적인 성향의 고위 법관 출신이고, 1명만이 비서울대 출신(퇴임한 6명 중에 3명이 비서울대 출신이었다)이다. 여성대법관은 3명에 머물렀고, 재조경력 없는 법조인 출신 대법관의 명맥은 끊어졌다. 조희대 대법원장은 신속한 재판을 위한 방안으로 일선 법원장이 재판사무의 일부를 담당하는 방안을 제시했고, 실제 몇몇 법원장이 재판업무에 투입되었다. 조희대 대법원장은 김명수 대법원장에 의해 추진되었던 법원행정처의 비법관화 방향을 일부 수정하여 법원행정처에 근무하는 법관의 수를 증원했고, 지방법원장의 추천제를 재검토하여 그 시행을 일단 중단했다. 김명수 대법원장 시기에 운영했던 사법행정자문회의 대신 법원조직법에 규정된 사법정책자문위원회(제25조)를 구성하여 운영했다.

법조일원화 관련 신임 법관의 법조 경력 요건을 5년으로 조정하는 법원조직법 개정안이 2024. 9. 26. 국회 본회의에서 가결되고 10. 16. 공포되었다. 또한 판사 정원을 5년에 걸쳐 370명을 증원하는 「각급 법원 판사 정원법」 개정안이 내란의 혼란 속에서도 2024. 12. 10. 국회 본회의에서 가결되고 12. 31. 공포된 후 충원시기를 다시 조정하여 2025. 1. 1. 자로 90명(50명에서 40명 추가 증원하여 조기에 많은 인원을 증원)을 증원하는 개정안이 2025. 1. 7. 공포되었다.

다. 2025. 3. 7. 서울중앙지방법원 형사합의 제25부[315]는 내란 우두머리 혐의로 기소된 윤석열에 대하여 구속취소결정(2025초기619, '3·7 구속취소결정')을 했다. 심우정 검찰총장이 즉시항고를 포기함으로써 3. 8. 윤석열이 석방되었다. 위 구속취소결정은 형사소송법 제201조의2(구속영장 청구와 피의자심문) 제7항의 문언에 명백하게 반하는 해석을 했고, 이로 인해 내란주요임무종사 혐의로 기소된 사람들은 구속 상태에서 재판받음에도 우두머리

---

315 부장판사 지귀연(재판장), 판사 김의담, 유영상.

혐의로 기소된 윤석열은 불구속 상태에서 재판받는, 국민 상식에 비추어 도저히 용납할 수 없는 상황이 전개되었다.

대법원은 2025. 5. 1. 더불어민주당 대통령후보 이재명의 공직선거법위반 사건에 대하여 전원합의체[316]로 파기환송 판결(대법원 2025. 5. 1. 선고 2025도4697 전원합의체 판결, '5.1 전합 판결')을 선고했다. 원심인 서울고등법원[317]은 2025. 3. 26. 공소장 변경을 허가한 후 일부 유죄를 선고한 제1심 판결[318]을 취소하고 전부 무죄를 선고했었다.[319] 원심법원은 검사가 상고하자 3. 28. 소송기록을 대법원에 보냈고, 대법원장은 상고이유서와 답변서가 제출되자마자 2025. 4. 22. 주심대법관(제2부 박영재) 지정 후 2시간 만에 직권으로 전원합의체에 회부하고 당일인 4. 22.과 4. 24. 두 차례 전원합의체 합의기일을 진행한 후 1주일 만에 파기환송판결을 선고했다. 대법원은 선고 다음날인 5. 2. 소송기록을 서울고등법원으로 보냈고, 서울고등법원은 당일 재판부를 배당했다. 해당 재판부는 즉시 공판기일(5. 15.)을 지정하고 우편송달을 시도하지 않은 채 바로 집달관 송달을 실시했다. 국민과 민주당의

---

316 다수의견 대법원장 조희대, 대법관 오석준·서경환·권영준·엄상필·신숙희·노경필·박영재·이숙연·마용주, 반대의견 대법관 이흥구·오경미.

317 부장판사 최은정(재판장), 이예슬, 정재오.

318 서울중앙지방법원 2023. 11. 15. 선고 2022고합660 판결, 부장판사 한성진(재판장), 판사 이학인, 박명.

319 서울고등법원 2025. 3. 26. 선고 2024노3692 판결.

강력한 반발에 담당재판부는 5. 7. 공판기일을 대통령선거 이후인 6. 18.로 변경했다. 군사작전을 수행하듯 신속하게 진행된 위 과정은 대법원이 이재명 후보의 자격 박탈 또는 교체를 노리고 정치의 최전선에 나선 것으로 평가되었다. 내란 세력은 전직 대법원장, 전직 대법관, 현직 대법관인 중앙선거관리위원장, 현직 지방법원 부장판사 등을 이른바 '수거(收去) 대상'으로 지목하고 그들의 위치 확인을 지시하는 등 그 실행에 착수했다. 비상계엄이 성공했더라면 수거 대상으로 지목된 사람들은 죽임을 당했을 가능성이 높다. 헌법재판소는 대통령(윤석열) 탄핵심판결정[320]에서 전원일치 의견으로 피청구인(대통령 윤석열)이 법조인의 위치 확인 지시에 관여한 행위는 사법권의 독립을 침해했다고 명확하게 판단했다. 헌법재판소 결정까지 선고된 후이므로 대법원은 동료 법관과 법조인을 지키기 위해서도, 또 사법권의 독립을 수호하기 위해서도 내란 세력에 단호하게 맞서야 했음에도 내란 세력만이 환호할 재판을 무리하게 감행했다. 두 재판은 해방 이후 80년 사법사상 유례없는 재판으로서 영원히 소환될 것이므로 '3·7 구속취소결정' '5·1 전합 판결'이라 명명하는 것이 적절하다. 1975년 인혁당 재건위 관련 8명의 피고인을 사형한 '4·9 사법사상 암흑의 날'에 비견할 수 있다. 두 재판은 야당과 국민들의

---

320 헌법재판소 2025. 4. 4. 선고 2024헌나8 결정.

강력한 법원 개혁 요구를 폭발시켰고, 야당은 법원 개혁 방안으로 재판소원제도 도입, 대법관 증원, 대법관 자격의 비법조인으로의 확대[321] 등을 주장하고, 관련 법원조직법 개정안과 헌법재판소법 개정안 등을 발의했다.

법원 개혁의 목적은 국민을 위하여 좋은 재판을 할 수 있는 법원을 만드는 것이다. 법원이 국민을 위하여 좋은 재판을 하려면 재판을 하는 법관들이 책임감과 함께 자긍심을 가지고 직무를 수행할 수 있어야 한다. 법원 개혁이 재판업무를 담당하고 있는 법관들을 자괴감과 굴욕감으로 몰아넣는 방향으로 이루어진다면 소기의 개혁성과를 거두지 못할 뿐만 아니라 법원이 심각한 상태에 빠질 수도 있다.

대법관 자격의 비법조인으로의 확대는 헌법상 순수한 최고사법기관인 대법원의 위상에 비추어 부적절하고 입법례도 찾아보기 힘들며 그동안 시민사회에서도 주장된 바가 없는 내용이다.

재판소원제도 도입 관련해서는 1987년 헌법은 대법원과 헌법재판소를 동등한 지위의 최고헌법기관으로 병렬적으로 규정하였으므로 현행 헌법하에서 헌법재판소법 개정만으로 재판소원제도

---

321 박범계 의원 등 10명은 2024. 5. 23. 대법관 임용자격에 '학식과 덕망이 있고 각계 전문 분야에서 경험이 풍부하며 법률에 관한 소양이 있는 사람'을 추가하는 법원조직법 개정안을 제안했다가(의안번호 2210593), 같은 달 26. 철회했다.

를 도입하는 것은 위헌적 요소가 있다.[322] 재판소원제도의 도입을 주장하는 견해는 독일의 사례를 모델로 삼으나, 독일과 우리나라는 헌법의 체계와 구체적인 규정, 대법관과 헌법재판관의 임명절차와 자격요건, 임기와 정년, 대법원과 헌법재판소의 규칙제정권의 유무 등이 완전히 다르기 때문에 동일하게 비교할 수 없다. 재판소원제도 도입 여부는 개헌 시기에 근본적으로 다시 검토하여 결단할 문제이고, 현행 헌법하의 개혁 과제로는 부적절하다.

우리나라와 독일의 비교

<table>
<tr><th rowspan="2"></th><th colspan="2">대한민국</th><th colspan="2">독일</th></tr>
<tr><th>대법원</th><th>헌법재판소</th><th>연방대법원</th><th>연방헌법재판소</th></tr>
<tr><td>헌법
체계</td><td>제5장 법원</td><td>제6장
헌법재판소</td><td colspan="2">독일연방공화국 기본법
제9장 사법</td></tr>
<tr><td rowspan="2">헌법
규정</td><td rowspan="2">최고법원인
대법원
(제101조 제2항)</td><td rowspan="2">헌법재판소
관장사항
(제111조 제1항)</td><td colspan="2">사법권은 연방헌법재판소,
연방법원 및 주법원이 행사</td></tr>
<tr><td>연방일반,
행정, 재정,
노동,
사회법원</td><td></td></tr>
</table>

322 이강국, "헌법재판소법의 제정에 관하여", 법무자료 95집, 법무부(1988); 유남석, "재판에 대한 헌법소원 금지의 논리 및 정책적 이유", 재판자료 75집, 법원도서관(1997); 광운대학교 산학협력단, 대법원과 헌법재판소 사이의 이상적인 관계설정방안-재판소원제도를 중심으로, 법원행정처 사법정책실(2010); 헌법재판연구원, 주석 헌법재판소법(2015) 등 참조.

임용 절차	대법원장: 국회 동의, 대통령 임명 대법관: 대법원장 제청, 국회 동의, 대통령 임명 (헌법 제104조 제1, 2항)	재판관: 대통령 임명 / 3명: 국회 선출, 3명: 대법원장 지명 재판소장: 재판관 중에서 국회 동의, 대통령 임명 (헌법 제111조 제2,3,4항)	각 분야 주무연방장관이 16개 주 주무장관과 연방의회 선출 동수 의원으로 구성되는 법관선출위원회와 공동 으로 결정(제95조 제2항) 법관선출위원회, 단순다수결	2개 부: 연방의회(하원)와 연방참사원(상원) 각 8명 선출(기본법 제93조 제2항) 연방법무부장관, 후보자 명부 제출 하원: 재판관선출위원회(12명) 8명 이상 찬성 / 상원: 재적의원 2/3 이상 찬성 대통령 임명
수	대법원장 포함 14명	9명	129명, 56명, 60명, 35명, 40명 총 320명 (2010년)	16명
임용 자격	20년 이상 법조직, 45세 이상(법원조직법 제42조)	15년 이상 법조직, 40세 이상 (헌법재판소법 제5조)	법관 자격, 35세 이상	법관자격, 40세 이상 / 각 부 3명 이상 연방법원 재판관 임명 / 10명 교수 출신
임기, 정년	6년(연임 가능, 헌법 제105조 제1, 2항), 70세(법원조직법 제45조 제3항)	6년(연임 가능, 헌법 제112조 제1항), 70세(헌재법 제7조 제2항)	정년 65세, 임기 없음	12년(연임·중임 불가), 68세(기본법 제93조 제3항)
규칙 제정권	○ (헌법 제108조)	○ (헌법 제113조 제2항)	×	○ (기본법 제93조 제4항)

대법관의 증원 여부를 결정하려면 증원 규모뿐만 아니라 소부 구성을 몇 명(3명, 4명, 5명 중 몇 명)으로 할 것인지,[323] 소부를 전문재판부 형태로 운영할 것인지(전문법원은 하급심에 두면 충분하고 대법원은 보편적 이성과 균형 잡힌 시각에 따른 판단이 중요하다는 견해도 있다), 판례 변경과 법령해석의 통일을 위한 전원합의체를 활성화하기 위한 방안은 무엇인지 등도 함께 고려하여야 한다. 이런 관점에서 보면 ① 현행 유지 방안(대법원 구성의 다양화를 전제로), ② 4명 소부 1개 증원 방안(4명 증원), ③ 4명 소부 3개 증원 방안(12명 증원)이 현실적으로 설계 가능한 방안이다. 4명 증원 방안은 소부를 전문재판부로 운영하지 않는 현재의 체계를 유지하면서 17명 전원합의체를 운영한다. 12명 증원 방안은 1·2·3부로 1연합부, 4·5·6부로 2연합부를 구성하고, 1연합부는 민사·가사·특허 등의 사건을 담당하고 2연합부는 형사·행정·노동 등의 사건을 담당하며, 각 연합부는 대법원장을 포함하여 13명이 연합부 재판으로 판례 변경 등을 할 수 있고, 1·2연합부에 공통된 쟁점이 있는 사건이나 대법관 전원의 의견으로 재판해야 할 중요사건에 대해서는 25명 전원합의체가 재판한다. 25명 전원합의체 운영의 실질화를 위해 여러 방안을 모

---

323 소부는 4명으로 구성하는 것이 가장 바람직하다는 것이 필자의 대법관 경험에 따른 개인적인 견해이다.

색할 수 있다. 연구관 보고서 등 재판의 기본 자료들을 전체 대법관에게 회람하고, 심층 토론은 연합부 단위로 먼저 실시하고 그 토론 결과를 모든 대법관이 공유한 상태에서 25명 전원합의체 합의기일을 진행하여 각 연합부 토론 결과를 확인한 후 전체 토론을 거쳐 표결을 한다면 25명 전체 대법관의 의사가 충실하게 반영된 재판서를 작성할 수 있을 것이다. 대법관을 12명 증원할 경우 ① 개별 대법관의 입장에서는 주심사건 수와 소부 사건 수가 절반으로 감소한다. 그렇게 된다고 해도 대법관의 업무량이 절대적으로 많은 것은 변함이 없으나, 그래도 현재보다는 주심사건에 훨씬 많은 시간을 할애하여 심도 있게 검토할 수 있을 것이다. ② 연합부에서의 판례 변경은 현재의 전원합의체에서보다는 보다 적극적으로 이루어져 판례 변경 기능(즉 정책법원으로서의 기능)이 강화될 것이다. 또한 ③ 판사나 비법관 법조인의 경우에도 대법관에 임명될 확률이 더 높아져 대법원 구성의 다양화에도 긍정적인 효과가 있을 것이다. 대법관 12명을 증원하더라도 심리불속행제도를 전면적으로 폐지하기는 어려울 것이다. 심리불속행제도를 전면적으로 폐지하면 모든 상고사건 선고까지 1년 이상 2, 3년 걸릴 수 있어 신속한 재판받을 권리를 침해할 가능성이 있고, 판결 선고기일을 통지하고 당사자가 출석한 상태에서 압도적 다수 사건에 대해 계속 상고기각판결을 선고한다면(한 선고기일에 선고되는 파기환송 판결은 몇 건에 불과함), 그것이 오히려 불신의 대상이 될 수도 있을 것이기 때문이다. '심리불속행'이라는 용어 때문에 심리불속행 재판의 경우 대법관이 심리를 하다가 중단하고 기록도 보지 않고 재판연구관의 의견대로 처리하는 것이 아닌가 하는 오해가 있다. 심리불속행 사건도 소부 대법관들(특히 주심대법관은 3회 이상 검토함)이 심리를 마치고 합의를 거쳐 4명 모두 동의한 경우에 한하여 처리하고 있으므로, 이러한 운영 실태와 소부의 충실한 심리를 담보하기 위해 관련 조항을 개정할 필요가 있다. 즉 「상고심 절차에 관한 특례법」 제4조의 제목을 '심리의 불속행'에서 '이유 기재 생략 상고기각판결'로 바꾸고 제1항의 내용을 "대법원은 심리한 결과 상고이유에 관한 주장이 다음 각 호의 어느 하나의 사유를 포함하지 아니한다고 인정하면 이유를 적지 아니한 판결로 상고를 기각할 수 있다."라고 개정할 것을 제안한다. 대법관 증원 여부와는 무관하게 대법원이 성별, 배경, 경험, 가치 등의 측면에서 다양한 대법관들로 구성되어야 하며, 이를 위해 필요한 범위에서 법률 개정이 이루어질 필요가 있다.

필자는 두 재판을 계기로 폭발적으로 제기된 국민들의 법원 개혁 요구를 수용해 법원 개혁을 추진하기 위하여 국회에 법원 개혁만을 위해 별도의 법원개혁특별위원회('법원개혁특위')를 구성하고, 법원 개혁 과제를 단기과제와 중장기과제로 구분하여 단계적으로 처리하는 방안을 제시했다.[324] 단기과제[325]는 법원개혁특위 구성 후 6개월 안에 입법까지 마무리하고, 중장기과제[326]는 처음 6개월 동안에는 각 쟁점에 관한 법률안 초안을 입법조사처나 법원 행정처 또는 외부용역 등을 통해 제출받고, 다음 6개월이나 1년 정도 연장하여 입법을 마무리하는 일정으로 추진하자는 것이다.

VI. 맺음말

1. 우리 사법사상 대법원장과 대통령의 관계에 관하여 일별해본다.

김병로 제1대 대법원장과 이승만 대통령의 관계는 이승만 대통령이 사법부의 독립을 흔들기 위하여 끊임없이 시도했지만 김병로 대법원장이 그때마다 단호하게 대처하여 사법부의 독립을 수호하는 관계였다고 할 수 있다. 이승만 대통령은 정권 유지를

---

324 김선수, "법원 개혁 방안과 추진 체계·일정에 관한 관견(管見)", 법률신문(2025. 6. 12.), <https://www.lawtimes.co.kr/opinion/208707>

325 대법관 증원 방안 여부와 상고이유서의 원심법원 제출 제도 도입, 재정신청제도의 개선, 구속영장 단계의 조건부석방제도 도입, 국민참여재판(형사사건)의 활성화 방안, 형사법정구조의 개선, 압수·수색영장의 사전심문제도 도입, 한국형 디스커버리 제도의 도입, 판결문 공개 범위의 확대 등.

326 전자소송과 영상재판의 확대, 원로법관제도 도입, 노동법원 설치, 시군법원의 관할 확대와 법관 상주 시군법원의 확대, 사법보좌관 증원과 관할 조정, 형사사건의 신속처리절차 도입, 예산 편성과 운영에 관한 대법원의 일부 자율권 인정, 징벌배상제 도입과 일정한 유형의 민사배심제 도입, 대표당사자에 의한 집단소송제도 도입, 공적 변호인(Public Defender) 제도 도입, 대체적 분쟁해결절차(Alternative Dispute Resolution, ADR) 활성화 방안 등.

위하여 수시로 헌법을 개정했고, 그 과정에서 민주주의적 절차를 무시하기도 했으며, 법원의 재판이 마음에 들지 않을 때마다 법관을 비난하기도 했다. 그때마다 김병로 대법원장은 민주주의적 원칙을 강조하면서 이승만 대통령의 권위주의적 시도를 비판했고, 법관들을 옹호하며 사법부의 독립을 수호하는 데 앞장서서 솔선수범했다. 김병로 대법원장이 단호하게 대처할 수 있었던 것은 일제강점기에 독립운동가들을 변호하고 변호사자격을 박탈당하기도 하는 등 투쟁적인 삶을 살았고, 대한민국 사법의 기초를 구축하였다는 누구도 부정할 수 없는 업적에 근거한 권위가 있었기 때문에 가능했다.

김병로 대법원장이 정년퇴임한 이후 조용순 제2대 대법원장은 이승만 대통령의 사법부 독립 침해 행태에 제대로 맞서지 못했다. 그 결과 4·19 혁명 이후 대법원장과 중앙선거관리위원장인 대법관 등이 국민의 퇴임 요구를 받고 퇴임할 수밖에 없었다.

5·16 군사쿠데타 이후 군사정부 시기에는 대법원은 군법무감실 정도의 위상으로 추락했고, 대법원장은 감히 대통령의 의중을 거스르지도 못했다. 이 시기 대법원장들은 대통령이 허용하는 범위 안에서 법원의 행정적 개편을 위해 노력하는 정도에 머물렀다. 신군부세력의 압력에 의해 2년여 만에 퇴임한 이영섭 대법원장이 퇴임사에서 '회한과 오욕'뿐이라고 말한 것이 솔직한 고백이라 할 수 있다.

1987년 민주화 이후 두 명의 대법원장(김용철, 김덕주)은 소장 법관들이 사법개혁 요구를 집단적으로 표명한 이른바 사법파동으로 임기를 마치지 못하고 중도에 퇴진했다. 노태우 대통령이 정기승 후보자에 대한 국회의 부결 이후 임명한 이일규 대법원장은 대통령과의 관계에서도 균형을 유지했다고 평가할 수 있다. 김영삼 대통령이 사법파동의 여파로 퇴임한 김덕주 대법원장의 후임으로 임명한 윤관 대법원장은 김영삼 대통령의 절대적인 신뢰에 힘입어 사법개혁 6개 법안을 마련하고 입법에 성공함으로써 군사정부에 의해 격하되고 왜곡되었던 사법부를 정상화했다. 윤관 대법원장과 김염삼 대통령은 상호 존중하고 자제하며 사법부 독립을 실현했다는 측면에서 대법원장과 대통령의 관계에 관한 모범을 제시했다고 할 수 있다.

김대중 대통령은 최초로 선거에 의하여 정권교체를 이룬 대통령으로서 사법부 독립 정신에 따라 윤관 대법원장과 최종영 대법원장을 존중했다. 노무현 정부 초기에 제4차 사법파동으로 최종영 대법원장의 위상이 흔들렸으나, 대통령과 대법원장이 사법개혁의 2단계 추진에 합의하고 대법원장이 시대의 요구를 수용함으로써 원만하게 임기를 마무리했으며, 일정한 사법개혁의 성과도 이루어냈다. 노무현 대통령이 임명한 이용훈 대법원장과의 관계는 과거사 정리, 공판중심주의 강화 등 사법부의 개혁방향에 대하여 의견이 일치하여 상호 존중하는 관계였다. 이명박 대통령과 이용훈 대법원장은 국정방향이나 사법부의 역할 등에 대한 견해

차이 등으로 불편한 관계가 이어졌다. 양승태 대법원장은 이명박 대통령, 박근혜 대통령과 정치적 견해가 비슷해서 원만한 관계를 유지했으나, 상고법원 도입 법안을 통과시키기 위해 재판을 거래 수단으로 삼고 비판적인 법관들을 사찰하는 등 이른바 사법농단으로 불리는 사법행정권 남용으로 사법부에 대한 국민의 신뢰를 크게 훼손했다. 문재인 대통령과 김명수 대법원장은 정치적 견해와 사법부의 역할에 대해 같은 의견을 가졌기에 상호 존중하는 관계를 유지했다. 김명수 대법원장은 다양한 경험과 가치를 가지는 대법관들을 제청하여 대법원 구성의 다양화를 이루어 약자와 소수자 보호를 위한 많은 판결들을 선고했다. 윤석열 대통령실은 김명수 대법원장이 신임대법관을 제청하기에 앞서 특정 후보자를 명시하여 그들을 제청할 경우 임명하지 않을 수 있다고 밝힘으로써 대법원장의 대법관 제청권을 훼손했다. 내란 정국에 밝혀진 바에 의하면 내란 세력은 김명수 대법원장을 이른바 '수거(收去) 대상'으로 지목함으로써 김명수 대법원장에 대한 적대감을 그대로 노정했다. 윤석열 대통령에 의해 임명된 조희대 대법원장은 재판 지연 문제를 해결하기 위해 노력했으나, 윤석열 대통령의 비상계엄 선포로 초래된 내란 정국에서 내란 세력만이 환호할 5.1 전합 판결을 함으로써 국민들의 법원 개혁 요구 쓰나미를 불러들였다.

대통령과 대법원장은 각각 행정부와 사법부의 수장이다. 국민의 직접선거에 의해 선출된 대통령이 권한이나 역할에서 막중하고 적극적이어서 이니셔티브를 가질 수밖에 없겠지만, 사법부의 독립은 민주사회의 기본요체이므로 대통령은 사법에 개입하는 것을 자제하고 사법부 수장인 대법원장을 존중해야 한다. 대법원장은 사법부의 수장으로서 대통령이 재판에 개입하려 하거나 법관을 사찰하려 하는 등으로 사법 독립을 침해하려 할 경우 단호하게 맞서야 한다. 대통령이든 대법원장이든 국민의 종복이므로 각각의 지위에 맞는 역할을 수행해야 하고, 그 과정에서 상대방의 지위와 역할을 존중해야 한다.

2. 우리나라에 근대적 사법제도가 도입된 이후 현재까지의 변천 과정을 대략적으로 살펴보았다.

민주화 이후 다양한 사법개혁이 시도되었고 또 이루어졌다. 대법원의 조직과 상고제도는 1994. 9. 심리불속행제도를 시행한 이후 현재까지 동일하게 유지되고 있다. 다만 3.7 구속취소결정과 5.1 전합 판결 선고로 인해 대법원의 조직과 상고제도에 대한 근본적인 개혁 요구가 거세게 제기되기에 이르렀다.

법원은 패러다임의 전환이 필요한 시점에 이른 것으로 보인다. 현재의 사법체제는 가인 김병로 제1대 대법원장이 기초를 세운 기조를 유지하고 있다. 사법서비스의 관점에서 공급자인 법관 위주의 체제로서 법관상은 모든 분쟁에 대한 해답을 제시하는 엘리트 관료법관을 모범으로 한다. 포스트 김병로 사법체제는 사법서비스의 관점에서 수요자인 국민 위주의 체제로 전환해야 하고, 법관상도 당사자와 함께 해결방안을 찾아가는 조정자형 법관을 모범으로 해야 한다. 시험성적에 의한 신임법관 임용 방식은 재고되어야 한다. 시험성적이 좋은 것과 재판을 잘하는 것은 별개의 문제이다. 신임법관 임용경로를 다양화하고, 조정자형 법관으로서 역할을 충실하게 수행할 수 있는 역량을 다각도로 평가할 필요가 있다.

법원 개혁의 방향은 국민에게 가까이 다가가는 법원, 국민과 함께 해결하는 법원, 국민을 위해 법치를 실현을 법원을 통해 국민에게 신뢰받고 존중받는 법원으로 나아가야 한다.

'국민에게 가까이 다가가는 법원'을 위한 방안으로는 ① 시군법원 역할 확대 및 강화,[327] ② 원로법관제도 도입,[328] ③ 법률구

---

327 현재의 시군법원의 관할사건은 ① 소액민사사건, ② 화해 · 독촉 · 조정 사건, ③ 즉결심판사건(20만 원 이하의 벌금 또는 구류나 과료에 처할 범죄사건), ④ 협의상 이혼의 확인, ⑤ 임차권등기명령사건 등이다.[법원행정처, 개정 시군법원 업무편람(2013), 10~11, 150~153.] 시군법원의 활성화 방안으로 법관 인력배치에 관하여 ① 원로 법조인 중에서 시군법원 판사로 임명하는 방안, ② 일본의 간이재판소 판사제도를 도입하는 방안, ③ 사법보좌관을 이용하는 방안 등이 제시되고 있고, 법원직원의 배치와 관련하여 ① 전담직원 추가와 보조인력의 배치 방안, ② 등기소 직원 겸직 방안, ③ 사법보좌관 조속한 시행 방안 등을 제시하고 독립된 시군법원 건물 설립이 필요하며, 시군법원의 업무관할을 민사중액사건과 구속영장 발부와 약식명령 사건 등까지 확대하고 판사 상주 시군법원을 전국적으로 확대하는 방안 등이 제시되고 있다.[엄희열, "시군법원 제도의 운영상 문제점과 활성화 방안", 행정학석사학위논문, 강원대학교 경영행정대학원(1999), 46~58.]

328 강영호, 원로법관 제도와 시니어판사 제도의 비교 및 활용 여부, 사법정책연구원(2019). 제20대 국회에서 정년(65세)을 앞둔 법관 중 일부를 '원로판사'로 임명하여 75세까지 근무하도록 하는 내용(업무량과 보수는 일반법관보다 낮게 함)의 법률안이 국회에 제출된 바 있다. 이재원(주 202), 54~55.

조제도의 통합 및 확대와 독립성 강화: 공적변호인 제도(모든 구속 피의자에게 변호인의 도움을 받을 권리 보장) 도입(국선전담변호사 포괄),[329] 법률구조제도 개혁(법무부 산하 조직인 법률구조공단 문제 포함),[330] 소송구조제도의 개선,[331] 일정한 영역에서 일정한 조건하에 변호사강제주의 도입, ④ 전자소송과 영상재판의 확대, ⑤ 신속처리절차 도입: 간이한 형사재판의 신속화,[332] ⑥ 노동법원 도입: 노동현장 가까이 법원 신설 등을 들 수 있다.

사법은 실체적 측면뿐만 아니라 절차적 측면에서도 정의를 보장하여 실제로 정의로울 뿐만 아니라 또한 정의롭게 보이도록 해야 한다. '국민과 함께 해결하는 법원'을 위한 방안으로는 ① 형사 국민참여재판의 활성화: 대상사건 및 실시법원 확대, 신청주의 개선(필수적 대상사건 도입), 배심원 의견의 사실상 기속력 인정, 만장일치 무죄 선고 사건에 대한 검사 항소 제한, 배제 결정의 신중한 운영, 재판장 설시의 개선,[333] ② 특정 영역(악의적 허위보도에 대한 징벌배상, 집단소송에 의한 징벌배상 등)에서 민

---

329 사법제도개혁추진위원회, 사법 선진화를 위한 개혁 14권(2006), 922~994.

330 사법제도개혁추진위원회(주 329), 687~921.

331 박미정·이학구, 소송구조제도의 개선방안에 관한 연구, 사법정책연구원(2022).

332 사법제도개혁추진위원회, 사법 선진화를 위한 개혁 12권(2007), 3~443.

333 임성민, 국민참여재판의 현황 및 활성화 방안에 관한 연구-실시요건 개선을 중심으로, 사법정책연구원(2024); 법원행정처, 국민과 함께하는 사법발전위원회 자료집 백서 상권(2019), 325~462.

사배심제도 도입,[334] ③ 참심형 (지방 및 고등) 노동법원 도입,[335] ④ 한국형 디스커버리 제도 도입,[336] ⑤ 사법행정 등에 외부인 참여 확대 등을 들 수 있다.

'국민을 위해 법치를 확립하는 법원'을 위한 방안으로는 ① 위자료 현실화: 악의적 불법행위, 기업에 의한 집단적 불법행위, 언론기관에 의한 악의적 명예훼손 등에 대한 실효성 있는 위자료, 인격적 법익 침해에 대한 적정한 가치 평가, ② 국가배상의 적극적 인정을 통한 민주적 행정통제 강화, ③ 형사사법절차의 개선 방안으로 재정신청제도 개선, 구속영장 단계 조건부석방제도 도입, 압수·수색영장 발부 시 사전심문제도 도입, 양형조사의 실질화,[337] 수사기관에 의한 영장신청과 법원에 의한 통제 제도, 형사법정 구조의 개선(민사법정과 동일한 구조의 당사자주의적 법정), ④ 일반적 징벌배상제도 도입,[338] ⑤ 대표당사자 집단소송제도 도입,[339] ⑥ 납세자(국민) 소송제도 도입,[340] ⑦ 대체적 분쟁해

---

334 법원행정처, 국민과 함께하는 사법발전위원회 자료집 백서 상권(2019), 465~506.

335 이종훈, 노동쟁송절차의 개선에 관한 연구, 사법정책연구원(2019).

336 김정환, 효율적인 증거개시·수집을 위한 제도 개선 방안에 관한 연구, 사법정책연구원(2015).

337 사법제도개혁추진위원회(주 332), 843~863.

338 사법제도개혁추진위원회, 사법 선진화를 위한 개혁 15권(2007), 683~959.

339 사법제도개혁추진위원회(주 338), 411~680.

340 사법제도개혁추진위원회(주 338), 5~206.

결절차(ADR)의 확대,[341] 특히 전문분야(보험, 금융, 건설 등)에서의 중재제도의 활성화 등을 들 수 있다.

'국민에게 신뢰·존중받는 법원'을 위한 방안으로는 ① 상고제도 개선: 대법관 증원 방안, 상고이유서 원심법원 제출제도 도입 방안,[342] 대법원 구성의 다양성 확보 방안(대법관후보추천위원회 위원의 증원 및 비법조 직역 출신 확대, 대법원 구성에서의 성별·배경·경험·가치의 다양성을 고려하여야 한다는 원칙 규정 신설), ② 하급심(특히 1심) 강화 방안, ③ 신속한 재판에 대한 국민의 요구에 부응, ④ 법관의 의사에 반한 전보의 자제와 공정한 인사, ⑤ 판결 공개 확대 등을 들 수 있다.

---

341 사법제도개혁추진위회, 사법 선진화를 위한 개혁 14권(2007), 7~553; 황승태, 한국형 대체적 분쟁해결(ADR) 제도의 발전방향에 관한 연구, 사법정책연구원(2016).

342 강영재, 상고심 재판의 개선방안에 관한 연구–상고이유서 원심법원 제출제도 및 재항고 제한제도 도입을 중심으로, 사법정책연구원(2021).

참고자료

단행본 등

- 강영재, 상고심 재판의 개선방안에 관한 연구-상고이유서 원심법원 제출제도 및 재항고 제한제도 도입을 중심으로, 사법정책연구원(2021).
- _____, 각국의 상고심 실질심리 사건 선별방식에 관한 연구, 사법정책연구원(2022).
- 강영호, 원로법관 제도와 시니어판사 제도의 비교 및 활용 여부, 사법정책연구원(2019).
- 광운대학교 산학협력단, 대법원과 헌법재판소 사이의 이상적인 관계설정방안-재판소원제도를 중심으로, 법원행정처 사법정책실(2010).
- 국회(제18대) 사법제도개혁특별위원회, 국민을 위한 사법제도 개혁-법원관계법에 관한 공청회 자료집(2010. 4. 10.).
- 권석천, 대법원 이의 있습니다, 창비(2017).
- 강영호, 두 얼굴의 법원-사법농단, 그 진실을 추적하다, 창비(2019).
- 김두식, 법률가들-선출되지 않은 권력의 탄생, 창비(2018).
- 김선수, 사법개혁리포트, 박영사(2008).
- 김인회, 형사소송법(제2판), 피엔씨미디어(2018).
- 김영란, 판결을 다시 생각한다-한국사회를 움직인 대법원 10대 논쟁, 창비(2015).
- 김정환, 효율적인 증거개시·수집을 위한 제도 개선 방안에 관한 연구, 사법정책연구원(2015).

- 대법원, 사법제도개혁백서(上I~III, 下I~II)(1994).
- _____, 바람직한 형사사법시스템의 모색 자료집 I~IV(2004).
- 문준영, 법원과 검찰의 탄생, 역사비평사(2010).
- 민경한, 동굴 속에 갇힌 법조인, 나래짓(2012).
- 박미정·이학구, 소송구조제도의 개선방안에 관한 연구, 사법정책연구원(2022).
- 박원순, 한국인권변론사-역사가 이들을 무죄로 하리라, 두레(2003)
- 법원도서관, 구술총서 1 윤관(2021).
- _________, 구술총서 6 김용철(2024).
- 법원행정처, 법원사(1995).
- _________, 법원사(자료집)(1995).
- _________, 개정 시군법원 업무편람(2013).
- _________, 양승태 대법원장 재임기념 국민과 소통하는 열린 법원 1~5(2018).
- _________, 국민과 함께하는 사법발전위원회 백서, 자료집 상권.하권(2019).
- _________, 김명수 대법원장 재임기념 국민과 함께하는 좋은 재판 1~4(2024).
- _________, 2024 사법연감(2024).
- 법조삼성 평전 간행위원회 엮음, 한국 사법을 지킨 양심–김병로.최대교.김홍섭, 일조각(2015).
- 법학교육제도연구위원회, 법학교육제도 개선 연구-'학사 후 법학교육'의 도입(1999).
- 사법개혁위원회, 사법개혁위원회 자료집(I~VI)(2004).
- ____________, 사법개혁을 위한 건의문(2004).
- ____________, 사법개혁위원회 자료집 VII 국민과 함께하는 사법개혁(2005).
- 사법개혁추진위원회, 민주사회를 위한 사법개혁-대통령자문위원회 보고서(2000).

- ______________, 사법개혁추진위원회 전문위원보고서 상·하(2000).
- 사법발전재단, 역사 속의 사법부: 대한민국 사법부 1948~2008(2009).
- 사법정책연구원, [법원 인물사] 조진만 전 대법원장(2018).
- 사법제도개혁추진위원회, 국민을 위한 사법개혁(2006).
- ______________________, 사법선진화를 위한 개혁-백서 상·하(2006).
- ______________________, 사법선진화를 위한 개혁-사법제도개혁추진위원회 자료집 제1권~제15권(2007).
- 세계화추진위원회, 법률서비스 및 법학교육의 세계화 주요 자료집(1995).
- 서현웅, 일본 간이재판소에 관한 연구, 사법정책연구원(2023).
- 세기 히로시, 박현석 옮김, 절망의 재판소, 사과나무(2014)
- 신동운, 신형사소송법(제4판), 법문사(2012).
- 신동운 편저, 재판관의 고민, 법문사(2008).
- 야마모토 유지 지음, 김용찬 옮김, 일본 최고재판소 이야기, 법률문화원(2005).
- 양삼승, 권력, 정의, 판사 - 폭풍 속을 나는 새를 위하여, 까치(2017).
- 유병진, 재판관의 고민-일명 부역자처벌을 마치고, 신한문화사(1952).
- 이종훈, 노동쟁송절차의 개선에 관한 연구, 사법정책연구원(2019).
- 이춘재·김남일, 기울어진 저울-대법원 개혁과 좌절의 역사, 한겨레출판(2013).
- 임성민, 국민참여재판의 현황 및 활성화 방안에 관한 연구-실시요건 개선을 중심으로, 사법정책연구원(2024).
- 임지봉, 사법적극주의와 사법권 독립, 철학과현실사(2004).
- 진실과 화해를 위한 과거사정리위원회, 2006년 하반기 조사보고서(2007).
- 참여연대, 김명수 대법원장 취임 2년, 사법개혁 어디까지 왔나 토론회 자료집 (2019).

- 한승헌, 한 변호사의 고백과 증언, 한겨레출판(2009)
- _____, 재판으로 본 한국현대사, 창비(2016).
- 한인섭, 식민지 법정에서 독립을 변론하다, 경인문화사(2012).
- _____, 가인 김병로, 박영사(2017).
- _____, 100년의 헌법, 푸른역사(2019).
- 한인섭 대담, 홍성우 변호사의 증언 인권변론 한 시대, 경인문화사(2011),
- 한홍구, 사법부-법을 지배한 자들의 역사, 돌베개(2016).
- 헌법재판연구원, 주석 헌법재판소법(2015).
- 황승태, 한국형 대체적 분쟁해결(ADR) 제도의 발전방향에 관한 연구, 사법정책연구원(2016).

논문 등

- 공두현, "대법원의 조직과 상고제도의 변화–역사적 제도주의의 관점에서", 사법 55호, 사법발전재단(2021).
- 권순일, "대한민국의 사법개혁 현황과 전망", 사법 39호, 사법발전재단(2017).
- 김선수, "법원 개혁 방안과 추진 체계.일정에 관한 관견(管見)", 법률신문(2025. 6. 12.), <https://www.lawtimes.co.kr/opinion/208707>.
- 엄희열, "시군법원 제도의 운영상 문제점과 활성화 방안", 행정학석사학위논문, 강원대학교 경영행정대학원(1999).
- 오정후, "민사소송법학의 관점에서 본 '고등법원 상고부 도입을 위한 법원조직법 등 관련 법률의 개정안'", 한국민사소송법학회지 19권 2호, 한국사법행정학회(2005).

- ______, "고등법원 상고심사부 설치를 위한 「상고심절차에 관한 특례법」 개정안에 대하여", 법학 52권 3호(통권 160호), 서울대학교 법학연구소(2011).
- 유남석, "재판에 대한 헌법소원 금지의 논리 및 정책적 이유", 재판자료 75집, 법원도서관(1997).
- 윤정인·김선택, "법관 탄핵의 요건과 절차 –사법농단 사태와 관련하여", 공법연구 47집 3호, 한국공법학회(2019).
- 이강국, "헌법재판소법의 제정에 관하여", 법무자료 95집, 법무부(1988).
- 이재원, "사법제도 개선의 경과와 향후 과제", 저스티스 통권 206-2호, 한국법학원(2025).
- 정준영, "공적변호인제도 도입방안", 사법제도개혁추진위원회 자료집 14권, 사법제도개혁추진위원회(2006).
- 한승, "상고법원 도입방안", 상고제도 개선 공청회, 대법원(2014).

인터넷 또는 언론기사 등

- 사법정보공개포탈 종합법률정보, <https://portal.scourt.go.kr/pgp/index.on?m=PGP481M01&l=N&c=900>.
- 국회, 제298회 사법제도개혁특별위원회 회의록 제11호, 국회사무처(2011. 3. 11.).
- ______, 고등법원 상고심사부 설치를 위한 상고심절차에 관한 특례법 개정의견(대법원, 2010. 6. 23), <https://likms.assembly.go.kr/bill/billDetail.do?billId=PRC_M1G0T0P6X2X3Q1E7E2T0N2V4M9O5X7&age From=22&ageTo=22>.

- 경향신문, “연판장 사태 ‘사법파동’ 조짐”(2003. 8. 13.), <https://www.khan.co.kr/national/court-law/article/200308132213401>.
- 머니투데이, “부장판사도 가세…‘사법파동 조짐’”(2003. 8. 14.), <https://n.news.naver.com/mnews/article/008/0000311277?sid=101>.
- 문화일보, “영장심사제 도입…‘사법개혁 초석’”(2022. 11. 14.), <https://www.munhwa.com/news/view.html?no=2022111401072921068001>.
- 법률신문, “현직 부장판사, ‘대법관 후보 제청’ 갈등 논란에 공개 비판”(2023. 6. 17.), <https://www.lawtimes.co.kr/news/188452>.
- 세계일보, “이회창 제치고 발탁된 윤관, ‘사법부 안정’ 가져오다”(2022. 11. 15.), <https://www.segye.com/newsView/20221115502182?OutUrl=naver>.
- 오마이뉴스, “대법원장 ‘사법부 독립 절대 훼손될 수 없어”(2003. 8. 19.), <https://n.news.naver.com/mnews/article/047/0000035062?sid=102>.
- 한겨레신문, “이용훈 ‘유신, 헌법의 이름으로 독재 길 열어줘’”(2012. 9. 22.), <https://www.hani.co.kr/arti/society/society_general/552862.html>.
- ______, “소장판사 집단서명 나서…대법관 후보 추천에 반발”(2003. 8. 13.), <https://n.news.naver.com/mnews/article/028/0000022340?sid=110>.
- 한겨레21, “‘신영철 파문’은 끝나지 않았다”(2015. 2. 4.), <https://www.hani.co.kr/arti/society/society_general/676793.html>.

제 2.

대법원의 조직과 재판 유형에 관한 일고찰

(사법발전재단, 사법 72호, 2025. 6., 449~504.)

[요 지]

법원의 행정부로부터의 독립을 핵심적 내용으로 하는 근대적 사법제도가 우리나라에 도입되기 시작한 것은 1894년 갑오개혁과 1895년 을미개혁 이후이다. 일본 제국주의의 침략으로 근대적 사법제도가 제대로 정착하지 못한 채 사법제도는 식민통치를 위해 효율적으로 기능하도록 편제되었다. 해방 이후 미군정기에 일제강점기 사법체제를 극복하기 위한 조치들이 취해졌다. 1948. 9. 13. 미군정청으로부터 사법권을 완전히 이양받고 가인 김병로 제1대 대법원장이 취임함으로써 대한민국의 근대적 사법제도가 비로소 온전하게 출범했다. 그러나 1961년 5·16 군사쿠데타 이후 군사정부에 의해 사법부의 위상이 크게 훼손되었다.

우리나라 사법제도는 시민민주화 운동에 의하여 1987년 헌법 개정으로 '대법관'이라는 명칭을 회복하는 것에서 상징적으로 보이는 정상화의 과정을 밟았다. 대법원은 1988. 2. 이후 대법원장과 13명의 대법관(법원행정처장 포함)으로 구성되었다(다만 2005. 12.부터 2007. 12.까지 법원행정처장을 제외한 12명). 또한 대법원은 1989. 3.부터 전원합의체를 원칙으로 하되 4명으로 구성된 소부를 운영하고, 1994. 9.부터 심리불속행제도를 시행하고 있다. 위와 같은 대법원의 조직과 상고제도는 현재까지 유지되고 있으며, 윤관 제12대 대법원장 이후 대법원장들이 6년의 임기를 모두 마치는 관행이 정립되었다.

해방 이후 다양한 형태의 대법원 조직과 상고제도를 실험하는 시행착오를 거쳐 30년 이상 지속되는 형태를 찾아 정착한 것으로 볼 수 있다. 최고법원인 대법원에 관하여 조직의 측면과 재판 유형의 측면에서 살펴보았다. 조직의 측면에서는 현재의 제도가 형성된 역사적 과정과 현재의 상황, 그에 대한 평가와 필요한 범위의 개선방안 등에 관하여 검토했다. 재판 유형의 측면에서는 대법원에서 행해지고 있는 재판을 단독 재판, 단심 재판, 소부 재판, 전원합의체 재판, 공개변론 등으로 구분하여 검토했다. 검토 결과 다음과 같은 점을 지적할 수 있다.

상고이유서 원심법원 제출 제도를 도입하여 대법원이 심리속행사유의 존부를 심리하는 실질기간을 늘리고 본안의 심리·판단에 집중할 수 있도록 할 필요가 있다. 국민의 관점에서는 한 번의 재판으로 분쟁을 마무리하는 것이 가장 바람직하므로 법관을 증원하고 사실심을 강화하는 것이 근본적인 해결책이다. 대법관의 6년 임기와 연임제(70세 정년 안에서)는 법률상 규정에도 불구하고 사실상 단임제로 운영되고 있다. 대법관 임명과정에서 민주적 정당성을 제고하기 위해 국회의 인사청문회와 동의절차를 거친다는 점에 비추어 보면 6년 임기는 짧다고 할 수 있다. 연임제를 폐지하고 임기를 연장하는 방안이나 임기 제한 없는 정년제를 도입하는 방안을 검토할 필요가 있으나, 이를 위해서는 개헌이 필요하므로 그 정도로 절박한지는 의문이다. 선거소송이 대법원 단심제로 설계했을 때 예정했던 것보다 지나치게 증가했으므로 고등법원 전속관할로 조정하는 방안을 검토할 필요가 있다.

대법원이 다양한 경험과 성향을 가진 인사들로 구성되었는지 또는 고위 법관 위주로 획일적으로 구성되었는지에 따라 대법원 재판에 영향이 있음을 확인할 수 있다. 대법원은 다양한 경험과 전문성 그리고 가치와 성향을 가진 대법관들로 구성되는 것이 바람직하다. 4명의 대법관으로 구성된 소부는 가능한 한 남녀 동수로 구성되는 것이 바람직하고, 재조 경력이 없는 순수재야 출신 법조인이 1명 포함되는 것이 사건에 대한 종합적인 이해를 위해 필요하다. 전문 분야가 다른 인사들이 함께 재판부를 구성하면 해당 분야에 대해 전문성 있게 점검할 수 있어 보다 충실한 판단을 할 수 있다.

재판 운영의 측면에서는 전원합의체 재판과 공개변론의 횟수를 늘릴 필요가 있다. 양승태 코트와 김명수 코트에서 1년에 20건 정도의 전원합의체 재판을 선고했는데, 대법원의 사건 수와 업무량에 비추어 보면 거의 최대치로 보이기도 하지만 합의를 효율적으로 진행하면 1년에 25

건 내지 30건, 6년의 임기 동안 150건 내지 180건 정도 선고하는 것도 가능할 것으로 보인다. 전원합의체 사건의 공개변론은 국민에 대한 설득과 사법신뢰의 회복 차원에서 1년에 2회 정도 실시하는 것이 바람직하다.

이 글은 윤석열 피고인에 대한 구속취소결정(서울중앙지방법원 2025. 3. 7. 자 2025초기619 결정)과 이재명 피고인에 대한 공직선거법 위반 사건의 대법원 전원합의체 판결(대법원 2025. 5. 1. 선고 2025도4697 전원합의체 판결)이 선고되기 이전의 상황을 전제로 하여 작성되었다. 헌법 개정까지도 고려한 대법원 조직과 상고제도를 근본적·대폭적으로 개혁하는 방안까지는 검토하지 않았다. 윤석열 피고인에 대한 구속취소결정과 이재명 피고인에 대한 대법원 전원합의체 판결 선고 이후 제기되고 있는 대법원 조직과 상고제도 전반에 관한 근본적인 개혁 요구에 대해서는 별도의 검토가 필요하다. 이 주제에 대해서는 다음 기회를 기약한다.

주제어	대법원, 대법관, 대법원 구성의 다양화, 재판연구관, 단독 재판, 단심 재판, 소부 재판, 전원합의체 재판, 심리불속행제도, 공개변론

Ⅰ. 머리말

법원은 국가권력의 삼권분립 중 한 축을 담당하며, 대법원은 최고사법기관이자 최후의 인권보장기관으로서의 헌법상 위상을 가진다. 대법원은 구체적인 법률분쟁을 최종적으로 판단하여 국민의 권리를 구제하고, 나아가 법령해석의 통일을 기하는 역할을 함과 동시에 적극적으로 행정부의 정책에 대한 사법적 판단을 하여 법치행정을 구현하며, 입법부에 의한 입법을 보완 또는 촉구하는 역할도 한다.[1]

1894년 갑오개혁과 1895년 을미개혁으로 근대적 사법제도가 도입되기 시작했으나,[2] 1897년 대한제국 수립 이후 사법제도를 개혁 이전으로 되돌리기도 했다.[3] 일제강점기의 사법부는 조선총독부의 산하기관으로서[4] 독립성이 없는 식민지 지배도구의 성격이 강했다. 3·1운동[5] 이후 수립된 대한민국임시정부가 1919. 9. 11. 제정한 「대한민국임시헌법」의 제6장은 '법원'편을 규정했고,

---

1 김선수, 사법개혁리포트, 박영사(2008), 338.

2 법원행정처, 법원사(1995), 16~19.

3 문준영, 법원과 검찰의 탄생, 역사비평사(2010), 263~278.

4 사법발전재단, 역사 속의 사법부: 대한민국 사법부 1948~2008(2009), 31.

5 1994. 4. 22. 공포 대한민국임시헌장(제5차 개정) 전문에서는 '3·1대혁명'이라 표현했다.

1944. 4. 개정「대한민국임시헌장」은 제5장에서 '심판원'에 관하여 규정했다.[6]

해방 이후 미군정기에 대법원, 대법원장, 대법관이라는 명칭이 처음 사용되었고, 가인(街人) 김병로 제1대 대법원장이 사법권을 미군정청으로부터 완전히 이양받은 1948. 9. 13.[7] 취임식을 가짐으로써 대한민국의 근대적 사법제도가 온전하게 출범했다.[8] 5·16 군사쿠데타[9] 이후 군사정부 시기에 사법제도가 왜곡되고 사법부의 위상이 크게 훼손되었다. 상징적인 조치는 '대법관' 대신 '대법원판사'라는 명칭을 사용한 것, 법원행정처장으로 대령 계급의 군인을 임명한 것 등이다. 대법원을 군법무감실 정도의 위상으로 격하했다.[10]

민주화운동으로 1987년 헌법 개정이 이루어진 후 사법부도 정상화의 과정을 밟았다. 1987년 헌법은 '대법관' 명칭을 회복했다. 해방 이후 고등법원 상고부, 대법원의 이원적 구성, 대법원의

---

6 사법발전재단(주 4), 35~36.

7 대법원은 2015년부터 9월 13일을 '법원의 날'로 정하여 기념행사를 개최하고 있다.

8 김병로 대법원장을 '대한민국 사법의 창조주'라고 칭한다. 한인섭, 가인 김병로, 박영사(2017), 692.

9 법원행정처, 법원사(자료집)(1995), 274.; 대법원 2011. 6. 30. 선고 2009다72599 판결[대법관 민일영(재판장) 김능환(주심) 안대희 이인복]; 헌재 1998. 9. 30. 선고 97헌바51 결정 중 재판관 조승형의 반대의견.

10 한홍구, 사법부-법을 지배한 자들의 역사, 돌베개(2016), 42~45.

9명[11] 전원합의체 원벤치(one-bench) 시스템, 상고허가제도, 심리불속행제도, 대법원 법관 수의 변동과 소부 구성의 변화, 재판연구관제도의 도입 등 대법원의 조직과 상고제도가 많은 시행착오를 거치면서 다양한 제도들이 도입되었고 또 폐지되기도 했다. 대법원은 1988. 2. 이후 대법원장과 13명의 대법관(다만 2005. 12.부터 2007. 12.까지는 12명의 대법관)(법원행정처장 포함)으로 구성되고, 1989. 3.부터 전원합의체를 원칙으로 하되 4명의 대법관으로 구성된 소부를 운영하며, 1994. 9.부터 심리불속행제도를 시행하고 있다. 위와 같은 대법원의 조직과 상고제도는 현재까지 유지되고 있다. 1962년 단일 전원합의체 원칙을 중심으로 재구성된 대법원의 구조는 수직적 차원에서 대법원의 최고법원성과 법령해석의 통일성이라는 가치를 강하게 구현하는 동시에 수평적 차원에서 소부제도, 재판연구관제도, 심리불속행제도 등이 연결된 방식으로 중층적 제도복합체를 이루면서 장기간 지속되고 있다.[12]

해방 이후 다양한 형태의 대법원 조직과 상고제도를 실험

---

11 사람의 수를 헌법과 법원조직법 등에서 '○인'으로 표기하기도 했으나, 2014. 12. 30. 개정 법원조직법은 법 문장을 국민의 일상적이고 올바른 언어생활에 맞도록 개정하면서 '○인'을 '○명'으로 바꾸었으므로 법문을 그대로 인용하는 경우가 아니면 '○명'으로 표기한다.

12 공두현, "대법원의 조직과 상고제도의 변화 –역사적 제도주의 관점에서", 사법 55호, 사법발전재단(2021), 767~768.

하는 시행착오를 거쳐 30년 이상 지속되는 형태를 찾아 정착한 것으로 볼 수 있다. 최고법원인 대법원에 관하여 조직의 측면과 재판 유형의 측면에서 살펴보고자 한다. 조직의 측면에서는 현재의 제도가 형성된 역사적 과정과 현재의 상황, 그에 대한 평가와 필요한 범위의 개선방안 등에 관하여 고찰했다. 재판 유형의 측면에서는 대법원에서 행해지고 있는 재판을 단독 재판, 단심 재판, 소부 재판, 전원합의체 재판, 공개변론 등으로 구분하여 고찰했다.

이 글은 윤석열 피고인에 대한 구속취소결정(서울중앙지방법원 2025. 3. 7. 자 2025초기619 결정)과 이재명 피고인에 대한 공직선거법 위반 사건의 대법원 전원합의체 판결(대법원 2025. 5. 1. 선고 2025도4697 전원합의체 판결)이 선고되기 이전의 상황을 전제로 하여 작성되었다. 헌법 개정까지도 고려한 대법원 조직과 상고제도를 근본적·대폭적으로 개혁하는 방안까지는 검토하지 않았다.

Ⅱ. 대법원의 조직

1. 대법원의 지위

가. 최고법원

헌법 제101조 제1항은 "사법권은 법관으로 구성된 법원에 속한다.", 제2항은 "법원은 최고법원인 대법원과 각급법원으로 조직된다."라고 정하고, 법원조직법 제11조는 "대법원은 최고법원이다."라고 정하고 있다. 동일한 규정이 제헌 헌법과 제정 법원조직법 이후 개정된 모든 헌법과 법원조직법에서 그대로 유지되고 있다.

근대적 사법제도가 도입된 이후 최고법원의 명칭은 고등재판소(1895년) → 평리원(1899년)(이 때까지 2심제) → 대심원(1907. 12. 23. 공포 재판소구성법에 의해 1908. 1. 1. 설치)(이후부터 3심제)[13] → (조선)고등법원(1909. 10. 31. 일제 칙령 통감부재판소령에 의해 명칭 변경) → [중앙심판원(1944. 4. 대한민국임시헌장)] → 대법원(1945년 미군정 이후)의 순으로 바뀌어 왔다.[14]

---

13 일본은 메이지헌법(1889. 2. 11. 공포)에 근거해 제정된 재판소구성법(1890. 1. 1. 시행)에 따라 최고법원인 대심원과 하급심법원인 공소원, 지방재판소, 구재판소가 설치되어 제2차 세계대전 종료 후 헌법 제정 시까지 지속되었다. 이즈미 도쿠지 지음, 이범준 옮김, 일본 최고재판소를 말하다, 궁리(2016), 27~28.

14 사법발전재단(주 4), 135~137.

나. 대법원 이외의 상고심

대법원이 최고법원의 지위를 유지했으나, 과도하게 많은 상고사건을 효율적으로 처리하기 위하여 대법원 이외의 법원이 상고사건의 일부를 담당하는 제도가 도입되었거나 도입이 모색된 바 있다.

1948. 5. 4. 공포되고 6. 1.부터 시행된 남조선과도정부법령 제192호 법원조직법(이하 '과도 법원조직법')은 제1심 단독사건의 상고사건은 고등법원 상고부가 담당하는 제도를 도입했으나, 1949. 9. 26. 제정 법원조직법은 이를 폐지했다. 1961. 8. 12. 개정 법원조직법은 단독사건에 대한 상고사건은 고등법원 상고부가 담당하도록 했으나, 1963. 12. 13. 개정 법원조직법은 고등법원 상고부를 폐지했다.

2004. 12. 대법원(최종영 대법원장) 산하 사법개혁위원회(약칭 '사개위')는 상고제도 개선방안의 제1안으로 고등법원 상고부 도입방안을 건의했다.[15] 2005년 대통령자문기구인 사법제도개혁추진위원회(약칭 '사개추위')는 고등법원 상고부를 도입하기 위한 법률안[16]을 성안하여 정부안으로 국회에 제출했으나, 입법에

---

15 김선수(주 1), 364.

16 사법제도개혁추진위원회, 사법선진화를 위한 개혁, 자료집 제5권(2007), 579. 서울 12명, 부산 4명, 대전·대구·광주 각 3명 등 전국 25명 규모의 고등법원 상고부를 구성하여 일정한 상고사건을 담당하도록 하는 방안을 채택한 법률안.

실패했다.[17] 이용훈 대법원장 시기에 법원행정처는 2010. 6. 23. 고등법원 상고심사부 방안[18]을 도입하는 내용의 「상고심절차에 관한 특례법」(약칭 '상고심법') 전부 개정안을 제18대 국회 사법제도개혁특별위원회(약칭 '사법개혁특별위원회')에 제안했고, 박근혜 정부에서 양승태 대법원장은 서울에만 상고법원을 두는 방안[19]을 추진하여 2014. 12. 제19대 국회에 홍일표 의원 등 168명이 공동으로 관련 법률개정안을 발의했으나,[20] 모두 입법에 실패했다.

일부 상고사건을 담당할 대법원 이외의 상고심 법원을 도입하는 방안은 대법원에 상고되는 사건을 줄임으로써 대법관이 중요사건에 역량을 집중할 수 있고 전원합의체를 활성화할 수 있다는 이유로 주로 대법원에 의하여 추진되었다. 그러나 상당수 사건에 관하여 대법원에서(또는 대법관으로부터) 재판받을 권리가 보장되지 않고, 대법원 이외 법원 상고사건의 법령해석의 통일에 어려움이 생길 우려가 있으며, 상고심 법관의 임명 절차에 대한

---

17 김선수(주 1), 358~373; 사법발전재단(주 4), 164.

18 고등법원 상고심사부 방안의 문제점에 대하여는 오정후, "고등법원 상고심사부 설치를 위한 「상고심절차에 관한 특례법」 개정안에 대하여", 법학 52권 3호(통권 160호), 서울대학교 법학연구소(2011), 167~184.

19 상고법원 도입방안의 구체적인 내용은 한승, "상고법원 도입방안", 상고제도 개선 공청회, 대법원(2014)

20 법원행정처, 국민과 소통하는 열린 법원: 양승태 대법원장 재임기념 4 사법행정(2018), 29~32.

의견 차이와 사실상 4심제로 운영될 가능성 등 때문에 번번이 입법에 실패했다.

2. 대법원장과 대법관

가. 대법원장, 대법관 명칭의 의의

헌법 제102조 제2항 본문은 "대법원에 대법관을 둔다."라고 정하고, 법원조직법 제4조 제1항은 "대법원에 대법관을 둔다." 라고, 제13조 제1항은 "대법원에 대법원장을 둔다."라고 정하고 있다.

1908. 1. 1. 설치된 대심원은 원장, 부장, 부원인 판사를 두었고,[21] 1909년 대심원이 변경된 고등법원에도 원장, 부장, 부원인 판사를 두었다. 미군정기인 1945. 10. 11. 미군정청이 인사발령을 하면서 조선고등법원을 'Supreme Court'로 표기했고, 한국인 판검사를 임명한 임명사령에 'Supreme Court'를 '대법원'으로 번역하여 관보에 게재함으로써 우리나라에서 '대법원'이라는 명칭이 최초로 사용되었다.[22] 미군정청은 같은 날 대법원재판장에 김용무를, 대법원재판관에 서광설, 이종성, 심상직, 이인을 임명

21 법원행정처, 2024 사법연감(2024), 168; 공두현(주 12), 680.

22 법원행정처(주 2), 171.

했고,[23] 1945. 11. 19. 이상기를, 1946. 5. 24. 노진설, 양대경을 '대법관'으로 호칭을 변경하여 추가로 임명함으로써 '대법관'이라는 직책 명칭을 처음 사용했다.[24] 미군정청이 동등한 지위의 대법관을 임명한 것은 법원 내부의 수직적, 관료적 체계를 벗어난 동등한 법관들로 구성된 합의체가 최고법원의 재판권을 행사하는 제도를 도입했다는 역사적 의의를 가진다.[25]

'대법관'이라는 직책명은 5·16 군사쿠데타 후에 '대법원판사'로 개칭되었다. 당시 대법원이 대법관과 대법원판사로 이원적으로 구성되어 있었기 때문에 대법관을 대법원판사로 호칭하는 것은 대법원을 격하하는 의미가 있었다. 1987년 헌법에 의하여 대법관 명칭이 회복되었다. 헌법 제104조 제2항은 대법관 임명에 국회의 동의를 받도록 규정했는데, 이는 국회에서 민주적 정당성을 부여받은 동등한 지위의 법관들이 최고법원을 구성하고 상고심 재판을 최종 책임진다는 헌법적 결단이 있었음을 의미한다.[26]

---

23 김두식, 법률가들-선출되지 않은 권력의 탄생, 창비(2018), 186-188.; 법원행정처(주 2), 170.; 문준영(주 3), 631.

24 법원행정처(주 21), 170. 일본의 경우에는 최고재판소 소장을 '장관'이라 하고, 최고재판소의 법관들을 '재판관'이라 한다.

25 공두현(주 12), 754.

26 공두현(주 12), 754.

나. 임명절차

1) 헌법 제104조 제1항은 "대법원장은 국회의 동의를 얻어 대통령이 임명한다."라고(법원조직법 제41조 제1항도 동일), 제2항은 "대법관은 대법원장의 제청으로 국회의 동의를 얻어 대통령이 임명한다."라고(법원조직법 제41조 제2항도 동일) 정하고 있다. 대법원장과 대법관의 임명 절차의 변천 과정은 다음 표와 같다.

대법원장과 대법관의 임명 절차

<table>
<tr><th>헌법</th><th>대법원장 임명</th><th>대법관(군사정부 시기 대법원 판사) 임명</th></tr>
<tr><td>(과도) 법원조직법</td><td colspan="2">군정장관 또는 권한승계 행정수반이 대법원장, 대법관, 각 고등 및 지방법원장, 사법부장 및 차장, 검찰총장, 각 고등 및 지방검찰청장, 변호사회장으로 구성된 추천위원회에서 추천한 자(3배수) 중에서 임명(제47조)[27]</td></tr>
<tr><td rowspan="2">제헌</td><td>대통령 임명, 국회 승인</td><td rowspan="2">법관회의(대법원장, 대법관, 각 고등법원장으로 구성) 제청, 대통령 임명</td></tr>
<tr><td>법원조직법: 법관회의 제청으로 대통령이 행함</td></tr>
<tr><td rowspan="2">1960년</td><td colspan="2">선거인단(법관 자격 있는 자로 구성, 현직법관이 반수) 선거, 대통령 확인</td></tr>
<tr><td colspan="2">「대법원장 및 대법관 선거법」: 대법관은 현직 법관 중에서 5인, 기타 3인 선출</td></tr>
<tr><td>1962년</td><td>법관추천회의 제청,
대통령이 국회 동의 얻어 임명</td><td>대법원장이 법관추천회의
(9인 중 법관 4인) 동의 얻어
제청, 대통령 임명</td></tr>
</table>

27 문준영(주 3), 753.; 공두현(주 12), 695~696. 다만, 추천위원회는 한 번도 운영되지 못했다.

1972년	대통령이 국회 동의 얻어 임명	대법원장 제청, 대통령 임명
1980년	국회 동의 얻어 대통령이 임명	대법원장 제청, 대통령 임명
1987년	국회 동의 얻어 대통령이 임명	대법원장 제청, 국회 동의, 대통령 임명

2) 대법원장의 경우 1972년 이후에는 국회의 동의를 얻어 대통령이 임명하는 절차를 유지하고 있다. 국회의 동의 절차에서 검증을 강화하기 위하여 2000. 2. 16. 개정 국회법 제46조의3과 2000. 6. 23. 제정 인사청문회법에 따라 대법원장과 대법관 후보자에 대하여 동의안을 의결하기에 앞서 인사청문특별위원회를 구성하여 인사청문회를 개최하도록 했다. 2000. 7. 사상 처음으로 이규홍, 이강국, 손지열, 박재윤, 강신욱, 배기원 대법관 후보자에 대한 인사청문회가 열렸다. 2005. 9. 25. 이용훈 전 대법관이 최초로 대법원장 인사청문회를 거쳐 제14대 대법원장에 임명되었다.[28]

국회가 대법원장 임명동의안을 의결하여 부결한 사례가 ① 1988. 7. 2. 실시한 정기승 후보자에 대한 표결(재석 295명, 찬성 141표, 반대 6표, 기권 134표, 무효 14표)과 ② 2023. 10. 6. 실시한 이균용 후보자에 대한 표결(총 투표수 295표 중 가 118표, 부 175표, 기권 2표) 등 두 번 있었다. 국회의 동의과정에서 후보자의 민주적 정당성에 대한 검증이 어느 정도 실질적으로 이루어지고 있음을 확인할 수 있다.

---

28 사법발전재단(주 4), 151.

3) 1972년 유신헌법 이후 대법관의 임명절차는 대법원장의 제청으로 대통령이 임명하는 것으로 했고, 1987년 헌법에서는 추가로 국회의 동의를 얻도록 했다. 군사정부 시기에는 대법원장이 대통령에게 대법관을 제청할 때 2배수로 제청했으나, 이일규 대법원장이 단수 제청하는 것으로 관행을 바꾸었다.[29]

대법원장의 대법관 제청이 국회나 대통령에 의하여 거부된 사례가 없었던 것에서 알 수 있듯이 누구를 대법관으로 임명할 것인가는 대법원장의 제청절차에서 좌우되었다고 해도 과언이 아니다.[30] 대법원장이 단독으로 대법관을 임명제청하는 방식 자체가 문제의 소지를 안고 있다는 지적이 있다.[31] 또한 대법원장의 대법관 제청권에 대해서는 대법관 직이 법원 내부적으로 법관 승진인사의 최종 종착역으로 기능함으로써 내부 관료화 문제와 직결되어 있고,[32] 대법원장과 대법관의 대등한 지위가 훼손될 위험이 있으며, 관행적으로 고위법관 중심으로 대법관을 제청하여 온 결과 대법원 구성이 편협하고 국민대표성을 결여하게 되었다는 점 등의 문제점이 지적되었다.[33]

---

29 한홍구(주 10), 381.

30 김선수(주 1), 339~340.

31 이헌환, "대법원의 구성방법-대법관 임명방식을 중심으로", 민주사회를 위한 변론 제65호, 민주사회를 위한 변호사모임(2005), 20.

32 정진수, "대법원의 인적 구성에 대한 제안", 우리법연구회 논문집(1), 우리법연구회(2005), 229.

33 김선수(주 1), 340.

대법원장의 대법관 제청과정에서 광범위하게 의견을 수렴할 목적으로 대법원은 2003. 7. 25. 「대법관제청자문위원회 내규」[34]를 제정하여 자문위원회를 운영했고, 2004. 6. 21. 내규를 전면 개정했다. 자문위원회가 대법원장의 의중에 따라 운영된다는 불신이 있었기 때문에 2011. 7. 18. 개정 법원조직법은 대법관후보추천위원회를 구성하도록 했다.

4) 대법관의 구체적인 임명절차는 다음과 같은 순서로 진행되고 있다.

법원행정처, 후보자 추천 공고(전임자 임기 만료 약 3개월 전)
↳ **후보자 추천(추천인 제한 없음, 개인 또는 단체)**
↳ **피추천인, (검증에) 동의(부동의할 경우 제외)**
↳ **법원행정처, 동의자 명단 공고 및 의견 수렴**
↳ **피추천인, 검증 자료(10년 치 세금, 재산, 소득, 건강보험과 국민연금 등 각종 공과금, 가족 및 주민등록관계, 금융자료 등) 법원행정처에 제출**
↳ **법원행정처 검증**
↳ **대법관후보추천위원회 회의 및 추천(3배수 이상)**
↳ **대법원장, 대통령에게 제청(단수)**
↳ **대통령, 국회에 동의요구안 제출**
↳ **국회 인사청문회 및 동의안 표결(재적의원 과반수 출석 및 출석의원 과반수 찬성으로 의결)**
↳ **대통령 임명, 전임자 임기 만료 다음날부터 임기 시작(대통령실에서 임명장 수여식, 대법원에서 취임식)**

---

34 사법개혁위원회, 사법개혁위원회 자료집(II)(2004), 33~35.

현재까지 대법원장이 제청한 대법관 후보자가 국회의 임명동의안 표결에서 부결된 예는 없다. 다만, 2012. 7. 26. 대법관 4명을 신규 임명하는 과정에서 검사 출신 김병화 전 인천지방검찰청 검사장이 인사청문회 이후 자진사퇴한 사례가 있다.[35] 정치적 상황에 따라 인사청문회 실시나 임명동의안 처리 또는 임명동의안 가결 후 대통령의 임명과정 등에서 절차가 지연되어 일정기간 대법관의 공백상태가 발생한 사례는 종종 있었다.

다. 대법관의 수

1) 법원조직법 제4조 제2항은 "대법관의 수는 대법원장을 포함하여 14명으로 한다."라고 정하고 있다. 대법관의 수를 헌법에 규정했던 시기도 있는데, 제3공화국 헌법 제97조 제2항과 유신헌법 제101조 제2항은 "대법원의 법관의 수는 16인 이하로 한다."라고 정했으나, 구체적인 숫자는 법원조직법에서 별도로 정했다.[36]

---

35 한국일보, "김병화 대법관 후보 밀려서 사퇴"(2012. 7. 26.), <https://www.hankookilbo.com/ News/Read/201207261733477042>.

36 일본의 경우 종전 대심원 법관의 수는 원장 이하 120명이었는데, 1947. 8. 4. 출범한 최고재판소 재판관의 수는 장관을 포함하여 15명이다. 야마모토 유지 지음, 김용찬 옮김, 일본 최고재판소 이야기, 법률문화원(2005), 23.

법원조직법상 대법관의 수의 변천과정은 다음 표와 같다.

법원조직법상 대법관의 수의 변천[37]

법원조직법 제정·개정 시기	대법관(또는 대법원판사)의 수
1948. 5. 4.(과도)	대법관 11명 이내
1949. 9. 26.(제정)	대법관 9명 이내 (대법원장은 대법관으로 보함)
1959. 1. 13.	대법관 9명 이내, 대법원판사 11명 이내 (대법원장은 대법관이 됨)
1961. 8. 12.	대법원장 포함 대법원판사 9인
1963. 12. 13.	대법원장 외 12인
1969. 1. 20.	대법원장 외 15인
1981. 1. 29.	대법원장 외 12인
1987. 12. 4. ~ 2005. 12. 14.	대법원장 포함 14인(법원행정처장 포함)
2005. 12. 14. ~ 2007. 12. 25.	대법원장 포함 13인(법원행정처장 제외)
2007. 12. 이후	대법원장 포함 14인 (2014. 12. 30. '14명'으로 개정)

대법원장은 다른 대법관들과 동등한 지위에서 전원합의체 재판에 참여하고 표결권도 대법관들과 마찬가지로 1표만 행사하고, 의견 분포가 동수로 나뉜다고 하더라도 대법원장이 결정권을

37 사법개혁위원회(주 34), 79.

가지는 것은 아니므로, 대법원장을 포함하여 대법관의 수를 규정하는 것이 타당하다. 2005. 12. 14. 개정 법원조직법은 사법행정조직과 재판조직을 분리하여 재판의 독립성을 강화하면서 사법행정의 전문성을 제고한다는 취지에서 대법관의 수를 '대법원장을 포함하여 13인'으로 하고 법원행정처장을 정무직(장관급)으로 바꾸었다. 2007. 12. 27. 개정 법원조직법은 대법관의 수를 '대법원장을 포함하여 14인'으로 하고(제4조 제2항) 대법관 중에서 법원행정처장을 임명하도록 했다(제68조 제1항). 법원행정처장이 사법행정에서 주도적인 역할을 하려면 사법행정에 관한 최고의 결기관인 대법관회의에 참여해야 할 필요가 있기 때문이다.[38]

2) 지나치게 많은 상고사건으로 인한 과중한 업무 부담으로 대법원이 신속한 권리구제와 법령해석의 통일이라는 본래의 사명을 제대로 수행하지 못하는 문제를 해결하기 위한 방안으로 대법관의 수를 증원하는 방안이 꾸준히 제기되고 모색되어 왔다.

최종영 대법원장 시기에 사법개혁위원회는 상고제도 개선방안의 제2안으로 대법관 증원방안(3명 내지 6명)을 건의했다. 제18대 국회 사법개혁특별위원회는 2011. 3. 10. 6인 소위[39] 합의안

38 사법발전재단(주 4), 557.

39 국회의원 이주영, 주성영, 홍일표, 김동철, 박영선, 김창수.

을 발표하면서 대법관 증원 방안으로 ① 대법관을 6명 증원하여 20명으로 대법원을 구성하고, ② 3명 재판부 총 6개를 구성하고, 3개 재판부로 제1·2부를 편성하며, ③ 제1부는 민사·특허 등을, 제2부는 형사·행정 등을 전담하고, ④ 대법원장을 포함한 각 부 전원합의체(10명씩)를 구성하며, ⑤ 두 합의체간의 법령해석의 통일이 필요한 경우 전원이 참석하는 전원합의체(20명)를 구성하고, ⑥ 이번 정부에서는 증원하지 아니할 것 등을 내용으로 하는 안을 제시했다.[40] 김명수 대법원장은 사법행정자문회의 산하에 상고제도개선특별위원회를 설치하여 심층적 연구·검토와 의견수렴 과정을 거쳐 2023. 1. 15. 상고제도 개선 관련 입법의견을 국회에 제출했다. 주요 내용은 대법관 4명 증원(일시에 증원함에 따른 예산상 문제 등 제반 사정을 감안하여 6년에 걸쳐 순차로 증원), 상고심사제 도입, 심리불속행제도 폐지 등이다.[41] 그 동안 대법관 증원 방안에 대해서는 시민사회와 변호사단체 등이 강력하게 요구하고 대법원은 결사적으로 반대하여 왔는데, 대법원이 이를 수용하는 입법의견을 국회에 제출했음에도 입법이 이루어지지 못했다.

---

40 국회, 제298회 사법제도개혁특별위원회 회의록 제11호, 국회사무처(2011. 3. 11.), 1~2. <https://docviewer.nanet.go.kr/reader/viewer>.

41 법원행정처, 국민과 함께하는 좋은 재판: 김명수 대법원장 재임기념 3 사법행정백서(2024), 140~ 147.

대법관 증원에 대해서는 최고법원으로서의 대법원의 위상이 추락할 우려가 있고, 전원합의체 구성이 어려워져 대법원의 정책적 판단기능이 약화될 수 있으며, 하급심 강화 노력과 배치될 수 있다는 점 등 문제점이 지적되었다.[42] 증원되는 대법관을 임명하는 시기의 야당은 증원시기에 관하여 문제를 제기할 수 있고, 현재도 신임대법관 임명을 위한 인사청문회 등과 관련하여 원만하게 진행되지 못하는 경우가 자주 있는데, 대법관을 증원할 경우 빈번한 인사청문회와 임명의 지연 등으로 혼란과 재판공백이 야기될 우려도 있다.

라. 임기, 정년

1) 헌법 제105조 제1항은 "대법원장의 임기는 6년으로 하며, 중임할 수 없다."라고(법원조직법 제45조 제1항도 동일), 제2항은 "대법관의 임기는 6년으로 하며, 법률이 정하는 바에 의하여 연임할 수 있다."라고(법원조직법 제45조 제2항도 동일) 정하고, 법원조직법 제45조 제4항은 "대법원장과 대법관의 정년은 각각 70세 …로 한다."라고 정하고 있다.

---

42 사법개혁위원회(주 34), 153~173.

대법원장과 대법관의 임기 및 정년 관련 규정의 연혁은 다음 표와 같다.

대법원장과 대법관 임기 및 정년 규정 연혁

<table>
<tr><th>시기</th><th colspan="2">임기, 정년 규정</th></tr>
<tr><td rowspan="2">제1, 2공화국</td><td>헌법</td><td>- 대법원장 및 대법관 임기 규정 별도로 없음
- 법관 임기 10년, 연임 가능</td></tr>
<tr><td>법원조직법</td><td>대법원장 정년 70세, 기타 법관의 정년 65세</td></tr>
<tr><td rowspan="2">제3, 4공화국</td><td>헌법</td><td>- 대법원장인 법관 임기 6년, 연임 불가
- 법관 임기 10년, 연임 가능 / 법관 정년 65세</td></tr>
<tr><td>법원조직법</td><td>법관 정년 65세</td></tr>
<tr><td rowspan="2">제5공화국</td><td>헌법</td><td>- 대법원장 임기 5년, 중임 불가
- 대법원판사 임기 5년, 연임 가능</td></tr>
<tr><td>법원조직법</td><td>대법원장 정년 70세, 대법원판사 정년 65세</td></tr>
<tr><td rowspan="3">1987년 헌법 이후</td><td>헌법</td><td>- 대법원장 임기 6년, 중임 불가
- 대법관 임기 6년, 연임 가능</td></tr>
<tr><td rowspan="2">법원조직법</td><td>대법원장 정년 70세, 대법관 정년 65세</td></tr>
<tr><td>2011. 7. 18. 대법원장과 대법관 정년 각각 70세</td></tr>
</table>

제헌헌법이 법관의 종신제나 정년제가 아닌 임기제와 연임제를 채택한 이유는 일제 강점기의 법관들에 대한 불신 때문이다.[43] 대법원장과 대법관의 임기를 일반법관(10년, 연임 가능)과 달리

---

43 한홍구(주 10), 37.

규정하기 시작한 것은 군사정부 이후부터이다. 제3공화국과 제4공화국에서는 대법원장의 임기만 6년(연임 또는 중임 불가)으로 일반법관과 달리 정했고, 제5공화국에서는 대법원장과 대법원판사의 임기를 모두 5년으로 달리 정했으며(대법원판사는 연임 가능), 1987년 헌법에서는 대법원장과 대법관의 임기를 모두 6년(대법관은 연임 가능)으로 일반법관과 달리 정했다.

2) 대법원장과 대법관의 임기·정년에 관한 입법례는 종신제, 정년제, 임기제가 있다.

종신제를 채택한 국가로는 미국, 아르헨티나 등이 있다. 종신제에 대하여는 대법관이 독립성을 갖고 재판할 수 있다는 점에서 긍정적이지만, 무제한적인 정당성의 부여는 대법관을 타성적으로 만들 수 있고 민주적 책임성을 다하지 못한다는 점에서 부정적이라고 평가된다.[44] 미국에서는 종신제의 폐단을 지적하며 대법관의 임기를 18년으로 단축하고 2년마다 새로운 대법관을 선출하는 방안(18년 교차임기제)을 제시하는 견해가 유력하다.[45] 대법관 종신제로 인해 대법관을 임명하는 대통령과 임명하지 못하는

44 김종일, "미국 연방대법관의 종신제에 관한 검토-우리나라 헌법재판관의 임기와 관련하여", 공법연구 42집 4호, 한국공법학회(2014), 60.

45 김종일(주 44), 66~72.; 김면기, "미국 연방대법원의 정치화와 대법관의 종신임기제", 헌법재판소 국외통신원소식, 5. <https://www.ccourt.go.kr/site/cri/ex/bbs/View.do?cbIdx=1522&bcIdx=996960>.

대통령이 나올 수 있기 때문에 교차임기제는 대통령의 대법관 임명에 대한 공정성과 균형성을 갖게 하기 위해 나온 발상(모든 대통령은 4년의 임기 중에 2명의 대법관 임명)이다.[46]

정년제를 채택한 국가로는 일본 70세, 영국 70세(1995. 3. 이후에 법관이 된 사람) 또는 75세(그 전에 법관이 된 사람)[47], 프랑스 67세(파기원장 68세), 캐나다 75세, 노르웨이 70세, 덴마크 70세, 벨기에 파기원 70세,[48] 호주 70세, 브라질 70세, 칠레 75세 등이 있다.

임기제를 채택한 국가로는 스위스 6년(특별한 사정이 없는 한 정년인 68세까지 계속하여 재선출),[49] 독일 헌법재판관 12년 단임(정년 68세), 이탈리아 헌법재판관 9년(단임), 스페인 헌법재판관 9년(단임), 대만 8년(단임) 등이 있다. 임기를 단임제로 하여 일정한 기간을 정하는 경우에는 선출권자(임명권자)의 눈치를 보지 않고 소신 있는 재판을 할 수 있다는 점, 일정한 기간 후 새로운 대법관을 구성할 수 있는 기회를 가진다는 면에서 국민의 의사와 이익에 부합하는 판결을 내릴 가능성을 높인다는 점에서 긍정적으로

---

46 김종일(주 44), 66.

47 강영재, 각국의 상고심 실질심리 사건 선별방식에 관한 연구, 사법정책연구원(2022), 72.

48 서용성·이상훈, 벨기에 사법개혁과 법관임용제도, 사법정책연구원(2023), 73~74.

49 강영재(주 47), 213.

평가되지만, 임기가 너무 짧을 경우 전문성 및 업무의 계속성 확보에 어려움이 발생할 수 있다는 점, 임기 마지막에 돌출적인 판결을 할 가능성이 있다는 점 등이 단점으로 지적된다.[50] 우리나라의 경우 헌법 규정상으로는 6년 임기를 마치고 연임이 가능하지만, 실제 연임 사례가 없어 사실상 6년 단임제로 운영되고 있다. 통상적으로 연임이 인정된다면 대법관이 임기 말에 임명권자 등을 의식할 수밖에 없어 대법원 재판의 독립성이 훼손될 여지가 있다. 대법관 임명과정에서 민주적 정당성을 제고하기 위해 국회에서 인사청문회를 실시하고 국회의 동의까지 받았다면 민주적 선출과정에 비례하는 장기의 임기를 보장하는 것이 타당하다. 연임제를 폐지하고 단임제로 하면서 임기를 늘리는 방안 또는 정년제를 도입하는 방안을 고려할 수 있다.[51] 다만 이를 위해서는 헌법 개정이 필요한데, 이 문제가 그 정도로 절박한지는 의문이다.

마. 대법원 구성의 다양화

1) 우리나라 사법부는 인적 구성의 측면에서 대륙법계의 직업법관제를 채택하고, 대법원은 직업법관제의 가장 상층부에

50 김종일(주 44), 59~60.

51 김종일(주 44), 80.

위치하면서 법관 승진의 마지막 단계로서 인식되어 왔다.[52] 그로 인해 대법원은 사회적 약자의 입장을 제대로 반영하지 못하고 국민들과 유리된 폐쇄적이고 자족적인 관료시스템으로 변질되어 왔다. 대부분의 대법관들이 서울대학교를 졸업한 50대의 남성(이른바 '서오남')으로 보수적인 성향의 인사들로 채워진 결과 다양한 식견과 경험을 갖춘 인사들이 대법관이 될 수 없었고, 이념적 지향에서 진보와 보수가 다양하게 표출되고 있는 사회의 다양성을 반영하기에는 심각한 불균형 상태를 벗어나지 못했다. 이에 시민사회는 대법관을 다양화·다원화하는 것이 절실하고 사회 제 세력의 이해관계와 각 계층의 권익을 충분히 반영할 수 있는 인사들이 대법관이 되어야 한다면서, 대법관의 인선에서 고려할 기준으로 이념적 다양성 확보, 사회적 다양성의 반영, 충원구조의 다원화, 진보적·개혁적 소신, 법률적 식견과 전문성 확보, 도덕성과 청렴성 보장 등을 제시하기도 했다.[53]

대법원의 획일적 구성에 대하여 소장 법관들이 문제를 제기한 바도 있다. 2003. 8. 임기만료로 퇴임하는 대법관의 후임자 선임 과정에서 소장 법관 159명이 8. 14. '대법관 제청에 관한 소장 법관들의 의견'에 서명하여 대법원장에게 제출했다(이른바 제4차

---

52 정진수(주 32), 228.

53 참여연대, [보도자료] 참여연대 민변 '대법관후보 시민추천운동' 시작(2003. 6. 18.), <https://www.peoplepower21.org/judiciary/513073>.

사법파동).[54] 소장 법관들은 위 의견서에서 “기존의 대법관 선임이 법관 승진의 최종 단계로 운영됨으로써 결과적으로 대법원이 지나치게 동질적인 연령, 배경, 경험을 가진 법조인들로만 구성되었고 … 다양한 입장이 조화를 이룬 대법원을 구성하기 위해서는 지금까지의 인사 관행에서 벗어나 새로이 검증된 법조인이 제청돼야 한다.”라고 밝혔다.[55] 최종영 대법원장은 8. 19. 헌법재판관 후보로 최초로 여성인 전효숙 서울고등법원 부장판사를 지명했고,[56] 대법원 구성의 다양화를 요구하는 소장법관들의 의견을 수용하는 차원에서 2004. 8. 김영란 대전고등법원 부장판사를 최초 여성대법관으로 임명제청 했다.[57]

2) 1964. 3. 3. 조진만 대법원장의 제청으로 주운화 대검찰청 차장검사가 대법원판사에 임명됨으로써 검찰 출신 대법원판사가 탄생했다.[58] 검사 출신 대법원판사 또는 대법관은 1975년에 1명(나길조), 제5공화국의 1981년에 2명(정태균, 강우영), 1986년에

54 머니투데이, “부장판사도 가세…‘사법파동 조짐’”(2003. 8. 14.), <https://n.news.naver.com/mnews/article/008/0000311277?sid=101>.

55 경향신문, “연판장 사태 ‘사법파동’ 조짐”(2003. 8. 13.), <https://www.khan.co.kr/national/court-law/article/200308132213401>.

56 권석천, 대법원 이의 있습니다, 창비(2017), 36.

57 사법발전재단(주 4), 153.

58 법원행정처(주 2), 460. 주운화 대법원판사는 임기(10년) 도중인 1969. 8. 사퇴했다.

2명(이준승, 이명희)이 임명되었다. 1988년에 3명으로 증원하려고 시도했다가 젊은 법관들의 반대로 1명을 임명한 이래 그것이 관행으로 굳어졌다.[59] 1988년 이후 임명된 검찰 출신 대법관으로는 김주한(1988. 7. 11. 임명), 지창권(1994. 7. 11. 임명), 강신욱(2000. 7. 11. 임명), 안대희(2006. 7. 11. 임명), 박상옥(2015. 5. 8. 임명) 등이 있다. 박상옥 대법관이 퇴임한 2021. 5. 이후에는 검사 출신 대법관이 임명되지 않고 있다.

검찰 출신 인사의 대법관 임명에 대해서는 긍정적인 견해와 부정적인 견해가 있다. 긍정적인 견해는 대법원은 전체 국민의 뜻을 담아야 하고 법조계 전체를 대표해야 하므로 법조계의 한 축인 검사 출신 인사의 대법관 임명이 필요하다는 것이다. 부정적인 견해는 검찰 출신 인사들은 법원 실무를 경험해보지 못해 법원 업무에 정통하지 못하고 민사사건과 행정사건을 처리해본 경험이 전무하며, 형사사건 처리에 특화된 경험이 있다고 하더라도 형사사건의 비율이 낮을 뿐만 아니라 법원에서의 중요성은 개인의 인권 보장, 절차의 적법성 보장, 법치주의 확립 등에 있기 때문에 그 주안점이 검찰 단계에서의 사건처리와 크게 다르다는 것이다.[60] 또한 국가의 통치구조에서 사법부의 본질적인 역할은 적극적으로

---

59 양삼승, 권력, 정의, 판사-폭풍 속을 나는 새를 위하여, 까치(2017), 29~30.; 사법발전재단(주 4), 154.

60 양삼승(주 59), 29.

국가정책을 실현하는 데에 있는 것보다는 소극적으로 그 과정에서 발생할 수 있는 소수자의 권리가 침해되지 않도록 배려하는 데에 있다는 시각에서 보더라도 행정부(검찰)에서 오랫동안 일했던 인사가 마지막 단계에서 사법부로 소속을 바꾸어 일하는 것이 적절하지 않음은 분명해진다고 한다.[61]

결국 문제는 적임자가 있는지 여부이다. 최선의 대법원을 구성하기 위해서는 법원조직법에 규정한 임명자격이 있는 모든 사람들을 인재 풀(pool)로 하여 그 중에서 그 시대가 요구하는 인물을 대법관으로 임명하여야 한다.[62] 검사에서 바로 대법관으로 자리를 옮기는 것은 부적절하고, 변호사 또는 기타 검사가 아닌 법률전문직으로 일정 기간 활동하여 대법관으로서의 자격요건을 충분히 갖춘 것으로 검증된다면 검사 출신이라는 것이 배제사유가 될 수는 없을 것이다.

3) 윤관 코트[63]부터 김명수 코트까지 선고된 전원합의체 재판에 참여한 대법관은 모두 77명이고, 5명의 대법원장을 포함하면 82명(위 시기에 대법관 직을 수행한 후 대법원장이 된 경우에는 2명으로 계산)이다. 성별과 출신 학교 및 출신 지역을 간략

---

61 양삼승(주 59), 37.

62 정진수(주 32), 229.

63 일반적으로 각 대법원장의 재임 시기를 대법원장의 이름을 딴 코트로 명명한다.

하게 표로 정리하면 다음과 같다.

	윤관	최종영	이용훈	양승태	김명수
관여 대법관 수 (대법원장 포함)	24	24	25	25	27
남성 / 여성	24 / 0	23 / 1	23 / 2	21 / 4	21 / 6
서울대 / 비서울대	19 / 4	23 / 2	24 / 1	21 / 4	20 / 8
출신 직역[64]	법관 21 검사 2 변호사 1	법관 22 검사 2	법관 22 검사 2 교수 1	법관 19 검사 2 교수 2 변호사 2	법관 21 검사 1 교수 2 변호사 3

여성대법관은 최종영 코트 말기인 2004. 8.에 비로소 탄생했고,[65] 김명수 코트 이전 시기에는 서울대학교 출신이 압도적으로

---

64 최종영 대법원장, 이용훈 대법원장, 양승태 대법원장은 대법관 퇴임 이후 잠시 변호사로 활동하다가 대법원장에 임명되었다. 박시환 대법관은 판사 퇴직 후 변호사로 활동하다가 대법관에 임명되었고, 박상옥 대법관은 검사 퇴직 후 변호사, 한국형사정책연구원장 등으로 활동하다가 대법관에 임명되었다, 노정희 대법관은 판사 퇴직 후 변호사로 활동하다가 다시 판사에 임용되어 판사로 재직 중 대법관에 임명되었다. 위 사람들의 경우에는 주요 경력을 기준으로 법관 또는 검사로 정리했다.

65 미국의 최초의 여성 대법관은 로널드 레이건 대통령이 1981. 9. 25. 임명한 샌드라 데이 오코너(Sandra Day O'Connor) 대법관이다. 일본의 최초의 최고재판소 여성 재판관은 호소카와 모리히로 수상이 1994. 1. 25. 임명한 다카하시 히사코(高橋久子) 재판관이다. 다카하시 히사코 재판관은 도쿄대학 법학부를 졸업했고, 노동성 부인소년국장으로서 남녀고용기회균등법의 기초를 만들었다. 야마모토 유지(주 36), 613. 우리나라의 경우 최초 여성 대법관 임명이 미국보다 23년, 일본보다 10년 뒤처졌다.

많았으며, 김명수 코트의 김선수 대법관을 제외한 변호사나 교수 출신은 모두 사회생활을 판사로 시작한 후 퇴직하고 교수나 변호사로 활동하다가 대법관에 임명되었다. 김명수 코트에서 비로소 판사나 검사 경력 없는 순수 변호사 출신 대법관이 1명 탄생했다.

연구 결과에 의하면 전원합의체에 참여한 대법관의 평균연령과 연령표준편차, 출신대학 집중도, 고위 법관 출신인지 여부 등과 전원합의체 재판의 의견일치도 사이에 유의미한 상관관계를 뒷받침하는 실증적인 근거는 발견하기 어렵다고 한다.[66] 성별 집중도와 의견일치도 사이에 통계적으로 유의미한 상관관계가 인정되었으나, 남성 대법관 그룹의 의견일치도가 여성 대법관 그룹보다 낮게 형성되어 여성 대법관 그룹이 남성 대법관 그룹보다 동질적이었다고 한다.[67] 대법관 임명의 정치적 배경과 법원 내 학술단체 등 소속 여부와 의견일치도 사이에는 상관관계를 보였지만, 과거 기준 비주류의 투입으로 다양성이 증가했다기보다는 주류·비주류라는 범주 안에서도 이미 유사한 정도의 다양성이 내포되어 있었고 그것이 전체 재판부 판단에 투영되는 것으로 볼 수 있었다고 한다.[68] 그러나 여성 대법관과 이른바 비주류 대법관이

---

66 정호은, "합의제 재판부 구성의 다양성에 관한 연구", 서울대학교 석사학위논문(2023), 40~52.

67 정호은(주 66), 53~54.

68 정호은(주 66), 55~64, 86.

전원합의체 재판에 참가함으로써 비로소 의견 표명을 하는 것이 가능하게 된 쟁점도 있었을 것이므로, 단순히 종전에 주류·비주류 범주가 형성되어 있었다는 이유만으로 여성 대법관과 비주류 대법관 참여의 의미를 무시하거나 경시하는 것은 옳지 않다. 종전의 이른바 주류 대법관들만이 전원합의체 재판에 참여했을 때는 다른 의견이 전혀 없었던 쟁점에 대하여, 여성 대법관과 비주류 대법관이 참여함으로써 비로소 새로운 견해가 제시되고, 종전의 주류 대법관들 중에서 일부가 새로운 견해에 참여함으로써 마치 여성 대법관과 비주류 대법관이 제시한 새로운 견해가 종전 주류 대법관들의 다양성에 내포된 것처럼 보였을 수도 있다.

대법원 구성이 비교적 다양화되었다고 평가되는 이용훈 코트와 김명수 코트에서 활발한 논쟁과 토론이 전개되었고, 사법적극주의적 판단이 나왔다는 것이 일반적인 평가이다.[69] 이용훈 코트는 2명의 여성 대법관(김영란, 전수안), 시국형사사건에서 무죄판결을 하여 좌천발령을 받은 바 있고[70] 제4차 사법파동 과정에서 서열에 따른 대법관 후보자 추천에 항의하여 법관직을 사직했던 박시환 대법관, 노동법 전문가인 김지형 대법관, 환경법 전문가인

69 참여연대, 김명수 대법원장 취임 2년, 사법개혁 어디까지 왔나 자료집(2019), 41.

70 박시환 대법관은 1985. 8. 26. 시국사건 대학생 11명의 즉결심판에서 무죄판결을 내렸다는 등의 이유로 인천지방법원에 부임한 지 6개월 만에 9. 1. 자로 춘천지방법원 영월지원으로 좌천 발령되었다. 사법발전재단(주 4), 101; 한홍구(주 10), 202.

이홍훈 대법관 등 대법원 구성의 다양성이 격렬한 토론을 유발한 것으로 평가된다. 입장과 입장이 격렬하게 부딪히고 깨지면서 사법부 역사상 처음으로 '입장의 다양성'을 실험했다는 것이다.[71] 김명수 코트의 대법관은 여성 6명(동시에 3명 내지 4명 근무, 그 중 비서울대 출신 3명), 교수 출신 2명, 변호사 출신 3명(그 중 1명은 재조 경력 없는 순수 변호사 출신)이고, 비서울대 출신이 8명으로 그 구성이 다양화되었다. 김명수 코트의 전원합의체 재판에 대해서는 다양한 생각을 가진 대법관들이 각자의 주장을 펼치면서 활발한 토론과 논쟁을 전개하고 더 많은 소수의견을 개진했다는 것이 일반적인 평가이다.[72]

최고법원인 대법원이 다양한 의견을 자유롭게 교환하고 진지한 토론을 거쳐 이를 담은 전원합의체 재판서를 작성함으로써 표현의 자유와 수준 높은 토론의 모범을 보인다면, 그에 따라 사회 전체 차원에서도 표현의 자유와 관용과 포용의 수준이 크게 제고될 것이고, 나아가 실질적 민주주의도 심화될 것이다.

---

71 권석천(주 56), 5.

72 유승익, "김명수 코트의 대법원 판결 평가", 김명수 대법원장 시기의 사법부 평가와 향후 방향 모색을 위한 토론회 자료집, 참여연대 · 민주사회를 위한 변호사모임(2023), 56-57.; 경향신문, "김명수 대법원 6년, 대법관들 치고받는 논쟁 활발해졌다"(2023. 10. 17.) <https://www.khan.co.kr/national/court-law/article/202310170600081>.

4) 일정 수의 대법관을 법관 출신이 아닌 인사로 임명하는 방안을 제도화한 국가들도 있다.[73] 우리나라의 경우에는 제2공화국 시기인 1961. 4. 26. 제정「대법원장 및 대법관 선거법」이 대법관은 현직 법관 가운데 5명, 그 밖의 사람 가운데 3명을 선출하도록 했다.[74] 법관 순혈주의 문화를 혁파하고 폐쇄적 대법관 인사 관행의 벽을 넘어 대법원 구성의 사회적 다양성을 보장하여 사법부의 신뢰 회복을 도모하고자 하는 목적으로 판사 출신 아닌 법조인을 대법관으로 임용하는 법률개정안이 제출된 바 있다. 제18대 국회에서 2010. 3. 24. 여상규 의원 등 15명은 대법원장을 포함하여 14명인 대법관의 수를 10명 증원하여 24명으로 하고, 대법관 중 3분의 1은 주된 경력이 판사가 아닌 사람으로 구성하도록 하는 법원조직법 개정안을 발의했다. 제19대 국회에서 2014. 11. 11. 장윤석 의원 등 146명은 대법관 수의 2분의 1을 판사 출신 아닌 법조인으로 임용하도록 하는 법원조직법 개정안을 발의했다. 참여연대는

---

73 칠레의 경우에는 헌법에서 대법원장을 포함한 21명의 대법관 중 5명은 법관이 아닌 사람 중에서 임명하도록 규정하고 있다(제78조). 일본의 경우에는 장관을 포함한 15명의 최고재판소 재판관(자격요건: 식견이 풍부하고 법률적 소양이 있는 40세 이상)을 직역안배 하여 임명하고 있다. 재판관 출신 6명, 변호사 출신 4명(일본변호사연합회 회장의 추천의견), 검찰관 출신 2명, 법학자 출신 1명, 행정관 출신 2명으로 안배하고, 다만 적임자가 없을 때에는 일시적으로 구성에 변화가 생길 수 있다. 현재는 검찰관 출신 3명, 행정관 출신 1명이다. 야마모토 유지 지음, 김용찬 옮김(주 36), 67~68. 258.; 강영재(주 47), 139~140.; 사법개혁위원회(주 34), 43.

74 법원행정처(주 2), 296.

제22대 국회의 개혁과제 중 하나로 대법관 정원의 3분의 1 이상을 고위 법관이나 검사 출신이 아닌 법률가를 임명하도록 법원조직법 제42조 제1항을 개정하거나 신설하는 안을 제안했다.[75]

바. 대법관의 직무

1) 대법관은 최고사법기관인 대법원의 법관으로서 대법원에서 심리하는 사건에 대한 심판권과 대법관회의에서의 의결권을 가진다. 사법부는 행정부의 권한행사에 대해 적법성 통제를 함으로써 민주주의와 국민의 인권을 보장하는 역할을 수행한다. 대법관은 민주주의를 훼손하는 국가권력에 맞서고 인권을 침해당한 개인의 권리구제를 위해 국가권력의 남용을 견제할 수 있는 용기를 가져야 한다.

사회적 약자와 소수자 보호는 대법원과 대법관의 가장 핵심적인 역할 중 하나이다. 사법부에 소수자 보호를 기대할 때의 '소수자'는 "다원주의 시장으로부터 배척되는 소수자"로서 계속해서 의회의 입법 작용에서 소외되어 불이익을 입는 쪽에 속하는 소수자를 의미한다.[76] 정치에서는 다수결의 원칙이 지배하겠지만 사법은 다수결에 의하여도 포기할 수 없는 규범적 가치를 보호하고,

---

75 참여연대, 22대 국회가 우선 다뤄야 할 입법·정책과제(2024), 84. <https://www.peoplepower21.org/judiciary/1967640>.

76 김영란, 판결을 다시 생각한다 – 한국사회를 움직인 대법원 10대 논쟁, 창비(2015), 10.

사회적 약자나 상대적으로 열악한 지위에 있는 소수자를 보호하는 것이 사법의 역할 중 중요한 부분이다.[77] 입법부는 다수결 원리에 의해 운영되며, 국민의 대표로 선출되는 국회의원은 선거권자의 다수로부터 표를 받아야만 당선될 수 있다. 그렇기 때문에 국회의원이나 국회가 사회적 약자와 소수자의 인권을 보장하는 역할을 수행하는 데는 한계가 있을 수밖에 없다. 대법관은 구체적인 사건에서 사회적 약자와 소수자의 권리와 이익을 보장하는 재판을 함으로써 사회의 포용과 관용의 폭을 증진하는 역할을 할 수 있다.

대법관은 시대 변화의 흐름을 읽을 수 있는 안목을 가져야 한다. 미국의 루스 베이더 긴즈버그 연방대법관은 1993. 7. 상원 인준청문회에서 "법관은 그날의 날씨가 아닌 시대의 기후를 읽어야 한다."라고 표현했다.[78] 대법관은 기존 사회질서를 유지하는 안목에 머무르는 것으로는 부족하고 시대의 변화에 부응하는 정책적 판단을 할 수 있어야 하며, 필요할 때는 담대하게 선례를 변경하는 결단을 내릴 수 있어야 한다.

2) 대법관은 임명과정에서 국가권력 3부가 관여하여 민주적

---

77 안대희, "한국사회의 발전과 사법의 역할", 자유와 책임 그리고 동행: 안대희 대법관 재임기념, 사법발전재단(2012), 954.

78 루스 베이더 긴즈버그 · 헬레나 헌트(오현아 옮김), 긴즈버그의 말-평등을 향해 걸어온 대법관의 목소리(2020), 32.

정당성을 획득한다고 할 수 있으므로 대법관 상호간에는 서로 대등한 지위를 가진다. 다만, 대법관 사이에 형식적인 순위를 정할 필요는 있다. '선임대법관'은 법원조직법상 지위로서 대법원장 궐위 시 권한대행을 맡고(제13조 제3항), 대법관후보추천위원회의 당연직 위원이 된다(제41조의2 제3항 제1호). 「대법원 전원합의체의 심리절차에 관한 내규(약칭 '전합심리절차내규')」 제3조 제1항 제2문은 "대법원장에게 제척사유가 있는 경우에는 그 사건에 한하여 선임대법관이 재판장이 된다."라고 정한다. 「대법원사건의 배당에 관한 내규」 제10조(재판장의 지정)는 "재판장은 재판부내 주심 대법관의 임명일자 순위(임명일자가 같은 경우는 연령이 높은 순서에 따른다. 이하 '순위'라고 한다)에 따라 아래와 같이 지정한다."라고 정하고 있다.

대법관의 순위는 대법관 임명 시기와 나이순으로 결정하고 있다. 일반 법관의 경우에는 연수원 기수와 법관 임용 시기가 중요한 기준이 되지만, 대법관의 경우에는 이와는 무관하다. 그렇기에 일반 법관으로 근무하던 시기와 대법관이 된 이후의 시기에 순위에 변화가 생기기도 한다.

사. 대법관이 아닌 법관

1) 헌법 제102조 제2항 단서는 대법원에 "법률이 정하는 바에 의하여 대법관이 아닌 법관을 둘 수 있다."라고 정하여 대법원의

이원적 구성의 가능성을 열어놓았다.

미군정이 실시되기 이전까지는 최고법원도 법원장이나 부장인 판사와 부원인 판사로 이원적으로 구성되었다. 미군정에 의하여 최고법원 명칭이 대법원으로 바뀌고, 대법원은 동등한 지위의 대법관으로 구성되었다. 1959. 1. 13. 개정 법원조직법은 대법관의 업무부담 문제를 해소하기 위하여 대법원을 대법관과 대법관이 아닌 판사로 2원적으로 구성하도록 했다. 2원적으로 구성된 민사부와 형사부를 두었고, 대법관부(5인)로 민사부, 형사부, 특별부를 두었다. 1961. 8. 12. 개정 법원조직법은 대법원의 이원적 구성을 폐지했다.

제5공화국 헌법은 제103조 제3항 단서로 대법원에 "법률이 정하는 바에 의하여 대법원판사가 아닌 법관을 둘 수 있다."라고 정했고 현행 헌법도 유사한 취지로 정하고 있으나, 제3공화국 이후 현재까지 대법원은 대등한 지위의 대법관(군사정부 시기에는 대법원판사)으로 일원적으로 구성되고 있다. 대법원을 대법관과 대법관이 아닌 법관으로 이원적으로 구성할 경우 최고법원 재판부가 직급이 다른 법관으로 구성되어 동등한 합의가 어렵고, 대법관이 아닌 법관이 대법원 판결에 관여하여 대법원 판결에 대한 신뢰가 낮아질 우려가 있으며, 이원적 구성부의 부장을 맡은 대법관은 2원적 구성부의 모든 사건을 검토해야 하므로 대법관의 업무는 경감되지 않는다는 점 등의 문제점이 있다.[79] 따라서 대법원은 충분한 토의를 거쳐 실질적인 합의를 통해 최상급의 재판을 하도록 보장하기 위하여 대등한 지위의 대법관으로 구성하는 것이 바람직하다.

2) 1949년 제정 법원조직법 제6조 제1문은 "대법원장은 대법관회의의 결의로써 고등법원판사로 하여금 대법관의 직무를 대리케 할 수 있다."라고 정했고, 1959. 1. 13. 개정 법원조직법 제6조 제1문은 "대법원장은 대법관회의의 결의로써 고등법원판사로 하여금 대법원의 판사 직무를 대리케 할 수 있다."라고 정했다. 대법관이 부족한 상황에 대처하기 위한 것이었는데, 실제 대법관 대리가 임명되어 대법원 재판에 관여했다.[80]

1960년 4·19혁명 후에 조용순 대법원장, 김두일 중앙선거관리위원장, 김갑수 대법원장 직무대행 등이 사직하여[81] 대법관의 수가 부족하게 되자 1960. 7. 1. 「대법관직무대리에 관한 임시조치법」을 제정하여 "대법원장의 직무를 대행하는 자는 헌법 제78조에 의한 대법원장 및 대법관이 선임될 때까지 고등법원장 또는 대법원

79 사법개혁위원회(주 34), 149~150.

80 대법관대리 판사 한환진과 김제형이 참여한 판결들이 다수 있다.

81 법원행행정처(주 2), 282, 287.

판사로 하여금 대법관의 직무를 대리케 할 수 있다."라고 정했다. 1961. 8. 12. 개정 법원조직법부터는 고등법원판사로 하여금 대법관의 직무를 대리하게 하는 근거조항이 삭제되었음에도 임시조치법은 효력을 유지하다가 2007. 5. 17.에야 폐지되었다.

3. 대법관회의

법원조직법 제16조 제1항은 대법관회의는 대법관으로 구성되며[82] 대법원장이 그 의장이 된다고 규정하여, 사법행정의 최고 의결기관으로 대법관회의를 두고 있다. 대법관회의는 대법원장이 처리하는 사법행정사무 중 중요한 사항[83]에 관하여 의결한다. 대법관회의는 대법관 전원의 3분의 2 이상의 출석과 출석인원 과반수의 찬성으로 의결하고, 의장은 의결에서 표결권을 가지며 가부동수일 때에는 결정권을 가진다(제16조 제2항, 제3항). 의장인 대법원장은 재판에 관여할 때는 대법관과 동일한 지위이지만 대법관회의에서는 가부동수일 때 결정권을 가짐으로써 대법관보다

82 대법관 중에서 임명되는 법원행정처장은 전원합의체 재판에는 관여하지 못하나, 대법관회의에는 구성원으로서 참여한다.

83 법원조직법 제17조는 대법관회의의 의결사항으로 1. 판사의 임명 및 연임에 대한 동의, 2. 대법원규칙의 제정과 개정 등에 관한 사항, 3. 판례의 수집 · 간행에 관한 사항, 4. 예산 요구, 예비금 지출과 결산에 관한 사항, 5. 다른 법령에 따라 대법관회의의 권한에 속하는 사항, 6. 특히 중요하다고 인정되는 사항으로서 대법원장이 회의에 부친 사항 등을 규정하고 있다.

우월한 지위에 있다.

대법관회의는 과도 법원조직법, 1949. 9. 26. 제정 법원조직법에서도 구성·운영되었는데, 1961년 대법관 직이 폐지되면서 대법원판사회의로 명칭이 변경되었고, 1975년 법원조직법 개정으로 대법원법관회의로 명칭이 변경되었다. 1987년 헌법과 법원조직법 개정으로 대법관회의로 다시 명칭이 변경되었다.[84]

4. 소부 구성

가. 헌법 제102조 제1항은 "대법원에 부를 둘 수 있다."라고, 법원조직법 제7조 제1항 단서는 "대법관 3명 이상으로 구성된 부에서 먼저 사건을 심리하여 의견이 일치한 경우에 한정하여 … 그 부에서 재판할 수 있다."라고 정하고 있다.

1907년 재판소구성법 제32조는 대심원에 1개 또는 수 개의 민사부 및 형사부를 두고, 부는 5인의 판사로 조직하며, 그 중 1인을 재판장으로 한다고 규정했다. 이는 일제강점기 말기까지 유지되었다. 제1공화국 헌법과 제2공화국 헌법에는 부에 관한 규정이 별도로 없었고, 1949. 9. 26. 제정 법원조직법 제16조가 "대법원에 민사부, 형사부 및 특별부를 둔다."라고 정했다. 1961. 8. 12. 개정 법원조직법은 부 구성에 관한 근거규정을 삭제하여

84 사법발전재단(주 4), 551~553.

대법원 재판은 전원합의체로만 운영하도록 했다. 1962. 12. 26. 개정된 제3공화국 헌법부터는 헌법에 명문으로 "대법원에 부를 둔다."라는 규정을 두었다. 1963. 12. 13. 개정 법원조직법은 '대법원판사 3인 이상으로써 구성된 부에서 먼저 사건을 심리하여 의견이 일치한 때'에는 예외적으로 부에서 재판할 수 있도록 하여 소부를 부활했다(제7조 제1항). 그 이후 동일한 취지의 규정이 유지되고 있다.

대법원 소부 구성의 변천과정은 다음 표와 같다.[85]

대법원 소부 구성의 변천과정

시기	대법관 수 (대법원장 포함)	소부 구성
1948. 5. 4.	11인(공석 6)	5명 소부 / 민사부, 형사부, 특별부
1949. 9. 26.	9인	
1959. 1. 13.	대법관 9 대법원판사 11	- 2원적 구성부: 민사부(대법관 1명 + 대법원판사 4명. 4개 재판부, 대법원판사 6명), 형사부(대법관 3명 + 대법원판사 2명, 4개 재판부, 대법원판사 5명 / 1960. 6.부터 대법관 1명 + 대법원판사 4명, 3개 재판부) - 대법관부(5명): 민사부, 형사부, 특별부 - 1960. 8. 6.부터 대법원판사를 대법관직무대리로 발령

85 사법개혁위원회(주 34), 80. 및 103. 기재 표를 기본으로 하여 일부 구간을 보충했다.

<table>
<tr><td>1961. 8. 12.</td><td>9인</td><td colspan="2">전원재판부만 있고, 소부 없음 /
고등법원 상고부 설치</td></tr>
<tr><td>1963. 12. 13.</td><td>13인</td><td colspan="2">4명 소부 3개 / 고등법원 상고부 폐지</td></tr>
<tr><td rowspan="7">1969. 1. 20.</td><td rowspan="7">16인</td><td>1969. 9.</td><td>16명 체제 / 5명 소부 3개</td></tr>
<tr><td>1973. 4. 2.</td><td>9명 재임명 탈락, 6명 재임명,
6명 신규 임용 / 4명 소부 3개
/ 12명 대법원판사로 운영[86]</td></tr>
<tr><td>1975. 10. 20.</td><td>4명 소부 3개 + 3명 소부 1개
/ 3인 추가 임명</td></tr>
<tr><td>1977. 2. 21.</td><td>4명 소부 4개 /
대법관 1명, 2개부 겸직</td></tr>
<tr><td>1980. 6. 1.</td><td>3명 소부 5개</td></tr>
<tr><td>1980. 8. 11.</td><td>4명 소부 1개 + 3명 소부 2개
(5인 사퇴)</td></tr>
<tr><td>1980. 9. 15.</td><td>3명 소부 4개: 1981. 2. 1개부
2명 구성
1981. 3. 2개부 2명 구성
(1개월씩)</td></tr>
<tr><td rowspan="2">1981. 1. 29.</td><td rowspan="2">13인</td><td colspan="2">4명 소부 3개</td></tr>
<tr><td>1987. 1. 1.</td><td>3명 소부 4개 /
1개부 상고허가신청부 겸임</td></tr>
<tr><td rowspan="2">1988. 2. 25.</td><td rowspan="2">14인</td><td colspan="2">법원행정처장, 대법관 임명
(예외: 2005. 10. - 2007. 12.)</td></tr>
<tr><td colspan="2">1989. 3. 1. ~ 현재, 4명 소부 3개 /
상고허가신청부 폐지</td></tr>
</table>

86 공두현(주 12), 723.

나. 소부를 전문재판부 형태로 운영할 것인지 문제로 된다.

1907년 이후 일제강점기까지는 민사부와 형사부로 운영했고, 제1공화국과 제2공화국에서는 법원조직법 규정을 통해 민사부, 형사부 및 특별부의 전문재판부 형태로 운영했다. 1963년 소부를 다시 구성한 이후에는 소부를 전문재판부 형태로 운영하지 않고, 모든 사건을 각 부에 동등하게 배당하여 처리하는 형태로 운영하고 있다. 제5공화국 헌법은 "대법원에 행정·조세·노동·군사 등을 전담하는 부를 둘 수 있다."라는 규정을 두었으나(제103조 제2항), 1987년 헌법에서는 위 규정을 삭제했다. 현재도 법원조직법 제7조 제2항은 "대법원장은 필요하다고 인정하는 경우에 특정한 부로 하여금 행정·조세·노동·군사·특허 등의 사건을 전담하여 심판하게 할 수 있다."라고 규정하여 전문재판부 설치근거를 두고 있다. 그러나 대법원의 전문재판부는 설치되지 않고 있다.

대법원에 전문재판부를 둘 경우 대법원 구성의 다양화라는 가치와 배치될 우려가 있고, 전원합의체를 활성화하여 법령해석의 통일이라는 대법원의 기능을 강화한다는 방향성에도 부합하지 않는 측면이 있다.[87] 또한 전문법원은 하급심에 두면 충분하고, 대법관은 전문적 지식보다는 '보편적 이성과 균형 잡힌 감각'

---

87 공두현(주 12), 761~762.

에 의한 최종판단을 할 수 있는 사람이 더 적합하다는 지적도 있다.[88] 대법원에 전문부를 두지 않는 현재의 제도는 60년 이상의 장기간에 걸쳐 안정적으로 정착한 것으로 평가할 수 있다.

다. 소부를 몇 명의 대법관으로 구성할 것인지도 문제로 된다.

1895년 재판소구성법에 따라 설치된 고등재판소는 3명이 부를 구성하여 재판했다. 1908년 설치된 대심원은 5명의 판사로 민사부와 형사부를 구성했다. 1949. 9. 26. 제정 법원조직법은 대법관 5명으로 민사부, 형사부, 특별부를 구성했다. 1959. 1. 14.부터 1961. 8. 11.까지는 대법원이 대법관과 대법원판사로 이원적으로 구성되었는데, 민사부는 대법관 1명과 대법원판사 4명으로 4개 재판부를 구성했고, 형사부는 대법관 3명과 대법원판사 2명으로 4개 재판부를 구성했다가 1960. 6.부터는 대법관 1명과 대법원판사 4명으로 3개 재판부를 구성했다. 대법관 5명으로 구성된 민사부, 형사부, 특별부를 운영했다.

1963. 12. 13. 개정 법원조직법으로 소부를 부활한 이후에는 법률상으로는 대법관 3명 이상으로 부를 구성하도록 동일하게 규정했지만, 소부를 5명으로 구성한 기간도 있고, 3명으로 구성한 기간도 있으며, 4명으로 구성한 기간도 있었다. 1989. 3. 1. 소부

---

88 사법개혁위원회(주 34), 172. 임지봉 교수의 의견.

를 4명의 대법관으로 구성한 이후에는 현재까지 36년 이상 동일한 구성을 유지하고 있다. 법원행정처에서 소부를 3명의 대법관으로 구성하는 방안에 관하여 검토한 바 있으나, 3명으로 구성할 경우 1명이 전심 관여나 기타 사정으로 재판에 참여할 수 없게 될 경우 소부 구성에 어려움이 있다는 점 등 때문에 더 이상 추진되지 못했다. 대법관 4명으로 소부를 구성하면 1명이 회피 등으로 참여하지 못하더라도 나머지 3명이 소부 재판을 선고할 수 있다. 대법관 4명으로 소부를 구성하는 것은 확고하게 정착되었으며 근본적인 문제 제기는 없다.

5. 재판연구관

가. 지속적으로 증가하는 상고사건을 효율적으로 처리하기 위하여 1963. 12. 13. 개정 법원조직법은 대법원판사의 업무를 지원하기 위하여 재판연구원제도를 도입했다.[89] 1975. 12. 31. 개정 법원조직법은 '재판연구원'을 '재판연구관'으로 개칭했다. 재판연구관은 대법원에서 심리하는 사건의 조사·연구 업무를 통해 대법원장과 대법관이 행하는 재판업무를 보조하는 기능을 수행한다. 구체적으로 재판연구관은 대법원에 계속 중인 개별 사건에 대한 조사·연구를 거쳐 검토보고서를 작성·보고하는데, 통상 검토보고서에는

---

89 사법발전재단(주 4), 155.

대법원 재판서의 기초자료로 활용되는 의견서를 첨부한다.[90]

1990. 3. 공동재판연구관제도를 도입했고, 1991. 2. 대법관 1명당 전속연구관을 1명으로 줄이고 23명을 공동조[민사, 상사, 형사, 헌법·행정, 특허(지적재산권)조]로 나누어 전담하도록 했다. 공동재판연구관제도에 대하여는 공동재판연구관들 상호 의견교환으로 판례의 저촉을 방지하고, 각 분야별 전문연구로 재판이 더욱 심도 있게 심리되는 등 긍정적 효과가 있는 것으로 평가되었다.[91] 재판연구관제도는 이후 확대와 강화의 과정을 거쳐 왔는데, 공동재판연구관을 통해 전문성을 강화하고, 전속재판연구관을 통해 대법관의 업무를 분담하는 역할을 하는 것으로 평가된다.[92] 재판연구관제도가 변천되어 온 과정은 다음 표와 같다.

재판연구관제도의 변천 과정[93]

시기	내용
1963. 12. 13.	**재판연구원제도 신설:** 대법원장이 대법원판사회의 의결로 판사 중에서 재판연구원 지명
1965. 11. 1.	재판연구원 12명 지명(고등법원 판사), 근무기간 1년 대법원판사 1명당 1명 전속재판연구원

90 고홍석, "재판연구관 의견서 개선방안에 관하여", 사법 44호, 사법발전재단(2018), 7.

91 법원행정처(주 2), 1110.

92 공두현(주 12), 756.

93 사법발전재단(주 4), 155~157.; 공두현(주 12), 749~751.

1971.	근무기간 1년 6개월, 17명 재판연구원 지명
1973. 1. 25.	대통령이 대법원장 제청으로 판사 중에서 재판연구원 지명
1974. 2.	재판연구원 13명 → 19명 증원, 근무기간 일부 2년, 일부 3년
1974. 8.	6명 증원, 총 25명, 대법원판사 1명당 2명 전속재판연구원
1975. 12. 31.	'재판연구원'을 '재판연구관'으로 개칭
1981. 1. 29.	대법원장이 판사 중에서 재판연구관 지명 / 법원조사관제도 도입
1989. 3. 1.	상고허가신청 전담재판부 폐지 재판연구관 24명 → 36명 증원, 대법관 1명당 전속재판연구관 3명
1990. 3.	수석재판연구관(지방법원부장판사) 1명, 공동재판연구관제도 도입 대법관 1명당 전속재판연구관 3명 → 2명 감원, 11명 공동재판연구관
1991. 2.	대법관 1명당 전속재판연구관 2명 → 1명 감원, 23명 공동재판연구관
1992.	대법관 1명당 전속재판연구관 1명 → 2명 증원
1992. 8.	고등법원부장판사를 수석재판연구관으로 지명 5명 지방법원부장판사 보임 후에도 계속 근무
1994. 7. 27.	"대법원에 재판연구관을 둔다." 독립된 직제로 규정, "재판연구관은 판사로 보한다." 규정
1997. 1. 1.	선임재판연구관제도 도입(고등법원 부장판사 임명)
2002.	대법관 1명당 전속재판연구관 2명 → 3명 증원
2005. 12. 14.	임기제 재판연구관(법관 아닌 외부전문가)
2016. 4.	청년연구관제도 도입
2018. 2.	대법관 1명당 전속재판연구관 3명 → 2명 감원
2023. 12. 31.	고등법원부장판사인 수석재판연구관 1명, 선임재판연구관 1명 / 전속재판연구관 대법관 1인당 2명씩 24명 / 공동조[민사조(심층조, 신건조), 형사조(심층조, 신건조), 상사조, 헌법·행정조, 근로조, 조세조, 지적재산조] 법관 재판연구관 73명, 비법관 재판연구관(임기제 재판연구관, 청년 재판연구관, 파견 등) 34명, 합계 107명[94]

94 법원행정처(주 21), 199, 201, 522, 부록 1.

나. 민사 신건조와 형사 신건조는 나머지 공동조 관련 사건을 제외한 모든 상고본안사건의 상고이유를 검토하고 보고서를 작성한다. 민사 신건조는 주로 심리불속행 상고기각 의견으로 보고하고, 추가검토가 필요하거나 파기의견인 경우에는 전속재판연구관 검토 의견으로 보고한다. 심리불속행 상고기각 의견으로 보고되었으나, 대법관이 검토 과정에서 추가검토의 필요성이 있으면 전속재판연구관이나 심층조에 추가검토를 지시하고, 판례 변경을 시도하고자 하는 경우에는 심층조에 회부한다. 형사 신건조는 주로 상고기각결정 또는 상고기각판결 의견으로 보고하고, 경우에 따라서는 파기의견서도 작성하여 보고한다. 2018. 2. 대법관 1인당 전속재판연구관이 2명으로 감축된 이후에는 전속재판연구관이 통상 형사사건을 담당하지 않기 때문에 민사사건과는 달리 형사사건의 경우에는 신건조에서 파기의견서를 작성하기도 하고, 심층 검토가 필요한 사건은 심층조에 회부한다. 피고인이 구속된 형사사건은 구속기간의 제한이 있기 때문에 그 기간 안에 처리하기 위해 신속한 검토가 필요하다. 전원합의체 재판으로 선고할 필요가 있는 경우에는 구속기간 안에 처리하기 위해 재판연구관의 보고와 전원합의체 합의 등을 특별히 신속하게 진행하기도 한다.

민사조와 형사조 이외의 공동조는 내부에 신건조와 심층조를 운영하면서 신건 검토 결과 심리불속행 상고기각 의견인 경우에는 바로 대법관에게 보고하여 처리하고, 파기 또는 심층

검토의 필요가 있거나 대법관의 지시가 있으면 심층조에서 검토한다.

심층조에서는 심층검토 후에 쟁점에 대하여 자체 토론을 거쳐 의견 분포와 근거를 정리하여 보고서를 작성한다. 심층조 재판연구관들의 토론은 대법관들이 합의할 때 중요한 참고자료가 된다. 전원합의체에 회부하는 사건은 심층조에 속한 연구관이 담당하고 대법관들의 많은 추가보고 지시와 판결문 작성 과정에서 다수의견, 별개의견, 반대의견과 보충의견 등 다양한 의견서를 작성하고, 수차에 걸친 수정작업을 한다.

일부 재항고 사건은 사법보좌관이 1차 검토하여 보고서를 작성한 후 전속재판연구관이 2차 검토를 하고, 그 외의 본안 외 사건은 전속재판연구관이 1차 검토를 한다.

대법원이 수많은 사건을 처리할 수 있는 것은 재판연구관들이 뒷받침해주기 때문에 가능하므로 대법원 재판은 대법관과 재판연구관들의 협업(collaboration)이라고 할 수 있다. 다만 재판연구관과 대법관은 담당하는 직무와 역할이 다르기 때문에 재판연구관들의 토론 결과와 다른 판결이 선고되는 경우도 흔히 있다.

Ⅲ. 대법원 재판의 유형

1. 심판권 및 심판권 행사에 관한 법률 규정

법원조직법 제14조는 대법원의 심판권에 관하여 정하고,[95] 제7조 제1항은 대법원의 심판권 행사에 관하여 정하고 있다.[96]

대법원의 심판권 행사와 관련하여 1949. 9. 26. 제정 법원조직법 제7조는 "대법원의 심판권은 대법관 5인으로써 구성된 합의부에서 이를 행한다. 연합심판을 요할 때에는 대법관 전원으로써 구성된 연합부에서 이를 행한다."라고 정했고, 제20조는 "대법원재판서에는 합의에 관여한 대법관의 법률상이견을 첨서할 수 있다."라고 하여 소수의견을 쓸 수 있도록 했다. 종전 심판에서 판시한 법령의 해석을 변경할 필요가 있을 때에는 연합부에서 심판했고, 연합부는 대법관 전원의 3분의 2 이상이 출석해야 한다.

---

95 1. 고등법원 또는 항소법원 · 특허법원의 판결에 대한 상고사건, 2. 항고법원 · 고등법원 또는 항소법원 · 특허법원의 결정 · 명령에 대한 재항고사건, 3. 다른 법률에 따라 대법원의 권한에 속하는 사건.

96 대법관 전원의 3분의 2 이상의 합의체에서 행사하며, 대법원장이 재판장이 된다. 다만, 대법관 3명 이상으로 구성된 부에서 먼저 사건을 심리하여 의견이 일치한 경우에 한정하여 다음 각 호의 경우를 제외하고 그 부에서 재판할 수 있다. 1. 명령 또는 규칙이 헌법에 위반된다고 인정하는 경우, 2. 명령 또는 규칙이 법률에 위반된다고 인정하는 경우, 3. 종전에 대법원에서 판시한 헌법 · 법률 · 명령 또는 규칙의 해석 적용에 관한 의견을 변경할 필요가 있다고 인정하는 경우, 4. 부에서 재판하는 것이 적당하지 아니하다고 인정하는 경우.

대법원 연합부는 1957. 10. 4. 최초의 전원합의체 판결을 선고했다(4290형비상1).[97]

1959. 1. 13. 개정 법원조직법 제7조는 대법원의 심판권은 '대법관 1인 이상을 포함한 법관 5인으로써 구성된 합의부'에서 행하되, 일정한 경우에는 대법관만으로써 구성된 합의부 또는 대법관 전원 및 당해 계속사건에 관여한 판사 전원으로써 구성된 연합부에서 행하도록 규정했다. 1961. 8. 12. 개정 법원조직법 제7조는 "대법원의 심판권은 대법원판사 전원의 3분지 2 이상의 합의체에서 이를 행한다."라고 하여 모든 대법원 재판은 9명 전원합의체로 하도록 했다.

1963. 12. 13. 개정 법원조직법 제7조 제1항은 "대법원의 심판권은 대법원판사 전원의 3분지 2 이상의 합의체에서 이를 행한다. 그러나 대법원판사 3인 이상으로써 구성된 부에서 먼저 사건을 심리하여 의견이 일치한 때에 한하여…재판할 수 있다."라고 정했다. 기존 체제에서는 각 부에서 소수의견이 있더라도 기존 판례를 변경하는 등의 경우가 아닌 한 그 부의 다수의견에 따라 최종적인 상고심 재판이 진행되었다면, 1963년 개정 법원조직법 체제에서는 어느 대법원판사의 의견이 소수의견이더라도 전원합의체에 회부하여 심판을 진행할 수 있게 되었다. 이는 1961년

97 사법발전재단(주 4), 159.

개정 법원조직법에서 부를 두지 않는 단일 전원합의체에서 대법원판사가 가졌던 권한을 일정 부분 유지하면서, 과거의 부 운영방식보다 대법원판사의 역할을 더 강조한 것이다.[98]

1963년 개정 법원조직법과 동일한 취지의 규정이 현재까지 유지되고 있다. 1981. 1. 29. 개정 법원조직법은 전원합의체에서 심판권을 행하는 경우 대법원장이 재판장이 된다는 규정을 신설했다. 현행 헌법의 상고제도에 관한 결정은 대법원 재판을 전원합의체를 원칙으로 하되 부 설치의 명문의 근거를 두어 효율성을 보완하겠다는 취지이다.[99]

2. 단독 재판

대법원 재판 중에도 주심 대법관이 단독으로 재판하는 경우가 종종 있다.

별건구속된 피고인이 상고심에서 별건구속기간이 경과하여 상고사건의 범죄사실로 구속영장을 발부할 필요가 있을 때는 주심대법관이 피고인을 소환하여 심문을 하고 구속영장 발부 여부를 결정하는 재판을 한다.

상고장에 보정할 사항이 있어서 주심 대법관이 보정명령을

98 공두현(주 12), 720.

99 공두현(주 12), 757.

했으나 상고인이 보정명령에 불응하는 경우, 주심 대법관이 재판장으로서 단독으로 상고장 각하명령을 할 수 있다(민사소송법 제425조, 제402조 제2항).

3. 대법원 단심 재판

가. 법원조직법 제14조(심판권) 제3호의 "다른 법률에 따라 대법원의 권한에 속하는 사건" 규정에 따라 대법원이 단심으로 재판하는 사건들이 있다.

① 공직선거법 제222조, 제223조에 따른 대통령선거 및 국회의원선거, 비례대표시·도의원선거 및 시·도지사선거의 선거무효 및 당선무효 소송, ② 지방자치법에 따른 주무부장관과 시도지사의 재의요구에 따른 지방자치단체 의회 재의결 무효소송(제192조 제4항, 제5항), 지방자치단체 간 구역에 관한 행정안전부장관의 결정에 대한 이의소송(제5조 제9항), 지방자치단체장의 지방의회의 의결에 대한 재의결요구에 대한 제소(제120조), 위법부당한 명령이나 처분의 시정에 대한 이의소송(제188조 제6항) 및 지방자치단체의 장에 대한 직무이행명령의 이의소송(제189조 제6항), ③ 국민투표법 제92조에 따른 국민투표무효소송, ④ 주민투표법 제25조 제2항에 따른 시·도의 주민투표소송, ⑤「주민소환에 관한 법률」제24조 제2항에 따른 시·도지사를 상대로 한 주민소환

투표소송, ⑥ 법관징계법 제27조에 따른 법관징계처분에 대한 불복소송 등이 이에 해당한다.

나. 대법원이 단심으로 진행하는 소송의 경우에는 대법원이 변론기일을 열어야 하고 필요하면 증거조사를 실시해야 하므로 법률심으로서의 대법원의 역할과는 상충하는 측면이 있다. 대법원이 일정한 선거소송을 단심으로 관할하도록 한 것은 해당 선거를 실시한 후에 제기되는 선거소송 건수가 그다지 많지 않다는 사정도 고려한 것이다. 그런데 최근에 국회의원 총선을 실시한 후에 수십 건 또는 백 건 이상의 선거소송이 제기되는 상황에서는 대법원이 1심으로서 그 많은 사건을 처리하는 것이 불가능에 가까운 지경이다. 현재 지역구시·도의원선거, 자치구·시·군의원선거 및 자치구·시·군의 장 선거의 선거무효 소송(공직선거법 제222조 제2항) 또는 당선무효 소송(공직선거법 제223조 제2항)은 그 선거구를 관할하는 고등법원에 소를 제기하도록 하여 2심제를 채택하고 있다. 그와 마찬가지로 국회의원선거, 비례대표시·도의원선거 및 시·도지사선거의 선거무효 및 당선무효 소송도 관할 고등법원에 제소하도록 하고 대법원은 법률심으로서 상고사건을 담당하도록 하는 것으로 관할을 조정할 필요가 있다. 중앙해양안전심판원의 재결에 대한 소송을 대법원의 전속관할로 했다가 2014. 5. 21. 법률개정으로 고등법원 전속관할로 조정한 예를 참조할 수 있을 것이다.

4. 소부 재판

가. 소부 재판의 의의

소부 재판은 소부를 구성하는 대법관 4명의 전원일치 의견으로 재판함으로써 전원합의체를 보완하는 역할을 하는 위상을 가진다.[100] 극소수의 전원합의체 사건을 제외하고는 대부분의 대법원 사건이 소부 재판으로 처리된다. 소부를 구성하는 대법관 중 1명이 회피사유가 있어 회피하는 경우에는 3명의 대법관이 재판할 수 있다. 2명이 관여할 수 없는 경우에는 다른 부에서 1명이 대직 근무를 하는 형태로 3명의 대법관이 재판한다. 소부 합의 결과 의견이 일치하지 않는 경우에는 전원합의체로 회부하여 다수결에 따라 재판할 수밖에 없다.

소부를 구성하는 4명의 대법관은 다양한 경험과 전문성 그리고 가치와 성향을 가진 인사들로 구성되는 것이 바람직하다. 가능하다면 남녀 동수로 구성되는 것이 바람직하고, 재조 경력이 없는 순수재야 출신 인사가 1명 포함되는 것이 사건에 대한 종합적인 이해를 위해 필요하다. 또 전문분야가 다른 인사들이 함께 재판부를 구성하면 그 분야에 대해 전문성 있게 점검할 수 있어 보다 충실한 판단이 가능하게 된다.

---

100 공두현(주 12), 767.

소부 재판 또는 전원합의체 재판과 관련하여 법리를 비판하는 것에 그치지 않고 주심 대법관을 개인적으로 비난하는 사례가 종종 있다. 이는 소부 재판은 소부를 구성하는 4명의 대법관이 일치된 의견으로 재판하는 것이고, 전원합의체 재판은 대법원장과 모든 대법관들이 각자의 의견으로 다수의견에 따라 재판하는 것이라는 사실을 간과하거나 의도적으로 무시한 것이다. 또한 이는 주심 대법관 이외의 대법관들은 독자적인 견해도 없이 주심 대법관에 의해 좌지우지되는 존재에 불과하다고 본 것으로서 주심 대법관 이외의 대법관들에 대한 심각한 모독에 해당하기도 한다.

나. 심리불속행 상고기각판결

1) 지속적으로 증가하는 상고사건을 감당하기 위해 1981. 1. 29. 제정 「소송촉진 등에 관한 특례법」(약칭 '소송촉진법')에 따라 민사사건에서 상고허가제가 도입되어 1981. 3. 1.부터 시행되었다. 상고이유는 ① 헌법에 위반하거나 헌법의 해석이 부당한 때, ② 명령·규칙 또는 처분의 법률위반여부에 대한 판단이 부당한 때, ③ 법률·명령·규칙 또는 처분에 대한 해석이 대법원판례와 상반된 때로 엄격하게 제한되었다(제11조, 권리상고). 다만, 법령의 해석에 관한 중요한 사항을 포함하는 것으로 인정되는 사건은 당사자의 신청에 따라 상고를 허가할 수 있도록 했다(제12조, 허가

상고). 권리상고사건이 드물었기 때문에 허가상고사건이 상고의 기본 형태로 자리 잡았다.[101] 상고허가제 관련 법률 규정에 대해서는 국가보위입법회의 의결로 도입되어 입법절차가 위법하고, 국민의 권리구제 기회를 현저히 제한(특히 국민의 대법원에 의한 상고심 재판을 받을 권리를 침해)한다는 등의 이유로 위헌이라는 지적이 강하게 제기되었다. 헌법재판소는 1995. 1. 10. 상고허가제 관련 법률 조항에 대하여 합헌결정을 했다(90헌바1).[102]

상고허가제를 통해 대법원 업무의 효율화와 상고사건의 감축이라는 목적을 상당부분 달성했으나, 상고심에서 실체적 판단을 받기를 원하는 국민과 변호사들의 강력한 폐지 요구에 따라 상고허가제는 1987년 헌법으로 민주화된 이후 1990. 9. 1. 폐지되었다.[103] 상고허가제의 폐지에 따라 급증한 상고사건[104]을 감당하기

---

101 사법발전재단(주 4), 162.

102 이유는 "헌법과 법률이 정한 법관에 의하여 법률에 의한 재판을 받을 권리"가 사건의 경중을 가리지 않고 모든 사건에 대하여 대법원을 구성하는 법관에 의한 균등한 재판을 받을 권리를 의미한다거나 또는 상고심재판을 받을 권리를 의미하는 것이라고 할 수 없고, 소송촉진법 제11조 및 제12조는 헌법이 요구하는 대법원의 최고법원성을 존중하면서 다른 한편 대법원의 민사소송사건에 대한 상고심으로서의 기능 중 법질서의 통일 및 법 발전을 통한 공익의 추구라는 측면을 구체적 사건에서의 적정한 판단에 의한 당사자의 권리구제보다 더 우위에 둔 규정으로서 합리성이 있다는 것이다.

103 사법발전재단(주 4), 162.; 공두현(주 12), 740.

104 사법개혁위원회(주 34), 98. 상고사건 수가 1989년 5,534건에서 1990년 8,319건, 1991년 10,883건, 1992년 12,390건, 1993년 13,740건, 1994년 12,604건으로 증가했다. 참고로 2023년 상고심 본안사건 수는 37,669건, 본안 외 사건 수는 16,956건으로 합계 54,625건이다. 법원행정처(주 21), 715., 719.

위하여 1994. 7. 27. 제정 상고심법에 따라 심리불속행제도가 도입되어 1994. 9. 1.부터 시행되고 있다.

상고심법 제4조(심리의 불속행) 제1항은 대법원은 심리속행사유[105]를 포함하지 아니한다고 인정하면 더 나아가 심리하지 아니하고 판결로 상고를 기각한다고 정한다. 상고심법은 민사소송, 가사소송 및 행정소송(특허소송 포함)의 상고사건에 적용된다(제2조). 심리불속행 상고기각판결에는 이유를 적지 아니할 수 있으며(제5조 제1항), 선고가 필요하지 않고 상고인에게 송달함으로써 효력이 발생한다(제5조 제2항). 이유 작성과 선고기일 통지 및 선고 등의 절차를 생략할 수 있어 대법원 업무를 다소 경감하는 효과가 있다.

심리불속행제도의 특징은, ① 대법원은 원심법원으로부터 송부받은 상고장, 상고이유서, 답변서와 제1심판결, 원심판결 및 소송기록을 검토한 후 실질적인 상고심리를 속행할 것인지 여부를 정한다는 것, ② 대법원은 검토 결과 심리를 속행할 필요가 없다고 인정하는 경우에는 심리불속행 재판을 한다는 것, ③ 대법관 4명

---

105 1. 원심판결이 헌법에 위반되거나 헌법을 부당하게 해석한 경우, 2. 원심판결이 명령·규칙 또는 처분의 법률위반 여부에 대하여 부당하게 판단한 경우, 3. 원심판결이 법률·명령·규칙 또는 처분에 대하여 대법원 판례와 상반되게 해석한 경우, 4. 법률·명령·규칙 또는 처분에 대한 해석에 관하여 대법원 판례가 없거나 대법원 판례를 변경할 필요가 있는 경우, 5. 제1호부터 제4호까지의 규정 외에 중대한 법령위반에 관한 사항이 있는 경우, 6. 민사소송법 제424조 제1항 제1호부터 제5호까지에 규정된 사유가 있는 경우.

으로 구성되는 소부에서 심리불속행 여부를 판단하되, 전원의 의견이 일치되지 않으면 심리불속행 재판을 할 수 없다는 것, ④ 대법원이 심리를 속행할 필요가 있다고 인정하는 경우에는 바로 상고이유의 당부에 관한 판단에 들어간다는 것, ⑤ 심리불속행 재판은 원심법원으로부터 상고기록을 송부받은 때로부터 4개월 이내에 하여야 하며, 이 기간 내에 심리불속행 재판이 이루어지지 아니한 경우에는 당연히 심리가 속행된다는 것 등을 들 수 있다.[106]

심리불속행 재판을 규정한 상고심법 제4조 제1항의 헌법위배 여부에 대하여 헌법재판소는 수차에 걸쳐 합헌결정을 했고,[107] 상고심법 제5조 제1항의 이유 기재 생략제도에 대해서도 합헌결정을 했다.[108]

---

106 이광범, "심리불속행제도의 성과와 그 개선방안", 민사판례연구: 심당 송상현회장 화갑기념 XXIV, 민사판례연구회(2002), 1027.

107 헌재 1997. 10. 30. 선고 97헌바37, 95헌마142·215, 96헌마95(병합) 결정; 2007. 7. 26. 선고 2006헌마551,2007헌마88,255(병합) 결정 등. 그 이유는 심리불속행제도가 국민의 재판청구권을 제약하기는 하지만, 심급제도와 대법원의 기능에 비추어 볼 때 헌법이 요구하는 대법원의 최고법원성을 존중하면서 민사, 가사, 행정 등 소송사건에서 상고심재판을 받을 수 있는 객관적 기준을 정함에 있어 개별적 사건에서의 권리구제보다 법령해석의 통일을 더 우위에 둔 규정으로서 합리성이 있으므로 헌법에 위반되지 아니한다는 것이다.

108 헌재 2008. 5. 29. 선고 2007헌마1408 결정 등. 그 이유는 심리불속행 상고기각판결에 이유를 기재한다고 해도 심리속행사유에 해당하지 않는다는 정도의 이유 기재에 그칠 수밖에 없고, 그 이상의 이유 기재를 하게 하더라도 이는 법령해석의 통일을 주된 임무로 하는 상고심에게 불필요한 부담만 가중시키는 것으로서 심리불속행제도의 입법취지에 반하는 결과를 초래하므로 위 조항이 재판청구권 등을 침해하여 위헌이라고 볼 수 없다는 것이다.

2) '심리불속행'이라는 용어 때문에 심리불속행 재판의 경우에는 대법관이 기록도 보지 않고 재판연구관의 의견대로 처리하는 것이 아닌가 하는 오해가 있다. 심리속행 여부와 그 근거 혹은 이유에 관하여는 명확한 입장을 알아볼 수 있는 객관적인 자료를 찾아보기 어려워 대법원이 심리불속행제도를 자의적으로 운영하는 것은 아닌가 하는 지적도 있다.[109] 이유 기재 생략 제도에 대해서는 법관의 자의적인 판단으로 심리불속행 기각판결을 남용하더라도 이에 대한 심판이 불가능하여 법관의 합리적·객관적 판단의 범위를 일탈할 여지를 남김으로써 국민의 재판청구권을 침해하고 법치주의·국민주권주의에서의 재판 이념을 훼손할 수 있으며, 기본권 제한 허용에 중요한 비례의 원칙 중 하나인 법익의 균형성과 부합하지 않을 여지가 있다는 지적이 있다.[110]

박시환 전 대법관이 논문을 통해 매 합의기일마다 주심별 합의 건수가 평균 90~100건에 이르고, 주심 대법관 이외의 대법관들은 합의할 사건의 내용을 모르는 상태에서 합의에 들어가 주심 대법관의 짧은 설명(평균 1분 30초 길어야 3~4분) 후 10여 초 정도 침묵 상태의 대기시간이 지나면 주심 대법관 의견대로 심리불

---

109 김진흥, "심리불속행 상고기각 판결의 문제점", 판례연구 제13집, 서울지방변호사회(2000), 361.

110 김주희·홍선기, "심리불속행 판결의 이유 기재 생략 제도 개선 필요성에 관한 헌법적 쟁점 및 개선안 소고", 고려법학 제111호, 고려대학교 법학연구원(2023), 50~65.

속행 기각판결을 한다고 설명한 부분[111]이 '10초 재판'이라고 과장되게 선정적으로 보도되기도 하여 불신을 더욱 촉진했다.[112] 박시환 전 대법관이 근무했던 시기와 현재를 비교하면 두 가지 점에서 차이가 있다. 첫째, 공동조 재판연구관이 증가하여 신건조의 전문성이 강화되었다. 공동조 재판연구관의 수는 박시환 전 대법관이 근무했던 2015년에는 법관 70명, 비법관 10명(전속재판연구관은 대법관 1명당 3명씩 36명)이었으나,[113] 2023년에는 법관 73명, 비법관 34명(전속재판연구관은 대법관 1명당 2명씩 24명)으로 증가했다.[114] 둘째, 소부 합의 진행 방식이 개선되었다. 소부마다 차이가 있을 수 있지만 현재는 쟁점이 있는 사건의 경우에는 연구관의 보고서를 주심이 아닌 대법관들에게도 미리 회람하여 사전에 검토할 여유를 주고, 그 이외의 사건도 합의기일 이틀이나 하루 전에 합의목록을 회람한다. 그렇기 때문에 소부의 모든 대법관은 합의기일 전에 합의할 사건을 미리 파악하고, 전자소송으로 진행된 사건의 경우에는 재판지원시스템을 통해 소송기록과 증거자료를 확인하여 필요한 준비를 하고 합의기일에 임한다.

---

111 박시환, "대법원 상고사건 처리의 실제 모습과 문제점", 『민주법학』 제62호, 민주주의법학연구회(2016), 305-308.

112 한겨레신문, "우리가 미처 몰랐던 대법원 '10초 재판'의 비밀"(2018. 10. 16.), <https://www.hani.co.kr/arti/society/society_general/865977.html>.

113 박시환(주 111), 293.

114 법원행정처(주 21), 부록 1.

현재 심리불속행 사건이라도 주심대법관은 본인 주심 사건을 적어도 3회 이상 검토한다(재판연구관으로부터 보고받은 직후 한 번, 합의목록을 작성하면서 한 번, 합의기일 직전에 다른 대법관들에 대한 설명을 준비하기 위하여 한 번). 합의기일에 주심 대법관이 사건 개요와 쟁점, 하급심 판결의 요지, 상고이유와 검토의견 등에 대하여 설명하고 소부 구성 대법관 모두가 동의하여야 비로소 심리불속행 상고기각판결로 처리할 수 있다. 심리불속행 상고기각판결을 하는 경우에도 소부 대법관들이 실체적인 판단을 함으로써 대법관에 의한 실질적인 심리가 이루어지므로 상고허가제도의 경우와 같이 대법원에 의한 실질적인 심리를 받을 기회가 제한된다고 평가할 수 없다.

심리불속행 상고기각판결을 하는 사건의 대부분은 사실심 법원의 사실인정을 다투는 것이어서 대법원의 독자적인 이유 제시가 불필요한 것이거나, 법리가 문제되는 사안의 경우에도 하급심이 상세한 이유를 밝혔고 그 이유가 그 사안에서 타당하다고 대법원이 판단한 것이다. 심리불속행제도에 대해서는 실체 심리가 전제되므로 이에 대한 당사자들의 기대에 부응하면서 국민들의 재판받을 권리를 상고허가제보다 두텁게 보장할 수 있고, 신속한 상고심 재판을 통해 원심 승소 당사자의 권리를 조기에 확정할 수 있다는 점에서 긍정적인 평가를 하는 견해도 있다.[115]

---

115 공두현(주 12), 760~761.

법률 선진국들과 우리나라의 사법체계에게 많은 영향을 준 나라들은 대부분 최고법원으로서의 규범제시적 역할을 안정적으로 수행하기 위하여 상고심의 실질심리 사건 선별 제도를 가지고 있다.[116] 30년 이상 정착되어 운영되고 있는 심리불속행제도는 우리나라에서 채택한 상고심의 실질심리사건 선별제도라고 할 수 있다.

3) 현재의 상고제도를 그대로 둔 상태에서는 과중한 사건의 처리를 위해 불가피하게 심리불속행제도를 유지할 수밖에 없을 것으로 보인다. 현행 제도를 그대로 유지한 채 심리불속행제도만 폐지한다면, 모든 상고사건에 대해 접수순서대로 판결을 선고할 경우 아무리 간단한 사건이라도 접수 후 최소한 2년 내지 3년 이상 기다려야 선고할 수 있을 것이다. 상고심 선고가 그와 같이 지연된다면 헌법 제26조 제3항이 보장하는 국민의 "신속한 재판을 받을 권리"를 침해하게 되고, 국민이 그와 같은 상황을 감내하지 않을 가능성이 높다.

그 동안 심리불속행제도의 폐지와 함께 다양한 상고제도

---

116 강영재(주 47), viii., 235~236. 특히 독일 일반연방대법원은 100명이 훨씬 넘는 법관으로 구성되었음에도 연방대법원이 심리할 수 있는 사건을 선택과 집중 원리에 따라 선별하기 위하여 상고허가제를 채택하고 있다. 2020년 민사사건 상고건수가 4,644건이고 형사사건 상고건수가 3,105건 정도인데도 일정한 범위에서 상고허가제(민사사건의 경우) 또는 공판 없는 결정에 의한 재판제도(형사사건의 경우) 등의 상고심 선별제도를 채택하고 있다. 강영재(주 47), 116, 134.

개선방안들이 제시되어 왔으나 모두 입법에 실패했다. 현재의 상황에서는 상고이유서 원심법원 제출 제도를 도입한다면 대법원의 재판업무 처리에 조금이나마 도움이 될 것으로 보인다. 김명수 대법원장이 상고이유서 원심법원 제출 제도 도입에 관한 입법의견을 국회에 제출했고,[117] 기동민 의원 등 10명이 2022. 11. 8. 민사소송법 개정안을 발의한 바 있다. 주요 내용은 상고이유서를 제출받는 법원을 대법원에서 원심법원으로 변경하고, 원심법원으로 하여금 상고이유서가 정해진 기간 안에 제출되지 아니한 경우에는 결정으로 상고를 각하하도록 하되, 기간 안에 상고이유서가 제출된 사건에 대해서만 소송기록을 대법원에 송부하도록 하는 것이다. 상고이유서 원심법원 제출 제도가 도입되면 상고이유서 제출기간의 준수 여부나 보정사항 등에 대해 원심법원에서 걸러주고 상고이유서가 제출된 상태에서 대법원에 소송기록을 송부함으로써 대법원의 업무를 일부 경감하여 본안의 심리·판단에 집중할 수 있고, 대법원이 심리속행사유의 존부를 심리하는 실질기간이 증가하는 효과가 있을 것이다.[118]

한편 상고제도 개선의 정도(正道)는 사실심, 특히 제1심을 강화해서 항소율을 낮추고 그 연장선상에서 상고율을 낮추는 것이

117 법원행정처(주 41), 144~145.

118 강영재, 상고심 재판의 개선방안에 관한 연구–상고이유서 원심법원 제출제도 및 재항고 제한제도 도입을 중심으로, 사법정책연구원(2021), 130~133.

다. 판결에 대한 승복율은 법관이 해당 사건에 들이는 시간에 비례하므로 결국 법관의 증원이 절실하게 필요하다.[119]

다. 상고이유 제한제도의 부분적 도입

1) 1973. 2. 24. 제정된 소액사건심판법 제3조는 소액사건에 대한 항소심 판결·결정·명령에 대하여는 "1. 법률·명령·규칙 또는 처분의 헌법 위반 여부와 명령·규칙 또는 처분의 법률 위반 여부에 대한 판단이 부당한 경우, 2. 대법원의 판례에 상반되는 판단을 한 경우"에만 상고 또는 재항고를 허용하고 있다. 헌법재판소는 소액사건심판법 제3조에 대해 수차례 합헌결정을 했다.[120]

대법원은 소액상고사건이라고 하더라도 허투루 다루지 않고 적절한 방법으로 법리를 설시하여 파기환송 판결을 선고하기도 한다. 소액상고사건이지만 대법원 선례가 없는 쟁점에 관한 원심 판단이 문제가 있는 경우, 대법원은 법령해석의 통일과 구체적 타당성을 위해 적절한 해결책을 강구하고 있다.

---

119 2024. 12. 10. 판사의 정원을 3,214명에서 5년간 370명 증원하여 3,584명으로 하는 「각급 법원 판사 정원법」 개정안이 국회 본회의에서 의결되었다. 2025. 1. 7. 개정으로 순차적 증원 인원을 조정하여 2025년 90명, 2026년 80명, 2027년 70명, 2028년 70명, 2029년 60명 증원할 예정이다.

120 헌법재판소 2012. 12. 27. 선고 2011헌마161 결정; 2009. 2. 26. 선고 2007헌마1433 결정; 2009. 2. 26. 선고 2007헌마1388 결정; 2005. 3. 31. 선고 2004헌마933 결정 등.

우선, 같은 쟁점에 관한 다수의 소액사건들이 하급심에 계속되어 있고 재판부에 따라 엇갈리는 판단을 하고 있다면, "소액사건이라는 이유로 대법원이 그 법령의 해석에 관하여 판단을 하지 아니한 채 사건을 종결한다면 국민생활의 법적 안전성을 해칠 것이므로, 이와 같은 특별한 사정이 있는 경우에는 소액사건에 관하여 상고이유로 할 수 있는 '대법원의 판례에 상반되는 판단을 한 때'의 요건을 갖추지 아니했다고 하더라도 법령해석의 통일이라는 대법원의 본질적 기능을 수행하는 차원에서 실체법 해석적용의 잘못에 관하여 판단할 수 있다"는 대법원 판례 법리[121]에 따라 파기환송 판결을 한다.[122]

다음으로 위 판례 법리를 적용하기 어려운 경우에는 소액사건이 아닌 통상 사건이 대법원에 올라오길 기다려 통상 사건에서 법리를 설시하는 판결을 선고하고, 소액상고사건을 위 판례 위반을 이유로 파기환송 판결을 선고하기도 한다.[123]

---

121 대법원 2004. 8. 20. 선고 2003다1878 판결, 대법원 2015. 3. 26. 선고 2012다48824 판결 등.

122 그러한 예의 하나로 대법원 2024. 6. 27. 선고 2023다307024 판결이 있다.

123 택시운수종사자가 유류비를 부담하는 약정은 무효라고 주장하면서 유류비 상당 임금 지급을 청구한 사건에서 대법원 2023. 4. 27. 선고 2022다307003 판결이 택시운송사업자의 운송비용 전가를 금지하는 구 「택시운송사업의 발전에 관한 법률」 제12조 제1항이 강행규정인지 여부(적극)와 택시운송사업자와 택시운전근로자 노동조합 사이의 합의로 위 규정의 적용을 배제하거나 유류비를 택시운전근로자들이 부담하기로 한 약정의 효력(무효)에 관하여 법리를 설시했다. 위 사건 이전에 대법원에 올라와

2) 2014. 5. 14. 개정 형사소송법은 제380조 제2항을 신설하여 "상고장 및 상고이유서에 기재된 상고이유의 주장이 제383조(상고이유) 각 호[124]의 어느 하나의 사유에 해당하지 아니함이 명백한 때에는 결정으로 상고를 기각하여야 한다."라고 규정했다. 상고기각결정제도의 도입으로 당사자에게 선고기일을 통지하고 법정에서 선고하는 등의 절차를 생략할 수 있게 되어 일부 효율적인 업무처리가 가능하게 되었다.

5. 전원합의체 재판

가. 대법원의 원칙적인 심판권 행사 방법은 전원합의체 재판이다. 명령·규칙이 헌법 또는 법률에 위반되는 경우와 종전에 대법원에서 판시한 헌법·법률·명령 또는 규칙의 해석 적용에 관한 의견을 변경하는 경우에는 반드시 전원합의체 재판을 해야만 한다(법원조직법 제7조 제1항 제1호, 제2호, 제3호). '소부에서 재판하는 것이 적당하지 아니하다고 인정하는 경우'에도 전원합의체

있던 소액상고사건인 대법원 2023. 5. 18. 선고 2021다234313 판결은 위 사건의 선고를 기다려 판례를 위반했다는 이유로 원심판결을 파기환송했다.

124 1. 판결에 영향을 미친 헌법·법률·명령 또는 규칙의 위반이 있는 때, 2. 판결 후 형의 폐지나 변경 또는 사면이 있는 때, 3. 재심청구의 사유가 있는 때, 4. 사형, 무기 또는 10년 이상의 징역이나 금고가 선고된 사건에 있어서 중대한 사실의 오인이 있어 판결에 영향을 미친 때 또는 형의 양정이 심히 부당하다고 인정할 현저한 사유가 있는 때.

재판을 할 수 있는데(법원조직법 제7조 제1항 제4호), 전합심리절차내규 제2조 제4항이 그러한 경우를 정하고 있다.[125]

대법관 전원이 참여하는 토론을 거쳐 재판을 하는 것은 사회가 지향해야 할 가치나 기준을 제시해야 하는 최고법원의 소임에 충실하기 위한 것으로서 전원합의체 재판은 대법원의 존재이유에 가장 부합하는 재판 방식이다.[126] 또한 전원합의체 재판은 누구나 본인 사건을 다수 법관이 깊이 있게 심리해주길 바라는 당사자들의 공통된 희망이 담긴 형태이기도 하다.[127]

전원합의체 재판을 선고하려면 과반수(16명으로 구성되었을 때는 9명, 13명으로 구성되었을 때는 7명)가 지지하는 다수의견(법정의견)이 형성되어야 한다. 다수의견과 주문은 동일하되 이유가 다른 별개의견, 다수의견과 주문과 이유가 다른 반대의견이 있고, 각각의 의견에 대한 보충의견이 있을 수도 있다. 보충의견은 본 의견의 범위를 벗어나지 않는 한도에서 본 의견의 논거를 보충하거나 상대의견의 지적사항에 대해 해명하고 나아가 엄격

---

125 1. 중대한 공공의 이해관계와 관련되거나 국민적 관심도가 매우 높은 사건, 2. 우리 사회의 근본적 가치에 관한 결단을 제시할 만한 사건, 3. 사회적 이해충돌과 갈등대립 등을 해소하기 위한 최종 판단이 필요한 사건, 4. 역사적으로 사법적 평가가 필요한 쟁점을 다루는 사건, 5. 중요한 일반적 법 원칙을 강조하여 선언할 필요가 있는 사건, 6. 그 밖에 제1호부터 제5호까지에 준하는 사건.

126 이춘재·김남일, 기울어진 저울 – 대법원 개혁과 좌절의 역사, 한겨레출판(2013), 59.

127 매일경제신문, "'절차 정의' '사회 안정 · 균형 중시' 양승태 대법원 6년 전원합의체 분석"(2017. 9. 20.), <https://www.mk.co.kr/news/society/7983745>.

하게 법리에 얽매이지 않고 사회에 전달할 메시지 등을 유연하게 표명하는 장으로 활용되기도 한다.

별개의견과 반대의견을 합하여 소수의견이라 한다. 소수의견은 다수의견에 가담하지 않은 대법관이 자신의 견해와 논리를 분명히 밝히는 공간이고, 동시에 당대뿐만 아니라 미래를 염두에 두고 작성하는 문서이다. 소수의견을 읽은 미래세대가 소수의견의 논리에 동조한다면 향후 비슷한 성격의 사건을 대법원이 검토할 때 이전과는 다른 판결을 선고할 가능성이 높아질 것이기 때문이다.[128] 소수의견은 다수의견보다 더 곰곰이 숙고한 의견일 가능성이 높고, 소수의견이 있어야 다수의견도 논리의 싸움에서 설득력을 확보하기 위하여 긴장하며, 소수의견을 개진하기 위해서는 다수와 다른 의견을 개진하기 위한 용기가 필요하다. 소수의견은 일방적·수직적인 소통의 지배를 막고 토론과 생각을 불러일으키는 계기가 된다.[129]

대법원 전원합의체 재판의 다수의견과 소수의견은 설득과 타협, 양보의 결과물이다.[130] 대법원 전원합의체의 토론과 그 결과물인 전원합의체 재판은 상대방을 존중하면서 치열하게 토론

---

128 레너드 케스터·사이먼 정(조미현 펴냄), 미국을 발칵 뒤집은 판결 31(2012), 31.

129 한인섭, 100년의 헌법, 푸른역사(2019), 335~337.

130 박시환, "대법원 전원합의체 판결 이후 다수의견·소수의견 사이의 경계확정 과정", 인하대학교 법학연구 제24집 제3호, 인하대학교(2021), 39~40.

하고 그 결과를 수준 높게 완성한 것이라 할 수 있다.

나. 대법원은 전합심리절차내규(2018. 6. 14. 제정, 2019. 6. 29. 개정)로 전원합의체 심리절차를 정하고 있다.

어떤 사건을 전원합의체에 회부할 것인지 여부는 대법원장이 대법관의 의견을 들어 결정한다. 대법원장은 전원합의기일에서 심리할 사건을 적어도 그 합의기일의 10일 전까지 지정하여야 하되 다만, 신속한 심리를 위하여 필요한 경우에는 바로 지정할 수 있다(제2조 제1항). 전원합의기일은 매월 세 번째 목요일(다만 해당일이 15일인 경우에는 22일)에 진행함을 원칙으로 하되, 대법원장이 지정하는 바에 따라 그 기일을 변경하거나 추가하여 진행할 수 있다(제6조 제1항). 전원합의사건은 간략한 사안의 개요와 쟁점을 인터넷 홈페이지 등을 통하여 공개할 수 있고(제2조 제6항), 전원합의체 선고에 관한 동영상은 인터넷 홈페이지 등을 통하여 공개한다(제8조 제2항).

전원합의체 사건의 합의와 토론, 표결과 선고의 구체적인 절차는 다음과 같다.

담당 연구관의 보고

→ 대법관의 추가 보고 지시와 연구관의 추가 보고 등

→ 전원합의체 합의 기일 진행
(주심대법관의 설명, 추가 보고 지시 대법관의 설명, 자유토론)

→ (경우 따라 수회 속행)

→ 표결(후임 대법관 순서로)

→ 집필자 확정(주심 대법관, 다른 의견은 통상 같은 부 소속 대법관)

→ 의견서 작성과 회람 및 수정 등(이 과정에서 의견 변경 가능)

→ 최종 판결문 완성 및 서명

→ 선고(통상의 경우 표결 및 집필자 확정 2개월 후)

전원합의체에서 토론을 하고 표결까지 했지만, 대법관들이 여러 사정을 고려하여 소부 재판으로 선고하는 것이 바람직하다고 판단할 때에는 다시 소부로 보내 소부 재판으로 선고하기도 한다(제3조 제3항). 전원합의체에 보고하여 의견을 교환하고 다수의견을 확인한 후 소부 재판으로 선고하는 경우도 자주 있다. 전원합의체에서 보고안건으로 논의했으나 전원합의체로 선고하는 것이 바람직하다고 판단할 때에는 전원합의체 재판으로 선고한다(제3조 제2항).

의견이 셋 이상으로 나뉘어 과반수 지지를 받는 의견이 없으면(예컨대 6 대 6 대 1, 또는 6 대 4 대 3 등) 법정의견을 확정할 수 없으므로 판결을 선고할 수 없다. 그런 경우 법정의견의 형성을 위해 일부가 의견을 변경하는 등의 조정과정을 거치기도 한다.

다. 제12대 윤관 대법원장 이후 제16대 김명수 대법원장까지 1993. 9.부터 2023. 9.까지 30년간 대법원장들이 6년 임기를 모두 마쳤다. 전원합의체 재판의 선고건수는 윤관 코트에서 104건[민사 50건, 특별(행정, 가사, 조세, 특허) 33건, 형사 21건][131], 최종영 코트에서 65건(민사 28건, 특별 16건, 형사 21건)[132], 이용훈 코트에서 97건(민사 33건, 특별 33건, 형사 31건)[133], 양승태 코트에서 116건(민사 44건, 특별 41건, 형사 31건)[134], 김명수 코트에서 116건(민사 49건, 특별 23건, 형사 44건)[135]이다.

양승태 코트에서는 전원합의체 재판 활성화를 목표로 '전원합의체 소위원회'를 구성하여 2015. 7.부터 2017. 7.까지 25차례

---

131 윤관 대법원장 퇴임기념 판례평석집 간행위원회, 국민과 사법, 박영사(1999)에 모두 수록되어 있다.

132 송민 최종영 대법원장 재임기념문집 간행위원회, 21세기 사법의 전개, 박영사(2005)에 64건이 수록되어 있고, 대법원 2005. 9. 15. 선고 2004다44971 전원합의체 판결이 누락되었다.

133 이용훈 대법원장 재임기념 논문집 간행위원회, 정의로운 사법, 사법발전재단(2011)에 95건이 수록되어 있다. 대법원 2007. 5. 17. 선고 2006두6758 전원합의체 판결은 같은 날 선고 2006두8648 전원합의체 판결과 동일 쟁점이어서 누락되었고, 대법원 2008. 6. 19. 선고 2008도1406 전원합의체 판결은 같은 날 선고 2006도4876 전원합의체 판결과 동일 쟁점이어서 누락되었다.

134 법원행정처, 양승태 대법원장 재임기념 국민과 소통하는 열린 법원 1-3(2018)에 수록되어 있다.

135 법원행정처, 김명수 대법원장 재임기념 국민과 함께하는 좋은 재판 1-2(2024)에 115건이 수록되어 있고, 대법원 2020. 6. 18. 선고 2019도14340 전원합의체 판결이 누락되었다.

소위원회를 개최했다. 대법원장과 각 부 소속 대법관 1명(6개월씩 돌아가며 맡음)씩 4명으로 소위원회를 구성하고, 소위원회 개최 전에 총괄연구관회의[136]를 열어 전원합의체 합의에 올릴 안건을 준비하고, 소위원회에서 전원합의체에 회부할 사건을 선정했다. 그 결과 이용훈 코트에서 선고한 전원합의체 재판이 97건임에 비해 양승태 코트에서 선고한 전원합의체 재판은 116건으로 전원합의체 재판이 증가하는 효과가 있었다.[137]

소위원회 운영으로 인한 문제점도 지적되었다. 첫째, 전원합의체 회부 사건을 선정하는 데 대법원장의 의지가 개입되었다는 점이다. 둘째, 개개 대법관이 전원합의체 재판을 통해 의견을 표명할 기회가 봉쇄될 우려가 있다는 점이다. 각 부에서 한 명이 소위원회에 참여한다고는 하지만 모든 대법관의 의사를 충분하게 수렴한다고 보기 어렵고, 소위원회 결정으로 전원합의체에 회부하지 않기로 결정하면 개별 대법관이 전원합의체에 회부할 방법이 없기 때문이다. 김명수 코트에서는 소위원회를 개최하지 않았고, 전합심리절차내규를 제정하여 소위원회를 폐지했는데도 전원합의체 재판을 116건 선고했다.

6년의 임기동안 116건을 선고한 것은 1년에 두 달을 제외

136 수석재판연구관, 선임재판연구관, 총괄재판연구관 등이 참여.

137 법원행정처(주 20), 33.

하고 매월 1회씩 10회 전원합의체 합의를 한다고 할 경우 1달에 2건 정도씩 선고한 것이다. 1달에 2건의 전원합의체 재판을 선고하는 것은 과중한 업무량을 고려하면 최대치라고 할 여지가 없지 않으나, 합의를 효율적으로 진행한다면 1년에 25건 내지 30건 정도, 6년에 150건 내지 180건 정도 선고하는 것이 가능할 것으로 보인다.

판례를 변경하는 내용의 전원합의체 재판이 윤관 코트에서 53건, 최종영 코트에서 46건, 이용훈 코트에서 49건, 양승태 코트에서 45건, 김명수 코트에서 46건 선고되었다. 판례 변경은 시대의 변화에 부응하는 의미가 있는 것으로 평가할 수 있는데, 대법원이 꾸준히 시대변화에 부응하기 위해 노력해왔음을 알 수 있다. 판례를 변경하면서 주문이 상고기각인 사건 수는 윤관 코트에서 27건(50.9%), 최종영 코트에서 19건(41.3%), 이용훈 코트에서 24건(48.9%), 양승태 코트에서 15건(33.3%), 김명수 코트에서 13건(28.2%)이다. 이러한 경우는 대법원이 항소심의 판단을 받아들여 판례를 변경했다는 의미인데, 이는 하급심이 대법원의 판례 변경을 견인했다고 평가할 수 있다. 하급심의 중요성을 보여주는 상징적인 수치라고 할 수 있다.

시행령 등 무효를 선언한 전원합의체 재판은 윤관 코트에서 18건(이 중 상고기각 9건), 최종영 코트에서 5건(이 중 상고기각 4건), 이용훈 코트에서 10건(이 중 상고기각 9건), 양승태 코트에서

6건(상고기각 5건), 김명수 코트에서 2건(모두 상고기각)이다. 헌법 제107조 제2항[138]은 대법원에 행정입법에 대한 최종적인 심사권을 부여했는데, 대법원이 꾸준히 행정입법에 대하여 실질적인 심사를 하여 무효선언을 하여 왔음을 알 수 있다. 상고기각 주문이 많은 것은 하급심 역시 그러한 역할을 충실히 수행하고 있음을 보여준다.

6. 공개변론

대법원 재판은 통상 서면심리에 의하여 하고 선고만 공개된 법정에서 하고, 재판부 결정으로 공개변론을 진행할 수 있다.[139] 변론을 여는 경우에 필요한 사항을 규정하기 위하여 「대법원에서의 변론에 관한 규칙」(약칭 '대법원변론규칙')을 제정했다.

전원합의체 재판과 소부 재판 모두 공개변론을 열 수 있다. 국민의 관심이 높은 사안에 대해 심층적인 연구와 토론 그리고 광범위한 의견 수렴을 위해 공개변론이 중요한 역할을 한다. 공개변론을 진행하면 언론이 관심을 갖고 보도를 하고 대법원도 동영상으로 생중계를 한다. 그 결과 공개변론은 국민에 대한 홍보와

---

138 명령·규칙 또는 처분이 헌법이나 법률에 위반되는 여부가 재판의 전제가 된 경우에는 대법원은 이를 최종적으로 심사할 권한을 가진다.

139 민사소송법 제430조(상고심의 심리절차)와 형사소송법 제390조(서면심리에 의한 판결).

설득을 통해 판결의 설득력을 제고하는 기능도 수행한다.

전원합의체 재판에서 공개변론을 처음 실시한 것은 최종영 대법원장 시기인 2003. 12. 1. 여성 종중원 자격 불인정 관습법의 효력 여부와 관련한 2002다1178 사건이었다. 그 이후 2004. 9. 16. 검사 작성의 피의자신문조서의 증거능력 여부와 관련한 2002도537 사건의 공개변론을 진행했다. 이후 이용훈 코트에서 전원합의체 사건 7회, 소부 사건 1회, 양승태 코트에서 전원합의체 사건 10회, 김명수 코트에서 전원합의체 사건 9회, 소부 사건 3회의 공개변론을 실시했다. 1년에 상반기에 1건, 하반기에 1건씩 2건 정도를 공개변론으로 진행하는 것이 바람직하다.

양승태 코트에서는 2013. 3.부터 전원합의체 변론 과정을 KTV, 네이버를 통해 공개했고, 2016. 6.부터 유튜브를 통해 생중계했으며, 2017년부터는 페이스북 생중계를 진행하여 보다 많은 국민들이 공개변론 과정을 시청할 수 있도록 했다.[140] 김명수 코트에서는 2017. 12. 대법원변론규칙을 개정하여 쟁점별 토론방식으로 공개변론을 진행할 수 있도록 했고, 2018. 1.부터 대법원 유튜브, 네이버TV, 페이스북 등 대법원 SNS 3개 채널을 통해 온라인 생중계하여 국민들이 더욱 쉽게 공개변론을 접할 수 있도록 했다.[141]

---

140 법원행정처(주 20), 33.

141 법원행정처(주 41), 155~156.

Ⅳ. 맺음말

제12대 윤관 대법원장에 의하여 군사정부 시기에 왜곡되었던 사법부가 정상화되었고, 1994. 9. 1. 심리불속행제도를 도입한 이후 대법원의 조직과 상고제도의 기본 틀이 그대로 유지되고 있다. 어떻게 보면 많은 시행착오를 거쳐 우리나라에 적합한 제도를 안착시킨 것으로 평가할 수도 있다. 검토 결과 다음과 같은 점을 지적할 수 있다.

제도의 측면에서는 상고이유서 원심법원 제출 제도를 도입하여 대법원이 심리속행사유의 존부를 심리하는 실질기간을 늘리고 본안의 심리·판단에 집중할 수 있도록 할 필요가 있다. 국민의 관점에서는 한 번의 재판으로 분쟁을 마무리하는 것이 가장 바람직하므로 법관을 증원하고 사실심을 강화하는 것이 근본적인 해결책이다. 대법관의 6년 임기와 연임제(70세의 정년 범위 안에서)는 법률상 규정에도 불구하고 사실상 단임제로 운영되고 있다. 대법관 임명과정에서 민주적 정당성을 제고하기 위해 국회의 인사청문회와 동의절차를 거친다는 점에 비추어 보면 6년 임기는 지나치게 짧다고 할 수 있다. 연임제를 폐지하고 임기를 연장하는 방안이나 정년제를 도입하는 방안을 검토할 여지가 있다. 이를 위해서는 헌법 개정이 필요한데, 그 정도로 절박한 필요성이 있는지는 의문이다. 일정한 선거소송을 대법원 단심제로 설계했을 때 예정했던 것보다 훨씬 증가한 현재 법령해석의 통일이라는 상고심 본래의 역할에 충실해야 하는 대법원이 그 많은 선거소송을 단심으로 관할하는 것은 한계에 도달한 것으로 보이므로 이를 고등법원 전속관할로 조정할 필요가 있다.

대법원이 다양한 경험과 성향을 가진 인사들로 구성되었는지 또는 고위 법관 위주로 가치의 측면에서도 획일적으로 구성되었는지에 따라 대법원 재판에 영향이 있음을 확인할 수 있다. 소부를 구성하는 4명의 대법관은 다양한 경험과 전문성 그리고 가치와 성향을 가진 인사들로 구성되는 것이 충실한 소부 재판을 위해 바람직하다. 가능하다면 남녀 동수로 구성되는 것이 바람직하고, 재조 경력이 없는 순수재야 출신 인사가 1명 포함되는 것이 사건에 대한 종합적인 이해를 위해 필요하다. 또 전문분야가 다른 인사들이 함께 재판부를 구성하면 해당 분야에 대해 전문성 있게 점검할 수 있어 보다 충실한 판단이 가능할 수 있다. 대법원이 사회적 약자와 소수자 보호라는 사법부 고유의 역할을 올바로 수행함으로써 관용과 상생의 사회를 만들어 가는 데 중요한 역할을 수행하기 위해서는 대법원 구성의 다양화가 필요하다.

재판 운영의 측면에서는 전원합의체 재판과 공개변론의 횟수를 늘릴 필요가 있다. 양승태 코트와 김명수 코트에서 1년에 20건 정도의 전원합의체 재판을 선고했는데, 대법원의 사건수와 업무량에 비추어 보면 거의 최대치가 아닌가 보이기도 하지만 합의를 효율적으로 진행하면 1년에 25건 내지 30건, 6년의 임기 동안 150건 내지 180건 정도 선고하는 것도 가능할 것으로 보인다. 전원합의체 사건의 공개변론은 1년에 2회 정도 실시하는 것이 바람직하다.

윤석열 피고인에 대한 구속취소결정과 이재명 피고인에 대한 대법원 전원합의체 판결 선고 이후 제기되고 있는 대법원 조직과 상고제도 전반에 관한 근본적인 개혁 요구에 대해서는 별도의 검토가 필요하다. 이 주제에 대해서는 다음 기회를 기약한다.

참고자료

단행본

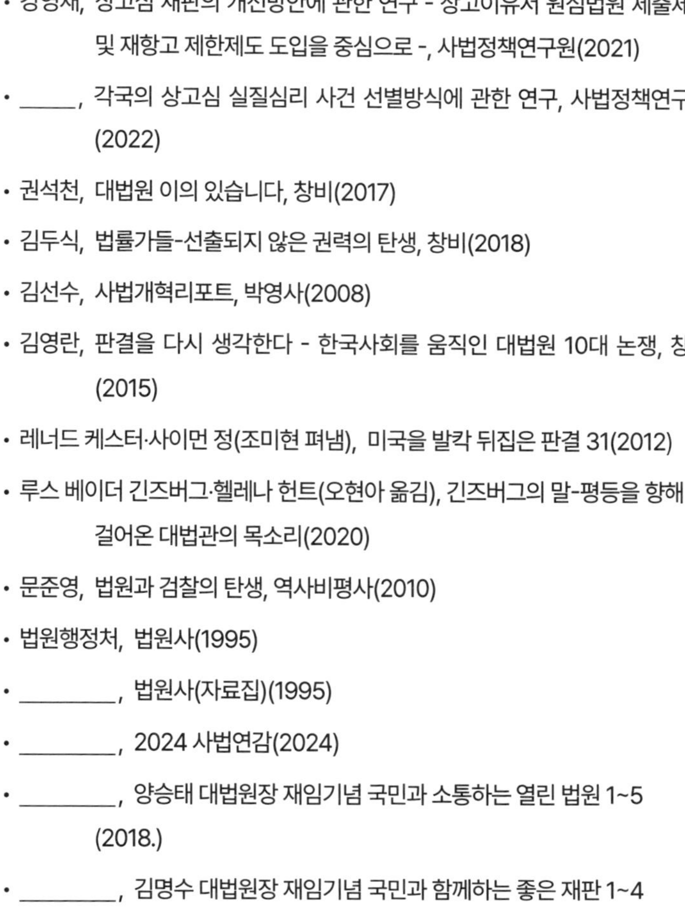

- 강영재, 상고심 재판의 개선방안에 관한 연구 - 상고이유서 원심법원 제출제도 및 재항고 제한제도 도입을 중심으로 -, 사법정책연구원(2021)
- _____, 각국의 상고심 실질심리 사건 선별방식에 관한 연구, 사법정책연구원(2022)
- 권석천, 대법원 이의 있습니다, 창비(2017)
- 김두식, 법률가들-선출되지 않은 권력의 탄생, 창비(2018)
- 김선수, 사법개혁리포트, 박영사(2008)
- 김영란, 판결을 다시 생각한다 - 한국사회를 움직인 대법원 10대 논쟁, 창비(2015)
- 레너드 케스터·사이먼 정(조미현 펴냄), 미국을 발칵 뒤집은 판결 31(2012)
- 루스 베이더 긴즈버그·헬레나 헌트(오현아 옮김), 긴즈버그의 말-평등을 향해 걸어온 대법관의 목소리(2020)
- 문준영, 법원과 검찰의 탄생, 역사비평사(2010)
- 법원행정처, 법원사(1995)
- _________, 법원사(자료집)(1995)
- _________, 2024 사법연감(2024)
- _________, 양승태 대법원장 재임기념 국민과 소통하는 열린 법원 1~5 (2018.)
- _________, 김명수 대법원장 재임기념 국민과 함께하는 좋은 재판 1~4 (2024)

- 사법개혁위원회, 사법개혁위원회 자료집(II)(2004)
- ____________, 국민과 함께하는 사법개혁 –사법개혁위원회 백서-(2005)
- 사법발전재단, 역사 속의 사법부: 대한민국 사법부 1948-2008(2009)
- 사법제도개혁추진위원회, 사법선진화를 위한 개혁, 자료집 제5권(2007)
- 서용성.이상훈, 벨기에 사법개혁과 법관임용제도, 사법정책연구원(2023)
- 야마모토 유지 지음, 김용찬 옮김, 일본 최고재판소 이야기, 법률문화원(2005)
- 이즈미 도쿠지 지음, 이범준 옮김, 일본최고재판소를 말하다, 궁리(2016)
- 양삼승, 권력, 정의, 판사 - 폭풍 속을 나는 새를 위하여, 까치(2017)
- 이춘재·김남일, 기울어진 저울 – 대법원 개혁과 좌절의 역사, 한겨레출판(2013), 59.
- 참여연대, 김명수 대법원장 취임 2년, 사법개혁 어디까지 왔나 토론회 자료집 (2019)
- ______, 22대 국회가 우선 다뤄야 할 입법.정책과제(2024), https://www.peoplepower21.org/judiciary/1967640
- 한인섭, 가인 김병로, 박영사(2017)
- _____, 100년의 헌법, 푸른역사(2019)
- 한홍구, 사법부-법을 지배한 자들의 역사, 돌베개(2016)

논문 등

- 고홍석, "재판연구관 의견서 개선방안에 관하여", 사법 44호, 사법발전재단 (2018)
- 공두현, "대법원의 조직과 상고제도의 변화 –역사적 제도주의 관점에서-", 사법 제55호, 사법발전재단(2021. 3.)
- 김면기, "미국 연방대법원의 정치화와 대법관의 종신임기제", 헌법재판소 국외통신원소식, https://www.ccourt.go.kr/site/cri/ex/bbs/View.do?cbIdx=1522&bcIdx=996960

- 김종일, "미국 연방대법관의 종신제에 관한 검토 –우리나라 헌법재판관의 임기와 관련하여-", 공법연구 42집 4호, 한국공법학회(2014)
- 김주희·홍선기, "심리불속행 판결의 이유 기재 생략 제도 개선 필요성에 관한 헌법적 쟁점 및 개선안 소고", 고려법학 제111호, 고려대학교 법학연구원(2023)
- 김진흥, "심리불속행 상고기각 판결의 문제점", 판례연구 제13집, 서울지방변호사회(2000)
- 박시환, "대법원 상고사건 처리의 실제 모습과 문제점", 민주법학 제62호, 민주주의법학연구회(2016)
- ______, "대법원 전원합의체 판결 이후 다수의견.소수의견 사이의 경계확정 과정", 법학연구 제24집 제3호, 인하대학교(2021)
- 안대희, "한국사회의 발전과 사법의 역할", 자유와 책임 그리고 동행: 안대희 대법관 재임기념, 사법발전재단(2012)
- 오정후, "고등법원 상고심사부 설치를 위한 「상고심절차에 관한 특례법」 개정안에 대하여", 법학 52권 3호(통권 160호), 서울대학교 법학연구소(2011)
- 유승익, "김명수 코트의 대법원 판결 평가", 김명수 대법원장 시기의 사법부 평가와 향후 방향 모색을 위한 토론회 자료집, 참여연대.민주사회를 위한 변호사모임(2023)
- 이광범, "심리불속행제도의 성과와 그 개선방안", 민사판례연구; 심당 송상현회장 화갑기념 XXIV, 민사판례연구회(2002)
- 이헌환, "대법원의 구성방법 – 대법관 임명방식을 중심으로", 민주사회를 위한 변론 제65호, 민주사회를 위한 변호사모임(2005)
- 정진수, "대법원의 인적 구성에 대한 제안", 우리법연구회 논문집(1), 우리법연구회(2005)

• 정호은, "합의제 재판부 구성의 다양성에 관한 연구", 서울대학교 석사학위논문(2023)
• 한승, "상고법원 도입방안", 상고제도 개선 공청회, 대법원(2014)

인터넷, 언론기사 등

• 사법정보공개포탈 종합법률정보 <https://portal.scourt.go.kr>.
• 국회, 제298회 사법제도개혁특별위원회 회의록 제11호, 국회사무처(2011. 3. 11.). <https://docviewer.nanet.go.kr/reader/viewer>.
• 경향신문, "연판장 사태 '사법파동' 조짐"(2003. 8. 13.), <https://www.khan.co.kr/national/court-law/article/200308132213401>.
• ______, "김명수 대법원 6년, 대법관들 치고받는 논쟁 활발해졌다"(2023. 10. 17.), <https://www.khan.co.kr/national/court-law/article/202310170600081>.
• 머니투데이, "부장판사도 가세...'사법파동 조짐'"(2003. 8. 14.), <https://n.news.naver.com/mnews/article/008/0000311277?sid=101>.
• 매일경제신문, "'절차 정의' '사회 안정·균형 중시' 양승태 대법원 6년 전원합의체 분석"(2017. 9. 20.), <https://www.mk.co.kr/news/society/7983745>.
• 참여연대, [보도자료] 참여연대 민변 '대법관후보 시민추천운동' 시작(2003, 6, 18.), <https://www.peoplepower21.org/judiciary/513073>.
• 한겨레신문, "우리가 미처 몰랐던 대법원 '10초 재판'의 비밀"(2018. 10. 16.), <https://www.hani.co.kr/arti/society/society_general/865977.html>.
• 한국일보, "김병화 대법관 후보 밀려서 사퇴"(2012. 7. 26.), <https://www.hankookilbo.com/News/Read/201207261733477042>.

제 3.

1993년~2023년 30년간 대법원 전원합의체 재판에 관한 코트별 통계 분석

(대한변호사협회, 인권과 정의 제531호, 2025. 8., 107~157.)

[초 록]

대법원은 1988. 2. 이후 대법원장과 13명의 대법관(법원행정처장 포함)으로 구성되고(다만, 2005. 12.부터 2007. 12.까지는 법원행정처장을 제외한 12명), 1989. 3.부터 4명의 대법관으로 구성된 소부를 운영하며, 1994. 9.부터 심리불속행제도를 시행하고 있다. 위와 같은 대법원의 조직과 상고제도는 현재까지 유지되고 있다. 윤관 제12대 대법원장 이후 제13대 최종영, 제14대 이용훈, 제15대 양승태, 제16대 김명수 대법원장까지 1993. 9.부터 2023. 9.까지 30년간 대법원장들이 6년 임기를 마치고 있다.

일반적으로 각 대법원장 재임기간의 대법원을 그 대법원장의 이름을 딴 코트라고 한다. 민주화 이후 사법부가 정상화된 시기의 5명 대법원장 재임기간인 30년간의 전원합의체 재판 전체를 대상으로 각 대법원장 재임기간별로 통계 분석을 했다. 30년간 선고된 각 대법원장 재임기간별 전원합의체 재판 건수는 윤관 코트 104건, 최종영 코트 65건, 이용훈 코트 97건, 양승태 코트 116건, 김명수 코트 116건, 합계 498건이다. 모든 전원합의체 재판들을 대상으로 사건유형별 건수, 주심대법관, 주문과 판단 유형, 소수의견의 분포, 공개변론 등의 측면에서 형식적이고 통계적인 분석을 했다. 그 결과 다음과 같은 사실을 확인하고 시사점을 얻을 수 있었다.

첫째, 양승태 코트와 김명수 코트에서 6년간 선고한 각 116건은 1달에 2건 정도 선고한 것으로 볼 수 있다(1년에 인사철이 있는 달과 여름휴가 있는 달 등 두 달은 쉬는 것으로 본다). 대법원의 사건수와 업무량을 고려하면 적지 않다고 할 수 있으나, 합의를 효율적으로 진행한다면 1달에 2.5건 내지 3건 정도, 1년에 25건 내지 30건, 6년간 150건 내지 180건 정도 선고하는 것도 가능하지 않을까 생각한다. 공개변론의 필요성과 긍정적 기능에 비추어 보면 1년에 2회 정도씩은 공개변론을 진행하는 것이 바람직하다.

둘째, 대법원장이 항상 다수의견에 가담하는 것은 아니고 소수의견에 가담하는 경우도 있었다. 각 대법원장의 가치관과 성향에 따른 것으로 평가할 수 있다.

셋째, 모든 대법원장 재임기간 중에 45건 이상의 판례 변경이 있었다. 판례 변경은 시대의 변화에 부응하는 의미가 있는 것으로 평가할 수 있는데, 대법원이 꾸준히 시대 변화에 부응하기 위해 노력해왔음을 알 수 있다.

넷째, 판례를 변경하거나 시행령의 무효를 선언하는 내용의 전원합의체 재판 중에서 주문이 상고기각인 경우가 상당히 있었다. 대법원이 항소심의 판단을 받아들여 판례를 변경하거나 시행령 무효를 선언했다는 의미인데, 하급심이 대법원의 판례 변경 등을 견인하거나 시행령 등에 대한 헌법적 판단을 충실하게 했다고 평가할 수 있다. 하급심의 중요성을 보여주는 상징적인 수치라고 할 수 있다.

다섯째, 대법원 구성이 비교적 다양화되었다고 평가되는 이용훈 코트와 김명수 코트에서 활발한 논쟁과 토론이 전개되었고, 사법적극주의적 판단이 나왔다는 것이 일반적인 평가이다. 최고법원인 대법원에서 다양한 의견이 자유롭게 교환되고 진지한 토론을 거쳐 전원합의체 재판서를 작성함으로써 표현의 자유와 수준 높은 토론의 모범을 보였고, 그에 따라 사회 전체 차원에서도 표현의 자유와 관용과 포용의 수준을 크게 제고했으며 나아가 실질적 민주주의 수준을 끌어올렸다.

여섯째, 김명수 코트에서 이전 대법원장 시기보다 전원일치 비율이 절반 이하로 크게 감소했으나, 이는 그만큼 대법원이 다양한 가치와 성향을 가진 대법관들로 구성되었고, 대법관들이 자기 의견을 자유롭게 개진하는 분위기가 형성되었기 때문으로 평가할 수 있다.

기본적인 자료로서 30년 간 전원합의체 재판에 참여한 대법관의 목록, 전체 전원합의체 재판 목록(사건번호와 사건명 및 선고일, 주문과 유형, 소수의견의 분포, 주심대법관), 공개변론 사건 목록을 별표로 첨부하여 추가적인 연구를 하는 데 사용될 수 있도록 했다.

주제어 대법원, 대법관, 전원합의체 재판, 다수의견, 별개의견, 반대의견, 소수의견, 소부 재판, 주심대법관, 대법원 구성의 다양화

Ⅰ. 머리말

대법원은 1988. 2. 이후 대법원장과 13명의 대법관(법원행정처장 포함)으로 구성되고(다만, 2005. 12.부터 2007. 12.까지는 법원행정처장을 제외한 12명), 1989. 3.부터 4명의 대법관으로 구성된 소부를 운영하며, 1994. 9.부터 심리불속행제도를 시행하고 있다. 1963년 전원합의체 원칙을 중심으로 재구성된 대법원의 구조는 수직적 차원에서 대법원의 최고법원성과 법령해석의 통일성이라는 가치를 강하게 구현하는 동시에 수평적 차원에서 소부제도, 재판연구관제도, 심리불속행제도 등이 연결된 방식으로 중층적 제도복합체를 이루면서 장기간 지속되고 있다.[1] 위와 같은 대법원의 조직과 상고제도는 현재까지 유지되고 있다. 윤관 제12대 대법원장 이후 제13대 최종영, 제14대 이용훈, 제15대 양승태, 제16대 김명수 대법원장까지 1993. 9.부터 2023. 9.까지 30년간 대법원장들이 6년의 임기를 마쳤다.

일반적으로 각 대법원장 재임기간의 대법원을 그 대법원장의 이름을 딴 코트(예컨대 윤관 코트 등)라고 한다.[2] 민주화 이후

---

1 공두현, "대법원의 조직과 상고제도의 변화 -역사적 제도주의 관점에서-", 사법 제55호, (사법발전재단, 2021), 767-768.

2 '코트'라고 명명하는 것에 대하여 미국 연방대법원의 관행에 따른 것으로 보이나, 한글로 '코트'라는 단어가 특정 시기의 대법원이라는 뜻을 갖지 않는 상황에서 부적절하다는 지적도 있다. '코트(court)'의 사전적 의미가 '법정이나 법원'이란 뜻뿐만이

사법부가 정상화된 시기의 5명 대법원장 재임기간인 30년간의 전원합의체 재판 전체를 대상으로 대법원장 재임기간별로 통계 분석을 했다. 30년간 선고된 각 대법원장 재임기간별 전원합의체 재판의 수는 윤관 코트 104건,[3] 최종영 코트 65건,[4] 이용훈 코트 97건,[5] 양승태 코트 116건,[6] 김명수 코트 116건,[7] 합계 498건이다. 모든 전원합의체 재판들을 대상으로 사건유형별 건수, 주심대법관, 주문과 판단 유형, 소수의견의 분포, 공개변론 등의 측면에서 형식적이고 통계적인 분석을 했다.

아니라 '판사나 배심원 같이 법정에서 결정을 내리는 사람들'이라는 의미도 있으므로 대법원장의 이름을 따 코트라고 하면 그 대법원장 재임기간의 대법원장과 대법관들로 구성된 재판부를 의미하는 것으로 이해할 수도 있다. 논문이나 언론에서도 널리 사용하고 있으므로 여기에서도 이 용어를 사용하기로 한다.

3 윤관 대법원장 퇴임기념 판례평석집, 「국민과 사법」, (박영사, 1999)에 모두 수록되어 있다.

4 송민 최종영 대법원장 재임기념문집, 「21세기 사법의 전개」, (박영사, 2005)에 64건이 수록되어 있고, 대법원 2005. 9. 15. 선고 2004다44971 전원합의체 판결이 누락되어 있다.

5 이용훈 대법원장 재임기념 논문집, 「정의로운 사법」, (사법발전재단, 2011)에 95건이 수록되어 있다. 대법원 2007. 5. 17. 선고 2006두6758 전원합의체 판결은 같은 날 선고 2006두8648 전원합의체 판결과 동일 쟁점이어서 누락되어 있고, 대법원 2008. 6. 19. 선고 2008도1406 전원합의체 판결은 같은 날 선고 2006도4876 전원합의체 판결과 동일 쟁점이어서 누락되어 있다.

6 양승태 대법원장 재임기념, 「국민과 소통하는 열린 법원 1~3」, (법원행정처, 2018)에 수록되어 있다.

7 김명수 대법원장 재임기념, 「국민과 함께하는 좋은 재판 1~2」, (법원행정처, 2024)에 115건이 수록되어 있다. 대법원 2020. 6. 18. 선고 2019도14340 전원합의체 판결이 누락되어 있다.

Ⅱ. 전원합의체 재판의 의의

1. 전원합의체 재판의 대상

전원합의체 재판은 대법원의 원칙적인 심판권 행사 방법이다. 대법관 전원이 참여하는 토론을 거쳐 재판을 하는 것은 사회가 지향해야 하는 최고법원의 소임에 충실하기 위함이다. 그렇기에 전원합의체 재판은 대법원의 존재이유에 가장 부합하는 재판 방식이다.[8]

법원조직법 제7조(심판권의 행사) 제1항은 "대법원의 심판권은 대법관 전원의 3분의 2 이상의 합의체에서 행사하며, 대법원장이 재판장이 된다. 다만, 대법관 3명 이상으로 구성된 부에서 먼저 사건을 심리하여 의견이 일치한 경우에 한정하여 다음 각 호의 경우를 제외하고 그 부에서 재판할 수 있다. 1. 명령 또는 규칙이 헌법에 위반된다고 인정하는 경우, 2. 명령 또는 규칙이 법률에 위반된다고 인정하는 경우, 3. 종전에 대법원에서 판시한 헌법·법률·명령 또는 규칙의 해석 적용에 관한 의견을 변경할 필요가 있다고 인정하는 경우, 4. 부에서 재판하는 것이 적당하지

---

8 이춘재·김남일, 「기울어진 저울―대법원 개혁과 좌절의 역사」, (한겨레출판, 2013), 61.

아니하다고 인정하는 경우"라고 정하고 있다. 명령·규칙의 무효를 선언하거나 판례를 변경할 경우에는 반드시 전원합의체 재판으로 해야만 한다. 대법관 중에 1명이라도 소부 판결로 선고하는 것에 동의하지 않고 자신의 의견을 밝히고자 한다면 전원합의체 재판으로 선고하여 소수의견을 개진할 기회를 주어야 한다.

「대법원 전원합의체의 심리절차에 관한 내규(약칭 '전합심리내규')」 제2조 제4항은 '부에서 재판하는 것이 적당하지 아니하다고 인정하는 경우'로 "1. 중대한 공공의 이해관계와 관련되거나 국민적 관심도가 매우 높은 사건, 2. 우리 사회의 근본적 가치에 관한 결단을 제시할 만한 사건, 3. 사회적 이해충돌과 갈등대립 등을 해소하기 위한 최종 판단이 필요한 사건, 4. 역사적으로 사법적 평가가 필요한 쟁점을 다루는 사건, 5. 중요한 일반적 법 원칙을 강조하여 선언할 필요가 있는 사건, 6. 그 밖에 제1호부터 제5호까지에 준하는 사건"을 정하고 있다.

2. 전원합의체 재판의 법정의견과 그 외의 의견

전원합의체 재판은 대법원장과 12명의 대법관이 다수결로 선고하는데, 과반수(7명 이상)가 지지하는 다수의견이 법정의견이 된다. 평의 결과 의견이 다수로 갈려 과반수가 지지하는 의견이 없는 경우에는(예컨대 6 대 5 대 2 등) 법정의견의 형성을 위해

조정과정을 거치기도 한다. 다수의견과 주문은 동일하되 이유가 다른 별개의견, 다수의견과 주문 및 이유가 다른 반대의견이 있고, 각각의 의견에 대한 보충의견이 있다. 보충의견은 본 의견의 범위를 벗어나지 않는 한도에서 본 의견의 논거를 보충하거나 상대 의견의 지적사항에 대해 해명하고 나아가 엄격하게 법리에 얽매이지 않고 사회에 전달할 메시지를 유연하게 표명하는 장으로 활용되기도 한다.

다수의견과 다른 의견을 '별개의견' 또는 '반대의견'이라고 하지 않고 '대법관 갑(甲)의 의견', '대법관 을(乙)의 의견'이라고 하여 단순히 '의견'이라고만 표시한 사건이 한 건 있었다. 대법원 2018. 10. 18. 선고 2015다232316 전원합의체 판결인데, 모든 대법관이 피고의 상고이유를 배척하여 상고기각판결을 선고하는 데 의견이 일치했다. 그런데 상고이유와 무관한 쟁점인 시효중단을 위한 후소로 이행소송 외에 전소 판결로 확정된 채권의 시효를 중단시키기 위한 재판상 청구가 있다는 점에 대하여만 확인을 구하는 형태의 '새로운 방식의 확인소송'이 허용되는지 여부에 대하여 7명의 대법관(다수의견)은 이를 긍정했고, 5명의 대법관은 현재대로 이행소송 이외에 새로운 확인소송을 허용할 수 없다는 견해였으며, 1명의 대법관은 '청구권 확인소송'으로 충분하고 다수의견이 제시하는 새로운 방식의 확인소송은 허용되지 않는다는 견해였다. 주문이나 상고이유 주장과는 관련 없는 쟁점에 대해

의견이 갈렸기 때문에 각 소수의견을 별개의견 또는 반대의견이라 하는 것이 적절하지 않은 측면이 있었다.

3. 소수의견의 중요성

별개의견과 반대의견을 합하여 소수의견이라 한다. 소수의견은 다수의견에 가담하지 않은 대법관이 자신의 견해와 논리를 분명히 밝히고 당대뿐만 아니라 미래를 염두에 두고 작성하는 공간이다. 소수의견을 읽은 미래세대가 소수의견의 논리에 동조하게 된다면 향후 비슷한 성격의 사건을 대법원이 검토할 때 이전과는 다른 판결을 선고할 가능성이 높아질 것이기 때문이다.[9] 소수의견은 다수의견보다 더 곰곰이 숙고한 의견일 가능성이 높고, 소수의견을 개진하기 위해서는 다수와 다른 의견을 개진하기 위한 용기가 필요하며, 소수의견이 있어야 다수의견도 논리의 싸움에서 설득력을 확보하기 위하여 긴장한다. 소수의견은 일방적·수직적인 소통의 지배를 막고 토론과 생각을 불러일으키는 계기가 된다.[10] 또한 소수의견은 해당 재판 결과에는 당장 영향을 미치지 못하지만, 하급심 판사들에게 보다 폭넓은 법리 해석의 기반을

---

9 레너드 케스터·사이먼 정(조미현 펴냄), 「미국을 발칵 뒤집은 판결 31」, (현암사, 2012), 31.

10 한인섭, 「100년의 헌법」, (푸른역사, 2019), 335~337.

제공한다. 일선 법원의 판사들이 대법원 판례에서 벗어나 새로운 법리 해석을 시도하는 데 영향을 주기 때문이다.[11] 대법원 전원합의체 재판의 다수의견과 소수의견은 설득과 타협, 양보의 결과물이다.[12] 대법원 전원합의체의 토론과 그 결과물인 전원합의체 재판은 상대방을 존중하면서 치열하게 토론하고 그 결과를 수준 높게 완성한 것이라 할 수 있다.

전원합의체 재판의 소수의견이 후에 입법된 사례도 있다. 가장 빠른 시간 안에 입법된 예로는 미성년이었던 상속인이 성년이 된 후에 특별한정승인을 신청한 사건에 관한 대법원 2020. 11. 19. 선고 2019다232918 전원합의체 판결을 들 수 있다. 다수의견은 법정대리인의 인식을 기준으로 하여 제척기간이 지나 기존의 단순승인의 법률관계가 확정된다는 견해였으나, 소수의견(민유숙, 김선수, 노정희, 김상환 대법관)은 상속인이 성년에 이르러 상속채무 초과사실을 알게 된 날부터 3월 안에 특별한정승인을 할 수 있다는 견해를 취했다. 소수의견을 반영한 민법 제1019조 제4항[13]을 신설하는 개정안이 2022. 11. 24. 국회를 통과하여[14] 같은

---

11 이춘재·김남일(주 8), 61.

12 박시환, “대법원 전원합의체 재판 이후 다수의견·소수의견 사이의 경계확정 과정”, 인하대학교 법학연구 제24집 제3호, (인하대학교, 2021), 39~40.

13 미성년자인 상속인이 상속채무가 상속재산을 초과하는 상속을 성년이 되기 전에 단순승인한 경우에는 성년이 된 후 그 상속의 상속채무 초과사실을 안 날부터 3개월 내에 한정승인을 할 수 있다.

14 국회 본회의 회의록 제400회 국회(정기회) 제13호, 6.

해 12. 13. 공포되었다. 전원합의체 판결 선고 이후 2년 만에 소수의견을 반영하는 입법이 이루어진 것이다.

또 다른 예로 근로자가 출퇴근 중에 재해를 입은 경우 산업재해보상보험법(약칭 '산재보험법')상 업무상 재해로 인정되기 위한 요건에 관한 대법원 2007. 9. 28. 선고 2005두12572 전원합의체 판결을 들 수 있다. 다수의견은 종전 대법원 판례[15]에 따라 출퇴근 중 재해는 원칙적으로 업무상 재해로 인정될 수 없지만 예외적으로 사업주가 제공한 교통수단을 근로자가 이용하거나 또는 사업주가 이에 준하는 교통수단을 이용하도록 하는 등 근로자의 출퇴근 과정이 사업주의 지배·관리하에 있다고 볼 수 있는 경우라야 업무상 재해로 인정할 수 있으며, 근로자가 선택한 출·퇴근 방법과 경로의 선택이 통상적이라는 이유만으로 출·퇴근 중에 발생한 재해가 업무상의 재해로 될 수는 없다는 견해를 유지했다. 소수의견(김영란, 박시환, 김지형, 김능환, 전수안 대법관)은 근로자의 출퇴근 행위는 업무와 밀접불가분의 관계에 있고, 출퇴근을 위한 합리적인 방법과 경로는 사업주가 정한 근무지와 출퇴근시각에 의해 정해지므로, 합리적인 방법과 경로에 의한 출퇴근 행위라면 이는 사업주의 지배·관리하에 있다고

---

15 대법원 1999. 12. 24. 선고 99두9025 판결, 대법원 2005. 9. 29. 선고 2005두4458 판결 등.

보아야 하고, 그러한 출퇴근 과정에서 발생한 재해는 업무상 재해에 해당한다는 견해를 취했다. 전원합의체 판결 선고 3개월 후인 2007. 12. 14. 전부개정 산재보험법 제37조 제1항 제1호 다목[16]은 다수의견을 입법했다. 위 조항에 대하여 헌법재판소는 2013. 9. 26. 합헌결정(2012헌가16)을 했다가, 2016. 9. 29. 헌법불합치 결정(2014헌바254)을 했다. 헌법불합치 결정에 따라 2017. 10. 24. 개정 산재보험법은 제37조 제1항 제3호 나목으로 '통상적인 경로와 방법으로 출퇴근하는 중 발생한 사고'를 업무상 재해로 인정했다. 전원합의체 판결 후 10년 만에 소수의견의 견해에 따라 법률개정이 이루어진 것이다.[17]

Ⅲ. 대법원장 재임기간별 전원합의체 재판에 참여한 대법관 현황

윤관 코트부터 김명수 코트까지 선고된 전원합의체 재판에 참여한 대법관은 모두 77명이고, 5명의 대법원장을 포함하면 82명(위 시기에 대법관 직을 수행한 후 대법원장이 된 경우에는

16 사업주가 제공한 교통수단이나 그에 준하는 교통수단을 이용하는 등 사업주의 지배·관리하에서 출퇴근 중 발생한 사고.

17 박시환(주 12), 17.

각각 시기에 맞춰 계산)이다. 그 구체적인 명단은 별표 1 기재와 같다. 간략하게 표로 정리하면 아래와 같다.[18]

(단위 명)

	윤관	최종영	이용훈	양승태	김명수
관여 대법관 (대법원장 포함)	24	24	25	25	27
남성 / 여성	24 / 0	23 / 1	23 / 2	21 / 4	21 / 6
서울대 / 비서울대	20 / 4	23 / 2	24 / 1	21 / 4	20 / 8
출신 직역	법관 21 검사 2 변호사 1	법관 22 검사 2	법관 22 검사 2 교수 1	법관 19 검사 2 교수 2 변호사 2	법관 21 검사 1 교수 2 변호사 3 (순수재야 1)

1. 윤관 코트 전원합의체 재판에 참여한 대법관은 대법원장을 포함하여 24명으로 모두 남성이다. 검사 출신 2명(김주한·지창권 대법관, 시기가 겹치지 않아 특정 시기에는 1명씩), 판사 퇴직 후 변호사 출신 1명(이돈희 대법관)을 제외한 나머지 21명은 모두 법관 출신이다. 대법원장을 포함한 4명(윤관 대법원장, 배만운·김석수·조무제 대법관)을 제외하고 20명이 서울대학교 출신이다.

18 김선수, "대법원의 조직과 재판 유형에 관한 일고찰", 사법 72호, 사법발전재단(2025), 467~468.

2. 최종영 코트 전원합의체 재판에 참여한 대법관은 대법원장을 포함하여 24명으로 여성은 1명(김영란 대법관), 남성은 23명이다. 검사 출신 2명(지창권·강신욱 대법관, 시기가 겹치지 않아 특정 시기에는 1명씩)이고, 나머지는 모두 법관 출신이다. 2명(배기원·조무제 대법관)을 제외하고 22명이 서울대학교 출신이다.

우리나라 사법부는 인적 구성의 측면에서 대륙법계의 직업법관제를 채택하고, 대법관은 직업법관제의 가장 상층부에 위치하면서 법관 승진의 마지막 단계로서 인식되어 왔다.[19] 그로 인해 대법원은 사회적 약자의 입장을 제대로 반영하지 못하고 국민들과 유리된 폐쇄적이고 자족적인 관료시스템으로 변질되어 왔다. 최종영 코트까지 대법원은 이른바 서오남(서울대학교 출신, 50대, 남성) 인사로 획일적으로 구성되었다고 많은 비판을 받았다. 주류 대법관들이 성향과 배경이 천편일률적이고 고위 법관 출신들로 구성된 탓으로 폐쇄적이고 퇴행적인 사고의 틀에 갇혀 민주화라는 시대의 변화를 따라가지 못했다.[20] 대법관들이 보수적인 성향의 인사들로 채워진 결과 다양한 식견과 경험을 갖춘 인사들이 대법관이 될 수 없었고, 이념적 지향에서 진보와 보수가 다양하게 표출되고 있는 사회의 다양성을 반영하기에는 심각한 불균형

---

19 정진수, "대법원의 인적 구성에 대한 제안", 우리법연구회 논문집(1), (우리법연구회, 2005), 228.

20 이춘재·김남일(주 8), 8~9.

상태를 벗어나지 못했다. 시민사회는 대법관을 다양화·다원화하는 것이 절실하고 사회 제 세력의 이해관계와 각 계층의 권익을 충분히 반영할 수 있는 인사들이 대법관이 되어야 한다면서, 대법관의 인선에서 고려할 기준으로 이념적 다양성 확보, 사회적 다양성의 반영, 충원구조의 다원화, 진보적·개혁적 소신, 법률적 식견과 전문성 확보, 도덕성과 청렴성 보장 등을 제시하기도 했다.[21]

2003. 9. 11. 자로 임기 만료하는 서성 대법관의 후임자 선임을 위해 2003. 8. 12. 사법사상 최초로 대법관제청자문위원회가 개최되었다. 자문위원회에서 종전 관행에 따라 서열대로 후보자 3명을 선정하자 강금실 법무부장관과 박재승 대한변호사협회장이 항의하여 회의 도중 퇴장한 뒤 위원직을 사퇴했다.[22] 8. 13. 박시환 서울지방법원 부장판사가 이에 항의하여 사표를 제출했고, 서울지방법원 북부지원 이용구 판사가 '대법관 제청에 관한 소장 법관들의 의견'이라는 글을 법원 내부게시판에 올려 159명의 판사가 이에 서명했고, 8. 14. 이를 대법원장에게 제출했다(이른바 제4차 사법파동).[23] 소장 법관들은 의견서에서 "기존의 대법관

---

21 참여연대, [보도자료] 참여연대 민변 '대법관후보 시민추천운동' 시작(2003. 6. 18.), <https://www.peoplepower21.org/judiciary/513073>.

22 권석천, 「대법원 이의 있습니다」, (창작과비평사, 2017), 30~33.; 이춘재 · 김남일(주 8), 20~21.

23 머니투데이, "부장판사도 가세…'사법파동 조짐'"(2003. 8. 14.), 〈https://n.news.naver.com/mnews/article/008/0000311277?sid=101>.

선임이 법관 승진의 최종 단계로 운영됨으로써 결과적으로 대법원이 지나치게 동질적인 연령, 배경, 경험을 가진 법조인들로만 구성되었고 … 다양한 입장이 조화를 이룬 대법원을 구성하기 위해서는 지금까지의 인사 관행에서 벗어나 새로이 검증된 법조인이 제청돼야 한다."라고 밝혔다.[24] 8. 18. 최초로 전국법관대표회의가 소집되어 격론을 벌인 끝에 '이번에는 최종영 대법원장의 의견을 존중하되 다음에는 인사제도를 개혁하자'는 것으로 일단락되었다.[25] 최종영 대법원장은 8. 19. 헌법재판관 후보로 최초로 여성인 전효숙 서울고등법원 부장판사를 지명했다.[26] 8. 22. 노무현 대통령과 최종영 대법원장은 사법부와 행정부가 사법개혁기구를 구성하기로 합의했고,[27] 예정대로 김용담 대법관을 임명하였다. 2003. 10. 대법원 산하에 사법개혁위원회를 설치하여 사법개혁 작업을 진행했다.

대법원 구성의 다양화를 요구하는 소장 법관들의 의견을 수용하는 차원에서 2004. 8. 김영란 첫 여성대법관이 임명되었다. 미국의 경우 1981. 9. 25. 로널드 레이건 대통령에 의해 임명된

---

24 경향신문, "연판장 사태 '사법파동' 조짐"(2003. 8. 13.), <https://www.khan.co.kr/national/court-law/article/200308132213401>.

25 오마이뉴스 2003. 8. 19. 대법원 "내년부터 법관 의견 반영" <https://n.news.naver.com/mnews/article/047/0000035062?sid=102>.

26 권석천(주 22), 36.

27 권석천(주 22), 36.

샌드라 데이 오코너(Sandra Day O'Connor) 대법관이, 일본의 경우 1994. 1. 25. 호소카와 모리히로 수상에 의해 임명된 다카하시 히사코(高橋久子) 최고재판소 재판관이 최초의 여성 최고재판소 재판관이다.[28] 우리나라의 경우 미국에 비해서는 23년, 일본에 비해서는 10년 뒤처졌다.

3. 이용훈 코트 전원합의체 재판에 참여한 대법관은 대법원장을 포함하여 25명으로 여성은 2명(김영란·전수안 대법관)이고, 남성은 23명이다. 검사 출신 2명(강신욱·안대희 대법관, 시기가 겹치지 않아 특정 시기에는 1명씩), 판사 퇴직 후 교수 출신 1명(양창수 대법관), 나머지 22명은 법관 출신이다. 1명(김지형 대법관, 원광대학교)을 제외한 24명이 서울대학교 출신이다. 이전의 대법원장 시기와 비교하여 2명의 여성 대법관, 시국형사사건에서 무죄판결을 하여 좌천발령을 받은 바 있고 제4차 사법파동 과정에서 서열에 따른 대법관 후보자 추천에 항의하여 법관직을 사직했던 박시환 대법관, 노동법 전문가인 김지형 대법관, 환경법 전문가인 이홍훈 대법관 등 대법원 구성의 다양성이 격렬한 토론을 유발한 것으로 평가된다. 입장과 입장이 격렬하게 부딪히고 깨지면서 사법부

28 다카하시 히사코 대법관은 도쿄대학 법학부를 졸업하고 노동성 부인소년국장으로서 남녀고용기회균등법의 기초를 만들었다. 야마모토 유지 지음, 김용찬 옮김, 일본 최고재판소 이야기, (법률문화원, 2005), 643.

역사상 처음으로 '입장의 다양성'을 실험했다는 것이다.[29]

이용훈 코트의 전원합의체 재판은 '대립과 갈등의 용광로'와 같았다고 평가된다.[30] 이용훈 코트의 전원합의체 재판은 과거보다 몇 배 두꺼워진 판결문에 다수의견·반대의견·별개의견·보충의견이 기재되었고, 사회 변화와 발전을 확인하고 이끈 판결도 여럿 있다. 구체적으로 권리구제와 기본권 보장을 강조한 판결, 국가보안법 규정의 엄격한 해석, 언론의 자유와 노동자의 권리를 폭넓게 인정한 판결, 정보 공개는 확대했지만 행정부 견제엔 소극적인 판결 등이 있다고 지적되기도 했다.[31]

4. 양승태 코트 전원합의체 재판에 참여한 대법관은 대법원장을 포함하여 25명으로 여성은 4명(전수안·박보영·김소영·박정화 대법관, 시기적으로 2명 내지 3명 동시 근무)이고, 남성은 21명이다. 검사 출신 2명(안대희·박상옥 대법관, 시기가 겹치지 않아 특정 시기에는 1명씩), 판사 퇴직 후 교수 출신 2명(양창수·김재형 대법관, 시기가 겹치지 않아 특정 시기에는 1명씩), 판사 퇴직 후 변호사 출신 2명(박보영·조재연 대법관), 법관 출신 19명이다. 4명(박보영·

---

29 권석천(주 22), 5.

30 동아일보, "'이용훈 사법부' 6년 평가 의견 갈린 쟁점 81건"(2011. 9. 23.), <https://www.donga.com/news/article/all/20110922/40536700/1>.

31 한겨레신문, "'비빔밥 대법원' 두툼해진 판결문, 약자 목소리 담았다"(2011. 11. 17.), <https://www.hani.co.kr/arti/society/society_general/506033.html>.

김창석·조재연·박정화 대법관)을 제외하고 21명이 서울대학교 출신이다.

양승태 코트의 전원합의체 재판에 대해서는 대법원이 가치관이 엇비슷한 대법관들로 구성되어 인적 구성의 획일성이 강화되었고,[32] 권위적 분위기 속에서 사법 관료화가 심화되었으며,[33] 반대·보충의견이 줄고 전원일치 재판이 증가하여 다양화에 역주행했다는 평가다.[34] 반면에 양승태 코트 전원합의체 재판은 절차적 정의와 사회 안정을 중시하면서 사회상의 변화를 반영했다고 평가하는 견해도 있다.[35]

5. 김명수 코트 전원합의체 재판에 참여한 대법관은 대법원장을 포함하여 27명으로 여성은 6명(박보영·김소영·박정화·민유숙·노정희·오경미 대법관, 동시 3명 내지 4명 근무, 그 중 비서울대 출신 3명)이고, 남성은 21명이다. 검사 출신 1명(박상옥 대법관), 판사 퇴직 후 교수 출신 2명(김재형·권영준 대법관, 시기가 겹치지 않아 특정

---

32 참여연대, 「김명수 대법원장 취임 2년, 사법개혁 어디까지 왔나 자료집」, (2019), 19.

33 권석천(주 22), 20.

34 한겨레신문, "양승태 대법원장 3년…사회 다양화에 역주행 대법, 반대·보충의견 모두 줄었다"(2014. 9. 21.) <https://www.hani.co.kr/arti/society/society_general/656130.html>.

35 매일경제신문, "'절차 정의' '사회 안정 · 균형 중시' 양승태 대법원 6년 전원합의체 분석"(2017. 9. 20.), <https://www.mk.co.kr/news/society/7983745>.

시기에는 1명씩), 판사 퇴직 후 변호사 출신 2명(박보영·조재연 대법관), 재조 경력 없는 변호사 출신 1명(김선수 대법관)이고, 나머지 21명은 법관 출신이다. 여성 대법관 4명이 동시에 근무한 기간은 2018. 8. 2.부터 2018. 11. 1.까지 3개월(김소영, 박정화, 민유숙, 노정희)과 2021. 9. 17.부터 2023. 7. 18.까지 22개월(박정화, 민유숙, 노정희, 오경미)이다. 8명(박보영·김창석·조재연·박정화·안철상·이동원·노정희·노태악 대법관)을 제외한 19명이 서울대학교 출신이다. 상대적으로 서울대학교 이외 대학교 출신도 많은 편이고, 출신 직역도 다양한 편이다.

김명수 코트의 전원합의체 재판에 대해서는 다양한 생각을 가진 대법관들이 각자의 주장을 펼치면서 활발한 토론과 논쟁을 전개하고 더 많은 소수의견을 개진했다는 것이 일반적인 평가이다.[36] 대법관 구성의 다양화가 활발한 의견 개진을 통해 과거사 문제에 전향적인 판결, 여성 인권에 기여하는 판결, 성소수자 인권에 기여하는 판결, 노동 분야에서 의미 있는 판결 등으로 이어졌다는 평가다.[37] 다만 전원합의체 재판은 최고법원이 가지는

---

36 유승익, "김명수 코트의 대법원 판결 평가", 김명수 대법원장 시기의 사법부 평가와 향후 방향 모색을 위한 토론회 자료집, (참여연대·민주사회를 위한 변호사모임, 2023), 56~57.; 경향신문 "김명수 대법원 6년, 대법관들 치고받는 논쟁 활발해졌다"(2023. 10. 17.), <https://www.khan.co.kr/article/202310170600081>.

37 한겨레신문, "다양성 강조 '김명수 코트' 노동 · 인권 큰 진전...사법농단 면죄부 오욕"(2023. 9. 25.), <https://www.hani.co.kr/arti/society/society_general/1109902.html>.

사회규범적 역할에 비추어 법적 안정성을 고려해야 하고, 대법관들이 최종 합의를 위해 설득과 타협하는 노력을 치열하게 하여야 하는데, 지나치게 대법관 개개인의 의견을 존중한 것 아니냐는 취지로 소극적으로 평가하는 견해도 있다.[38]

김명수 코트의 전원합의체 재판들에서는 별개의견과 반대의견, 그리고 다수의견을 포함한 각각의 의견에 대한 보충의견이 활발하게 작성되었다. 김명수 코트에서는 전원일치 판결의 비율이 이전 코트에 비해 절반 이하 수준으로 대폭 감소했고, 대법관 개개인의 주장과 개성이 강하여 별개의견과 반대의견, 그리고 보충의견이 많이 개진되어 양승태 코트의 '집중형 판결'과는 다른 '분산형 판결'이었다는 평가도 있다.[39] 대법관은 판결을 통해서만 발언을 할 수 있는데, 다수(법정)의견이나 반대의견은 법리를 중심으로 서술할 수밖에 없는 반면, 보충의견은 사회에 전달하고자 하는 메시지 등을 담아 유연하게 기술할 수 있다. 보충의견의 위와 같은 의의와 기능에 비추어 보면 '분산형 판결'이 갖는 순기능도 있다.

전원합의체에 참여한 대법관의 평균연령과 연령표준편차,

---

38 법률신문, "[창간 72주년 특집] 대법원 전원합의체 중 전원일치 비율 '양승태 코트 33.6% → 김명수 코트 16.3%"(2022. 12. 1.), <https://www.lawtimes.co.kr/news/183428?serial=183428>.

39 법률신문, "[창간 72주년 특집] 양승태 코트는 '집중형', 김명수 코트는 '분산형'"(2022. 12. 1.), <https://www.lawtimes.co.kr/news/183431>.

출신대학 집중도, 고위 법관 출신 여부, 성별 집중도, 대법관 임명의 정치적 배경과 법원 내 학술단체 소속 여부와 전원합의체 재판의 의견일치도 사이의 상관관계를 분석한 연구결과가 있다.[40] 특히 성별 집중도와 대법관 임명의 정치적 배경과 법원 내 학술단체 소속 여부와 의견일치도 사이에 상관관계를 인정하면서도 여성 대법관 그룹이 남성 대법관 그룹보다 동질적이었다거나,[41] 과거 기준 주류·비주류 범주 안에서도 유사한 정도의 다양성이 내포되어 있었다는 등의 이유로[42] 여성 대법관과 비주류 대법관의 참여의 의미를 과소평가한다. 그러나 종전의 이른바 주류 대법관들만이 전원합의체 재판에 참여했을 때는 다른 의견이 전혀 없었던 쟁점에 대하여, 여성 대법관과 비주류 대법관이 참여함으로써 비로소 새로운 견해가 제시되고, 종전의 주류 대법관들 중에서 일부가 새로운 견해에 참여함으로써 마치 여성 대법관과 비주류 대법관이 제시한 새로운 견해가 종전 주류 대법관들의 다양성에 내포된 것처럼 보였을 수도 있다.[43]

---

40 정호은, "합의제 재판부 구성의 다양성에 관한 연구", (서울대학교, 2023).

41 정호은(주 40), 53~54.

42 정호은(주 40), 55~64, 86.

43 김선수(주 18), 468~469.

Ⅳ. 30년간 대법원장 재임기간별 전원합의체 재판의 통계 분석

1. 각 대법원장 재임기간별 전원합의체 재판의 수와 구성

가. 각 대법원장 재임기간별 전원합의체 재판의 수

각 대법원장 재임기간별 전원합의체 재판의 수는 윤관 코트 104건, 최종영 코트 65건, 이용훈 코트 97건, 양승태 코트 116건, 김명수 코트 116건, 합계 498건이다. 30년간의 전체 전원합의체 재판의 목록은 별표 2와 같다.

각 대법원장 재임기간별 선고 전원합의체 재판의 전체 건수 및 사건유형별 건수, 주문, 판례변경 사안과 시행령 등 무효선언 사안의 내역은 다음과 같다.

	윤관 (1993. 9.~ 1999. 9.)	최종영 (1999. 9.~ 2005. 9.)	이용훈 (2005. 9.~ 2011. 9.)	양승태 (2011. 9.~ 2017. 9.)	김명수 (2017. 9.~ 2023. 9.)
전합 건수	104	65	97	116	116
민사	50	28	33	44	49
특별	33	16	33	41	23
형사	21	21	31	31	44
파기 등 (인용)	46 44.2%	36 55.3%	46 47.4%	62 53.4%	60 51.7%

판례변경	53 (기각 27)	46 (19)	49 (24)	45 (15)	46 (13)
시행령 등 무효	18 (기각 9, 일치 18)	5 (기각 4, 일치 5)	10 (기각 9, 일치 8)	6 (기각 5, 일치 5)	2 (기각 2, 일치 1)

윤관 코트의 104건은 민사 50건, 특별(행정, 가사, 조세, 특허) 33건, 형사 21건이고 그 중 노동사건은 7건이다. 최종영 코트의 65건은 민사 28건, 특별 16건, 형사 21건이고 그 중 노동사건은 7건이다. 이용훈 코트의 97건은 민사 33건, 특별 33건, 형사 31건이고 그중 노동사건은 6건이다. 양승태 코트의 116건은 민사 44건(키코 사건 4건 포함), 특별 41건, 형사 31건이고 그중 노동사건은 7건이다. 김명수 코트의 116건은 민사 49건, 특별 23건, 형사 44건(국정농단 4건, 이중매매 배임 또는 횡령 6건, 주거침입 3건 포함)이고 그중 노동사건은 12건이다.

나. 각 대법원장 재임기간 중 연차별 선고 전원합의체 재판의 수

각 대법원장 재임기간별로 각 연차에 선고한 전원합의체 재판의 수는 다음 표와 같다.

	윤관 (1993. 9.~ 1999. 9.)	최종영 (1999. 9.~ 2005. 9.)	이용훈 (2005. 9.~ 2011. 9.)	양승태 (2011. 9.~ 2017. 9.)	김명수 (2017. 9.~ 2023. 9.)
1년 차	22	9	9	21	16
2년 차	19	16	19	26	24
3년 차	17	10	17	14	23
4년 차	14	5	16	26	25
5년 차	15	13	16	13	14
6년 차	17	12	20	16	14
합계	104	65	97	116	116

같은 날 가장 많은 전원합의체 재판을 선고한 것은 2021. 9. 9.에 7건(민사 1건, 특별 3건, 형사 3건)을 선고한 것이다. 1년에 선고한 전원합의체 재판의 건수가 가장 많은 것은 26건이고, 가장 적은 것은 5건이다. 전원합의체 합의와 선고는 통상 한 달에 한 번 하는 것을 원칙으로 한다. 정기인사 시기와 여름휴가 시기의 두 달 정도는 전원합의체 합의를 하지 않고 1년에 10회 전원합의체 합의와 선고를 한다. 가장 많이 선고한 경우는 1달에 2.6건을 선고한 것으로 볼 수 있다. 6년 평균으로 볼 경우 가장 적게 선고한 최종영 코트의 경우는 1달에 1건, 1년에 10건 정도의 비율이고, 가장 많이 선고한 양승태 코트와 김명수 코트의 경우 1달에 2건, 1년에 20건 정도의 비율이다. 대법원이 접수하고 처리하는 사건수와 업무 부담에 비추어 보면 1달에 2건, 1년에 20건 정도의

전원합의체 재판을 선고하는 것은 어쩌면 최대치에 가까운 것으로 볼 여지도 있다. 그러나 1달에 26건까지 선고한 예에 비추어 보면 합의를 효율적으로 진행한다면 1달에 2.5건 내지 3건, 1년에 25건 내지 30건, 6년의 임기동안 150건 내지 180건 정도 전원합의체 재판을 선고하는 것도 가능할 것으로 보인다.

다. 주심대법관별 전원합의체 재판의 수

주심대법관별로 선고한 전원합의체 재판의 수는 다음과 같다. 윤관 코트(104건)의 경우 배만운 3건, 윤영철 1건, 김용준 5건, 김상원 3건, 김주한 1건, 김석수 3건, 박만호 12건, 천경송 3건, 정귀호 17건, 박준서 12건, 이돈희 9건, 김형선 10건, 지창권 1건, 신성택 6건, 이용훈 11건, 이임수 3건, 송진훈 3건, 서성 1건이다. 최종영 코트(65건)의 경우 이돈희 1건, 김형선 2건, 신성택 2건, 이용훈 1건, 송진훈 4건, 서성 2건, 조무제 4건, 변재승 1건, 유지담 5건, 윤재식 13건, 이용우 5건, 배기원 9건, 강신욱 5건, 이강국 2건, 손지열 2건, 박재윤 2건, 고현철 3건, 김용담 2건이다. 이용훈 코트(97건)의 경우 강신욱 1건, 이강국 1건, 고현철 4건, 김용담 3건, 김영란 4건, 양승태 8건, 김황식 2건, 박시환 10건, 김지형 10건, 이홍훈 8건, 박일환 4건, 김능환 11건, 전수안 5건, 안대희 10건, 차한성 6건, 양창수 1건, 신영철 3건, 민일영 4건, 이인복 2건이다. 양승태 대법원(116건)의 경우 김능환 1건, 전수안 4건, 안대희 4건,

양창수 7건, 신영철 4건, 민일영 12건, 이인복 3건, 이상훈 7건, 박병대 9건, 김용덕 11건, 박보영 6건, 고영한 6건, 김창석 6건, 김신 6건, 김소영 12건, 조희대 6건, 권순일 8건, 박상옥 3건, 이기택 1건이다. 김명수 코트(116건)의 경우 김용덕 1건, 고영한 1건, 김창석 2건, 김신 5건, 김소영 2건, 조희대 9건, 권순일 2건, 박상옥 3건, 이기택 11건, 김재형 27건, 조재연 2건, 박정화 6건, 안철상 7건, 민유숙 8건, 김선수 7건, 이동원 3건, 노정희 7건, 김상환 1건, 노태악 3건, 이흥구 2건, 천대엽 4건, 오경미 3건이다.

많은 순서로 보면 김재형 대법관 27건, 정귀호 대법관 17건, 민일영 대법관 16건, 조희대 대법관 15건, 안대희·김소영 대법관 각 14건, 윤재식 대법관 13건, 박만호·박준서·김형선·이용훈·김능환·김용덕·이기택 대법관 각 12건 등이다.

2. 공개변론

대법원 재판은 통상 서면심리에 의하여 하고, 선고만 공개된 법정에서 한다. 다만 재판부의 결정으로 공개변론을 진행할 수 있는데,[44] 대법원은 변론을 여는 경우에 필요한 사항을 규정하기

44 민사소송법 제430조(상고심의 심리절차)는 "① 상고법원은 상고장·상고이유서·답변서, 그 밖의 소송기록에 의하여 변론 없이 판결할 수 있다. ② 상고법원은 소송관계를 분명하게 하기 위하여 필요한 경우에는 특정한 사항에 관하여 변론을 열어 참고인의

위하여 「대법원에서의 변론에 관한 규칙(약칭 '대법원변론규칙')」을 제정했다.

전원합의체 재판과 소부 재판 모두 공개변론을 할 수 있다. 국민의 관심이 높은 사안에 대해 심층적인 연구와 토론 그리고 광범위한 의견 수렴을 위해 공개변론이 중요한 역할을 한다. 공개변론을 열면 언론이 관심을 갖고 보도를 하고, 대법원도 동영상으로 생중계를 함으로써 국민에 대한 홍보와 설득을 통해 판결의 설득력을 제고할 수 있다.

전원합의체 재판에서 공개변론을 처음 실시한 것은 최종영 대법원장 시기인 2003. 12. 18. 여성 종중원 자격을 부정하는 관습법의 효력에 관한 2002다1178 사건이었다. 그 이후 2004. 9. 16. 검사 작성의 피의자신문조서의 증거능력 여부와 관련한 2002도537 사건의 공개변론을 진행했다. 이용훈 코트에서 전원합의체 사건 7회, 소부 사건 1회, 양승태 코트에서 전원합의체 사건 10회, 김명수 코트에서 전원합의체 사건 9회, 소부 사건 3회의 공개변론을 실시했다. 공개변론을 실시한 대법원 재판의 목록은 별표 3과 같다.

진술을 들을 수 있다."라고 정한다. 형사소송법 제390조(서면심리에 의한 판결)는 "① 상고법원은 상고장, 상고이유서 기타의 소송기록에 의하여 변론 없이 판결할 수 있다. ② 상고법원은 필요한 경우에는 특정한 사항에 관하여 변론을 열어 참고인의 진술을 들을 수 있다."라고 정한다.

공개변론의 의의와 중요성, 그리고 기능에 비추어 보면 공개변론을 활성화할 필요가 있다. 1년에 상반기와 하반기에 각 한 번씩 전원합의체 사건의 공개변론을 하는 것이 바람직하다.

3. 주문 및 파기율

윤관 코트의 경우 상고 내지 재항고기각 57건, 재심각하 1건, 파기환송 44건, 파기자판 1건, 이송 1건이다. 이송결정도 상고이유를 인용한 것이므로 이를 파기에 포함시켜 파기율을 산정하면 파기율은 44.2%(46/104)이다.

최종영 코트의 경우 상고나 재항고 또는 재심청구기각 29건, 파기환송 36건으로 파기율은 55.3%(36/65)이다.

이용훈 코트의 경우 상고 또는 재항고기각 51건, 파기이송 2건, 파기자판 2건, 파기환송(일부환송 포함) 41건, 재심개시결정 1건으로 파기율은 47.4%(46/97)이다.

양승태 코트의 경우 각하[특별(1건)], 상고 내지 재항고기각 52건[민사(13건), 특별(21건), 형사(18건)], 파기이송 1건, 파기자판 2건, 파기환송(일부환송 포함) 58건, 인용(일부인용 포함) 2건으로 파기율(파기이송, 파기자판, 파기환송 사건 합산)은 54.3%(63/116)이다.

김명수 코트의 경우 상고 또는 재항고기각 56건, 파기자판 1건,

파기환송(일부환송 포함) 59건[민사(25건), 특별(9건), 형사(25건)]으로 파기율은 51%(=60/116)이다.

전원합의체 재판의 경우 그 만큼 쟁점이 중요하고 다툼의 여지가 많은 사건들이 회부되므로 전체 사건의 평균 파기율에 비하여 파기율이 훨씬 높은 것은 어찌 보면 당연하다고 할 수 있다.

4. 판결 유형

가. 판결 유형은 반드시 전원합의체 재판으로 선고해야만 하는 판례 변경 사안, 시행령 등의 위헌·위법으로 인한 무효 판단 사안이 있고, 기타 사안(최초 판시, 판례 유지, 개별사건 등)으로 구분해 볼 수 있다.

윤관 코트의 경우 판례 변경 53건(그 중 상고기각 27건), 시행령 등 무효 18건(상고기각 9건, 전원일치 18건), 기타 30건이다. 최종영 코트의 경우 판례 변경 46건(그 중 상고기각 19건), 시행령 등 무효 5건(상고기각 4건, 전원일치 5건), 기타 13건이다. 이용훈 코트의 경우 판례 변경 49건(그 중 상고기각 24건), 시행령 등 무효 10건(상고기각 9건, 전원일치 8건), 기타 38건이다. 양승태 코트의 경우 판례 변경 45건(그 중 상고기각 15건), 시행령 등 무효 6건(동일 조례 2건, 상고기각 5건, 전원일치 5건), 기타 65건이다. 김명수 코트의 경우 판례 변경 46건(그 중 상고기각 13건), 시행령 등 무효 2건(모두 상고기각, 1건 전원일치), 기타 68건이다.

나. 판례 변경 건수는 대법원장 재임기간별로 큰 차이가 없다. 통상 판례 변경은 시대의 변화를 반영하여 이루어지므로 진보적인 것으로 평가할 수 있으나, 사안에 따라서는 미국 연방대법원의 낙태와 관련한 1973. 1. 22. 선고 로 대 웨이드(Roe v. Wade) 판결을 변경한 2022. 6. 24. 판결과 같이 오히려 보수적인 방향으로 판례 변경이 이루어지는 경우도 있다. 대법원이 30년간 각 코트별로 45건 이상의 판례 변경을 꾸준히 했다는 것은 대법원이 시대변화를 반영하기 위해 변함없이 노력하여 왔음을 의미한다.

판례를 변경하면서 주문이 상고기각인 사건 수는 윤관 코트에서 27건(50.9%), 최종영 코트에서 19건(41.3%), 이용훈 코트에서 24건(48.9%), 양승태 코트에서 15건(33.3%), 김명수 코트에서 13건(28.2%)이다. 판례 변경 사안에서 주문이 상고기각인 사건의 경우에는 항소심 재판부가 기존 선례와는 다른 판단을 했다는 것을 뜻한다. 하급심 재판부가 선례와 다른 판결을 선고하기 위해서는 용기가 필요하고 깊은 연구와 정치한 논리가 뒷받침되어야만 한다. 대법원이 전원합의체 재판으로 항소심 재판부의 판단을 수용하여 판례를 변경하고 상고기각판결을 선고함으로써 그 사건을 확정한 것이다. 이러한 사안의 경우에는 하급심이 대법원의 판례 변경을 견인했다고 평가할 수도 있다. 일선 판사들이 대법원 판례에 지나치게 얽매이지 않고 과감하게 판례 변경을 시도해야 시대에 뒤떨어지지 않는 법원이 될 수 있다.[45]

시행령 등 무효를 선언한 전원합의체 재판은 윤관 코트에서 18건(상고기각 9건), 최종영 코트에서 5건(상고기각 4건), 이용훈 코트에서 10건(상고기각 9건), 양승태 코트에서 6건(상고기각 5건), 김명수 코트에서 2건(모두 상고기각)이다. 이 역시 항소심 재판부가 시행령 등의 무효를 선언한 것을 대법원이 전원합의체로 수긍한 것으로 하급심의 역할이 중요함을 보여주는 지표라고 할 수 있다. 헌법 제107조 제2항[46]은 대법원에 행정입법에 대한 최종적인 심사권을 부여했는데, 대법원이 꾸준히 행정입법에 대하여 실질적인 심사를 하여 무효선언을 하여 왔음을 알 수 있다. 상고기각 주문이 많은 것은 하급심 역시 그러한 역할을 충실히 수행하고 있음을 보여준다.

---

45 이춘재·김남일(주 8), 61.

46 명령·규칙 또는 처분이 헌법이나 법률에 위반되는 여부가 재판의 전제가 된 경우에는 대법원은 이를 최종적으로 심사할 권한을 가진다.

5. 대법원장의 소수의견 가담

대법원장도 전원합의체 재판에서는 다른 대법관과 동등하게 1표를 행사하고 다수결에 의하여 결론이 결정된다. 대법원장이 반드시 다수의견에 가담하여야만 하는 것은 아니므로 얼마든지 소수의견에 가담할 수 있고, 실제 그러한 사례들이 있다.

이일규 대법원장은 ① 대법원 1989. 9. 12. 선고 87도2365 전원합의체 판결에서 집행유예기간 중에 다시 집행유예를 선고할 수 있는지 여부에 관한 쟁점에 대하여 판례 변경에 반대하는 2명 소수의견(다시 집행유예 선고 불가)에 가담했다(별도로 3명의 별개의견이 있었다). ② 대법원 1989. 12. 26. 선고 87다카2176 전원합의체 판결에서 부동산 점유자가 전(前)점유자의 등기 기간을 합하여 10년간 소유자로 등기되어 있는 경우 등기부취득시효가 완성되는지 여부에 관한 쟁점에 대하여 판례를 변경하는 적극적 견해의 다수의견에 반대하는 3명 소수의견에 가담했다.

윤관 대법원장은 ① 대법원 1998. 4. 23. 선고 95다36466 전원합의체 판결에서 어음면상 발행지 기재가 없는 경우 국내 어음으로서의 효력 추단 여부 쟁점에 관하여 판례를 변경하는 적극적 의견에 반대하는 6명의 소수의견에 가담했다. ② 대법원 1994. 3. 22. 선고 93도2080 전원합의체 판결에서 판결이 확정된 장물취득죄와 강도상해죄 사이의 동일성을 인정할 것인지에 관하여 동일성을 부정하고 각 죄의 성립을 인정하는 다수의견에 반대하여 두 죄의 동일성 여부는 기본적 사실관계의 동일 여부로 판단하여야 하고 규범적 고려를 해서는 안 된다는 취지의 6명 소수의견에 가담했다.

최종영 대법원장은 대법원 2005. 7. 21. 선고 2002다1178 전원합의체 판결과 대법원 2005. 7. 21. 선고 2002다13850 전원합의체 판결(미간행)에서 여성 종중원 자격을 불인정하는 관습법이 무효라는 다수의견에 반대하여 6명 소수의견에 가담했다.

양승태 대법원장은 대법원 2012. 5. 17. 선고 2010다28604 전원합의체 판결에서 물권적 청구권 이행불능으로 인한 전보배상청구권 인정 여부와 관련하여 소극적 견해에 입각하여 판례를 변경하는 다수의견에 반대하는 3명 소수의견에 가담했다.

이용훈 대법원장과 김명수 대법원장은 모두 다수의견에 가담했다. 이용훈 대법원장은 한 표 차이로 뒤집힐 수 있는 7 대 6 판결은 바람직하지 않다고 보아 대법관 12명의 의견이 7 대 5로 갈리면 대법원장이 소수의견 쪽으로 가서 7 대 6으로 만드는 것보다는 8 대 5로 만드는 것이 무게 있는 판결로 받아들여진다는 생각으로 다수의견에 가담했다고 한다.[47]

---

47 권석천(주 22), 134.

6. 소수의견의 분포

가. 각 대법원장 재임기간별 소수의견 분포

소수의견은 법정의견인 다수의견과 다른 의견을 말하며, 별개의견과 반대의견이 있다. 소수의견을 취한 대법관 수는 별개의견과 반대의견을 취한 대법관의 수를 합한 것이며, 0명(전원일치 의견)부터 6명까지 있다.

소수의견이 6명인 사건과 7 대 6 사건의 불일치가 발생하는 것은 소수의견이 6명인 사건에는 7 대 6 사건뿐만 아니라 의견이 셋 이상으로 갈려 7(다수의견) 대 1(별개의견) 대 5(반대의견) 사건부터 7(다수의견) 대 3(별개의견) 대 3(반대의견) 사건 등도 포함되기 때문이다.

각 대법원장 재임기간별 소수의견의 분포는 아래 표와 같다.

각 대법원장 재임기간별 소수의견 분포

	윤관	최종영	이용훈	양승태	김명수
0	52(50%)	30(46.1%)	35(36%)	39(33.6%)	17(14.7%)
	非필요적 전합 3	0	5	8(4건 키코)	2
1	2	5	9	9	12
2	8	6	7	15	12
3	6	11	17	15	14

4	15	6	12	17	28
5	14	4	12	16	26
6	7	3	5	6	7
(7 대 6, 6 대 5)	4	3	5	5	4
합계	104	65	97	116	116

윤관 코트부터 양승태 코트까지는 전원일치 재판(소수의견 0인)이 가장 많았으나(33.6%부터 50%까지), 김명수 코트에서는 4명 소수의견(24.1%)과 5명 소수의견(22.4%)이 많은 비중을 차지했다. 김명수 코트에서 4~5명의 대법관이 소수의견을 많이 냈다는 것은 대법관들 사이에 사건을 바라보는 시각에 확연한 차이가 있다는 뜻이고, 김명수 대법원장이 지명한 대법관과 기존 대법관들이 사건을 바라보는 시각이 다른 것으로 조사된 것은 김명수 대법원장이 임명제청한 대법관들이 연령과 출신, 대학 등에서 다양화된 만큼 과거와 달리 대법관들 사이 논의과정에서 다양한 목소리가 나오는 것이 당연하다는 평가다.[48]

---

48 법률신문, "[손바닥뉴스] 대법관들, 의견 엇갈릴 때 토론 · 설득보다 각자 소신 선택"(2019. 8. 19.), <https://post.naver.com/viewer/postView.naver?volumeNo=23714835&memberNo=16986580>.

나. 전원일치 재판

전체 전원합의체 재판 중 전원일치 재판이 차지하는 비중을 '전원일치율'이라 하는데, 전원일치율이 높고 낮음에 따라 해당 대법원 구성의 획일성 또는 다양성을 가늠할 수 있다.

윤관 코트의 경우 52건(104건 중 50%)인데, 판례 변경 53건 중 31건, 시행령 등 무효 18건이 포함되어 있다. 최종영 코트의 경우 30건(65건 중 46.1%)인데, 판례 변경 46건 중 25건, 시행령 등 무효 5건이 포함되어 있다. 이용훈 코트의 경우 35건(97건 중 36.0%)인데, 판례 변경 49건 중 22건, 시행령 등 무효 8건이 포함되어 있다. 양승태 코트의 경우 39건(116건 중 33.6%)인데, 판례 변경 45건 중 26건, 시행령 등 무효 5건이 포함되어 있다. 김명수 코트의 경우 17건(116건 중 14.7%)인데, 판례 변경 46건 중 14건, 시행령 등 무효 1건이 포함되어 있다.

필요적 전원합의체 사건이 아님에도 전원일치 의견으로 전원합의체 재판을 선고한 건수는 윤관 코트 3건, 최종영 코트 0건, 이용훈 코트 5건, 양승태 코트 8건(키코 사건 4건), 김명수 코트 2건이다.

양승태 코트까지는 전원일치 의견으로 판례를 변경하면서 쟁점에 관하여 대법원이 채택한 법리의 요지를 기술한 후 변경 또는 폐지하는 판결을 적시하는 형태로 매우 간결하게 판결이유를 쓰는 경우가 많았다. 이는 판례 변경의 필요성이 그만큼 명백했다는 것을 의미한다. 선례로 인용된 판례가 명백하게 잘못된 경우, 서로 모순되는 판결들이 존재하여 이를 정리해 주어야 할 필요성이 있는 경우 등에는 비교적 전원일치 의견이 용이하게 도출될 수 있고, 판결이유도 장황하게 쓸 필요가 없는 경우도 있을 것으로 보인다. 김명수 코트에서는 전원일치 의견으로 판례를 변경하는 건수가 절대적으로도 크게 감소했고, 판례 변경 사건 중에서 전원일치 비율도 크게 감소했다. 김명수 코트에 이르러서는 그 만큼 명확하게 잘못된 선례는 거의 정리되었다고 볼 수 있다. 2018년부터 전속재판연구관을 대법관당 3명에서 2명으로 줄이고 그 인원을 공동조에 배치하여 공동조를 강화했는데, 공동조 재판연구관 검토 단계에서 판례 저촉이나 관련 사건 처리에 대한 점검이 강화된 것도 영향이 있었을 것으로 보인다.

미국 연방대법원의 경우 2011. 10.부터 2016. 9.까지 전원합의체 재판 중 전원일치 비율이 51.3%이고, 독일 연방헌법재판소의 경우 1971년부터 2015년까지 전원일치 비율이 92.7%라면서 김명수 코트의 전원일치율이 낮음을 비판하는 견해도 있다.[49] 미국 연방대법원의 경우 판결을 선고하는 모든 사건이 전원합의체 재판(one-bench)이고, 독일 연방헌법재판소의 경우 8명씩으로

---

49 법률신문(주 48).

구성된 제1부와 제2부 및 전원으로 구성된 연합부가 판결을 선고하고 있으므로 이를 우리나라의 전원합의체 재판의 전원일치율과 단순 비교하는 것은 부적절하다. 우리나라의 경우 전원일치 의견으로 재판하는 소부 재판이 전원합의체 재판을 보완하는 역할을 하므로 소부 재판까지 포함하여 전원일치율을 산정한다면 거의 100%에 육박한다고 할 수 있다. 전원합의체 재판으로 선고해야만 하는 사건이 아닌 경우 전원일치 의견이라면 굳이 전원합의체 재판으로 선고하지 않고 소부 판결로 선고하는 예가 많으므로 법리를 판시하는 소부 판결도 그 실질에 있어서는 전원일치 판결로 볼 수 있다. 2015년에 처리한 상고본안사건 수는 41,871건인데 그 중 전원합의체 재판 수는 25건이고, 2016년에 처리한 상고본안사건 수는 43,129건인데 그 중 전원합의체 재판의 수는 13건이며, 2021년에 처리한 상고본안사건 수는 43,980건인데 그 중 전원합의체 재판의 수는 24건이고, 2022년에 처리한 상고본안사건 수는 48,460건인데 그 중 전원합의체 재판 수는 16건이다.[50] 전체 사건에서 차지하는 전원합의체 재판 수 자체가 지나치게 미미하여 전원합의체 재판에서의 전원일치율의 차이가 실질적인 의미가 있는지 의문이다.

전원일치율이 높은 것에 대하여 다양성보다 안정성을 추구

---

50 각 연도에 처리한 상고본안사건 수는 법원행정처, 「2024 사법연감」, (2024), 802.

하고 토론과 설득의 과정을 거친 것으로 보아 긍정적으로 평가하는 견해도 있지만,[51] 전원일치율이 높은 것은 대법원 구성의 다양화에 실패한 때문이라고 부정적으로 평가하는 견해도 있다.[52] 또한 전원일치율이 낮아진 것에 대하여 획일성을 완화하고 판결의 절차적 정당성을 개선했다고 긍정적으로 평가하는 견해가 있다.[53]

필요적으로 전원합의체 재판을 선고해야만 하는 사건이 아님에도 전원합의체 재판으로 선고하면 부정적인 효과가 생길 우려도 있다. 첫째, 하급심 법관들을 사실상 통제하여 전원합의체 재판과 다른 판단을 봉쇄하는 효과가 생길 수 있다.[54] 둘째, 후임 대법관들의 판단을 선취하는 효과가 있다. 소부 판결로 선고했다면 후임 대법관들이 적정한 시기에 판례를 변경할 수 있는데, 전원합의체 재판으로 선고해버리면 최소한 10년 이상은 후임 대법관들이 다른 판단을 하는 것이 사실상 불가능하게 된다. 전원합의체 재판으로 선언한 법리를 다시 전원합의체 재판으로 폐기하거나

51 법률신문(주 47).

52 경향신문(주 36).

53 한국일보, "김명수 대법원 6년 판결 결산…'다양했지만, 다소 소심했다'"(2023. 8. 30.) <https://www.hankookilbo.com/News/Read/A2023083014040005285>; 유승익(주 36), 41.

54 권석천(주 22), 20.

변경한 예들[55]을 살펴보면, 최소한 11년 이상 걸렸음을 확인할 수 있다. 성문법 국가인 대한민국은 전원일치 판결이 자칫 토론의 여지를 없애는 부작용을 일으킬 수 있으며, 대법원은 논의의 장을 열어주는 역할도 해야 하므로 다수의견과 함께 소수의견이 있는 것이 나은 측면이 있다.[56]

다. 1인 소수의견

1) 대법관은 전원합의체 재판을 통해 1인만의 소수의견이라도 이를 발표할 권한과 책무가 있다. 의견이 12 대 1로 갈린 경우

---

55 일정한 임금 항목의 통상임금 해당 여부에 관하여 대법원 2024. 12. 19. 선고 2020다247190 전원합의체 판결과 같은 날 선고 2023다302838 전원합의체 판결로 대법원 2013. 12. 18. 선고 2012다89399 전원합의체 판결 및 같은 날 선고 2012다94643 전원합의체 판결을 변경한 예, 성별정정 사건에서 대법원 2022. 11. 24. 선고 2020스616 전원합의체 결정으로 대법원 2011. 9. 2. 선고 2009스117 전원합의체 결정을 변경한 예, 양심적 병역거부 사건에서 대법원 2018. 11. 1. 선고 2016도10912 전원합의체 판결로 대법원 2004. 7. 15. 선고 2004도2965 전원합의체 판결을 변경한 예, 제사주재자 사건에서 대법원 2023. 5. 11. 선고 2018다248626 전원합의체 판결로 대법원 2008. 11. 20. 선고 2007다27670 전원합의체 판결을 변경한 예, 공제 후 과실상계 방식 관련 대법원 2022. 3. 24. 선고 2021다241618 전원합의체 판결로 대법원 2002. 3. 21. 선고 2000다62322 전원합의체 판결을 변경한 예, 채권양도 후 양도인이 채권추심하여 금전을 소비한 경우 횡령죄 성립 여부 관련 대법원 2022. 6. 23. 선고 2017도3829 전원합의체 판결로 대법원 1999. 4. 15. 선고 97도666 전원합의체 판결을 변경한 예, 도시일용노동의 가동연한 관련 대법원 2019. 2. 21. 선고 2018다248909 전원합의체 판결로 대법원 1989. 12. 26. 선고 88다카16867 전원합의체 판결을 변경한 예 등.

56 권석천(주 22), 133.

만을 기준으로 1인 소수의견을 개진한 현황은 다음과 같다. 윤관 코트에서 2건(박만호, 박준서 각 1건), 최종영 코트에서 5건(이강국, 이용우, 윤재식, 김영란, 송진훈 각 1건), 이용훈 코트에서 9건(김황식, 박시환, 손지열, 이강국, 양승태, 박일환, 양창수, 안대희, 김영란 각 1건), 양승태 코트에서 9건(전수안, 박보영, 조희대, 신영철, 안대희 각 1건, 김창석, 민일영 각 2건), 김명수 코트에서 12건(조희대 1건, 박상옥, 이기택 각 2건, 이동원 3건, 김재형 4건)이 있었다.

의견이 셋 이상으로 갈린 경우 1인 의견을 개진한 현황은 다음과 같다. 윤관 코트에서 박준서 3건, 이용훈 2건, 배만운·천경송·박만호 각 1건이다. 최종영 코트에서 송진훈 2건, 손지열·강신욱·조무제·윤재식·이용우·유지담 각 1건이다. 이용훈 코트에서 박시환 3건, 강신욱·신영철·김능환·김영란·전수안·이홍훈·양승태 각 1건이다. 양승태 코트에서 권순일 4건, 조희대·이기택 각 2건, 전수안·신영철·김용덕·김창석·김재형 각 1건이다. 김명수 코트에서 김재형 6건, 조희대·안철상 각 4건, 박상옥·이기택·민유숙·김선수 각 3건, 김신·권영준 각 1건이다.

전체적으로 김재형 대법관 11건, 조희대 대법관 8건, 이기택 대법관 7건, 박상옥 대법관 5건, 박준서·박시환·권순일·안철상 대법관 각 4건, 김영란·전수안·송진훈·김창석·민유숙·김선수·이동원 대법관 각 3건 순이다. 30년간 통틀어 1인 소수의견을 가장 많이 쓴 대법관 1위부터 4위까지가 모두 김명수 코트에서 나왔다. 그만큼 김명수 코트에서 대법관들이 자유롭게 토론하고 의견을 발표할 수 있었음을 알 수 있다.

2) 1인 소수의견의 가치에 대하여 민문기 대법원판사[57]는 "한 마리 제비로서는 능히 당장에 봄을 이룩할 수 없지만, 그가 전한 봄, 젊은 봄은 오고야 마는 법. 소수의견을 감히 지키려는 이유가 여기에 있는 것이다."라고 시적(詩的)으로 표현했다.[58] '한 마리 제비론'이라 칭할 수 있는데, 한 마리 제비는 봄이 오기 전에 먼저 와서 미리 봄을 알리는 선구자적 제비도 있으나, 겨울이 와서 다른 제비들은 모두 남쪽으로 떠났는데 홀로 겨울이 온 줄 모르고 남아 있는 경로의존(path dependence)형 제비도 있다. 한 마리 제비가 그 어느 쪽이라고 하더라도 거리낌 없이 자기 의견을 밝히고 쓸 수 있는 것이 바로 대법원 전원합의체 재판의 건강성과 포용성을 증명하는 증표라고 할 수 있다.

---

57 민문기 대법원판사는 1969. 9.부터 1980. 8.까지 전원합의체 형사사건 26건 중 12건(46.1%)에서 소수의견을 개진했다(사형 반대 소수의견, 김재규 사건 내란 목적 살인 부분 무죄 취지 소수의견 등).

58 대법원 1977. 9. 28. 선고 77다1137 전원합의체 판결의 15 대 1 소수의견 중.

라. 7 대 6 또는 6 대 5 사건(1표 차이로 결론이 갈린 사건)

전원합의체 재판은 다수결로 결정하기 때문에 다수의견이 법정의견이 되고 소수의견은 별개 또는 반대의견에 그친다. 13명의 과반수인 7명이 확보되어야 다수의견으로서 성립할 수 있다. 치열한 논의와 토론 끝에 단 한 표 차이로 사회적으로 매우 중요하고도 확고한 판례가 변경되는 경우도 종종 있었다.

윤관 코트에서 4건이 있다. ① 앞서 본 대법원장이 6인 소수의견에 가담한 2건과 ② 대법원 1994. 3. 22. 선고 93다9392.9408 전원합의체 판결과 ③ 대법원 1995. 10. 17. 선고 94누14148 전원합의체 판결이다. ②판결은 부동산의 소수지분권자가 그 부동산을 점유하고 있는 다른 소수지분권자를 상대로 보존행위로서 공유물의 인도나 명도를 청구할 수 있는지 여부에 대하여 긍정설 7명, 부정설 6명으로 견해가 갈렸다. ③판결은 행정처분에 효력기간이 정하여져 있는 경우 처분의 효력 또는 집행이 정지되지 않은 채 기간이 경과한 후에 그 처분의 취소를 구할 법률상의 이익이 있는지 여부에 관하여 소극적 견해(판례 유지) 7명, 적극적 견해(판례 변경) 6명으로 의견이 나뉘었다.

최종영 코트에서 3건이 있다. ① 앞서 본 대법원장이 6인 소수의견에 가담한 여성 종중원 자격을 불인정하는 관습법의 무효 여부에 관한 사건 2건(한 건 미간행)과 ② 대법원 2002. 2. 21. 선고 2001도2819 전원합의체 판결이다. 위 판결은 송진훈·윤재식 두 대법관이 회피한 상태에서 후보자의 배우자가 선거사무원에게 유권자 제공용으로 금전을 교부한 행위가 '기부행위'에 해당하는지 여부에 관하여 적극적 견해 6명, 소극적 견해 5명으로 나뉘었다.

이용훈 코트에서는 5건이 있다. ① 대법원 2006. 11. 16. 선고 2006도4549 전원합의체 판결은 정부투자기관 임원인 한국수자원공사 사장이 변호사법 제111조에서 정한 '법령에 의하여 공무원으로 보는 자'에 해당하는지 여부에 관하여 소극적 견해(판례 변경)가 다수의견이 되었다. ② 대법원 2009. 5. 29. 선고 2007도4949 전원합의체 판결은 삼성에버랜드 전환사채 관련 이건희 회장 형사사건으로 이용훈 대법원장은 변호사 시절에 피고인을 변호한 이유로, 안대희 대법관은 검사 시절에 피고인을 수사한 이유로 회피한 상태에서, 5 대 5로 의견이 갈렸는데 양승태 대법관이 별개의견으로 상고기각(원심 무죄) 의견을 제시하여 6 대 5로 상고기각판결을 선고했다. ③ 대법원 2009. 7. 16. 선고 2005모472 전원합의체 결정은 재심사유인 '증거가 새로 발견된 때'와 관련하여 증거가 법원뿐만 아니라 재심청구 피고인에게도 새로워야 하는지 여부에 대해 적극적인 견해(판례 변경)가 다수의견이 되었다. ④ 대법원 2011. 7. 21. 선고 2010두23644 전원합의체 판결은 원인행위인 매매계약이 무효인 경우 예외적으로 양도소득세 과세 대상으로 인정할 것인지 여부가 쟁점이 되어 적극설의 견해(판례 변경)가 다수의견이 되었다. ⑤ 대법원 2011. 9. 2. 선고 2009다52649 전원합의체 판결은 문화방송 'PD수첩' 광우병 소고기 보도 사건에서 의견이 7 대 6으로 갈렸다.

양승태 코트에서는 5건이 있다. ① 대법원 2012. 4. 19. 선고 2010도6388 전원합의체 판결은 전교조 (1, 2차)시국선언 사건으로 7(1차, 2차 모두 유죄 취지) 대 5(1차, 2차 모두 무죄 취지) 대 1(1차 유죄, 2차 무죄 취지)의 의견 분포로서 2차 시국선언에 대하여 6명이 다수의견에 반대했다. ② 대법원 2014. 8. 21. 선고 2010다92438 전원합의체 판결은 강원랜드 카지노 이용자의 이익을 위한 카지노사업자의 보호의무나 배려의무 인정 여부와 관련하여 원칙적인 소극 견해가 다수의견이 되었다. ③ 대법원 2015. 6. 25. 선고 2014다5531 전원합의체 판결은 국립대학 기성회가 기성회비를 납부받은 것이 '법률상 원인 없이' 타인 재산으로 이익을 얻은 경우 해당하는지 여부와 관련하여 소극적 견해가 다수의견이 되었다. ④ 대법원 2015. 9. 15. 선고 2013므568 전원합의체 판결은 민법 제840조 제6호 이혼사유에 관하여 유책배우자의 이혼청구 허용 여부와 관련하여 판례를 유지하는 원칙적인 소극적 견해가 다수의견이 되었다. ⑤ 대법원 2017. 2. 16. 선고 2016도13362 전원합의체 판결은 사기죄 성립에 피기망자의 처분결과에 대한 인식 필요 여부(서명사취 사안의 경우)에 관하여 소극적 견해로서 판례 변경 의견이 다수의견이 되었다.

김명수 코트에서는 4건이 있다. ① 대법원 2019. 11. 21. 선고 2015두49474 전원합의체 판결은 시민방송 다큐멘터리 '백년전쟁' 관련 방송통신위원회의 제재조치명령취소청구 사건에서 제재조치명령이 위법하다는 견해가 다수의견이 되었다. ② 대법원 2020. 6. 18. 선고 2016두43411 전원합의체 판결은 구「상속세 및 증여세법」의 상장주식 시가평가 조항을 준용한 구 소득세법 시행령 제167조 제5항의 위헌·위법 여부와 관련하여 소극적 견해가 다수의견이 되었다. ③ 대법원 2022. 7. 21. 선고 2018다248855(본소), 248862(반소) 전원합의체 판결은 손해배상액의 예정에 관한 민법 제398조 제2항을 유추적용하여 위약벌을 감액할 수 있는지 여부에 관하여 소극적 견해에서 판례를 유지하는 의견이 다수의견이 되었다. ④ 대법원 2023. 5. 11. 선고 2017다35588, 35595(병합) 전원합의체 판결은 취업규칙 불이익변경 시 사회통념상 합리성 법리 판례를 변경하는 견해가 다수의견이 되었다.

7. 대법관의 이념성향 분석

가. 동아일보와 서울대학교 빅데이터연구원 한규섭 교수는 2016년, 2020년, 2023년 3회에 걸쳐 미국 연방대법관들의 정치적 성향 분석에 활용되는 잠재변수 모형을 활용하여 전원합의체 재판을 토대로 대법관들의 이념 성향을 분석했다. 2016년에는

35명의 대법관을 대상으로 190건의 전원합의체 재판을 분석했고,[59] 2020년에는 46명의 대법관을 대상으로 274건의 전원합의체 재판을 분석했으며,[60] 2023년에는 50명의 대법관을 대상으로 325건의 전원합의체 재판을 분석했다.[61] 다수의견, 반대의견, 별개의견 등 3가지 유사성을 근거로 개별 대법관 성향을 추정하는 '다자간 상대적 위치 분석' 방법을 사용했는데, 각 대법관의 의견 유사성에 근거해 판결 성향을 추정하는 방식으로 유사한 판결을 많이 하는 대법관들에게 가까운 점수를 부여함으로써 판결에 대한 연구자의 주관적인 판단 개입의 여지를 완전히 배제했다고 한다. 분석 값은 2023년의 경우 대법관 50명의 평균값 0을 기준으로 점수가 낮을수록 진보 성향이고, 높을수록 보수 성향이라고 한다.

대법관이 구체적인 사건을 판결할 때 성향 지수를 염두에 두는 경우는 없다. 해당 사안에서 정의롭고 구체적 타당성 있는 결론과 이유는 무엇인가 만을 고려하여 판단한다. 다만 결과적으로 사후 분석을 통해 어떻게 평가되는가 하는 것은 충분히 음미할 가치 있다.

---

59 동아일보, "'현직 대법관 이념성향' 오른쪽 끝 고영한, 왼쪽 끝엔 이인복"(2016. 6. 28.), <https://www.donga.com/news/article/all/20160628/78894485/1>.

60 동아일보, "문 대통령 임명 진보 대법관 5명, 판결 38건 중 27건서 같은 의견"(2020. 9. 23.), <https://www.donga.com/news/article/all/20200923/103060252/1>.

61 동아일보, "김명수 제청 대법관 3명, '진보성향 톱 10'에"(2023. 10. 4.), <https://v.daum.net/v/20231004030130772>.

2023년의 분석 결과를 도표로 나타낸 것이 다음 표이다.[62]

© 동아일보

62 동아일보(주 61).

나. 이용훈 코트에서 이른바 독수리 5남매로 불린 5명의 대법관(김영란, 박시환, 김지형, 이홍훈, 전수안)은 2006. 7.부터 2010. 8.까지 함께 근무하면서 진보적인 견해를 피력하며 대법원에 새바람을 불러일으켰다.[63] '다섯'이라는 최소한의 숫자가 확보되면서 논쟁다운 논쟁이 펼쳐졌고, 그들의 소수의견은 다수의견과 맞서고 부딪히면서 다수의견을 변화시켰고, 판례를 변화시켰으며, 사회를 변화시켰다.[64] 다섯 대법관이 같은 의견을 취한 경우도 있었지만, 의외로 일부가 다른 의견을 취한 경우도 자주 있었다.

다섯 대법관이 같은 의견으로 7 대 5 소수의견을 밝힌 사건은 2007년 상반기에 선고한 ① 대법원 2007. 3. 22. 선고 2005추62 전원합의체 판결(울산 북구청장의 파업 참가 공무원에 대한 승진처분에 대한 울산광역시장의 직권취소처분취소청구 사건)과 ② 대법원 2007. 5. 17. 선고 2006다19054 전원합의체 판결[임시이사 선임 전에 퇴임한 최후 정식이사들에게 이사회결의의 하자를 다툴 소의 이익을 인정할 것인지 여부(적극)와 구 사립학교법상 임시이사에게 정식이사 선임 권한이 있는지 여부(소극)] 2건이 있다. ③ 대법원 2009. 10. 22. 선고 2009도7436 전원합의체 재판에

---

63 이춘재·김남일(주 8), 38~45.; 권석천(주 22), 83.

64 권석천(주 22), 469.

서는 이홍훈 대법관이 별개의견, 나머지 네 대법관이 반대의견을 개진했다.

독수리 5남매 이외의 대법관이 가담하여 다수의견이 될 가능성이 있었지만 독수리 5남매 구성원 중 일부가 다른 의견을 취하는 바람에 결국 소수의견에 그친 사건들도 있다. ① 대법원 2007. 2. 15. 선고 2005도9546 전원합의체 판결은 조세 확정에 지장을 초래하지 않으면서 징수만 불가능하게 하거나 현저히 곤란하게 하는 경우 조세포탈죄가 성립하는지 여부에 관하여 박일환 대법관이 소극적 견해에 동의했으나, 이홍훈 대법관이 다수의견에 가담하는 바람에 5명 소수의견에 그쳤다. ② 대법원 2007. 9. 28. 선고 2005두12572 전원합의체 판결은 출·퇴근 중 재해의 산업재해 해당 여부 쟁점에 관하여 김능환 대법관이 판례 변경의 견해에 가담했으나 이홍훈 대법관이 다수의견에 가담하는 바람에 5명 소수의견에 그쳤다. ③ 대법원 2009. 5. 29. 선고 2007도4949 전원합의체 판결은 삼성에버랜드 전환사채 관련 이건희 회장 형사사건에서 이용훈 대법원장과 안대희 대법관이 회피한 상태에서 김능환 대법관이 유죄 취지 의견에 가담함으로써 독수리 5남매만 의견이 일치하면 6명 다수의견을 형성할 수 있었으나 김지형 대법관이 다른 의견을 취해 5 대 5가 되었고, 양승태 대법관이 별개의견으로 무죄 취지 의견을 밝힘으로써 6 대 5의 소수의견에 머물렀다.[65] ④ 대법원 2009. 7. 16. 자 2005모472 전원합의체 결정은 재심사유인 '증거가 새로 발견된 때'와 관련하여 증거가 법원뿐만 아니라 재심청구 피고인에게도 새로워야 하는지 여부에 대해 박일환, 김능환 대법관이 소극설의 견해에 가담했으나 이홍훈 대법관이 적극설에 가담하고 대법원장이 적극설의 견해에 가담함으로써 6명 소수의견에 머물고 말았다.

위 예에서 보듯이 이홍훈 대법관과 김능환 대법관은 구체적 사건에 따라 진보와 보수를 오가며 표결을 했는데, 언론은 두 대법관을 미국 연방대법원의 샌드라 데이 오코너 전 대법관처럼 '스윙보터(swing voter·균형추)'로서의 역할을 했다고 평가했다.[66]

다. 2006. 3.부터 2023. 7.까지 대법관 50명을 대상으로 분석한 대법관 판결 이념성향 지수에서 김영란 대법관은 가장 진보적으로 평가되었고, 안대희 대법관은 가장 보수적으로 평가되었다. 김영란 대법관과 안대희 대법관은 이용훈 코트에 해당하는 2006. 7.부터 2010. 8.까지 4년 1개월간 같이 근무했다. 김영란 대법관과 안대희 대법관이 같이 참여한 전원합의체 재판의 수는 65건이다. 그 중 전원일치 사건 25건, 김영란 대법관과 안대희 대법관이

---

65 권석천(주 22), 341~355.

66 동아일보(주 30).

모두 다수의견 11건, 모두 소수의견 1건으로 두 대법관의 의견이 일치한 사건이 37건이다. 의견이 나뉜 28건 중에서 김영란 대법관 다수의견, 안대희 대법관 소수의견이 15건, 김영란 대법관 소수의견, 안대희 대법관 다수의견이 12건이다. 나머지 1건은 하나의 쟁점에 대해서는 김영란 대법관이 소수의견이고 안대희 대법관이 다수의견이며, 다른 하나의 쟁점에 대해서는 김영란 대법관이 다수의견이고 안대희 대법관이 소수의견이다.

라. 김명수 코트에서 견해가 다른 대표적인 두 사람으로 대법관 임명일자와 연수원 기수가 같은 김선수 대법관과 이동원 대법관을 꼽는다. 법률신문에서는 전원합의체 재판에서 두 대법관의 의견이 어떻게 나뉘었는지 전수조사 했다. 그 결과 두 대법관이 함께 참여한 105건의 전원합의체 재판 중 전원일치 사건이 19건이고, 나머지 86건 중에서 두 대법관이 정반대 견해인 사건이 45건(52.3%)이고, 같은 견해인 사건이 41건(47.7%)이었다. 견해가 갈린 45건 중 '김선수 대법관 다수 vs 이동원 대법관 소수' 사건이 27건, '이동원 대법관 다수 vs 김선수 대법관 소수' 사건이 18건이다. 같은 견해의 41건 중 함께 다수의견인 사건이 35건, 함께 소수의견인 사건이 4건이고, 나머지 2건은 모두 소수(반대)의견이나 구체적 반대 이유와 내용이 다른 것이다.[67]

---

67 법률신문, "진보·보수 상징 두 대법관…절반은 '함께' 절반은 '따로'"(2024. 8. 10), <https://www.lawtimes.co.kr/news/200473>.

이렇게 견해가 다른 다양한 대법관들로 구성된 대법원에서 풍부한 논의와 토론을 통해 전원합의체 재판을 했던 것이다. 우리나라 대법원 전원합의체의 토론과 그 결과물인 전원합의체 재판은 세계 어디에 내놓아도 손색이 없는 최상의 수준이라고 할 수 있다. 치열하게 토론하되 상대방을 존중하고, 그 결과를 완성도 높은 판결로 완성한 것이다.

V. 맺음말

제12대 윤관 대법원장에 의하여 군사정부 시기에 왜곡되었던 사법부가 정상화되었고, 1994. 9. 1. 심리불속행제도를 도입한 이후 대법원의 조직과 상고제도의 기본 틀이 그대로 유지되고 있으며, 대법원장들이 6년의 임기를 무사히 마치는 관행이 정립되었다. 윤관 코트부터 김명수 코트까지 30년간 선고된 모든 전원합의체 재판을 대상으로 주문과 판단 유형, 소수의견의 분포, 주심대법관 등의 측면에서 형식적이고 통계적인 분석을 했다. 기본적인 자료로서 30년간 전원합의체 재판에 참여한 대법관의 목록, 전체 전원합의체 재판 목록(사건번호와 사건명 및 선고일, 주문과 유형, 소수의견 분포, 주심대법관), 공개변론 사건 목록을 별표로 첨부하여 추가적인 연구를 하는 데 사용될 수 있도록 했다.

이번 분석을 통하여 다음과 같은 사실들을 확인하고 시사점을 얻었다.

첫째, 30년간 대법원장 재임기간별로 선고된 전원합의체 재판의 수는 최저 최종영 코트 65건에서 최고 양승태 코트와 김명수 코트 각 116건으로 증가했다. 1년에 두 달을 제외하고 매월 1회씩 10회 전원합의체 합의를 한다고 할 경우 1달에 1건에서 2건으로 증가했다. 1달에 2건의 전원합의체 재판을 선고하는 것은 사건수와 담당 업무량을 고려하면 적지 않다고 할 수 있으나, 합의를 효율적으로 진행한다면 1달에 2.5건 내지 3건씩, 1년에 25건 내지 30건, 6년의 임기동안 150건 내지 180건 정도 선고하는 것이 가능할 것으로 보인다. 공개변론의 필요성과 긍정적 기능에 비추어 보면 1년에 2회 정도씩 전원합의체 사건의 공개변론을 진행하는 것이 바람직하다.

둘째, 대법원장이 항상 다수의견에 가담하는 것은 아니고 소수의견에 가담하는 경우도 있었다. 각 대법원장의 가치관과 성향에 따른 것으로 평가할 수 있다.

셋째, 모든 대법원장 임기 중에 45건 이상의 판례 변경이 있었다. 판례 변경은 시대의 변화에 부응하는 의미가 있는 것으로 평가할 수 있는데, 대법원이 시대 변화에 부응하고자 꾸준히 노력해왔음을 알 수 있다.

넷째, 판례를 변경하거나 시행령 등의 무효를 선언하는 내용의 전원합의체 재판 중에서 주문이 상고기각인 경우가 상당히 있었다. 대법원이 항소심의 판단을 받아들여 판례를 변경하거나 시행령 등의 무효를 선언했다는 의미인데, 하급심이 대법원의 판례 변경 등을 견인하거나 시행령 등에 대한 헌법적 판단에 충실했다고 평가할 수 있다. 하급심의 중요성을 보여주는 상징적인 수치라고 할 수 있다.

다섯째, 대법원 구성이 비교적 다양화되었다고 평가되는 이용훈 코트와 김명수 코트에서 활발한 논쟁과 토론이 전개되었고, 사법적극주의적 판단이 나왔다는 것이 일반적인 평가이다.[68] 최고법원인 대법원에서 다양한 의견이 자유롭게 교환되고 진지한 토론을 거쳐 전원합의체 재판서를 작성함으로써 표현의 자유와 수준 높은 토론의 모범을 보이고, 그에 따라 사회 전체 차원에서도 표현의 자유와 관용과 포용의 수준을 크게 제고했으며 나아가 실질적 민주주의 수준을 끌어올렸다.

여섯째, 김명수 코트에서 이전 대법원장 시기보다 전원일치 비율이 절반 이하로 크게 감소했으나, 이는 그만큼 대법관들이 다양하게 구성되었고 대법관 각각의 의견을 자유롭게 개진하는 분위기가 형성되었기 때문으로 평가할 수 있다.

---

68 참여연대(주 32), 41.

별표 1

윤관 코트부터 김명수 코트까지

전원합의체 재판 참여 대법관 명단

순	대법관	임기	출신 직역	대학	시험	비고
1	배만운	1988. 7.~1994. 7.	판사	전남대	고시 9회	
2	안우만	1988. 7.~1994. 7.	판사	서울대	고시 11회	
3	김용준	1988. 7.~1994. 7.	판사	서울대	고시 9회	
4	윤영철	1988. 7.~1994. 7.	판사	서울대	고시 11회	
5	김상원	1988. 7.~1994. 7.	판사	서울대	고시 8회	
6	김주한	1988. 7.~1994. 7.	검사	서울대	고시 11회	
7	김석수	1991. 1.~1997. 1.	판사	연세대	고시 10회	
8	박만호	1991. 9.~1997. 9.	판사	서울대	고시 13회	
9	최종영	1992. 8.~1998. 8.	판사	서울대	고시 13회	1993. 10.~ 1997. 1. 법원행정처장
10	천경송	1993. 3.~1999. 2.	판사	서울대	고시 13회	
	윤관	1993. 9.~1999. 9.	판사	연세대	고시 10회	12대 대법원장
11	정귀호	1993. 10.~1999. 10.	판사	서울대	고시 15회	
12	안용득	1993. 10.~1999. 10.	판사	서울대	고시 13회	1997. 1.~ 1999. 9. 법원행정처장
13	박준서	1993. 10.~1999. 10.	판사	서울대	고시 15회	
14	이돈희	1994. 7. ~ 2000. 7.	판사 → 변호사	서울대	고시 13회	

순	대법관	임기	출신 직역	대학	시험	비고
15	**김형선**	1994. 7. ~ 2000. 7.	판사	서울대	고시 14회	
16	**지창권**	1994. 7. ~ 2000. 7.	검사	서울대	사시 1회	
17	**신성택**	1994. 7. ~ 2000. 7.	판사	서울대	고시 16회	
18	**이용훈**	1994. 7. ~ 2000. 7.	판사	서울대	고시 15회	
19	**이임수**	1994. 7. ~ 2000. 7.	판사	서울대	사시 1회	
20	**송진훈**	1997. 2. ~ 2003. 2.	판사	서울대	고시 16회	
21	**서성**	1997. 9. ~ 2003. 9.	판사	서울대	사시 1회	
22	**조무제**	1998. 8. ~ 2004. 8.	판사	동아대	사시 4회	
23	**변재승**	1999. 2. ~ 2005. 2.	판사	서울대	사시 1회	1999. 9.~ 2001. 11. 법원행정처장
	최종영	1999. 9. ~ 2005. 9.	판사	서울대	고시 13회	13대 대법원장
24	**유지담**	1999. 10.~2005. 10.	판사	고려대	사시 5회	
25	**윤재식**	1999. 10.~2005. 10.	판사	서울대	사시 4회	
26	**이용우**	1999. 10.~2005. 10.	판사	서울대	사시 2회	
27	**배기원**	2000. 7. ~ 2005. 11.	판사	영남대	사시 5회	
28	**강신욱**	2000. 7. ~ 2006. 7.	검사	서울대	사시 9회	
29	**이규홍**	2000. 7. ~ 2006. 7.	판사	서울대	사시 8회	
30	**이강국**	2000. 7. ~ 2006. 7.	판사	서울대	사시 8회	2001. 11.~ 2003. 9. 법원행정처장
31	**손지열**	2000. 7. ~ 2006. 7.	판사	서울대	사시 9회	2003. 9.~ 2005. 10. 법원행정처장
32	**박재윤**	2000. 7. ~ 2006. 7.	판사	서울대	사시 9회	
33	**고현철**	2003. 2. ~ 2009. 2.	판사	서울대	사시 10회	

순	대법관	임기	출신 직역	대학	시험	비고
34	김용담	2003. 9. ~ 2009. 9.	판사	서울대	사법연수원 1기	2008. 1.~ 2009. 6. 법원행정처장
35	김영란	2004. 8. ~ 2010. 8.	판사	서울대	11기	여성
36	양승태	2005. 2. ~ 2011. 2.	판사	서울대	2기	
	이용훈	2005. 9. ~ 2011. 9.	판사	서울대	고시 15회	14대 대법원장
37	김황식	2005. 11. ~ 2008. 7.	판사	서울대	4기	
38	박시환	2005. 11.~2011. 11.	판사	서울대	12기	
39	김지형	2005. 11.~2011. 11.	판사	원광대	11기	
40	이홍훈	2006. 7. ~ 2011. 5.	판사	서울대	4기	
41	박일환	2006. 7. ~ 2012. 7.	판사	서울대	5기	2009. 6.~ 2011. 10. 법원행정처장
42	김능환	2006. 7. ~ 2012. 7.	판사	서울대	7기	
43	전수안	2006. 7. ~ 2012. 7.	판사	서울대	8기	여성
44	안대희	2006. 7. ~ 2012. 7.	검사	서울대	7기	
45	차한성	2008. 3. ~ 2014. 3.	판사	서울대	7기	2011. 10.~ 2014. 2. 법원행정처장
46	양창수	2008. 9. ~ 2014. 9.	판사 → 교수	서울대	6기	
47	신영철	2009. 2. ~ 2015. 2.	판사	서울대	8기	
48	민일영	2009. 9. ~ 2015. 9.	판사	서울대	10기	
49	이인복	2010. 9. ~ 2016. 9.	판사	서울대	11기	
50	이상훈	2011. 2. ~ 2017. 2.	판사	서울대	10기	

순	대법관	임기	출신 직역	대학	시험	비고
51	**박병대**	2011. 6. ~ 2017. 6.	판사	서울대	12기	2014. 2.~2016. 2. 법원행정처장
	양승태	2011. 9. ~ 2017. 9.	판사	서울대	2기	15대 대법원장
52	**김용덕**	2012. 1. ~ 2018. 1.	판사	서울대	12기	
53	**박보영**	2012. 1. ~ 2018. 1.	판사 → 변호사	한양대	16기	여성
54	**고영한**	2012. 8. ~ 2018. 8.	판사	서울대	11기	2016. 2.~ 2017. 5. 법원행정처장
55	**김창석**	2012. 8. ~ 2018. 8.	판사	고려대	13기	
56	**김신**	2012. 8. ~ 2018. 8.	판사	서울대	12기	
57	**김소영**	2012. 11.~2018. 11.	판사	서울대	19기	2017. 7.~ 2018. 1. 법원행정처장 /여성
58	**조희대**	2014. 3. ~ 2020. 3.	판사	서울대	13기	
59	**권순일**	2014. 9. ~ 2020. 9.	판사	서울대	14기	
60	**박상옥**	2015. 5. ~ 2021. 5.	검사	서울대	11기	
61	**이기택**	2015. 9. ~ 2021. 9.	판사	서울대	14기	
62	**김재형**	2016. 9. ~ 2022. 9.	판사→ 교수	서울대	18기	
63	**조재연**	2017. 7. ~ 2023. 7.	판사 → 변호사	성균관대	12기	2019. 2.~ 2021. 5. 법원행정처장
64	**박정화**	2017. 7. ~ 2023. 7.	판사	고려대	20기	여성
	김명수	2017. 9. ~ 2023. 9.	판사	서울대	15기	16대 대법원장

순	대법관	임기	출신 직역	대학	시험	비고
65	**안철상**	2018. 1. ~ 2024. 1.	판사	건국대	15기	2018. 1.~ 2019. 1. 법원행정처장
66	**민유숙**	2018. 1. ~ 2024. 1.	판사	서울대	18기	여성
67	**김선수**	2018. 8. ~ 2024. 8.	변호사	서울대	17기	
68	**이동원**	2018. 8. ~ 2024. 8.	판사	고려대	17기	
69	**노정희**	2018. 8. ~ 2024. 8.	판사	이화여대	19기	여성
70	**김상환**	2018. 12.~2024. 12.	판사	서울대	20기	2021. 5.~ 2024. 1. 법원행정처장
71	**노태악**	2020. 3. ~	판사	한양대	16기	
72	**이흥구**	2020. 9. ~	판사	서울대	22기	
73	**천대엽**	2021. 5. ~	판사	서울대	21기	2024. 1.~ 법원행정처장
74	**오경미**	2021. 9. ~	판사	서울대	25기	여성
75	**오석준**	2022. 11. ~	판사	서울대	19기	
76	**서경환**	2023. 7. ~	판사	서울대	21기	
77	**권영준**	2023. 7. ~	판사 → 교수	서울대	25기	

별표 2

윤관 코트 전원합의체 재판 목록

부	순	사건번호	사건명 / 유형	판결일자 / 소수의견	판결결과 / 주심
민사	1	93마524	소송이송	1993. 12. 6.	재항고기각
			기타	3	배만운
	2	92다46226	임대료	1993. 12. 21.	파기환송
			변경	2	김용준
	3	92다47861	채무부존재확인	1993. 12. 21.	상고기각
			변경	0	윤영철
	4	93다16338	근저당권설정등기말소	1994. 1. 25.	파기환송
			변경	0	박만호
	5	93다13605	손해배상(기)	1994. 2. 8.	상고기각
			변경	0	김상원
	6	93다9392·9408(반)	소유권이전등기	1994. 3. 22.	파기환송
			기타	6 / 1(배만운)	김용준
	7	93다46360	건물철거 등	1994. 3. 22.	상고기각
			변경	0	김상원
	8	93다24223	양수금	1994. 4. 26.	파기자판
			변경	0	박준서
	9	92다35783	지장물세목조서명의변경	1994. 5. 24.	파기환송
			변경	5	박준서

부	순	사건번호	사건명	판결일자	판결결과
			유형	소수의견	주심
민사	10	94마83	부동산경락허가결정	1994. 5. 26.	재항고기각
			기타	4	김석수
	11	93다21514	손해배상(기)	1994. 11. 8.	파기환송
			변경	0	박만호
	12	93다951	부당이득금	1994. 12. 13.	상고기각
			기타	0	박만호
	13	94마1961	낙찰허가결정	1995. 1. 20.	이송
			변경	2	이용훈
	14	93다37342	손해배상(기)	1995. 1. 24.	상고기각
			시행령 무효	0	이용훈
	15	93재다27·34	건물철거	1995. 2. 14.	재심각하
			기타	3:03	박준서
	16	93다47745	소유권이전등기	1995. 3. 28.	파기환송
			변경	3	천경송
	17	94재다260	보상금	1995. 4. 25.	재심기각
			변경	5	정귀호
	18	94다17956	소유권이전등기	1995. 4. 25.	상고기각
			변경	1(박준서) : 4	박만호
	19	94다28444	소유권확인	1995. 5. 23.	상고기각
			변경	0	이돈희
	20	94다34265	건물명도	1995. 7. 11.	파기환송
			변경	0	박만호

부	순	사건번호	사건명	판결일자	판결결과
			유형	소수의견	주심
민사	21	93다26168	퇴직금	1995. 7. 11.	상고기각
			변경	3	이용훈
	22	94다56852	보험금	1995. 11. 16.	파기환송
			변경	0	김석수
	23	94다26721	임금	1995. 12. 21.	파기환송
			변경	3	박만호
	24	95다38677	손해배상(자)	1996. 2. 15.	파기환송
			변경	4:02	박만호
	25	94다31235	수분양권존재확인	1996. 2. 15.	파기환송
			변경	0	박만호
	26	93다42634	건물철거	1996. 3. 21.	파기환송
			변경	3	이돈희
	27	94다20051	손해배상(자)	1996. 7. 18.	상고기각
			기타	4	김형선
	28	95다5783	해고무효확인	1996. 8. 29.	상고기각
			변경	0	김형선
	29	96마162	공탁공무원처분이의	1996. 10. 1.	재항고기각
			변경	0	박준서
	30	96다12511	토지소유권확인	1996. 10. 17.	상고기각
			변경	0	천경송
	31	94다22927	손해배상(기) 삼청교육대 사건	1996. 12. 19.	파기환송
			기타	4	정귀호

부	순	사건번호	사건명	판결일자	판결결과
			유형	소수의견	주심
민사	32	95다28625	소유권이전등기	1997. 8. 21.	파기환송
			변경	1(박준서) : 1(천경송)	이용훈
	33	96다11747	공탁금출급청구권확인	1997. 10. 16.	상고기각
			기타	5	정귀호
	34	95다57029	소유권이전등기말소	1997. 10. 16.	상고기각
			변경	0	김형선
	35	95다37421	구상금	1997. 12. 16.	상고기각
			변경	0	김형선
	36	95다52710	종중대표자확인	1998. 2. 19.	상고기각
			변경	0	이돈희
	37	95다36466	약속어음금	1998. 4. 23.	상고기각
			변경	6(대법원장)	신성택
	38	95다26476	부당이득금	1998. 4. 23.	상고기각
			기타	5	박준서
	39	97다19403	보험금	1998. 4. 23.	상고기각
			기타	2	이돈희
	40	97다47637	가압류결정취소	1998. 5. 21.	상고기각
			변경	0	송진훈
	41	98다24105	소유권이전등기	1998. 11. 29.	상고기각
			변경	0	박준서

부	순	사건번호	사건명	판결일자	판결결과
			유형	소수의견	주심
민사	42	97다36873	손배해상(자)	1998. 11. 19.	파기환송
			변경	0	정귀호
	43	97다39216	해고무효확인	1998. 12. 17.	파기환송
			변경	0	이용훈
	44	98다32175	소유권이전등기	1999. 3. 18.	파기환송
			변경	5	박준서
	45	96다23184	부당이득금반환	1999. 3. 18.	파기환송
			시행령 무효	0	서성
	46	96다24897	소유권이전등기말소	1999. 4. 15.	파기환송
			변경	1(박준서) : 5	정귀호
	47	97다5015	퇴직금	1999. 5. 12.	파기환송
			변경	0	이돈희
	48	98다58443	소유권이전등기	1999. 6. 17.	파기환송
			기타	4	정귀호
	49	98다40459	소유권이전등기	1999. 6. 17.	상고기각
			기타	5	이용훈
	50	99다23383	수표금	1999. 8. 19.	상고기각
			변경	2	박준서

부	순	사건번호	사건명	판결일자	판결결과
			유형	소수의견	주심
특별	1	93누10316	상속세부과처분취소	1993. 12. 21.	파기환송
			변경	0	김용준
	2	93누8276	조건부자동차운전학원설립 불인가처분취소	1994. 2. 8.	파기환송
			시행령 무효	0	김상원
	3	93누6324	개발부담금부과처분취소	1994. 3. 22.	상고기각
			시행령 무효	0	배만운
	4	93누7495	개발부담금부과처분취소	1994. 3. 22.	상고기각
			시행령 무효	0	김석수
	5	93누11920	토지초과이득세부과 처분취소	1994. 3. 22.	상고기각
			시행령 무효	0	김용준
	6	93누9170	취득세부과처분취소	1994. 4. 26.	파기환송
			조례 무효	0	박만호
	7	92스21	양육자지정 등	1994. 5. 13.	재항고기각
			변경	4	정귀호
	8	93누5666	취득세부과처분취소	1994. 5. 24.	파기환송
			시행규칙 무효	0	정귀호
	9	93므119	친생자관계부존재확인	1994. 5. 24.	상고기각
			변경	0	김용준
	10	92후2274	상표등록무효	1994. 5. 24.	상고기각
			변경	0	배만운
	11	93누21453	개발부담금부과처분취소	1995. 4. 11.	상고기각
			시행령 무효	0	천경송

부	순	사건번호	사건명	판결일자	판결결과
			유형	소수의견	주심
특별	12	93후1834	거절사정	1995. 4. 25.	상고기각
			변경	0	박만호
	13	93누17850	청산금부과처분취소	1995. 4. 25.	파기환송
			조례 무효	0	이돈희
	14	93누23992	법인세부과처분취소	1995. 6. 13.	파기환송
			시행령 무효	0	정귀호
	15	94누13626	청산금부과처분무효확인	1995. 6. 13.	상고기각
			시행령 무효	0	이임수
	16	94누9696	종합토지세부과처분취소	1995. 7. 11.	상고기각
			변경	0	신성택
	17	94누4615	건설업영업정지처분 무효확인	1995. 7. 11.	파기환송
			기타	2	박준서
	18	94누5694	관리처분계획인가처분취소	1995. 8. 22.	상고기각
			기타	0	이돈희
	19	94누14148	영업정지처분취소	1995. 10. 17.	파기환송
			변경	6	신성택
	20	94누4257	택지초과소유부담금부과 처분취소	1995. 11. 16.	파기환송
			기타	4	박만호
	21	95누8850	자동차운전면허취소 처분취소	1995. 11. 16.	파기환송
			변경	0	신성택
	22	94누1449	부가가치세부과처분취소	1995. 12. 21.	상고기각
			기타	5	이용훈

부	순	사건번호	사건명	판결일자	판결결과
			유형	소수의견	주심
특별	23	94누16243	상속세부과처분취소	1996. 2. 15.	상고기각
			시행령 무효	0	박준서
	24	95누3640	취득세부과처분취소	1996. 3. 21.	파기환송
			시행규칙 무효	0	신성택
	25	93누1022	종합토지세부과처분취소	1996. 4. 18.	상고기각
			기타	5	김형선
	26	95누4810	법인정관변경허가처분 무효확인	1996. 5. 16.	상고기각
			변경	0	박준서
	27	95누18864	취득세부과처분취소	1996. 12. 19.	파기환송
			기타	5	정귀호
	28	95누9242	택지초과소유부담금부과 처분취소	1996. 12. 19.	파기환송
			변경	3	이용훈
	29	95누18383	증여세부과처분취소	1997. 3. 20.	파기환송
			기타	1(이용훈) : 4	김형선
	30	96누1382	개발부담금부과처분취소	1997. 3. 20.	상고기각
			기타	4	이용훈
	31	95누8669	임원취임승인취소처분취소	1997. 6. 19.	상고기각
			기타	0	김형선
	32	96누17752	택지초과소유부담금부과 처분취소	1997. 10. 16.	상고기각
			시행령 무효	0	이임수
	33	98두1857	건축허가신청서반려 처분취소	1999. 8. 19.	상고기각
			기타	4	정귀호

부	순	사건번호	사건명	판결일자	판결결과
			유형	소수의견	주심
형사	1	93도2080	강도상해	1994. 3. 22.	상고기각
			기타	6(대법원장)	김주한
	2	94모32	공소기각결정재항고	1994. 12. 20.	파기환송
			기타	4	정귀호
	3	93도839	상표법위반	1996. 5. 16.	상고기각
			변경	0	지창권
	4	94모51	검사압수물처분준항고	1996. 8. 16.	파기환송
			변경	5	김형선
	5	94도2865	가중뇌물수수 등	1996. 10. 17.	파기환송
			기타	2	정귀호
	6	96도1167	공직선거법위반	1997. 3. 20.	파기환송
			기타	1 박만호	박만호
	7	96도3376	반란수괴 등	1997. 4. 17.	상고기각
			기타	1(박만호), 3, 5, 1(이용훈)	정귀호
	8	96도3377	특가(뇌물 등)	1997. 4. 17.	상고기각
			기타	4	정귀호
	9	97도985	국가보안법위반(간첩)	1997. 7. 16.	파기환송
			변경	3	이돈희
	10	96모119	재정신청부심판결정재항고	1997. 11. 20.	재항고기각
			변경	1 박준서	이용훈

부	순	사건번호	사건명	판결일자	판결결과
			유형	소수의견	주심
형사	11	97도2021	국가보안법위반	1997. 11. 20.	파기환송
			기타	4	김형선
	12	97도1716	특정경제가중법위반(국외재산도피)	1998. 3. 26.	상고기각
			변경	0	박준서
	13	98도321	강도상해	1998. 5. 21.	상고기각
			변경	0	이임수
	14	95도2002	뇌물공여 등	1998. 5. 21.	상고기각
			변경	4	송진훈
	15	97도2231	공문서위조 등	1998. 6. 18.	파기환송
			외환관리규정 무효	0	정귀호
	16	98도1759	근로기준법위반	1998. 10. 15.	파기환송
			시행령 무효	0	신성택
	17	98도2816	총포단속법위반	1999. 2. 11.	상고기각
			시행령 무효	0	이용훈
	18	97도666	횡령	1999. 4. 15.	파기환송
			기타	5	송진훈
	19	96도1922	강제추행치상	1999. 4. 15.	상고기각
			기타	4	김형선
	20	99도357	특정범죄가중법위반(절도)	1999. 4. 15.	상고기각
			기타	4	정귀호
	21	95도2870	건축법위반	1999. 7. 15.	상고기각
			기타	4	이돈희

최종영 코트 전원합의체 재판 목록

부	순	사건번호	사건명 / 유형	판결일자 / 소수의견	판결결과 / 주심
민사	1	99마2078	담보취소	1999. 12. 3.	재항고기각
			변경	0	조무제
	2	97다37661	건물철거 등	2000. 3. 16.	상고기각
			기타	3	김형선
	3	95재다199	직위해제·직권면직무효확인	2000. 5. 18.	재심청구 기각
			변경	4	이돈희
	4	98다45652, 45669	건물명도 등	2000. 11. 16.	상고기각
			변경	0	윤재식
	5	98다22253	근저당권등기회복	2000. 11. 16.	파기환송
			변경	0	윤재식
	6	2000마5563	소송비용액확정	2000. 11. 30.	파기환송
			변경	0	박재윤
	7	99다66915	원인무효소유권등기말소	2001. 2. 15.	상고기각
			변경	3	이용우
	8	96다42420	구상금	2001. 2. 15.	파기환송
			변경	1 이용우	윤재식
	9	99다48948	배당이의	2001. 3. 15.	파기환송
			기타	3	송진훈

부	순	사건번호	사건명	판결일자	판결결과
			유형	소수의견	주심
민사	10	2001다8677	채무부존재확인	2001. 9. 20.	파기환송
			기타	3	윤재식
	11	99다37894	소유권이전등기	2001. 9. 20.	파기환송
			변경	3 : 1(송진훈)	윤재식
	12	2000다71388, 71395	소유권이전등기말소	2001. 11. 22.	상고기각
			변경	0	손지열
	13	99다49750	신용장대금예치금	2002. 2. 21.	상고기각
			변경	1(송진훈) : 1(손지열)	배기원
	14	2000다62322	구상금	2002. 3. 21.	파기환송
			변경	0	이용우
	15	99다38132	구상금	2002. 4. 18.	상고기각
			변경	0	강신욱
	16	2002다9660	건물철거	2002. 6. 20.	상고기각
			변경	0	윤재식
	17	2002다8025	임금	2002. 10. 17.	파기환송
			변경	0	윤재식
	18	2001마1047	낙찰불허가결정	2002. 12. 24.	재항고기각
			변경	0	조무제
	19	2001다48781	소유권이전등기	2003. 7. 24.	파기환송
			변경	5	강신욱

부	순	사건번호	사건명	판결일자	판결결과
			유형	소수의견	주심
민사	20	2002다2843	임금	2003. 12. 18.	상고기각
			변경	1 윤재식	배기원
	21	98다43601	건물철거 등	2003. 12. 18.	파기환송
			변경	4	배기원
	22	2001다82507	손해배상(기)	2004. 3. 18.	파기환송
			변경	0	강신욱
	23	2004마800	상법위반	2005. 3. 8.	파기환송
			변경	0	박재윤
	24	2003다2802	손해배상(자)	2005. 3. 17.	파기환송
			변경	0	배기원
	25	2003다4969	총회결의무효확인	2005. 4. 21.	상고기각
			변경	1 김영란	유지담
	26	2002다1178	종회회원확인	2005. 7. 21.	파기환송
			기타	6(대법원장)	고현철
	27	2002다13850	종회회원확인	2005. 7. 21.	파기환송
			기타(미간행)	6(대법원장)	유지담
	28	2004다44971	소유권말소등기	2005. 9. 15.	파기환송
			변경	0	배기원

<table>
<tr><th rowspan="2">부</th><th rowspan="2">순</th><th rowspan="2">사건번호</th><th>사건명</th><th>판결일자</th><th>판결결과</th></tr>
<tr><th>유형</th><th>소수의견</th><th>주심</th></tr>
<tr><td rowspan="20">특별</td><td rowspan="2">1</td><td rowspan="2">98두18619</td><td>개발부담금부과처분취소</td><td>1999. 12. 16.</td><td>파기환송</td></tr>
<tr><td>기타</td><td>3</td><td>이용훈</td></tr>
<tr><td rowspan="2">2</td><td rowspan="2">97누9864</td><td>명예전역대상자선발거부
처분취소</td><td>1999. 12. 16.</td><td>파기환송</td></tr>
<tr><td>기타</td><td>5</td><td>신성택</td></tr>
<tr><td rowspan="2">3</td><td rowspan="2">98두11731</td><td>취득세부과처분취소</td><td>2000. 3. 16.</td><td>파기환송</td></tr>
<tr><td>시행령 무효</td><td>0</td><td>유지담</td></tr>
<tr><td rowspan="2">4</td><td rowspan="2">98두6265</td><td>농지전용불허가처분취소</td><td>2000. 10. 19.</td><td>상고기각</td></tr>
<tr><td>시행령 무효</td><td>0</td><td>서성</td></tr>
<tr><td rowspan="2">5</td><td rowspan="2">99두4594</td><td>청산금부과처분취소</td><td>2001. 3. 15.</td><td>상고기각</td></tr>
<tr><td>조례 무효</td><td>0</td><td>송진훈</td></tr>
<tr><td rowspan="2">6</td><td rowspan="2">98두15597</td><td>손실보상금재결처분취소</td><td>2001. 3. 15.</td><td>상고기각</td></tr>
<tr><td>변경</td><td>0</td><td>이강국</td></tr>
<tr><td rowspan="2">7</td><td rowspan="2">2000두7131</td><td>부가가치세부과처분취소</td><td>2001. 3. 15.</td><td>상고기각</td></tr>
<tr><td>변경</td><td>0</td><td>조무제</td></tr>
<tr><td rowspan="2">8</td><td rowspan="2">2000므1493</td><td>친생자관계부존재확인</td><td>2001. 5. 24.</td><td>상고기각</td></tr>
<tr><td>변경</td><td>0</td><td>유지담</td></tr>
<tr><td rowspan="2">9</td><td rowspan="2">2001두5347</td><td>의결처분취소</td><td>2003. 2. 20.</td><td>파기환송</td></tr>
<tr><td>기타</td><td>3 / 5</td><td>윤재식</td></tr>
<tr><td rowspan="2">10</td><td rowspan="2">2001두5682</td><td>증여세부과처분취소</td><td>2003. 10. 16.</td><td>상고기각</td></tr>
<tr><td>시행령 무효</td><td>0</td><td>강신욱</td></tr>
</table>

부	순	사건번호	사건명 / 유형	판결일자 / 소수의견	판결결과 / 주심
특별	11	2001두1949	법인세경정거부처분취소	2004. 3. 18.	상고기각
			시행령 무효	0	이강국
	12	2001두8254	정보비공개결정취소	2004. 3. 18.	파기환송
			기타	3	배기원
	13	2003두9015	지목변경신청반려처분취소 청구각하취소	2004. 4. 22.	파기환송
			변경	0	유지담
	14	2000두7735	교수재임용거부처분취소	2004. 4. 22.	파기환송
			변경	0	고현철
	15	2002두5771	부가세부과처분취소	2004. 11. 18.	파기환송
			변경	3	배기원
	16	2002후1225	등록무효(상)	2005. 6. 16.	상고기각
			변경	0	강신욱
형사	1	99도3822	특정범죄가중법위반(조세)	2000. 4. 20.	파기환송
			변경	5	신성택
	2	98도3697	뇌물공여 등	2000. 6. 15.	파기환송
			기타	3	송진훈
	3	99도1108	변호사법위반	2000. 6. 15.	상고기각
			변경	5	김형선
	4	98도3665	학교보건법위반	2000. 11. 16.	상고기각
			기타	2	조무제
	5	2000도1985	공문서부정행사	2001. 4. 19.	파기환송
			변경	1 송진훈	서성

부	순	사건번호	사건명	판결일자	판결결과
			유형	소수의견	주심
형사	6	2000모22	보석취소결정재항고	2001. 5. 29.	재항고기각
			기타	2	윤재식
	7	99도4837	업무방해	2001. 10. 25.	파기환송
			변경	3	손지열
	8	2001도2819	공직선거법위반	2002. 2. 21.	상고기각
			기타	5(다수 6)	배기원
	9	2002도51	강간 등	2002. 5. 16.	파기환송
			변경	4	송진훈
	10	2002도807	성폭력처벌법위반	2002. 6. 20.	상고기각
			변경	3	변재승
	11	2002도669	특정경제범죄가중법위반(횡령)	2002. 7. 18.	파기환송
			변경	0	윤재식
	12	2001도6138	공직선거법위반	2003. 2. 20.	상고기각
			변경	3	이용우
	13	2002모402	항소기각결정재항고	2003. 10. 20.	파기환송
			변경	1(강신욱) : 1(조무제)	이용우
	14	2003도7645	특정경제범죄가중법위반(횡령)	2004. 6. 17.	파기환송
			변경	2	윤재식
	15	2003도7185	여신전문금융업법위반	2004. 7. 15.	파기환송
			변경	0	배기원

부	순	사건번호	사건명	판결일자	판결결과
			유형	소수의견	주심
형사	16	2004도2965	병역법위반	2004. 7. 15.	상고기각
			기타	1 이강국	윤재식
	17	2001도3206	사기	2004. 9. 16.	파기환송
			변경	1(윤재식) : 1(이용우)	이용우
	18	2004도5074	준강도	2004. 11. 18.	상고기각
			변경	3 : 1(유지담)	김용담
	19	2004도1228	여객자동차운수사업법위반	2004. 11. 18.	파기환송
			변경	4	윤재식
	20	2002도537	사기 등	2004. 12. 16.	파기환송
			변경	0	김용담
	21	2002도18	사문서위조 등	2005. 2. 24.	상고기각
			변경	0	고현철

이용훈 코트 전원합의체 재판 목록

부	순	사건번호	사건명 / 유형	판결일자 / 소수의견	판결결과 / 주심
민사	1	2004다37775	소유권말소등기	2006. 4. 20.	파기환송
			기타	1(박시환) : 1(강신욱) / 4	김영란
	2	2004다6207	보상청구권확인	2006. 5. 18.	파기이송
			변경	0	이강국
	3	2002다74152	손해배상(기)	2006. 11. 16.	파기환송
			변경	0	김용담
	4	2004다50426	대여금반환	2007. 2. 15.	일부파기
			기타	4	전수안
	5	2004다 60072(본) 60089(반)	공사대금 / 손해배상(기)	2007. 4. 19.	파기환송
			변경	3 : 2	양승태
	6	2006다19054	이사회결의무효확인 (상지대)	2007. 5. 17.	상고기각
			변경	5(독수리)	김황식
	7	2004다26133	배당이의	2007. 6. 21.	상고기각
			변경	0	전수안
	8	2005다15598	보험금	2007. 9. 28.	상고기각
			변경	3	이홍훈
	9	2005다32159	약정금	2007. 12. 20.	상고기각
			변경	0	김능환
	10	2006다35865	손해배상(기)	2008. 4. 17.	상고기각
			기타	4	이홍훈

부	순	사건번호	사건명	판결일자	판결결과
			유형	소수의견	주심
민사	11	2006다36981	구상금등	2008. 5. 23.	파기환송
			변경	2	양승태
	12	2005다37154	구상금	2008. 6. 19.	파기환송
			변경	5	박시환
	13	2006다49789	구상금	2008. 9. 18.	일부파기
			변경	0	안대희
	14	2007다27670	유체인도등	2008. 11. 20.	상고기각
			기타	2 : 2 / 2 : 2	박시환
	15	2008다45828	예금반환	2009. 3. 19.	파기환송
			변경	1 박시환	차한성
	16	2008다53812	손해배상(기)등	2009. 4. 16.	상고기각
			기타	3	김영란
	17	2008다13104	양수금	2009. 5. 21.	파기환송
			변경	0	양승태
	18	2009다17417	연명치료장치제거	2009. 5. 21.	상고기각
			기타	2 : 2	김능환
	19	2007다15172 (본) 15189(반)	점유토지반환 / 손해배상	2009. 7. 16.	파기환송
			변경	3	박시환
	20	2007다2428	총회결의무효확인	2009. 9. 17.	파기이송
			변경	0	전수안
	21	2008마699	임시이사신청	2009. 11. 19.	파기환송
			변경	0	신영철
	22	2007다77781	배당이의	2010. 3. 18.	파기환송
			기타	3	민일영

부	순	사건번호	사건명	판결일자	판결결과
			유형	소수의견	주심
민사	23	2006마571	등기관처분이의	2010. 3. 18.	파기환송
			변경	0	김능환
	24	2008다38288	손해배상(기)	2010. 4. 22.	일부파기
			기타	3 / 5	김영란
	25	2007다90760	퇴직금	2010. 5. 20.	일부파기
			기타	2 / 3	민일영
	26	2009다48312	약속어음금	2010. 5. 20.	상고기각
			변경	0	차한성
	27	2009마1073	권리행사최고, 담보취소	2010. 5. 20.	재항고기각
			변경	0	안대희
	28	2008다97218	손해배상(기)	2010. 9. 16.	상고기각
			변경	1(신영철) / 2	민일영
	29	2009다97079	소유권이전등기	2011. 4. 21.	상고기각
			변경	0	이홍훈
	30	2007다63089, 93096(병합)	채무부존재확인	2011. 6. 23.	파기환송
			변경	3 / 1(김능환)	이인복
	31	2011재다199	손해배상(기)	2011. 7. 21.	재심기각
			기타	0	김능환
	32	2008다42430	정보게시금지	2011. 9. 2.	파기환송
			기타	4	김지형
	33	2009다52649	정정, 반론(PD수첩 사건)	2011. 9. 2.	일부파기
			기타	3 / 6	양창수

부	순	사건번호	사건명	판결일자	판결결과
			유형	소수의견	주심
특별	1	2006두330	정부조치계획취소	2006. 3. 16.	상고기각
			기타	2	박시환
	2	2002두1878	경정결정신청거부처분취소	2006. 4. 20.	일부파기
			변경	1 손지열	고현철
	3	2003두1684	영업정지처분취소	2006. 6. 22.	파기환송
			변경	1 이강국	김지형
	4	2003두8128	급수공사비부과처분취소	2006. 6. 22.	상고기각
			시행령 무효	0	고현철
	5	2004스42	개명, 호적정정	2006. 6. 22.	파기환송
			기타	2	김지형
	6	2003두12899	불합격처분취소	2006. 11. 16.	상고기각
			시행령 무효	3	양승태
	7	2005추62	승진임용직권취소처분취소	2007. 3. 22.	청구기각
			기타	5(독수리)	김용담
	8	2006두6758	양도소득세부과처분취소	2007. 5. 17.	상고기각
			시행령 무효	0	박일환
	9	2006두8648	법인세부과처분취소	2007. 5. 17.	상고기각
			시행령 무효	0	안대희
	10	2006두19297	임원취임승인취소처분취소	2007. 7. 19.	상고기각
			변경	0	김영란
	11	2005두12572	유족급여부지급처분취소	2007. 9. 28.	상고기각
			기타	5	김지형

부	순	사건번호	사건명	판결일자	판결결과
			유형	소수의견	주심
특별	12	2005두4649	한약사시험원서접수거부처분취소	2007. 10. 29.	상고기각
			시행령 무효	0	고현철
	13	2005두14417	개발제한구역훼손부담금부과처분취소	2007. 10. 29.	상고기각
			시행령 무효	0	박일환
	14	2002두8626	시정조치명령취소	2007. 11. 22.	파기환송
			기타	2 / 1(박시환)	김지형
	15	2007두6342	하수도원인자부담금부과처분취소	2008. 3. 20.	상고기각
			변경	0	이홍훈
	16	2005두16185	민주화운동관련자불인정처분취소	2008. 4. 17.	상고기각
			기타	3	전수안
	17	2007두2173	휴업급여부지급처분취소	2008. 9. 18	상고기각
			변경	1 양승태	고현철
	18	2007두22320	부당해고구제재심판정취소	2008. 9. 18	파기환송
			기타	0	김지형
	19	2007두8287	폐기물부담금부과처분취소	2008. 11. 20.	상고기각
			시행령 무효	0	안대희
	20	2007두18154	매각결정취소	2008. 11. 20.	상고기각
			변경	1 양창수	박시환
	21	2006두19693	증여세부과처분취소	2009. 3. 19.	상고기각
			시행령 무효	0	양승태

부	순	사건번호	사건명	판결일자	판결결과
			유형	소수의견	주심
특별	22	2005두1237	임금	2009. 5. 21.	파기환송
			시행령 무효	1 박일환	전수안
	23	2008두10997	주민등록전입신고수리거부처분취소	2009. 6. 18.	상고기각
			변경	0	안대희
	24	2007두3480	취득세부과처분취소	2009. 10. 22.	파기환송
			기타	4	신영철
	25	2007두12514	부가가치세부과처분취소	2010. 6. 25.	상고기각
			변경	3	이홍훈
	26	2008두167	건축신고불가처분취소	2010. 11. 18.	상고기각
			변경	0	김지형
	27	2009두13474	부가가치세부과처분취소	2011. 1. 20.	파기환송
			기타	3	양승태
	28	2010두14954	건축(신축)신고불가처분취소	2011. 1. 20.	상고기각
			기타	2	양승태
	29	2010무111	집행정지(4대강)	2011. 4. 21.	재항고기각
			기타	4	이홍훈
	30	2008두150	법인세부과처분취소	2011. 7. 21.	파기환송
			변경	4	안대희
	31	2010두23644	양도소득세부과처분취소	2011. 7. 21.	파기환송
			변경	6	김능환
	32	2008두17363	지역개발세부과처분취소	2011. 9. 2.	상고기각
			조례 무효	0	이인복
	33	2009스117	등록부정정	2011. 9. 2.	재항고기각
			기타	3	박시환

부	순	사건번호	사건명	판결일자	판결결과
			유형	소수의견	주심
형사	1	2005도9729	사기	2006. 3. 16.	상고기각
			변경	3	김용담
	2	2005도9858	특정경제범죄가중법위반(사기)	2006. 4. 7.	상고기각
			변경	1 김황식	강신욱
	3	2004도7773	지방세법위반	2006. 10 .19	상고기각
			변경	0	박시환
	4	2005도3909	증거인멸등	2006. 10 .19	상고기각
			변경	0	김황식
	5	2006도4549	변호사법위반등	2006. 11. 16.	파기환송
			기타	6	김지형
	6	2006초기335	토지관할병합신청	2006. 12. 5.	이송
			변경	0	이홍훈
	7	2005도9546	특정범죄가중법위반(조세)	2007. 2. 15	파기환송
			기타	5	김능환
	8	2005도7288	특정경제범죄가중법위반	2007. 4. 19.	상고기각
			변경	3	김능환
	9	2007도606	형실효법위반	2007. 9. 28.	상고기각
			기타	2	양승태
	10	2007도3061	공직선거법위반	2007. 11. 15.	일부 파기
			변경	3	박일환
	11	2003도758	국가보안법위반(잠입·탈출)	2008. 4. 17.	파기환송
			기타	3 / 1(전수안) / 3	김능환

부	순	사건번호	사건명	판결일자	판결결과
			유형	소수의견	주심
형사	12	2004도4899	국가보안법위반(송두율)	2008. 4. 17.	파기환송
			변경	3 : 1(박시환)	박일환
	13	2006도4876	특정경제범죄가중법위반(배임)	2008. 6. 19	일부 파기
			변경	4	안대희
	14	2008도1406	특정경제범죄가중법위반(배임)	2008. 6. 19.	파기환송
			변경	4	차한성
	15	2008도5596	마약류관리법위반	2008. 11. 20.	파기환송
			변경	0	안대희
	16	2007도6703	농지법위반	2009. 4. 16.	파기환송
			기타	1 안대희	안대희
	17	2007도4949	특정경제범죄가중법위반(배임)	2009. 5. 29.	파기환송
			기타	5 : 1(양승태) (6) : 5	김능환
	18	2005모472	재심기각결정 재항고	2009. 7. 16.	기각
			변경	6	김지형
	19	2009도7436	공직선거법위반(문국현)	2009. 10. 22.	상고기각
			기타	1(이홍훈) : 4	신영철
	20	2009도4166	업무방해	2009. 11. 19	파기환송
			변경	3	박시환
	21	2009도6058	청소년성보호법위반(강간)	2009. 11. 19.	상고기각
			기타	1 김영란	김능환

부	순	사건번호	사건명	판결일자	판결결과
			유형	소수의견	주심
형사	22	2008도942	위증	2010. 1. 21.	상고기각
			변경	0	안대희
	23	2010도759	도로교통법위반(무면허운전)	2010. 4. 22.	상고기각
			기타	0	김능환
	24	2010도1189	특수공무집행방해치상(실천연대)	2010. 7. 23.	상고기각
			변경	4 : 1(김영란)	차한성
	25	2010도5986	대통령긴급조치위반	2010. 12. 16.	파기자판무죄
			변경	0	차한성
	26	2008도10479	배임	2011. 1. 20.	상고기각
			기타	5	김지형
	27	2008재도11	국가보안법위반(조봉암)	2011. 1. 20.	파기자판 선고유예
			기타	0	박시환
	28	〃	〃	2010. 10. 29.	재심개시 결정
			기타	0	박시환
	29	2006도8839	통신비밀보호법위반	2011. 3. 17.	상고기각
			기타	5	민일영
	30	2007도482	업무방해(철도노조 파업)	2011. 3. 17.	상고기각
			변경	5	이홍훈
	31	2008도7562	업무방해 등	2011. 6. 23.	일부 파기
			기타	3	차한성

양승태 코트 전원합의체 재판 목록

부	순	사건번호	사건명 / 유형	판결일자 / 소수의견	판결결과 / 주심
민사	1	2010다95390	특허권침해금지, 손해배상(기)	2012. 1. 19.	파기환송
			변경	0	이상훈
	2	2010다82530	가등기의 본등기 이행	2012. 2. 16.	상고기각
			변경	0	전수안
	3	2011다45521	추심금	2012. 2. 16.	파기환송
			기타	3	안대희
	4	2010다28840	손해배상(기)	2012. 3. 22.	파기환송
			기타	3	김능환
	5	2009다105406	공사대금	2012. 5. 17.	파기환송
			기타	3	박보영
	6	2010다28604	손해배상(기)	2012. 5. 17.	파기환송
			변경	3(대법원장)	양창수
	7	2011다87235	소유권이전등기	2012. 5. 17.	상고기각
			변경	0	안대희
	8	2010다52140	토지인도등	2012. 10. 18.	파기환송
			변경	0	양창수
	9	2010다103000	손해배상, 상표침해금지	2012. 10. 18.	상고기각
			변경	0	신영철
	10	2010다71578	대지권지분이전등기	2013. 1. 17.	상고기각
			기타	2	김창석

부	순	사건번호	사건명	판결일자	판결결과
			유형	소수의견	주심
민사	11	2011다49523	추심금	2013. 1. 17.	파기환송
			기타	5	민일영
	12	2011다83431	부등이득금반환	2013. 1. 17.	일부파기
			기타	0	민일영
	13	2011다95564	양수금	2013. 3. 21.	상고기각
			변경	1 박보영	신영철
	14	2012다202819	손해배상(기)	2013. 5. 16.	파기환송
			기타	4	박병대
	15	2012다5643	대여금, 사해행위취소	2013. 7. 18.	파기환송
			변경	0	김신
	16	2011다 53683(본) 53690(반)	부당이득금반환 / 해지결제금	2013. 9. 26.	상고기각
			기타(키코)	0	이인복
	17	2012다1146, 1153(병합)	부당이득금반환등	2013. 9. 26.	상고기각
			기타(키코)	0	박병대
	18	2012다13637	부당이득금반환	2013. 9. 26.	일부파기
			기타(키코)	0	양창수
	19	2013다26746	부당이득금반환	2013. 9. 26.	일부파기
			기타(키코)	0	박병대
	20	2012다89399	퇴직금	2013. 12. 18.	파기환송
			변경	3	고영한
	21	2012다94643	임금	2013. 12. 18.	파기환송
			기타	1 김창석	김소영

부	순	사건번호	사건명	판결일자	판결결과
			유형	소수의견	주심
민사	22	2013다202120	추심금	2013. 12. 18.	파기환송
			기타	3	민일영
	23	2009다60336	유치권부존재확인	2014. 3. 20.	파기환송
			기타	3	김창석
	24	2011다76402	부당이득금반환	2014. 7. 16.	파기환송
			기타	5	민일영
	25	2010다92438	손해배상(기)	2014. 8. 21.	파기환송
			기타	6 / 2	김소영
	26	2014마667	주식압류명령	2014. 10. 8.	파기환송
			변경	1 조희대	김소영
	27	2013다64908	임금	2014. 11. 20.	상고기각
			기타	1(권순일) : 4	김소영
	28	2011다50233	근저당권설정등기말소	2014. 12. 18.	상고기각
			변경	0	조희대
	29	2012다204365	손해배상	2015. 1. 22.	파기자판 각하
			기타	5	고영한
	30	2014다46211	손해배상(기)	2015. 1. 22.	일부파기
			변경	0	민일영
	31	2012다952	사해행위취소	2015. 5. 21.	일부파기
			변경	0	김용덕
	32	2014다5531	부당이득금 등	2015. 6. 25.	파기환송
			기타	6	이상훈
	33	2015다200111	부당이득금 (형사 성공보수 약정 효력)	2015. 7. 23.	상고기각
			기타	0	권순일

부	순	사건번호	사건명	판결일자	판결결과
			유형	소수의견	주심
민사	34	2012다114776	청산금	2015 11. 19.	파기환송
			변경	0	조희대
	35	2012다96120	총회결의무효	2016. 2. 19.	파기환송
			기타	5	김소영
	36	2009다66549	손해배상(기)	2016. 5. 19.	파기환송
			변경	4	김용덕
	37	2014다46648	상속재산회복	2016. 10. 19.	상고기각
			기타	5	김소영
	38	2016다208389	유족급여 등	2016. 10 .19.	상고기각
			기타	1(권순일) : 1(조희대) : 2	박병대
	39	2013다42236	건물인도 등	2016. 11. 18.	파기환송
			기타	4	박병대
	40	2013다17292	분묘철거등	2017. 1. 19.	상고기각
			기타	5	김용덕
	41	2015다248342	주주총회결의취소	2017. 3. 23.	파기환송
			기타	4	조희대
	42	2016다251215	이사감사지위확인	2017. 3. 23.	파기환송
			변경	0	권순일
	43	2012다 86895(본) 86901(반)	손해배상(기)	2017. 5. 18.	파기환송
			변경	2 : 1(김재형) : 1(이기택)	조희대
	44	2014다225809	대여금	2017. 6. 22.	일부파기
			기타	1(조희대) / 1(권순일)	권순일

부	순	사건번호	사건명	판결일자	판결결과
			유형	소수의견	주심
특별	1	2008두8499	취득세부과처분취소	2012. 1. 19.	파기환송
			기타	2	박병대
	2	2009후2234	등록무효(특)	2012. 1. 19.	상고기각
			변경	0	양창수
	3	2010두10907	압류처분무효확인	2012. 2. 16.	상고기각
			기타	3	신영철
	4	2010두27523	부가가치세부과처분취소	2012. 3. 22.	상고기각
			기타	5	안대희
	5	2011두6400	관리처분계획무효확인	2012. 3. 22.	상고기각
			기타	4	이상훈
	6	2010두16592	재건축사업정비구역지정처분취소	2012. 6. 18.	상고기각
			기타	0	전수안
	7	2010두27363	국가유공자요건비해당결정처분취소	2012. 6. 18.	파기환송
			변경	2 : 3	전수안
	8	2010두27639, 27646(병합)	과징금부과처분취소	2012. 6. 18.	일부파기
			변경	3 / 1(전수안)	이상훈
	9	2011두2361	정보공개거부처분취소	2012. 6. 18.	상고기각
			기타	4	안대희
	10	2011두19239	국방군사시설사업실시계획승인처분무효확인	2012. 7. 5.	일부파기
			기타	2	민일영

부	순	사건번호	사건명	판결일자	판결결과
			유형	소수의견	주심
특별	11	2010두12347	증여세부과처분취소	2012. 10. 18.	일부파기
			기타	0	박병대
	12	2010두17564	법인세경정청구거부처분취소	2012. 11. 22.	상고기각
			시행령 무효	1 신영철	박보영
	13	2010두19270	건축허가신청불허가처분취소	2012. 11. 22.	상고기각
			조례 무효	0	이인복
	14	2010두22962	건축불허가처분취소	2012. 11. 22.	상고기각
			조례 무효	0	민일영
	15	2010후2339	거절결정(상)	2012. 12. 20.	파기환송
			변경	0	양창수
	16	2011두30878	화물차동차운행정지처분취소	2012. 12. 20.	상고기각
			시행령 무효	0	이상훈
	17	2010두11733	부가가치세부과처분취소	2013. 4. 18.	파기환송
			변경	0	김소영
	18	2010므4071(본), 4088(반)	이혼 및 재산분할	2013. 6. 20.	파기이송
			변경	2 : 3	박병대
	19	2012후2463	등록취소(상)	2013. 9. 26.	파기환송
			변경	0	박보영
	20	2011두1917	양도소득세부과처분취소	2013. 11. 21	상고기각
			기타	1 민일영	민일영

부	순	사건번호	사건명	판결일자	판결결과
			유형	소수의견	주심
특별	21	2011후3698	권리범위확인(상)	2014. 3. 20.	파기환송
			변경	2	박병대
	22	2012후4162	권리범위확인(실)	2014. 3. 20.	상고기각
			변경	2	고영한
	23	2012두1419	재건축사업조합설립인가 처분취소	2014. 4. 14.	상고기각
			기타	2	고영한
	24	2012므2888	이혼 등	2014. 7. 16.	일부파기
			변경	0	양창수
	25	2013므2250	이혼 등	2014. 7. 16.	일부파기
			변경	0	민일영
	26	2011므2997	손해배상(기)	2014. 11. 20.	파기환송
			기타	3	김용덕
	27	2011후927	등록무효(특)	2015. 1. 22.	일부파기
			변경	0	김소영
	28	2011두5551	종합부동산세부과 처분취소	2015. 4. 16.	상고기각
			기타	3	권순일
	29	2012두6142	장해보상연금개시일자 결정처분취소	2015. 4. 16.	상고기각
			기타	3	권순일
	30	2014후768	권리범위확인(특)	2015. 5. 21.	상고기각
			변경	2	고영한

부	순	사건번호	사건명	판결일자	판결결과
			유형	소수의견	주심
특별	31	2007두4995	노동조합설립신고서반려처분취소	2015. 6. 25.	상고기각
			기타	1 민일영	권순일
	32	2014두5514	종합소득세부과처분취소	2015. 7. 16.	파기환송
			변경	0	김신
	33	2012두23808	조정반지정거부처분취소	2015. 8. 20.	상고기각
			시행령 무효	0	김소영
	34	2013므568	이혼	2015. 9. 15.	상고기각
			기타	6	김용덕
	35	2015두295	영업시간제한처분취소	2015. 11 .19.	파기환송
			기타	2	김창석
	36	2015두58959	부가가치세경정거부처분취소	2016. 8. 26.	파기환송
			기타	4	김용덕
	37	2014추521	조례안재의결무효확인	2016. 9. 22.	각하판결
			기타	2	박상옥
	38	2013후37	등록무효(실)	2017. 1. 19.	상고기각
			변경	0	이기택
	39	2011두21447	증여세부과처분취소	2017. 4. 20.	파기환송
			기타	3	김창석
	40	2015두45700	증여세부과처분취소	2017. 4. 20.	파기환송
			시행령 무효	0	박보영
	41	2012두22485	부가가치세부과처분취소	2017. 5. 18.	상고기각
			변경	0	김신

부	순	사건번호	사건명	판결일자	판결결과
			유형	소수의견	주심
형사	1	2009모1044	항소기각결정재항고	2012. 2. 16.	파기환송
			변경	4	민일영
	2	2011도15057, 11전도249	강간상해등	2012. 3. 22.	상고기각
			기타	4	전수안
	3	2010도6388	국가공무원법위반	2012. 4. 19.	상고기각
			기타	7:5:1(신영철) /1 전수안	김용덕
	4	2009도6788	건설산업법위반	2012. 5. 17.	상고기각
			기타	1 안대희	양창수
	5	2010도10500	횡령	2013. 2. 21.	상고기각
			기타	2 : 2	김창석
	6	2011초기689	형사보상	2013. 4. 18.	인용
			변경	0	이상훈
	7	2011도2631	긴급조치위반	2013. 5. 16.	상고기각
			변경	0	이인복
	8	2012도14788 12전도252	폭처법위반(흉기폭행) 부부강간죄	2013. 5. 16.	상고기각
			변경	2	신영철
	9	2010도14328	국외이송약취	2013. 6. 20.	파기자판
			기타	5	박보영
	10	2012도7190	도시정비법위반	2014. 5. 22.	파기환송
			기타	4	김용덕
	11	2014도3363	배임	2014. 8. 21.	파기환송
			변경	4	민일영

부	순	사건번호	사건명	판결일자	판결결과
			유형	소수의견	주심
형사	12	2014도10978	내란음모 등	2015. 1. 22.	상고기각
			기타	3 / 4	김소영
	13	2011도1932	업무상횡령 등	2015. 5. 21.	상고기각
			변경	1 김창석	권순일
	14	2014도17252	폭행 등	2015. 6. 25.	파기환송
			기타	2	김용덕
	15	2015도1944	사문서위조 등	2015. 6. 25.	상고기각
			변경	0	김용덕
	16	2011모1839	준항고인용결정 재항고	2015. 7. 16.	기각
			기타	1(김용덕) / 2 / 1(권순일)	김소영
	17	2013모2347	재정신청기각결정 재항고	2015. 7. 16.	기각
			변경	5	김용덕
	18	2015도2625	공직선거법위반 (원세훈 국정원장 등)	2015. 7. 16.	파기환송
			기타	0	민일영
	19	2015도3260	게임산업법위반	2015. 7. 23.	상고기각
			기타	3	김신
	20	2013도11650	정치자금법위반 (한명숙 전 국무총리)	2015. 8. 20.	상고기각
			기타	5	이상훈
	21	2015도6809	살인 등	2015. 11. 12.	상고기각
			기타	2 / 5	김소영

부	순	사건번호	사건명 / 유형	판결일자 / 소수의견	판결결과 / 주심
형사	22	2015도12980	상관살해 등	2016. 2. 19.	상고기각
			기타	3 / 1(김창석)	박상옥
	23	2015도15101	사기 등	2016. 2. 19.	상고기각
			기타	5	박보영
	24	2014도6992	횡령	2016. 5. 19.	파기환송
			변경	0	조희대
	25	2016초기318	재판권쟁의재정신청	2016. 6. 16.	일부인용
			기타	2 / 3 / 1(이기택)	권순일
	26	2013도850	의료법위반	2016. 7. 21.	파기환송
			기타	2	박상옥
	27	2015도11812	공직선거법위반	2016. 8. 26.	일부파기
			변경	3	조희대
	28	2015도16014	의료법위반	2017. 2. 16.	상고기각
			기타	2	김신
	29	2016도13362	사기	2017. 2. 16.	파기환송
			변경	6	김창석
	30	2014도1104	특정경제범죄가중법위반(배임)	2017. 7. 20.	파기환송
			변경	4	김신
	31	2017도5977	살인	2017. 8. 24.	상고기각
			기타	5	고영한

김명수 코트 전원합의체 재판 목록

부	순	사건번호	사건명	판결일자	판결결과
			유형	소수의견	주심
민사	1	2012다74076	부당이득금반환	2017. 12. 21.	상고기각
			기타	2	조희대
	2	2013다16992	부당이득금	2017. 12. 21.	상고기각
			변경	0	김용덕
	3	2012다74236	부당이득금	2018. 3. 22.	파기환송
			변경	0	김창석
	4	2016다35833	약정금	2018. 5. 17.	파기환송
			기타	2	김신
	5	2011다112391	임금 등	2018. 6. 21.	파기환송
			기타	5	김신
	6	2017다242409	부당이득금	2018. 7. 19.	상고기각
			기타	4	김신
	7	2018다22008	구상금	2018. 7. 19.	상고기각
			기타	4	김신
	8	2015다232316	소멸시효연장 대여금반환	2018. 10 .18.	상고기각
			기타	5 : 1(김재형)	이기택
	9	2016다220143	입회보증금반환	2018. 10 .18.	파기환송
			기타	5	김재형
	10	2013다61381	손해배상(기)	2018. 10. 30.	상고기각
			기타	1(이기택) : 3 : 2	김소영

부	순	사건번호	사건명	판결일자	판결결과
			유형	소수의견	주심
민사	11	2014다61654	손해배상(기)	2018. 10. 30.	일부파기
			기타	5	김재형
	12	2014다235189	공사대금	2018. 10. 30.	일부파기
			기타	4	김소영
	13	2016다264556	시설물철거, 토지인도	2019. 1 .24.	상고기각
			기타	2	김재형
	14	2018다248909	손해배상(기)	2019. 2. 21.	파기환송
			변경	2 : 1(김재형)	박상옥
	15	2016다2451	임금	2019. 4. 18.	상고기각
			기타	4	박정화
	16	2013다218156	소유권이전등기	2019. 6. 20.	상고기각
			기타	4	조희대
	17	2014다206983	부당이득금	2019. 7. 18.	상고기각
			기타	3	조희대
	18	2016다48785	임금 등	2019. 8. 22.	파기환송
			기타	1(김재형) : 4	김선수
	19	2012다46170	정산금 등	2019. 10. 23.	상고기각
			변경	0	민유숙
	20	2016다24284	공사대금	2019. 12. 19.	상고기각
			기타	4	김재형
	21	2015다73067	임금	2020. 1. 22.	일부파기
			변경	1 이기택	민유숙

부	순	사건번호	사건명	판결일자	판결결과
			유형	소수의견	주심
민사	22	2017다220744	건물인도 등	2020. 5. 21.	파기환송
			변경	1 박상옥	이기택
	23	2018다879	공유물분할	2020. 5. 21.	파기환송
			변경	4	박정화
	24	2018다287522	부당이득금	2020. 5. 21.	일부파기
			변경	5	김재형
	25	2016다248998	손해배상 등	2020. 8. 27.	일부파기
			기타	2	김상환
	26	2019다232918	청구이의	2020. 11. 19.	파기환송
			기타	4	이동원
	27	2015다45451	보증채무금	2021. 2. 18.	상고기각
			변경	4	김재형
	28	2018다253444	상표권침해금지	2021. 3. 18.	일부파기
			변경	0	이기택
	29	2018다287935	보험금	2021. 3. 18.	일부파기
			변경	1 이동원	박상옥
	30	2017마6438	항소장각하명령	2021. 4. 22.	재항고기각
			기타	3	이기택
	31	2017다228007	지료청구	2021. 4. 29.	상고기각
			변경	3 : 2	노정희
	32	2017다273441	전부금	2021. 5. 6.	상고기각
			기타	3 : 1(안철상)	김재형

부	순	사건번호	사건명	판결일자	판결결과
			유형	소수의견	주심
민사	33	2018다 257958(본) 257965(반)	채무부존재확인 / 보험금	2021. 6. 17.	상고기각
			기타	3	이기택
	34	2019다277812	보험계약무효확인	2021. 7. 22.	상고기각
			변경	0	김재형
	35	2020다248124	지역권설정	2021. 7. 22.	상고기각
			기타	3	이기택
	36	2020다284977	임시주주총회결의무효확인	2021. 7. 22.	상고기각
			기타	4	이기택
	37	2018다284233	소유권이전등기	2021. 9. 9.	일부파기
			기타	5	박정화
	38	2017다257746	집행판결	2021. 12. 23.	상고기각
			변경	1 김재형	천대엽
	39	2021다241618	구상금	2022. 3. 24.	일부파기
			변경	0	민유숙
	40	2017다236749	토지인도	2022. 7. 21.	파기환송
			기타	1 김재형	김재형
	41	2018다 248855(본) 248862(반)	손해배상(기)(본) / 위약벌(반)	2022. 7. 21.	상고기각
			기타	6	김재형
	42	2017다257067	부당이득금반환	2022. 8. 25.	파기환송
			변경	0	안철상

부	순	사건번호	사건명	판결일자	판결결과
			유형	소수의견	주심
민사	43	2018다205209	부당이득금	2022. 8. 25.	파기환송
			기타	5	김재형
	44	2019다229202	손해배상(기)	2022. 8. 25.	파기자판 (각하)
			기타	5	김재형
	45	2018다212610	손해배상(기)	2022. 8. 30.	파기환송
			변경	1(김재형) : 1(안철상) : 2	김재형
	46	2020그42	승계집행문이의	2023. 3. 23.	파기환송
			변경	2	민유숙
	47	2017다35588 35595(병합)	부당이득금반환	2023. 5. 11.	일부파기
			변경	6	오경미
	48	2018다248626	유해인도	2023. 5. 11.	파기환송
			변경	4	조재연
	49	2016다255941	임금	2023. 9. 21.	상고기각
			기타	7 : 1(권영준) : 5	노정희
특별	1	2012두26401	전역처분등취소	2018. 3. 22	파기환송
			기타	4	조재연
	2	2014두43110	취득세부과처분취소	2018. 3. 22	상고기각
			기타	5	조희대
	3	2015두48655	스포츠학원설립등록신청 반려처분취소	2018. 6. 21	상고기각
			기타	3	박정화

부	순	사건번호	사건명	판결일자	판결결과
			유형	소수의견	주심
특별	4	2015후1454	거절결정(상)	2018. 6. 21	상고기각
			기타	4 : 1(조희대)	김창석
	5	2014두12697	부당이득금부과처분취소	2019. 2. 21	상고기각
			기타	2	김재형
	6	2017후2819	등록무효(특)	2019. 2. 21	상고기각
			변경	0	이기택
	7	2016므2510	친생자관계부존재확인	2019. 10. 23.	상고기각
			기타	3 : 1(민유숙)	김재형
	8	2015두49474	제재조치명령취소	2019. 11. 21.	파기환송
			기타	6	김선수
	9	2014스44	상속재산분할	2019. 11. 21.	재항고기각
			기타	1 조희대	조희대
	10	2016후2522	등록무효(특)	2020. 1. 22.	파기환송
			변경	2	이기택
	11	2019두52386	부당해고구제재 심판정취소	2020. 2. 20.	파기환송
			변경	0	조희대
	12	2016두43411	양도소득세경정거부 처분취소	2020. 6. 18.	상고기각
			기타	6	권순일
	13	2015므8351	친생자관계부존재확인	2020. 6. 18.	상고기각
			변경	2	박정화

부	순	사건번호	사건명	판결일자	판결결과
			유형	소수의견	주심
특별	14	2016두32992	법외노조통보처분취소	2020. 9. 3.	파기환송
			기타	1(김재형) : 1(안철상) : 2	노태악
	15	2017두38959	법인세부과처분취소	2021. 2. 18.	일부파기
			기타	5	이동원
	16	2018두47264	육아휴직급여부지급처분취소	2021. 3. 18.	파기환송
			기타	5	민유숙
	17	2017두45933	유족급여부지급처분취소	2021. 9. 9.	상고기각
			기타	4	김재형
	18	2019두35695	증여세부과처분취소	2021. 9. 9.	상고기각
			시행령 무효	0	이흥구
	19	2019두53464	조정반지정취소처분취소	2021. 9. 9.	상고기각
			시행령 무효	1 김재형	김선수
	20	2018스5	미성년자입양허가	2021. 12. 23.	파기환송
			기타	3	김재형
	21	2018두67	손실보상금	2022. 11. 24.	상고기각
			변경	0	안철상
	22	2020스616	등록부정정	2022. 11. 24.	파기환송
			변경	1 이동원	박정화
	23	2018스34	이혼, 친권자지정	2023. 7. 17.	재항고기각
			기타	1(김선수) : 4	천대엽

부	순	사건번호	사건명	판결일자	판결결과
			유형	소수의견	주심
형사	1	2015도8335	항공보안법위반	2017. 12. 21	상고기각
			기타	3	조희대
	2	2017도14322	공직선거법위반	2018. 4. 19.	상고기각
			기타	2	김재형
	3	2017도4027	특정경제범죄가중법위반 (배임)	2018. 5. 17	파기환송
			기타	5	김신
	4	2017도14749	국회증언법위반	2018. 5. 17	상고기각
			기타	1(김신) / 3	김재형
	5	2017도17494	전자금융거래법위반	2018. 7. 19	파기환송
			기타	4 : 1(조희대)	고영한
	6	2018도7172	체육진흥법위반 (도박개장)	2018. 10. 30	상고기각
			기타	5	권순일
	7	2016도10912	병역법위반	2018. 11. 1.	파기환송
			변경	4	김재형
	8	2015도10651	특정경제범죄가중법위반 (배임)	2018. 11. 22.	기각
			기타	5	조희대
	9	2017도16593-1	보건단속법위반 (부정의약품제조)	2019. 3. 21.	상고기각
			기타	4 : 1(조희대)	이기택

부	순	사건번호	사건명	판결일자	판결결과
			유형	소수의견	주심
형사	10	2015모2229	재심인용결정재항고	2019. 3. 21.	기각
			기타	2 : 2	김재형
	11	2018도16002	준강간	2019. 3. 28.	상고기각
			기타	3	김선수
	12	2017도14609	마약류관리법위반(향정)	2019. 4. 18.	파기환송
			기타	3 : 1(이기택)	김재형
	13	2018도20698	특정범죄가중법위반(절도)	2019. 6. 20.	상고기각
			변경	2	노정희
	14	2018도2738	뇌물공여 등	2019. 8. 29.	파기환송
			기타	1(박상옥) : 3	조희대
	15	2018도13792	직권남용권리행사방해	2019. 8. 29.	파기환송
			기타	1(박상옥) : 3 / 3	김재형
	16	2018도14303	특정범죄가중법위반(뇌물)	2019. 8. 29.	파기환송
			기타	0	노정희
	17	2018도13945	마약류관리법위반(향정)	2019. 11. 21.	상고기각
			기타	1 박상옥	김선수
	18	2018도2236	직권남용권리행사방해	2020. 1. 30.	파기환송
			기타	1(조희대) / 1(박상옥) / 4	안철상
	19	2019도9756	사기 등	2020. 2. 20.	파기환송
			변경	1(민유숙) : 2	노정희

부	순	사건번호	사건명	판결일자	판결결과
			유형	소수의견	주심
형사	20	2019도14340	특정경제범죄가중법위반(배임)	2020. 6. 18.	파기환송
			변경	4	안철상
	21	2019도13328	직권남용권리행사방해	2020. 7. 16.	파기환송
			기타	5	노정희
	22	2015도9436	청소년성보호법위반(위계간음)	2020. 8. 27.	파기환송
			변경	0	민유숙
	23	2019도11294	사기 등	2020. 8. 27.	상고기각
			기타	5	안철상
	24	2019도14770	특정경제범죄가중법위반(횡령)	2020. 8. 27.	파기환송
			변경	1 김재형	노태악
	25	2020도4140	살인 등	2020. 10. 22.	일부파기
			변경	3 : 2	김선수
	26	2020도6258	특정경제범죄가중법위반(사기)	2020. 10. 22.	일부파기
			변경	0	김선수
	27	2020도5813	상해 등	2020. 11. 19.	상고기각
			기타	3	김재형
	28	2018도5475	특수상해미수	2021. 1. 21.	상고기각
			기타	1 이기택	이기택

부	순	사건번호	사건명	판결일자	판결결과
			유형	소수의견	주심
형사	29	2016도18761	사기 등	2021. 2. 18.	상고기각
			변경	0	박상옥
	30	2017도19025	저작권법위반방조	2021. 9. 9.	파기환송
			변경	3	김재형
	31	2020도12630	주거침입	2021. 9. 9.	상고기각
			변경	1(김재형) : 1(안철상) : 2	안철상
	32	2020도6085	폭력행위등처벌법위반	2021. 9. 9.	일부파기
			변경	1(이기택) : 3	민유숙
	33	2016도348	준강제추행 등	2021. 11. 18.	상고기각
			기타	0	천대엽
	34	2017도18272	주거침입	2022. 3. 24.	상고기각
			변경	2	노태악
	35	2019도3047	추행	2022. 4. 21.	파기환송
			변경	2 : 1(김선수) : 2	김재형
	36	2021도17131	강도 등	2022. 5. 19.	파기환송
			변경	2 : 1(민유숙)	오경미
	37	2017도3829	횡령	2022. 6. 23.	파기환송
			변경	4 : 1(김선수)	김재형
	38	2016도21314	의료법위반	2022. 12. 22.	파기환송
			변경	2	천대엽

부	순	사건번호	사건명	판결일자	판결결과
			유형	소수의견	주심
형사	39	2020도8682	배임	2022. 12. 22.	파기환송
			변경	0	이흥구
	40	2020도16420	사기등	2022. 12. 22.	파기환송
			변경	2 : 2	이동원
	41	2017도1807	특정경제범죄가중법위반(사기)	2023. 7. 17.	파기환송
			기타	5	안철상
	42	2021도11126	교통사고특례법위반(치상)	2023. 7. 17.	상고기각
			기타	5	민유숙
	43	2022도7453	업무방해	2023. 9. 18.	상고기각
			기타	3	오경미
	44	2018도13877	성폭력처벌법위반	2023. 9. 21.	파기환송
			변경	1 이동원	노정희

별표 3

공개변론사건 목록

대법원장		공개변론	사건번호	쟁점	선고
최종영	1	2003. 12. 18.	2002다1178	여성 종중원 자격 인정 여부	파기환송
	2	2004. 9. 16.	2002도537	검사가 작성한 피의자신문조서의 증거능력	파기환송
이용훈	1	2006. 1. 13.	2005추62	승진직권취소처분취소(울산 북구청장의 직원 승진처분에 대한 울산시장의 직권취소처분)	청구기각
	2	2006. 2. 16.	2006두330	정부조치계획취소(새만금 사건)	상고기각
	3	2007. 10. 29.	2007도3016	제주도지사 공직선거법 위반(위법수집증거의 증거능력 인정 여부)	일부파기
	4	2007. 12. 14.	2005도872	저작권법위반(소리바다 사건) / 소부	일부파기
	5	2008. 6. 19.	2007두22320	불법파견의 파견법상 고용간주 조항 적용 여부	파기환송
	6	2008. 12. 18.	2008다53812	포털 사이트에 기사 편집권 인정 여부	상고기각
	7	2009. 5. 4.	2009다17417	연명치료 장치 제거 청구 사건	상고기각
	8	2010. 1. 21.	2008다38288	사립학교에서의 종교의 자유 인정 여부(강의석 사건)	파기환송

대법원장		공개변론	사건번호	쟁점	선고
양승태	1	2013. 3. 21.	2010도14328	베트남 국적 여성 피고인이 남편 의사에 반해 생후 13개월 자녀를 주거지에서 데려와 베트남에 입국한 것이 국외이송약취죄 성립 여부(원심 무죄)	상고기각
	2	2013. 7. 18.	2011다53683	키코계약이 무효 또는 취소사유 해당 여부, 은행의 적합성 원칙 및 설명의무 준수 여부	상고기각
			2012다1146		상고기각
			2013다26746		일부파기
	3	2013. 9. 5.	2012다89399	정기상여금 등의 통상임금 해당성 여부	파기환송
			2012다94643		파기환송
	4	2014. 6. 19.	2013므2250	장래 퇴직금이 이혼할 때 재산분할의 대상이 되는지 여부	일부파기
	5	2015. 5. 28.	2012다96120	산별노조 지회가 기업별 노조로 조직형태 변경 결의를 할 수 있는지 여부	파기환송
	6	2015. 6. 26.	2013므568	혼인 파탄에 책임 있는 배우자의 이혼청구 허용 여부	상고기각
	7	2015. 9. 18.	2015두295	자치단체의 대형마트 의무휴업 및 영업시간 제한 처분이 재량권 일탈·남용 여부	파기환송
	8	2016. 5. 19.	2013도850	치과의사가 미용 목적으로 한 보톡스 시술행위가 의료법 위반 여부	파기환송

대법원장		공개변론	사건번호	쟁점	선고
양승태	9	2016. 6. 16.	2015도11812	정치인의 포럼 설립·활동이 공직선거법에서 금지하는 유사기관 설립 또는 사전선거운동 해당 여부	파기환송
	10	2016. 9. 22.	2013다17292	관습법상 물권으로 인정해 온 분묘기지권을 인정·유지할지 여부	상고기각
김명수	1	2018. 1. 18. 2018. 4. 5.	2011다112391	휴일근로에 연장근로수당을 중복하여 지급할 수 있는지 여부	파기환송
	2	2018. 3. 22.	2015도12692	부동산 매도인이 중도금 받은 상태에서 다른 사람에게 매도하는 것이 배임죄 해당 여부	파기환송
			2017도4027		파기환송
	3	2018. 8. 30.	2016도10912	종교적 신념 따른 병역거부가 정당한 사유 없는 병역거부로 병역법위반죄 해당 여부	파기환송
			2016도17706		상고기각
			2018도4708		파기환송
	4	2018. 11. 29.	2018다248909	일반 육체노동 종사자의 가동연한을 65세로 상향할 것인지	일부파기
			2018다271855		상고기각
	5	2019. 2. 20.	2013다218156	명의신탁자가 자신 앞으로 부동산소유권등기를 다시 가져올 수 있는지 여부	상고기각
			2015다13850		상고기각
	6	2019. 4. 11.	2017다212095	원고 게임이 선행게임과 관계에서 창작적 표현으로 저작권 보호 받을 수 있는지 여부 / 소부	파기환송

대법원장		공개변론	사건번호	쟁점	선고
김명수	7	2019. 5. 22.	2016므2510	아내가 혼인 중 임신한 자녀를 남편 자녀로 추정하고 있는 친생추정 규정이 미치는 범위를 어디까지 볼 수 있는지	상고기각
	8	2020. 5. 20.	2016두32992	교원노동조합이 교원 아닌 자의 가입을 허용함으로써 노동조합법 제2조 제4호 단서에 해당하지 않는지 등	파기환송
	9	2020. 05. 28.	2018도13696	미술계에서 제3자 사용 제작 방식이 허용되는지 여부 / 소부	상고기각
	10	2020. 06. 17.	2016다248998	'산업재해 사망자 유족 특별채용'을 규정한 단체협약 규정이 민법 제103조 '사회질서'에 위배되어 무효인지	일부파기
	11	2021. 6. 16.	2020도12630	타인 주거에 대하여 공동거주자의 의사가 주거출입에 대하여 공동거주자의 의사가 다른 경우 주거침입죄 성립 여부	상고기각
			2020도6085		상고기각
	12	2022. 3. 17.	2019다229202	채권자대위권 행사에서 무자력 요건 필요 여부 및 맘모톰 시술에 관한 진료계약이 무효인지 여부 / 소부	파기자판 (소각하)
			2021다232928		상고기각

참고문헌

단행본

- 권석천, 「대법원 이의 있습니다」, (창작과비평사, 2017).
- 김명수 대법원장 재임기념, 「국민과 함께하는 좋은 재판 1~2, (법원행정처, 2024).
- 레너드 케스터·사이먼 정(조미현 펴냄), 「미국을 발칵 뒤집은 판결 31」, (현암사, 2012).
- 송민 최종영 대법원장 재임기념문집, 「21세기 사법의 전개」, (박영사, 2005).
- 야마모토 유지 지음, 김용찬 옮김, 「일본 최고재판소 이야기」, (법률문화원, 2005).
- 양승태 대법원장 재임기념, 「국민과 소통하는 열린 법원 1~3」, (법원행정처, 2018.).
- 윤관 대법원장 퇴임기념 판례평석집, 「국민과 사법」, (박영사, 1999).
- 이용훈 대법원장 재임기념 논문집, 「정의로운 사법」, (사법발전재단, 2011).
- 이춘재·김남일, 「기울어진 저울 – 대법원 개혁과 좌절의 역사」, (한겨레출판, 2013).
- 참여연대, 「김명수 대법원장 취임 2년, 사법개혁 어디까지 왔나 토론회 자료집」, (2019).
- 한인섭, 「100년의 헌법」, (푸른역사, 2019).

논문 등

- 공두현, "대법원의 조직과 상고제도의 변화 –역사적 제도주의 관점에서-", 『사법』 제55호, (사법발전재단, 2021).
- 김선수, "대법원의 조직과 재판 유형에 관한 일고찰", 사법 72호, 사법발전재단 (2025).
- 박시환, "대법원 전원합의체 판결 이후 다수의견.소수의견 사이의 경계확정 과정", 인하대학교 법학연구 제24집 제3호, (인하대학교, 2021).
- 유승익, "김명수 코트의 대법원 판결 평가", 『김명수 대법원장 시기의 사법부 평가와 향후 방향 모색을 위한 토론회 자료집』, (참여연대.민주사회를 위한 변호사모임, 2023).
- 정진수, "대법원의 인적 구성에 대한 제안", 우리법연구회 논문집(1), (우리법연구회, 2005).
- 정호은, "합의제 재판부 구성의 다양성에 관한 연구", (서울대학교, 2023).

인터넷 및 언론보도 등

- 사법정보공개포탈 종합법률정보 <https://portal.scourt.go.kr>.
- 국회 본회의 회의록 제400회 국회(정기회) 제13호.
- 경향신문, "연판장 사태 '사법파동' 조짐"(2003. 8. 13.), <https://www.khan.co.kr/national/court-law/article/200308132213401>.
- ______, "김명수 대법원 6년, 대법관들 치고받는 논쟁 활발해졌다"(수정 2023. 10. 17.), <https://www.khan.co.kr/article/202310170600081>.

- 동아일보, "['이용훈 사법부' 6년 평가] 의견 갈린 쟁점 81건"(2011. 9. 23.), <https://www.donga.com/news/article/all/20110922/40536700/1>.
- ______, "'현직 대법관 이념성향' 오른쪽 끝 고영한, 왼쪽 끝엔 이인복"(2016. 6. 28.), <https://www.donga.com/news/article/all/20160628/78894485/1>.
- ______, "문 대통령 임명 진보 대법관 5명, 판결 38건 중 27건서 같은 의견"(2020. 9. 23.), <https://www.donga.com/news/article/all/20200923/103060252/1>.
- ______, "김명수 제청 대법관 3명, '진보성향 톱 10'에"(2023. 10. 4.), <https://v.daum.net/v/20231004030130772>.
- 법률신문, "[손바닥뉴스] 대법관들, 의견 엇갈릴 때 토론·설득보다 각자 소신 선택"(2019. 8. 19.), <https://post.naver.com/viewer/postView.naver?volumeNo=23714835&memberNo=16986580>.
- ______, "[창간 72주년 특집] 대법원 전원합의체 중 전원일치 비율 '양승태 코트 33.6% → 김명수 코트 16.3%"(2022. 12. 1.), <https://www.lawtimes.co.kr/news/183428?serial=183428>.
- ______, "[창간 72주년 특집] 양승태 코트는 '집중형', 김명수 코트는 '분산형'"(2022. 12. 1.), <https://www.lawtimes.co.kr/news/183431>.
- ______, "진보·보수 상징 두 대법관...절반은 '함께' 절반은 '따로'"(2024. 8. 10), <https://www.lawtimes.co.kr/news/200473>.
- 매일경제신문, "'절차 정의' '사회 안정·균형 중시' 양승태 대법원 6년 전원합의체 분석"(2017. 9. 20.), <https://www.mk.co.kr/news/society/7983745>.
- 머니투데이, "부장판사도 가세...'사법파동 조짐'"(2003. 8. 14.), <https://n.news.naver.com/mnews/article/008/0000311277?sid=101>.

- 오마이뉴스, "대법원 '내년부터 법관 의견 반영'"(2003. 8. 19.), <https://n.news.naver.com/mnews/article/047/0000035062?sid=102>.
- 참여연대, "[보도자료] 참여연대 민변 '대법관후보 시민추천운동' 시작"(2003, 6, 18.), <https://www.peoplepower21.org/judiciary/513073>.
- 한겨레신문, "'비빔밥 대법원' 두툼해진 판결문, 약자 목소리 담았다"(2011. 11. 17), <https://www.hani.co.kr/arti/society/society_general/506033.html>.
- ________, "양승태 대법원장 3년...사회 다양화에 역주행 대법, 반대.보충의견 모두 줄었다"(2014. 9. 21.), <https://www.hani.co.kr/arti/society/society_general/656130.html>.
- ________, "다양성 강조 '김명수 코트' 노동·인권 큰 진전...사법농단 면죄부 오욕"(2023. 9. 25.), <https://www.hani.co.kr/arti/society/society_general/1109902.html>.
- 한국일보, "김명수 대법원 6년 판결 결산...'다양했지만, 다소 소심했다'"(2023. 8. 30.) <https://www.hankookilbo.com/News/Read/A2023083014040005285>.

제4.

노동판례의 변화와 전망-
60년 간 대법원 전원합의체 판결을 중심으로

(노동법실무연구회, 노동법실무연구 제5권, 사법발전재단, 2025, 3~122.)

Ⅰ. 머리말

1. 대법원 전원합의체 재판은 부[部, 통상 '소부(小部)'라 한다]에서 대법관들 사이에 의견이 일치되지 않는 경우, 서로 상반되는 내용의 판례가 있어 이를 정리할 필요가 있는 경우, 판례가 시대의 변화를 반영하지 못하여 이를 변경할 필요가 있는 경우, 명령·규칙이 헌법과 법률에 위배되어 무효를 선언하는 경우, 기타 중요한 사건으로서 대법관 전원의 의견을 모아 재판할 필요가 있는 등의 경우에 이루어진다(법원조직법 제7조 제1항, 「대법원

전원합의체의 심리절차에 관한 내규」 제2조 제4항[1]).

대법원 전원합의체 재판은 대법원장과 대법관 전원(법원행정처장 제외)이 참여하여 토론을 거쳐 다수결에 의해 다수의견을 법정의견으로 해서 선고된다. 전원합의체 재판은 국가나 사회가 지향해야 할 가치와 기준을 제시해야 하는 최고법원의 소임에 충실하고 대법원의 존재 이유에 가장 부합하는 재판 방식이다.[2] 또한 전원합의체 재판은 누구나 본인 사건을 다수의 법관이 깊이 있게 심리해주길 바라는 당사자들의 공통된 희망이 담긴 재판 형태이기도 하다.[3]

전원합의체 재판을 선고하려면 과반수(16명[4]으로 구성될 때는 9명, 13명으로 구성될 때는 7명 이상)가 지지하는 다수의견

---

1 사건이 다음 각 호의 어느 하나에 해당하는 경우에는 법 제7조 제1항 제4호의 사유에 해당하는 것으로 보아서 제1항에 따라 전원합의기일에서 심리할 사건으로 지정할 수 있다. 1. 중대한 공공의 이해관계와 관련되거나 국민적 관심도가 매우 높은 사건, 2. 우리 사회의 근본적 가치에 관한 결단을 제시할 만한 사건, 3. 사회적 이해충돌과 갈등대립 등을 해소하기 위한 최종 판단이 필요한 사건, 4. 역사적으로 사법적 평가가 필요한 쟁점을 다루는 사건, 5. 중요한 일반적 법 원칙을 강조하여 선언할 필요가 있는 사건, 6. 그 밖에 제1호부터 제5호까지에 준하는 사건

2 이춘재·김남일, 기울어진 저울 – 대법원 개혁과 좌절의 역사, 한겨레출판(2013), 59.

3 매일경제신문, "'절차 정의' '사회 안정 · 균형 중시' 양승태 대법원 6년 전원합의체 분석"(2017. 9. 20.), <https://www.mk.co.kr/news/society/7983745>.

4 사람의 수를 1961년부터 2013년까지의 헌법과 법원조직법 등은 '○인'으로 표기했으나, 2014. 12. 30. 개정 법원조직법은 법 문장을 국민의 일상적이고 올바른 언어생활에 맞도록 하려는 취지에서 '○명'으로 개정했으므로 법문을 그대로 인용하는 경우가 아니면 '○명'으로 표기한다.

(법정의견)이 형성되어야 한다. 다수의견과 주문은 동일하되 이유가 다른 별개의견, 다수의견과 주문과 이유가 다른 반대의견이 있고, 각각의 의견에 대한 보충의견이 있을 수 있다. 별개의견과 반대의견을 합하여 소수의견이라 한다. 소수의견은 다수의견에 가담하지 않은 대법관이 자신의 견해와 논리를 밝히는 공간이고, 동시에 당대뿐만 아니라 미래를 염두에 두고 작성된다. 소수의견을 읽은 미래세대가 소수의견의 논리에 동조하게 된다면 향후 비슷한 성격의 사건을 대법원이 검토할 때 이전과는 다른 판결을 선고할 가능성이 높아질 것이기 때문이다.[5]

대법원 전원합의체 재판의 다수의견과 소수의견은 설득과 타협, 양보의 결과물이다. 특정 쟁점에 대하여 대법원 전원합의체 재판이 나오면 당해 법리를 둘러싼 논쟁은 일단락되어 종식된 것으로 보이나, 다수의견·소수의견 사이의 적용 한계선을 구체적으로 어디로 설정하여야 할지를 두고 후속 대법원 재판과 하급심 재판에서 다시 치열한 논쟁과 법리 싸움이 벌어지는 경우도 적지 않다. 그렇기에 대법원 전원합의체 재판은 그 재판에 관여한 대법관은 물론 후속사건에 관여하는 대법관들과 하급심 법관들, 나아가 전체 법조인, 법학자들과 전문가들 그리고 일반 시민 모두가 진지한 고민과 탐구로써 그 판결의 다수의견과 소수의견이 추구

5 레너드 케스터 · 사이먼 정(조미현 펴냄), 미국을 발칵 뒤집은 판결 31(2012), 31.

하고자 한 법리의 정신과 진정한 의미를 찾아가는 노력을 통해 완성된다.[6]

2. 노동소송은 노사 양당사자가 첨예하게 대립하고, 양쪽의 주장과 논리가 팽팽하게 맞서는 것이 대부분이다. 양쪽의 견해를 지지하는 학설도 존재하고, 또한 사회적인 필요성도 각각 다른 각도에서 충분히 인정될 여지가 있다. 따라서 법원이 구체적인 노동소송에서 어떠한 판단을 내릴 것인지는 매우 어려운 문제이다.[7] 법관은 헌법과 법률에 의하여 그 양심에 따라 독립하여 심판하여야 하나(헌법 제103조), 법관도 사회의 구성원이고 각자의 가치관과 세계관을 가지고 있으므로 그에 따라 사회현상을 파악하는 입장에 차이가 있을 수 있고, 또한 동일한 사안에 대해 결론을 달리할 수도 있다. 노동사건의 경우 쟁의행위의 '정당성'이라든가 해고의 '정당한 이유' 등 법률 규정 자체가 가치관 여하에 따라 달리 해석될 여지가 있는 개념들을 많이 사용하고 있고, 대립하는 당사자인 근로자와 사용자 중 어느 관점에 따르는가에 따라 결론에 차이가 발생할 수 있으므로 법관의 세계관과 가치관이 중요한 역할을 할 여지가 크다.[8]

---

6 박시환, "대법원 전원합의체 판결 이후 다수의견·소수의견 사이의 경계확정 과정", 인하대학교 법학연구 제24집 제3호, 인하대학교(2021), 39-40.

7 김선수, "노사갈등의 현황과 쟁점", 노동법학 제8호, 한국노동법학회(1998), 80.

8 김선수(주 7), 79.

노동사건의 중요한 쟁점들에 대해 대법원 전원합의체 판결[9]로 선고한 경우가 많았는데, 그동안 우리나라에서 선고된 노동사건에 대한 전원합의체 판결 전체를 살펴보고자 한다. 전원합의체 판결의 선고로 관련 분쟁이 마무리된 경우도 있고, 선고가 지나치게 늦게 이루어져 그 의미가 크게 감소한 경우도 있다. 전원합의체 판결 선고 이후에 헌법재판소의 결정과 입법을 통해 사후적으로 달리 해결된 경우도 있다. 또한 여전히 문제가 있는 상태가 계속되어 추후 다시 전원합의체 판결로 판례를 변경하거나 입법을 통해 근본적인 해결책을 강구해야만 하는 경우도 있다.

Ⅱ. 노동소송의 의의와 특징 및 노동사건에 관한 전원합의체 판결 목록

1. 노동소송의 의의

노동소송은 노동관계 당사자 또는 노동관계 당사자와 제3자 사이에 발생하는 노동관계법상의 쟁점이 다투어지는 법률상 쟁송

9 전원합의체 재판은 상고사건의 경우에는 '판결'로, 재항고사건의 경우에는 '결정'으로 선고하나, 노동사건에 대한 전원합의체 재판은 모두 상고사건에 대하여 '판결'로 선고한 것이므로, 이후에는 '전원합의체 판결'이라고 한다.

을 말한다. 근로자 또는 노동조합은 1차적으로 노동현장에서 사용자와 대립하게 되므로 노동소송의 1차적인 형태는 근로자 또는 노동조합이 사용자를 상대로 제기하거나 또는 사용자로부터 제기당하는 소송이 된다. 근로자 또는 노동조합은 2차적으로 정부나 지방자치단체 또는 노동감독기관 등의 노동정책이나 제도 또는 감독기능 등과의 관계에서 정부 등과 상대하게 되는데, 노동소송의 2차적인 형태는 정부나 지방자치단체 또는 노동감독기관 등을 상대로 한 소송이 된다. 산업재해보상보험법(약칭 '산재보험법')과 고용보험법의 해석 및 적용과 관련된 사건은 사회보험사건으로 볼 수도 있으나, 산재보험법과 고용보험법이 근로관계의 존재를 전제로 하므로 이들 사건도 노동사건의 범주에 포함된다. 노동조합의 운영 등과 관련된 법률적 분쟁인 노동조합 내부의 소송형태가 있고, 근로자가 직접적인 소송당사자가 되지 않더라도 간접적으로 노동법상의 쟁점이 다투어지는 소송형태도 있을 수 있다. 또한 노동관계법의 적용을 둘러싼 형사사건, 단체행동권의 행사를 이유로 기소된 형사사건 등도 노동소송의 범위에 속한다.[10]

---

10 김선수(주 7), 34.

2. 노동소송의 특징

노동소송은 사회적·경제적 역관계가 불균등한 근로자와 사용자 사이, 헌법에 의해 노동3권이 보장된 근로자단체인 노동조합과 사용자 또는 제3자 사이, 노동조합 내부관계 등에 관한 분쟁이기 때문에 형식적으로 평등한 지위의 양당사자를 전제로 하는 시민법상의 분쟁 또는 소송과는 다른 특징을 가진다.[11]

노동소송의 일반적인 특징으로 분쟁이 예외적이 아니라 일상적으로 발생할 수 있다는 점, 불평등한 당사자 사이의 분쟁이라는 점, 이익분쟁과 밀접하게 관련되어 있다는 점, 노동조합에 의한 분쟁으로서 대리분쟁 또는 대표기관에 의한 분쟁의 성격을 띤다는 점, 분쟁의 전개와 해결에서 노사관계라는 조직관계의 영향이 크게 작용한다는 점, 지배자와 피지배자 사이의 정치적 지배관계에서 발생하는 분쟁과 유사한 특성을 가진다는 점 등을 지적하는 견해가 있다.[12]

또한 노동소송의 특징으로 첫째 전신(全身)적 소송(패소하는 당사자에게 치명적인 손해를 초래하여 당사자가 온몸을 바쳐

---

11 김선수, "한국에서의 노동분쟁처리기구로서의 법원의 구조 및 운영실태, 노동법원의 도입방향", 노동과 법 제4호, 전국금속노동조합연맹법률원(2004), 316-317.

12 신현덕, "우리나라 노동법원제도의 도입방안에 관한 연구", 대구대학교 사회개발대학원 석사학위논문(1991), 9~11.

수행할 수밖에 없는 소송)이라는 점, 둘째 자주적 해결을 중시하여야 한다는 점, 셋째 신속한 해결이 필요하다는 점, 넷째 노사의 실질적 대등을 고려하여야 한다는 점, 다섯째 법관의 전문화가 필요하다는 점이 지적되기도 한다.[13]

특히 노동소송에서는 소송절차에서 노사의 실질적 대등성을 확보하기 위한 노력이 필요하다는 점을 강조할 필요가 있다. 노사간의 실질적 불평등을 시정하기 위하여 실체법인 노동법은 시민법 원리를 수정하여 근로자에 대한 권리와 이익의 보호를 강화했는데, 이러한 실체법상의 권리와 보호를 최종적으로 실현하기 위해서는 소송절차에 의하여야 한다. 소송절차의 측면에서 노사의 실질적 대등을 실현하기 위한 노력이 없으면 실체법상 보장된 권리가 소송절차에서 무시됨으로써 실체법상의 권리보호가 무력화되는 결과가 초래될 위험이 있기 때문이다.[14]

3. 노동사건에 대한 대법원 전원합의체 판결 전체 목록

제1, 2공화국에서도 대법관(대법원장은 대법관으로 보하거나

---

13 萩澤淸彦, "勞働訴訟", 現代勞働法講座 14 勞働爭訟, 總合勞働硏究所(1985), 61~63.; 中村滿, 勞働訴訟の實務, 新日本法規出版株式會社(1976), 4~6.; 김선수(주 11), 318.

14 김선수(주 11), 318~319.; 萩澤淸彦(주 13), 62~63.

대법관이 되었다) 전원으로 구성된 연합부가 운영되기는 했으나 그다지 활성화되지는 않았다.[15] 1959. 1. 13. 개정 법원조직법에 의해 대법원의 이원적 구성(대법관과 대법관이 아닌 대법원판사)이 도입되기 이전에는 주로 대법관 5명으로 구성된 소부(민사부, 형사부, 특별부)가 재판했고, 그 이후에는 대법관과 대법원판사로 구성된 소부(민사부, 형사부, 특별부)가 주로 재판했다. 1961. 8. 12. 개정 법원조직법은 고등법원 상고부를 도입하면서, 대법원 재판은 대법원장과 모든 대법원판사로 구성된 전원합의체(9명)에서 하는 원벤치 시스템(one-bench system)을 도입했다. 1963. 12. 13. 개정 법원조직법은 대법원 재판은 전원합의체를 원칙으로 하되 효율적 운영을 위해 소부를 부활했다. 1989. 3. 1. 이후 대법원 재판은 대법원장과 12명의 대법관으로 구성된 전원합의체와 대법관 4명으로 구성된 소부가 담당하고 있다. 대부분의 대법원 재판은 소부 재판 형태로 이루어지고, 전원합의체 재판은 예외적으로 소수만이 이루어지고 있다.

노동사건에 관한 최초의 전원합의체 판결은 1965. 4. 22.

---

15 최초의 전원합의체 판결인 대법원 1957. 10. 4. 선고 4290형비상1 전원합의체 판결은 전원일치 의견으로 제1심 유죄판결에 대하여 검사의 항소가 없고 피고인만의 항소가 있는 제2심 유죄판결에 대하여 검사상고가 있는 경우에 상고심은 검사의 불복 없는 제1심 판결의 형보다 중한 형을 과할 수 없다며 종전 판결을 변경했다. 관여 법관: 대법관 김병로(재판장) 김두일 김세완 김갑수 허진 배정현 고재호 백한성 대법관대리 판사 한환진 김제형.

선고되었고, 이후 2024. 12. 19. 선고된 2건을 포함하여 모두 51건(판례 변경 27건, 시행령 무효 1건, 기타 23건)[16]이다. 각 코트[17]별로 선고시기에 따른 구체적인 목록은 별지 목록 기재와 같고, 그 개요를 간략하게 도표로 정리하면 다음과 같다.

노동사건 전원합의체 판결 개요

시기	코트	건수	구분
군사정부 (1961-1987)	조진만 민복기 이영섭 유태흥	5	2건 퇴직금 관련 (최초 1965. 4. 22. 선고) 3건 산재 관련
형성기 (1987-1990)	이일규	2	임금채권 직접지급원칙 해고 효력 다투는 근로자의 제3자 해당 여부
보수화 (친사용자화) (1990-2005)	김덕주	3	2건 근로자에게 불리하게 판례 변경 1건 조합원총회인준투표 조항의 효력
	윤관	7	3건 중요쟁점 근로자에게 불리하게 변경 1건 시행령 무효, 1건 모순 판례 정리 1건 산재 관련, 1건 제한적 주권면제론
	최종영	7	4건 다수의견이 소수의견보다 근로자에 불리 2건 산재 관련, 1건 국립대 기간제 교수 사건

16 51건의 목록은 판례 색인을 수록한 여러 종류의 노동법 교과서 등을 참고하여 완성했다.

17 특정 대법원장의 재임기간을 그 대법원장의 이름을 따서 '해당 대법원장 코트'라 한다.

일부 정상화 (2005-2011)	이용훈	6	2건(출퇴근 재해, 퇴직금 분할지급약정) 2건 산재 관련, 1건 불법파견 직접고용간주 1건 단순파업 업무방해죄 여부
다시 보수화 (2011-2017)	양승태	7	2건 통상임금 사건, 1건 산재 관련 2건 다수의견이 소수의견보다 근로자에 불리 1건 이주근로자 노조, 1건 임금채권 지연이자
다시 정상화 (2017-현재)	김명수 (2017-2023. 9.)	12	4건 근로자에게 유리하게 판례 변경 3건 다수의견이 소수의견보다 근로자에 유리 5건 다수의견이 소수의견보다 근로자에 불리
	조희대	2	통상임금 판단 기준

개략적으로 시기를 구분해보면, 우선 군사정부 시기에는 노동법을 정면으로 다루는 사건 자체가 많지 않았다. 1987년 6월 시민민주화 운동과 7·8월 근로자대투쟁을 통해 민주화가 진전되고 민주적 노동운동이 활발하게 된 후 이일규 코트에서는 근로자들의 권리를 인정하는 판결들이 선고되기 시작하여 노동판결의 형성기라고 할 수 있다. 2건의 전원합의체 판결도 다수의견이 소수의견에 비해 근로자 보호에 충실하다. 1990년대 초반 김덕주 코트 이후 윤관 코트, 최종영 코트까지는 대법원 노동판결이 보수화[18] 또는 친사용자화된 것으로 평가된다. 대법원이 서울대학교

18 진보니 보수니 하는 것은 이데올로기의 변화에 비추어 볼 때 적합성을 상실한 표현이 되어 가고 있으며, 이데올로기 문제가 전면에서 후퇴한 지금 오히려 사법부가 친자본화되어 가고 있다고 보는 것이 더 맞는 표현이라는 지적이 있다. 이상덕, "최근 대법원 노동판례의 경향과 문제점", 노동법학 제4호, 한국노동법학회(1994), 168.

를 졸업한 50대 남성의 고위 법관 출신 대법관들 위주로 획일적으로 구성되었고, 대법관들이 노동법의 특수성에 대한 전문적인 이해가 부족했다. 전원합의체 판결로 근로자에게 불리한 방향으로 판례를 변경하는 사례가 꽤 있었다. 이용훈 코트에서는 노동법 전문가인 김지형 대법관이 임명되는 등 대법원 구성이 다양화되고, 이른바 독수리 5남매로 불리는 진보적인 대법관들이 법리 싸움을 통해 다양한 의견을 전원합의체 판결문에 담았다. 노동사건에 대한 대법원 판결이 근로자에게 유리한 방향으로 변경되기도 하고, 경우에 따라서는 전원일치 의견으로 바람직한 판결이 선고되기도 했다. 보수정권에 의하여 대법원 구성의 획일성이 강화된 것으로 평가되는 양승태 코트에서는 노동판결이 다시 보수화되는 경향성을 보였다. 대통령 탄핵으로 문재인 정부가 들어서고 대법원 구성이 다양화된 김명수 코트에서는 다시 노동판결들이 정상화의 과정을 거쳤다. 그 이후는 그 연장선상에 있다고 할 수 있다.

Ⅲ. 구체적인 검토

1. 군사정부 시기(1961년~1987년)

가. 1961년 5·16 군사쿠데타[19] 이후 수립된 군사정부가 저임금노동에 기반한 수출주도형 경제개발정책을 추진하면서 근로자들의 권리는 희생되었다. 1970. 11. 13. 전태일 열사가 자신의 몸을 불사르면서 외친 '근로기준법을 지켜라', '우리는 기계가 아니다', '내 죽음을 헛되이 하지 마라'라는 구호는 근로자들의 열악한 상태를 웅변적으로 보여준다. 1987년 6월 시민민주화운동과 7·8월 노동자대투쟁으로 우리 사회가 민주화되기 이전에는 근로자들은 무권리상태에 있었다고 해도 과언이 아니다. 이 시기에 노동법은 법전 속의 활자에 갇혀 있었다. 근로자들이 법정소송을 통해 권리를 회복하거나 방어하는 것 자체가 거의 불가능했다. 노동단체법의 영역에서는 근로자들의 단체행동이 철저하게 억압되었고 또한 가차 없이 탄압을 받았다. 그 결과 군사정부 시기에는 노동사건에 관한 대법원 판례가 축적되지 못했다.

군사정부 시기에 대법원의 지위와 위상은 심각하게 추락했다. 5·16 군사쿠데타 직후 군부세력은 '대법관'직을 폐지하고

19 법원행정처, 법원사(자료집)(1995), 274.

'대법원판사'로 명칭을 변경하고,[20] 대령 계급의 군인을 법원행정처장에 임명하였다. 법관임용 자격이 없는 사람이 법원행정처장에 임명된 것은 사상초유의 일이었다.[21] 일본식 교육을 받은 박정희 대통령은 사법부를 군대의 법무감실 정도로 여겼다.[22] 개헌할 때마다 대법원장과 대법원판사를 비롯한 모든 법관을 재임용하면서 정권에 굴종적인 자세를 취하지 않는 법관들을 탈락시켰다. 전두환 정권 시기인 1985년 9월 법관인사파동을 통해 유태흥 대법원장은 좌천인사발령을 무기로 해서 법관들을 순치시켰다.[23]

당시 대법원의 위상이 얼마나 추락했는지는 두 대법원장의 발언에서도 확인할 수 있다. 제5대와 제6대 대법원장을 역임한 민복기 전 대법원장은 당시의 사법부의 위상에 대해 "민주주의 국가이니 사법부의 독립을 내세우지 않을 수는 없었겠지만 대추 밤 놓듯이 구색을 맞춘 정도"였다고 평가했다.[24] 제7대 이영섭

---

20 당시 대법원이 대법관과 대법원판사로 이원적으로 구성되어 있었기 때문에 대법관을 대법원판사로 호칭하는 것은 대법원을 격하하는 의미가 있었다.

21 사법발전재단, 역사 속의 사법부: 대한민국 사법부 1948~2008(2009), 67.

22 한홍구, 사법부-법을 지배한 자들의 역사, 돌베개(2016), 44.

23 법관인사파동을 이유로 1985. 10. 18. 국회에서 유태흥 대법원장에 대한 탄핵소추안이 발의되었다. 표결 결과 부결되기는 했지만, 유태흥 대법원장은 국회에서 탄핵소추안이 발의된 최초의 대법원장이 되었다.

24 한홍구(주 22), 44~45.

대법원장은 취임 후 2년여 만에 신군부의 압력으로 퇴임하면서 1981. 4. 15. 퇴임식에서 "취임 초에는 포부와 이상도 컸었지만 과거를 돌아보면 회한과 오욕으로 얼룩진 것 이외 아무 것도 아닌 것이 되었다"라고 술회했고, 퇴임사에 '사법부'를 '司法府'라 쓰지 않고 '司法部'라고 써서 사법부의 위상이 행정부의 일개 부서로 전락했다는 사실을 자조적으로 표현했다.[25]

나. 군사정부 시기에 선고된 노동사건에 대한 전원합의체 판결은 5건이다. 그 중 2건은 퇴직금에 관한 것이고, 3건은 산재보험법에 관한 것이다.

1) 퇴직금 관련 사건

가) 우리나라 최초의 노동사건 전원합의체 판결은 대법원 1965. 4. 22. 선고 65다99 전원합의체 판결이다. 제정 근로기준법(1961. 12. 4. 법률791호로 개정되기 이전)은 퇴직금제도에 관하여 규정하지 않고, 제28조에서 '해고자에 대한 지급'이라는 제목으로 노동위원회 또는 사회부의 인정을 받은 정당한 이유로 근로자를 해고하는 경우에 근속연수에 따른 일정한 지급율에 의한 금원(해고수당)을 지급하도록 규정했다. 피고 회사 취업규칙은

---

25 법원행정처, 법원사(1995), 852.; 한홍구(주 22), 19, 158.

근로자를 정당하게 일방적으로 해고할 수 있는 경우에 지급률표(구 근로기준법 제28조에서 정한 지급률보다 상회)에서 정한 지급률에 따라 산정한 퇴직(위로)금을 지급하도록 규정했다. 사용자가 정당한 이유 없이 근로자를 해고하면 그 해고는 무효인데, 근로자가 해고무효를 주장하지 않고 해고의 효과를 인정할 때에는 정당한 이유가 있어 해고한 경우와 같이 보아 구 근로기준법 제28조 소정의 해고수당청구권이 발생하는 것으로 해석하여야 한다는 점에 대해서는 의견이 일치했다.

취업규칙상의 퇴직위로금에 구 근로기준법 제28조의 해고수당도 포함되어 있는가 하는 점에 대해 의견이 갈렸다. 다수의견은 취업규칙 소정의 퇴직금 지급율이 해고수당 지급율보다 상회한다면 취업규칙 소정의 퇴직금에 구 근로기준법 제28조의 해고수당이 포함되어 있다고 보았다. 사광욱 대법원판사의 반대의견은 법률 규정에 의하여 근로자에게 보장된 해고수당청구권이 법률의 위임을 받지 않은 취업규칙에 의하여 그 내용이 수정 또는 소멸된다는 것은 법이론상 이해할 수 없으며, 다수의견의 논리는 취업규칙으로써 법률의 내용을 수정 또는 소멸시키는 결과가 되어 이에 찬동할 수 없다는 것이다.

이 판결은 근로기준법상 퇴직금제도가 도입되기 전의 과도기적 상황에서 구 근로기준법상의 해고수당과 취업규칙상 퇴직금의 중복 문제를 구체적 타당성의 견지에서 해결한 것이다. 1961.

12. 4. 개정 근로기준법은 해고예고제도를 도입함으로써 해고자에 대한 금품지급제도를 해고예고제도로 변경했고, 퇴직금제도를 신설하여 퇴직하는 모든 근로자에 대하여 계속근로연수 1년에 대하여 30일분 이상의 평균임금 상당의 퇴직금을 지급하도록 했다(제28조).[26] 다수의견은 그 후 법정퇴직금을 구 근로기준법상 해고수당의 경우와 마찬가지 성질로 보아 취업규칙상의 퇴직금 전체 액수가 법정퇴직금액을 초과하는 이상 법정기준의 일부에 미달하더라도 무효가 아니라는 판례를 낳았다.[27] 경제개발 논리가 기승을 부리던 시기에 근로기준법의 근로자 보호 취지에 충실한 사광욱 대법원판사의 1인 반대의견은 선구자형 제비 역할[28]을 한, 의미 있는 소수의견이었다고 평가할 수 있다.

---

26 노동법실무연구회, 제2판 근로기준법 주해 II, 박영사(2020), 688~689.

27 유근완, "근로기준법상 퇴직금 산정의 범위", 사법논집 제5집, 법원행정처(1974), 617.

28 민문기 대법원판사는 1인 소수의견의 가치와 중요성에 대하여 다음과 같이 시적으로 표현했다. "한 마리 제비로서는 능히 당장에 봄을 이룩할 수 없지만, 그가 전한 봄, 젊은 봄은 오고야 마는 법. 소수의견을 감히 지키려는 이유가 여기에 있는 것이다."(대법원 1977. 9. 28. 선고 77다1137 전원합의체 판결의 15 대 1 소수의견 중). '한 마리 제비론'이라 할 수 있는데, 한 마리 제비는 봄이 오기 전에 먼저 와서 봄을 미리 알리는 선구자형 제비도 있으나, 겨울이 와서 다른 제비들은 모두 남쪽으로 떠났는데 홀로 겨울이 온 줄 모르고 남아 있는 경로의존(path dependence)형 제비도 있다. 한 마리 제비가 그 어느 쪽이든 자기 의견을 밝히고 쓸 수 있는 것이 대법원 전원합의체 판결의 건강성과 포용성을 증명하는 증표이다.

나) 대법원 1979. 9. 25. 선고 78다2312, 2313 전원합의체 판결은 전원일치 의견으로 사립학교교원연금법 부칙 제2조 규정[29]은 급여를 계산하면서 임명일자를 1975. 1. 1.로 한다는 취지일 뿐이므로 1975. 1. 1. 이후에 퇴직하는 교원의 1974. 12. 31.까지의 재직에 대한 근로기준법에 따르는 퇴직금을 정하기 위한 평균임금을 산정함에 있어서는 그 교원이 현실적으로 퇴직한 날을 기준으로 하여야 한다고 판단하면서 다른 견해를 취한 종전 판결[30]을 변경했다. 명확하게 부당한 종전 판결을 변경한 것이다.[31]

2) 산재보험법 관련 사건

가) **대법원 1977. 2. 8. 선고 76다1720 전원합의체 판결**의 다수의견은 예산회계법 제73조[32]와 시행령에서 정한 '납입의 고지'는 그 권리의 발생원인이 공법상의 것이거나 사법상의 것이건 시효중단의 효력이 발생하며, 원고(대한민국) 산하 노동청 지방사무소장이 지급한 산재보험급여금에 관하여 피고 회사에게 산재보험법 제15조에 따른 대위청구를 한 것은 국가가 행한 납입의 고지

---

29 1975년 1월 1일 현재 재직 중인 교원은 같은 법 제31조의 규정에 불구하고 1975년 1월 1일에 임명된 것으로 본다.

30 대법원 1978. 2. 28. 선고 78다51 판결.

31 임종률, "사립학교교원연금법 시행 후에 퇴직한 교원의 평균임금 산정시기", 판례회고 제8호, 서울대학교법학연구소(1980), 182-183.

32 법령의 규정에 의하여 국가가 행하는 납입의 고지는 시효중단의 효력이 있다.

에 해당하여 시효중단의 효력이 있다고 판단했다. 반대의견은 시효중단의 효력이 발생하는 납입고지는 국가의 재정권력작용으로서의 부과처분을 의미하는데, 원고의 대위청구권은 사법상 청구권으로서 징수절차에 관하여 산재보험법에 아무런 규정도 없으므로 원고의 행위는 민법상의 최고 이상의 효력이 발생될 수 없어 이를 법령이 정한 납입의 고지라고 볼 수 없다는 것이다.

소멸시효 중단의 효력이 있는 납입고지에 관하여 규정한 예산회계법 조항에 대한 위헌심판사건에서 헌법재판소는 이 판결의 다수의견과 같은 견해를 취하면서 합헌결정을 했다.[33] 다수의견은 노동청의 산재보험급여금의 대위청구를 두텁게 보호하기 위한 정책적 고려가 반영된 견해이다. 납입고지의 법적 성격과 관련하여서는 문제되는 국가의 채권이 발생하고 소멸해가는 과정에서 부과결정이 매개되지 않는 경우(국가배상법상에 기한 손해배상청구권의 가집행금반환채권, 산재보험법상 손해배상청구권 등)에는 최고의 성격을 가지고, 법령 요건을 충족함으로써 추상적으로 성립된 국가의 채권이 부과결정을 통하여 구체적으로 행사할 수 있도록 확정되는 경우(국유재산법상 변상금부과, 국세기본법에 의한 국세부과처분, 구 개발이익환수법에 의한 개발부담금부과처분 등)에는 채무자에 대한 관계에서 채무액을 결정

33 헌재 2004. 3. 25. 선고 2003헌바22 결정.

하는 의사표시를 포함하는 행정처분의 성격을 가지는 것으로 볼 수 있다.[34]

나) **대법원 1978. 2. 14. 선고 76다2119 전원합의체 판결**의 다수의견은 산재보험법에 의한 보험급여 수급권자가 가해자인 제3자의 자기에 대한 손해배상채무의 전부 또는 일부를 면제한 경우 면제한도에서 보험급여청구권을 상실한 것으로 보아 노동청장(국가)은 수급권자의 면제한도 부분의 보험급여 지급이 면책된다고 보았다. 반대의견은 산재보험제도에서는 근로자의 부상이나 사망이 제3자의 불법행위로 인한 경우라도 대위권 행사로 손해배상을 받고 안 받고에 관계없이 보험급여가 지급될 것임이 법규정상 명백하므로 노동청장의 보험급여지급의무와 대위권은 법률상 아무런 연관이 없으며, 근로자 측의 행위로 노동청장의 대위권이 상실되어 근로자에게 노동청장에 대한 손해배상의무가 인정될 여지가 있으나 그렇다고 하여 근로자의 산재보험법상 보험급여수급권이 상실된다는 법리는 있을 수 없다고 했다.

다수의견에 따를 경우 수급권자가 경솔하거나 진의 아닌 화해 등으로 보험급여를 받을 권리를 상실하게 되어 수급권자에게

---

34 이현수, "납입고지에 의한 변상금부과처분의 취소와 소멸시효의 중단", 행정법연구 제16호, 행정법이론실무학회(2006), 289.

신속·공정한 보상을 하려는 산재보험제도의 취지에 어긋나는 결과가 될 우려가 있다.[35] 대법원은 부당한 결과를 방지하기 위해 합의 당사자의 의사를 합리적으로 해석하고 있다. 먼저 당사자가 합의하면서 명시적으로 산재보험급여는 별도로 지급받기로 약정한 경우에는 산재보험급여청구권에 영향이 없다. 다음으로 당사자의 의사가 명확하지 아니한 경우에는 피재근로자의 보호와 산재보험의 사회보장적인 측면을 고려하여 산재보험급여청구권에는 영향이 없다고 해석하는 것이 옳다.[36]

다) **대법원 1981. 10. 13. 선고 81다카351 전원합의체 판결**은 전원일치 의견으로 근로기준법상 재해보상 중 휴업보상과 장해보상에 대하여는 근로자에게 중대한 과실이 있음을 이유로 보상책임을 면할 길이 있으나(근로기준법 제81조), 그 외 요양보상 또는 유족보상 등의 경우에는 근로자에게 중대한 과실이 있더라도 사용자가 보상책임을 면하거나 과실상계 이론에 따라 보상의 범위를 제한하지 못하며, 재해근로자가 수령한 요양보상 중 과실비율에 따른 금원을 부당이득이라 하여 사용자의 손해배상액으로

---

35 정지형, "산업재해보상보험금 청구권의 성질", 사법행정 제20권 제5호(221호), 한국사법행정학회(1979), 32-33.

36 동상홍, "산업재해보상보험법 제15조와 당사자의 합의", 인천법조 창간호, 인천지방변호사회(1993), 179~180.

부터 공제할 수 없다고 판단하고, 이와 다른 견해를 취한 종전 판결[37]을 변경했다.

이 판결은 과실책임 원칙과 과실상계 이론은 법률에서 특별히 규정한 경우를 제외하고는 재해보상책임에는 적용되지 않는다고 보아야 하는 원칙을 확인한 것으로서 정당하다.[38]

2. 노동판례의 형성기: 이일규 코트 (1988년 7월~1990년 12월)

가. 1987년 7·8월 노동자대투쟁을 통해 민주적인 노동조합들이 대거 설립되었고 전국적으로 노동운동이 활발하게 전개되었다. 1987. 7.부터 석 달 동안 벌어진 파업 건수가 그 전 10년간 발생한 건수의 2배를 기록했고, 1987. 6. 말 2,742개이던 노동조합은 1987년 말 4,104개로 증가했고,[39] 1989년에는 7,883개로 증가했다. 노동조합 조직률은 1986년 16.8%에서 1989년 19.8%로 증가하여 최고치를 찍었다. 이후에는 꾸준히 하락하여 2010년에 9.8%까지 추락했다가 2023년에는 13% 수준에 머무르고 있다.[40]

---

37 대법원 1981. 6. 23. 선고 80다2316 판결과 1981. 7. 28. 선고 80다3252 판결 등.

38 강봉수, "재해보상과 과실상계", 대법원판례해설 제1호, 법원도서관(1987), 109-113.

39 사법발전재단(주 21), 336.

40 지표누리 국가발전지표 https://www.index.go.kr/unify/idx-info.do?idxCd=4220

1988. 2. 25. 출범한 노태우 정부는 초기에는 이른바 유화정책을 취했는데, 1988. 12. 28. 대통령이 '민생 치안에 관한 특별 지시'를 발표한 이후에는 분쟁 중인 노동현장에 대규모 경찰력을 투입하여 진압했다.[41] 노동운동의 발전에 따라 예전에는 문제화되지 못하고 간과되었던 근로자들의 권리에 대한 법률적인 주장이 새롭게 제기되었다. 사용자 측에서도 종전과 같은 물리적이고 폭력적인 탄압만으로는 노동현장을 통제할 수 없게 되어 법률적인 대응을 할 수밖에 없게 되었다. 근로자들도 무조건 투쟁 일변도로 대응할 수는 없고 법률적인 대응을 하여야만 했다. 이러한 시대상황을 배경으로 하여 노동소송이 증가하게 되었고 노동판례도 축적하기 시작했다.[42]

1988. 4. 26. 실시한 제13대 국회의원선거로 여소야대 국회가 출현했다. 5. 6. 야당은 대법원장과 대법관의 전면적인 교체를 주장했는데, 노태우 정부는 5. 26. 당시 제9대 김용철 대법원장을 다시 대법원장에 임명하고 대법관을 대폭 교체할 방침을 밝혔다. 1988. 6. 15. 서울민사지방법원, 서울가정법원, 서울지방법원북부지원 법관들은 '새로운 대법원 구성에 즈음한 우리의 견해'라는 성명서를 발표했다(제2차 사법파동). 소장법관들은 김용철 대법원장

---

41 김선수, 노동을 변호하다, 오월의봄(2014), 25~26.

42 김선수(주 7), 33~34.

의 사퇴, 정보부 기관원의 법원 상주 폐지, 법관의 청와대 파견 금지 등을 주장했다. 결국 김용철 대법원장이 1988. 6. 17. 퇴임의사를 밝히고, 6. 20. 퇴임식을 가졌다. 노태우 대통령은 정기승 대법원판사를 후임 대법원장 후보자로 지명했다. 시민사회와 변호사들이 강력하게 반대하였음은 물론이고, 사법연수원생들도 7. 1. 정기승 후보자의 대법원장 임명에 반대하는 성명서를 발표했다.[43] 1988. 7. 2. 국회에서 정기승 대법원장 임명동의안이 표결결과 부결되었다.[44] 노태우 대통령은 이일규 전 대법관을 대법원장 후보자로 임명했고, 국회에서 가결되어 1988. 7. 6. 이일규 제10대 대법원장이 취임했다. 이일규 대법원장은 대법관 후보 2배수 제청 관행을 개선하여 정수만 제청했고, 검찰 출신 대법관을 2명에서 1명으로 축소했으며, 재판에 대한 외부의 압력을 차단하기 위해 노력했다.[45] 다만 1990. 12. 15. 70세 정년으로 약 2년 5개월 정도만 대법원장으로 근무했다.

이일규 코트는 노동자대투쟁과 정치적 상황의 유화국면 등을 배경으로 하여 대법원의 노동판례가 형성되는 시기였다고 평가할 수 있다. 대폭 증가하고 대규모화 하는 노동사건을 효율적으로

---

43 민경한, 동굴 속에 갇힌 법조인, 나래짓(2012), 70~71.

44 재석 295명, 찬성 141표, 반대 6표, 기권 134표, 무효 14표. 한홍구(주 22), 377~382.

45 한홍구(주 22), 381.

처리하기 위하여 사법사상 처음으로 1989. 9. 1. 서울민사지방법원에 노동전담부 2개가 설치되었다.[46] 그 이후 노동전담부는 꾸준히 확대되었다. 근로자들의 주장을 받아들여 노동법상 권리를 인정하는 판결들이 다수 선고되었다. 법전 속의 문자에 갇혀있던 노동법이 비로소 현실로 나와 '살아 있는 법'이 되었다. 노동사건에 대한 전원합의체 판결은 2건 선고되었는데, 모두 다수의견이 소수의견에 비해 근로자들의 권리를 두텁게 보호하는 내용이다.

나. 구체적인 검토

1) **대법원 1988. 12. 13. 선고 87다카2803 전원합의체 판결**의 다수의견은 근로자가 임금채권을 양도한 경우 근로기준법 제36조 제1항에서 정한 임금직접지급 원칙(제109조에서 그 위반자를 처벌하도록 규정)이 적용되어 사용자는 직접 근로자에게 임금을 지급하여야 하고, 양수인은 사용자에 대하여 임금의 지급을 청구할 수 없다는 견해를 채택하고, 이와 다른 견해를 취한 종전 판결[47]을 변경했다. 반대의견은 임금채권이 자유롭게 양도할 수 있는 성질의 것이라면 임금채권의 양도에 의하여 임금채권의 채권자는 근로자로부터 제3자로 변경되고, 임금채권은 사용자와 근로자와의

---

46 김선수, "최근 노동판례의 경향과 대책", 민주사회를 위한 변론 제4호, 민주사회를 위한 변호사모임(1994), 71.

47 대법원 1959. 12. 17. 선고 4292민상814 판결.

관계를 떠나서 사용자와 양수인과의 관계로 옮겨짐으로써 양수인은 사용자에게 직접 지급을 구할 수 있다는 것이다.

임금 직접지급원칙의 취지는 임금의 중간착취 등 폐해를 방지하고 근로자에 의한 임금 수령을 확실하게 하여 근로자의 기초생활을 보장하려는 데 있으므로,[48] 다수의견이 근로기준법의 취지에 부합하는 해석이다. 다만 임금채권의 양도 자체는 유효하기 때문에 양수된 채권이 근로자의 다른 채권자에 의하여 압류될 때 양수인은 제3자 이의의 소를 제기할 수 있고, 임금이 양도인인 근로자에게 지불된 때에는 양수인은 근로자에게 부당이득반환청구의 소를 제기할 수 있을 것이다.[49]

2) **대법원 1990. 11. 27. 선고 89도1579 전원합의체 판결**의 다수의견은 노동조합의 정의에 관한 노동조합법 제3조 제4호 단서[50]에 비추어 해고된 근로자가 부당노동행위 구제신청이나 해고무효확인의 소를 제기하여 해고의 효력을 다투면서 쟁의행위를 하는 경우 그 해고자는 노동쟁의조정법 제13조의 2[51]에서 개입을 금지

---

48 노동법실무연구회, 제2판 근로기준법 주해 Ⅲ, 박영사(2020), 82.

49 박성철, "임금채권의 직접불의 원칙", 판례연구 제1집, 부산판례연구회(1991), 370-371.; 노동법실무연구회(주 48), 84~85.

50 해고의 효력을 다투고 있는 자를 근로자가 아닌 자로 해석하여서는 아니 된다.

51 전두환 정권에 의하여 1980. 12. 31. 개정 노동쟁의조정법에 신설된 조항이다.

하는 제3자에 해당하지 않으며, 노동조합법 제3조 제4호 단서가 신설(1987. 11. 28.)되기 전의 쟁의행위에 개입한 경우라도 마찬가지라는 견해이다. 배만운 대법관은 보충의견으로 다수의견이 헌법 제33조 제1항에 따른 근로삼권(노동삼권)[52]을 보장하는 노동조합법이나 노동관계의 공정한 조정을 도모하려는 노동쟁의조정법의 올바른 해석이라고 밝혔다. 반대의견은 노동조합법 제3조 제4호 단서는 노동쟁의조정법에까지 유추적용할 수 없고 해고자가 구제신청이나 소송을 제기하여 해고의 효력을 다투고 있다는 것만으로는 근로자 지위가 존속한다고 할 수 없으므로 개입을 금지하는 제3자에 해당한다는 것이다. 반대의견에 대한 별개의견은 피고인의 행위 당시 노동조합법 제3조 제4호 단서 규정이 없었다면 피고인이 해고 효력을 다툰다고 하여 근로자 지위가 존속하는 것으로 의제할 수 없다는 것이다.

노동조합법 제3조 제4호 단서는 기업별 노동조합이 주종을 이루고 있는 우리나라에서 사용자의 해고권 남용에 의해 모든

---

52 대법원 1990. 10. 12. 선고 90도1431 판결까지만 하더라도 '노동3권'이라는 용어를 사용했는데, 배만운 대법관이 이 사건 전원합의체 판결에서 '근로삼권(노동삼권)'이라고 사용한 후 노동3권 또는 노동기본권이라는 용어 대신에 '근로삼권', '근로기본권'이라는 용어를 사용하는 대법원 판결이 많아졌고 헌법재판소 결정에서도 '근로삼권'과 '근로기본권'이라는 용어를 사용했다. 노동단체법의 기본법인 「노동조합 및 노동관계조정법」이 '노동'이라는 용어를 사용하고 있으므로 '노동3권' '노동기본권'이라는 용어가 적합하다. 김선수, "노동권 강화를 위한 개헌안", 노동헌법개헌 국회토론회 자료집(2017. 11. 16), 12.

노동조합 활동이 커다란 영향을 받았던 경험에 비추어 조합원 및 노동조합을 보호하기 위해 신설된 확인적 규정으로서 노동쟁의 조정법에도 그대로 적용된다. 노동조합법 총칙규정들(목적 조항 제외)은 집단적 노사관계법의 총칙적 규정들로서 다른 법률에 준용규정이 없더라도 집단적 노사관계에 관하여는 특별한 규정이 없는 한 그대로 적용된다. 이는 노동법의 통일적 운용, 특히 집단적 노사관계법의 통일적 운용이 법 자체에 예정되어 있기 때문이다.[53]

다수의견은 악명 높은 제3자 개입금지 조항을 가능한 한 축소해석하고자 하는 과도기적인 노력의 일환으로 평가할 수 있다. 1986. 12. 31. 개정 노동쟁의조정법은 해당 노동조합이 가입한 산업별 연합단체 또는 총연합단체를 제3자에서 제외했다. 1989년에 제3자 개입금지조항을 폐지한 노동쟁의조정법 개정안이 국회에서 의결되었으나, 노태우 대통령이 1989. 3. 22. 거부권을 행사하는 바람에 폐지되지 못했다.[54] 제3자 개입금지조항에 대하여 헌법재판소가 합헌결정[55]을 했지만, 그 후에도 끈질기게 위헌성이

---

53 김유성, "해고의 효력을 다투고 있는 근로자의 지위", 법률신문 제2017호, 법률신문사(1991)

54 김선수(주 46), 61~62.

55 구 노동쟁의조정법 제13조의2조항에 대하여 헌법재판소 1990. 1. 15. 선고 89헌가103 결정, 구 노동조합법 제12조의2 조항에 대하여 헌법재판소 1993. 3. 11. 선고 92헌바33 결정.

주장되고 폐지 요구도 줄기차게 제기되었다.[56] 1997. 3. 13. 「노동조합 및 노동관계조정법」(약칭 '노조법') 제정 시에 제40조로 '노동관계의 지원'이라는 명칭으로 개정되어 변형된 형태로 존속되다가 2006. 12. 30. 노조법 개정 시 완전히 삭제됨으로써 역사 속으로 사라졌다.[57]

힘들게 폐지된 제3자 개입금지 조항이 '업무방해방조'라는 새로운 형태로 되살아나는 것은 막아야 한다. 대법원 2021. 9. 16. 선고 2015도12632 판결(일부 무죄 취지 파기환송)[58]과 대법원 2023. 6. 29. 선고 2017도9835 판결(전부 무죄 취지 파기)[59]은 제3자가 위법한 쟁의행위의 실행을 용이하게 한 경우 업무방해방조죄가 성립할 수 있다는 전제하에 근로자나 노동조합이 노동3권을 행사할 때 제3자의 조력을 폭넓게 받을 수 있도록 할 필요가 있고, 제3자도 표현의 자유와 일반적 행동의 자유를 가지고 있으므로 헌법이 보장하는 기본권이 위축되지 않도록 업무방해방조죄의

---

56 김선수, "노동법상 제3자 개입금지 조항과 표현의 자유", 노동법률 제51호, 중앙경제사(1995), 114~121.

57 노동법실무연구회, 제2판 노동조합 및 노동관계조정법 주해 Ⅰ, 박영사(2023), 75~79.

58 농성 현장에 들어가지 않고 정문에서 열린 점거농성 지지집회에 참가한 행위, 공문 전달 행위에 대해서는 업무방해방조의 책임을 부정했으나, 점거농성장에 들어가 조합원들을 독려한 행위에 대하여는 업무방해방조의 책임을 인정했다.

59 고공농성을 지지하는 집회 개최, 물품 제공행위, 위로 방문행위에 대해 업무방해방조의 책임을 부정했다.

성립 범위를 신중하게 판단하여야 한다고 판시했다. 노동조합은 연대의 정신을 기반으로 인정되는 제도이고, 연대감을 표시하는 가장 기본적인 행위가 지지행위이므로, 그 지지행위가 농성현장에서 이루어졌다는 이유만으로 형사처벌하는 것은 기본권에 대한 중대한 침해에 해당할 수 있다. 2022. 4. ILO 결사의 자유에 관한 기본협약인 제87호 협약과 제98호 협약이 발효되었는바, ILO 결사의 자유위원회는 쟁의행위에 대한 업무방해죄 적용에 대해 부정적인 입장을 취하고 있으므로 업무방해방조죄 역시 마찬가지로 보아야 한다.[60]

3. 보수화의 시기: 김덕주 코트부터 최종영 코트까지 (1990년 12월~2005년 9월)

경영계 측은 1989. 12. 23. 전국경제단체협의회(약칭 '경단협')[61]를 구성하여 체계적이고 통일적으로 대응하기 시작했다. 1990. 1. 22. 당시 여당인 민주정의당(총재 노태우)이 여소야대

---

60 김린, "업무방해죄에 해당하는 쟁의행위를 조력한 행위에 대한 업무방해방조죄 적용 기준-대법원 2023. 6. 29. 선고 2017도9835 판결", (월간)노동리뷰 통권 제222호, 한국노동연구원(2023), 68.

61 범 경제계 공동협의기구로서 한국경영자총협회, 대한상공회의소, 전국경제인연합회, 한국무역협회, 중소기업중앙회 등 주요경제단체가 공동 발의하여 설립했다. 경제단체협의회, 브로슈어, http://www.kiac.net/sub/경단협브로슈어_가입신청서(2023).pdf

상황을 극복하기 위해 제2야당 통일민주당(총재 김영삼) 및 제3야당 신민주공화당(총재 김종필)과 합당하고, 1990. 10. 13. 노태우 정부가 '범죄와의 전쟁'을 선포한 것을 계기로 하여 노동운동과 노동조합의 활동에 대한 정부와 경영계의 법률적 대응이 강화되었다. 경단협 인천·경기지역협의회는 1990. 6. 20. 노동쟁의에 대한 법률적 대응의 하나로 손해배상 청구소송을 제시했고, 10. 22. 당시 노동부장관은 전국근로감독과장회의에서 노동조합의 불법쟁의행위에 대해서는 사법조치와 함께 당해 기업으로 하여금 노동조합과 열성조합원을 상대로 손해배상 청구소송을 적극 활용토록 지도하라고 지시했다. 그 이후 사용자에 의한 손해배상 청구소송이 급증했다.[62]

그에 발맞추어 김덕주 코트부터는 대법원이 전원합의체 판결로 근로자에게 불리한 방향으로 판례를 변경하기도 하는 등 보수적이고 친사용자적인 경향을 띠었다. 이러한 기조는 윤관 코트와 최종영 코트까지 이어졌다. 이는 대법원이 엘리트 고위 판사 또는 검사 출신의 인사들로 획일적으로 구성되었고(특히 서울대학교 출신 50대 남성이 많아 이른바 '서오남'으로 불리기도 했다[63]), 대법관들이 민사법리에만 정통하고 노동법의

62 김선수(주 46), 114.

63 연구 결과에 의하면 전원합의체에 참여한 대법관의 평균연령과 연령표준편차, 출신대학 집중도, 고위 법관 출신인지의 여부 등과 전원합의체 판결의 의견일치도 사이에

특수성에 대한 전문적인 이해가 부족했기 때문에 가능했다는 평가이다.

급속한 경제 환경의 변화와 세계적인 차원에서의 신자유주의의 발흥(영국의 대처 정부와 미국의 레이건 정부로 대표된다)으로 고용유연화 정책이 강력하게 추진되었고, 1997. 11. IMF 관리체제의 경제위기를 맞은 이후 비정규직의 팽창 등으로 '노동법의 위기'가 수면 위로 떠오르기도 했다. 이른바 '노동법의 위기' 상황의 도래에는 대법원과 헌법재판소가 일정한 역할을 했다는 것이 일반적인 평가이다.[64] 위 시기의 대법원의 위와 같은 역할에 대하여는 다음과 같은 평가들이 있다.

최근 1, 2년 동안 노동사건에 대한 법원의 판결이 눈에 띄게 보수화하는 경향을 보이고 있다. 이러한 법원의 태도는 제6공화국 초기보다는 상당히 경직된 것으로서 경기침체 국면과 보조를 함께 하고 있다.[65]

유의미한 상관관계를 뒷받침하는 실증적인 근거는 발견하기 어렵다고 한다. 성별 집중도와 의견일치도 사이에 통계적으로 유의미한 상관관계가 인정되었으나, 남성 대법관 그룹의 의견일치도가 여성 대법관 그룹보다 낮게 형성되어 여성 대법관 그룹이 남성 대법관 그룹보다 동질적이었다고 한다. 정호은, "합의제 재판부 구성의 다양성에 관한 연구", 서울대학교 석사학위논문(2023), iii~iv.

64 김선수, "시장만능주의에 대한 대항이념으로서의 인본주의 회복과 노동법의 재정립", 복지사회를 위한 노동사회법과 노사관계: 덕유 이광택 교수 정년기념논문집, 중앙경제사(2015), 81.

65 문재인, "대우조선 파업", 민주사회를 위한 변론 창간호, 민주사회를 위한 변호사모임(1993), 123.

대법원은 법리를 중요시하기보다는 근로자의 생존권이나 노동3권에 앞서 기업 측의 편의를 위하여 복무하는 방향으로 정책적인 판단을 했다.[66]

쟁의행위와 관련하여 대법원 판례를 면밀히 검토하여 보면, 법용어의 사용이라는 측면에서 대법원 판례는 헌법 제23조의 재산권과 헌법 제33조의 노동단체권(이른바 노동3권)의 관계를 대등하게 파악하는 것이 아니라 노동단체권이 사용자의 재산권에 부속되어 있는 듯한 태도를 보여준다.[67]

민주헌정 이후 대법원의 판례 경향을 관통하는 일관된 흐름은 한마디로 '노동 보호의 규제 완화와 단결 활동에 대한 규제 강화'로 평가할 수 있다.[68]

노동법 모든 영역에 걸친 대법원 판결들이 '기업이 살아야 근로자도 산다'는 정책론이 규범을 압도하고 있고, 특히 노동3권의 본질적 내용을 왜소화하고 노동3권을 규율하는 법률에 대해 그 내용 여하를 불문하고 포괄적인 입법적 형성을 인정해왔다.[69]

---

66 김선수(주 46), 73~74.

67 강희원, "대법원 노동판례에 나타난 용어사용의 문제-쟁의해위의 '정당성' 또는 '정당한' 쟁의행위라는 용어를 중심으로", 노동법학 제8호, 한국노동법학회(1998), 259.

68 이흥재, "민주헌정 이후 노동판례 경향의 특징", 노동법학 제15호, 한국노동법학회(2002), 161~162.

69 정인섭, "근로삼권의 규범론과 정책론", 노동법학 제17호, 한국노동법학회(2003), 148~149.

민사법적 사고에 의해 노동법의 의의와 취지가 훼손된 대법원 판결들은 '민사법의 독침(毒針)'을 맞은 것이다.[70]

대법원이 사회적 양극화의 법적 전위(前衛)로 전락했다.[71]

노사갈등의 중요한 국면에서 노동기본권과 사회정의보다 시장근본주의의 법적 표현인 재산권 절대의 원칙과 사적자치의 원칙을 우선함으로써 자본의 권리를 옹호하고 노동의 권리를 무시함으로써 법원이 노동인권에 대한 억압적인 질서가 좀처럼 개선되지 못하고 지속적으로 유지되고 있는 데에 기여하는 바가 적지 않다.[72]

가. 김덕주 코트(1990년 12월~1993년 9월)

1) 이일규 대법원장이 정년퇴임한 후 노태우 대통령에 의해 임명된 제11대 김덕주 대법원장이 1990. 12. 20. 취임식을 가졌다. 1992. 12. 18. 실시된 제14대 대통령선거에서 김영삼이 당선되어 1993. 2. 25. 취임했다. 1993. 4. 29. 서울지방법원서부지원

---

70 도재형, "노동판례의 최근 경향 및 노동법원 논의에서의 시사점", 노동법학 제21호, 한국노동법학회(2005), 209.

71 박제성, "사회적 형평화, 사회적 양극화 그리고 사회적 연대", 노동법연구 제20호, 서울대학교노동법연구회(2006), 95.

72 조경배, "국제노동기준에 비춰본 한국 근로자의 노동기본권 보장 실태", 전국민주노동조합총연맹·한국노동조합총연맹·국제노동기구 국제정책세미나 자료집(2012. 9. 17.), 28~29.

김종훈 판사는 법원 상층부에 개혁을 촉구하는 의견서를 제출했고,[73] 6. 26. 서울민사지방법원 단독판사 28명(박시환, 강금실, 김종훈 등)은 '사법부 개혁에 관한 건의문'을 작성하여 대법원장에게 제출했다(제3차 사법파동). 위 건의문은 과거 정치권력에 대하여 무력하게 침묵했던 사법부의 대대적 반성과 개혁을 촉구하며 김덕주 대법원장의 사임을 요구했다. "판사들은 판결로써 말해야 했을 때 침묵하기도 했고 판결로써 말해서는 안 될 것을 말하기도 했으며, 판결이라는 방패 뒤에 숨어 진실에 등 돌리기도 했다."라고 스스로를 비판했다.[74] 또한 구체적인 사법개혁 방안으로 법관인사위원회의 의결기관화, 법원 인사권 분산, 전국법관회의 설치 등을 요구했다. 대한변호사협회가 1993. 7. 1. 과거 정치권력에 영합한 인사들의 사퇴 등을 요구하는 결의문을 발표했다. 안우만 법원행정처장이 7. 22. 사임했다.

1993. 6. 11. 공직자윤리법이 개정되어 1개월 후부터 시행되었다. 그에 따라 모든 법관은 재산을 등록하고, 고등법원 부장판사급 이상의 법관은 등록한 재산을 관보나 공보에 게재하여 공개하게 되었다. 1993. 8. 11. 법관을 포함한 25,000여 공직자의 재산등록이 마감되었고, 9. 7. 고위법관을 포함한 1,167명의 재산이

---

73 한홍구(주 22), 383.

74 권석천, 대법원 이의 있습니다, 창작과비평사(2017), 71.; 한홍구(주 22), 384.

공개되었다. 그 과정에서 김덕주 대법원장의 변호사 시절 재산 축적 문제가 떠올랐고, 결국 9. 11. 김덕주 대법원장이 임기를 마치지 못한 채 취임 후 2년 10개월여 만에 퇴임했다.[75]

김덕주 코트에서 선고된 노동사건 전원합의체 판결은 3건이다. 1건은 근로자에게 불리한 방향으로 판례를 변경했고, 1건은 모순된 판결 중 근로자에게 불리한 견해를 채택했으며, 1건은 다수의견이 소수의견보다 근로자에게 불리하다.

2) 구체적인 검토

가) **대법원 1992. 12. 22. 선고 91다45165 전원합의체 판결**의 다수의견은 취업규칙 변경이 근로자 과반수의 동의를 얻지 못하여 무효인 경우 그 후 변경된 취업규칙에 따른 근로조건을 수용하고 근로관계를 갖게 된 근로자에 대한 관계에서 변경된 취업규칙이 적용된다는 견해(주관적 상대적 무효설 또는 유효설)를 취하면서, 변경 후에 채용된 근로자에 대하여서도 변경 전 취업규칙이 적용되어야 한다는 견해(절대적 무효설)를 취했던 종전 판결[76]을 변경했다. 별개의견은 종전 판결을 지지했다. 다수의견은 종전 판결을 근로자에게 불리한 방향으로 변경한 것으로서, 사용자는 기존 취업규칙보다

---

75 한홍구(주 22), 383~385.

76 대법원 1990. 4. 27. 선고 89다카7754 판결, 1990. 7. 10. 선고 89다카31443 판결, 1991. 12. 10. 선고 91다8777, 8784 판결 등.

근로자에게 불리하게 취업규칙을 변경한 후 새로이 취업하는 근로자에게 적용할 수 있게 되어 근로자 보호의 정신에 어긋난다.

다수의견이 상대적 무효설을 취한 것이라면 대법원의 일관된 견해인 무효설로부터 도출될 수 없어 근거가 없고, 유효설을 취한 것이라면 근로기준법 제94조 제1항 단서에서 집단적 동의를 적법·유효한 취업규칙 불이익변경의 요건, 변경적 효력의 요건을 정한 것에 정면으로 반하는 것이어서 허용될 수 없다.[77] 이 판결이 종전 판례를 변경해야 할 특별한 사회적·경제적 사정이나 상위 법률의 개정과 같은 규범적 정당화 사유가 없음에도 이를 임의적으로 변경한 것은 성문법을 개정하는 것과 같은 결과를 야기했다는 평가도 있다.[78] 다수의견에 따르면 다수의 취업규칙이 병존하게 되어 취업규칙의 규범으로서의 통일적·획일적 적용에 위배되며, 근로기준법 제97조[79]의 취지도 몰각된다.[80]

사용자가 일방적으로 제정하는 취업규칙에 법규범적 효력을 인정하여 근로자의 의사와 무관하게 법적 효력을 인정하는 제도에

---

77 노동법실무연구회(주 48), 811-815.

78 강희원, "동의를 얻지 않은 취업규칙 불이익변경의 효력", 한국노동법학회, 제2판 노동판례백선, 박영사(2021), 125.

79 취업규칙에서 정한 기준에 미달하는 근로조건을 정한 근로계약은 그 부분에 관하여는 무효로 한다. 이 경우 무효로 된 부분은 취업규칙에 정한 기준에 따른다.

80 이준, "취업규칙의 불이익한 변경과 변경 후에 근로관계를 갖게 된 근로자에 대한 효력", 민사판례연구 제17권, 박영사(1995), 345~347.

대해서는 근본적인 문제가 제기되고 있으므로, 근로조건의 노사공동결정제도를 도입하는 입법을 하는 방향으로 나아가는 것이 바람직하고, 그 전에라도 그러한 방향의 해석론을 전개할 필요가 있다.

나) **대법원 1993. 4. 27. 선고 91누12257 전원합의체 판결**의 다수의견은 노동조합 규약 또는 단체협약의 총회인준투표제 조항[81]의 효력에 관하여, 노동조합법 제33조 제1항 본문[82]의 '교섭할 권한'은 사실행위로서의 단체교섭 권한 외에 단체협약을 체결할 권한을 포함하며, 총회인준투표제 조항은 대표자의 단체협약체결권한을 전면적.포괄적으로 제한함으로써 사실상 단체협약 체결권한을 명목에 불과한 것으로 만드는 것이어서 노동조합법 제33조 제1항의 취지에 위반된다는 것이다. 반대의견 1(윤관 대법관)은 노동조합은 총회 결의로 단체협약 체결권한을 가진 자를 정하고 그로 하여금 단체협약 체결 전후에 총회 결의에 따르도록 하는 것이 옳다는 것이다. 반대의견 2(배만운 대법관)는 노동조합측이 노동조합 대표자의 단체협약 체결권한을 일방적으로 제한하거나 전면적이고 포괄적으로 제한하는 것은 원칙적으로 허용될 수

---

81 노동조합 대표자가 단체교섭 결과에 따라 사용자와 단체협약 내용을 합의한 후 협약안 가부에 관하여 조합원총회 의결을 거칠 것을 요구하는 조항.

82 노동조합의 대표자…는 그 근로자 또는 조합원을 위하여 사용자나 사용자단체와 단체협약의 체결 기타의 사항에 관하여 교섭할 권한이 있다.

없으나, 그렇지 아니한 경우에는 노동조합 대표자의 단체협약체결 절차나 권한을 규정 취지에 어긋나지 않는 범위 안에서 제한할 수 있다는 것이다.

많은 사업장에서 노동조합 규약이나 단체협약에 총회인준투표제 조항을 두고 있고, 노동조합 집행부가 사용자의 회유 등에 넘어가는 등의 사정으로 조합원 총의를 무시하고 일방적으로 단체협약을 체결(이른바 직권조인)하는 사례가 자주 발생했다.[83] 위와 같은 상황에서 다수의견은 사용자와 노동부의 입장을 전면적으로 수용한 것으로서, 이에 대하여 노동계는 '민주주의에 정면 도전한' 판결이라고 강력하게 반발했고, 전국노동조합협의회는 성명서를 통해 직권조인을 합법화해준 이 판결을 전면 거부하고 단위노동조합에 조합원총회 인준절차를 규정한 규약과 단체협약을 개정하지 말도록 지침을 내리기도 했다.[84]

1997. 3. 13. 제정 노조법 제29조 제1항은 다수의견을 수용하여 "노동조합의 대표자는 그 노동조합 또는 조합원을 위하여 사용자나 사용자단체와 교섭하고 단체협약을 체결할 권한을 가진다."라고 규정했다.[85] 그러나 위 조항을 근거로 총회인준투표제

---

83 노동법실무연구회, 제2판 노동조합 및 노동관계조정법 주해 II, 박영사(2023), 81.

84 김선수, "단체협약 체결권의 법리를 왜곡한 대법원 판결", 법과 사회 제8호, 창작과비평사(1993), 331~332.

85 노동법실무연구회(주 83), 82.

를 무효로 해야 할 필연성이 있는 것은 아니다. 현행법은 노동조합 대표자가 교섭권한과 단체협약체결권한을 가지는 것으로 규정할 뿐 그러한 권한의 제한을 금지하고 있지 않기 때문이다.[86] 조합민주주의 관점에서도 단체협약체결에 관한 사항은 조합원총회에서 결정되어야 하며, 이를 당연히 노동조합 대표자가 가진다고 보거나 나아가 조합원총회에 이를 유보하고 있는 노동조합 규약이나 단체협약을 법에 반하여 무효라고 보는 것은 조합민주주의라는 측면을 고려하지 않은 것이다.[87]

다) **대법원 1993. 4. 27. 선고 92다37161 전원합의체 판결**은 근로자가 근로기준법 시행일(1953. 8. 8.) 전후에 걸쳐 근무하다가 퇴직한 경우 퇴직금 산정을 위한 계속근로연수를 계산할 때 법 시행 전후를 통산하지 않고 시행일 이전 재직기간은 산입할 수 없다는 견해를 취했다. 당시 시행일 이전 기간은 산입할 수 없다는 판결들[88]과 시행일 전후를 통산하여야 한다는 판결들[89]이 병존했다. 이 판결은 전원일치 의견으로 시행일 이전 기간은 계속근로연수

---

86 노동법실무연구회(주 83), 84.

87 김유성, "조합대표자의 단체교섭권한과 협약체결권한", 사법행정 제392호, 한국사법행정학회(1993), 10-11.

88 대법원 1969. 2. 4. 선고 68다2104 판결, 1971. 5. 24. 선고 71다707 판결, 1972. 4. 11. 선고 71다1033 판결, 1991. 12. 24. 선고 91다20494 판결 등.

89 대법원 1966. 5. 17. 선고 66다576 판결 및 1981. 12. 22. 선고 81다472 판결 등.

에 산입할 수 없다고 판단하면서 시행일 전후를 통산한 종전 판결을 폐기했다.

이 판결의 취지는 근로기준법 시행령 개정에 의해 적용범위가 확대되는 과정[1962. 9. 25.부터 30인 이상 사업장, 1975. 4. 28.부터 16인 이상 사업장, 1987. 12. 31.부터 10인 이상 사업장, 1989. 3. 28.부터 5인 이상 사업장, 2011. 7. 5.부터 1인 이상(「근로자퇴직급여 보장법」 약칭 '퇴직급여법')]에서 종전에는 퇴직금 제도의 적용대상이 아니었다가 새롭게 적용대상이 된 사업장에서의 계속근로에 대해서도 동일하게 유지되고 있다(대법원 1996. 12. 10. 선고 96다42024 판결 등).[90]

나. 윤관 코트(1993년 9월~1999년 9월)

1) 제3차 사법파동으로 김덕주 대법원장이 퇴임한 후 김영삼 대통령이 윤관 대법관을 대법원장 후보자로 지명하여 국회의 동의를 받아 1993. 9. 27. 윤관 제12대 대법원장이 취임했다.

윤관 대법원장은 사법개혁방안을 마련하기 위해 1993. 11. 3. 대법원 산하에 법조계 외에 각계를 망라한 인사들이 참여한 사법제도발전위원회(약칭 '사발위')를 설치했다. 사발위는 심층적

---

90 정인섭, "퇴직금 산정시 계속근로에 관한 판례법리", 노동법연구 제11호, 서울대학교노동법연구회(2001), 112~114.

인 검토와 광범위한 의견수렴을 거쳐 1994. 2. 16. 24개 항목의 사법제도개혁방안을 의결하여 대법원장에게 건의했다. 대법원은 4. 14. 대법관회의를 개최하여 사법개혁 6대 법률안[91]을 의결했고, 윤관 대법원장은 4. 15. 이를 국회의장에게 송부했다. 국회 법제사법위원회는 '사법제도개혁관련 법률안 기초 소위원회'를 구성하여 관련 기관과의 협의를 거쳐 일부 수정안을 마련했다. 이렇게 마련된 법률안이 7. 14. 국회 본회의에서 통과되었고, 김영삼 대통령이 7. 27. 이를 공포했다. 이를 통해 서울민사지방법원과 서울형사지방법원의 통합, 시군법원과 고등법원 지부 창설, 특허법원과 행정법원 등 전문법원 설치, 예비판사제도와 법관근무평정제도 도입, 대법원의 입법의견 제출권 도입, 법관인사위원회와 판사회의 설치, 법관의 근무평정제도 도입 등이 이루어졌다.[92] 「상고심 절차에 관한 특례법」(약칭 '상고심법') 제정에 의해 도입되어 1994. 9. 1.부터 시행된 심리불속행제도는 현재까지 유지되고 있다. 또한 1995. 12. 29. 형사소송법 개정을 통해 체포영장제도 도입, 구속영장실질심사제도 도입,[93] 긴급구속 폐지와 긴급체포

---

91 ① 법원조직법 개정안, ② 행정소송법 개정안, ③ 각급 법원의 설치와 관할구역에 관한 특례법 개정안, ④ 각급 법원 판사 정원법 개정안, ⑤ 법관의 보수에 관한 법률 개정안, ⑥ 상고심 절차에 관한 특례법 제정안.

92 법원행정처(주 25), 1089~1092.

93 구속영장실질심사제도(법관에게 실질심사의 선택권 부여)는 1997. 1. 1.부터 시행되었다. 그 후 평검사들이 구속영장실질심사제도 폐지 건의문을 검찰총장에게 제출하는

도입, 기소 전 보석제도 도입, 체포된 자의 적부심사 인정 등 형사 소송절차를 정상화했다.

윤관 대법원장은 군사정부의 잔재를 청산하는 차원에서 대통령 해외 순방 때 대법원장이 공항에 나가는 관행을 폐지하고, 대법원장실 등에 걸었던 대통령 사진을 제거했으며, 국가안전기획부 직원들의 법원 출입을 금지했다.[94] 윤관 대법원장 이후 비로소 대법원장이 중도에 퇴임하지 않고 6년의 임기를 마치는 관행이 확립되었다. 그러기에 윤관 대법원장을 '민주화 이후 대한민국 사법부의 기틀을 단단히 다진 선구자'라고 평가한다.[95]

윤관 코트에서 선고된 노동사건 전원합의체 판결은 7건이다. 시행령의 무효를 선언한 1건(사용자의 형사책임을 면책하는 취지이므로 근로자에게 불리한 것으로 평가할 수 있다)을 제외한 나머지 6건은 종전 판결을 변경하는 것이다. 특히 3건은 중요 쟁점에 관하여 근로자에게 불리한 방향으로 판례를 변경했다. 1건은 모순된 판례를 정리한 것(다수의견이 반대의견보다 근로자에게

등의 과정을 거쳐 1997. 12. 13. 개정 형소사송법을 통해 '피의자 등의 신청 있는 경우에만' 구속영장실질심사를 하는 것으로 변경되었다. 2007. 6. 1. 형사소송법 개정을 통해 비로소 모든 피의자에 대한 의무적인 구속영장실질심사제도가 회복되었다.

94 문화일보, "영장심사제 도입…'사법개혁 초석'"(2022. 11. 14.), <https://www.munhwa.com/news/view.html?no=2022111401072921068001>.

95 세계일보, "이회창 제치고 발탁된 윤관, '사법부 안정' 가져오다"(2022. 11. 15.), <https://www.segye.com/newsView/20221115502182?OutUrl=naver>.

유리)이고, 1건은 산재보험법 관련 사건이며, 1건은 절대적 주권면제론 견해를 취한 종전 판결을 제한적 주권면제론 견해로 변경한 것이다. 사법개혁과 사법민주화라는 관점에서는 중요한 역할을 한 윤관 대법원장이었지만, 노동판결에서는 한계를 극복하지 못했다는 평가이다.

2) 구체적인 검토

가) **대법원 1995. 7. 11. 선고 93다26168 전원합의체 판결**의 쟁점은 직원을 임시고용원과 정규사원으로 구분하여 정규사원에 대하여는 누진제에 의한 퇴직금을 지급하고, 임시고용원에 대하여는 별도의 퇴직금규정을 두거나 퇴직금규정을 두지 아니한 사업장에서 근로자가 임시고용원에서 정규사원으로 변경된 후 퇴직한 사안에서 퇴직 당시 정규사원의 평균임금에 임시고용원 근무기간과 정규사원 근무기간을 합산한 전 근속기간에 대하여 정규사원에 지급되는 지급률을 곱하여 퇴직금액수를 산정할 것인지(제1설) 아니면 정규사원으로 임용 전 근속기간에 대하여는 임시고용원에 대하여 적용되던 퇴직금지급률이나 근로기준법에 의한 단순율(임시고용원에 대하여 적용되는 퇴직금규정을 두지 아니한 경우)에 따라 퇴직금지급일수를 산정하고, 정규사원 임용 이후 기간에 대하여는 정규사원 퇴직금규정에 따라 퇴직금지급일수를 산정하여(전 근속기간에 대한 사원퇴직금지급률에 의하여 산정한

퇴직금지급일수에서 고용원근무기간에 대한 사원퇴직금지급률에 의하여 산정한 퇴직금지급일수를 뺀다) 이를 합하여 전체 퇴직금지급일수를 산정한 후, 여기에 퇴직 당시 평균임금을 곱하여 퇴직금 액수를 산정하여야 하는지(제2설) 여부이다. 이에 대해서는 1설을 채택한 판결들[96]과 2설을 채택한 판결[97]이 존재했다.

다수의견은 제1설을 채택하여 피고(사용자)의 상고를 기각하면서 제2설을 채택한 종전 판결을 변경했다. 반대의견은 제2설을 채택했다. 다수의견은 종전의 압도적 다수의 판결 견해를 따른 것으로서, 소수의견에 비하여 근로자 보호라는 근로기준법의 취지에도 부합한다.

나) **대법원 1995. 12. 21. 선고 94다26721 전원합의체 판결**에서는 쟁의행위 기간 중 임금 공제의 범위와 관련하여 판단하면서 임금의 본질(노동대가설 대 노동력대가설), 이른바 임금이분설의 인정 여부, 쟁의행위 기간 동안 근로관계의 성질(근로관계정지설)과 임금공제의 범위(전액공제설 대 일부공제설) 및 근거(의사해석설) 등 근본적인 쟁점에 관하여 의견이 나뉘었다. 종전 대법원 판결[98]은 쟁의행위로 근로를 제공하지 아니한 근로자는 근로의 대가인

---

96 대법원 1981. 9. 8. 선고 80다3263 판결, 1982. 4. 13. 선고 81다카137 판결, 1986. 10. 28. 선고 86다카1347 판결 등.

97 대법원 1994. 2. 22. 선고 93다11654 판결.

98 대법원 1992. 3. 27. 선고 91다36307 판결 및 1992. 6. 23. 선고 92다11466 판결.

임금을 구할 수는 없다는 무노동 무임금 원칙을 확인하고, "지급청구권을 갖지 못하는 임금의 범위는 사실상 근로를 제공한 데 대하여 받는 교환적 부분과 근로자로서의 지위에 기하여 받는 생활보장적 부분 중 전자 만에 국한되며, 양 부분의 구별은 당해 임금의 명목에 불구하고 단체협약이나 취업규칙 등의 규정에 결근, 지각, 조퇴 등으로 근로를 제공하지 아니함에 의하여 당해 임금의 감액을 정하고 있는지 여부 또는 종래부터의 관행이 어떠했는지 등을 살펴 판단할 것"이라며, 정근수당은 임금 중 생활보장적 부분에 해당하여 피고는 원고들에게 쟁의행위 기간에 대하여도 소정의 정근수당을 지급할 의무가 있다고 판시했다. 종전 대법원 판결이 임금이분설을 취한 이유는 우리나라의 임금구조가 중층화되어 있고, 현행 근로기준법상 종업원 지위에 일정한 법적 이익을 부여하고 있다는 점을 감안한 고육지책이라고 할 수 있었다.[99]

노동부는 원래 쟁의행위 기간에 대하여는 모든 임금을 공제할 수 있다는 무노동 무임금 지침을 시행하고 있었는데, 임금 중 생활보장적 부분을 공제할 수 없다는 대법원 판결이 선고되자 이를 반영하는 내용으로 무노동 무임금 지침을 변경하고자 했다. 그러자 재계, 언론계, 정부 타부서 등이 일제히 반발했고,[100]

---

99 이철수, "쟁의행위 기간 중의 임금지급 여부", 노동법률 제57호, 중앙경제사(1996), 27.

100 김선수, "쟁의행위 기간에 대한 임금공제의 범위(하)", 인권과 정의 제205호, 대한변호사협회(1993), 104.

이 판결은 3년 6개월 정도 만에 이 문제를 다시 다루면서 종전 판결의 견해를 변경했다.

다수의견은 임금의 본질은 근로의 대가(노동대가설)이고, 임금을 교환적 부분과 생활보장적 부분으로 구분하는 임금이분설은 법적 근거가 없으며, 쟁의행위 기간 동안 근로관계는 정지되고, 사용자는 임금 전액을 지급할 의무가 없다는 견해를 취했다. 반대의견은 임금의 본질은 노동력의 사용 또는 처분에 대한 대가(노동력대가설)이고, 임금은 구체적인 근로 제공에 대한 교환적 부분과 근로자 지위에 대한 생활보장적 부분의 통합적 형태로 구성되어 있으며, 쟁의행위 기간 동안 근로관계는 정지되나, 임금공제의 범위는 계약해석의 문제로서 결근일에 감액지급 규정이 없는 경우에는 특별한 사정이 없는 한 쟁의행위로 결근한 근로자에게도 지급할 의사라고 해석하는 것이 타당하다는 것이다.

다수의견은 근로계약에 내재되어 있는 사회법적 요소에 대한 배려 없이 단순히 민법상의 고용계약과 동일한 계약유형으로 이해하여 근로기준법이 예정하고 있는 여타의 법적 모멘트를 간과했다.[101] 다수의견에 의하면 통상임금 산정에서 분모에 해당하는 소정근로시간수에 유급휴일이나 유급연월차휴가일의 해당시간수가 산입될 수 없게 되는데, 이는 통상임금 산정에서 소정근로

---

101 이철수(주 99), 27.

시간수에 유급휴일이나 유급연월차휴가일의 해당시간수를 산입하여야 한다는 기존의 일관된 대법원 판결[102]에 정면으로 반한다. 다수의견의 임금 전액공제설은 쟁의행위를 하면 임금을 전연 못 받는다는 점을 근로자에게 인식시켜 줌으로써 함부로 쟁의행위를 못하도록 하는 효과가 있다. 같은 무노동인데도 일반 결근의 경우는 어떤 임금을 주고 쟁의행위 시에는 그 임금을 주지 않는다고 함은 쟁의행위 자체에 대한 제재이고, 쟁의행위가 정당한 경우에는 쟁의행위가 발생하게 된 귀책사유가 사용자에게 있는 경우가 많은데, 그런 경우마저 정당한 쟁의행위에 가담한 근로자가 일반 결근자보다 불리한 대우를 받는다는 것은 합리성이 없다.[103] 결국 다수의견은 근로관계 정지설을 잘못 적용함으로써 파업 참가자를 결근자에 비해 불이익하게 취급한 것이다.[104]

무노동 무임금 원칙은 1997. 3. 13. 제정 노조법 제44조 제1항[105]에 규정되었다.[106] 그러나 개정법에 의하더라도 쟁의행위 기간에

---

102 대법원 1990. 12. 26. 선고 90다카12493 판결, 1990. 12. 26. 선고 90다카13465 판결, 1991. 1. 15. 선고 90다카25734 판결, 1991. 6. 28. 선고 90다카14758 판결, 1991. 7. 26. 선고 90다카11636 판결 등.

103 곽현수, "무노동 무임금의 원칙 및 쟁의행위 시 임금공제 범위", 법조 제45권 제5호(통권 제476호), 법조협회(1996), 166-169.

104 강성태, "쟁의행위 기간 중 근로계약의 법적 성격과 그 효과", 법학논총 제30권 제1호, 한양대학교 법학연구소(2013), 183.

105 사용자는 쟁의행위에 참가하여 근로를 제공하지 아니한 근로자에 대하여는 그 기간 중의 임금을 지급할 의무가 없다.

106 노동법실무연구회(주 48), 151.

대응하여 공제하여야 하는 '그 기간 중의 임금'의 범위에 관하여는 여전히 해석상 논란의 여지가 있다. 단체협약이나 취업규칙 등에 쟁의행위 기간의 임금지급에 관하여 정함이 있거나 당사자 간의 약정이나 관행이 있는 경우에는 그에 따라야 한다.[107]

다수의견은 단편적으로는 쟁의행위 기간 중의 임금 공제 범위를 확장하여 근로자에게 불리한 듯하지만, 모든 임금을 구체적인 근로의 대가로 평가함으로써 통상임금의 범위를 확장하는 근거가 되어 차후 통상임금 소송을 폭발적으로 증가시키는 계기가 되었다. 이 판결은 통상임금 법리에 두 가지 영향을 미쳤다. 첫째, 가족수당, 주택수당 등 흔히 복리후생비라고 불리는 생활보장적 임금도 근로에 대한 대가로 인정되기 때문에 소정근로에 대한 대가성 인정 여부에 따라 통상임금에 포함될 수 있게 되었다. 둘째, 상여금과 같이 1임금산정기간을 초과하여 지급되는 임금도 통상임금에 포함될 수 있게 되었다.[108] 이후 대법원 1996. 2. 9. 선고 94다19501 판결은 "근로자에 대한 임금이 1개월을 초과하는 기간마다 지급되는 것이라도 그것이 정기적, 일률적으로 지급되는 것이면 통상임금에 포함될 수 있는 것"이라 판단했다.[109]

---

107 노동법실무연구회(주 48), 154.

108 도재형, "통상임금 소고", 노동법연구 제35호, 서울대학교노동법연구회(2013), 69~71.

109 노동법실무연구회, 제2판 근로기준법 주해 Ⅰ, 박영사(2020), 312.

다) **대법원 1996. 8. 29. 선고 95다5783 전원합의체 판결**의 쟁점은 근로기준법 제21조[110]에 비추어 1년을 초과하는 근로계약기간 부분의 효력을 어떻게 평가할 것인가 여부이다. 대법원 1989. 7. 11. 선고 88다카21296 판결은 1년을 초과하는 근로계약기간을 정한 경우에 그 근로계약은 1년의 계약기간을 가진 근로계약으로 인정되고, 그 이후의 근로관계는 특별한 사정이 없는 한 기간의 약정이 없는 것으로 보아야 한다는 견해를 채택했다.

이 판결은 전원일치 의견으로 7년 만에 종전 판결을 변경했다. 근로기준법 제21조의 입법취지는 근로자가 퇴직의 자유를 제한당하여 장기간 근로를 강요당하는 것을 방지할 목적으로 1년을 초과하는 근로계약기간 부분의 근로관계에서 근로자에게 퇴직의 자유를 보장하려는 것에 있고, 근로계약기간은 근로계약의 존속기간에 불과할 뿐 근로기준법 제20조 소정의 근로조건에 해당하지 아니하므로 근로계약 당사자는 원칙적으로 이를 임의로 정할 수 있다는 것이다. 또한 1년을 초과하는 기간을 정하여 근로계약을 체결했더라도 기간의 정함 자체는 유효하므로 약정기간 범위에서는 사용자는 근로기준법 제21조를 근거로 근로자에게 1년의 기간이 경과했음을 이유로 근로관계의 종료를 주장할 수 없고,

110 근로계약은 기간의 정함이 없는 것과 일정한 사업완료에 필요한 기간을 정한 것을 제외하고는 그 기간은 1년을 초과하지 못한다.

다만 근로자로서는 1년이 경과한 후에는 언제든지 당해 근로계약을 해지할 수 있으며, 기간을 정한 경우에 근로계약 당사자 사이의 근로관계는 특별한 사정이 없는 한 그 기간이 만료함에 따라 사용자의 해고 등 별도 조처를 기다릴 것 없이 당연히 종료한다는 것이다.

대법원판례해설에서는 이 판결의 의의에 대하여 근로계약기간 제한에 관한 근로기준법 제21조를 위반한 근로계약의 효력 여부에 관하여 종래의 혼선된 태도를 정리했다고 평가한다. 근로기준법 제21조의 근로계약기간 제한에 관한 종래 다수설은 이미 근로관계를 맺고 있는 근로자의 고용안정이라는 효과를 가능케 할 수 있을지는 모르나 기업이 유기근로계약의 체결을 통하여 능력 있고, 경험이 풍부한 노동인력을 확보함으로써 기업활동을 극대화하고 새로운 고용 창출을 도모하여야 하는 현실적 당위성을 외면하고 있다는 비판을 면할 수 없으며, 이 점에서 이 판결은 국내 노동시장의 경직성을 완화하여 유연성을 갖게 했다는 점에서 그 의의를 결코 낮게 평가할 수 없다는 것이다.[111]

이 판결에 따르면 1년을 초과하는 근로계약기간을 정하는 것은 당사자의 자유로서 그 계약은 언제나 유효하고, 사용자는 기간

111 김형진, "1년을 초과하는 근로계약기간을 정한 근로계약의 효력", 대법원판례해설 제27호, 법원도서관(1997), 400.

만료 후에 언제라도 근로계약의 종료를 주장할 수 있게 된다. 그렇다면 사용자로서는 굳이 기간의 정함이 없는 근로계약을 체결할 필요 없이 모든 정규직 근로자들에 대해서도 담당업무에 관계없이 일정한 기간 단위로 근로계약을 체결하고 필요에 따라 기간만료를 이유로 근로관계를 종료시킬 수 있게 되어 근로자의 고용은 지극히 불안정하게 된다. 이는 근로기준법상의 해고제한규정을 유명무실하게 하고, 근로자의 고용보장이라는 중요한 현대적 법익에 역행하는 결과를 초래한다.[112]

이 판결로 말미암아 기간제 근로계약이 대폭 증가하여 비정규직과 양극화가 심각한 사회적 문제로 부상하게 되었다. 이로 인한 사회문제에 대응하는 차원에서 2006. 12. 21.「기간제 및 단시간 근로자 보호 등에 관한 법률」(약칭: 기간제법)이 제정되어 2007. 7. 1.부터 시행되고 있다. 기간제법이 시행되면서 근로기준법의 근로계약기간 제한에 관한 규정은 효력을 상실했다. 기간제법은 노동계가 요구했던 '사유제한방식'[113]을 채택하지 않고 '기간제한방식'을 채택함으로써 기간제근로자 보호에 취약점을 노정하고 있다. 대법원은 근로계약기간 만료 후의 갱신기대권을 인정할 것인지

---

112 김선수, "1년을 초과하는 근로계약기간을 정한 근로계약의 효력", 노동법연구 제6호, 서울대학교노동법연구회(1997), 568~569.

113 사유제한방식을 채택한 법률(근로기준법) 개정안의 내용 등에 대해서는 김선수, "비정규근로자 보호를 위한 법개정안", 노동사회 제47호, 한국노동사회연구소(2000), 45~47.

여부를 판단할 때 근로자가 담당한 업무가 그 성격상 사용자의 사업 운영을 위해 필요한 상시적·지속적인 업무인지 여부를 중요한 판단요소로 고려함으로써 부족한 부분을 메우고 있다.[114] 나아가 기대권 법리를 무기계약직 전환 기대권(대법원 2016. 11. 10. 선고 2014두45765 판결), 고용승계 기대권(대법원 2021. 4. 29. 선고 2016두57045 판결), 정규직 전환 채용 기대권(대법원 2023. 6. 15. 선고 2021두39034 판결) 등으로 확대하여 오고 있다.[115]

라) **대법원 1997. 12. 16. 선고 95다37421 전원합의체 판결**은 전원일치 의견으로 노동부장관이 산재보험법(1994. 12. 22. 법률 제4826호로 전문 개정되기 전의 것) 제15조 제1항 본문(노동부장관은 제3자의 행위에 의한 재해로 인하여 보험급여를 한 때에는 그 급여액의 한도 안에서 급여를 받은 자의 그 제3자에 대한 손해배상청구권을 대위한다.) 규정에 따라 보험급여를 함으로써 취득하는 손해배상청구권은 동일성이 그대로 유지되고, 소멸시효 기산점과 기간도 손해배상청구권 자체를 기준으로 판단하여야 한다는 견해를 취했다. 구상 청구권의 소멸시효 기산일을 손해전보일

---

114 대법원 2015. 4. 9. 선고 2013다7189 판결, 대법원 2014. 12. 24. 선고 2012다17035 판결 등.

115 이새롬, "정규직 전환 채용 기대권의 인정 여부와 판단기준", 대법원판례해설 제135호, 법원도서관(2023), 545~549.

(근로복지공단이 근로자에게 보험급여를 지급한 날)로 보아야 한다는 종전 판결[116]을 변경했다.

대법원과 학계의 주류적인 견해를 따른 이 판결은 법령해석의 통일이라는 대법원의 기능이 발휘된 타당한 판결이라고 평가된다.[117] 대위권을 행사하는 근로복지공단이 구상 청구권의 소멸시효 완성 전에 조치를 취하여야 할 주의의무를 부담하게 되었다.

마) **대법원 1998. 10. 15. 선고 98도1759 전원합의체 판결**은 전원일치 의견으로 근로기준법 시행령 제12조의 무효를 선언했다. 근로기준법 제30조는 "사용자는 근로자가 사망 또는 퇴직한 경우에는, 그 지급사유가 발생한 때로부터 14일 이내에 임금·보상금 기타 일체의 금품을 지급하여야 한다. 다만 특별한 사정이 있을 경우에는 당사자간의 합의에 의하여 기일을 연장할 수 있다."라고 정하고, 근로기준법 시행령 제12조는 "법 제30조 단서의 규정에 의한 기일연장은 3월을 초과하지 못한다."라고 정하며, 근로기준법 제109조는 근로기준법 제30조 위반행위를 형사처벌하고 있다. 시행령 제12조가 법 제30조 단서에 따른 기일연장을 3월 이내로 제한한 것은 법 제30조 단서의 내용을 변경하고 법 제109조

116 대법원 1992. 6. 26. 선고 92다10968 판결.

117 이근우, "산업재해보상보험법에 의한 구상금청구권의 소멸시효", 대법원판례해설 제29호, 법원도서관(1998), 199~200.

와 결합하여 형사처벌의 대상을 확장하는 결과가 되므로 결국 모법의 위임에 의하지 아니한 시행령 제12조는 죄형법정주의 원칙에 위배되고 위임입법의 한계를 벗어난 것으로서 무효라는 것이다.

근로기준법 제30조의 취지를 반영하여 시행령 제12조는 기일연장의 기간에도 3월이라는 기한을 설정했는데, 이는 특별한 사정을 구실로 금품청산을 미루는 사용자 측의 부정적인 태도를 미연에 방지하자는 적극적인 자세라고 평가할 수 있다.[118] 이 판결로 인하여 특별한 사정이 존재하고 그와 상당인과관계 있는 기일연장의 합의가 있을 경우에는 결과적으로 근로자들은 임금과 퇴직금을 상당한 기간 동안 지급받지 못하게 되었는데, 기일연장에 의하여 발생되는 불이익에 대하여 법령은 아무런 보상조치도 마련하지 않았다. 당사자 사이에 특단의 합의가 없는 경우에는 법 제30조 단서가 이자지급 약정을 배제하고 있는 것은 아니기 때문에 연장된 기간에 대하여 법정이자의 지급을 추정하는 것이 바람직하다는 지적이 있다.[119]

이러한 문제의식을 반영하여 2005. 3. 31. 개정 근로기준법

---

118 오문완, "고용종료 시 금품청산에 기한을 설정할 수 있나", 월간 노동법률 제91호, 중앙경제사(1998), 17.

119 김형배, "금품청산의 기한을 설정한 근기법 시행령의 효력", 노동판례평석집 Ⅲ, 한국경영자총협회(2000), 6-7.

(2005. 7. 1.부터 시행)은 사용자는 근로자가 사망 또는 퇴직했을 때 지급해야 할 임금과 퇴직급여법에 따른 일시금을 지급사유 발생일로부터 14일 이내에 지급하지 않는 경우 그 다음날부터 지급일까지 지연이자를 지급하도록 규정했다. 구체적인 지연이자 이율은 2019. 12. 31.부터 시행령 제17조에 따라 연 20%이다.[120]

바) **대법원 1998. 12. 17. 선고 97다39216 전원합의체 판결**은 전원일치 의견으로 원고가 미합중국 산하 비세출자금기관[주한미군지위협정(SOFA)에 따라 합중국 군대가 설치하는 군 판매점, 식당, 사교클럽, 극장, 신문 등의 기관]인 '육군 및 공군 교역처'에 고용되어 미군 2사단 소재 캠프 케이시에서 근무하다가 1992. 11. 8. 정당한 이유 없이 해고되었다고 주장하면서 미합중국을 피고로 하여 해고무효확인과 복직 시까지의 임금 지급을 구함에 대하여 대한민국 법원에 재판권이 없어 부적법하다고 판단한 원심판결을 파기환송했다. 이 판결은 제한적 주권면제론에 입각하여 외국의 사법적 행위 전부가 대한민국 재판권으로부터 면제되는 것은 아니라는 견해를 취했고, 주권면제의 기준에 관한 행위성질기준설에 입각하여 국내에서 이루어진 외국의 사법적 행위는 원칙적으로 국내법원의 재판권으로부터 면제되지 않지만, 예외적으로

---

120 노동법실무연구회(주 26), 752~753.

주권적 활동과의 관련성 등을 고려하여 재판권으로부터 면제되는 경우도 있다고 판단했다. 절대적 주권면제론을 채택한 종전 판결[121]을 변경했다.

이 판결은 세계적 추세에 맞추어 민사재판에 관한 국가주권을 선언했다는 점에서 의의가 있다. 내국인이 국내에서 외국기관과 사이에 법적 분쟁이 발생한 경우 우리나라 법원이 이에 관하여 재판할 수 없다면, 내국인은 자신의 권리 실현을 위하여 외국기관이 운용하는 구제절차에 따르거나 외국법원에 소송을 제기할 수밖에 없는데, 이는 권리구제절차의 결함을 뜻하는 것이다. 이 판결로 외국의 사법적 활동에 관한 한 내국인이 대한민국 법원에 소송을 제기할 수 있는 길이 열리게 되었다.[122]

사) **대법원 1999. 5. 12. 선고 97다5015 전원합의체 판결**은 전원일치 의견으로 월의 중도에 퇴직하더라도 당해 월의 보수 전액을 지급한다는 취업규칙 규정은 퇴직하는 근로자에 대한 정책적·은혜적 배려가 포함된 취지의 규정이고, 퇴직하는 근로자에게 실제 근무일수와 무관하게 퇴직 당해 월의 임금을 인상하여 전액 지급한다는 취지는 아니므로, 퇴직 당해 월의 보수 전액을 퇴직 직전일

---

121 대법원 1975. 5. 23. 자 74마281 결정 등.

122 유남석, "외국의 사법적 행위에 대한 재판권", 국민과 사법; 윤관 대법원장 퇴임기념, 박영사(1999), 636.

로부터 최종 3개월간에 지급된 급여액에 산입하여 평균임금을 산정하고 이를 기초로 퇴직금을 산출할 수는 없다는 견해를 채택하고, 이와 다른 견해를 취한 종전 판결[123]을 변경했다.

종전 대법원 판결에 의할 경우 동일한 업무에 동일한 급여를 받고 동일한 근속기간 동안 재직한 근로자들 상호간에 단지 퇴직일자가 다르다는 이유로 퇴직급여액에 많은 차이가 나는 불균형이 생기고, 동일한 퇴직 월 중에서도 그 퇴직일자가 빠를수록(퇴직 월의 근무일수가 적을수록) 퇴직급여가 많게 되는 현상까지 일어난다. 근로자가 월의 중도에 사직 신청을 하더라도 사용자는 퇴직금을 불합리하게 많이 지급하는 것을 막기 위하여 월말에 이를 수리하려 할 것이고, 근로자가 일방적 의사표시에 의하여 근로계약을 해지하더라도 퇴직 효과는 사용자가 통고를 받은 당기 후의 1기를 경과함으로써, 즉 그 다음 달 말에야 생기므로(민법 제660조 제3항), 이와 같은 현상이 근로자에게 유리할 것도 없다.[124]

이 판결에 대해서는 퇴직 월에 지급된 급여의 잔여분이 퇴직금 산정기초에 포함되어야 하는가는 먼저 그것의 근로대가성에 따라 판단되어야 하고, 근로대가성이 인정되지 않는 은혜적 급부라도 이를 퇴직금 산정기초에 포함하기로 한 당사자의 합의가

---

123 대법원 1993. 5. 27. 선고 92다24509 판결.

124 조해섭, "월의 중도퇴직과 퇴직금 산정의 기초가 되는 평균임금", 국민과 사법: 윤관 대법원장 퇴임기념, 박영사(1999), 606~607.

있었느냐가 다시 검토되어야 하는데, 이 판결은 후자에 대한 구체적인 검토 없이 단지 근로대가성 여부로만 판단했다는 점에 오류가 있다는 지적이 있다.[125] 취업규칙 등 노사의 자주적 규범이 명확하지 못하여 해석상 문제가 될 때에는 노사 관행이나 유리성 원칙이 적용되어야 하며, 취업규칙이라는 준칙을 형성하는 주도권을 가진 사용자가 아니라 수동적으로 적용을 받게 되는 근로자에게 유리한 해석을 이끌어내야 한다는 지적도 있다. 수동적으로 불합리한 처우를 당하는 측을 보호하는 것이 불합리한 제도를 합리적으로 바꿀 수 있는 권한을 가진 자에게 앞으로 바꾸도록 책무를 주게 되는 점에서 공평하며, 법의 강행성이 나쁜 쪽으로의 평등을 선택해서는 안 된다는 것이다.[126]

다. 최종영 코트(1999년 9월~2005년 9월)

1) 윤관 대법원장이 임기를 마치고 1999. 9. 25. 김대중 대통령에 의하여 임명된 제13대 최종영 대법원장이 취임했다. 노무현 제16대 대통령이 2003. 2. 25. 취임한 후 같은 해 5. 22. 서울지방법원 판사 26명이 대법원에 법관인사제도 개선 건의문 및

---

125 박종희, "평균임금 대상의 확정과 퇴직금 산정기초 범위의 판단", 노동법률 제98호, 중앙경제사(1999), 16~17.

126 김홍영, "월 중간에 퇴직하더라도 당해 월의 보수 전액을 지급하는 경우 퇴직금의 계산", 노동판례비평 제4호, 민주사회를 위한 변호사모임(2000), 158-162.

사법개혁방안을 전달하는 등 사법개혁의 필요성을 제기했다. 임기만료로 퇴임하는 대법관의 후임자 선임을 위해 사법사상 최초로 2003. 8. 12. 대법관제청자문위원회가 개최되었다. 자문위원회에서 종전 관행에 따라 서열대로 후보자 3명을 선정하자, 강금실 법무부장관과 박재승 대한변호사협회장이 항의하여 회의 도중 퇴장한 뒤 위원직을 사퇴했다.[127] 다음날 박시환 서울지방법원 부장판사가 대법관 후보자 선정에 항의하여 사표를 제출했다. 서울지방법원북부지원 이용구 판사가 '대법관 제청에 관한 소장 법관들의 의견'이라는 글을 법원 내부게시판에 올려 159명의 판사가 이에 서명했고, 8. 14. 이를 대법원장에 제출했다(제4차 사법파동).[128] 소장법관들은 의견서에서 "기존의 대법관 선임이 법관 승진의 최종 단계로 운영됨으로써 결과적으로 대법원이 지나치게 동질적인 연령, 배경, 경험을 가진 법조인들로만 구성되었고 … 다양한 입장이 조화를 이룬 대법원을 구성하기 위해서는 지금까지의 인사 관행에서 벗어나 새로이 검증된 법조인이 제청돼야 한다."라고 썼다.[129]

---

127 한겨레신문, "소장판사 집단서명 나서…대법관후보 추천에 반발"(2003. 8. 13.), <https://n.news.naver.com/mnews/article/028/0000022340?sid=110>.

128 머니투데이, "부장판사도 가세..'사법파동 조짐'"(2003. 8. 14.), <https://n.news.naver.com/mnews/article/008/0000311277?sid=101>.

129 경향신문, "연판장 사태 '사법파동' 조짐"(2003. 8. 13.), <https://n.news.naver.com/mnews/article/032/0000028561?sid=102>.

이에 대해 대법원 측은 업무량이 많아 실무능력을 중시하는 것은 불가피하다는 입장을 견지했다. 8. 18. 최초로 전국법관대표회의가 소집되어 격론을 벌인 끝에 '이번에는 최종영 대법원장의 의견을 존중하되 다음에는 인사제도를 개혁하자'는 것으로 일단락되었다.[130] 최종영 대법원장은 8. 19. 헌법재판관 후보로 최초로 여성인 전효숙 서울고등법원 부장판사를 지명했다. 8. 22. 노무현 대통령과 최종영 대법원장은 행정부와 사법부가 사법개혁기구를 구성하기로 합의했고,[131] 예정대로 김용담 대법관이 임명되었다. 2003. 10. 대법원 산하에 사법개혁위원회(약칭 '사개위')를 설치했고, 사법개혁위원회는 2004. 12.까지 사법개혁 건의안을 마련하여 대법원장에게 제출했다. 2005. 1.에 대통령 산하에 사법제도개혁추진위원회(약칭 '사개추위')를 설치하여 건의안에 기초한 법률안 성안 작업을 하고 있던 중 최종영 대법원장의 임기가 만료되었다. 최종영 대법원장은 임기 만료 직전 대법원 구성의 다양화를 요구하는 소장법관들의 의견을 수용하는 차원에서 2004. 8. 김영란 첫 여성대법관의 임명을 제청했다.

최종영 코트에서는 노동사건 전원합의체 판결이 7건 선고되었다. 산재보험 관련 사건 2건과 헌법재판소가 헌법불합치 결정

---

130 오마이뉴스, "대법원장 '사법부 독립 절대 훼손될 수 없어'"(2003. 8. 19.), <https://n.news.naver.com/mnews/article/047/0000035062?sid=102>.

131 권석천(주 74), 36.

을 하여 할 수 없이 근로자에게 유리한 방향으로 판례를 변경한 1건을 제외한 나머지 4건은 다수의견이 소수의견보다 근로자에게 불리한 내용이다.

2) 구체적인 검토

가) **대법원 2000. 5. 18. 선고 95재다199 전원합의체 판결**의 쟁점은 대법원 1995. 4. 7. 선고 94다4332 판결[132]이 대법원 1991. 7. 23. 선고 91다12820 판결[133]의 의견을 변경한 것인지 여부, 기간제 사립학교교원이 임용기간 만료 이전에 직위해제 또는 면직된 경우 임용기간이 만료되었다면 그 무효확인을 구할 이익이 있는지 여부이다.

다수의견은 94다4332 판결은 91다12820 판결의 의견을 변경한 것이며, 기간제 사립학교교원이 임용기간 만료 이전에 직위해제 또는 면직된 경우에는 임용기간이 만료되었다면 그 무효확인

---

132 구 사립학교법(1990. 4. 7. 법률 제4226호로 개정되기 전의 것) 제53조의2 제2항의 규정에 의하여 계약기간을 정하여 임용된 교수는 학교법인 정관이나 대학교원 인사규정상 임용기간이 만료되는 교원에 대한 재임용의무를 부여하는 근거규정이 없는 한 임용기간 만료로 당연히 교수 신분을 상실하고 임용기간 만료 전에 행해진 직위해제 및 면직처분의 무효확인을 구할 소의 이익도 없다.

133 대학교 부교수인 원고가 사립학교법과 법인 정관 등에 의하여 교수의 재임기간을 넘겨 재임용되지 아니했더라도 그것만으로는 임용기간 만료 전에 면직처분을 받은 원고에게 무효확인을 구할 이익이 없다고 할 수 없을 뿐만 아니라, 원고에 대한 면직처분이 무효인 바에야 특별한 사정이 없는 한 원고의 신분은 그대로 존속된다고 보아야 한다.

을 구할 이익을 인정할 수 없다는 것이다. 반대의견은 94다4332 판결은 91다12820 판결과는 전제로 하고 있는 사정이 다르므로 91다12820 판결이 판시한 의견을 변경하는 것이 아니고, 직위해제 및 면직처분의 존속은 임용기간이 만료된 교원이 누릴 수 있는 재임용에 관한 절차적인 권리를 침해하고 그의 사회적인 명예를 손상하며 교원으로 다시 임용되는 데도 불이익한 장애사유로 작용하여 인격적 이익에 관한 권리나 교원으로 임용될 수 있는 법률상 지위에도 현실적으로 영향을 미치므로 그 무효확인을 구할 이익을 인정할 수 있다는 것이다.

이 사건이 진행 중이던 1999. 8. 31. 사립학교법 개정으로 제53조의 2 제4항이 신설되어 기간제 교원의 임용기간이 종료된 경우 재임용 여부에 관하여 교원인사위원회의 심의를 받을 권리와 임면권자에게 재임용 여부의 결정을 요구할 권리가 부여되었다. 이 판결은 결과적으로 사립학교교원의 지위에 대한 보호를 후퇴시키는 결론에 이르렀다.[134] 소의 이익을 확대하는 것이 학설의 경향이고, 판례도 점진적으로 소의 이익을 확대하여 온 점에 비추어 볼 때, 다수의견은 위와 같은 흐름에 제동을 거는 것으로서 국민의 권리보호 측면에서 후퇴하는 결과를 초래했다는 지적이

---

134 이승녕, "직위해제 · 면직처분을 받은 후 그 임용기간이 만료된 사립학교 교원이 무효확인을 구할 소의 이익이 있는지", 21세기 사법의 전개, 송민 최종영 대법원장 재임기념문집 간행위원회(2005), 173.

있다.[135] 부당해고 구제신청을 하여 해고의 효력을 다투던 중 정년에 도달하거나 근로계약기간이 만료하는 경우에도 중앙노동위원의 재심판정의 취소를 구할 소의 이익을 인정한 대법원 2020. 2. 20. 선고 2019두52386 전원합의체 판결이 이 사건 전원합의체 판결의 포섭 범위 등에 영향을 미칠 것으로 보이나, 이 사건 전원합의체 판결이 여전히 유지되고 있는 상태이므로 이를 명시적으로 폐기하거나 변경할 필요가 있다.

나) **대법원 2001. 10. 25. 선고 99도4837 전원합의체 판결**의 쟁점은 노조법 제41조 제1항을 위반하여 조합원의 직접·비밀·무기명투표에 의한 과반수의 찬성결정을 거치지 아니하고 쟁의행위에 나아간 경우 그 쟁의행위가 업무방해죄에 해당하는지 여부이다. 이에 대하여는 동일한 파업에 대해 동일한 원심 재판부[136]에서 동일한 판단을 했음에도 서로 다른 취지로 판단한 두 대법원 판결(주심대법관만 다른 동일한 재판부의 판결)이 선고되었다.[137] 대법원 2000. 3. 10. 선고 99도4838 판결[138]은 노조법 제41조 제1항

---

135 이민걸, "사립대학교 교수가 임용기간 만료 후 직위해제·면직처분의 무효확인을 구할 이익이 있는지 여부", 민사판례연구 XXIII, 박영사(2001). 457.

136 관여법관: 판사 고의영(재판장), 윤영선, 배인구

137 김인재, "동일한 쟁의행위에 대한 정당성 평가가 달라질 수 있는가", 노동법률 제111호, 중앙경제사(2000), 26~30.

138 관여법관: 대법관 김형선(재판장) 이용훈 조무제(주심) 이용우.

은 노동조합의 자주적이고 민주적인 운영을 도모함과 아울러 쟁의행위에 참가한 근로자들이 사후에 그 쟁의행위의 정당성 유무와 관련하여 어떠한 불이익을 당하지 않도록 그 개시에 관한 조합 의사의 결정에 보다 신중을 기하도록 한다는 취지에서 마련된 규정이므로, 그 조항이 정하는 절차를 따를 수 없는 납득할 만한 객관적인 사정이 인정되지 않는다면 그 정당성을 인정받을 수 없다고 판단하고, 무죄를 선고한 원심판결[139]을 파기환송했다. 반면, 대법원 2000. 5. 26. 선고 99도4836 판결[140]은 조합원의 직접·비밀·무기명 투표에 의한 과반수의 찬성결정을 거치지 아니하고 쟁의행위에 나아간 경우에도 조합원의 민주적 의사결정이 실질적으로 확보된 경우에는 투표절차를 거치지 아니했다는 사정만으로 쟁의행위가 정당성을 상실한다고 볼 수 없다고 판단하여, 무죄를 선고한 원심판결[141]을 수긍하고 검사의 상고를 기각했다.[142]

다수의견은 99도4838 판결의 견해를 채택하고 99도4836 판결을 변경했다. 반대의견은 99도4836 판결의 견해를 취했다.

---

139 대전지방법원 1999. 8. 13. 선고 98노2837 판결

140 관여법관: 대법관 이용우(재판장) 김형선 이용훈(주심) 조무제.

141 대전지방법원 1999. 8. 13. 선고 98노2805 판결.

142 박재필, "노동조합 및 노동관계조정법 제41조 제1항에 정하여진 노동조합 조합원의 직접·비밀·무기명투표 절차를 거치지 아니하고 진행된 쟁의행위의 정당성 및 업무방해죄의 성부", 21세기 사법의 전개, 송민 최종영 대법원장 재임기념문집 간행위원회(2005), 491~502.

반대의견은 단체행동권은 헌법상 보장된 근로자의 기본권으로서 쟁의행위에 대한 제한은 필요한 최소한의 범위에 그쳐야 하므로, 쟁의행위를 업무방해죄 등 형사범죄로 처벌할 때에는 민사상 또는 노동법상 쟁의행위를 평가하는 경우에 적용되는 위법성의 기준보다는 일층 강한 정도의 위법성을 요하고(이른바 위법의 상대성론), 쟁의행위의 정당성을 논함에 있어서도 형사처벌을 면하기 위한 정당성 인정과 민사상 또는 노동법상 책임을 면하기 위한 정당성 인정 사이에는 차이가 있다는 점을 지적했다.

다수의견과 소수의견은 모두 '직접·비밀·무기명 투표방법'에 의한 쟁의행위 찬반투표를 통하여 조합원 과반수의 실질적 의사를 확인하여야 한다는 점에서는 일치했으나, 다수의견은 정당성을 상실한 파업에 참가한 조합원에 대하여 업무방해죄를 일괄 적용하여야 한다는 입장임에 반하여 소수의견은 업무방해죄를 선별 적용하여야 한다는 점에서 차이점을 보이고 있다. 모든 범죄의 성립에 있어 구체적인 범행, 위법성, 책임성을 행위자 개인별, 사안별로 각각 판단하여야 하는 것이 일반론이므로 소수의견의 견해가 타당하다는 지적이 있다.[143]

노동조합의 자주성을 최대한 존중하여야 한다는 관점에서

---

143 이상윤, "찬반투표절차를 거치지 않은 쟁의행위의 정당성", 제2판 노동판례백선, 박영사(2021), 364~365.

보면 쟁의행위 결정은 노동조합의 내부적인 자치에 일임하는 것이 원칙인데, 이를 법률로 규정하는 것은 자주적인 단결권에 대한 침해이고 그 위반에 대해 형사처벌까지 하는 것은 비례원칙에 위반될 소지가 크다.[144] 다수의견의 견해가 유지되는 가운데 그 절차를 따를 수 없는 납득할 만한 객관적인 사정을 확대하는 방법으로 적용상의 모순을 해결한다는 것은 거의 불가능하기 때문에 노조법의 절차조항과 벌칙조항을 삭제하거나, 전원합의체 판결로 견해를 변경할 수밖에 없는 것으로 보인다.[145]

다) **대법원 2002. 3. 21. 선고 2000다62322 전원합의체 판결**은 전원일치 의견으로 산업재해가 보험가입자와 제3자의 공동불법행위로 발생했고 근로복지공단이 보험급여액을 지급한 경우, 근로복지공단은 제3자에 대하여 보험가입자의 과실 비율 상당액은 구상할 수 없으며, 구체적으로는 피해자가 배상받을 손해액 중 보험가입자의 과실 비율 상당액을 보험급여액에서 공제하고 차액이 있는 경우에 한하여 그 차액에 대하여만 근로복지공단이 제3자

144 참고로 일본 노동조합법은 법률로 쟁의행위 찬반투표에 관해 규정하지 않고 규약에 규정하여야 할 사항으로 "파업은 조합원 또는 대의원에 의한 직접·무기명 투표에 의하여 개시할 것"을 정하고 있어, 쟁의행위 찬반투표의 형태는 규약에 의해 결정되고 그 위반의 효력은 규약 위반의 문제로 취급된다. 노동법실무연구회(주 83), 692.

145 김선수, "쟁의행위의 절차적 정당성", 고려대학교 법과대학 석사학위논문(2003), 86~88.

로부터 구상할 수 있다는 견해(안분설)를 채택했다. 근로복지공단이 산재보험법 제54조 제1항에 따라 제3자에 대하여 그 지급한 보험급여액 전액에 관하여 구상권을 행사할 수 있다(전액설)는 종전 판결[146]을 변경했다.

이 판결이 보험가입자와 제3자의 공동불법행위로 인한 산업재해에서 전액설을 취했던 판례를 변경하고 보험가입자의 과실비율에 해당하는 부분에 대하여는 구상할 수 없다는 입장을 밝힘으로써 근로복지공단의 구상범위를 둘러싼 오랜 논의는 어느 정도 해결되었고, 전액설을 취함으로써 보험가입자나 제3자에게 발생한 부당한 결과들도 해결되었다.[147] 이 판결은 이념적 측면에서 사회보험의 성격을 가진 산재보험제도의 특성을 산재구상에서도 반영한 것으로서 그 이론적 구성과 결론에서 타당하고 복지국가를 지향하는 시대적인 조류에도 부응한 적절한 판단이었다고 평가된다.[148] 제3자의 행위로 발생한 재해에서 근로복지공단의 구상범위는, 먼저 보험가입자나 그 소속 근로자의 과실이 없는 경우에

---

146 대법원 1997. 1. 24. 선고 96다39080 판결, 1996. 1. 26. 선고 95다19751 판결, 1992. 12. 8. 선고 92다23360 판결, 1992. 2. 25. 선고 91다28726 판결 등.

147 이주헌, "산업재해가 제3자와 보험가입자의 공동불법행위로 인하여 발생한 경우 산업재해보상보험법 제54조 제1항에 의하여 근로복지공단이 제3자에 대하여 행사할 수 있는 구상권의 범위", 대법원판례해설 제40호, 법원도서관(2002), 406.

148 박진환, "산업재해가 산재보험가입자 또는 그 소속 근로자와 제3자의 공동불법행위로 인하여 발생한 경우 근로복지공단의 제3자에 대한 구상권 행사의 가부 및 그 행사범위", 저스티스 제69호, 한국법학원(2002), 232.

는 근로복지공단은 피해자의 제3자에 대한 손해배상청구권의 범위 안에 있는 한 수급권자에게 지급한 보험급여 전액을 구상할 수 있다. 다음으로, 보험가입자 등의 과실이 있는 경우에는 그 부담부분을 초과하여 지급한 보험급여가 있는 때에만 그 금액을 구상할 수 있으며, 수급권자와 피해자의 상속인이 다를 경우에는 수급권자의 손해배상청구권을 기준으로 한다.[149]

다만 이 판결 중 근로복지공단의 대위 범위에 관하여 '보험급여액'에서 재해근로자가 배상받을 손해액 중 가입 사업주의 과실비율 상당액을 공제하고 차액이 있는 경우에 한하여 그 차액에 대하여만 근로복지공단이 제3자에 대하여 구상할 수 있는데, 이때 '보험급여액'을 재해근로자의 과실 부분 상당액을 공제하지 아니한 '보험급여 전액'임을 전제로 판단한 부분(과실상계 후 공제 방식)은 대법원 2022. 3. 24. 선고 2021다241618 전원합의체 판결(공제 후 과실상계 방식)에 의하여 변경되었다. 이 판결 중 순환적인 구상소송을 방지하기 위하여 재해근로자가 배상받을 손해액 중 가입 사업주의 과실비율 상당액을 공제한 차액에 대해서만 재해근로자의 제3자에 대한 손해배상청구권을 대위할 수 있다는 판시 부분은 유지되었다.

---

149 이흥구, "산업재해가 보험가입자와 제3자의 공동불법행위로 발생한 경우, 유족급여를 지급한 근로복지공단의 구상권의 범위", 판례연구 제14집, 부산판례연구회(2003), 745~746.

라) **대법원 2002. 10. 17. 선고 2002다8025 전원합의체 판결**은 전원일치 의견으로 근로기준법상 퇴직금제도와 선원법상 퇴직금제도는 그 의미와 성질이 다른 별개의 제도이며, 구 선원법(1962. 1. 10. 법률 제963호로 제정된 것) 제128조에 의하여 구 근로기준법(1980. 12. 31. 법률 제3349호로 개정된 것) 제28조 제2항의 차등적인 퇴직금제도의 설정 금지 규정이 시행된 1981. 4. 1.부터 1984. 8. 7. 개정 선원법이 시행된 1984. 9. 7.까지 선원의 근로관계에도 구 근로기준법상의 차등적인 퇴직금제도 설정 금지 규정이 준용된다 하여 이를 선원 상호간의 차등적인 퇴직금제도 설정을 금지하는 의미를 넘어 하나의 사업 안에서 선원과 선원 아닌 근로자 사이의 퇴직금제도에 차등을 두어서는 안 된다는 의미로까지 볼 수는 없다는 견해를 채택했다. 이와 다른 견해를 취한 종전 판결[150]을 변경했다.

이 판결은 하나의 사업 안에서의 선원과 육원 사이의 퇴직금제도에 차등이 있는 것은 합리적인 이유가 있는 것이므로 허용된다는 점을 최초로 판시했다는 데에 의의가 있다.[151] 이 판결은

---

150 1981. 4. 1. 이후에는 구 근로기준법 시행에 의하여 피고 회사의 선원취업규칙상 퇴직금제도가 육원에게도 적용되는 유일한 퇴직금제도로 되었다고 판단한 대법원 1995. 2. 3. 선고 93다58776 판결, 대법원 1998. 3. 13. 선고 97다37746 판결 등.

151 문영화, "하나의 회사의 근로자가 선원과 육원으로 구성되어 있는 경우 이를 하나의 사업으로 보아 선원과 육원 사이에도 구 근로기준법 제28조 제2항 소정의 퇴직금제도 차등금지 규정이 적용되는지 여부(소극)", 대법원판례해설 제42호, 법원도서관(2003), 975~976.

"선원법은 장기간 고립되어 이동하는 선박과 함께 일정한 생활을 영위하면서 침몰·좌초 등 해상 고유의 위험에 일상적으로 노출되어 있는 등으로 특수한 환경에 놓여 있는 선원의 근로관계를 규율대상으로 한다"라고 하여 해양근로의 특수성의 내용에 관하여 고립성·위험성을 거시함으로써 최초로 해양근로의 특수성에 관하여 판시했다는 점에서 의미가 크다. 대법원은 해양근로의 특수성을 긍정함으로써 해양근로기준법으로서의 선원법의 독자성을 인정하고 근로기준법과 다른 근로조건을 설정한 선원법의 규정은 해양근로의 특수성을 반영한 것으로 합리적이라고 인정되는 경우에는 헌법상 평등권 침해가 아니라는 점을 간접적으로 시인한 것으로 평가할 수 있다.[152]

마) **대법원 2003. 12. 18. 선고 2002다2843 전원합의체 판결**의 사안에서 피고(지역농업협동조합)들은 1981. 7. 1.부터 직원퇴직금규정 제8조 제1항을 평균임금에 근속연수를 곱하여 퇴직금액을 산정하는 단수제에서 기준급여금에 근속연수에 따른 누진지급율을 곱하여 퇴직금액을 산정하는 누진제로 변경·시행하면서, 부칙 제2항에서 기존 직원들에 대하여 1981. 6. 30.까지 근속

---

152 권창영, "선원법상 퇴직금제도와 근로기준법상 퇴직금제도의 관계", 노동판례비평 제7호, 민주사회를 위한 변호사모임(2003), 230, 242.

기간에 대하여는 종전 규정에 의하고, 1981. 7. 1.부터 퇴직 시까지 근속기간에 대하여는 변경된 규정에 의한다고 경과규정을 두었다. 변경 당시를 기준으로 할 때 기준급여금이 평균임금보다 적고 지급율도 근속기간 3년까지는 근속연수와 같거나 조금 높았을 뿐이어서 퇴직금규정 변경이 변경 후 3년 이내에 퇴직하는 기존 직원들에게는 불리하게 되었지만, 피고들은 취업규칙을 변경하면서 과반수 근로자의 동의절차를 거치지 아니했다. 원고들은 퇴직 당시 변경된 퇴직금규정(본문과 부칙의 경과규정)에 따라 산정된 퇴직금액{(A: 변경 전 근속연수×평균임금)+(B: 변경 후 근속연수에 따른 퇴직누진율×기준급여금)}을 수령했다. 원고들은 퇴직금규정 변경 이전에 입사하여 변경일로부터 3년이 훨씬 지난 시점에 퇴직했고, 그 동안 급여체계의 변경으로 변경된 퇴직금규정 본문에 의하여 퇴직금액을 산정하는 것이 원고들에게 유리하게 되었으므로, 원고들에 대하여는 부칙 경과규정의 적용을 배제하고 본문에 의하여 기준급여금에 개정 전 근속기간을 포함한 전 근속기간에 따른 퇴직누진율을 곱하여 산정한 퇴직금액(C)에서 이미 수령한 퇴직금액(A+B)을 공제한 차액을 추가로 청구했다. 원심은 원고들 청구를 모두 배척했다.

대법원 1999. 12. 28. 선고 99다33823 판결은 위와 같은 사안에서 본문과 부칙 경과규정을 각각 적용하여 퇴직금을 산정하는 것은 근로자들이 입사일자에 따라 서로 다른 퇴직금제도를 적용

받게 되는 결과가 되어 차등퇴직금제도 금지 원칙에 위배되므로, 개정 전 근속기간을 포함한 전 근속기간에 대하여 변경된 퇴직금 규정 본문을 적용하는 것이 기존 근로자에게 유리한 경우에는 부칙 경과규정이 적용되지 않는다고 판단했다.

다수의견은 종전 판결을 변경하여 이러한 경우 근로기준법이 정한 차등퇴직금제도 금지 원칙에 위배되지 아니하고, 기존 근로자들이라도 현재 법규적 효력을 가진 변경된 퇴직금규정에 의하여 산정한 퇴직금액이 종전 퇴직금규정에 의하여 산정한 퇴직금액을 초과하는 한 기득이익의 침해가 없으므로 변경된 퇴직금규정에 의하여 산정한 퇴직금액의 지급을 청구할 수 있을 뿐이라는 견해를 채택했다. 반대의견은 종전 판결의 견해를 유지했다.

다수의견은 근로기준법상 차등퇴직금제도 금지 규정의 적용범위에 관하여 판시하면서 합리성 있는 차별인 경우에는 위 규정에 위반되지 않는다는 취지를 밝히고, 서로 모순되는 대법원 판례를 정리한 것으로 동종사건에 대한 처리 지침으로 작용할 수 있게 되었다.[153] 변경된 퇴직금규정은 본문에 의하든 부칙에 의하든 모두 원고들에게 유리하게 변경된 것이므로 그 변경에 원고들의 동의가 없더라도 유효하고, 이를 적용함에 있어 본문만에 의할 경우

---

153 박순성, "퇴직금제도변경과 차등퇴직금제도금지의 원칙", 대법원판례해설 제47호, 법원도서관(2004), 161~162.

와 부칙의 경과규정에 의할 경우 퇴직금의 액수가 달라지는 이상, 원고들에게 지급되어야 할 퇴직금은 본문만에 의할 경우의 퇴직금이 되어야 한다면서 다수의견의 문제점을 지적하는 견해가 있다.[154] 반대의견이 다수의견보다 근로자 보호라는 근로기준법의 취지에 부합한다.

바) **대법원 2004. 4. 22. 선고 2000두7735 전원합의체 판결**은 전원일치 의견으로 기간제로 임용되어 임용기간이 만료된 국·공립대학 조교수는 교원으로서의 능력과 자질에 관하여 합리적인 기준에 의한 공정한 심사를 받아 그 기준에 부합되면 특별한 사정이 없는 한 재임용되리라는 기대를 가지고 재임용 여부에 관하여 합리적인 기준에 의한 공정한 심사를 요구할 법규상 또는 조리상 신청권을 가지며, 임용권자가 임용기간이 만료된 조교수에 대하여 재임용을 거부하는 취지로 한 임용기간 만료의 통지는 대학교원의 법률관계에 영향을 주는 것으로서 행정소송의 대상이 되는 처분에 해당한다는 견해를 취했다. 처분성을 부정했던 종전 판결[155]을 변경했다.

기간제 교수의 재임용제도는 1975년 도입 당시부터 표면상

---

154 신우정, "퇴직금규정의 본분과 경과조치의 구별", 저스티스 제86호, 한국법학원(2005), 243, 250.

155 대법원 1997. 6. 27. 선고 96누4305 판결.

목적과는 달리 정치적 반대자 또는 학교법인의 기피인물을 제거하는 수단으로 악용되어 왔다.[156] 대법원은 재임용거부가 행정처분에 해당하지 않아 재임용심사는 사법심사의 대상이 아니라는 판결을 지속적으로 선고했고, 그로 말미암아 재임용이 거부된 교수들은 법적 구제가 완전히 봉쇄되었다.[157] 종전 판례로 말미암아 강력한 신분보장을 받아야 할 필요성이 있는 대학교수의 신분을 지극히 불안정하게 하여 학문의 자유와 교육의 자주성·전문성·정치적 중립성을 저해하는 결과를 초래했다. "해임과 동일한 정도의 중대한 불이익처분을 당한 대학교수가 사법부로부터 아무런 구제를 받을 수 없다고 한다면 그러한 사법부는 누구를 위한, 무엇을 위한 사법부인가?"라며 대법원의 견해 변경을 요구하는 목소리가 컸다.[158]

교수재임용제의 법률적 근거인 교육공무원법과 사립학교법의 관련 조항에 대해 헌법재판소는 두 차례 합헌결정[159]을 선고한 후에, 이 판결 선고 1년여 전인 2003. 2. 27. 헌법불합치 결정

---

156 김선수(주 46), 132-142.

157 이경운, "교수재임용에 관한 대법원판례의 변경과 그 의의", 행정판례연구 제10집, 박영사(2005), 66~67.

158 김선수, "교수재임용거부에 대한 판결례의 검토", 노동법연구 제7호, 서울대학교노동법연구회(1998), 303~304.

159 헌재 1993. 5. 13. 선고 91헌마190 결정, 헌재 1998. 7. 16. 선고 96헌바33 등 결정.

을 했다(2000헌바26 결정).[160] 교육의 자주성·전문성·정치적 중립성과 교원지위법정주의에 비추어 볼 때, 사립학교법 제53조의2 제3항은 재임용거부 사유 및 사전구제절차, 부당한 재임용거부에 대하여 다툴 수 있는 사후구제절차에 관하여 아무런 규정을 하지 아니함으로써 재임용을 거부당한 교원이 구제받을 수 있는 길을 완전히 차단한 데 위헌성이 있다고 판시했다.

이 판결은 판례 변경을 요구하는 목소리에 부응한 것이나, 헌법재판소의 헌법불합치 결정 이후에나 나온 것으로서 그 의미가 반감되었다.[161] 2005. 1. 27. 개정 사립학교법 제53조의2 제4항 내지 제7항, 같은 날 개정 교육공무원법 제11조의3 제2항 내지 제6항, 같은 날 개정 「교원지위향상을 위한 특별법」(약칭 '교원지위법') 제7조 내지 제10조가 재임용에서 탈락한 기간제 교원의 구제절차 등에 대하여 구체적으로 규정했다. 개정 법률들은 부칙에 의하여 그 시행일인 2005. 1. 27. 이후에 재임용이 거부된 교원에 대해서만 적용되었고, 그 이전에 재임용에서 탈락한 국·공립대학

---

160 박상훈, "교수재임용 거부처분에 대한 구제절차 -대상판결: 대법원 2004. 4. 22. 선고 2000두7735 전원합의체 판결-", 김지형 대법관 퇴임기념 노동법실무연구 제1권, 사법발전재단(2011), 522~526.

161 박상훈(주 160), 530~531. "대상판결에 대한 필자의 평석은 4글자로 요약할 수 있다. 만시지탄(晩時之歎: 시기가 늦었음을 원통해 하는 탄식) … (이 사건 판결은) 헌법재판소의 위헌결정에 의해서 죽은 법, 정확하게 말해서 개선입법이 마련되지 않은 상태에서 겨우 형식적으로 목숨만 부지하고 있던 법에 대하여 부관참시를 한 것에 불과하다."

과 사립대학 교원을 구제하기 위하여 「대학교원 기간임용제 탈락자 구제를 위한 특별법」을 제정하여 재임용에 대한 재심사를 받을 수 있도록 했다(제6조는 재심사청구기간을 시행일부터 6개월로 제한했다).[162]

사) **대법원 2005. 3. 17. 선고 2003다2802 전원합의체 판결**은 전원일치 의견으로 자동차종합보험약관 중 "산재보험법에 의한 보상범위를 넘어서는 손해가 발생한 경우에도 보상하지 아니한다." 라는 면책약관의 '괄호 안 기재 부분'은 무효라는 견해를 채택했다. 이와 달리 판단한 종전 판결[163]을 변경했다.

종전 판결에 의하면 자동차종합보험계약의 업무상 재해 면책조항의 적용을 통하여 산재보험법에 의한 보상 범위를 넘어서는 손해가 있는 경우에도 모두 면책된다고 해석함으로써, 사용자가 무자력일 경우 근로자는 업무상 재해로 인한 손해를 제대로 전보받지 못하게 되고 그 결과 근로자를 보호하려는 산재보험제도가 도리어 근로자에게 피해를 주는 불합리가 있어 왔다.[164] 이 판결은 사회

---

162 노동법실무연구회(주 26), 417.

163 대법원 1993. 11. 9. 선고 93다23107 판결 및 대법원 1997. 4. 25. 선고 97다4746 판결.

164 임시규, "자동차종합보험약관의 업무상 재해 면책조항-대법원 2005. 3. 17. 선고 2003다2802 전원합의체 판결", 민사재판의 제 문제 제14권, 한국사법행정학회(2005), 203.

보험적 측면과 책임보험적 측면의 이중성을 지닌 산재보험에 의하여 전보가 가능한 범위 안에서만 면책된다고 축소해석함으로써 산재보험법과 자동차손해배상보장법의 입법취지에 부합하고, 산재보험법 적용 대상 사업장의 근로자도 불이익 없이 손해를 전보받을 수 있게 되었다는 점에서 의의가 있다. 이 판결은 약관 조항의 해석에서 거래상 우월적 지위에 있는 사업자의 약관 작성권 남용을 제한함으로써 계약에서의 실질적 평등을 구현하여 종국적으로 약관규제법의 법리를 적극 수용하여 소비자인 고객의 보호에 보다 충실한 결론을 이끌어냈다는 점에서도 그 의미가 있다.[165]

4. 일부 정상화: 이용훈 코트(2005년 9월~2011년 9월)

가. 최종영 대법원장의 임기가 만료된 후 노무현 대통령에 의해 임명된 제14대 이용훈 대법원장이 2005. 9. 26. 취임식을 가졌다. 사법개혁추진위원회가 추진한 3대 개혁과제라고 할 수 있는 법학전문대학원 도입, 국민의 형사재판참여제도 도입, 형사소송법의 대폭적인 개정이 2007. 4. 임시국회와 6월 임시국회에서 입법을 완료했다. 이용훈 코트에서는 노무현 대통령에 의해 임명된 두 명의 여성 대법관(김영란, 전수안), 시국형사사건에서 무죄

165 임시규, "자동차종합보험의 업무상 재해 면책약관", 21세기 사법의 전개, 송민 최종영 대법원장 재임기념문집 간행위원회(2005), 414.

판결을 하여 좌천발령을 받은 바 있고 제4차 사법파동 과정에서 서열에 따른 대법관 후보자 추천에 항의하여 법관직을 사직했던 박시환 대법관, 노동법 전문가인 김지형 대법관, 환경법 전문가인 이홍훈 대법관 등 이른바 독수리 5남매가 2006. 7.부터 2010. 8.까지 함께 근무하면서 진보적인 견해를 피력하며 대법원에 새바람을 불러일으켰다.[166] '다섯'이라는 최소한의 숫자가 확보되면서 논쟁다운 논쟁이 펼쳐졌고, 그들의 소수의견은 다수의견과 맞서고 부딪히면서 다수의견을 변화시켰고, 판례를 변화시켰으며, 사회를 변화시켰다.[167] 2008. 2. 25. 제17대 이명박 대통령 취임 이후에는 서울대학교 법과대학 교수 출신 양창수 대법관이 임명되기도 했으나, 대체적으로는 전통적인 고위 법관 등 보수적인 인사 위주로 대법원이 구성되었다.

이용훈 코트에서는 대법관 구성의 다양화가 격렬한 토론을 유발하고, 입장과 입장이 격렬하게 부딪히고 깨지면서 대한민국 사법부 역사상 처음으로 '입장의 다양성'을 실험했다는 평가다.[168] 이용훈 코트의 전원합의체 판결은 '대립과 갈등의 용광로'와 같았으며,[169] 과거보다 몇 배 두꺼워진 판결문에 다수의견·반대의견·

---

166 권석천(주 74), 83.

167 권석천(주 74), 469.

168 권석천(주 74), 5.

169 동아일보, "'이용훈 사법부' 6년 평가 의견 갈린 쟁점 81건"(2011. 9. 23.), <https://www.donga.com/news/article/all/20110922/40536700/1>.

별개의견·보충의견이 기재되었고, 사회 변화와 발전을 확인하고 이끈 판결도 여럿 있었다. 구체적으로 권리구제와 기본권 보장을 강조한 판결, 국가보안법 규정의 엄격한 해석, 언론의 자유와 근로자의 권리를 폭넓게 인정한 판결, 정보 공개를 확대한 판결 등이 있었다고 지적된다.[170]

이 시기 노동사건 대법원 판결과 관련하여서는 김지형 대법관의 역할을 주목할 필요가 있다. 김지형 대법관은 1989. 7.부터 1년간 독일 괴팅겐대학에 유학하면서 본격적으로 노동법에 관심을 갖기 시작했고, 노동재판에 관한 연구를 진전시켜 『노동법해설』[171] 제목의 저서를 출판했다. 1998. 3.부터 3년간 사법연수원 교수로 재직하면서 사법연수원 전문과목으로 개설된 노동법 강의를 맡았다. 강의교재로 『해고와 임금』,[172] 『노동조합 및 노동관계조정법』[173] 등을 새로 편찬하거나 증보했다. 김지형 대법관은 법관들 중심으로 조직된 노동법분야 전문연구회에 창립회원으로 참여했고 그 회장직을 맡기도 했다. 김지형 대법관은 2005. 7.에 노동법주해서 발간을 목적으로 법관과 변호사 그리고 노동법교수까지 참여한 노동법실무연구회를 창립했고, 2005. 11. 대법관에 임명된 이후 2006. 4.에

---

170 한겨레신문, "'비빔밥 대법원' 두툼해진 판결문, 약자 목소리 담았다"(2011. 11. 17.), <https://www.hani.co.kr/arti/society/society_general/506033.html>.

171 김지형, 노동법해설, 청림출판(1993).

172 사법연수원, 해고와 임금(1998).

173 사법연수원, 노동조합 및 노동관계조정법(2000).

노동법실무연구회를 대법원 산하 연구회로 출범시켰으며, 2011. 11. 퇴임할 때까지 노동법실무연구회 회장을 맡았다.[174] 노동법실무연구회는 2010. 9. 근로기준법 주해서를 발간했고, 2015. 4. 노동조합 및 노동관계조정법 주해서를 발간했으며, 2020. 1.에 근로기준법 주해서 제2판을, 2023. 2.에 노동조합 및 노동관계조정법 주해서 제2판을 발간했다. 위 주해서들은 법관, 노동법 교수, 주로 사용자를 대리하는 변호사와 주로 근로자를 대리하는 변호사 등이 함께 집필자로 참여하여 심층적인 연구와 치열한 토론의 과정을 거쳐 완성되었고, 노동소송을 담당하는 법관들이 우선적으로 참고해야 할 텍스트가 되었다. 노동법분야 전문연구회와 노동법실무연구회를 통해 노동법에 전문성을 가진 법관 층이 두텁게 형성되었고, 이들 중 일부는 노동사건을 담당하는 대법원 근로조 재판연구관이 되어 대법원 판결에 기여했다. 김지형 대법관은 '법원'이라는 척박한 땅에서 방치되어 있던 '노동법'이라는 나무를 잘 가꾸어 몇 아름드리의 거목으로 키운 개척자라고 할 수 있다.

이 시기 노동사건 전원합의체 판결은 6건인데, 2건(출퇴근 중 재해 사건, 퇴직금 분할지급약정 사건)은 다수의견이 소수의견보다 근로자에게 불리하고, 2건은 산재보험법 관련 사건에서 종전 판결을 피해자의 권리를 보다 보호하는 방향으로 변경했다. 단순

---

174 김지형, "노동법의 재발견", 노동법실무연구 제1권: 김지형 대법관 퇴임기념, 사법발전재단(2011), 3~10.

파업의 업무방해죄 성립 여부에 관한 사건은 다수의견이 종전 판결을 근로자에게 유리한 방향으로 변경하기는 했으나 소수의견과 비교하여 여전히 근로자에게 불리하다. 불법파견의 경우에도 직접고용간주조항을 적용할 것인지에 관한 사건은 전원일치 의견으로 근로자에게 유리하게 판단했다.

나. 구체적인 검토

1) **대법원 2007. 9. 28. 선고 2005두12572 전원합의체 판결**의 쟁점은 근로자가 출퇴근 중에 재해를 입은 경우 산재보험법상 업무상 재해로 인정되기 위한 요건은 어떻게 되는가이다. 공무원연금법 시행규칙 제14조는 "공무원이 통상적인 경로와 방법에 의하여 출퇴근하거나 임지부임 또는 귀임 중 발생한 교통사고·추락사고 기타 사고로 인하여 부상 또는 사망한 경우에는 이를 공무상 부상 또는 사망으로 본다."라고 정하였다. 일반근로자의 출퇴근 중 재해와 관련하여 종전 대법원 판례[175]는 공무원의 경우와는 달리 출퇴근 중 재해는 원칙적으로 업무상 재해로 인정될 수 없지만 예외적으로 사업주가 제공한 교통수단을 근로자가 이용하거나 또는 사업주가 이에 준하는 교통수단을 이용하도록 하는 등 근로자의 출퇴근 과정이 사업주의 지배·관리하에 있다고 볼 수 있는 경우

---

175 대법원 1999. 12. 24. 선고 99두9025 판결, 대법원 2005. 9. 29. 선고 2005두4458 판결 등.

라야 한다는 견해를 유지했다.

다수의견은 종전 판례의 견해를 그대로 유지했다. 반대의견은 근로자의 출퇴근 행위는 업무와 밀접불가분의 관계에 있는 것으로, 출퇴근을 위한 합리적인 방법과 경로는 사업주가 정한 근무지와 출퇴근시각에 의해 정해지므로, 합리적인 방법과 경로에 의한 출퇴근 행위라면 이는 사업주의 지배·관리하에 있다고 보아야 하고, 그러한 출퇴근 과정에서 발생한 재해는 업무상 재해에 해당한다는 것이다.

다수의견은 개별 근로자의 보호에 충실하지 못하고 같은 사실관계에서 일반 근로자와 공무원을 차별적으로 취급하는 근거를 제시하지 못하며, 출퇴근 재해의 보호 범위에 관한 명확한 기준을 제시하지 못하고 있으므로 '합리적인 경로와 방법에 의한 출퇴근 재해'는 업무상 재해에 해당한다는 반대의견이 보다 합리적이다.[176] 이 판결로 대법원의 해석을 통한 해결이 불가능하게 되었음이 확인되자 그 직후부터 출퇴근재해를 원칙적으로 인정하는 입법의 명문화를 전향적으로 검토할 필요가 있다는 주장이 제기되었다.[177] 2007. 12. 14. 전부개정 산재보험법 제37조 제1항 제1호

---

176 장승혁, "판례의 출퇴근 재해에 관한 보호범위 분석과 그 확장 가능성-대법원 2007. 9. 28. 선고 2005두12572 전원합의체 판결", 노동법실무연구 제1권: 김지형 대법관 퇴임기념, 사법발전재단(2011), 341.

177 이승길, "출·퇴근 중 재해", 노동판례백선, 박영사(2015), 237.

다목[178]은 다수의견을 입법했다.[179] 위 조항에 대하여 헌법재판소는 2013. 9. 26. 합헌결정(2012헌가16)을 했다가, 2016. 9. 29. 헌법불합치 결정(2014헌바254)을 했다. 헌법불합치 결정에 따라 2017. 10. 24. 개정 산재보험법은 제37조 제1항 제3호 나목으로 '통상적인 경로와 방법으로 출퇴근하는 중 발생한 사고'를 업무상 재해로 인정하게 되었다. 개정 산재보험법 부칙은 해당 규정들이 시행일인 2018. 1. 1. 이후 발생하는 재해부터 적용된다고 규정했으나, 헌법재판소는 헌법불합치 결정(2016. 9. 29.) 이후 발생한 출퇴근 재해에 대해 신법 조항을 소급적용하지 않는 것은 헌법상 평등원칙에 위배된다고 다시 헌법불합치 결정[180]을 했다.[181]

이 판결 이후 10년 만에 소수의견의 견해에 따라 법률개정이 이루어졌다.[182] 소수의견의 중요성을 다시 한 번 확인할 수 있다. 그 10년의 세월 동안 업무상 재해로 인정받지 못한 많은 근로자와 그 가족들의 피해는 보상받을 길이 없다. 이 판결에서 소수의견이었던 반대의견이 다수의견이 되었다면 10년 동안의 불필요

178 사업주가 제공한 교통수단이나 그에 준하는 교통수단을 이용하는 등 사업주의 지배·관리하에서 출퇴근 중 발생한 사고.

179 이러한 법률개정의 문제점에 대하여는 장승혁(주 176), 342~346.

180 헌재 2019. 9. 26. 선고 2018헌바218 결정, 부칙 해당 내용의 적용을 중지하고 2020. 12. 31.까지 개정하도록 했다.

181 노동법실무연구회(주 48), 620.

182 박시환(주 6), 17.

한 희생은 예방할 수 있었지 않았을까 하는 아쉬움이 남는다.

2) **대법원 2008. 9. 18. 선고 2007두2173 전원합의체 판결**의 다수의견은 근로복지공단의 요양불승인처분에 대한 취소소송을 제기하여 승소확정판결을 받은 근로자가 요양으로 취업하지 못한 기간의 휴업급여를 청구한 경우, 휴업급여청구권이 시효완성으로 소멸했다는 근로복지공단의 항변이 신의성실원칙에 반하여 허용될 수 없다는 견해를 취했다. 이와 다른 견해를 취한 종전 판결[183]을 변경했다. 반대의견은 근로자가 요양불승인처분에 불복하여 행정소송을 제기하면서 별도로 휴업급여청구를 하지 않은 것은 '법의 부지'에 불과하여 '객관적으로 채권자가 권리를 행사할 수 없는 사실상 장애사유'가 있었다고 할 수 없으므로 근로복지공단의 소멸시효 항변은 신의성실원칙에 반하지 않는다는 것이다.

이 판결 선고 직전에 2007. 12. 14. 전부 개정 산재보험법(2008. 7. 1.부터 시행)은 보험급여 지급청구에 의하여 소멸시효가 중단되고, 이러한 청구가 업무상 재해 여부를 판단하는 최초의 청구인 경우에는 그 청구로 인한 시효중단의 효력이 다른 보험급여청구에도 미치는 것으로 규정했고(제113조), 보험급여결정에 대한 심사청구와 재심사청구도 재판상 청구로 보아 소멸시효

---

183 대법원 2006. 2. 23. 선고 2005두13384 판결.

중단사유로 규정(제111조 제1항)함으로써 종전 판결에 의한 불합리한 문제가 대부분 해결되었다.[184] 대법원이 뒷북치지 않고 법률 개정 전에 이 판결을 선고했더라면 좋았을 것이다.

3) **대법원 2008. 9. 18. 선고 2007두22320 전원합의체 판결**은 전원일치 의견으로 구 「파견근로자보호 등에 관한 법률」(2006. 12. 21. 법률 제8076호로 개정되기 전의 것, 약칭 '파견법') 제6조 제3항[185]의 직접고용간주규정은 제2조 제1호에서 정의하는 '근로자파견'이 있고 근로자파견이 2년을 초과하여 계속되는 사실로부터 곧바로 사용사업주와 파견근로자 사이에 직접근로관계가 성립한다는 의미이며, 직접근로관계 기간은 기한의 정함이 있는 것으로 볼 만한 다른 특별한 사정이 없는 한 원칙적으로 기한의 정함이 없다고 보아야 한다고 판단했다. 나아가 사용사업주가 파견근로자들을 파견법 제5조 제1항에서 허용된 업무와 다른 업무에 종사하게 하여 근로자파견이 위법한 경우라도 직접고용간주규정을 적용할 수 있다고 판단했다.

대법원은 2008. 6. 19. 공개변론을 실시하고 판결을 선고했다. 위법한 근로자파견에 대한 직접근로관계 인정 여부에 대해서는

---

184 김장식, "산재보험법상 보험급여 청구에 대한 소멸시효 항변과 신의칙", 노동판례비평 제13호, 민주사회를 위한 변호사모임(2009), 263~64.

185 사용사업주가 2년을 초과하여 계속적으로 파견근로자를 사용하는 경우에는 2년의 기간이 만료된 날의 다음날부터 파견근로자를 고용한 것으로 본다.

직접고용 법리에 따른 직접근로관계 인정설, 파견법 제6조 제3항의 직접고용간주규정 적용을 통한 파견근로관계 2년 경과 후 직접근로관계 인정설, 직접근로관계와 직접고용간주규정 적용 부정설, 절충설(제한적용설, 허가를 받지 못한 근로자파견에 대하여는 직접고용간주규정 적용 긍정, 파견허용대상업무가 아닌 업종에 대한 근로자파견에는 직접고용간주규정 적용 부정) 등 다양한 견해가 대립되어 있었다.[186] 이 판결은 파견법 제6조 제3항의 직접고용간주규정 적용을 통한 파견근로관계 2년 경과 후 직접근로관계 인정설을 채택함으로써 해석상 혼란을 정리했고, 직접고용이 의제되는 경우 근로관계기간은 원칙적으로 기한의 정함이 없다고 봐야 함을 명확히 했으며, 불법파견 근로자를 사용한 원청회사가 사용자로서 책임을 져야 한다는 점을 확실히 하여 간접고용 형태를 이용해 근로관계상의 법적 책임을 회피하는 것에 경종을 울렸다는 점에서 그 의의가 크다.[187]

구 파견법 제6조 제3항은 2006. 12. 21. 개정 파견법 제6조의2의 직접고용의무규정으로 개정되었다. 직접고용의무규정의 법적 성격에 관하여 대법원은 사법상 권리 긍정설과 청구권설의 견해

---

186 이병한, "위법한 파견근로와 직접고용간주-대상판결: 대법원 2008. 9. 18. 선고 2007두22320 판결", 노동법실무연구 제1권: 김지형 대법관 퇴임기념, 사법발전재단(2011), 137~138.

187 권두섭, "구 파견법 제6조 제3항이 불법 파견에도 적용되는지 여부 등", 노동법률 제211호, 중앙경제사(2008), 75.

를 명백히 했다(대법원 2015. 11. 26. 선고 2013다14965 판결, 대법원 2017. 3. 22. 선고 2015다232859 판결 등).[188] 위법파견의 경우 파견사업주와 사용사업주 사이의 위법한 파견계약은 무효이나, 파견사업주와 파견근로자 사이의 근로계약은 무효로 볼 필요가 없다. 근로자는 해지권의 행사를 통해 원하지 않는 근로계약에서 탈퇴할 수 있고, 근로자 보호를 위해 강행규정을 두었기 때문이다. 직접고용간주 이후 변하는 것은 파견사업주와 파견근로자 사이에 고용계약에서 정한 파견사업주의 지위가 사용사업주에게 중첩적으로 이전될 뿐 여전히 종전 법률관계는 그대로 존속한다고 보는 것이 간명하다.[189]

4) **대법원 2009. 5. 21. 선고 2008다13104 전원합의체 판결**은 전원일치 의견으로 근로자가 업무상 재해로 사망함에 따라 근로복지공단이 구 산재보험법에 의한 유족급여를 수급권자에게 지급한 경우, 수급권자가 아닌 다른 공동상속인들에 대한 보험가입자의 손해배상책임은 산재보험법 제48조 제2항[190]에 의하여 소멸하지 않으며, 수급권자가 아닌 망인의 공동상속인들이 상속한 손해

---

188 노동법실무연구회(주 109), 848~849.

189 이병한(주 186), 144~145.

190 수급권자가 동일한 사유에 대하여 이 법에 의한 보험급여를 받은 경우에는 보험가입자는 그 금액의 한도 안에서 민법 기타 법령에 의한 손해배상의 책임이 면제된다.

배상채권과 유족급여 수급권은 귀속주체가 서로 상이하여 상호 보완적 관계를 인정할 수 없으므로, 수급권자에 대한 유족급여 지급으로써 수급권자가 아닌 다른 공동상속인들에 대한 보험가입자의 손해배상책임까지 당연히 소멸된다고 할 수 없다는 견해를 채택했다. 이와 다른 견해를 취한 종전 판결[191]을 변경했다.

이 판결은 민사상 손해배상과 관련하여 산재보험법상의 유족급여를 어떻게 공제할 것인가에 관하여 종래 판례가 취했던 '공제 후 상속설'을 '상속 후 공제설'로 변경했다.[192] 이 판결에 의한 판례 변경은 현행 생명침해에 대한 손해배상 법리와 상속의 법리 등에 부합하고, 산재보험급여가 가지는 사회보장적 성격에 비추어 유족의 생활을 두텁게 보호하고 상속인의 재산권(손해배상채권)도 보호하는 것으로 평가할 수 있다. 유족급여 수급권자가 되지 못하는 19세 이상의 자녀, 생계를 같이 하지 않는 배우자·자녀(이전 결혼에서 태어난 자녀)뿐만 아니라 수급자격의 범위에는 속하나 선순위 수급권자에게 유족급여 전체를 지급함으로써 유족급여 수급권자가 되지 못하는 나머지 유족들은 주로 공동상속인에 속할 것이므로 일정한 요건(불법행위·채무불이행)이 갖추어진다면

---

191 대법원 1977. 12. 27. 선고 75다1098 판결, 대법원 1987. 6. 9. 선고 86다카2581 판결 등.

192 오영준, "업무상 재해로 사망한 근로자로부터 공동상속인들이 상속한 망인의 일실수입 상당 손해배상채권에서 구 산업재해보상보험법에 의하여 수급권자에게 지급된 유족급여를 공제하는 방법", 대법원판례해설 제79호, 법원도서관(2009), 470.

손해배상청구소송을 제기할 수 있게 되었다.[193]

5) **대법원 2010. 5. 20. 선고 2007다90760 전원합의체 판결**의 쟁점은 퇴직금 분할지급약정[194]의 효력, 무효인 퇴직금 분할지급약정에 기하여 지급된 금원의 성격, 퇴직금 채권을 수동채권으로 하는 상계의 허용 여부 등이다.

다수의견은 퇴직금 분할지급약정은 전부 무효이고, 무효인 분할지급약정에 기하여 지급된 금원은 부당이득에 해당하며, 퇴직금 채권을 수동채권으로 하는 상계는 퇴직금 채권의 2분의 1을 초과하는 부분의 해당 금액에 대하여만 가능하다는 견해를 채택했다. 김영란, 김능환 대법관의 별개 및 반대의견은 퇴직금 분할지급약정은 일부무효로서 사용자가 근로자에게 매월 또는 매일 일정한 금원을 지급한다는 약정은 유효하고, 무효인 퇴직금 분할지급약정에 기하여 지급된 금원은 임금의 일종이므로 퇴직금 채권을 수동채권으로 하는 상계 자체가 불가능하다는 것이다. 양승태, 이홍훈, 양창수 대법관의 별개 및 반대의견은 무효인 분할지급약정에 기하여 지급된 금원이 부당이득에 해당한다는 점은 다수의견과 같지만 퇴직금 채권을 수동채권으로 하여 상계할 수 있는

193 박종희, "유족급여와 손해배상의 조정", 노동판례백선, 박영사(2015), 241.

194 사용자와 근로자가 매월 지급하는 월급이나 매일 지급하는 일당과 함께 퇴직금으로 일정한 금원을 미리 지급하기로 약정.

예외(계산의 착오 등으로 임금이나 퇴직금을 초과 지급한 경우 등)에 해당하지 않으므로 상계가 불가능하다는 것이다.

이 판결에서 판단된 여러 쟁점들에 대하여 학계에서 오랜 기간 논란이 있었고 하급심에서 상반된 판결이 선고되는 등 실무상 혼란이 있었는데, 이 판결로 대법원의 견해를 분명히 밝힘으로써 실무상 혼란을 상당 부분 극복함과 동시에 법률상 분쟁에 유용한 판단기준을 제시했다는 점에 의의가 있다.[195] 다수의견에 따르면 사용자가 부당이득반환채권으로 상계하는 경우 퇴직금지급의무의 2분의 1은 남게 되지만 사용자의 상계되지 않은 부당이득반환채권도 비슷하게 남아있어 근로자가 퇴직금 지급을 사실상 청구하기 어렵게 된다. 퇴직금 분할지급약정이 사용자의 주도로 일률적으로 시행되고 있다는 점에서 퇴직금 제도를 면탈하는 것이 아닌지 근본적인 의문이 제기된다.

이 판결 이후 부당이득반환 법리의 적용을 제한하는 판결도 선고되고 있다. 다수의견이 제시한 법리는 실질적인 퇴직금 분할지급약정이 존재함을 전제로 하여 적용할 수 있기 때문에, 사용자와 근로자가 체결한 해당 약정이 실질은 임금을 정한 것에 불과함에도 퇴직금 지급을 면탈하기 위하여 퇴직금 분할지급약정의

---

195 박순영, "퇴직금 분할 약정에 관하여-대법원 2010. 5. 20. 선고 2007다90760 전원합의체 판결", 민사재판의 제 문제 제23권, 한국사법행정학회(2015), 451.

형식만을 취한 것인 경우에는 그 법리를 적용할 수 없다.[196] 즉 임금과 구별되는 퇴직금 명목 금원의 액수가 특정되고, 퇴직금 명목 금원을 제외한 임금의 액수 등을 고려할 때 퇴직금 분할지급약정을 포함하는 근로계약 내용이 종전 근로계약이나 근로기준법 등에 비추어 근로자에게 불이익하지 않아야 하는 등 일정한 요건을 충족한 경우에 한하여 부당이득 법리가 적용된다.[197] '실질적 퇴직금 분할지급약정'과 '실질이 임금을 약정하면서 형식만 퇴직금 약정을 한 경우'를 구분하여 전자에 대하여 강행법규를 어긴 사용자에게 일정한 보호(2분의 1 상계 허용)를 해주는 것은 지나치게 작위적이므로, 사용자에게 임금 지급 효과 부여, 반환청구 불가, 별도 퇴직금 지급의 제재에 가까운 불이익을 가하는 것이 퇴직금 제도의 잠탈을 막는 효과적인 방안이라는 점에서 다수의견에 찬동하기 어렵다는 지적이 있다.[198]

2011. 7. 25. 퇴직급여법의 전문개정(2012. 7. 26. 시행)을 통해 퇴직금 중간정산이 허용되는 예외적 사유를 구체적으로 규율함으로써 적법한 중간정산의 인정 여부에 관한 명확한 판단이 가능

196 대법원 2012. 10. 11. 선고 2010다95147 판결, 대법원 2012. 12. 13. 선고 2012다77006 판결 등.

197 김홍영, "퇴직금 분할지급 약정", 제2판 노동판례백선, 박영사(2021), 215~216.

198 노동법실무연구회(주 109), 268~269.

하게 되어 그에 관한 분쟁을 줄일 수 있게 되었다.[199] 개정 퇴직급여법 시행일 이후 새로 성립(합병·분할된 경우는 제외)된 사업의 사용자는 사업 성립 후 1년 이내에 퇴직연금제도를 설정할 의무가 있는바(제5조), 퇴직금 분할지급약정이 있는 사업장은 향후 퇴직연금제도를 활용하는 것이 근로자의 노후재원 대비 및 퇴직연금제도의 확대의 견지에서 바람직하다.[200]

6) **대법원 2011. 3. 17. 선고 2007도482 전원합의체 판결**의 쟁점은 집단적 노무제공 거부의 형태로 이루어지는 평화적 파업이 업무방해죄에 해당하는지 여부이다. 피고인들은 전국철도노동조합 집행부로서 중앙노동위원회위원장의 직권중재회부결정에도 불구하고 파업에 돌입할 것을 지시하여, 조합원들이 사업장에 출근하지 아니한 채 업무를 거부하여 사용자에게 손해를 입혔다는 업무방해 혐의로 기소되어 원심에서 유죄판결을 선고받고 상고했다. 위 쟁점에 대하여 종전 대법원 판결[201]은 근로자들이 집단적으로 근로제공을 거부하여 사용자의 정상적인 업무운영을 저해

---

199 박순영(주 195), 451.

200 김홍영(주 197), 217.

201 대법원 1991. 4. 23. 선고 90도2771 판결, 대법원 1991. 11. 8. 선고 91도326 판결, 대법원 2004. 5. 27. 선고 2004도689 판결, 대법원 2006. 5. 12. 선고 2002도3450 판결, 대법원 2006. 5. 25. 선고 2002도5577 판결 등.

하고 손해를 발생하게 한 행위가 당연히 위력에 해당한다는 것을 전제로 노동관계법령에 따른 정당한 쟁의행위로서 위법성이 조각되는 경우가 아닌 한 업무방해죄를 구성한다고 판단했다.

다수의견은 전후 사정과 경위 등에 비추어 사용자가 예측할 수 없는 시기에 전격적으로 이루어져(전격성) 사용자의 사업운영에 심대한 혼란 내지 막대한 손해를 초래하는 등으로 사용자의 사업계속에 관한 자유의사가 제압·혼란될 수 있다고 평가할 수 있는 경우에 비로소 집단적인 노무제공 거부가 위력에 해당하여 업무방해죄가 성립한다는 견해를 취하면서, 이에 배치되는 범위에서 종전 판결을 변경했다. 반대의견은 단순파업은 개별적 근로관계 측면이나 집단적 근로관계 측면에서 근본적으로 근로자 측의 채무불이행과 다를 바 없고, 부작위인 근로제공 거부에 불과하며 근로자에게 작위의무가 있다거나 보증인적 지위에 있다고 할 수 없으므로 이를 위력의 개념에 포함시키는 것은 죄형법정주의 관점에서 부당하며, 근로자들이 소극적으로 근로제공을 거부하는 쟁의행위를 했으나 폭행·협박·강요 등의 수단이 수반되지 않는 한 쟁의행위로서 정당성을 갖추지 못했더라도 당해 쟁의행위를 이유로 형법상 업무방해죄로 처벌할 수는 없다고 했다.

다수의견은 단순파업의 업무방해죄 성립 여부와 관련하여 형법상 업무방해죄의 구성요건 요소 중 '위력'의 개념을 분명히 하여 민사적 영역에의 형벌권 개입을 제한함과 동시에 위법한 쟁의행위로서의 단순파업의 경우 만연히 업무방해죄로 처벌하여 오던 종래 관행에 제동을 걸고, 구체적인 사안에서 파업이 '위력'의 개념에 해당하는지 여부를 살펴 업무방해죄 성립 여부를 판단하여야 한다고 선언했다. 그 결과 헌법을 정점으로 하는 법령체계하에서 헌법상 보장된 기본권인 단체행동권을 보다 충실하게 보장할 수 있도록 하는 발판을 마련한 것이라는 점에서 의의가 있다.[202] 다수의견은 정당성이 인정되지 않는 쟁의행위는 업무방해죄에 해당된다는 기존 입장에서 위력 개념에 전격성과 심대한 혼란 및 막대한 손해의 초래라는 요건을 추가하여 쟁의행위의 외연을 확장했다는 평가를 받는다.[203] 이 판결에 의해 단순파업이 업무방해죄에 해당하는지 여부에 관한 판단은 우선 행위 관점에서 전격성, 막대한 손해 등 요건을 통해 '위력'에 해당하는지 여부(구성요건해당성)를 심사한 후, 정당행위로 위법성이 조각되는지 여부(위법성)를 심사하는 구조로 변경되었다. 그에 따라 쟁의행위의 목적이나 절차 등 노동법상 정당성 요건은 위력업무방해죄의 구성요건해당성과는 관련이 없고 위법성 평가단계에서 고려할

---

202 박순영, "쟁의행위로서의 파업이 업무방해죄의 '위력'에 해당하는지 여부", 정의로운 사법: 이용훈 대법원장 재임기념, 사법발전재단(2011), 1014~1015.

203 김남일, "파업으로 인한 업무방해 사건에 관한 판례의 동향-대법원 2011. 3. 17. 선고 2007도482 전원합의체 판결", 재판실무연구 2015, 광주지방법원(2016), 279.

사항이 되었다.[204] 이 판결은 조합원의 찬반투표를 거치지 않고 행해진 쟁의행위의 정당성을 부정하고 업무방해죄의 성립을 인정한 대법원 2001. 10. 25. 선고 99도4837 전원합의체 판결을 명시적으로 폐기하지 않았으나, 두 전원합의체 판결은 양립하기 어려운 측면이 있다. 조합원 찬반투표를 거쳐서 쟁의행위를 했다면 그 과정에서 사용자가 충분히 이러한 사정을 파악할 수 있기 때문에 찬반투표를 거쳐 행한 쟁의행위의 전격성을 인정하기 어려울 것이다. 조합원 찬반투표를 거쳤는지 여부는 전격성 여부를 판단하기 위한 하나의 판단요소에 불과할 뿐 그 자체로 쟁의행위의 정당성을 부정하거나 업무방해죄의 성립을 인정하는 요소가 될 수 없게 되었다.

집단적 노무제공거부 형태로 이루어지는 단순파업에 대해서는 형법상 업무방해죄의 적용 자체를 배제하는 소수의견이 헌법상 단체행동권을 보장한 취지에 부합한다. ILO 결사의 자유위원회는 우리나라에 대하여, 이 사건 판결이 업무방해죄 성립을 대폭 좁게 해석하고 있다는 점을 긍정적으로 평가하면서도, 여전히 평화적인 파업에 대하여 업무방해죄 성립이 가능하다는 점에 대하여 부정적 입장을 유지하고 있다. 장기간의 재판절차 끝에 법원이 형법 제314조 제1항을 좁게 해석하여 무죄를 선고하더라도

---

204 김선수, "철도파업과 형사면책 범위 확대의 역사", 공익과 인권 통권 제18호, 서울대학교법학전문대학원 인권법학회·서울대학교 공익인권법센터(2018), 119.

기소와 재판, 체포와 구금의 과정을 거친다는 사실 자체가 해당 근로자의 결사의 자유를 심각하게 침해하는 것임을 지적했다. 나아가 ILO 결사의 자유위원회는 평화적 파업에 대하여 업무방해죄로 기소하지 말 것과 기소를 취하할 것을 촉구하기도 했다.[205]

파업권을 헌법상 기본권으로 인정하는 것은 두 가지 규범적 의미를 갖는다. 첫째, 근로계약상 약정된 근로 제공을 거부하는 개별 근로자의 행위를 채무불이행으로 간주하지 않겠다는 것이다. 둘째, 근로제공 거부를 공모하는 행위(즉 집단적 노무제공 거부)를 그것이 작위이든 부작위이든 막론하고, 형법적으로 처벌하지 않겠다는 것이다. 파업 자체를 형법상 범죄로 처벌하려는 태도는, 형법을 노사문제 해결의 최후수단이 아니라, 최우선 수단으로 사용하는 것으로서, 형법의 보충성 원칙과 헌법적 형법의 원칙에 반하는 결과를 초래할 수밖에 없다.[206]

쟁의행위에 대한 형사처벌의 일반조항인 위력업무방해죄가 노동법적 정당성론을 매개로 헌법상 보장된 단체행동권을 억압하는 기제로 작동하는 현실을 개선하기 위한 이론구성으로는

---

205 김동현·이혜영, 결사의 자유에 관한 국제노동기구(ILO) 기본협약 비준과 노동법의 쟁점, 사법정책연구원(2022), 427~428.; ILO CFA, 382nd Report (2017), Case No. 1865 (Republic of Korea) ; ILO CFA, 355th Report (2009), Case No. 2602 (Republic of Korea)

206 김근주·남궁준·박제성·박태우, 쟁의행위와 형사책임-노조법상 쟁의행위 처벌 규정을 중심으로, 한국노동연구원(2023), 119.

위력업무방해죄 위헌론, 위력업무방해죄의 제한적 해석론, 쟁의행위 정당성의 범위 확장론 등이 제기된다. 위력업무방해죄 조항에 대해서는 헌법재판소가 재차 합헌결정[207]을 했기 때문에 위력업무방해죄 위헌론은 사실상 요원하며, 위력업무방해죄 조항을 전면적으로 폐지할 경우 처벌공백이 발생할 여지가 크다. 쟁의행위 정당성의 범위 확장론은 노동법상의 쟁의행위 개념을 기초로 한 쟁의행위 정당성론 자체가 업무방해죄의 원칙적 적용에 직접 연결되기 때문에 권리행사가 범죄로 되어 단체행동권 보장 취지를 형해화하는 문제가 그대로 남는다. 업무방해죄의 제한적 해석론은 반대의견과 같은 견해로 대법원 판결을 변경해야 한다.[208]

5. 다시 보수화: 양승태 코트(2011년 9월~2017년 9월)

가. 이용훈 대법원장 임기 만료 후 이명박 대통령에 의해 임명된 제15대 양승태 대법원장이 2011. 9. 27. 취임식을 가졌다. 제18대 박근혜 대통령이 2013. 2. 25. 취임한 후에 임기 도중인

---

207 헌법재판소 2022. 5. 26. 선고 2012헌바66 결정. 헌법재판소는 전에도 헌법재판소 1998. 7. 16. 선고 97헌바23 결정, 헌법재판소 2005. 3. 31. 선고 2003헌바91 결정, 헌법재판소 2010. 4. 29. 선고 2009헌바168 결정 등 세 차례 합헌결정을 한 바 있다.

208 박무원, "쟁의행위와 위력업무방해죄의 관계 설정에 대한 시각의 전환", 한국형법학의 전망: 심온 김일수 교수 정년기념논문집(2011), 237-238.

2017. 3. 10. 헌법재판소의 탄핵 결정으로 대통령직에서 물러났다. 2017. 5. 9. 실시된 제19대 대통령선거에서 문재인 대통령이 당선되었다. 양승태 대법원장은 문재인 대통령 취임 이후인 2017. 9.까지 재직했다.

양승태 코트에서는 대법원이 가치관이 엇비슷한 대법관들로 구성되어 인적 구성의 획일성이 강화되었고,[209] 권위적 분위기 속에서 사법 관료화가 심화되었으며,[210] 반대·보충의견이 줄고 전원일치 판결이 증가하여 다양화에 역주행했다는 평가가 있다.[211] 그에 따라 노동판결도 재차 보수화되는 경향을 보였다.

이 시기에 노동사건 전원합의체 판결은 모두 7건이다. 통상임금 사건 2건은 신의칙 쟁점의 경우 다수의견이 소수의견보다 근로자에게 불리하고, 다툼이 없었던 '고정성'을 통상임금 판단요소로 인정한 부분과 재직 조건부 임금 항목과 근무일수 조건부 임금 항목의 통상임금 해당성 부정 부분이 새로운 분쟁을 야기했다. 2건은 다수의견이 소수의견보다 근로자에게 불리하고, 산재보험법 관련 사건 1건과 상고 후 8년 넘게 지나 선고한 외국인근로자 노동조합의 적법 여부 사건 1건, 임금채권 등의 파산선고 후의 지연손해금

---

209 참여연대, 김명수 대법원장 취임 2년 사법개혁 어디까지 왔나 자료집(2019), 19.

210 권석천(주 74), 20.

211 한겨레신문, "양승태 대법원장 3년…사회 다양화에 역주행 대법, 반대·보충의견 모두 줄었다"(2014. 9. 21.), <https://www.hani.co.kr/arti/society/society_general/656130.html>.

채권이 채무자회생법상 공익채권에 해당하는지 여부에 관한 사건 1건은 다수의견이 소수의견보다 근로자에게 유리하다.

나. 구체적인 검토

1) **대법원 2012. 4. 19. 선고 2010도6388 전원합의체 판결**은 전교조 시국선언 관련 형사사건에 대한 것이다. 전교조는 2009. 6. 18. 1차 시국선언문을 발표했는데, 선언문에는 공권력의 남용이라는 표현 등을 사용하여 촛불집회, 피디수첩과 관련한 수사가 무리한 수사이고, 2009. 1.에 발생한 용산4구역 철거현장 화재사고도 경찰의 무모한 진압이며, 독선적 정국운영으로 민주주의의 위기를 맞고 있고 국민의 생존과 국가의 미래가 총체적 위험에 직면하고 있으며, 이에 대하여 국민적 저항이 이루어지고 있고 정부가 국민의 버림을 받는 불행한 역사가 되풀이되지 않기를 바라며, 국정 운영의 전면 쇄신을 촉구하는 내용이 포함되어 있다. 전교조 위원장을 비롯한 조합원 20여 명은 2009. 7. 19. 서울광장에서 '전교조는 시국선언의 정당함을 확인하기 위한 지속적인 노력과 고발 및 징계를 철회하기 위한 강력한 투쟁을 전개할 것'이라는 내용이 포함된 기자회견문을 낭독하고, 28,634명의 교사 명의로 된 2차 시국선언문을 발표했다.

피고인들은 교사이자 전교조 조합원으로서 1차 시국선언과 2차 시국선언에 참여한 것과 관련하여 국가공무원법 제66조 제1항

(공무 외의 일을 위한 집단행위 금지) 위반과 「집회 및 시위에 관한 법률」(약칭 '집시법') 위반(해산명령 불응)으로 기소되었다. 제1심은 각 공소사실에 대하여 각 무죄를 선고했다.[212] 항소심은 제1심 판결을 취소하고 피고인들에 대하여 모두 유죄를 선고했다.[213]

국가공무원법위반과 관련하여 다수의견은 피고인들의 1, 2차 시국선언과 '교사·공무원 시국선언 탄압 규탄대회' 참여행위가 '공무 외의 일을 위한 집단행위'에 해당한다는 이유로 유죄를 인정한 원심판단을 정당하다고 판단했다. 반대의견 1(박일환, 전수안, 이인복, 이상훈, 박보영 대법관)은 피고인들이 1, 2차 시국선언에

---

212 대전지방법원 2010. 2. 25. 선고 2009고단2786, 2009고정2259, 2009고단4126(병합) 판결(관여법관: 판사 김동현). 무죄 이유는 ① 피고인들이 참가한 각 시국선언은 공무원의 정치적 중립의무에 반하거나 교육수혜자인 학생들에 대하여 악영향을 미치는 내용을 포함하고 있지 않으므로 '공익에 반하는 목적을 위하여' 한 행위라고 볼 수 없고, 각 시국선언이 공무원의 직무기강을 저해한다거나 직무전념의무를 해태하는 등의 영향을 가져오는 행위라고 볼 수도 없으므로, 각 시국선언에 참가한 행위는 국가공무원법위반죄를 구성하지 아니하고, ② 집시법 제20조 제1항 제2호에 따른 해산명령은 같은 항 제3호에 준하여 '교통 소통 등 질서 유지에 직접적인 위험을 명백하게 초래한 때'에 한하여 발할 수 있는 것이라고 한정하여 해석해야 하는데, 이 사건 집회는 참가인원이 20여명에 불과했고, 구호를 외친 것 이외에 아무런 폭력이나 물리력이 동원되지 않았으며, 인도를 벗어나 차량의 교통을 방해하지도 아니하여 교통 소통 등 질서 유지에 직접적인 위험을 명백하게 초래했다고 볼 수 없으므로, 이에 대하여 단순히 미신고 집회라는 이유만을 들어 과잉대응하여 해산명령을 발한 것은 위법하고, 집회 참가자들이 위법한 해산명령에 응하지 아니했더라도 죄가 성립하지 않는다는 것이다.

213 대전지방법원 2010. 5. 14. 선고 2010노618 판결[관여법관: 판사 금덕희(재판장) 이진성 이보람].

관여한 행위는 국가공무원법 제66조 제1항이 금지하는 집단행위에 해당한다고 볼 '공익에 반하는 목적을 위한 행위'가 아니고 '직무전념의무를 해태하는 등의 영향을 가져오는 집단적 행위'도 아니라는 것이다. 반대의견 2(신영철 대법관)는 1차 시국선언에 주도적으로 관여한 행위는 공무 외의 일을 위한 집단적 행동에 해당하나, 2차 시국선언은 1차 시국선언에 참여한 교사들에 대한 형사고발 또는 징계조치의 철회를 요구하기 위한 통상적인 수준의 의사표현행위에 해당하므로 2차 시국선언과 관련된 피고인들의 행위는 공무 외의 일을 위한 집단행위에 해당한다고 보기 어렵다는 것이다.

집시법위반과 관련하여 다수의견은 집시법 제20조 제1항 제2호가 미신고 옥외집회 또는 시위를 해산명령 대상으로 하면서 별도의 해산요건을 정하지 않았더라도 그 옥외집회 또는 시위로 타인의 법익이나 공공의 안녕질서에 대한 직접적인 위험이 명백하게 초래된 경우에 한하여 해산을 명할 수 있고, 이러한 요건을 갖춘 해산명령에 불응하는 경우에는 집시법 제24조 제5호에 의하여 처벌할 수 있다는 견해를 취했다. 반대의견(전수안 대법관)은 미신고 집회에 대한 해산명령은 타인의 법익이나 기타 공공의 안녕질서에 대한 직접적이고 명백하며 현존하는 구체적 위험이 발생하는 경우에만 허용되어야 하고, 미신고 집회에 대한 해산명령의 적법 여부가 문제되는 개별 사안에서 그 기준을 엄격하게 적용하여야 하며 위험이 발생할 수 있다는 개연성만으로 기준을 충족하는 것처럼 운용되어서는 안 된다는 것이다.

1963년 제정된 국가공무원법은 제66조 제1항 본문에서 "공무원은 노동운동이나 그 밖에 공무 외의 일을 위한 집단행위를 하여서는 아니 된다."라고 정하고 있다. 지방공무원법 제58조 제1항 본문도 동일하게 규정하고 있다. '공무 이의 일을 위한 집단행위'라 함은 공익에 반하는 목적을 위하여 직무전념의무를 해태하는 등의 영향을 가져오는 집단적 행위를 말하는 것으로 해석된다.[214] 위 조항들의 위헌 여부에 대해서는 헌법재판소가 세 차례 합헌결정[215]을 했다. 교원노동조합과 공무원노동조합이 합법화된 이후에도 국가공무원법 제66조 제1항은 여전히 효력을 발휘하면서 공무원과 교원의 집단적인 의사표현의 자유를 침해하고 있다.

국가공무원법위반 부분에 관한 다수의견에 대해서는 정부와 정부정책에 대한 비판을 핵심적인 내용으로 파악하는 헌법상 표현의 자유의 의미와 교사·공무원의 정치적 중립성에 대한 근본적인 오해와 왜곡에 근거하고 있는데, 이는 사법부가 자신의 과거사에 대한 공식적인 사죄와 반성이 있었음에도 과거 권위주의 정권

---

214 노동법실무연구회, 제2판 노동조합 및 노동관계조정법 주해 Ⅲ, 박영사(2023), 589.

215 헌재 1992. 4. 28. 선고 90헌바27 결정(변정수 재판관 1인 별개의견 있음), 헌재 2007. 8. 30. 선고 2003헌바51 결정(재판관 조대현, 재판관 김종대, 재판관 송두환의 각 반대의견 있음), 헌재 2014. 8. 28. 선고 2011헌바32 등 결정(재판관 이정미, 김이수 반대의견 있음).

하에서 정권 및 체제유지의 목적으로 규범화된 일방적인 규율법제의 법리와 고정관념에서 여전히 크게 벗어나지 못한 데에 근본적으로 기인한다는 지적이 있다.[216] 국가공무원법 제66조 제1항은 전교조의 시국선언에는 적용되었지만, 평검사들의 항명 또는 소장 법관들의 집단적인 의견 제출로 인한 사법파동의 경우에는 적용되지 않았다. 검찰의 자의적인 공소권 행사의 여지를 인정하고 있는 위 조항은 그 자체로 죄형법정주의의 내용인 명확성 원칙에 반하고, 공무원의 표현의 자유와 평등권을 심각하게 침해할 여지가 있다. 따라서 국가공무원법 제66조 제1항을 폐지하는 것이 바람직하고,[217] 그 전까지는 '공익에 반하는 목적'과 '직무전념의무를 해태하는 등의 영향을 가져오는 집단적 행위'를 엄격하게 해석하여 공무수행에 실질적인 지장이 초래되지 않았다면 그 적용을 배제하는 합헌적 해석을 통해 남용을 억제해야 한다.

2) **대법원 2013. 12. 18. 선고 2012다89399 전원합의체 판결**과 같은 날 선고 2012다94643 전원합의체 판결은 통상임금의 범위에 관하여 종합적인 법리를 선언하고, 특히 2012다89399 판결에서

---

216 이종수, "공무원의 집단적 의사표현행위에 대한 형벌권 행사의 가부-대법원 2012. 4. 19. 선고 2010도6388 전원합의체판결에 대한 평가를 겸하여", 헌법학연구 제20권 제2호(2014), 29-30.

217 김선수(주 46), 128.

는 근로자 측의 추가수당 청구가 신의칙에 반하여 허용될 수 없는지 여부에 관하여도 판단했다.

어떠한 임금이 통상임금에 속하는지 여부에 관하여 다수의견은 그 임금이 소정근로의 대가로 지급되는 금품으로서 정기적·일률적·고정적으로 지급되는 것인지를 기준으로 객관적인 성질에 따라 판단하여야 하고, 정기상여금과 같이 일정한 주기로 지급되는 임금의 경우 그 지급주기가 1개월을 넘는다는 사정만으로 통상임금에서 제외된다고 할 수는 없다는 견해를 취했다. 별개의견은 상여금이나 1개월을 넘는 기간마다 지급되는 수당을 통상임금에 포함시키는 해석은 노사합의나 노사관행의 법적 효력을 부정하는 위법한 해석이고, 원칙적으로 기본급과 1개월 이내의 기간마다 지급되는 수당만이 통상임금에 포함된다는 것이다.

근로자의 추가수당 청구가 신의칙에 위반되는지 여부에 관하여 다수의견은 노사가 오인한 나머지 정기상여금을 통상임금 산정기준에서 제외하기로 합의하고 이를 전제로 임금수준을 정한 경우, 근로자 측이 임금협상 당시 생각하지 못한 사유를 들어 정기상여금을 통상임금에 가산하고 추가적인 법정수당의 지급을 구함으로써, 노사가 합의한 임금수준을 훨씬 초과하는 예상외의 이익을 추구하고 사용자에게 예측하지 못한 새로운 재정적 부담을 지워 중대한 경영상 어려움을 초래하거나 기업의 존립을 위태롭게 한다면, 이는 정의와 형평의 관념에 비추어 신의에 현저히 반하고 도저히 용인될 수 없음이 분명하므로, 근로자 측의 추가 법정수당 청구는 신의칙에 위배되어 받아들일 수 없다는 견해를 취했다. 반대의견은 신의칙의 적용을 통하여 임금청구권과 같은 법률상 강행규정으로 보장된 근로자의 기본적 권리를 제약하려 시도하는 것은 헌법적 가치나 근로기준법의 강행규정성에 정면으로 반하여 허용될 수 없다는 것이다.

임금을 교환적 부분과 생활보장적 부분으로 구분하는 임금이분설이 대법원 1995. 12. 21. 선고 94다26721 전원합의체 판결로 폐기됨에 따라 통상임금을 '1임금산정기간'을 기준으로 가려왔던 판단방식은 그 근거가 없게 되었다. 그 후 대법원은 임금이 1개월을 초과하는 기간마다 지급되는 것이라도 정기적·일률적·고정적으로 지급되는 것이면 통상임금에 포함될 수 있다고 판시했고, 다수의견은 이러한 종전 판례 법리를 그대로 따랐다.[218]

다수의견은 논란이 되어왔던 통상임금의 판단기준에 대한 일반론과 사례별로 구체적인 기준을 제시하고, 추가법정수당 청구가 신의칙에 위반될 수 있는 요건을 처음으로 밝힘으로써 당시 계속 중이거나 이후 제기될 통상임금 관련 소송의 중요한 판단기준을 제시하여 논란이 된 쟁점들을 상당부분 해소했다는 점에서

---

218 이흥구, "정기상여금의 통상임금 해당 여부와 신의칙-대상판결: 대법원 2013. 12. 18. 선고 2012다89399 판결", 판례연구 제26집, 부산판례연구회(2015), 251~252.

중요한 의미를 가진다. 다수의견은 정기상여금이 통상임금에 포함될 수 있고 이를 배제하는 노사합의가 강행규정에 위반되어 무효라는 취지를 명확히 했으므로, 이 판결 후의 노사합의에 대하여는 더 이상 신의칙이 적용될 수 없게 되었다. 다만, 이 판결에서 처음 판시한 신의칙의 적용요건과 범위에 관하여 명확하지 않은 부분이 있는데다가 새로운 쟁점들도 부각되어 의도와 달리 통상임금에 대한 논란은 수그러들지 않고 더욱 증폭되었다.[219] 이 판결 이후 상당수 하급심 판결은 신의칙을 적용하는 예외의 경우를 인정했으나, 대법원은 대부분의 후속판결을 통해 신의칙을 적용하는 예외를 매우 엄격하게 제한하겠다는 의지를 밝혀 그러한 방향으로 판결을 함으로써 다수의견이 허용한 예외의 탈출구는 특별한 경우를 제외하고는 거의 봉쇄되었다.[220]

이 판결에서 의견이 갈리지 않고 정리된 쟁점이 이후 큰 문제를 일으켰다. 통상임금의 판단기준으로 법률이나 시행령에 근거가 없는 '고정성' 요건을 요구하고, 특정 시점에 재직 중인 근로자에게만 지급하는 임금(재직 요건)과 일정 근무일수를 충족하여야만 지급되는 임금(근무일수 요건)은 고정성을 갖춘 것이라 할 수 없다는 이유로 통상임금에 해당하지 않는다고 판단한 부분이다.

---

219 이흥구(주 218), 275~276.

220 박시환(주 6), 37~38.

이 판결은 재직 요건 자체의 유효성 여부를 판단하지 않고 복리후생적 금품에 재직 요건이 추가된 경우를 직접적인 판단대상으로 삼았는데, 고용노동부는 2014. 1. 23. '통상임금 노사지도 지침'을 통해 정기상여금의 경우에까지 재직 요건을 고정성 판단의 한 요소로 단정했다.[221] 재직 요건이나 근무일수 요건은 사용자가 취업규칙이나 보수규정을 제정하거나 개정하면서 임의로 설정할 수 있고, 나아가 노동조합이 제대로 대응하지 못하여 그러한 요건 설정에 동의할 수도 있다. 재직 요건 또는 근무일수 요건이 붙은 임금을 통상임금에서 제외하게 되면 노사합의로 또는 사용자가 일방적으로 통상임금에 관한 강행규정의 적용을 회피할 수 있게 된다. 이 판결이 선고된 이후 전국의 많은 사업장에서 기존 임금 항목에 재직 요건 또는 근무일수 요건을 부과하거나 재직 요건 또는 근무일수 요건을 붙인 새로운 임금 항목을 만들어 통상임금에서 제외되는 임금이 대폭 증가했다. 그러한 임금 항목의 통상임금 해당 여부를 둘러싸고 많은 법적 소송이 제기됨으로써 이 판결은 통상임금에 관한 노동현장의 법률분쟁을 종국적으로 해결하기보다는 오히려 새로운 분쟁을 야기하는 계기가 되었다.

---

221 이철수, "통상임금의 판단기준", 한국노동법학회, 제2판 노동판례백선, 박영사(2021), 84~85.

3) **대법원 2014. 11. 20. 선고 2013다64908 전원합의체 판결**의 쟁점은 파산선고 전에 생긴 근로자의 임금·퇴직금 및 재해보상금에 대하여 파산관재인이 파산선고 후 변제할 의무의 이행을 지체함으로써 생긴 지연손해금 채권이 채무자회생법 제473조 제4호[222] 소정의 재단채권에 해당하는지 여부이다. 재단채권에 해당하는 것으로 해석하면 우선적으로 변제를 받을 수 있으므로 근로자 보호에 충실하게 된다.

다수의견은 재단채권에 해당한다는 견해를 취했다. 별개의견(권순일 대법관)은 근로자의 임금 등에 대한 지연손해금 채권은 파산선고 전후에 발생한 것인지를 불문하고 채무자회생법 제473조 제10호 소정의 '채무자의 근로자의 임금·퇴직금 및 재해보상금'에 해당하여 재단채권의 성질을 가진다는 것으로, 파산선고 후의 지연손해금만을 재단채권으로 인정한 다수의견보다 근로자 보호에 더 충실한 견해이다. 반대의견은 파산선고 전의 원인으로 생긴 근로자의 임금 등에 대하여 채무불이행 상태의 계속으로 파산선고 후에 발생하고 있는 지연손해금 채권은 채무자회생법 제446조 제1항 제2호[223]에서 정한 후순위파산채권에 해당한다는 것이다.

---

222 파산재단에 관하여 파산관재인이 한 행위로 인하여 생긴 청구권.

223 파산선고 후의 불이행으로 인한 손해배상액 및 위약금.

다수의견은 사업주가 파산선고를 받은 이후에도 근로자의 임금·퇴직금에 대하여는 그 변제가 지체됨이 없이 파산관재인에 의한 신속한 변제가 이루어지도록 판단함으로써 근로자의 생활안정 등을 모색했다는 점에 그 의의가 있다.[224] 다만 다수의견에 의할 경우 임금·퇴직금에 대한 지연손해금 중 파산선고 전에 발생한 부분은 파산절차에 의해 채권을 행사해야 하고, 파산선고 후에 발생한 부분은 파산관재인에게 직접 청구해야 하여 그 발생시기에 따라 권리행사 방법이 달라진다. 이는 절차상 번거롭고 근로자의 생활안정이라는 채무자회생법 제473조 제10호 등의 입법취지에도 반하므로 별개의견의 취지를 반영하여 향후 입법이나 절차개선 방안을 마련하여야 한다.[225]

4) **대법원 2015. 4. 16. 선고 2012두26142 전원합의체 판결**의 쟁점은 업무상 재해로 신체장해를 입은 사람이 장해급여를 청구하지 않아 기존의 장해에 대해서 전혀 보상을 받지 못하고 있다가 기존의 장해상태가 악화되어 장해등급이 변경된 후 비로소 장해

---

224 노호창, "재단채권인 임금·퇴직금의 지연손해금도 우선 변제받을 수 있는지 여부 -대법원 2014. 11. 20. 선고 2013다64908 전원합의체 판결", 노동법학 제53호, 한국노동법학회(2015), 240.

225 김희중, "파산선고 전에 생긴 근로자의 임금·퇴직금에 대하여 파산선고 후 발생한 지연손해금 채권의 법적 성질", 권순일 대법관 퇴임기념 노동법실무연구 제3권, 사법발전재단(2021),12~14.

보상연금을 청구한 경우, 기존의 장해등급에 따른 장해보상일시금의 지급일수에 해당하는 기간만큼의 장해보상연금을 지급받을 수 있는지 여부와 기존 장해등급에 대한 장해급여청구를 하지 않고 있던 중 청구권이 시효 소멸된 경우에도 마찬가지인지 여부이다.

다수의견은 산재보험법 시행령 제58조 제3항 제1호[226]의 취지는 중복지급의 불합리한 결과를 막기 위함에 있는데, 이 사건의 경우 중복지급의 불합리한 결과가 발생하지 아니하므로 근로자에게 지급한 적이 없는 기존의 장해등급에 따른 장해보상일시금의 지급일수에 해당하는 기간만큼의 장해보상연금을 지급하여야 하며, 이는 기존의 장해등급에 대한 장해급여를 청구하지 않고 있던 중 청구권이 시효 소멸된 경우에도 마찬가지로 적용된다는 견해를 채택했다. 반대의견은 기존 장해에 관한 장해급여 청구권이 소멸시효 완성으로 소멸한 이상 다시 이를 주장할 수 없고, 재요양 후의 장해상태가 종전에 비하여 악화되었다면 근로자는 악화된 장해상태에 관하여만 재요양에 따른 장해급여 청구권을 가질 뿐이라는 것이다.

---

226 장해보상일시금을 받은 사람이 재요양 후의 장해상태가 종전에 비하여 악화되어 장해보상연금을 청구한 경우에는 '재요양 후 치유된 날이 속하는 달의 다음 달부터 변경된 장해등급에 해당하는 장해보상연금을 지급하되, 이미 지급한 장해보상일시금의 지급일수에 해당하는 기간만큼의 장해보상연금'은 이를 지급하지 않도록 규정하고 있다.

이 판결은 해석상 논란이 있던 기존의 장해보상일시금 청구권이 시효 소멸한 자가 재요양 후 청구하는 장해보상연금 청구권의 범위에 대한 대법원의 견해를 최초로 제시하고, 그 결과 산업재해를 입은 근로자의 법적 지위를 더욱 두텁게 보호하게 되었다는 점에 그 의의가 있다.[227]

5) **대법원 2015. 6. 25. 선고 2007두4995 전원합의체 판결**은 외국인근로자 노동조합에 대한 설립신고서반려처분취소 사건으로서, 그 쟁점은 노동조합 설립을 신고하려는 자가 설립신고서에 첨부하여 제출할 서류에 관한 구 노조법 시행규칙 제2조 제4호가 법규명령으로서의 효력이 있는지 여부, 구 노조법 시행규칙 제2조 제4호가 정한 사항에 관한 보완이 이루어지지 않았다는 사유를 들어 설립신고서를 반려할 수 있는지 여부, 출입국관리법령에 따라 취업활동을 할 수 있는 체류자격을 받지 않은 외국인이 타인과의 사용종속관계하에서 근로를 제공하고 그 대가로 임금 등을 받아 생활하는 경우 노조법상 근로자의 범위에 포함되는지 여부 등이다. 대법원은 개별적 근로관계 영역에서 불법체류 외국인을

---

227 조영식, "기존의 장해등급에 대한 장해급여 청구권이 시효 소멸된 상태에서 기존의 장해상태가 악화되어 재요양을 받고 장해등급이 변경된 후 장해보상연금을 청구한 경우 기존의 장해등급에 따른 장해보상일시금의 지급일수에 해당하는 기간만큼의 장해보상연금을 부지급할 수 있는지 여부", 대법원판례해설 103호, 법원도서관(2015), 564.

근로기준법상 근로자로 판결한 바 있고,[228] 헌법재판소는 근로의 권리에 포함된 '일할 환경에 관한 권리'와 관련하여 외국인근로자의 기본권 주체성을 인정한 바 있다.[229]

다수의견은 구 노조법 시행규칙 제2조 제4호는 상위법령의 위임 없이 규정한 것이어서 법규명령으로서의 효력이 없고, 행정관청은 구 노조법 시행규칙 제2조 제4호가 정한 사항에 관한 보완이 이루어지지 아니했다는 사유를 들어 설립신고서를 반려할 수 없으며, 출입국관리법령에 따라 취업활동을 할 수 있는 체류자격을 받지 않은 외국인이 타인과의 사용종속관계하에서 근로를 제공하고 그 대가로 임금 등을 받아 생활하는 경우 노조법상 근로자의 범위에 포함된다는 견해를 채택했다. 반대의견은 취업자격 없는 외국인은 애당초 '정상적으로 취업하려는 근로자'에 해당할 수 없고 근로조건의 유지·개선과 지위 향상을 기대할 만한 법률상 이익을 인정하기 어려우며, 결국 노조법상 근로자의 개념에 포함되지 않는다는 것이다.

원심은 2007. 2. 1. 원고 청구를 인용하여 피고가 2005. 6. 3. 원고에 대하여 한 노동조합설립신고서 반려처분을 취소한다는

---

228 대법원 1995. 9. 15. 선고 94누12067 판결.

229 헌재 2007. 8. 30. 선고 2004헌마670 결정.

판결을 선고했다.[230] 대법원 판결이 원심판결 선고 후 8년 4개월, 원처분일로부터 11년 8개월 정도 지나 원심판결 이유와 같은 이유로 선고되어 '지연된 정의는 정의가 아니다'라는 법언의 대표적인 사례로 지적되었다.[231] 근로기준법상 근로자로 인정한 대법원 판결을 선고하고 20년이 지나서야 노조법상 근로자로 인정하는 판결을 선고한 것이다.[232] 이 판결은 2014. 9. 주심이 권순일 대법관으로 변경된 이후 9개월 만에 선고되었는데, 주심 대법관의 의지가 판결 선고 시기에 영향을 미칠 수 있음을 확인할 수 있다.

이 판결은 취업자격 유무는 노조법상 근로자성을 판단하는 기준이 될 수 없고, 취업자격 없는 외국인근로자도 노동조합을 설립하거나 그에 가입할 수 있다는 점을 분명히 함으로써 취업자격 없는 외국인근로자의 인권보장을 도모하는 한편, 행정관청의 노동조합설립신고 심사 권한의 한계를 설정했다는 측면에서 중요한 의의가 있다.[233]

---

230 서울고등법원 2007. 2. 1. 선고 2006누6774 판결[관여법관: 판사 김수형(재판장) 함상훈 이헌숙]

231 도재형, "[아침을 열며] 이주근로자노조 판결의 함의", 한국일보(2015. 7. 2.), <https://www.hankookilbo.com/News/Read/201507021455263279>.

232 이다혜, "불법체류 외국인의 노동3권 -대법원 2015. 6. 25. 선고 2007두4995 전원합의체 판결-", 한국노동법학회, 제2판 노동판례백선, 박영사(2021), 27~28.

233 김선일, "취업자격 없는 외국인근로자의 노동조합 설립(대상판결: 대법원 2015. 6. 25. 선고 2007두4995 전원합의체 판결)", 사법 제35호, 사법발전재단(2016), 385.

6) **대법원 2016. 2. 19. 선고 2012다96120 전원합의체 판결**의 쟁점은 산업별 노동조합의 지회 등이 노조법 제16조 제1항 제8호 및 제2항에서 정한 조직형태 변경 결의를 통하여 기업별 노동조합으로 전환할 수 있는지 여부이다.

1996. 12. 31. 개정 노조법 제16조 제1항 제8호는 총회의 의결사항으로 '조직형태의 변경에 관한 사항'을 정하고, 제2항 단서는 "… 조직형태의 변경에 관한 사항은 재적조합원 과반수의 출석과 출석조합원 3분의 2이상의 찬성이 있어야 한다."라고 정했다. 초기에는 기업별 노동조합이 산업별 노동조합으로 전환하는 과정에서 조직형태 변경 결의가 많이 이루어졌으나, 시간이 지나면서 산업별 노동조합의 지회·분회 등이 기업별 노동조합으로 조직형태를 변경하는 사례가 자주 생겼다. 조직형태 변경결의 효력이 발생하면 재산관계의 승계나 단체협약의 주체로서의 지위가 승계되는 등 중대한 효과가 발생하게 된다.[234]

종래 대법원 판례는 형식보다 실질을 중시하여 노동조합의 내부조직이라도 독자적인 규약과 집행기관을 가지고 독립한 단체로 활동하면서 독자적인 단체교섭과 단체협약체결능력이 있는 경우에는 기업별 노동조합에 준하여 볼 수 있다고 판단했다.[235]

---

234 노동법실무연구회(주 48), 706~707.

235 이승욱, "조직형태 변경의 주체", 한국노동법학회, 제2판 노동판례백선, 박영사(2021), 307~308.

원심[236]과 제1심[237]은 종래 판례 취지에 덧붙여 산업별 단위노조인 전국금속노동조합 규정에 지부, 지회 단위의 총회를 통한 집단 탈퇴는 불가능하다고 규정되어 있는 점 등을 근거로 이 사건 지회의 조직형태 변경은 무효라고 판단했다.

다수의견은 종래 판례의 입장을 넘어서 '기업별 노동조합에 준하는 경우'뿐만 아니라 '기업별 노동조합과 유사한 근로자단체'로서 법인 아닌 사단의 실질을 가지고 있는 지회 등의 경우까지 확대하여[238] 지회 등에 소속된 조합원들의 의사결정을 통하여 기업별 노동조합으로의 전환을 인정했다. 반대의견은 산업별 노동조합에서 조직형태 변경을 결의할 수 있는 주체는 단위노동조합인 산업별 노동조합이고, 하부조직에 불과한 지회 등이 산업별 노동조합의 통제를 무시한 채 독자적으로 조직형태 변경을 결의하는 것은 원칙적으로 불가능하며, 여기에 노동조합의 조직형태 변경이나 그에 준하는 법적 효과를 부여할 수는 없다는 것이다.

다수의견은 헌법상 노동3권과 결사의 자유, 노조법의 노동조합설립의 자유 등 법원리론적 법해석론에 입각한 논거를 제시

---

236 서울고등법원 2012. 9. 21. 선고 2011나79540 판결[판사 김용빈(재판장) 강혁성 마은혁]

237 서울중앙지방법원 2011. 7. 26. 선고 2010가합124798 판결[판사 이건배(재판장) 윤화랑 조영은]

238 이승욱(주 235), 308.

했고, 반대의견은 문언주의적 법해석론(노조법의 조직형태 변경을 규정한 문언), 목적주의적 법해석론(산업별 노조를 장려·보호하려는 제도 취지와 사용자 측의 악용 가능성)에 입각한 논거를 제시했다.[239] 다수의견은 노조법에 의해 창설된 조직형태변경제도의 주체로서 개념이 불명확한 '법인 아닌 사단의 실질을 가지고 있어 기업별 노동조합과 유사한 근로자단체로서 독립성이 인정되는 경우'를 포함하여 법문언의 가능한 범위를 벗어났다. 김신 대법관은 반대의견에 대한 보충의견에서 "노조법이 규정한 조직형태 변경의 문제를 다투는 자리에 정작 노조법은 간 데 없고, 헌법과 민법의 이론만 난무하는 모습이 되고 말았다."라고 썼다.

다수의견은 단체교섭권과 단체협약체결권도 없는 법인 아닌 사단에 해당하는 근로자단체가 조직형태변경 결의를 통하여 유효한 단체협약과 협약당사자의 법적 지위를 승계하여 결과적으로 단체협약을 체결한 단체로의 부당한 질적 전환을 인정하는 결과가 되었다.[240] 다수의견에 대하여는 노조법 문언에 정면으로 반하고 노동조합의 특수성을 무시하고, 조직형태변경제도의 입법취지에 정면으로 반하며, 비법인사단 일반론의 관점에서 보더라도 부당하고, 근로자단체라면 협약능력은 내재(內在)한다는

---

239 서영수, "어떤 문언주의인가?: 김신 대법관의 문언주의적 법해석론-조희대 대법관과의 비교를 중심으로", 기초법학연구 창간호, 기초법학연구회(2022), 68~70.

240 이승욱(주 235), 309.

논리는 근거가 없으며, 조직형태변경으로 산별노조에 편입한 경우를 달리 볼 이유가 없음에도 이를 특별히 취급한 것은 부당하고, 산별교섭이 매우 어려운 상황에서 균형에 맞지 않으며, 노동3권에서 단결권을 분리시킴으로써 노동3권 자체를 무너뜨렸다는 등의 측면에서 문제를 제기하는 견해가 있다.[241] 다수의견은 산별노조가 쟁취한 근로조건이나 단체협약을 지부·지회만의 조합원 결의에 의해 탈취할 수 있는 길을 열어줌으로써 정의에 반할 뿐만 아니라 노동조합의 연대의 정신에 균열을 초래하였다고 평가할 수 있다. 산별노조체제에 동의하지 않는 조합원이 있다면 산별노조를 탈퇴하여 기업별노조를 설립한 후에 다수의 조합원을 확보하여 교섭대표노동조합의 지위를 인정받아 사용자와 단체협약을 체결하면 된다. 그러한 길이 있음에도 지부·지회 조합원만의 결의로 산별노조가 쟁취한 근로조건과 단체협약을 탈취할 수 있는 길을 인정해줌으로써 법원이 부정의와 편법을 조장하는 결과가 된다.

---

241 김태욱, "산업별 노동조합의 하부 조직이 조직형태 변경의 주체가 될 수 있는지", 노동판례비평 제21호, 민주사회를 위한 변호사모임(2017), 183~188.

6. 다시 정상화: 김명수 코트 (2017년 9월~2023년 9월) 이후

양승태 대법원장의 임기가 만료된 후 문재인 대통령에 의해 임명된 제16대 김명수 대법원장이 2017. 9. 26. 취임식을 가졌다. 문재인 대통령의 임기가 만료되고 제20대 윤석열 대통령이 2022. 5. 10. 취임식을 가졌다. 2023. 9. 22. 임기가 만료하는 김명수 대법원장의 후임대법원장 후보자로 이균용 고등법원 부장판사가 지명되었으나, 2023. 10. 6. 임명동의안이 국회에서 부결되었다. 조희대 전 대법관이 2023. 12. 8. 국회에서 여야의 압도적인 지지로 임명동의안이 가결되어[242] 제17대 대법원장에 취임했다.

가. 김명수 코트(2017년 9월~2023년 9월)

1) 김명수 코트에서는 대법원이 여성 6명(동시 3명 내지 4명 근무, 그 중 비서울대 출신 3명), 검사 출신 1명, 판사 퇴직 후 교수 출신 2명(시기가 겹치지 않아 특정 시기에는 1명씩), 판사 퇴직 후 변호사 출신 2명, 재조 경력 없는 변호사 출신 1명의 대법관 등으로 그 구성이 다양화되었다. 여성 대법관 4명이 동시에 근무한

---

242 총 투표수 292표 중 가 264표, 부 18표, 기권 10표. 국회 본회의 회의록 제410호 제14차 11. <https://likms.assembly.go.kr/record/mhs-10-050.do>.

기간은 2018. 8.부터 2018. 11.까지 3개월(김소영, 박정화, 민유숙, 노정희)과 2021. 9.부터 2023. 7.까지 22개월(박정화, 민유숙, 노정희, 오경미)이다. 비서울대 출신이 8명(박보영, 김창석, 조재연, 박정화, 안철상, 이동원, 노정희, 노태악)이었다.

김명수 코트에서의 전원합의체 판결에 대해서는 다양한 생각을 가진 대법관들이 각자의 주장을 펼치면서 활발한 토론과 논쟁을 전개하고 더 많은 소수의견을 개진했다는 것이 일반적인 평가이다.[243] 대법관 구성의 다양화가 활발한 의견 개진을 통해 과거사 문제에 전향적인 판결, 여성 인권에 기여하는 판결, 성소수자 인권에 기여하는 판결, 노동 분야에서 의미 있는 판결 등으로 이어졌다는 평가다.[244]

김명수 코트에서는 서울행정법원 노동전담부 부장판사로 근무했던 박정화 대법관, 노동변호사로 30년간 활동한 김선수 대법관, 5년간 변호사로 활동하다가 다시 법관에 임용되어 노동법 분야 전문연구회에 소속되었던 노정희 대법관, 노동법분야 전문

---

243 유승익, "김명수 코트의 대법원 판결 평가", 김명수 대법원장 시기의 사법부 평가와 향후 방향 모색을 위한 토론회 자료집, 참여연대 · 민주사회를 위한 변호사모임(2023), 56-57.; 경향신문, "김명수 대법원 6년, 대법관들 치고받는 논쟁 활발해졌다"(2023. 10. 17.), <https://www.khan.co.kr/national/court-law/article/202310170600081>.

244 한겨레신문, "다양성 강조 '김명수 코트' 노동 · 인권 큰 진전…사법농단 면죄부 오욕"(2023. 9. 25.), <https://www.hani.co.kr/arti/society/society_general/1109902.html>.

연구회 회장을 역임한 김상환 대법관, 판례연구회에서 노동판례에 대한 평석을 발표한 이흥구 대법관 등 노동법 전문가들이 있었다. 검사 출신의 박상옥 대법관도 노동사건에서는 대부분 위 대법관들과 같은 견해를 취했고 보충의견도 함께 작성해 주었다.[245] 노동사건을 전담하는 대법원 재판연구관의 경우 종전에는 형사근로조에 소속되었으나 2018. 2.부터는 근로조로 별도로 독립했다. 근로조 소속 재판연구관의 수는 2018. 2. 5명, 2020년 중반부터 6명, 2023. 2.부터 8명으로 증원되었다. 노동법에 전문성이 있는 법관 층이 더욱 두텁게 형성되고 있다고 할 수 있는데, 앞으로 노동판례의 흐름이 안정적으로 형성될 토대가 마련되었다고 할 수 있다.

김명수 코트에서 선고된 노동사건 전원합의체 판결은 12건이다. 4건은 근로자에게 유리한 방향으로 판례를 변경했고, 3건은 다수의견이 소수의견보다 근로자에게 유리하고, 나머지 5건은 다수의견이 소수의견보다 근로자에게 불리하다. 정상화의 과정을 거치고 있다고 하더라도 전체적으로 7 대 5 정도 비율로 근로자에

---

245 박상옥 대법관의 위와 같은 행보를 근거로 박상옥 대법관을 '한국의 해리 블랙먼(보수파로 연방대법관에 지명되었지만 치열한 변신을 거쳐 진보의 맏형이 된 미국 연방대법관)'이라고 평가하는 견해가 있다. 이영창, "[36.5℃] 어느 대법관의 4년", 한국일보(2019. 3. 21.), <https://www.hankookilbo.com/News/Read/201903211311064141>. 해리 블랙먼에 대하여는 린다 그린하우스, 안기순 옮김, 블랙먼, 판사가 되다, 청림출판(2005)

게 유리한 판결이 선고된 정도에 머물러 갈 길이 요원함을 알 수 있다.

2) 구체적인 검토

가) **대법원 2018. 6. 21. 선고 2011다112391 전원합의체 판결**은 근로자가 토요일과 일요일에 근무한 것에 대하여 휴일근로수당뿐만 아니라 연장근로수당도 중복해서 지급해달라고 청구한 사건으로서, 쟁점은 휴일근로시간이 구 근로기준법 제50조 제1항의 '1주간 기준근로시간 40시간' 및 제53조 제1항의 '1주간 연장근로시간 12시간'에 포함되는지 여부와 휴일근로에 따른 가산임금과 연장근로에 따른 가산임금을 중복하여 청구할 수 있는지 여부이다. 고용노동부는 휴일근로는 근로기준법상 연장근로에 해당하지 않고, 근로자가 주 40시간을 초과해서 휴일근로를 하더라도 휴일근로수당 외에 연장근로수당을 청구할 수 없다고 행정해석을 했다. 사용자들은 이에 따라 임금을 지급해 왔는데, 하급심에서 서로 다른 판결이 선고되었다.[246]

원심판결은 2011. 11. 18. 선고되었는데, 6년 7개월 만에 대법원 판결이 선고되었다. 이 판결 선고 직전인 2018. 3. 20. 개정 근로

---

246 김기덕, "휴일근로의 연장근로 여부", 노동판례비평 23호, 민주사회를 위한 변호사 모임(2019), 16.

기준법은 제2조 제1항 제7호에서 "'1주'란 휴일을 포함한 7일을 말한다."라는 정의 규정을 추가하면서, 부칙 제1조 제2항을 두어 사업장 규모별로 정의 규정의 시행시기를 달리 정했고, 제53조 제3항, 부칙 제1조 제3항, 제2조는 30인 미만 사업장에 대하여 한시적(2021. 7. 1.부터 2022. 12. 31.까지)으로 주당 8시간까지 특별연장근로를 허용했다. 이러한 근로기준법의 개정을 어떻게 평가할 것인지도 쟁점으로 되었다. 대법원은 사안의 법률적 중요성과 그에 대한 판단의 사회적·경제적 영향력 및 근로기준법 개정을 고려하여 2018. 1. 18.과 4. 5. 2차례 공개변론을 열어 다양한 의견을 수렴한 후 이를 기초로 최종적인 판단을 내렸다.[247]

다수의견은 휴일근로시간은 구 근로기준법 제50조 제1항의 '1주간 기준근로시간 40시간' 및 제53조 제1항의 '1주간 연장근로시간 12시간'에 포함되지 않으며, 휴일근로에 따른 가산임금과 연장근로에 따른 가산임금을 중복하여 청구할 수 없다고 판단했다. 반대의견은 '1주간'은 통상 월요일부터 일요일까지 또는 일요일부터 토요일까지 달력상의 7일을 의미하므로 휴일근로시간도 구 근로기준법 제50조 제1항의 '1주간 기준근로시간 40시간' 및 제53조 제1항의 '1주간 연장 가능한 근로시간 한도 12시간'을 합한 1주간 최대근로시간 52시간에 포함되며, 휴일근로와 연장근로가

---

247 김희수, "휴일근로에 따른 가산임금과 연장근로에 따른 가산임금의 중복 지급 여부", 대법원판례해설 제115호, 법원도서관(2018), 339.

중복되는 경우에 휴일근로에 따른 가산임금과 연장근로에 따른 가산임금을 각각 지급하여야 한다는 것이다. 다수의견은 법질서 전체와의 합치성(개정 근로기준법 부칙과의 정합성 등)을 강조하고 종합적 고려의 논리를 구사하여 산업현장에서의 관행과 혼란 초래에 대한 우려 등을 논거로 삼았다. 반면 반대의견은 문언의 형식과 구조, '1주간'에 휴일 제외 규정이 없다는 문언에 충실한 해석과 근로자 보호 취지와 근로기준법의 연혁 등을 논거로 삼았다.[248] 문언주의에 충실한 해석이 근로자 보호 취지에 부합하는 경우에는 오히려 문언주의에서 벗어나는 현상을 이 사건에서도 발견할 수 있다.

주 40시간 초과 휴일근로의 연장근로 해당 여부에 관한 논의 핵심이 가산임금의 중복보다는 총근로시간의 단축에 있다는 측면에서 본다면, 구 근로기준법상 1주간 근로시간의 규제를 엄격하게 판단함으로써 총근로시간의 단축을 도모한 반대의견이 중요한 의의를 가진다.[249] 다수의견은 국회가 근로기준법을 개정한 취지를 충실히 반영해서 판결했으나, 해석대상인 구 근로기준법을 해석하면서 구 근로기준법의 입법취지가 아닌, 그것을 개정한 근로기준법의 입법취지에 입각했다는 점에서 문제가 있다. 다수

---

248 서영수(주 239), 59~62.

249 박성만, "연장근로와 휴일근로 가산임금의 중복 지급 여부", 노동법실무연구 제2권: 조희대 대법관 퇴임기념, 사법발전재단(2020), 433~434.

의견이 입법권자가 고용노동부의 행정해석과 같이 근로기준법을 해석한다고 전제하고서 이를 개정하기 위한 입법을 한 것인 양 이유를 쓴 것은 납득하기 어렵다는 지적이 있다.[250]

나) **대법원 2019. 4. 18. 선고 2016다2451 전원합의체 판결**의 쟁점은 2008. 3. 21. 개정 최저임금법 제6조 제5항[251]의 시행에 따라 정액사납금제하에서 생산고에 따른 임금을 제외한 고정급이 최저임금에 미달하는 것을 회피할 의도로 사용자가 소정근로시간을 기준으로 산정되는 시간당 고정급의 외형상 액수를 증가시키기 위해 택시운전근로자(이하 '택시근로자') 노동조합과 사이에 실제 근무형태나 운행시간의 변경 없이 소정근로시간만을 단축하기로 한 합의의 효력, 이러한 법리는 사용자가 택시근로자의 집단적 동의를 얻어 소정근로시간을 단축하는 내용으로 취업규칙을 변경하는 경우에도 마찬가지로 적용되는지 여부, 최저임금 산정 시 적용될 소정근로시간 조항은 무엇인가이다.

다수의견은 실제 근무형태나 운행시간의 변경 없이 소정근로시간만을 단축하기로 한 합의는 강행규정인 최저임금법의 적용을 잠탈하기 위한 것으로서 무효이고, 근로자 과반수 동의절차를

---

250 김기덕(주 246), 38~39.

251 일반택시운송사업에서 운전업무에 종사하는 근로자의 최저임금에 산입되는 임금의 범위는 생산고에 따른 임금을 제외한 대통령령으로 정하는 임금으로 한다.

얻어 변경한 취업규칙도 마찬가지로 무효라는 견해이며, 다수의견에 대한 보충의견(박상옥, 박정화, 김선수 대법관)은 그러한 경우 최저임금 산정 시 적용될 소정근로시간 조항은 변경 전의 종전 기준을 적용해야 한다는 것이다. 반대의견 1(조희대, 이기택 대법관)은 규범해석의 관점에서 특례조항이 보호하고자 한 택시근로자의 안정된 생활이라는 법적 이익이 사용자의 특례조항 위반 또는 계약상 의무 위반으로 침해된 경우라면 별개의 민사책임이 인정되는 것으로 충분하고 무효로 볼 것까지는 아니라는 취지이다. 반대의견 2(김재형 대법관)는 그러한 단체협약이나 취업규칙은 원칙적으로 무효이나 소정근로시간 조항이 무효가 된 이상 무효행위의 전환이론을 적용하여 근로관계 당사자가 무효임을 알았더라면 의욕했을 소정근로시간을 밝혀 이를 기준으로 판단하여야 한다는 것이다. 반대의견 3(이동원 대법관)은 소정근로시간 단축이 근로관계 당사자들 사이의 자발적 합의에 의한 것으로 소정근로시간 단축 후 택시근로자의 총수입이 최저임금법상 임금액에 미달하게 되는 특별한 경우가 아닌 이상 소정근로시간 단축 조항이 무효라고 할 수는 없다는 것이다.

정액사납금제하에서 생산고에 따른 임금의 성격을 가지는 초과운송수입금은 택시근로자의 총수입 중 상당 부분을 차지하고 있음에도 사전에 확정이 어려운 가변적인 임금이어서 택시근로자의 총수입액이 불안정하게 되는 요인으로 작용했다. 정액사납금제하에서 운송수입금이 적은 경우 택시근로자가 기본적인 생활을 하기 위한 정도의 임금조차 확보하기 어렵다는 문제점도 있어 왔다. 다수의견은 변경된 소정근로시간 단축조항을 탈법행위에 해당하여 무효라고 선언함으로써 정액사납금제의 폐해를 시정하기 위해 마련된 특례조항의 입법취지를 강조하고, 그 규범력을 존중하는 해석을 했다는 점에 그 의의가 있다. 이를 통해 택시근로관계에서 적정한 임금체계가 형성될 수 있는 기초를 제공하게 되었다고 평가할 수 있다.[252] 이 사건 판결로 일부 택시운송사업에서 관행적으로 행해지던 소정근로시간 단축을 이용한 최저임금법의 잠탈행위는 허용되지 않게 되었다.[253] 다수의견에 대한 보충의견은 일반적인 실효 사안과 무효 사안의 규범적 상황이 다르지 않다는 점을 명백히 함으로써 확립된 판례법리가 적용되는 영역을 넓혔고, 새로운 단체협약이 무효인 경우 종전 단체협약의 적용 여부와 관련하여 실무가 나아갈 방향을 밝혔다는 의의가 있다.[254] 한편 헌법재판소는 2023. 2. 23. 최저금임법 제6조 제5항에

---

252 김희수, "변경된 취업규칙상 소정근로시간 단축 조항이 탈법행위로 무효인지 여부", 대법원판례해설 제119호, 법원도서관(2019), 516~517.

253 노상헌, "최저임금법을 잠탈하기 위한 취업규칙상 소정근로시간 단축조항은 탈법행위로 무효이다", 노동판례리뷰 2019, 한국노동연구원(2020), 54.

254 마은혁, "개정된 단체협약·취업규칙상 소정근로시간 단축 조항이 탈법행위로 무효인 경우 적용될 소정근로시간 조항(대법원 2019. 4. 18. 선고 2016다2451 전원합의체 판결)", 노동법실무연구 제4권: 김선수 대법관 퇴임기념, 사법발전재단(2024), 40.

대하여 일반택시운송사업자의 계약의 자유와 직업의 자유를 침해하지 않고, 일반택시운송사업자의 평등권을 침해하지 않는다는 등의 이유로 합헌결정을 했다.[255]

소정근로시간을 단축한 시기와 방법 등 지역과 사업장에 따라 다양한 사례가 나타날 수 있는 만큼 소정근로시간 단축의 구체적인 경위를 세밀하게 심리하여 다수의견이 제시한 법리를 본질적 의미에 맞도록 적용할 것이 요청된다. 대법원은 정액사납금제하에서 이루어진 소정근로시간 단축 합의가 탈법행위로서 무효인지 여부는 소정근로시간 단축 합의의 구체적인 경위와 시기, 단축 전후의 소정근로시간을 적용할 경우 산정되는 시간급 비교대상 임금과 법정 최저임금의 객관적 차이 및 변동 추이, 단축된 소정근로시간과 택시근로자의 실제 근로시간 사이에 상당한 차이가 있는지 등을 고려하여 규범적인 관점에서 판단하여야 하며, 택시근로자의 실제 근로시간은 실제 근무환경과 근무형태를 고려하여 추산하여야 하고, 택시근로자의 실제 근로시간이 일부 감소

---

255 헌재 2023. 2. 23. 선고 2020헌바11, 12, 13, 77, 78, 312, 388, 464, 465, 512, 2021헌바45, 56, 69, 78, 81, 87, 93, 98, 147, 197, 209, 210, 211, 212, 213, 214, 215, 216, 217, 287, 288, 296, 299, 326, 334, 335, 423, 2022헌바23, 125, 151, 158, 161, 196, 205, 224, 236, 272, 278, 279, 283, 312, 316(병합) 결정. 이선애, 이은애, 이종석, 이영진 재판관은 보충의견으로 운송수입금 전액관리제가 정착되고 택시근로자들이 근로시간과 운송수입에 따라 임금을 지급받을 수 있는 토대가 마련된다면, 비교대상 임금 산입에 관한 특례조항인 심판대상조항은 더 이상 존재할 필요가 없으므로 이를 폐지하는 것을 고려할 수 있다는 견해를 밝혔다.

했다고 볼 수 있는 경우 그와 같이 감소된 실제 근로시간과 단축된 소정근로시간 사이에 상당한 불일치가 있는지를 판단함에 있어서는 소정근로시간 단축의 비율, 빈도, 급격성 등을 고려하여야 한다며 엄격하게 판단하고 있다.[256] 2006년에 1일 소정근로시간을 6시간 40분으로 정한 임금협정을 이 사건 특례조항 시행(2009. 7. 1.) 이후에도 유지하다가 2015년에 6시간으로, 2018년에 5시간으로 단축한 서울지역의 경우 택시요금 인상에 따라 법인택시 1대당 일평균 수입이 늘고, 건당 영업거리와 수익도 증가했으며, 실차율(택시에 손님이 실제 탑승하고 이동한 비율)도 상향했다는 등의 사정을 들어 소정근로시간 단축 합의를 유효라고 판단했다.[257] 대구지역의 경우에는 소정근로시간을 2007년 1일 6시간 40분에서 2013년 1일 6시간으로 40시간 단축한 기간에 대하여 무효라고 판단한 원심판결을 탈법행위에 해당하는지 다시 판단하라고 파기환송한 반면,[258] 대전지역의 경우에는 2009년 1일 소정근로시간을 6시간 40분에서 2013년 4시간 20분으로 단축한 것을

---

256 대법원 2024. 5. 30. 선고 2023다279402 판결 등.

257 대법원 2025. 1. 23. 선고 2024다287288 판결(파기환송) 외에 다수의 심리불속행 상고기각판결 또는 상고기각판결이 있다(2022다229462, 2022다241950, 2023다232175, 2023다267003, 2024다244915, 2024다247679, 2024다247686, 2024다254141, 2024다286445, 2024다297834 등).

258 대법원 2024. 5. 30. 선고 2023다286189 판결, 대법원 2024. 5. 30. 선고 2023다309211 판결, 대법원 2024. 5. 30. 선고 2023다317564 판결, 대법원 2024. 6. 27. 선고 2023다316998 판결 등

무효라는 취지로 판단하는[259] 등 구체적인 사정에 따라 다른 판단을 했다. 서울지역의 경우 1일 6시간 40분에서 12년 만에 5시간으로 1시간 40분 단축했고, 대전지역의 경우 1일 6시간 40분에서 4년 만에 4시간 20분으로 2시간 20분 단축함으로써, 두 지역 사이에 단축한 기간에 차이가 있지만 결과적으로 1일 소정근로시간에 40분의 차이가 있을 뿐인데 그 효력을 달리 평가했다. 소정근로시간 단축의 유효와 무효의 경계를 어떻게 설정할 것인지가 문제로 되고, 이에 대한 객관적인 기준을 제시할 필요가 있다. 소정근로시간은 법정근로시간의 범위에서 근로자가 근로의무를 부담할 것을 약정하고 사용자가 그 근로의무의 이행에 관하여 임금을 지불하기로 약정한 시간으로서(근로기준법 제2조 제1항 제8호) 통상임금의 계산, 최저임금법상 비교대상임금의 시간급 환산, 퇴직급여법상 퇴직금제도의 설정의무 존부 결정 등을 위한 일종의 도구 개념으로 이용되고 있으므로 실근로시간과의 관계에 비추어 소정근로시간의 합의에 관한 규범적 한계가 존재할 수밖에 없다. 사납금제하에서 택시근로자의 근로시간을 해당지역에서 택시근로자가 평균적인 노동 강도로 근무하여 사납금 상당액의 수입을 올릴 수 있는 시간(사납금 소요시간)과 초과운송수입금을 얻기

---

259 대법원 2024. 6. 27. 선고 2024다216828 판결, 대법원 2024. 6. 27. 선고 2024다213478 판결, 대법원 2024. 6. 27. 선고 2023다293736 판결, 대법원 2024. 6. 27. 선고 2024다205996 판결, 대법원 2024. 7. 25. 선고 2021다246545 판결 등.

위한 시간으로 구분할 때, 소정근로시간은 적어도 사납금 소요시간과 등치될 수 있을 때 실질적인 의미를 가질 수 있다. 실증적인 분석에 의하면 대부분의 지역에서 소정근로시간이 사납금 소요시간보다 상당한 정도로 짧은 것으로 확인되었으나,[260] 이러한 불합리한 상황을 개선하지 않고 그대로 둔 채 종합적인 사정을 고려하여 탈법행위 여부를 판단하는 것에는 한계가 있다. 결국 장기적으로는 소정근로시간을 사납금 소요시간과 일치시키는 방향으로 나아가되, 과도기적으로는 소정근로시간 단축의 한계를 사납금 소요시간과 연계하여 설정할 필요가 있다. 소정근로시간이 최장시간인 법정근로시간(주 40시간)으로 정해졌을 때(1주일에 6일 근무하는 것을 전제로 1일 6시간 40분)의 사납금 소요시간과 비교하여 소정근로시간을 단축하였을 때의 사납금 소요시간이 소정근로시간 단축비율만큼 단축되었다면 소정근로시간의 단축을 유효한 것으로 볼 수 있으나, 그렇지 않은 경우에는 소정근로시간을 단축한 것은 이 사건 특례규정의 적용을 잠탈하기 위한 것이라고 강력하게 추단할 수 있을 것이다.

일본은 택시근로자의 비교대상 임금에 생산고에 따른 임금을 포함시키고 있는데, 그 제도적 기초가 되는 운송수입금 납입방식

---

260 박경열, "소정근로시간 단축의 사법적 효력-대법원 2019 4 18 선고 2016다2451 전원합의체 판결 및 후속 하급심판결에 대한 평가와 전망", 사법 제64호, 사법발전재단(2023), 809~813.

과 근로시간 산정방식이 우리와 다르다. 일본의 경우 택시운송사업자가 운송수입을 전액 관리하면서 운송수입에 따라 성과급을 지급하고, 근로시간을 개인별로 정확하게 측정하여 연장·야간·휴일근로에 대한 가산임금을 지급하는 등 근로시간에 따른 임금을 지급할 수 있는 여건이 마련되어 있기 때문에 이 사건 특례조항과 같은 예외적 조항을 둘 필요가 없다.[261] 운송수입금 전액관리제의 도입에도 불구하고 변형된 형태의 사납금제가 자리 잡고 있는 한 이 사건 특례조항의 입법취지는 유효할 수밖에 없고, 그 입법취지를 강조한 다수의견은 계속해서 의미를 가질 수밖에 없다.[262] 완전월급제 또는 전액관리제를 전면적으로 실시하는 방향으로 나아가는 것이 정도(正道)이다.

다) **대법원 2019. 8. 22. 선고 2016다48785 전원합의체 판결**의 쟁점은 사용자가 선택적 복지제도를 시행하면서 단체협약, 취업규칙 등에 근거하여 근로자들에게 계속적·정기적으로 배정한 복지포인트가 임금과 통상임금에 해당하는지 여부이다. 다수의견은 이 사건과 같은 복지포인트는 지급의무의 발생이 근로제공과 직접적으로 관련되거나 밀접하게 관련된 것으로 볼 수 없기 때문에

---

261 한인상, "최저임금법 제6조 제5항(택시운전근로자 최저임금 산입범위에 대한 입법영향분석", 현안보고서 Vol. 209, 국회입법조사처(2013), 224.

262 박경열(주 260), 825.

근로기준법상 임금에 해당하지 않고 통상임금에도 해당하지 않는다는 견해이다. 별개의견은 사용자가 복지포인트를 배정하고 근로자가 이를 사용하는 일련의 과정을 임금 지급으로 평가할 수 있고 복지포인트의 배정 자체만으로 임금 지급이 완료되었다고 할 수 없으므로, 근로자별 복지포인트 미사용액에 대한 고려 없이 배정액 전부를 통상임금에 해당한다고 본 원심판단은 위법하다는 것이다. 반대의견은 계속적·정기적으로 배정되고, 배정에 관하여 단체협약이나 취업규칙 등에 근거하여 사용자에게 의무가 지워져 있는 복지포인트는 근로의 대가로 지급되는 금품이고 통상임금에도 해당하며, 복지포인트의 임금성 및 통상임금성을 인정하는 것은 임금체계의 개선과 노동현장의 법적 안정성이라는 거시적이고 미래지향적인 관점에서 보더라도 바람직하다는 것이다.

임금인상에 관하여 정부의 통제를 받는 공공부문 사업장에서 임금인상을 억제하는 대상으로 지급된 복지포인트의 경우 근로의 대가성을 긍정하는 것이 실태에 부합하는 판단이라는 지적이 있다.[263] 반대의견에 대한 보충의견은 근로기준법상 가산임금 제도의 취지가 제대로 기능하지 못하여 우리나라 근로자들이

263 권오성, "복지포인트의 임금성: 대법원 2019. 8. 22. 선고 2016다48785 전원합의체 판결", 노동법실무연구 제4권: 김선수 대법관 퇴임기념, 사법발전재단(2024), 65.

지나치게 긴 시간 일하고 있는데, 여기에는 대법원이 임금 또는 통상임금에서 제외하는 급여 항목들을 다수 인정해 온 것에 책임이 있으며, 이 사건 전원합의체 판결로 임금 및 통상임금에 해당하지 않는 급여 항목 하나를 추가로 인정함으로써 시대적 요청에 부응하지 못했다는 점을 지적함으로써 임금성과 통상임금성 판단에 관한 법원의 경향성을 자성하는 의견을 밝혔다.[264]

다수의견은 이 사건 복지포인트와 같은 특징을 가지고 있는 복지포인트에 대해 최초로 법적 성격을 판단해줌으로써 관련된 논란을 정리해주었다는 점에서 의의가 있고, 향후 복지포인트와 관련하여 해석지침 내지 판단기준으로 기능할 것으로 예상된다.[265] 대법원은 2024. 12. 24. 선택적 복지제도를 실시하면서 소속 임직원들에게 배정한 복지포인트가 구 소득세법 제20조 제1항의 근로소득에 해당하는지 여부에 관하여 선례[266]에 따라 근로소득에 해당한다고 판단했다(2024두34122). 직접적인 근로의 대가에는 해당하지 않지만 '근로를 전제로 그와 밀접히 관련되어 근로조건의

---

264 권오성(주 263), 65.

265 노호창, "선택적 복지제도로 지급한 복지포인트의 임금성 여부", 노동리뷰 제175호, 한국노동연구원(2019), 104.

266 대법원 2016. 10. 27. 선고 2016두39726 판결 등: 소득세법상 근로소득은 지급형태나 명칭을 불문하고 성질상 근로 제공과 대가관계에 있는 일체의 경제적 이익을 포함할 뿐만 아니라, 직접적인 근로의 대가 외에도 근로를 전제로 그와 밀접히 관련되어 근로조건 내용을 이루고 있는 급여도 포함한다.

내용을 이루고 있는 급여'는 대법원 1995. 12. 21. 선고 94다26721 전원합의체 판결에 의하여 폐기된 임금이분설에서 말하는 생활보장적 부분(현실의 근로 제공과는 무관하게 단순히 근로자로서의 지위에 기하여 받는 부분)과 유사한 것으로 보여 그 관계가 어떻게 되는지 문제로 된다. 한편, 과세대상으로서의 근로소득과 노동법 적용대상으로서 근로기준법상 임금이 달리 평가될 수 있는 다른 사례로는 근로제공과는 무관하게 사후적으로 실적에 따라 지급하는 순수한 의미의 성과상여금(또는 실적성과급)을 들 수 있다.

라) **대법원 2020. 1. 22. 선고 2015다73067 전원합의체 판결**의 쟁점은 근로기준법이 정한 기준근로시간을 초과하는 약정근로시간에 대한 임금으로서 월급 또는 일급 형태로 지급되는 고정수당을 시간급 통상임금으로 환산하는 경우, 시간급 통상임금 산정기준이 되는 총근로시간수에 포함되는 약정근로시간수를 산정하는 방법 및 이때 가산수당 산정을 위한 '가산율'을 고려하여야 하는지 여부, 이와 같은 법리는 단체협약이나 취업규칙 등으로 주휴수당에 가산율을 정한 경우에도 동일하게 적용되는지 여부이다. 이에 대하여 종전 판결[267]은 가산율을 고려하여야 한다는 적극설을 취했다.

---

267 대법원 2012. 3. 29. 선고 2010다91046 판결, 대법원 2012. 7. 26. 선고 2011다6106 판결, 대법원 2014. 8. 28. 선고 2013다74363 판결 등.

다수의견은 월급 형태로 지급되는 고정수당의 시간급을 산정하기 위해 필요한 약정 근로시간수를 확정할 때 가산수당 산정을 위한 가산율을 고려해야 할 법적인 근거가 존재하지 않고, 종전 판결에 따르면 기준근로시간을 초과하는 근로시간을 약정함으로써 시간급 통상임금이 실제 가치보다 더 적게 산정되어 근로자 보호의 취지에 어긋나는 결과가 된다는 등의 이유로 실제 약정근로시간수를 기준으로 하여야 하고 가산율을 고려하여서는 아니 된다는 견해를 채택하고, 이에 배치되는 종전 판결을 변경했다. 반대의견은 종전 판결의 견해를 유지하여 주휴수당에 가산율이 정해져 있다면 주휴수당이 그만큼 늘어나고 그에 따라 주휴일에 유급으로 처리되는 시간수가 늘어나므로 가산율이 고려된 유급으로 처리되는 시간수가 시간급 통상임금 산정에 반영되어야 한다는 것이다.

다수의견은 고정수당의 시간급 산정방식에 관한 당사자의 의사가 형성되어 있다고 보기 어려운 사안에서 시간급 통상임금 환산에 적용할 법률의 흠결을 인정하고, 이러한 흠결을 보충하기 위하여 법형성을 한 것으로 볼 수 있다. 이 판결은 '고정수당의 시간급 산정방식에 관한 당사자의 의사가 형성되어 있다고 보기 어려운 사안'을 전제로 하는 것이므로 법정근로시간의 범위 안에서 소정근로시간을 정하는 대부분의 사업장은 물론 '유효'한 포괄임금 약정을 체결한 사업장이나 소위 '고정OT' 약정을 체결하여 법정근로시간 내의 근로와 이를 초과하는 연장근로 등에 대한 임금을 사전에 명확하게 구분한 사업장에 대하여는 적용될 여지가 없다.[268]

마) **대법원 2020. 2. 20. 선고 2019두52386 전원합의체 판결**은 전원일치 의견으로 근로자가 부당해고 구제신청을 하여 해고의 효력을 다투던 중 정년에 이르거나 근로계약기간이 만료하는 등의 사유로 원직에 복직하는 것이 불가능하게 되었으나 해고기간 중의 임금 상당액을 지급받을 필요가 있는 경우, 구제신청을 기각한 중앙노동위원회의 재심판정을 다툴 소의 이익이 있으며, 위 법리는 근로자가 근로기준법 제30조 제3항에 따라 금품지급명령을 신청한 경우에도 마찬가지로 적용된다고 판단하면서 이에 배치되는 종전 판결[269]을 변경했다.

이 판결로 부당해고 구제신청의 구제이익과 재심판정취소소송의 소의 이익에 대한 해석에 커다란 변화가 초래되었고, 특히 "해고를 당한 근로자가 원직에 복직하는 것이 불가능하더라도 부당해고라는 사실을 확인하여 해고기간 중의 임금 상당액을

---

268 권오성, "근로조건 고정수당을 시간급 통상임금으로 환산하는 계산식", 노동리뷰 제180호, 한국노동연구원(2020), 110~111.

269 대법원 1995. 12. 5. 선고 95누12347 판결, 대법원 2001. 4. 10. 선고 2001두533 판결, 대법원 2011. 5. 13. 선고 2011두1993 판결, 대법원 2012. 7. 26. 선고 2012두3484 판결, 대법원 2015. 1. 29. 선고 2012두4746 판결 등.

지급받도록 하는 것도 부당해고 구제명령제도의 목적에 포함된다"는 판단은 재심판정취소의 소의 '소의 이익'뿐만 아니라 노동위원회 단계에서의 '구제이익'의 의미를 해석함에도 영향을 미칠 것이다.[270] 이 판결은 근로기준법 제30조 제3항에 따라 내린 금품지급명령의 독자성을 긍정한 것으로 평가된다.[271]

해고 근로자가 지방노동위원회에 구제신청을 하기 전에 이미 계약기간 만료 또는 정년 도래 등으로 근로관계가 종료한 경우에도 구제이익을 인정할 것인지에 대해서는 그러한 경우에도 구제이익을 긍정하는 것은 '부당한 해고로부터의 구제'라는 부당해고 구제신청제도의 본래 취지를 넘으므로 각하할 수밖에 없다는 견해[272]와 근로자로서는 해고의 정당성 여부에 따라 갱신기대권 인정 여부를 다툴 이익이 있으므로 구제신청 시점에 따라 달리 판단하여야 할 이유가 없다는 견해[273]가 있었다. 2021. 5. 18. 개정 근로기준법 제30조 제4항은 "노동위원회는 근로계약기간의 만료, 정년의 도래 등으로 근로자가 원직복직(해고 이외의 경우는 원상회복을 말한다)이 불가능한 경우에도…구제명령이나 기각결정

---

270 권오성·박은정, "부당해고구제신청의 구제이익과 소의 이익", 노동법률 제347호, 중앙경제사(2020), 72.

271 강지성, "부당해고 구제절차에서의 구제이익–구제이익 소멸의 판단 기준, 소의 이익과의 관계를 중심으로", 사법논집 제72집, 사법발전재단(2021), 29~34.

272 권오성·박은정(주 270), 72.

273 강선희, "부당해고 구제절차와 소의 이익", 한국노동법학회, 제2판 노동판례백선, 박영사(2021), 209.

을 하여야 한다. 이 경우 노동위원회는 부당해고 등이 성립한다고 판정하면 근로자가 해고기간 동안 근로를 제공했더라면 받을 수 있었던 임금 상당액에 해당하는 금품(해고 이외의 경우에는 원상회복에 준하는 금품을 말한다)을 사업주가 근로자에게 지급하도록 명할 수 있다."라고 규정했다.

대법원 2022. 7. 14. 선고 2020두54852 판결과 같은 날 선고 2021두46285 판결은 근로자가 부당해고 구제신청을 할 당시 이미 정년에 이르거나 근로계약기간이 만료하는 등의 사유로 근로자의 지위에서 벗어난 경우 노동위원회의 구제명령을 받을 이익이 소멸했고, 위 법리는 해고 이외의 징계나 그 밖의 징벌 등에 대한 구제신청에 대하여도 마찬가지로 적용된다고 판단했다. 개정 근로기준법 제30조 제4항은 구제신청 당시 이미 근로계약관계가 소멸하여 근로자의 지위에서 벗어난 경우에까지 구제이익을 인정해야 한다는 의미로는 해석되지 않는다고 보았다. 위 판결들이 구제이익의 인정 여부를 노동위원회에 구제신청을 하는 시점에서 근로계약관계가 존재하는지에 따라 판단하도록 하여 그 기준이 명확해졌다는 점은 긍정적이나, 금전보상명령의 독립성을 인정한 이 사건 전원합의체 판결의 취지에 비추어 문제가 있다는 지적이 있다.[274] 그러나 위와 같은 사안의 경우에는 노동위원회를 통한 행정적 구제

274 김장식, "부당해고 구제신청에 있어서의 구제이익", 노동법률 제383호, 중앙경제사(2023), 142~143.

절차를 이용하도록 하는 것보다는 바로 법원을 통한 사법적 구제 절차를 밟도록 하는 것이 사법제도의 본질에 부합한다.

바) **대법원 2020. 8. 27. 선고 2016다248998 전원합의체 판결**의 쟁점은 대기업인 피고 회사들이 노동조합과 체결한 단체협약에서 업무상 재해로 조합원이 사망한 경우에 직계가족 등 1인을 특별채용하도록 규정한 이른바 '산재 유족 특별채용 조항'이 민법 제103조에 의하여 무효인지 여부이다. 제1심[275]과 제2심[276]은 위 단체협약 조항이 민법 제103조에 위반되어 무효라고 판단했다. 대법원은 이 사건의 법리적 중요성과 사회적 영향력 등을 고려하여 2020. 6. 17. 공개변론을 진행한 후에 판결을 선고했다.

다수의견은 산재 유족 특별채용 조항이 피고의 채용의 자유를 과도하게 제한하는 정도에 이르거나 채용 기회의 공정성을 현저히 해하는 결과를 초래했다고 볼 특별한 사정을 인정하기 어려우므로 사회질서에 위반되어 무효라고 볼 수 없다는 견해를 채택하여 원심판결을 파기환송했다. 반대의견은 특정한 목적을 달성하기 위해 기업의 필요성이나 업무능력과 무관한 채용기준을

---

275 서울중앙지방법원 2015. 10. 29. 선고 2014가합17034 판결[판사 이정호(재판장) 박나리 윤동현].

276 서울고등법원 2016. 8. 18. 선고 2015나2067268 판결[판사 여미숙(재판장) 김재형 위광하].

채택하기로 노사가 합의한 경우 그러한 기준이 해당 기업에 대한 구직희망자들이나 다른 조합원을 합리적 이유 없이 차별하는 것이어서 공정한 채용에 관한 정의 관념과 법질서를 벗어난 경우에는 민법 제103조가 정하는 사회질서에 위반되는 법률행위로 평가할 수 있으므로 원심판단은 정당하다는 것이다.

다수의견은 산재 유족 특별채용에 관한 제반 법적 쟁점에 대한 학계의 다양한 의견을 수렴하여 단체협약과 민법 제103조의 관계, 채용의 자유의 근거와 처분 가능성, 채용의 자유와 공정성의 관계, 산재 유족 특별채용 조항의 법정 외 재해보상으로서의 성격 및 부양공동체의 보호 필요성 등에 관한 체계적인 판단을 제시했다는 점에서 의의가 크다.[277] 산재 유족 특별채용조항은 도입배경이나 내용에 비추어 볼 때, 사용자의 채용의 자유를 박탈하거나 제3자의 구직에 관한 기대이익을 박탈하기 위한 것이 아니라, 업무상 재해로 사망한 근로자 유족의 소득을 보장하기 위한 것이므로, 단체협약으로 근로기준법상 사용자의 재해보상 책임을 보충하는 법정 외 보상방법을 규정한 것으로 평가되어야 한다.[278]

---

277 권오성, "산재 유족 특별채용 단체협약 규정의 적법성", 한국노동법학회, 제2판 노동판례백선, 박영사(2021), 345.

278 권오성, "산재유족 특별채용 단체협약 조항의 적법성-대법원 2020. 8. 27. 선고 2016다248998 전원합의체 판결", 노동리뷰 제187호, 한국노동연구원(2020), 296.

사) **대법원 2020. 9. 3. 선고 2016두32992 전원합의체 판결**은 고용노동부장관이 2013. 10. 24. 전교조에 대하여 「교원의 노동조합 설립 및 운영 등에 관한 법률」(약칭 '교원노조법') 제14조 제1항, 노조법 제12조 제3항 제1호, 제2조 제4호 라목 및 교원노조법 시행령 제9조 제1항, 노조법 시행령 제9조 제2항에 의하여 '교원노조법에 의한 노동조합으로 보지 아니함'을 통보한 처분에 대하여 전교조가 취소를 청구한 사건에 대한 것이다. 전교조는 교원노동조합이 허용되지 않던 1989. 5. 28. 전국의 국·공립학교와 사립학교의 교원을 조합원으로 하여 설립되었다. 교원노조법이 1999. 1. 29. 제정되어 1999. 7. 1. 시행됨에 따라 교원노동조합의 설립이 허용되었다. 전교조는 1999. 7. 1. 노동부장관에게 설립신고를 했고, 노동부장관은 같은 달 2. 설립신고를 수리하고 신고증을 교부했다. 고용노동부장관은 그로부터 14년도 더 지나 전교조에 대하여 이 사건 법외노조통보처분을 했던 것이다.

다수의견은 노조법 시행령 제9조 제2항이 법률의 위임 없이 법률이 정하지 아니한 법외노조 통보에 관하여 규정함으로써 헌법상 노동3권을 본질적으로 제한하여 그 자체로 무효이고, 노조법 시행령 제9조 제2항에 기초한 법외노조 통보는 법적 근거를 상실하여 위법하다는 견해를 취했다. 별개의견 1(김재형 대법관)은 노조법 시행령 제9조 제2항은 합헌이나, 노조법 제2조 제4호 단서 라목은 '원래 조합원이었던 근로자가 해직되더라도 조합원

자격을 유지하도록 하는 경우'에는 적용되지 않는다고 보아야 하며, 전교조를 '법외노조'로 보는 것 자체가 잘못이므로 이를 전제로 한 법외노조 통보는 위법하다는 것이다. 별개의견 2(안철상 대법관)는 법외노조 통보는 수익적 행정처분인 노동조합설립신고수리의 직권취소 또는 철회를 의미하므로, 노조법 시행령 제9조 제2항의 무효 여부와 관계없이 법외노조통보의 적법 여부를 판단하여야 하는데, 전교조의 위법사항이 노동조합으로서의 지위 자체를 박탈할 정도의 것이라 할 수 없어 과도한 법외노조통보는 위법하다는 것이다. 반대의견(이기택, 이동원 대법관)은 행정관청은 행정법의 일반법리에 따라 법률에 명시적인 근거 규정이 없더라도 결격사유가 있는 노동조합에 대하여 설립신고수리를 사후적으로 취소·철회할 수 있고, 이를 주의적·확인적으로 규정한 노조법 시행령 제9조 제2항은 모법인 노조법의 구체적 위임이 없더라도 적법·유효하다는 것이다.

노조법 제2조 제4호 본문은 노동조합의 정의에 대하여 적극적으로 규정하고, 단서에서 5개 항목으로 소극적 요건을 규정하면서 라목으로 '근로자가 아닌 자의 가입을 허용하는 경우'를 정하고 있다. 노조법 제2조 제4호 단서 라목은 유일하게 우리나라에만 있는 독특한 규정으로서[279] 기업별 노조를 강제하던 시절의

---

279 일본 노동조합법도 우리 노조법과 유사하게 본문으로 적극적 요건을, 단서로 소극적 요건을 규정하고 있다. 다만 우리 노조법 제2조 제4호 단서 라목을 제외한 4가지만 규정하고 있다.

시대착오적인 잔재에 불과하므로 시급히 삭제되어야 한다.[280] ILO 결사의 자유 위원회는 노조법 제2조 제4호 라목을 폐지함으로써 결사의 자유 원칙 위반 상황을 신속하게 종결할 것을 권고한 바 있다.[281] 노조법 제2조 제4호 단서 라목의 위헌 여부와 해석 문제도 검토의 여지가 있으나, 다수의견은 굳이 이 단계까지 나아가지 않고 이 사건 해결에 필요한 최소한의 범위에서 노조법 시행령 제9조 제2항의 위헌·위법성만을 판단했다.

이 판결에서 다수의견과 별개의견 그리고 반대의견은 각각 법철학적 전통에서 파생된 4가지 법해석론(법형식주의, 법실증주의, 법원리론, 법현실주의)에 입각한 다양한 논거들을 제시했고, 동일한 법률규정과 법현상을 바라보는 시각이 관점에 따라 확연하게 다르다는 점을 확인할 수 있다.[282] 헌법 제33조 제1항이 보장한 근로자의 자주적인 단결권의 내용인 노동조합자유설립주의 원칙이라는 관점에서 보면, 다양한 법해석론의 차이에도 불구하고 법률의 위임 없이 법외노조통보처분을 할 수 있도록

---

280 김선수, "전교조 법외노조 통보처분 취소 소송의 쟁점-대상판결: 서울행정법원 2014. 6. 19. 선고 2013구합26309 판결", 노동법연구 37호, 서울대학교노동법연구회(2014), 195.

281 김동현·이혜영(주 205), 243-244.; ILO CFA, 307th Report (1997), Case No. 1865 (Republic of Korea), para. 224, 333; ILO CFA, 353rd Report (2009), Case No. 1865, para. 749(c)(v).

282 김선화, "법해석론의 관점에서 본 전교조 법외노조 통보처분 취소 판결 -대법원 2016두32992 전원합의체 판결을 중심으로", 사법 제55호, 사법발전재단(2021), 700-701, 752.

규정한 시행령 조항을 근거로 한 법외노조통보처분은 자유설립주의 원칙을 침해하는 것으로 볼 수 있다. 다수의견은 노동3권의 실현을 위한 기본적 전제이자 토대로서 노동조합의 지위, 노동3권의 구체적 권리성과 단결권의 본질로서 자유권성 등을 정면으로 인정했다.[283] 근로자는 온전하게 노동조합에 가입하고 활동할 권리를 가지며, 누구를 조합원으로 할지는 조합원의 민주적 총의에 따른다는 원칙이 확인되기까지 오랜 시간이 걸렸다는 평가다.[284]

현행 설립신고제도가 운영되고 있는 현실을 살펴보면, 행정관청의 심사와 설립신고서반려제도가 결합하여 노동조합 설립에 대한 행정관청의 통제장치로 기능한다.[285] 노동조합설립에 관하여 행정관청의 허가를 받도록 하는 허가주의는 위헌이며, 행정관청이 행정상 관리를 위하여 설립신고제도를 운영할 수는 있으나 설립신고서를 반려함으로써 사실상 허가주의와 같이 운영한다면 이 역시 위헌이다. 사법기관이 아닌 행정관청이 노동조합의 자격을 심사할 수 있도록 하는 제도는 세계적으로 유례를 찾기 어렵고, 노동조합설립신고서 반려처분은 '사전적 심사'에 해당한다고

---

283 강성태, "법외노조 통보의 위법성", 한국노동법학회, 제2판 노동판례비판, 박영사(2021), 297.

284 노상헌, "노동조합 전교조에 대한 법외노조 통보는 위법하다", 노동리뷰 제187호, 한국노동연구원(2020. 10.), 183.

285 김선수(주 280), 172.

볼 여지가 있으며, 자의적 심사도 가능하므로 ILO 제87호 협약 제2조 위반 여부 문제가 여전히 남아있다.[286]

수만 명의 조합원을 가진 전교조가 13년 이상 합법적으로 활동해왔는데, 몇 명의 해고자가 조합원으로 있다는 이유로 법외노조통보처분을 하는 것은 비례성의 원칙에 비추어 보아도 정당성을 인정하기 어렵다. 이 사건 법외노조통보처분은 당시 정권에 의하여 정치적 고려에 따라 이루어진 측면이 있는데,[287] 대통령 탄핵 이후 출범한 문재인 정부가 출범과 동시에 고용노동부장관이 직권으로 취소 내지 철회함으로써 이 문제를 해결할 수도 있었다. 행정관청이 잘못된 처분을 직권으로 취소하거나 철회하는 것은 얼마든지 가능하고, 나아가 분쟁을 자율적으로 해결하는 것이 보다 바람직하기 때문이다. 과잉사법화가 사회적 문제로 부각되고 있는 사정에 비추어 보면 이 사건을 대법원이 판결할 때까지 정부가 자율적으로 해결하지 못한 것은 우리 사회가 반성할 지점이라고 할 수 있다. 법외노조통보처분의 근거 조항이었던 노조법 시행령 제9호 제2항은 2021. 6. 29. 개정 노조법 시행령에 의하여 해당 부분이 삭제됨으로써 근원적으로 해결되었다.

---

286 김동현·이혜영(주 205), 302.

287 김선수(주 280), 159~161.

아) **대법원 2021. 3. 18. 선고 2018두47264 전원합의체 판결**의 쟁점은 구 고용보험법 제70조 제2항[288]에서 정한 육아휴직급여 청구권 권리행사기간의 법적 성격과 위 규정의 규범적 의미이다.

다수의견은 육아휴직급여 청구권의 권리행사기간의 법적 성격은 제척기간이고, 그 규범적 의미는 강행규정이라는 견해를 취했다. 반대의견은 구 고용보험법 제70조 제2항은 절차적 규정으로서 그 기간이 경과하더라도 육아휴직급여를 받을 권리는 소멸하지 않는 훈시규정이며, 육아휴직급여 청구권은 소멸시효에 관한 구 고용보험법 제107조 제1항에서 정한 기간이 경과한 때 시효로 소멸한다는 것이다.

다수의견은 육아휴직급여 수급권의 사회보장수급권으로서의 추상적 권리성을, 반대의견은 재산권으로서의 구체적 권리성을 강조한다.[289] 다수의견은 육아휴직급여의 재원에 대해 별다른 천착을 하지 않지만, 반대의견은 육아휴직급여는 사업주와 근로자가 납부하는 보험료를 주된 재원으로 하고, 국가가 이를 관리·

---

288 육아휴직급여를 지급받으려는 사람은 육아휴직을 시작한 날 이후 1개월부터 육아휴직이 끝난 날 이후 12개월 이내에 신청하여야 한다. 다만, 해당 기간에 대통령령으로 정하는 사유로 육아휴직급여를 신청할 수 없었던 사람은 그 사유가 끝난 후 30일 이내에 신청하여야 한다.

289 김선화, "육아휴직급여 수급권의 성격 및 신청기간에 대한 법해석-대법원 2021 3 18 선고 2018두47264 전원합의체 판결을 중심으로", 재판자료 제144집: 젠더법 실무연구, 법원도서관(2023), 1167.

운용하고 있는데, 육아휴직 여부가 근로자의 선택에 맡겨져 있더라도 일단 육아휴직을 한 근로자에게 육아휴직급여를 지급하는 것은 고용보험을 관리하는 기관의 책무라는 점을 지적한다. 고용보험관리기관이 근로자에게 육아휴직급여를 지급할 책무가 있다고 하는 것은 당해 근로자에게 육아휴직급여를 지급받을 적극적인 권리가 있다는 의미이기도 하다.[290] 다수의견이 가장 주요한 논거로 삼고 있는 것은 육아휴직급여를 육아휴직이 끝난 날 이후 '12개월 이내에 신청하여야 한다'는 법문언이고, 반대의견이 논거로 들고 있는 것은 육아휴직급여제도의 취지, 제도의 변천에 따른 입법자의 의사, 법해석이 초래할 결과 등이다. 다수의견은 문언주의적 법해석론을, 반대의견은 목적론적 법해석론을 취하고 있다고 평가할 수 있다. 반대의견은 이유설시 과정에서 육아휴직을 통해 돌봄의 현장에 투입되는 근로자가 직면하는 실제적인 삶의 양태를 언급함으로써 육아휴직급여제도를 이용하는 수범자들의 구체적인 시각과 인식의 눈높이에서 법해석을 전개했다는 평가가 있다.[291]

자) **대법원 2021. 9. 9. 선고 2017두45933 전원합의체 판결**의 쟁점은 2007. 12. 14. 개정으로 신설된 구 산재보험법 제37조

---

290 김선화(주 289), 1182.

291 김선화(주 289), 1192~1995.

제1항[292]을 산재보험법상 '업무상의 재해'를 인정하기 위한 업무와 재해 사이의 상당인과관계에 관한 증명책임을 근로복지공단에 분배하거나 전환하는 규정으로 볼 수 있는지 여부이다. 종전 판결[293]은 일관되게 산재보험법상 업무상 재해라 함은 근로자가 업무수행 중 그 업무에 기인하여 발생한 재해를 말하므로 업무와 재해 사이에 상당인과관계가 있어야 하고, 근로자의 업무와 재해 사이의 상당인과관계에 관하여는 이를 주장하는 측에서 증명해야 한다고 판단하여 왔다.

다수의견은 종전 판례를 유지하여 증명책임이 전환되지 않았다는 견해이다. 반대의견은 구 산재보험법 제37조 제1항에 따르면, '업무상의 재해'의 인정 요건 가운데 본문 각 호 각 목에서 정한 업무관련성이나 인과관계에 대해서는 이를 주장하는 자가 증명하고, 단서에서 정한 '상당인과관계의 부존재'에 대해서는 상대방이 증명해야 한다고 보아야 하며, '업무상 재해'에 관한 이러한 증명책임 원칙에 반하는 종전 판결은 변경되어야 한다는 것이다.

이 사건 조항의 해석에서 고려해야 하는 이익과 원리, 즉 근로자 보호라는 목적과 그 이념적 기초인 사회국가원리에 비추어

---

292 근로자가 다음 각 호의 어느 하나에 해당하는 사유로 부상 · 질병 또는 장해가 발생하거나 사망하면 업무상의 재해로 본다. 다만, 업무와 재해 사이에 상당인과관계가 없는 경우에는 그러하지 아니하다.

293 대법원 1989. 7. 25. 선고 88누10947 판결, 대법원 2000. 5. 12. 선고 99두11424 판결, 대법원 2007. 4. 12. 선고 2006두4912 판결 등.

보면, 증명책임이 공단에 있다고 보는 것이 최선의 구성적 해석이 된다고 볼 수 있다. 소송법상 증명책임의 의미와 기능을 고려하면 이러한 해석이 우리법의 전통이나 맥락을 일탈했다고 보기도 어렵다는 평가가 있다.[294] 국가인권위원회는 2012년 업무상 증명책임 문제를 개선하라고 권고한 바 있고(2012. 6. 13. '산업재해보상보험제도 개선 권고'), 국제연합(UN) 인권특별보고관의 2016년 한국방문 보고서도 한국의 산재보험제도가 근로자들에게 과도한 증명책임을 지우고 있다고 우려했다.[295] 전원합의체 판결로 현행법 해석상 증명책임이 전환되지 않았다고 판단했기 때문에 증명책임을 전환했다고 다시 판단하기 위해서는 전원합의체 판결로 이 판결을 변경하거나 아니면 법률을 개정하는 방법밖에 없다.

대법원 전원합의체 판결의 반대의견이 가장 빠른 시간 안에 입법된 예로는 미성년이었던 상속인이 성년이 된 후에 특별한정승인을 신청한 사건에 관한 대법원 2020. 11. 19. 선고 2019다232918 전원합의체 판결을 들 수 있다. 다수의견은 법정대리인의 인식을 기준으로 하여 제척기간이 지나 기존의 단순승인의 법률관계가 확정된다는 견해였으나, 반대의견(민유숙, 김선수,

---

294 신철순, "산재보험법상 업무상 재해의 상당인과관계에 대한 증명책임의 소재-로널드 드워킨의 법이론의 관점에서 대법원 2021. 9. 9. 선고 2017두45933 전원합의체 판결", 행정판례연구 제27권 제2호, 행정판례연구회(2022), 289.

295 노동법실무연구회(주 48), 609.

노정희, 김상환 대법관)은 상속인이 성년에 이르러 상속채무 초과사실을 알게 된 날부터 3월 안에 특별한정승인을 할 수 있다고 보아야 한다는 견해를 취했다. 전원합의체 판결의 반대의견을 반영한 민법 제1019조 제4항[296]을 신설하는 개정안이 2022. 11. 24. 국회를 통과하여[297] 12. 13. 공포되었다. 전원합의체 판결 선고 이후 2년 만에 반대의견을 반영하는 입법이 이루어졌다. 위 판결에서 김재형, 이동원 대법관은 다수의견에 대한 보충의견에서 미성년 상속인을 상속채무로부터 보호할 필요성에 대해서는 반대의견의 문제의식에 충분히 공감하고, 미성년자를 보호할 수 있는 특별한 제도를 마련하는 것이 입법론적으로 바람직하다는 점을 특별히 지적했다.

이 사건 판결에서 노정희, 노태악 대법관은 다수의견에 대한 보충의견에서 산재보험제도의 근본적인 개선은 충분한 사회적 논의를 거쳐 입법적으로 해결하는 것이 법적 안정성과 예측가능성을 담보할 수 있는 길이라는 점을 지적했다. 가능한 한 빠른 시간 안에 국가인권위원회의 권고와 유엔 인권특별보고관의 우려를 반영하여 법률을 개정할 필요가 있다.

---

296 미성년자인 상속인이 상속채무가 상속재산을 초과하는 상속을 성년이 되기 전에 단순승인한 경우에는 성년이 된 후 그 상속의 상속채무 초과사실을 안 날부터 3개월 내에 한정승인을 할 수 있다.

297 국회 본회의 회의록 제400회 국회(정기회) 제13호, 6. <https://likms.assembly.go.kr/record/mhs-10-050.do>.

차) **대법원 2022. 3. 24. 선고 2021다241618 전원합의체 판결**은 대법원 2021. 3. 18. 선고 2018다287935 전원합의체 판결[298]을 이어받아 근로복지공단이 제3자의 불법행위로 재해근로자(유족 등 보험급여 수급자 포함)에게 보험급여를 한 다음 산재보험법 제87조 제1항에 따라 재해근로자의 제3자에 대한 손해배상청구권을 대위할 수 있는 범위에 관하여 보험급여 중 제3자의 책임비율에 해당하는 금액이라는 견해를 채택하고, 산재보험법에 따라 보험급여를 받은 재해근로자가 제3자를 상대로 손해배상을 청구할 때 손해 발생에 재해근로자의 과실이 경합된 경우, 재해근로자의 손해배상청구액을 산정하는 방식은 보험급여와 같은 성질의 손해액에서 보험급여를 공제한 후 과실상계하는 방식을 채택했으며(공제 후 과실상계 방식), 산업재해가 사업주와 제3자의 공동불법행위로 발생하고 손해 발생에 재해근로자의 과실이 경합된 경우 근로복지공단이 재해근로자의 제3자에 대한 손해배상청구권을 대위할 수 있는 범위는 보험급여에서 재해근로자의 과실비율 상당액을 공제한 다음 여기서 다시 재해근로자가 배상받을 손해액 중 사업주의 과실비율 상당액을 공제한 차액이며, 사업주나 제3자의 손해배상 후 재해근로자가 보험급여를 받은 경우 근로

---

298 국민건강보험법에 따른 보험급여를 받은 피해자의 가해자에 대한 치료비 손해배상청구권의 대위행사 범위를 산정함에 있어 종래의 '과실상계 후 공제' 방식에서 '공제 후 과실상계' 방식으로 변경하였다.

복지공단이 산재보험법 제84조에 따라 재해근로자에게 부당이득으로 징수할 수 있는 범위는 보험급여 중 사업주나 제3자의 책임 비율에 해당하는 금액이라는 견해를 채택했다. 이와 배치되는 종전 판결들[299]을 모두 변경했다.

---

299 1) 산재보험법에 따라 보험급여를 받은 재해근로자가 사업주나 제3자 및 보험자에 대해 손해배상청구 또는 직접청구를 할 경우 그 보험급여의 공제 순서 및 범위, 또는 공단이 제3자나 그 보험자에 대해 재해근로자의 손해배상청구권을 대위할 수 있는 범위에 관하여, 손해 발생에 재해근로자의 과실이 경합된 경우에는 먼저 '전체 손해액에서 과실상계를 한 다음 거기에서 공단의 보험급여 전액을 공제'하여야 한다거나, 공단이 재해근로자에게 보험급여를 지급함으로써 재해근로자의 보험자에 대한 보험금 직접청구권을 대위 취득하여 '그 한도 내, 즉 보험급여 전액'에서 재해근로자의 보험자에 대한 보험금직접청구권은 감축된다는 취지의 대법원 1989. 4. 25. 선고 88다카5041 판결, 대법원 1990. 2. 13. 선고 89다5997 판결, 대법원 1990. 2. 23. 선고 89다카22487 판결, 대법원 1996. 1. 23. 선고 95다24340 판결, 대법원 2002. 12. 26. 선고 2002다50149 판결, 대법원 2008. 1. 31. 선고 2007다60868 판결, 대법원 2008. 12. 11. 선고 2006다82793 판결, 대법원 2010. 7. 15. 선고 2010다2428, 2435 판결, 대법원 2015. 12. 10. 선고 2015다230228 판결, 대법원 2016. 12. 1. 선고 2016다240093 판결, 대법원 2019. 5. 30. 선고 2016다205243 판결, 대법원 2019. 11. 15. 선고 2019다257368 판결, 대법원 2019. 11. 28. 선고 2018다271633 판결, 대법원 2020. 9. 24. 선고 2020다229260 판결 등, 2) 산업재해가 산재보험 가입 사업주와 제3자의 공동불법행위로 인하여 발생하고, 산업재해 발생에 재해근로자의 과실이 경합한 경우에 공단의 대위 범위에 관하여, '보험급여액'에서 재해근로자가 배상받을 손해액 중 가입 사업주의 과실비율 상당액을 공제하고 차액이 있는 경우에 한하여 그 차액에 대하여만 공단이 제3자에 대하여 구상할 수 있는데, 이때 '보험급여액'을 재해근로자의 과실 부분 상당액을 공제하지 아니한 '보험급여 전액'임을 전제로 판단한 대법원 2002. 3. 21. 선고 2000다62322 전원합의체 판결, 대법원 2002. 9. 24. 선고 2002다36303 판결, 대법원 2005. 3. 11. 선고 2004다68250 판결, 대법원 2005. 11. 25. 선고 2005다54463 판결, 대법원 2010. 1. 28. 선고 2008다65686, 65693 판결, 대법원 2010. 4. 29. 선고 2009다98928 판결, 대법원 2010. 5. 13. 선고 2007다82059 판결, 대법원 2011. 3. 24. 선고 2010다84512 판결, 대법원 2014. 1. 16. 선고 2013다212004 판결, 대법원 2018. 4.

국민건강보험공단이나 근로복지공단의 대위권 행사 범위와 관련하여 대법원이 전원합의체 판결로 판례를 변경하는 중요한 이유로 제시한 것은 피보험자에 대한 충분한 보상의 필요성과 각 사회보험제도가 갖는 취지와 목적이다. 산재보험법 제87조와 같이 근로복지공단의 대위권 행사가 규정되고 있는 것은 근로복지공단의 보험재정을 확보하려는 취지도 포함되어 있고, 근로복지공단이 재해근로자의 손해배상청구권을 대위할 수 있는 범위를 늘릴수록 보험재정에 도움이 되는 것이 사실이지만, 산재보험법의 입법취지와 산재보험제도의 사회보장적 성격에 비추어 보면, 재해근로자의 이익이 보험재정의 확보보다 우선적으로 고려되어야 한다는 측면에서 판례 변경을 긍정적으로 평가할 수 있다.[300]

카) **대법원 2023. 5. 11. 선고 2017다35588, 35595 전원합의체 판결**의 쟁점은 사용자가 취업규칙을 근로자에게 불리하게 변경

---

24. 선고 2016다220808 판결, 대법원 2019. 4. 3. 선고 2016다247735 판결 등, 3) 산재보험법상 보험급여 수급권자가 불법행위자인 산재보험 가입 사업주 또는 제3자로부터 동일한 사유로 보험급여에 상당하는 손해배상을 받음으로써 공단의 보험급여 의무가 면제되는 한도에 관하여 '재해근로자의 과실비율이 제외되지 아니함을 전제로 보험급여 전액'이라는 취지로 판단한 대법원 1978. 2. 14. 선고 76다2119 전원합의체 판결, 대법원 2007. 6. 15. 선고 2005두7501 판결 등.

300 박은정, "산재보험법 제87조에 따른 근로복지공단의 대위권 행사 범위 -대법원 2022. 3. 24. 선고 2021다241618 전원합의체 판결", 노동리뷰 제206호, 한국노동연구원(2022), 122.

하면서 근로자의 집단적 의사결정방법에 따른 동의를 받지 못한 경우라 하더라도 해당 취업규칙의 변경에 사회통념상 합리성이 있다는 이유만으로 유효성을 인정할 수 있는지 여부이다. 이에 대하여 종전 판결[301]은 일관되게 유효하다고 판단하면서 다만 사회통념상 합리성이 있는지 여부를 판단할 때 근로자 과반수의 동의를 얻도록 한 근로기준법의 취지를 고려하여 엄격하게 판단하여야 한다는 견해를 취하여 왔다. 이러한 종전 판결에 대해서는 근로기준법의 명문 규정과 입법취지에 정면으로 반하는 것으로서, 우리나라와는 전혀 다른 법률규정을 가지고 있는 일본 최고재판소의 견해를 그대로 따른 것에 불과하므로 변경되어야 한다는 지적이 있어왔다.

다수의견은 위 사안의 경우 사회통념상 합리성 법리를 폐기하여 원칙적으로 무효이며, 다만 노동조합이나 근로자들이 집단적 동의권을 남용했다고 볼 만한 특별한 사정이 있는 경우에는 그 동의가 없더라도 취업규칙의 불이익변경을 유효하다고 볼 수 있다고 판단했다. 그리고 이에 배치되는 종전 판결들을 모두 변경했다. 별개의견은 종전 판결의 견해를 유지하여야 한다는 것이다.

---

301 대법원 1978. 9. 12. 선고 78다1046 판결, 대법원 1988. 5. 10. 선고 87다카2853 판결, 대법원 2001. 1. 5. 선고 99다70846 판결, 대법원 2002. 6. 11. 선고 2001다16722 판결, 대법원 2005. 6. 23. 선고 2004다68953 판결, 대법원 2007. 11. 30. 선고 2005두13247 판결, 대법원 2009. 6. 11. 선고 2007도3037 판결, 대법원 2015. 8. 13. 선고 2012다43522 판결 등.

다수의견은 근로기준법에 강행규정으로 정한 집단적 동의를 사회통념상 합리성으로 대체할 수 없음을 명확히 하여 취업규칙 불이익변경의 유효요건을 법문대로 정립했다는 데에 의의가 있다. 근로자의 집단적 동의권이 갖는 절차적 중요성을 강조하여 사용자로서는 근로자의 집단적 동의를 구하고자 하는 진지한 설득과 노력이 필요하다는 점을 확인함으로써, 취업규칙 변경 절차가 근로조건 기준 결정에 관한 헌법상 인간의 존엄성 보장과 근로기준법상 근로조건의 노사대등결정 이념과 취지에 보다 부합하도록 유도하는 한편, 근로자 측이 집단적 동의권을 남용한 경우에는 예외적으로 불이익한 취업규칙 변경의 효력을 인정할 가능성을 열어둠으로써 구체적 타당성을 기할 수 있도록 했다는 점에서 그 의미가 크다. 노동현장에서 취업규칙을 불리하게 변경할 필요성이 있는 경우 사용자가 진지한 설득과 노력으로 근로자집단의 동의를 구하고 노사 간의 충분한 의견교환과 합의를 통하여 취업규칙을 변경함으로써 근로조건 노사대등결정 원칙이 충실히 구현되도록 하는 것이 다수의견의 취지이다.[302]

취업규칙은 그 연원에 비추어 볼 때 근로자 보호를 위한 공법적·강행적·노동보호적 제도로서 출발했지만 기본적으로 사용자가

---

302 최윤정, "취업규칙 불이익변경에 관한 사회통념상 합리성 법리의 타당성 여부", 대법원판례해설 135호, 법원도서관(2023), 505.

일방적으로 작성한다는 점에서 근로조건 대등결정 원칙과 양립하기 어려운 측면이 강하다. 취업규칙은 노사공동결정을 통한 근로조건 대등결정의 보장과 참여적 노사관계의 필요성이 강조되고 있는 오늘날에는 구시대의 유물이라는 비판도 피할 수 없는 한계가 있다.[303] 따라서 다수의견의 논지와 같이 취업규칙의 작성·변경에 대한 근로자의 참여가 실질화될 수 있도록 근로기준법 제94조 제1항 본문의 의견청취가 실질화될 필요가 있고, 상설적인 종업원 대표제도[304]를 도입하여 집단적 교섭에 기초한 근로조건 대등결정을 실질화할 필요가 있다.[305] 근로조건의 노사공동결정 제도를 도입하는 것이 사회 전체 차원의 비용과 효율성 측면에서도 바람직하다. 취업규칙 불이익변경과 관련하여 노동현장에서 무수한 분쟁이 발생하고 또한 소송도 많이 제기되고 있으며, 소송 결과에 따라서는 사업주 측이 애초 예상했던 것보다 훨씬 많은 부담을 지기도 한다. 노사가 합의하여 근로조건을 결정하는 제도가 도입되면 그 결정과정이 좀 번잡하고 길어질 수 있지만, 그 후에

---

303 박귀천, "취업규칙 불이익변경 시 근로자의 집단적 동의권과 이른바 '사회통념상 합리성': 대상판결: 2023. 5. 11. 선고 2017다35588, 35595 전원합의체 판결", 노동법실무연구 4권: 김선수 대법관 퇴임기념, 사법발전재단(2024), 92~93.

304 이철수, "새로운 종업원대표시스템의 정립", 노동법연구 제45호, 서울대학교노동법연구회(2018), 211~254.

305 문준혁, "취업규칙 불이익변경에 대한 최근 전원합의체 판결의 의의와 한계", 이철수 교수 정년기념논문집 K-노동법과 그의 꿈, 관악사(2024), 195-196.

제기되는 분쟁이나 소송을 예방할 수 있기 때문에 전체적인 비용이나 효율성 차원에서 유리할 수 있다.

타) **대법원 2023. 9. 21. 선고 2016다255941 전원합의체 판결**의 쟁점은 국가가 공무원이 아닌 사람들로서 지방국토관리청장과 기간의 정함이 없는 근로계약을 체결하고 국토관리사무소에서 도로의 유지·보수 업무를 하는 도로보수원 또는 과적차량 단속 등의 업무를 하는 과적단속원으로 근무하는 사람들(이하 '국도관리원')에게 그들과 같거나 유사한 업무를 담당하는 운전직 공무원 및 과적단속직 공무원들에게 지급하는 가족수당과 성과상여금을 지급하지 않은 것이 근로기준법 제6조[306]를 위반한 차별적 처우에 해당하여 불법행위를 구성하는지 여부이다. 대법원 2014. 11. 27. 선고 2011두5391 판결은 기간제법의 차별금지조항(제8조 제1항)이 비교대상 근로자로 들고 있는 '기간의 정함이 없는 근로계약을 체결한 근로자'에 공무원도 포함된다고 판단함으로써 공무원이 기간제근로자의 비교대상 근로자가 될 수 있음을 인정하였다.

다수의견은 국도관리원의 무기계약직 근로자로서의 고용상 지위는 공무원에 대한 관계에서 근로기준법 제6조에서 정한 사회적 신분에 해당한다고 볼 수 없고, 공무원을 본질적으로 동일한

---

306 사용자는 근로자에 대하여 남녀의 성을 이유로 차별적 대우를 하지 못하고, 국적·신앙 또는 사회적 신분을 이유로 근로조건에 대한 차별적 처우를 하지 못한다.

비교집단으로 삼을 수 없으므로 국도관리원에게 비교대상으로 삼은 공무원과 달리 가족수당과 성과상여금을 지급하지 않더라도 불법행위가 성립하지 않는다는 견해이다. 별개의견은 국도관리원이 가지는 무기계약직 근로자의 지위는 근로기준법 제6조의 사회적 신분에 해당하고, 국도관리원과 같은 종류의 업무 또는 유사한 업무를 수행하는 공무원을 비교대상으로 삼아 국도관리원에 대한 차별적 처우 여부를 판단할 수 있지만, 국가가 국도관리원에게 가족수당과 성과상여금을 지급하지 않은 데에는 이를 정당화할 만한 합리적 근거가 있으므로 국가의 손해배상책임은 성립하지 않는다는 것이다. 반대의견은 국도관리원과 같거나 유사한 업무를 담당하고 있는 운전직 공무원 및 과적단속직 공무원은 같은 사업장에서 본질적으로 같거나 유사한 업무를 수행하고 있는 국도관리원의 비교대상 근로자에 해당하고, 국도관리원의 공무직 근로자라는 고용상 지위는 사회적 신분에 해당하며, 국가가 국도관리원에게 가족수당과 성과상여금을 지급하지 않은 데에는 합리적 이유가 없으므로 국가는 국도관리원에게 위 수당에 상당하는 손해를 배상할 책임이 있다는 것이다.

국가인권위원회법 제2조 제3호 및 같은 호 가목은 합리적 이유 없이 사회적 신분 등을 이유로 고용과 관련하여 특정한 사람을 우대·배제·구별하거나 불리하게 대우하는 행위를 '평등권 침해의 차별행위'로 규정하고 있다. 국가인권위원회는 무기계약직,

비정규직 등의 고용형태를 그러한 고용형태가 존속하는 이상 자신의 의사나 능력 발휘와 무관하게 그 지위를 가질 수밖에 없는 상황에서 저평가되고 있다는 점을 근거로 사회적 신분에 포함된다고 보고, 비정규직과 무기계약직 등을 이유로 한 고용상 차별행위에 대하여 적극적으로 차별시정 권고를 해왔다.[307]

다수의견이 '무기계약직'이 '사회적 신분'에 해당하지 않는다고 본 유일한 논거는 '개별근로계약에 따른 고용상 지위는 공무원과의 관계에서' 사회적 신분이 아니라는 것이다. 헌법재판소는 일관되게 "사회적 신분이란 사회에서 장기간 점하는 지위로서 일정한 사회적 평가를 수반하는 것을 의미"한다고 판단했는바,[308] 사회적 신분을 이와 같이 파악하면 다수의견과 같이 비교대상이 누구인지에 따라 달라지는 상대적 개념으로 볼 수 없다. 무기계약직과 같은 고용형태가 사회적 신분에 해당하는지는 고용형태의 고정성 및 부정적인 사회적 평가의 수반 여부 등을 따져서 판단하여야 한다. 그런데 다수의견은 이러한 논증을 생략한 채 '개별근로계약에 따른 고용상 지위'는 '공무원과의 관계'에서 사회적 신분이 아니라고만 선언했을 뿐이다.[309]

---

307 노동법실무연구회(주 109), 579~580.

308 헌재 1995. 2. 23. 선고 93헌바43 결정 등.

309 강선희, "무기계약직인 공무직은 공무원에 대한 관계에서 근로기준법 제6조의 '사회적 신분'에 해당하지 않고 공무원은 비교집단이 아니다 –대법원 2023. 9. 21.

이 판결은 무기계약직 근로자가 공무원을 비교대상자로 지목한 차별사안에 관한 판단으로서, 공무원이 아닌 일반근로자(정규직, 무기계약직 등)를 비교대상으로 하여 차별을 주장하는 사안에 관한 판단은 아니며, 무기계약직의 사회적 신분을 일반적으로 부정한 것도 아니다.[310] 이 판결 이후 대법원은 2024. 9. 12. 근로복지공단이 보험가입조사원 직렬 공무직 근로자들에게 예산이 배정되지 않았다는 이유로 학자금보조비를 지급하지 않은 것은 헌법상 평등원칙과 근로조건에 대한 차별적 처우를 금지하는 근로기준법 제6조, 동일한 사업 내의 동일 가치 노동에 대하여는 동일한 임금을 지급할 것을 규정한 남녀고용평등법 제8조 등을 위반하여 불법행위를 구성한다는 이유로 손해배상책임을 인정한 원심판결에 대하여 소액상고기각 판결을 선고했다(2024다244748).

근로기준법 제6조는 근로자 지위의 특수성이나 근무조건의 결정방식 등에도 불구하고 동일노동을 하는 경우 동일임금을 지급하는 것을 원칙으로 제시하는 것이기 때문에, 다수의견은 근로기준법 제6조의 취지를 근본적으로 몰각한다. 다수의견에 대하

선고 2016다255941 전원합의체 판결", 노동리뷰 제224호, 한국노동연구원(2023), 60~61.

310 최윤정, "공무원을 비교대상자로 하여 무기계약직 근로자에 대한 차별이 성립하는지 여부", 대법원판례해설 제137호, 법원도서관(2024), 611.

여는 근로기준법 제6조가 지향하는 평등권의 보장이라는 헌법적 취지에 비춰봐서 동의하기 어렵다는 평가가 있다.[311] 근로기준법 제6조를 개정하여 '사회적 신분'이라는 용어를 '사회적 지위'로 바꾸고,[312] '고용형태'를 차별금지사유로 추가하는 등의 내용으로 개정한다면,[313] 이 판결은 개정 전의 규정을 전제로 판단한 것이기 때문에 판례 변경 없이도 다른 판단을 할 수 있을 것이다.

나. 조희대 코트: 2023년 12월 이후

1) 조희대 제17대 대법원장 취임 이후 6명의 대법관이 교체되었다. 퇴임한 6명 중 3명이 비서울대 출신이었는데, 새로 취임한

---

311 김정범, "무기계약직 국도관리원에게 공무원에게 지급하는 각종 수당(정근수당, 성과상여금, 가족수당, 직급보조비, 출장여비) 등을 지급하지 않은 것은 차별적 처우 아니다", 판례연구 제37집 제2권, 서울지방변호사회(2023), 180.

312 박은정, "不患寡 患不均, 周急不繼富(대법원 2023. 9. 21. 선고 2016다255941 전원합의체 판결)", 노동법실무연구 제4권: 김선수 대법관 퇴임기념, 사법발전재단(2024), 118.

313 윤석열 대통령이 2023. 1. 11. 전·현직 경제사회노동위원회 위원장들과의 간담회에서 "똑같은 일을 하면서 월급이 크게 차이가 나고 차별을 받는다면 이는 문명국가에서 있을 수 없는 일"이고 "이런 것들을 바로 잡는 게 노동개혁"이라고 말했다. (한국일보, "윤 '똑같은 일 하면서 월급 차이 ... 이를 바로잡는 게 노동개혁'"(2023. 1. 11.), <https://www.hankookilbo.com/News/Read/A2023011116390003898?did=NA>. 이를 받아 2023. 5. 31. 제21대 국회 국민의힘 노동개혁특별위원회 간사 김형동 의원은 근로기준법 개정안을 대표발의(의안번호 22418)했는데, 제6조 제1항의 차별금지사유에 '고용형태'를 추가하고 제2항으로 근로계약의 내용이 다르다는 이유만으로 차별적 처우를 정당화할 수 없다는 조항을 추가하며, 제6조의2로 동일가치노동에 대한 동일임금의 보장 조항을 추가했다.

대법관 중에서는 1명만이 비서울대 출신이다. 여성대법관은 3명 수준을 유지하고 있으나, 순수 재야 출신 대법관의 명맥은 이어지지 못하고 있다.

2) 조희대 대법원장 취임 이후에는 대법원 2024. 12. 19. 선고 2020다247190 전원합의체 판결과 같은 날 선고 2023다302838 전원합의체 판결 등 두 건이 선고되었다. 두 사건은 모두 통상임금에 관한 것으로 2020다247190 사건은 특정 시점에 재직 중인 근로자에게만 지급하는 조건(재직 조건)이 부가된 정기상여금 등의 통상임금 해당 여부가 문제된 사건이고, 2023다302838 사건은 일정 근무일수를 충족하여야만 지급하는 조건(근무일수 조건)이 부가된 정기상여금 등의 통상임금 해당 여부가 문제된 사건이다.

두 판결은 모두 전원일치 의견으로 '고정성'을 통상임금의 개념적 징표로 유지할 것인지 여부에 관하여 소극적 견해를 취하면서 통상임금 개념의 재정립 방향에 대하여 첫째, 통상임금은 법적 개념이므로 원칙적으로 법령상 정의에 충실하게 해석해야 한다(법령 부합성), 둘째 통상임금은 강행적 개념이므로 당사자가 법령상 통상임금의 범위를 임의로 변경할 수 없어야 한다(강행성), 셋째 통상임금은 소정근로의 가치를 온전하게 담아낼 수 있는 개념이라야 한다(소정근로 가치 반영성), 넷째 통상임금은 사전에 명확하게 산정될 수 있어야 한다(사전적 산정 가능성), 다섯째 통상임금 개념은 연장근로 등의 억제라는 근로기준법의 정책 목표에 부합하여야 한다(정책 부합성)는 점을 제시했다. 나아가 재직 조건부 임금과 관련하여 어떠한 임금을 지급받기 위하여 특정 시점에 재직 중이어야 한다는 조건이 부가되어 있다는 사정만으로 그 임금의 소정근로 대가성이나 통상임금성이 부정되지 않으며, 근무일수 조건부 임금과 관련하여 소정근로일수 이내로 정해진 근무일수 조건의 경우 그러한 조건이 부가되어 있다는 사정만으로 그 임금의 통상임금성이 부정되지 않는다고 판시했다. 이에 배치되는 범위에서 대법원 2013. 12. 18. 선고 2012다89399 전원합의체 판결 및 같은 날 선고 2012다94643 전원합의체 판결 등을 변경했다. 다만 판례 변경으로 야기될 파급효과 등을 고려하여 판례 변경의 소급효를 제한하여 이 판결 선고일인 2024. 12. 19. 이후 제공한 연장근로 등에 대한 법정수당은 새로운 법리에 따른 통상임금의 범위를 기초로 그 지급액을 산정하여야 하고, 2024. 12. 18.까지 제공한 연장근로 등에 대한 법정수당은 이 사건 및 병행사건[314]을 제외하고는 종래 법리에 따른 통상임금을 기초로 산정하도록 했다.

통상임금에 관한 2013년 전원합의체 판결이 재직 조건부 또는 근무일수 조건부 임금 항목에 대하여 '고정성' 결여를 이유로

---

314 이 판결 선고 시점에 이 판결이 변경하는 법리가 재판의 전제가 되어 통상임금 해당 여부가 다투어져 법원에 계속 중인 사건들.

통상임금 해당성을 부정하여 문제로 된 이후 11년 만에 다시 전원합의체 판결로 이를 변경했다. 2013년 전원합의체 판결의 선고 직후부터 문제제기가 이루어졌으나,[315] 전원합의체 판결로 선언된 법리를 지나치게 짧은 시간에 전원합의체 판결로 다시 변경한다면 대법원 판결의 권위가 훼손될 우려가 있다는 고려 때문에 그 시기가 늦춰졌다. 그러나 선고 시기가 늦춰지는 바람에 2013년 전원합의체 판결을 신뢰하고 형성된 관계를 전면적으로 부정하기 어려워 판례 변경의 소급효를 제한하는 방식으로 타협적인 판결을 할 수밖에 없게 되었다. 국회가 법률을 개정하여 '고정성' 요건을 명확하게 배제하고 재직 조건과 근무일수 조건이 붙은 임금 항목은 통상임금에 해당하는 것으로 명확하게 규정하면서 경과 규정을 두어 그 적용시기를 조정하여 해결하는 것이 보다 바람직했을 것이다. 국회가 역할을 제대로 수행하지 않아 대법원이 어쩔 수 없이 이 판결들과 같은 형태로 해결할 수밖에 없었던 것으로 보인다.

이 판결을 계기로 임금체계를 보다 단순화하는 방향으로 개편하고, 노동시간을 단축함으로써 통상임금을 도구개념으로 사용하여 연장·야간·휴일근로수당을 산정할 필요 자체를 대폭 감소시키며, 필요하다면 고용을 확대하여 일자리를 창출하는 방향

315 노동법실무연구회(주 109), 328~330.

으로 나아가는 것이 우리 사회 전체를 위하여 보다 바람직하다.

Ⅳ. 맺음말

1. 이상에서 51건의 노동사건에 관한 대법원 전원합의체 판결을 살펴보았다. 쟁점별로 간단하게 정리해본다.

첫째, 산재보험 관련 사건이 12건이고 고용보험 관련 사건이 1건이다. 산재보험 관련 전원합의체 판결은 대체로 사회보험제도로서의 산재보험의 취지와 목적에 비추어 피재근로자에 대한 충분한 보상을 인정하는 방향으로 발전해온 것으로 평가할 수 있다. 다만, 업무와 재해 사이의 상당인과관계에 관한 증명책임이 근로복지공단으로 전환되었는지 여부에 대해 소극적 견해를 유지한 전원합의체 판결에는 국가인권위원회의 권고와 국제연합 인권특별보고관의 우려에서도 확인되듯이 문제가 있으므로 이를 해결하기 위한 과제가 남아있다.

둘째, 퇴직금 산정 등과 차등제도 설정 여부, 분할지급약정의 효력 등 퇴직금 관련 사건(취업규칙 불이익변경이 쟁점인 사건 제외)이 7건이다. 과도기적으로 문제가 된 쟁점들이 해결되었으나, 퇴직금 제도의 적용을 회피하고자 하는 분할지급약정의 효력과 관련하여서는 여전히 '실질적인 퇴직금 분할지급약정'인지

'실질이 임금을 약정하면서 형식만 퇴직금 약정을 한 경우'인지를 둘러싸고 다툼의 여지가 남아있다. 근로자의 노후생활 안정을 보장하기 위해서는 퇴직연금제도를 적극적으로 활용하도록 유도하는 정책과 해석론이 필요하다.

셋째, 임금의 본질과 임금채권의 성질과 보호 등에 관한 사건이 4건이다. 엄격한 임금 직접지급원칙을 확인한 것과 파산관재인이 파산선고 전 임금채권 등의 이행을 지체한 경우 지연손해금을 재단채권으로 인정한 것은 근로자 보호의 취지에 부합한다. 임금 등 청산기일 연장합의 한도에 대한 시행령 규정을 무효로 판단한 것은 근로자 보호 취지에는 부합하지 않는 측면이 있으나 죄형법정주의와의 관계에서 불가피한 측면이 있었다. 후에 청산을 지체한 기간에 대하여 연 20%의 지연이자를 지급하도록 법과 시행령을 개정해 해결하였다. 임금의 본질에 대해 노동대가설을 취하고 임금이분설을 채택하지 않는 견해를 다시 재검토하기에는 너무 멀리 온 것으로 보인다. 다만, 쟁의행위 기간의 임금 지급 범위와 관련해서는 구체적인 사안에서 근로자들의 단체행동권 행사가 위축되지 않도록 쟁의행위의 마무리 단계에서 적절하게 노사합의가 이루어지고 또한 법원의 해석도 그러한 취지를 고려하는 방향으로 이루어져야 한다.

넷째, 통상임금의 범위에 관한 사건이 5건, 법정수당의 계산 등과 관련된 사건이 2건이다. 통상임금에 해당하는지 여부를 판단하면서 개념적 징표에서 '고정성'을 제외하고, 재직 조건 또는 근무일수 조건이 붙어있다고 해서 통상임금성을 부정한 판례를 변경한 2024. 12. 19. 선고한 두 건의 전원합의체 판결로 통상임금의 범위에 관한 쟁점은 어느 정도 해결된 것으로 보인다. 다만, 복지포인트와 같이 소득세법상의 '근로소득'에는 해당하지만 근로기준법상의 '임금'에는 해당하지 않는 급여를 어떤 기준에 의하여 구체적으로 어떻게 판단할 것인지는 여전히 남아있는 과제이다. 성과성여금, 특히 모든 근로자에게 지급되는 최소한의 성과상여금 부분의 임금 또는 통상임금 인정 여부는 여전히 쟁점으로 되고 있다. 통상임금에서 제외되는 급여 항목을 최소화하고, 근로시간을 단축함으로써 통상임금을 도구개념으로 사용할 필요성을 제거하고 나아가 필요하면 고용을 확대하여 일자리를 늘리는 것이 다수가 행복한 사회로 나아가는 바람직한 방향이다.

다섯째, 취업규칙 불이익변경에 관한 쟁점이 다투어진 사건이 3건이다. 근로자 과반수의 동의를 얻지 못한 취업규칙 불이익변경의 효력과 관련하여 절대적 무효설의 견해로 다시 돌아가기에는 이미 너무 멀리 왔다. 사회통념상 합리성 법리를 폐기함으로써 근로조건의 노사대등결정원칙을 확고하게 정립한 것은 의미가 있다. 궁극적으로는 취업규칙제도 대신에 근로조건의 노사공동결정제도를 도입하는 것이 산업현장의 민주주의를 심화한다는 측면에서뿐만 아니라 사회 전체적인 차원의 비용과 효율성 측면에서도 바람직하다.

여섯째, 해고된 근로자 또는 임용기간이 만료된 기간제 교원 등이 권리구제를 위하여 소송을 제기할 때 국내법원의 재판권 인정 여부, 당사자적격, 소의 이익 인정 여부 등에 관한 사건이 4건이다. 국내법원의 재판권, 당사자적격과 소의 이익을 확대하는 방향으로 전개되어 왔다. 다만, 기간제 교원이 임용기간 만료 전에 직위해제 또는 면직처분을 받고 소송 중 임용기간이 만료된 경우 직위해제 또는 면직처분의 무효확인을 구할 소의 이익을 부정한 판결은, 기간제 교원의 임용기간이 종료된 경우 재임용 여부에 관하여 교원인사위원회의 심의를 받을 권리와 임면권자에게 재임용 여부의 결정을 요구할 권리를 부여한 법률규정으로 인해 그 적용영역이 미미할 것으로 보이나, 소의 이익의 확대 추세에 비추어 명확하게 정리해줄 필요가 있다.

일곱째, 기간제 근로와 파견 그리고 고용형태에 따른 차별 사건이 각 1건씩 3건이다. 기간제 근로와 관련하여 '사유제한방식'을 채택한 입법을 다시 추진하기에는 너무 멀리 왔고, 해석론으로 상시적·지속적 업무임에도 기간제 근로계약을 체결한 경우에는 갱신기대권을 인정함으로써 구체적 타당성을 도모할 필요가 있다. 불법파견의 경우에도 직접고용간주조항을 적용하는 것으로 해석함으로써 사용사업주의 책임을 강화한 것은 바람직했다. 다만 도급과 파견의 구분은 여전히 구체적인 사건에서 포섭판단의 문제로 치열하게 다투어지고 있다. 간접고용에서 사용(원청)사업주에 대하여 단체교섭의 상대방으로서의 사용자 지위를 인정할 것인지 여부가 여전히 쟁점으로 남아있다. 사용(원청)사업주가 결정하거나 지배하는 근로조건의 범위에서는 단독으로 또는 하청사업주와 공동으로 사용자 지위에 있음을 인정하여야 할 것이다. 고용형태를 이유로 한 차별이 근로기준법 제6조 위반에 해당하는지 여부와 관련하여 공무원을 비교대상으로 삼을 수 없다는 전원합의체 판결은 여전히 문제가 있으므로 입법(전원합의체 판결의 반대의견이 2년 만에 입법된 예도 있다) 또는 전원합의체 판결을 통해 다시 검토할 필요가 있다.

여덟째, 단결권과 단체교섭권 그리고 단체협약의 효력 등에 관한 사건이 6건이다. 취업자격 없는 외국인근로자 노동조합의 적법성을 인정한 판결과 전교조에 대한 법외노조통보처분의 위법성을 인정한 판결은 자주적인 단결권 보장에 충실한 해석이다. 총회인준투표조항을 위법한 것으로 해석한 것은 조합민주주의 원칙에 비추어 문제가 있다. 산별노조 지부·지회의 기업별 노조로의 조직형태 변경을 '노동조합에 준하는 근로자단체'뿐만 아니라 '노동조합 유사의 독립한 근로자단체로서 법인 아닌 사단'에까지 인정한 것은 문리해석의 관점에서도 문제가 있고, 산별노조가 쟁취한 단체협약 등을 지부·지회 조합원만의 결의로 탈취할 수 있는 길을 열어주어 정의 관념에도 반한다. 정액사납금제하에서 생산고 따른 임금을 제외한 고정급이 최저임금에 미달하는 것을 회피할 목적으로 실제와 달리 소정근로시간만을 단축한 단체협약의 효력을 부정한 판결은 강행규정인 최저임금법의 취지에 따른 것이다. 다만, 최저임금법을 회피할 목적을 인정할 것인지 여부를 둘러싸고 구체적인 사안에 따라 치열한 다툼이 진행되고 있어 소정근로시간 단축의 유무효를 구분할 객관적인 기준을 제시할 필요가 있고, 또한 제도적·정책적으로 전액관리제를 온전하게 실시할 해결방안을 모색할 필요성이 있다. 산재 사망 유족의 특별채용에 관한 단체협약 조항의 유효성을 인정한 것은 협약자치 원칙상 타당하다.

아홉째, 노동조합의 단체행동권의 행사 또는 집단적 의사표현의 형사책임과 관련된 사건이 4건이다. 힘들게 폐지한 제3자 개입금지 조항이 업무방해방조라는 새로운 형태로 다시 살아나는 것은 막아야 한다. 평화적 파업의 쟁의행위가 업무방해죄에 해당할 여지를 인정한 판결은 여전히 문제가 있으므로 입법적으로 또는 해석에 의하여 해결되어야 한다. 공무원의 '공무 외의 일을 위한 집단행위'를 형사처벌 대상으로 규정하고 있는 국가공무원법 제66조 제1항과 지방공무원법 제58조 제1항은 여전히 문제이다. 이 부분도 입법적으로 해결되거나 '공무 이외의 일을 위한 집단행위'의 엄격한 해석을 통하여 표현의 자유 침해를 막아야 할 필요성이 있다.

쟁점 별 개요표

쟁점	건수	의의, 과제
산재보험 사건 고용보험 사건	12 1	- 사회보험제도인 산재보험의 취지와 목적에 비추어 피재근로자에 대한 충분한 보상 인정하는 방향으로 발전 - 업무와 재해 사이 상당인과관계에 관한 증명책임 전환
퇴직금 산정 등 차등 설정 여부 분할지급약정	4 2 1	- 개별사건들, 모순된 판결 정리 - 선원과 육원의 퇴직금규정, 본문과 부칙 경과규정 - '실질적 퇴직금 분할지급약정'인지 '실질이 임금을 약정하면서 형식만 퇴직금 약정을 한 경우'인지 다툼
임금의 본질 등 임금채권 보호	4	- 임금의 본질 관련 임금이분설 재검토 ? - 쟁의행위 기간의 임금 구체적인 지급 범위
통상임금 범위 법정수당 계산	5 2	- 근로기준법상 임금과 소득세법상 근로소득 - 성과(실적)상여금의 임금 및 통상임금 해당 여부 - 통상임금을 도구개념으로 사용할 필요성 최소화
취업규칙 불이익 변경	3	- 불이익변경 취업규칙의 절대적 무효설 재검토? - 근로조건 노사공동결정제도 도입: 사회적 비용, 효율성의 관점
해고근로자, 기간제근로자 권리구제 확대	4	- 국내법원의 재판권, 당사자적격, 소의 이익 확대 - 기간제 교원이 기간 만료 전 직위해제 또는 면직 처분된 경우 기간 만료 후 소의 이익 부정 견해 변경 필요
기간제 근로 근로자 파견 근로기준법 제6조	1 1 1	- 사유제한방식 불채택으로 인한 공백을 메우는 해석론 - 사용(원청)사업주의 단체교섭 상대방 지위 인정 여부 - 무기계약직 등 차별의 근로기준법 제6조 위반 문제: 법 개정 또는 해석에 의한 해결 필요

노조 설립· 운영 단체교섭권 단체협약 효력	2 1 1	- 노동조합법 제2조 제4항 단서 라목 문제 - 조직형태 변경의 문제 - 단체협약 체결 시 총회인준투표조항의 문제 - 택시근로자 최저임금법 회피 위한 소정근로시간 단축: 객관적 기준 제시 필요
파업과 형사책임 국가공무원법 제66조 제1항	3 1	- 제3자 개입금지 조항이 업무방해방조로 되살아나지 않도록 엄격한 해석 필요 - 평화적 파업의 업무방해죄 적용 문제: 판례 변경 필요 - 국가공무원 제66조 제1항, 지방공무원법 제58조 제1항의 위헌성 및 합헌적 해석

2. 노동문제는 다름 아닌 인간의 문제이다. 노동법은 서로 대립하고 상충할 수 있는 인간관계의 본질적이고 중요한 문제를 다룬다. 현재뿐만 아니라 미래의 우리 삶을 결정지을 수 있는 법 분야이다. 노동법은 더욱 성장할 것이고, 또 성장하여야 한다.[316] 노동법의 특별한 사명은 인간이 가진 가치를 보존하는 것이고, 노동법의 운명은 인간이 사물처럼 취급되는 것을 막는 것이다(휴고 진쯔하이머).[317] 노동법은 근로자를 살리는 법이고, 또 살리는 법이어야 한다. 근로자를 살림으로써 사회 구성원 전체의 존엄과 가치를 지키는 법이다. 노동법이 근로자를 죽이면 그 사회는 유지

---

316 노동법실무연구회(주 109), xi.

317 이다혜, "노동법의 갱신-노동의 미래와 노동법의 근본목적에 대한 재확인", 이철수 교수 정년기념논문집 K-노동법과 그의 꿈, 관악사(2024), 671.에서 재인용.

될 수 없다. 노동법이 탄생할 때도 그랬고, 지금도 그러하며, 미래에도 그래야 한다. 아무리 첨단기술과 정보화, 경영혁신 등으로 『노동의 종말』이 도래한다고 하더라도 노동력 이외에는 아무런 생산수단도 없어 노동을 제공하고 그 대가로 지급받는 급여 이외에는 생존수단이 없는 근로자가 존재하는 한 노동법의 역할은 유지될 수밖에 없다.[318]

시민법을 수정한 노동법에서는 국가의 역할이 중요하다. 국가가 사회적·경제적 불평등을 교정하는 제3자적 힘으로서의 역할을 해야 하기 때문이다. 계약자유와 사적 자치에 맡김으로써 초래된 기울어진 저울을 국가가 외부적인 힘으로 작용하여 가벼운 쪽을 눌러줌으로써 평형을 회복하여야 한다. 국가는 강자를 견제하고 약자를 보충하여 균형의 추를 잡아주는 역할, 즉 시장의 실패를 보완하는 역할을 해야 한다.[319] 국가가 위와 같은 역할을 수행하는 데 법원의 적극적인 역할이 중요하다. 법원의 민주적 역할에는 정치적 책무성의 강화(보통 사람이 정부를 법원에 출석시켜 정부의 행동 또는 무행동의 이유를 설명하도록 강제할 수 있을 때), 심의민주주의(Deliberative Democracy)의 촉진(법원이 정부에 시민사회의 목소리를 경청하고 시민사회와 소통하도록

---

318 김선수(주 64), 128.

319 김선수(주 64), 122.

촉구할 수 있을 때), 평등의 장려(정치적 혼란 속에서 자기 목소리를 잃은 사람들에게 완전하고 평등한 참여권을 보장할 때) 등이 포함된다.[320] 구체적인 법률의 해석과 적용 과정에서 포용과 관용의 가치를 우선적으로 고려한다면 사회를 더욱 따뜻하게 만들 수 있을 것이다. 노동법의 미래는 사람을 중심에 두고, 모든 노동하는 사람의 존엄과 가치를 존중하고 행복추구권을 실현하는 방향으로 나아가야 한다.[321] 법원, 특히 대법원이 그러한 노동법의 미래를 열어가는 데 적극적인 역할을 하여야 한다.

---

320 샌드라 프레드먼, 조효제 옮김, 인권의 대전환, 교양인(2009), 297.

321 김선수(주 64), 129.

별지 목록

노동사건에 대한 전원합의체 판결 목록(51건)

| 유형 | 변경 - 판례 변경 사안

시행령 무효 - 시행령 무효 선언 사안

기타 - 필요적으로 전원합의체로 해야만 하는 판례 변경과 시행령 무효 이외의 사안, 판례를 유지하는 경우, 중요 쟁점에 관하여 최초로 법리를 판시하는 경우, 사회적 관심이 집중된 개별사건 등

소수의견: 별개의견과 반대의견을 취한 대법관의 수

두 번째 칸: 관여법관의 명단

세 번째 칸: 다수의견과 소수의견의 요지, 반대의견과 별개의견에 기재된 대법관 이외의 대법관들은 다수의견에 가담

	순	사건번호	사건명	판결일자	주문	유형	소수의견
조진만 (3·4대)	1	65다99	해고수당	1965. 4. 22.	상고기각	기타	1 사광욱
		대법원판사 사광욱(재판장) 방준경 손동욱 김치걸 한성수 홍순엽 방순원 최윤모 주운화 나항윤 이영섭 / 조진만 대법원장 회피					
		취업규칙 제109, 제110조 소정의 퇴직금이 구(제정) 근로기준법 제28조 소정의 해고수당까지도 포함 여부 긍정 / 반대의견(부정): 사광욱					

<table>
<tr><th></th><th>순</th><th>사건번호</th><th>사건명</th><th>판결일자</th><th>주문</th><th>유형</th><th>소수의견</th></tr>
<tr><td rowspan="6">민복기
(5·6대)</td><td rowspan="3">2</td><td>76다1720</td><td>구상금</td><td>1977. 2. 8.</td><td>파기환송</td><td>기타</td><td>6</td></tr>
<tr><td colspan="6">대법원장 민복기(재판장) 대법원판사 이영섭 주재황 김영세 민문기 양병호 한환진 임항준 안병수 김윤행 이일규 강안희 라길조 김용철 유태흥 정태원</td></tr>
<tr><td colspan="6">국가(노동청장)가 제3자의 불법행위로 재해를 입은 피해자에게 보험급여를 한 경우 국가가 피해자의 제3자에 대한 손해배상 청구권(급여액 한도내)을 대위하는 경우(산재보험법 제15조), 국가의 가해자에 대한 손해배상 청구행위가 예산회계법 73조(법령 규정에 의하여 국가가 행하는 납입 고지는 시효중단 효력이 있다)의 납입고지에 해당하여 민법상 '최고' 이상의 절대적 시효중단 효력 인정 여부(긍정) / 반대의견(부정): 민문기, 임항준, 안병수, 김윤행, 이일규, 정태원</td></tr>
<tr><td rowspan="3">3</td><td>76다2119</td><td>손해배상</td><td>1978. 2. 14.</td><td>파기환송</td><td>기타</td><td>7</td></tr>
<tr><td colspan="6">대법원장 민복기(재판장) 대법원판사 이영섭 주재황 김영세 민문기 양병호 한환진 임항준 안병수 김윤행 이일규 강안희 라길조 김용철 유태흥 정태원</td></tr>
<tr><td colspan="6">산재보험법에 의한 보험금 수급권자가 가해자인 제3자의 자기에 대한 손해배상 채무의 전부 또는 일부를 면제했다면 특별한 사정이 없는 한 면제한 한도에서 산재보험금 청구권이 상실되는지 여부(긍정) / 반대의견(부정): 김영세, 민문기, 임항준, 이일규, 강안희, 김용철, 정태원</td></tr>
<tr><td rowspan="3">이영섭
(7대)</td><td rowspan="3">4</td><td>78다2312, 2313</td><td>퇴직금</td><td>1979. 9. 25.</td><td>파기환송</td><td>변경</td><td>0</td></tr>
<tr><td colspan="6">대법원장 이영섭(재판장) 대법원판사 주재황 민문기 양병호 임항준 안병수 김윤행 이일규 강안희 라길조 김용철 유태흥 정태원 서윤홍</td></tr>
<tr><td colspan="6">사립학교교원연금법 부칙 제2조(1975. 1. 1. 현재 재직 중인 교원은 제31조 규정에 불구하고 1975. 1. 1.에 임명된 것으로 본다) 규정은 그 후 계속 근무하다가 퇴직한 경우 위 일자 전 재직에 대해 근로기준법에 따르는 퇴직금 산정에 있어 평균임금을 산정하는데 기준이 되는 것이라 할 수 없으므로 현실적으로 퇴직한 날을 기준으로 하여야 함</td></tr>
</table>

<table>
<tr><th></th><th>순</th><th>사건번호</th><th>사건명</th><th>판결일자</th><th>주문</th><th>유형</th><th>소수의견</th></tr>
<tr><td rowspan="3">유태흥
(8대)</td><td rowspan="3">5</td><td>81다카351</td><td>손해배상</td><td>1981. 10. 13.</td><td>파기환송</td><td>변경</td><td>0</td></tr>
<tr><td colspan="6">대법원장 유태흥(재판장) 대법원판사 이일규 김중서 정태균 강우영 이성렬 전상석 이정우 윤일영 김덕주 신정철 이회창</td></tr>
<tr><td colspan="6">근로기준법상 휴업보상과 장해보상에 대하여는 근로자에게 중대한 과실을 이유로 보상책임을 면할 길이 있으나(근로기준법 제81조), 요양보상 또는 유족보상 등의 경우에는 근로자에게 중대한 과실이 있더라도 사용자가 보상책임을 면하거나 과실상계 이론에 따라 보상 범위를 제한하지 못함. 재해근로자가 수령한 요양보상 중 과실비율 따른 금원을 부당이득이라 하여 사용자의 손해배상액으로부터 공제 여부(부정)</td></tr>
<tr><td rowspan="6">이일규
(10대)</td><td rowspan="3">6</td><td>87다카2803</td><td>양수금</td><td>1988. 12. 13.</td><td>파기환송</td><td>변경</td><td>2</td></tr>
<tr><td colspan="6">대법원장 이일규(재판장) 대법관 김덕주 이회창 박우동 윤관 배석 이재성 김상원 배만운 안우만 김주한 윤영철 김용준</td></tr>
<tr><td colspan="6">근로자가 임금채권을 양도한 경우 양수인이 사용자에 대하여 임금 지급을 청구할 수 있는지 여부(소극), 판례변경 / 반대의견(적극): 윤관, 김상원</td></tr>
<tr><td rowspan="3">7</td><td>89도1579</td><td>노동쟁의
조정법
위반 등</td><td>1990. 11. 27.</td><td>파기환송</td><td>기타</td><td>4 : 1</td></tr>
<tr><td colspan="6">대법원장 이일규(재판장) 대법관 김덕주 이회창 박우동 윤관 배석 이재성 김상원 배만운 안우만 김주한 윤영철 김용준</td></tr>
<tr><td colspan="6">해고된 근로자가 소송 등을 제기하여 해고의 효력을 다투고 있는 경우 노동쟁의조정법 제13조의 2에서 개입을 금지하는 제3자에 포함되는지 여부(소극) / 반대의견(적극): 김덕주, 안우만, 김주한, 김용준 / 반대의견에 대한 별개의견(법 개정 전 행위일 경우 적극): 윤관</td></tr>
<tr><td rowspan="3">김덕주
(11대)</td><td rowspan="3">8</td><td>91다45165</td><td>퇴직금</td><td>1992. 12. 22.</td><td>상고기각</td><td>변경</td><td>2</td></tr>
<tr><td colspan="6">대법원장 김덕주(재판장) 대법관 이회창 최재호 박우동 윤관 김상원 배만운 김주한 윤영철 김용준 김석수 박만호 최종영</td></tr>
<tr><td colspan="6">취업규칙 변경이 근로자 과반수의 동의를 얻지 못하여 무효인 경우 그 후 변경된 취업규칙에 따른 근로조건을 수용하고 근로관계를 갖게 된 근로자에 대한 관계에서 변경된 취업규칙이 적용되는지 여부(적극, 상대적 무효설), 판례 변경 / 별개의견(소극, 절대적 무효설): 박우동, 배만운</td></tr>
</table>

<table>
<tr><th></th><th>순</th><th>사건번호</th><th>사건명</th><th>판결일자</th><th>주문</th><th>유형</th><th>소수의견</th></tr>
<tr><td rowspan="6">김덕주
(11대)</td><td rowspan="3">9</td><td>91누12257</td><td>단체협약
변경명령
취소</td><td>1993. 4. 27.</td><td>파기환송</td><td>기타</td><td>2</td></tr>
<tr><td colspan="6">대법원장 김덕주(재판장) 대법관 최재호 박우동 윤관 김상원 배만운 김주한 윤영철(주심) 김용준 김석수 박만호 최종영 천경송</td></tr>
<tr><td colspan="6">노동조합법 제31조 제1항 본문 소정의 "단체협약의 체결에 관하여 교섭할 권한"에 단체협약체결권한도 포함되는지 여부(적극), 단체교섭 대표자가 사용자와 합의하여 단체협약안 마련 후 조합원총회 결의를 거치도록 한 단체협약이나 취업규칙 규정의 법규정 위반 여부(적극) / 반대의견(소극): 윤관, 배만운</td></tr>
<tr><td rowspan="3">10</td><td>92다37151</td><td>퇴직금</td><td>1993. 4. 27.</td><td>상고기각</td><td>변경</td><td>0</td></tr>
<tr><td colspan="6">대법원장 김덕주(재판장) 대법관 최재호 박우동 윤관 김상원 배만운 김주한 윤영철(주심) 김용준 김석수 박만호 최종영 천경송</td></tr>
<tr><td colspan="6">근로기준법 시행 이전의 재직기간을 퇴직금 산정의 근속기간에 산입할 것인지 여부(소극), 모순된 판례 상존</td></tr>
<tr><td rowspan="6">윤관
(12대)</td><td rowspan="3">11</td><td>93다26168</td><td>퇴직금</td><td>1995. 7. 11.</td><td>상고기각</td><td>변경</td><td>3</td></tr>
<tr><td colspan="6">대법원장 윤관(재판장) 대법관 김석수 박만호 천경송 정귀호 안용득 박준서 이돈희 김형선 지창권 신성택 이용훈(주심) 이임수</td></tr>
<tr><td colspan="6">직류변경 후 퇴직 시 평균임금을 기준으로 퇴직금을 계산하는 이상 지급률도 퇴직 당시 직류 지급률로 산정하여야 하는지 여부(적극), 판례 변경(모순 판례 상존) / 반대의견(변경 전 지급률 적용): 김석수, 정귀호, 박준서</td></tr>
<tr><td rowspan="3">12</td><td>94다26721</td><td>임금</td><td>1995. 12. 21.</td><td>파기환송</td><td>변경</td><td>3</td></tr>
<tr><td colspan="6">대법원장 윤관(재판장) 대법관 김석수 박만호(주심) 천경송 정귀호 안용득 박준서 이돈희 김형선 지창권 신성택 이용훈 이임수</td></tr>
<tr><td colspan="6">임금의 본질에 관한 노동대가설, 임금이분설 폐기, 생활보장적 부분 불인정, 파업 기간 중 무노동무임금 원칙 적용(전액공제설), 판례 변경 / 반대의견(임금의 본질에 관한 노동력대가설, 임금이분설 긍정, 파업기간 중 부분공제설(의사해석설): 정귀호, 이돈희, 이용훈</td></tr>
</table>

<table>
<tr><th></th><th>순</th><th>사건번호</th><th>사건명</th><th>판결일자</th><th>주문</th><th>유형</th><th>소수의견</th></tr>
<tr><td rowspan="12">윤관
(12대)</td><td rowspan="3">13</td><td>95다5783</td><td>해고무효
확인</td><td>1996. 8. 29.</td><td>상고기각</td><td>변경</td><td>0</td></tr>
<tr><td colspan="6">대법원장 윤관(재판장) 대법관 박만호 천경송 정귀호 안용득 박준서 이돈희 김형선(주심) 지창권 신성택 이용훈 이임수</td></tr>
<tr><td colspan="6">1년을 초과하는 근로계약기간을 정한 근로계약 중 1년 초과 부분의 효력(유효설), 판례(무효설, 기간의 정함 없는 근로계약) 변경</td></tr>
<tr><td rowspan="3">14</td><td>95다37421</td><td>구상금</td><td>1997. 12. 16.</td><td>상고기각</td><td>변경</td><td>0</td></tr>
<tr><td colspan="6">대법원장 윤관(재판장) 대법관 최종영 천경송 정귀호 박준서 이돈희 김형선(주심) 지창권 신성택 이용훈 이임수 송진훈 서성</td></tr>
<tr><td colspan="6">구 산재보험법에 의한 구상금청구권의 소멸시효 기산점 및 소멸시효기간: 노동부장관이 보험급여를 함으로써 취득하는 손해배상청구권은 동일성 유지, 소멸시효 기산점과 기간도 손해배상청구권 자체를 기준으로 판단</td></tr>
<tr><td rowspan="3">15</td><td>98도1759</td><td>근로
기준법
위반</td><td>1998. 10. 15.</td><td>파기환송</td><td>시행령
무효</td><td>0</td></tr>
<tr><td colspan="6">대법원장 윤관(재판장) 천경송 박준서 이돈희 김형선 지창권 신성택(주심) 이용훈 이임수 송진훈 서성 조무제</td></tr>
<tr><td colspan="6">구 근로기준법 제30조 단서에서 임금·퇴직금 청산기일의 연장합의 한도에 관하여 제한을 두지 아니함에도 시행령 제12조에 의하여 법 제30조 단서 따른 기일연장을 3월 이내로 제한한 것은 무효</td></tr>
<tr><td rowspan="3">16</td><td>97다39216</td><td>해고무효
확인</td><td>1998. 12. 17.</td><td>파기환송</td><td>변경</td><td>0</td></tr>
<tr><td colspan="6">대법원장 윤관(재판장) 대법관 천경송 박준서 이돈희 김형선 지창권 신성택 이용훈(주심) 이임수 송진훈 서성 조무제</td></tr>
<tr><td colspan="6">미합중국 산하 기관인 '육군 및 공군 교역처'에 근무한 원고가 미합중국 상대로 해고무효확인소송을 제기한 경우 국내법원의 재판권 행사 여부(적극, 제한적 주권면제설), 판례(절대적 주권면제설) 변경</td></tr>
</table>

	순	사건번호	사건명	판결일자	주문	유형	소수의견
윤관 (12대)	17	97다5015	퇴직금	1999. 5. 12.	파기환송	변경	0
		대법원장 윤관(재판장) 대법관 정귀호 박준서 이돈희(주심) 김형선 지창권 신성택 이용훈 이임수 송진훈 서성 조무제 변재승					
		취업규칙상 월의 중도에 퇴직하더라도 당해 월의 보수 전액을 지급한다는 규정이 있는 경우, 퇴직 당해 월의 보수 전액을 퇴직금 산정의 기초가 되는 평균임금의 계산에 포함시킬 수 있는지 여부(소극)					
최종영 (13대)	18	95재다199	직위해제 직권면직 무효확인	2000. 5. 18.	재심청구 기각	변경	4
		대법원장 최종영(재판장) 대법관 이돈희(주심) 김형선 지창권 신성택 이용훈 이임수 송진훈 서성 조무제 유지담 윤재식 이용우					
		① 대법원 1995. 4. 7. 선고 94다4332 판결 판시 의견이 대법원 1991. 7. 23. 선고 91다12820 판결에서 판시한 의견을 변경한 것인지(적극) / ② 기간제 사립학교교원이 임용기간 만료 전에 직위해제 또는 면직처분 받은 후 임용기간이 만료된 경우, 직위해제 또는 면직처분의 무효확인 구할 소의 이익 여부(소극) // 반대의견(① 소극, ② 적극): 이용훈, 조무제, 유지담, 이용우					
	19	99도4837	업무방해	2001. 10. 25.	파기환송	변경	3
		대법원장 최종영(재판장) 대법관 송진훈 서성 조무제 유지담 윤재식 이용우 배기원 강신욱 이규홍 이강국 손지열(주심) 박재윤					
		조합원 찬반투표 절차를 거치지 아니한 쟁의행위를 주도한 노동조합 간부를 업무방해죄로 처벌할 수 있는지 여부(적극), 모순 판결 존재 / 반대의견(소극): 송진훈, 손지열, 박재윤					
	20	2000다 62322	구상금	2002. 3. 21.	파기환송	변경	0
		대법원장 최종영(재판장) 대법관 송진훈 서성 조무제 변재승 유지담 윤재식 이용우(주심) 배기원 강신욱 이규홍 손지열 박재윤					
		산업재해가 보험가입자와 제3자의 공동불법행위로 발생한 경우, 근로복지공단이 제3자에 대하여 구상권을 행사할 수 있는 범위에 관하여 종전 판례(전액설) 변경하여 보험가입자의 과실 비율 상당액은 구상할 수 없으며(안분설), 구체적으로 과실상계 후 공제 방식 채택					

<table>
<tr><th></th><th>순</th><th>사건번호</th><th>사건명</th><th>판결일자</th><th>주문</th><th>유형</th><th>소수의견</th></tr>
<tr><td rowspan="9">최종영
(13대)</td><td rowspan="3">21</td><td>2002다
8025</td><td>임금</td><td>2002. 7. 18.</td><td>파기환송</td><td>변경</td><td>0</td></tr>
<tr><td colspan="6">대법원장 최종영(재판장) 대법관 송진훈 서성 조무제 변재승 유지담 윤재식(주심) 이용우 배기원 강신욱 이규홍 손지열 박재윤</td></tr>
<tr><td colspan="6">구 선원법 제128조에 의하여 구 근로기준법 제28조 제2항이 준용된다 하여 이를 하나의 사업 안에서의 선원과 선원 아닌 근로자 사이의 차등퇴직금제도 금지 원칙에 위배되는 것으로 해석할 수 있는지 여부(소극)</td></tr>
<tr><td rowspan="3">22</td><td>2002다
2843</td><td>임금</td><td>2003. 12. 18.</td><td>상고기각</td><td>변경</td><td>1 윤재식</td></tr>
<tr><td colspan="6">대법원장 최종영(재판장) 대법관 조무제 변재승 유지담 윤재식 이용우 배기원(주심) 강신욱 이규홍 이강국 박재윤 고현철 김용담</td></tr>
<tr><td colspan="6">사용자가 퇴직금규정을 근로자에게 불리하게 변경하면서 근로자 과반수의 동의를 얻지 아니하고 부칙에 경과규정을 두어 변경 전 근속기간에 대하여는 종전 퇴직금규정에 의하도록 하는 것이 차등퇴직금제도 금지 원칙에 위배되는지 여부(소극) / 반대의견(적극, 근로자에게 유리한 경우 본문 규정만 적용): 윤재식</td></tr>
<tr><td rowspan="3">23</td><td>2000두
7735</td><td>교수
재임용
거부처분
취소</td><td>2004. 4. 22.</td><td>파기환송</td><td>변경</td><td>0</td></tr>
<tr><td colspan="6">대법원장 최종영(재판장) 대법관 조무제 변재승 유지담 윤재식 이용우 배기원 강신욱 이규홍 이강국 박재윤 고현철(주심) 김용담</td></tr>
<tr><td colspan="6">국공립대학교가 임용기간이 만료된 조교수에 대하여 재임용을 거부하는 취지로 한 임용기간만료 통지가 행정소송의 대상이 되는 처분에 해당하는지 여부(적극) / 서울대학교 미대 김민수 교수 사건</td></tr>
</table>

	순	사건번호	사건명	판결일자	주문	유형	소수의견
최종영 (13대)	24	2003다 2802	손해배상 (자)	2005. 3. 17.	파기환송	변경	0
		대법원장 최종영(재판장) 대법관 유지담 윤재식 이용우 배기원(주심) 강신욱 이규홍 이강국 박재윤 고현철 김용담 김영란					
		업무용 자동차종합보험계약약관 중 대인배상II에서 "배상책임 있는 피보험자의 피용자로서 산재보험법에 의한 재해보상을 받을 수 있는 사람에 대하여는 보상하지 아니한다."는 면책조항의 "산재보험법에 의한 보상범위를 넘어서는 손해가 발생한 경우에도 보상하지 아니한다."는 '괄호 안 기재 부분'의 효력(무효)					
이용훈 (14대)	25	2005두 12572	유족급여 부지급처 분취소	2007. 9. 28.	상고기각	기타	5
		대법원장 이용훈(재판장) 대법관 고현철 김영란 양승태 김황식 박시환 김지형(주심) 이홍훈 박일환 김능환 전수안 안대희					
		근로자의 출퇴근 중에 발생한 재해를 업무상 재해로 인정하기 위한 요건: 사업주가 제공한 교통수단을 근로자가 이용하거나 또는 사업주가 이에 준하는 교통수단을 이용하도록 하는 등 근로자의 출·퇴근 과정이 사업주의 지배·관리 하에 있다고 볼 수 있는 경우에 한한다는 판례 유지 / 반대의견(판례 변경): 김영란, 박시환, 김지형, 김능환, 전수안					
	26	2007두2173	휴업급여 부지급처 분취소	2008. 9. 18	상고기각	변경	1 양승태
		대법원장 이용훈(재판장) 대법관 고현철(주심) 김영란 양승태 박시환 김지형 이홍훈 박일환 김능환 전수안 안대희 차한성					
		근로복지공단의 요양불승인처분에 대한 취소소송을 제기하여 승소확정 판결 받은 근로자가 요양으로 취업하지 못한 기간의 휴업급여를 청구한 경우, 휴업급여청구권이 시효완성으로 소멸했다는 근로복지공단 항변이 신의성실원칙에 반하여 허용될 수 없는지(적극) / 반대의견(소극): 양승태					

<table>
<tr><th></th><th>순</th><th>사건번호</th><th>사건명</th><th>판결일자</th><th>주문</th><th>유형</th><th>소수의견</th></tr>
<tr><td rowspan="9">이용훈
(14대)</td><td rowspan="3">27</td><td>2007두
22320</td><td>부당해고
구제재심
판정취소</td><td>2008. 9. 18</td><td>파기환송</td><td>기타</td><td>0</td></tr>
<tr><td colspan="6">대법원장 이용훈(재판장) 대법관 고현철 김영란 양승태 김황식 이용훈 박시환 김지형(주심) 이홍훈 박일환 김능환 전수안 안대희 차한성</td></tr>
<tr><td colspan="6">구 파견법 제6조 제3항 본문에 규정한 '직접고용간주 규정'이 위법한 근로자파견의 경우에도 적용되는지 여부(적극)</td></tr>
<tr><td rowspan="3">28</td><td>2008다
13104</td><td>양수금</td><td>2009. 5. 21.</td><td>파기환송</td><td>변경</td><td>0</td></tr>
<tr><td colspan="6">대법원장 이용훈(재판장) 대법관 김영란 양승태(주심) 박시환 김지형 이홍훈 박일환 김능환 전수안 안대희 차한성 양창수 신영철</td></tr>
<tr><td colspan="6">근로자가 업무상 재해로 사망함에 따라 근로복지공단이 산재보험법에 따른 유족급여를 수급권자에게 지급한 경우, 수급권자 아닌 다른 공동상속인들에 대한 보험가입자의 손해배상책임 소멸 여부(소극) / 업무상 재해로 사망한 근로자로부터 공동상속인들이 상속한 망인의 일실수입 상당 손해배상채권에서 수급권자에게 지급된 유족급여 공제 방법: 종래 판례가 취했던 '공제 후 상속설'을 '상속 후 공제설'로 변경</td></tr>
<tr><td rowspan="3">29</td><td>2007다
90760</td><td>퇴직금</td><td>2010. 5. 20.</td><td>일부파기</td><td>기타</td><td>2, 3</td></tr>
<tr><td colspan="6">대법원장 이용훈(재판장) 대법관 김영란 양승태 박시환 김지형 이홍훈 김능환 전수안 안대희 차한성 양창수 신영철 민일영(주심)</td></tr>
<tr><td colspan="6">'퇴직금 분할지급약정'의 효력(원칙적 무효) 및 무효인 약정에 의하여 이미 지급한 퇴직금 명목 금원이 부당이득 해당 여부(적극) / 별개 및 반대의견(일부 유효, 소극): 김영란, 김능환 // 사용자가 근로자에게 퇴직금 명목 금원을 지급했으나 퇴직금 지급 효력이 없어 사용자가 부당이득반환채권을 갖게 된 경우, 이를 자동채권으로 근로자의 퇴직금채권과 상계할 수 있는지 여부(적극) 및 상계 허용 범위: 퇴직금채권의 2분의 1을 초과하는 부분 해당 금액에 관하여만 허용 / 별개 및 반대의견(소극): 양승태, 이홍훈, 양창수</td></tr>
</table>

	순	사건번호	사건명	판결일자	주문	유형	소수의견
이용훈 (14대)	30	2007도482	업무방해	2011. 3. 17.	상고기각	변경	5
		대법원장 이용훈(재판장) 대법관 양승태 박시환 김지형 이홍훈(주심) 김능환 전수안 안대희 차한성 양창수 신영철 민일영 이인복					
		집단적 노무제공 거부 형태의 쟁의행위는 전후 사정과 경위 등에 비추어 사용자가 예측할 수 없는 시기에 전격적으로 이루어져 사용자의 사업운영에 심대한 혼란 내지 막대한 손해를 초래하는 등으로 사용자의 사업계속에 관한 자유의사가 제압·혼란될 수 있다고 평가할 수 있는 경우에 비로소 업무방해죄 성립 / 반대의견(업무방해죄 불성립): 박시환, 김지형, 이홍훈, 전수안, 이인복					
양승태 (15대)	31	2010도6388	국가공무원법위반	2012. 4. 19.	상고기각	기타	7:5:1 1 전수안
		대법원장 양승태(재판장) 대법관 박일환 김능환 전수안 안대희 양창수 신영철 민일영 이인복 이상훈 박병대 김용덕(주심) 박보영					
		피고인(교사)들이 전교조 간부들과 공모하여 2009년 1, 2차 시국선언과 시국선언 탄압 규탄대회에 적극 관여한 것이 국가공무원법상 '공무 외의 일을 위한 집단행위' 해당 여부(적극) / 반대의견 1(1, 2차 시국선언 소극): 박일환, 전수안, 이인복, 이상훈, 박보영 / 반대의견 2(2차 시국선언 소극): 신영철 // 미신고 집회에 대한 해산명령에 불응한 경우 집시법상 해산명령 불응죄 성립 여부(적극) / 반대의견(원칙적 불성립): 전수안					
	32	2012다89399	퇴직금	2013. 12. 18.	파기환송	변경	3
		대법원장 양승태(재판장) 대법관 양창수 신영철 민일영 이인복 이상훈 박병대 김용덕 박보영 고영한(주심) 김창석 김신 김소영					
		1개월 넘는 기간마다 지급되는 수당의 통상임금 포함 여부(적극) / 반대의견(소극): 김창석 // 노사가 정기상여금을 통상임금에서 제외하기로 합의하고 이를 전제로 임금수준을 정한 경우, 근로자가 노사합의 무효를 주장하며 정기상여금을 통상임금에 포함하여 산정한 추가 법정수당을 청구하는 것이 신의성실원칙 위배 여부(적극) / 반대의견(소극): 이인복, 이상훈, 김신					

<table>
<tr><th></th><th>순</th><th>사건번호</th><th>사건명</th><th>판결일자</th><th>주문</th><th>유형</th><th>소수의견</th></tr>
<tr><td rowspan="9">양승태
(15대)</td><td rowspan="3">33</td><td>2012다
94643</td><td>임금</td><td>2013. 12. 18.</td><td>파기환송</td><td>기타</td><td>1 김창석</td></tr>
<tr><td colspan="6">대법원장 양승태(재판장) 대법관 양창수 신영철 민일영 이인복 이상훈 박병대 김용덕 박보영 고영한(주심) 김창석 김신 김소영</td></tr>
<tr><td colspan="6">기본급과 1개월 내 기간마다 지급되는 수당만이 통상임금에 포함되는지 여부(부정) / 반대의견(긍정): 김창석</td></tr>
<tr><td rowspan="3">34</td><td>2013다
64908</td><td>임금</td><td>2014. 11. 20.</td><td>상고기각</td><td>기타</td><td>1:4</td></tr>
<tr><td colspan="6">대법원장 양승태(재판장) 대법관 신영철 민일영 이인복 이상훈 김용덕 박보영 고영한 김창석 김소영(주심) 조희대 권순일</td></tr>
<tr><td colspan="6">파산선고 전에 생긴 근로자의 임금·퇴직금 및 재해보상금에 대하여 파산관재인이 파산선고 후 변제의무 이행을 지체함으로써 생긴 지연손해금 채권이 채무자회생법 제473조 제4호 소정 재단채권 해당 여부(적극) / 별개의견(파산 선고 전후 불문): 권순일 / 반대의견(소극): 신영철, 민일영, 김창석, 조희대</td></tr>
<tr><td rowspan="3">35</td><td>2012두
26142</td><td>장해보상
연금개시
일결정처
분취소</td><td>2015. 4. 16.</td><td>상고기각</td><td>기타</td><td>3</td></tr>
<tr><td colspan="6">대법원장 양승태(재판장) 대법관 민일영 이인복 이상훈 김용덕 박보영 고영한 김창석 김신 김소영 조희대 권순일(주심)</td></tr>
<tr><td colspan="6">업무상 재해로 신체장해 입은 사람이 장해급여를 청구하지 않아 기존 장해에 대해 보상받지 못하고 있다가 기존 장해상태가 악화되어 장해등급이 변경된 후 장해보상연금을 청구한 경우, 기존 장해등급에 따른 장해보상일시금 지급일수에 해당하는 기간만큼의 장해보상연금을 부지급할 수 있는지 여부(소극) 및 기존 장해등급에 대한 장해급여청구를 하지 않고 있던 중 청구권이 시효 소멸된 경우에도 마찬가지인지 여부(적극) / 반대의견: 민일영, 이상훈, 김용덕</td></tr>
</table>

	순	사건번호	사건명	판결일자	주문	유형	소수의견
양승태 (15대)	36	2007두 4995	노동조합 설립 신고서 반려 처분취소	2015. 6. 25.	상고기각	기타	1 민일영
		대법원장 양승태(재판장) 대법관 민일영 이인복 이상훈 김용덕 박보영 고영한 김창석 김신 김소영 조희대 권순일(주심) 박상옥					
		출입국관리 법령 따라 취업활동을 할 수 있는 체류자격을 받지 않은 외국인이 타인과의 사용종속관계 하에서 근로를 제공하고 대가로 임금 등을 받아 생활하는 경우, 노조법상 근로자의 범위에 포함되는지 여부(적극) / 반대의견(소극): 민일영					
	37	2012다 96120	총회결의 무효확인 등	2016. 2. 19.	파기환송	기타	5
		대법원장 양승태(재판장) 대법관 이인복 이상훈 김용덕 박보영 고영한 김창석 김신 김소영(주심) 조희대 권순일 박상옥 이기택					
		산업별 노동조합 지회 등이 독자적인 노동조합 또는 노동조합 유사의 독립한 근로자단체로서 법인 아닌 사단에 해당하는 경우, 노조법 제16조 제1항 제8호 및 제2항에서 정한 조직형태 변경 결의를 통하여 기업별 노동조합으로 전환할 수 있는지(적극) / 반대의견(소극): 이인복, 이상훈, 김신, 김소영, 박상옥					
김명수 (16대)	38	2011다 112391	임금 등	2018. 6. 21.	파기환송	기타	5
		대법원장 김명수(재판장) 대법관 고영한 김창석 김신(주심) 김소영 조희대 권순일 박상옥 이기택 김재형 조재연 박정화 민유숙					
		휴일근로시간이 구 근로기준법 제50조 제1항의 '1주간 기준근로시간 40시간' 및 제53조 제1항의 '1주간 연장근로시간 12시간'에 포함되는지 여부(소극) / 휴일근로 따른 가산임금과 연장근로 따른 가산임금이 중복하여 지급될 수 있는지 여부(소극) // 반대의견(적극): 김신, 김소영, 조희대, 박정화, 민유숙					

<table>
<tr><th></th><th>순</th><th>사건번호</th><th>사건명</th><th>판결일자</th><th>주문</th><th>유형</th><th>소수의견</th></tr>
<tr><td rowspan="9">김명수
(16대)</td><td rowspan="3">39</td><td>2016다2451</td><td>임금</td><td>2019. 4. 18.</td><td>상고기각</td><td>기타</td><td>2:1:1</td></tr>
<tr><td colspan="6">대법원장 김명수(재판장) 대법관 조희대 권순일 박상옥 이기택 김재형 박정화(주심) 안철상 민유숙 김선수 이동원 노정희 김상환</td></tr>
<tr><td colspan="6">2008. 3. 21. 개정 최저임금법 제6조 제5항 시행에 따라 정액사납금제하에서 생산고에 따른 임금을 제외한 고정급이 최저임금에 미달하는 것을 회피할 의도로 실제 근무형태나 운행시간의 변경 없이 소정근로시간만 단축하는 단체협약 또는 취업규칙의 효력(무효), 그러한 경우 적용될 소정근로시간(종전 규정에 의한 소정근로시간) / 반대의견 1(다수의견 논거에 반대): 조희대, 이기택 / 반대의견 2(무효행위 전환 이론 유추적용): 김재형 / 반대의견 3(유효): 이동원</td></tr>
<tr><td rowspan="3">40</td><td>2016다
48785</td><td>임금등</td><td>2019. 8. 22.</td><td>파기환송</td><td>기타</td><td>1:4</td></tr>
<tr><td colspan="6">대법원장 김명수(재판장) 대법관 조희대 권순일 박상옥 이기택 김재형 박정화 안철상 민유숙 김선수(주심) 이동원 노정희 김상환</td></tr>
<tr><td colspan="6">사용자가 선택적 복지제도를 시행하면서 단체협약, 취업규칙 등에 근거하여 근로자들에게 계속적·정기적으로 배정한 복지포인트가 근로기준법 소정 임금 및 통상임금에 해당하는지 여부(소극) / 별개의견(실제 사용한 복지포인트만 인정): 김재형 / 반대의견(적극): 박상옥, 박정화, 김선수, 김상환</td></tr>
<tr><td rowspan="3">41</td><td>2015다
73067</td><td>임금</td><td>2020. 1. 22.</td><td>일부파기</td><td>기타</td><td>1 이기택</td></tr>
<tr><td colspan="6">대법원장 김명수(재판장) 대법관 조희대 권순일 박상옥 이기택 김재형 박정화 안철상 민유숙(주심) 김선수 이동원 노정희 김상환</td></tr>
<tr><td colspan="6">근로기준법이 정한 기준근로시간을 초과하는 약정근로시간에 대한 임금으로서 월급 또는 일급 형태로 지급되는 고정수당을 시간급 통상임금으로 환산하는 경우, 시간급 통상임금 산정기준 되는 총근로시간 수에 포함되는 약정근로시간 수 산정방법 및 가산수당 산정 위한 '가산율' 고려 여부(원칙적 소극) / 반대의견(적극): 이기택</td></tr>
</table>

<table>
<tr><th></th><th>순</th><th>사건번호</th><th>사건명</th><th>판결일자</th><th>주문</th><th>유형</th><th>소수의견</th></tr>
<tr><td rowspan="9">김명수
(16대)</td><td rowspan="3">42</td><td>2019두
52386</td><td>부당해고
구제재심
판정취소</td><td>2020. 2. 20.</td><td>파기환송</td><td>변경</td><td>0</td></tr>
<tr><td colspan="6">대법원장 김명수(재판장) 대법관 조희대(주심) 권순일 박상옥 이기택 김재형 박정화 안철상 민유숙 김선수 이동원 노정희 김상환</td></tr>
<tr><td colspan="6">근로자가 부당해고구제신청을 하여 해고의 효력을 다투던 중 정년에 이르거나 근로계약기간 만료 등의 사유로 원직복직이 불가능하게 되었으나 해고기간 중 임금 상당액을 지급받을 필요 있는 경우, 구제신청을 기각한 중앙노동위원회 재심판정을 다툴 소의 이익 있는지 여부(적극)</td></tr>
<tr><td rowspan="3">43</td><td>2016다
248998</td><td>고용계약
승낙의사
표시</td><td>2020. 8. 27.</td><td>파기환송</td><td>기타</td><td>2</td></tr>
<tr><td colspan="6">대법원장 김명수(재판장) 대법관 권순일 박상옥 이기택 김재형 박정화 안철상 민유숙 김선수 이동원 노정희 김상환(주심) 노태악</td></tr>
<tr><td colspan="6">업무상 재해로 조합원이 사망한 경우에 직계가족 등 1인을 특별채용하도록 규정한 단체협약의 이른바 '산재 유족 특별채용 조항'이 민법 제103조에 의하여 무효인지 여부(부정) / 반대의견(긍정): 이기택, 민유숙</td></tr>
<tr><td rowspan="3">44</td><td>2016두
32992</td><td>법외노조
통보처분
취소</td><td>2020. 9. 3.</td><td>파기환송</td><td>기타</td><td>1:1:2</td></tr>
<tr><td colspan="6">대법원장 김명수(재판장) 대법관 권순일 박상옥 이기택 김재형 박정화 안철상 민유숙 이동원 노정희 김상환 노태악(주심) / 대법관 김선수 회피</td></tr>
<tr><td colspan="6">고용노동부장관의 전교조에 대한 법외노조통보처분의 적법성 여부(소극, 노조법 시행령 제9조 제2항 무효) / 별개의견 1(노조법 제2조 제4호 라목 해석): 김재형 / 별개의견 2(수익적 행위행위 취소 법리): 안철상 / 반대의견(적극): 이기택, 이동원</td></tr>
</table>

<table>
<tr><th></th><th>순</th><th>사건번호</th><th>사건명</th><th>판결일자</th><th>주문</th><th>유형</th><th>소수의견</th></tr>
<tr><td rowspan="9">김명수
(16대)</td><td rowspan="3">45</td><td>2018두
47264</td><td>육아휴직
급여부지
급처분
취소</td><td>2021. 3. 18.</td><td>파기환송</td><td>기타</td><td>5</td></tr>
<tr><td colspan="6">대법원장 김명수(재판장) 대법관 박상옥 이기택 김재형 박정화 안철상 민유숙(주심) 김선수 이동원 노정희 김상환 노태악 이흥구</td></tr>
<tr><td colspan="6">구 고용보험법 제70조 제2항에서 정한 육아휴직급여 청구권 권리행사기간의 법적 성격(=제척기간) 및 위 규정의 규범적 의미(=강행규정) / 반대의견(절차적 규정 불과): 박상옥, 박정화, 민유숙, 김선수, 이흥구</td></tr>
<tr><td rowspan="3">46</td><td>2017두
45933</td><td>유족급여
부지급
처분취소</td><td>2021. 9. 9.</td><td>상고기각</td><td>기타</td><td>4</td></tr>
<tr><td colspan="6">대법원장 김명수(재판장) 대법관 이기택 김재형(주심) 조재연 박정화 안철상 민유숙 김선수 이동원 노정희 노태악 이흥구 천대엽</td></tr>
<tr><td colspan="6">2007년 개정으로 신설된 구 산재보험법 제37조 제1항을 산재보험법상 '업무상의 재해'를 인정하기 위한 업무와 재해 사이의 상당인과관계에 관한 증명책임을 근로복지공단에 분배하거나 전환하는 규정으로 볼 수 있는지 여부(소극) / 반대의견(적극): 김재형, 박정화, 김선수, 이흥구</td></tr>
<tr><td rowspan="3">47</td><td>2021다
241618</td><td>구상금</td><td>2022. 3. 24.</td><td>파기환송</td><td>변경</td><td>0</td></tr>
<tr><td colspan="6">대법원장 김명수(재판장) 대법관 김재형 조재연 박정화 안철상 민유숙(주심) 김선수 이동원 노정희 노태악 이흥구 천대엽 오경미</td></tr>
<tr><td colspan="6">산재보험법 따라 보험급여를 받은 재해근로자가 제3자를 상대로 손해배상청구 할 때 재해근로자 과실이 경합된 경우, 재해근로자의 손해배상청구액 산정 방식: 보험급여와 같은 성질의 손해액에서 보험급여 공제 후 과실상계 / 근로복지공단이 재해근로자의 제3자에 대한 손해배상청구권을 대위할 수 있는 범위: 보험급여에서 재해근로자 과실비율 상당액을 공제한 다음 재해근로자가 배상받을 손해액 중 사업주 과실비율 상당액을 공제한 차액(공제 후 과실상계 방식) / 과실상계 후 공제 방식을 취한 대법원 2002. 3. 21. 선고 2000다62322 전원합의체 판결 변경</td></tr>
</table>

<table>
<tr><th></th><th>순</th><th>사건번호</th><th>사건명</th><th>판결일자</th><th>주문</th><th>유형</th><th>소수의견</th></tr>
<tr><td rowspan="6">김명수
(16대)</td><td rowspan="3">48</td><td>2017다
35588
35595(병합)</td><td>부당
이득금
반환</td><td>2023. 5. 11.</td><td>일부파기</td><td>변경</td><td>6</td></tr>
<tr><td colspan="6">대법원장 김명수(재판장) 대법관 조재연 박정화 안철상 민유숙 김선수 이동원 노정희 노태악 이흥구 천대엽 오경미(주심) 오석준</td></tr>
<tr><td colspan="6">사용자가 취업규칙을 근로자에게 불리하게 변경하면서 근로자의 집단적 의사결정방법에 따른 동의를 받지 못한 경우, 해당 취업규칙 변경에 사회통념상 합리성 있다는 이유만으로 유효성을 인정할 것인지 여부(원칙적 소극) / 반대의견(적극): 조재연, 안철상, 이동원, 노태악, 천대엽, 오석준</td></tr>
<tr><td rowspan="3">49</td><td>2016다
255941</td><td>임금</td><td>2023. 9. 21.</td><td>상고기각</td><td>기타</td><td>7:1:5</td></tr>
<tr><td colspan="6">대법원장 김명수(재판장) 대법관 안철상 민유숙 김선수 이동원 노정희(주심) 노태악 이흥구 천대엽 오경미 오석준 서경환 권영준</td></tr>
<tr><td colspan="6">국가가 공무원 아닌 무기계약직 국도관리원에게 같거나 유사업무를 담당하는 공무원에게 지급하는 성과상여금과 가족수당을 지급하지 않은 것이 근로기준법 제6조를 위반한 차별적 처우 해당하여 불법행위를 구성하는지 여부(소극, 사회적 신분 불해당, 공무원의 비교대상 근로자 해당 부당) / 별개의견(사회적 신분, 공무원의 비교대상 근로자 해당 긍정, 차별에 합리적 이유 인정): 권영준 / 반대의견(적극, 차별에 합리적 이유 불인정): 민유숙, 김선수, 노정희, 이흥구, 오경미</td></tr>
<tr><td rowspan="3">조희대
(17대)</td><td rowspan="3">50</td><td>2020다
247190</td><td>임금</td><td>2024. 12. 19.</td><td>상고기각</td><td>변경</td><td>0</td></tr>
<tr><td colspan="6">대법원장 조희대(재판장) 대법관 김상환 노태악 이흥구 오경미(주심) 오석준 서경환 권영준 엄상필 신숙희 노경필 박영재 이숙연</td></tr>
<tr><td colspan="6">특정 시점에 재직 중인 근로자에게만 지급하는 조건(재직 조건)이 부가된 정기상여금 등의 통상임금 해당 여부가 문제된 사건에서 고정성을 통상임금의 개념적 징표로 유지할 것인지 여부(소극), 재직 조건이 부가된 정기상여금 등의 통상임금 해당 여부(원칙적 긍정)</td></tr>
</table>

	순	사건번호	사건명	판결일자	주문	유형	소수의견
조희대 (17대)	51	2023다 302838	임금	2024. 12. 19.	파기환송	변경	0
		대법원장 조희대(재판장) 대법관 김상환 노태악 이흥구 오경미(주심) 오석준 서경환 권영준 엄상필 신숙희 노경필 박영재 이숙연					
		일정 근무일수 충족 지급 조건이 부가(근무일수 조건)된 정기상여금의 통상임금 해당 여부가 문제된 사건에서 고정성을 통상임금의 개념적 징표로 유지할 것인지 여부(소극) 및 근무일수 조건이 부가된 정기상여금 등의 통상임금 해당 여부(일정한 요건 충족 시 긍정)					

참고자료

단행본

- 권석천, 대법원 이의 있습니다, 창비(2017).
- 김근주·남궁준·박제성·박태우, 쟁의행위와 형사책임 -노조법상 쟁의행위 처벌 규정을 중심으로-, 한국노동연구원(2023).
- 김동현·이혜영, 결사의 자유에 관한 국제노동기구(ILO) 기본협약 비준과 노동법의 쟁점, 사법정책연구원(2022).
- 김선수, 노동을 변호하다, 오월의봄(2014).
- 김지형, 노동법해설, 청림출판(1993).
- 노동법실무연구회, 제2판 근로기준법 주해 I.II.III, 박영사(2020).
- ____________, 제2판 노동조합 및 노동관계조정법 주해 I.II.III, 박영사(2023).
- ____________, 노동법실무연구 제1권: 김지형 대법관 퇴임기념, 사법발전재단(2011).
- ____________, 노동법실무연구 제2권: 조희대 대법관 퇴임기념, 사법발전재단(2020).
- ____________, 노동법실무연구 제3권: 권순일 대법관 퇴임기념, 사법발전재단(2021).
- ____________, 노동법실무연구 제4권: 김선수 대법관 재임기념, 사법발전재단(2024).
- 레너드 케스터·사이먼 정(조미현 펴냄), 미국을 발칵 뒤집은 판결 31(2012).
- 린다 그린하우스, 안기순 옮김, 블랙먼, 판사가 되다, 청림출판(2005).

- 민경한, 동굴 속에 갇힌 법조인, 나래짓(2012).
- 법원행정처, 법원사(1995).
- ________, 법원사(자료집)(1995).
- 사법발전재단, 역사 속의 사법부(2009).
- 사법연수원, 해고와 임금(1998).
- ________, 노동조합 및 노동관계조정법(2000).
- 샌드라 프레드먼, 조효제 옮김, 인권의 대전환, 교양인(2009).
- 이춘재·김남일, 기울어진 저울 – 대법원 개혁과 좌절의 역사, 한겨레출판(2013).
- 참여연대, 김명수 대법원장 취임 2년 사법개혁 어디까지 왔나 자료집(2019).
- 한국노동법학회, 제2판 노동판례백선, 박영사(2021).
- 한홍구, 사법부-법을 지배한 자들의 역사, 돌베개(2016).
- 中村滿, 勞働訴訟の實務, 新日本法規出版株式會社(1976).

논문 등

- 강봉수, "재해보상과 과실상계", 대법원판례해설 제1호, 법원도서관(1987).
- 강선희, "부당해고 구제절차와 소의 이익", 한국노동법학회, 제2판 노동판례백선, 박영사(2021).
- _____, "무기계약직인 공무직은 공무원에 대한 관계에서 근로기준법 제6조의 '사회적 신분'에 해당하지 않고 공무원은 비교집단이 아니다-대법원 2023 9 21 선고 2016다255941 전원합의체 판결", 노동리뷰 제224호, 한국노동연구원(2023).
- 강성태, "쟁의행위 기간 중 근로계약의 법적 성격과 그 효과", 법학논총 제30권 제1호, 한양대학교 법학연구소(2013).

- ______, “법외노조 통보의 위법성”, 한국노동법학회, 제2판 노동판례비판, 박영사(2021).
- 강지성, “부당해고 구제절차에서의 구제이익 -구제이익 소멸의 판단 기준, 소의 이익과의 관계를 중심으로-”, 사법논집 제72집, 사법발전재단(2021).
- 강희원, “대법원 노동판례에 나타난 용어사용의 문제 –쟁의해위의 ‘정당성’ 또는 ‘정당한’ 쟁의행위라는 용어를 중심으로”, 노동법학 제8호, 한국노동법학회(1998).
- ______, “동의를 얻지 않은 취업규칙 불이익변경의 효력”, 한국노동법학회, 제2판 노동판례백선, 박영사(2021).
- 곽현수, “무노동 무임금의 원칙 및 쟁의행위시 임금공제 범위”, 법조 제45권 제5호(통권 제476호), 법조협회((1996).
- 권두섭, “구 파견법 제6조 제3항이 불법 파견에도 적용되는지 여부 등”, 노동법률 제211호, 중앙경제사(2008).
- 권오성, “복지포인트의 임금성: 대법원 2019. 8. 22. 선고 2016다48785 전원합의체 판결”, 노동법실무연구 제4권: 김선수 대법관 퇴임기념, 사법발전재단(2024).
- ______, “근로조건 고정수당을 시간급 통상임금으로 환산하는 계산식”, 노동리뷰 제180호, 한국노동연구원(2020).
- ______, “산재유족 특별채용 단체협약 조항의 적법성 -대법원 2020. 8. 27. 선고 2016다248998 전원합의체 판결”, 노동리뷰 제187호, 한국노동연구원(2020).
- ______, “산재 유족 특별채용 단체협약 규정의 적법성”, 한국노동법학회, 제2판 노동판례백선, 박영사(2021).
- 권오성·박은정, “부당해고구제신청의 구제이익과 소의 이익”, 노동법률 제347호, 중앙경제사(2020).

- 권창영, “선원법상 퇴직금제도와 근로기준법상 퇴직금제도의 관계”, 노동판례비평 제7호, 민주사회를 위한 변호사모임(2003).
- 김기덕, “휴일근로의 연장근로 여부”, 노동판례비평 제23호, 민주사회를 위한 변호사모임(2019).
- 김남일, “파업으로 인한 업무방해 사건에 관한 판례의 동향-대법원 2011 3 17 선고 2007도482 전원합의체 판결”, 재판실무연구 2015, 광주지방법원(2016).
- 김 린, “업무방해죄에 해당하는 쟁의행위를 조력한 행위에 대한 업무방해방조죄 적용기준–대법원 2023. 6. 29. 선고 2017도9835 판결”, 노동리뷰 제222호, 한국노동연구원(2023).
- 김선수, “단체협약체결권 누가 가져야 하나”, 월간 사회평론 91호, 사회평론사(1991).
- ______, “단체협약 체결권의 법리를 왜곡한 대법원 판결”, 법과 사회 제8호, 창작과비평사(1993).
- ______, “쟁의행위 기간에 대한 임금공제의 범위(상).(하)”, 인권과 정의 제204호.205호, 대한변호사협회(1993).
- ______, “최근 노동판례의 경향과 대책”, 민주사회를 위한 변론 제4호, 민주사회를 위한 변호사모임(1994).
- ______, “노동법상 제3자 개입금지 조항과 표현의 자유”, 노동법률 제51호, 중앙경제사(1995).
- ______, “1년을 초과하는 근로계약기간을 정한 근로계약의 효력”, 노동법연구 제6호, 서울대학교노동법연구회(1997).
- ______, “노사갈등의 현황과 쟁점”, 노동법학 제8호, 한국노동법학회(1998).
- ______, “교수재임용거부에 대한 판결례의 검토”, 노동법연구 제7호, 서울대학교노동법연구회(1998).

- ______, "비정규근로자 보호를 위한 법개정안", 노동사회 제47호, 한국노동사회연구소(2000).
- ______, "쟁의행위의 절차적 정당성", 고려대학교 법과대학 석사학위논문(2003).
- ______, "한국에서의 노동분쟁처리기구로서의 법원의 구조 및 운영실태, 노동법원의 도입방향", 노동과 법 제4호, 전국금속노동조합연맹법률원(2004).
- ______, "시장만능주의에 대한 대항이념으로서의 인본주의 회복과 노동법의 재정립", 복지사회를 위한 노동사회법과 노사관계: 덕유 이광택 교수 정년기념논문집, 중앙경제사(2015).
- ______, "노동권 강화를 위한 개헌안", 노동헌법개헌 국회토론회 자료집(2017. 11. 16).
- ______, "철도파업과 형사면책 범위 확대의 역사", 공익과 인권 제18호, 서울대학교법학전문대학원 인권법학회.서울대학교 공익인권법센터(2018).
- 김선일, "취업자격 없는 외국인근로자의 노동조합 설립(대상판결: 대법원 2015. 6. 25. 선고 2007두4995 전원합의체 판결)", 사법 제35호, 사법발전재단(2016).
- 김선화, "법해석론의 관점에서 본 전교조 법외노조 통보처분 취소 판결 - 대법원 2016두32992 전원합의체 판결을 중심으로", 사법 제55호, 사법발전재단(2021).
- ______, "육아휴직급여 수급권의 성격 및 신청기간에 대한 법해석: 대법원 2021 3 18 선고 2018두47264 전원합의체 판결을 중심으로", 재판자료 제144집: 젠더법 실무연구, 법원도서관(2023).
- 김유성, "해고의 효력을 다투고 있는 근로자의 지위", 법률신문 제2017호, 법률신문사(1991).

- ______, "조합대표자의 단체교섭권한과 협약체결권한", 사법행정 제392호, 한국사법행정학회(1993).
- 김인재, "동일한 쟁의행위에 대한 정당성 평가가 달라질 수 있는가", 노동법률 제111호, 중앙경제사(2000).
- 김장식, "산재법상 보험급여 청구에 대한 소멸시효 항변과 신의칙", 노동판례비평 제13호, 민주사회를 위한 변호사모임(2009).
- ______, "부당해고 구제신청에 있어서의 구제이익", 노동법률 제383호, 중앙경제사(2023).
- 김정범, "무기계약직 국도관리원에게 공무원에게 지급하는 각종 수당정근수당 성과상여금 가족수당 직급보조비 출장여비 등을 지급하지 않은 것은 차별적 처우 아니다", 판례연구 제37집 제2권, 서울지방변호사회(2023).
- 김지형, "노동법의 재발견", 노동법실무연구 제1권: 김지형 대법관 퇴임기념, 사법발전재단(2011).
- 김태욱, "산업별 노동조합의 하부 조직이 조직형태 변경의 주체가 될 수 있는지", 노동판례비평 제21호, 민주사회를 위한 변호사모임(2017).
- 김형배, "금품청산의 기한을 설정한 근기법 시행령의 효력", 노동판례평석집 III, 한국경영자총협회(2000).
- 김형진, "1년을 초과하는 근로계약기간을 정한 근로계약의 효력", 대법원판례해설 제27호, 법원도서관(1997).
- 김홍영, "월 중간에 퇴직하더라도 당해 월의 보수 전액을 지급하는 경우 퇴직금의 계산", 노동판례비평 제4호, 민주사회를 위한 변호사모임(2000).
- ______, "퇴직금 분할지급 약정", 제2판 노동판례백선, 박영사(2021).
- 김희수, "휴일근로에 따른 가산임금과 연장근로에 따른 가산임금 의 중복 지급 여부", 대법원판례해설 제115호, 법원도서관(2018).
- ______, "변경된 취업규칙상 소정근로시간 단축 조항이 탈법행위로 무효인지 여부", 대법원판례해설 제119호, 법원도서관(2019).

- 김희중, "파산선고 전에 생긴 근로자의 임금·퇴직금에 대하여 파산선고 후 발생한 지연손해금 채권의 법적 성질", 노동법실무연구 제3권: 권순일 대법관 퇴임기념, 사법발전재단(2021).
- 남재현, "산업재해보상보험법상 업무상의 재해 인정시 업무와 재해 사이의 상당인과관계의 증명책임 전환 여부 -대상판결 대법원 2021 9 9 선고 2017두45933 전원합의체 판결", 판례연구 제35집, 부산판례연구회(2024).
- 노상헌, "최저임금법을 잠탈하기 위한 취업규칙상 소정근로시간 단축조항은 탈법행위로 무효이다", 노동판례리뷰 2019, 한국노동연구원(2020).
- ______, "무기계약직 근로자와 공무원은 차별적 처우에서 비교대상이 아니다- 대법원 2023. 9. 21. 선고 2016다255941 전원합의체 판결", 노동법률 제390호, 중앙경제사(2023).
- ______, "노동조합 전교조에 대한 법외노조 통보는 위법하다", 노동리뷰 제187호, 한국노동연구원(2020. 10.).
- 노호창, "재단채권인 임금·퇴직금의 지연손해금도 우선 변제받을 수 있는지 여부 - 대법원 2014. 11. 20. 선고 2013다64908 전원합의체 판결", 노동법학 제53호, 한국노동법학회(2015).
- ______, "선택적 복지제도로 지급한 복지포인트의 임금성 여부", 노동리뷰 제175호, 한국노동연구원(2019).
- 도재형, "노동판례의 최근 경향 및 노동법원 논의에서의 시사점", 노동법학 제21호, 한국노동법학회(2005. 12.).
- ______, "파업과 업무방해죄", 노동법합 제34호, 한국노동법학회(2010).
- ______, "통상임금 소고", 노동법연구 제35호, 서울대학교노동법연구회(2013).
- ______, "[아침을 열며] 이주근로자노조 판결의 함의", 한국일(2015. 7. 2.), <https://www.hankookilbo.com/News/Read/201507021455263279>.

- 동상홍, “산업재해보상보험법 15조와 당사자의 합의”, 인천법조 창간호, 인천지방변호사회(1993).
- 마은혁, “개정된 단체협약·취업규칙상 소정근로시간 단축 조항이 탈법행위로 무효인 경우 적용될 소정근로시간 조항(대법원 2019. 4. 18. 선고 2016다2451 전원합의체 판결)”, 노동법실무연구 제4권: 김선수 대법관 퇴임기념, 사법발전재단(2024).
- 문영화, “하나의 회사의 근로자가 선원과 육원으로 구성되어 있는 경우 이를 하나의 사업으로 보아 선원과 육원 사이에도 구 근로기준법 제28조 제2항 소정의 퇴직금제도 차등금지 규정이 적용되는지 여부(소극)”, 대법원판례해설 제42호, 법원도서관(2003).
- 문재인, “대우조선 파업”, 민주사회를 위한 변론 창간호, 민주사회를 위한 변호사모임(1993).
- 문준혁, “취업규칙 불이익변경에 대한 최근 전원합의체 판결의 의의와 한계”, 이철수 교수 정년기념논문집 K-노동법과 그의 꿈, 관악사(2024).
- 박경열, 단축의 사법적 효력-대법원 2019 4 18 선고 2016다2451 전원합의체 판결 및 후속 하급심판결에 대한 평가와 전망”, 사법 제64호, 사법발전재단(2023).
- 박귀천, “취업규칙 불이익변경 시 근로자의 집단적 동의권과 이른바 '사회통념상 합리성': 대상판결: 2023. 5. 11. 선고 2017다35588, 35595 전원합의체 판결”, 노동법실무연구 제4권: 김선수 대법관 퇴임기념, 사법발전재단(2024).
- 박무원, “쟁의행위와 위력업무방해죄의 관계 설정에 대한 시각의 전환”, 한국형법학의 전망: 심온 김일수 교수 정년기념논문집(2011).
- 박상훈, “교수재임용 거부처분에 대한 구제절차 –대상판결: 대법원 2004. 4. 22. 선고 2000두7735 전원합의체 판결”, 노동법실무연구 제1권: 김지형 대법관 퇴임기념, 사법발전재단(2011).

- 박성만, "연장근로와 휴일근로 가산임금의 중복 지급 여부", 노동법실무연구 제2권: 조희대 대법관 퇴임기념, 사법발전재단(2020).
- 박성철, "임금채권의 직접불의 원칙", 판례연구 제1집, 부산판례연구회(1991).
- 박순성, "퇴직금제도변경과 차등퇴직금제도 금지의 원칙", 대법원판례해설 제47호, 법원도서관(2004).
- 박순영, "쟁의행위로서의 파업이 업무방해죄의 '위력'에 해당하는지 여부", 정의로운 사법: 이용훈 대법원장 재임기념, 사법발전재단(2011).
- ______, "대법원 전원합의체 판결에 나타난 통상임금의 의의와 그 구체적 적용", 사법논집 제58집, 법원도서관(2014).
- ______, "퇴직금 분할 약정에 관하여 -대법원 2010 5 20 선고 2007다90760 전원합의체 판결", 민사재판의 제 문제 제23권, 한국사법행정학회(2015).
- 박시환, "대법원 전원합의체 판결 이후 다수의견·소수의견 사이의 경계확정 과정", 법학연구 제24집 제3호, 인하대학교(2021).
- 박은정, "산재보험법 제87조에 따른 근로복지공단의 대위권 행사 범위 - 대법원 2022. 3. 24. 선고 2021다241618 전원합의체 판결", 노동리뷰 제206호, 한국노동연구원(2022).
- ______, "不患寡 患不均, 周急不繼富(대법원 2023. 9. 21. 선고 2016다255941 전원합의체 판결)", 노동법실무연구 제4권: 김선수 대법관 퇴임기념, 사법발전재단(2024).
- 박재필, "노동조합 및 노동관계조정법 제41조 제1항에 정하여진 노동조합 조합원의 직접·비밀·무기명투표 절차를 거치지 아니하고 진행된 쟁의행위의 정당성 및 업무방해죄의 성부", 21세기 사법의 전개, 송민 최종영 대법원장 재임기념문집 간행위원회(2005).
- 박제성, "사회적 형평화, 사회적 양극화 그리고 사회적 연대", 노동법연구 제20호, 서울대학교노동법연구회(2006 상반기).

- 박종희, "평균임금 대상의 확정과 퇴직금 산정기초 범위의 판단", 노동법률 제98호, 중앙경제사(1999).
- ______, "유족급여와 손해배상의 조정", 노동판례백선, 박영사(2015).
- 박진환, "산업재해가 산재보험가입자 또는 그 소속 근로자와 제3자의 공동불법행위로 인하여 발생한 경우 근로복지공단의 제3자에 대한 구상권 행사의 가부 및 그 행사 범위", 저스티스 제69호, 한국법학원(2002).
- 서영수, "어떤 문언주의인가?: 김신 대법관의 문언주의적 법해석론 -조희대 대법관과의 비교를 중심으로", 기초법학연구 창간호, 기초법학연구회(2022).
- 신우정, "퇴직금규정의 본분과 경과조치의 구별", 저스티스 제86호, 한국법학원(2005).
- 신철순, "산재보험법상 업무상 재해의 상당인과관계에 대한 증명책임의 소재-로널드 드워킨의 법이론의 관점에서 대법원 2021. 9. 9. 선고 2017두45933 전원합의체 판결", 행정판례연구 제27권 제2호, 행정판례연구회(2022).
- 신현덕, "우리나라 노동법원제도의 도입방안에 관한 연구", 대구대학교 사회개발대학원 석사학위논문(1991).
- 양승규, "자동차보험약관 중 산재사고 면책조항의 효력", 손해보험 제437호, 대한손해보험협회(2005).
- 오문완, "고용종료시 금품청산에 기한을 설정할 수 있나", 노동법률 제91호, 중앙경제사(1998).
- 오영준, "업무상 재해로 사망한 근로자로부터 공동상속인들이 상속한 망인의 일실수입 상당 손해배상채권에서 구 산업재해보상보험법에 의하여 수급권자에게 지급된 유족급여를 공제하는 방법", 대법원판례해설 제79호, 법원도서관(2009).

- 유근완, "근로기준법상 퇴직금 산정의 범위", 사법논집 제5집, 법원행정처(1974).
- 유남석, "외국의 사법적 행위에 대한 재판권", 국민과 사법: 윤관대법원장 퇴임기념, 박영사(1999).
- 유승익, "김명수 코트의 대법원 판결 평가", 김명수 대법원장 시기의 사법부 평가와 향후 방향 모색을 위한 토론회 자료집, 참여연대·민주사회를 위한 변호사모임(2023).
- 이경운, "교수재임용에 관한 대법원 판례의 변경과 그 의의", 행정판례연구 제10집, 박영사(2005).
- 이근우, "산업재해보상보험법에 의한 구상금청구권의 소멸시효", 대법원판례해설 제29호, 법원도서관(1998).
- 이다혜, "불법체류 외국인의 노동3권 –대법원 2015. 6. 25. 선고 2007두4995 전원합의체 판결-", 한국노동법학회, 제2판 노동판례백선, 박영사(2021).
- ______, "노동법의 갱신–노동의 미래와 노동법의 근본목적에 대한 재확인", 이철수 교수 정년기념논문집 K-노동법과 그의 꿈, 관악사(2024).
- 이미선, "공무원인 교원의 집단적 의사표현행위에 대한 법적 평가 등-대법원 2012. 4. 19. 선고 2010도6388 전원합의체 판결", 양승태 대법원장 재임 3년 주요 판례 평석, 대법원(2015).
- 이민걸, "사립대학교 교수가 임용기간 만료후 직위해제·면직처분의 무효확인을 구할 이익이 있는지 여부", 민사판례연구 XXIII, 박영사(2001).
- 이병한, "위법한 파견근로와 직접고용간주-대상판결: 대법원 2008. 9. 18. 선고 2007두22320 판결", 노동법실무연구 제1권: 김지형 대법관 퇴임기념, 사법발전재단(2011).
- 이상덕, "최근 대법원 노동판례의 경향과 문제점", 노동법학 제4호, 한국노동법학회(1994).

• 이상윤, “찬반투표절차를 거치지 않은 쟁의행위의 정당성”, 제2판 노동판례백선, 박영사(2021).

• 이새롬, “정규직 전환 채용 기대권의 인정 여부와 판단기준”, 대법원판례해설 제135호, 법원도서관(2023).

• 이선희, “기간제로 임용된 국립대학교 교원에 대한 재임용거부행위의 처분성”, 대법원판례해설 제50호, 법원도서관(2004).

• 이승길, “출·퇴근 중 재해”, 노동판례백선, 박영사(2015).

• 이승녕, “직위해제·면직처분을 받은 후 그 임용기간이 만료된 사립학교 교원이 무효확인을 구할 소의 이익이 있는지”, 21세기 사법의 전개, 송민 최종영 대법원장 재임기념문집 간행위원회(2005).

• 이승욱, “조직형태 변경의 주체”, 한국노동법학회, 제2판 노동판례백선, 박영사(2021).

• 이윤정, “부당해고구제명령의 성격과 재심판정취소소송에서의 소의 이익-대법원 2020. 2. 20. 선고 2019두52386 전원합의체 판결”, 행정판례연구 제26-2집, 박영사(2021).

• 이종수, “공무원의 집단적 의사표현행위에 대한 형벌권 행사의 가부-대법원 2012. 4. 19. 선고 2010도6388 전원합의체판결에 대한 평가를 겸하여”, 헌법학연구 제20권 제2호(2014).

• 이주헌, “산업재해가 제3자와 보험가입자의 공동불법행위로 인하여 발생한 경우 산업재해보상보험법 제54조 제1항에 의하여 근로복지공단이 제3자에 대하여 행사할 수 있는 구상권의 범위”, 대법원판례해설 제40호, 법원도서관(2002).

• 이 준, “취업규칙의 불이익한 변경과 변경 후에 근로관계를 갖게 된 근로자에 대한 효력”, 민사판례연구 제17권, 박영사(1995).

• 이철수, “쟁의행위 기간 중의 임금지급 여부”, (월간)노동법률 57호, 중앙경제사(1996).

- ______, "새로운 종업원대표시스템의 정립", 노동법연구 제45호, 서울대학교 노동법연구회(2018).
- ______, "통상임금의 판단기준", 한국노동법학회, 제2판 노동판례백선, 박영사(2021).
- 이현수, "납입고지에 의한 변상금부과처분의 취소와 소멸시효의 중단", 행정법연구 제16호, 행정법이론실무학회(2006).
- 이흥구, "산업재해가 보험가입자와 제3자의 공동불법행위로 발생한 경우, 유족급여를 지급한 근로복지공단의 구상권의 범위", 판례연구 제14집, 부산판례연구회(2003).
- ______, "정기상여금의 통상임금 해당 여부와 신의칙- 대상판결 대법원 2013 12 18 선고 2012다89399 판결", 판례연구 제26집, 부산판례연구회(2015).
- 이흥재, "민주헌정 이후 노동판례 경향의 특징", 노동법학 제15호, 한국노동법학회(2002).
- 임시규, "자동차종합보험의 업무상 재해 면책약관", 21세기 사법의 전개, 송민 최종영 대법원장 재임기념문집 간행위원회(2005).
- ______, "자동차종합보험약관의 업무상 재해 면책조항- 대법원 2005.3.17. 선고 2003다2802 전원합의체 판결-", 민사재판의 제 문제 제14권, 한국사법행정학회(2005).
- 임영호, "근로자의 출퇴근재해", 특별법연구 제9권, 사법발전재단(2011).
- 임종률, "사립학교교원연금법 시행 후에 퇴직한 교원의 평균임금 산정시기", 판례회고 제8호, 서울대학교법학연구소(1980).
- 장승혁, "판례의 출퇴근 재해에 관한 보호범위 분석과 그 확장 가능성-대법원 2007. 9. 28. 선고 2005두12572 전원합의체 판결", 노동법실무연구 제1권: 김지형 대법관 퇴임기념, 사법발전재단(2011).

- 정인섭, "퇴직금 산정시 계속근로에 관한 판례법리", 노동법연구 제11호, 서울대학교 노동법연구회(2001).
- ______, "근로삼권의 규범론과 정책론", 노동법학 제17호, 한국노동법학회(2003).
- 정지형, "산업재해보상보험금 청구권의 성질", 사법행정 제20권 제5호(221호), 한국사법행정학회(1979).
- 정호은, "합의제 재판부 구성의 다양성에 관한 연구", 서울대학교 석사학위논문(2023).
- 조경배, "국제노동기준에 비춰본 한국 근로자의 노동기본권 보장 실태", 전국민주노동조합총연맹·한국노동조합총연맹·국제노동기구 국제정책세미나 자료집(2012. 9. 17.).
- 조영식, "기존의 장해등급에 대한 장해급여 청구권이 시효 소멸된 상태에서 기존의 장해상태가 악화되어 재요양을 받고 장해등급이 변경된 후 장해보상연금을 청구한 경우 기존의 장해등급에 따른 장해보상일시금의 지급일수에 해당하는 기간만큼의 장해보상연금을 부지급할 수 있는지 여부", 대법원판례해설 제103호, 법원도서관(2015).
- 조해섭, "월의 중도퇴직과 퇴직금 산정의 기초가 되는 평균임금", 국민과 사법: 윤관대법원장 퇴임기념, 박영사(1999).
- 최윤정, "취업규칙 불이익변경에 관한 사회통념상 합리성 법리의 타당성 여부", 대법원판례해설 제135호, 법원도서관(2023).
- ______, "공무원을 비교대상자로 하여 무기계약직 근로자에 대한 차별이 성립하는지 여부", 대법원판례해설 제137호, 법원도서관(2024).
- 한인상, "최저임금법 제6조 제5항(택시운전근로자 최저임금 산입범위에 대한 입법영향분석", 현안보고서 Vol. 209, 국회입법조사처(2013).
- 萩澤淸彦, "勞働訴訟", 現代勞働法講座 14 勞働爭訟, 總合勞働硏究所(1985).

인터넷, 일간지 등

- 사법정보공개포탈 종합법률정보 <https://portal.scourt.go.kr>.
- 지표누리 국가발전지표 <https://www.index.go.kr/unify/idx-info.do?idxCd=4220>.
- 국회, 본회의회의록 제400회 제13호, <https://likms.assembly.go.kr/record/mhs-10-050.do>.
- ___, 본회의회의록 제410호 제14차. <https://likms.assembly.go.kr/record/mhs-10-050.do>.
- 경제단체협의회, 브로슈어 <http://www.kiac.net/sub/경단협브로슈어_가입신청서(2023).pdf>.
- 경향신문, "연판장 사태 '사법파동' 조짐"(2003. 8. 13.), <https://n.news.naver.com/mnews/article/032/0000028561?sid=102>.
- ______, "김명수 대법원 6년, 대법관들 치고받는 논쟁 활발해졌다"(2023. 10. 17.), <https://www.khan.co.kr/national/court-law/article/202310170600081>.
- 동아일보, "'이용훈 사법부' 6년 평가 의견 갈린 쟁점 81건"(2011. 9. 23.), <https://www.donga.com/news/article/all/20110922/40536700/1>.
- 매일경제신문, "'절차 정의' '사회 안정·균형 중시' 양승태 대법원 6년 전원합의체 분석"(2017. 9. 20.), <https://www.mk.co.kr/news/society/7983745>.
- 머니투데이, "부장판사도 가세..'사법파동 조짐'"(2003. 8. 14.), <https://n.news.naver.com/mnews/article/008/0000311277?sid=101>.

- 문화일보, "영장심사제 도입…'사법개혁 초석'"(2022. 11. 14.), <https://www.munhwa.com/news/view.html?no=2022111401072921068001>.
- 세계일보, "이회창 제치고 발탁된 윤관, '사법부 안정' 가져오다"(2022. 11. 15.), <https://www.segye.com/newsView/20221115502182?OutUrl=naver>.
- 오마이뉴스, "대법원장 '사법부 독립 절대 훼손될 수 없어'"(2003. 8. 19.), <https://n.news.naver.com/mnews/article/047/0000035062?sid=102>.
- 한겨레신문, "소장판사 집단서명 나서…대법관후보 추천에 반발"(2003. 8. 13.), <https://n.news.naver.com/mnews/article/028/0000022340?sid=110>.
- ________, "'비빔밥 대법원' 두툼해진 판결문, 약자 목소리 담았다"(2011. 11. 17.), <https://www.hani.co.kr/arti/society/society_general/506033.html>.
- ________, "양승태 대법원장 3년…사회 다양화에 역주행 대법, 반대.보충의견 모두 줄었다"(2014. 9. 21.), <https://www.hani.co.kr/arti/society/society_general/656130.html>.
- ________, "다양성 강조 '김명수 코트' 노동·인권 큰 진전…사법농단 면죄부 오욕"(2023. 9. 25.), <https://www.hani.co.kr/arti/society/society_general/1109902.html>.
- 한국일보, 이영창, "[36.5°C] 어느 대법관의 4년"(2019. 3. 21.), <https://www.hankookilbo.com/News/Read/201903211311064141>.
- ________, "윤 '똑같은 일 하면서 월급 차이…이를 바로잡는 게 노동개혁'"(2023. 1. 11.), <https://www.hankookilbo.com/News/Read/A2023011116390003898?did=NA)>.

제 5.

법원 개혁방안과 추진체계·일정에 관한 관견(管見)

(법률신문 2025. 6. 12. 자)

재판소원 도입은 사실상 4심제…
대법관 증원은 하급심 강화와 어긋나

‘사법개혁’이 이재명 정부의 핵심 이슈로 떠오르면서 관련 논의가 본격화되고 있다. 2024년 8월 1일 퇴임한 김선수(64·사법연수원 17기) 전 대법관이 대법관 증원과 재판소원 등 현안에 관한 기고문을 법률신문에 보내왔다. 김 전 대법관은 참여정부 시절 청와대 사법개혁비서관과 사법제도개혁추진위 기획추진단장을 맡아 법조일원화를 주도했었다. 현재 사법연수원 석좌교수로 재직 중인 김 전 대법관의 기고문 전문을 싣는다.

"헌재법만 개정해 재판소원 도입하는 것은 위헌"
"개혁 특위 구성해 단기·중장기 과제 입법으로 마무리를"
"상고심 실질 선별제도 필요"

윤석열(65·사법연수원 23기) 제20대 대통령이 2024년 12월 3일 오후 10시 28분경 비상계엄을 선포함으로써 초래된 내란 정국은 2025년 6월 3일 실시된 제21대 대통령선거에서 더불어민주당 이재명(61·18기) 후보가 당선됨으로써 정치적 책임을 묻는 절차가 일단락되었다. 내란 우두머리 혐의로 기소된 피고인 윤석열에 대한 구속취소 결정(서울중앙지방법원 2025. 3. 7. 자 2025초기619 결정)과 제20대 대통령선거 민주당 후보 이재명에 대한 공직선거법 위반 사건에 대한 대법원 전원합의체 파기환송 판결(대법원 2025. 5. 1. 선고 2025도4697 전원합의체 판결)에 분노한 국민들은 내란 극복의 중요한 과제 중 하나로 법원의 근본적인 개혁을 요구하기에 이르렀고, 다양한 법원 개혁 방안들이 제안되었고 나아가 법률 개정안까지 발의되었다.

대법관으로 근무할 때 대법원이 국민에게 신뢰받고 있다고 느낄 때도 있었다. 국회는 입법을 해주지 않고 헌법재판소도 위헌결정을 해주지 않는 답답한 상황에서 대법원이 구체적인 사건에서 소수자의 권리를 인정하는 판결을 하여 사회에 온기를 불어넣는다는 평가를 받았을 때는 보람을 느끼기도 했다.

국회(특히 과반 다수당인 민주당)는 대법원에 대한 국민의 신뢰를 바탕으로 법조 일원화와 관련하여 신임 법관의 임용 자격을 법조인 경력 5년으로 조정하는 법원조직법 개정안을 통과시켜 주었고, 판사 정원의 증원을 위한 법률 개정안을 내란의 혼란 속에서도 2024년 12월 10일 통과시켜 주었다.

그런데 어쩌다가 몇 개월 만에 대법원이 국민들의 개혁 요구의 쓰나미를 스스로 불러들여 조직 전체를 그 앞에 내던져 버린 꼴이 되었는지 안타깝다. 다만 법원 관련 제도의 개혁은 법원 본연의 존재 의의인 국민의 관점에서 좋은 재판을 할 수 있도록 종합적으로 검토하여 신중하게 결정되어야 한다. 현재 다양하게 제시되고 있는 법원 개혁 방안들과 추진 체계·일정에 관하여 사법개혁 작업에 참여했던 경험과 대법관으로 재직했던 경험을 바탕으로 부족하나마 개인적인 의견을 정리해 본다.

대법관 자격 비법조인으로 확대 여부

박범계 의원 등 10명은 2025. 5. 23. 대법관 임용자격에 '학식과 덕망이 있고 각계 전문 분야에서 경험이 풍부하며 법률에 관한 소양이 있는 사람'을 추가하는 법원조직법 개정안을 제안했다가(의안번호 2210593) 같은 달 26. 철회했다. 대법관 임용자격을 비법조인으로 확대하는 이유에 대해 소수 엘리트 고위 법관 위주로 구성되어 있는 대법원의 구성을 다양화하면 다양한 배경, 경력, 가치관을 가진 인물들이 대법원에 진입할 기회가 확대되고, 변화하고 있는 사회적 흐름과 사회의 다원적 가치를 반영하는 판결이 나올 가능성도 커질 수 있다는 점을 들었다.

대법관도 법관이다. 헌법 제101조 제1항은 "사법권은 법관으로 구성된 법원에 속한다."라고 규정하고 있는데, 법관은 대법원장과 대법관 그리고 판사를 포괄한다. 순수한 사법기관인 대법원의 법관인 대법관은 기본적으로 법관의 자격이 있어야 한다. 오히려 대법관의 임용자격은 하급심 법관인 판사와 비교하여 법조직에 근무한 기간과 나이가 가중될 필요가 있을 뿐이다.

우리나라에서 그동안 임용자격을 비법조인에까지 확대하여야 한다는 요구는 헌법재판관에 대하여는 제기된 바 있으나, 대법관에 대하여 제기된 적은 없다. 헌법재판은 순수한 사법기능이 아니라 정치적 성격을 가진 사법기능이므로, 헌법재판관은 반드시 법해석에 전문성을 가진 법조인 자격자에 한정될 필요가 없다. 국가인권위원회나 국제인권기구(예를 들면 유엔 자유권규약위원회 또는 사회권규약위원회 등)에서 위원으로 활동하여 각종 인권 분야 또는 국제인권법 영역에서 전문성을 공인받은 사람이 헌법재판관에 임명된다면 헌법재판의 수준을 올리는 데 중요한 역할을 할 수 있을 것이다.

일본의 경우 최고재판소 재판관의 임용자격을 법조인에 한정하지 않고 "식견 높고 법률적 소양 있는 40세 이상"으로 규정하고, 관행적으로 직역을 안배하여 법조인 자격이 없는 학자 출신 1명, 관료(외교관, 행정관) 출신 2명을 최고재판관으로 임명하고 있다. 이는 일본에 독립된 헌법재판소가 없고 최고재판소가 헌법재판까지 담당하기 때문에 가능한 것이다. 독일의 경우에는 연방헌법재판관도 법관의 자격을 요구한다.

대법관 임용자격을 비법조인으로 확대하여야만 대법원 구성의 다양화를 이룰 수 있는 것은 아니다. 전국 각지에서 다양한 분야에서 사회적 약자와 소수자의 인권을 옹호하기 위해 활동하는 훌륭한 변호사들(전체 변호사의 수는 판사 수의 10배 이상이다)과 연구와 교육활동에 전념하는 법조인 자격을 가진 학자들이 많다. 대법관으로서의 개인적인 경험에 비추어 보면 4명으로 구성된 소부에 적어도 1명 이상은 판사나 검사 경력이 없는 법조인이 대법관으로 참여하면 사건을 종합적으로 이해하고 보다 바람직한 판단을 하는 데 도움이 되었다. 다만 대형 로펌 소속으로 부자와 강자를 변호·대리하면서 고수입을 올린 변호사가 대법관까지 된다면 박봉에도 꿋꿋하고 의연하게 재판업무를 담당해 온 판사들로서는 자괴감과 좌절감으로 견디기 힘들 것이다. 약자와 소수자의 인권보호를 위해 '사서 고생하는' 삶을 산 변호사가 대법관이 되어 그 연장선상에서 좋은 재판을 하여야 그러한 위화감을 해소할 수 있을 것이다.

칠레의 경우 헌법(제78조)에서 21명(대법원장 포함)의 대법관 중 5명은 법관이 아닌 인사 중에서 임명하도록 정하고 있고, 우리나라 제2공화국 시기의 「대법원장 및 대법관 선거법」은 8명의 대법관 중 3명은 법관이 아닌 인사 중에서 선출하도록 규정했다. 참여연대는 제22대 국회의 개혁과제 중 하나로 대법관 정원의 3분의 1 이상을 고위 법관이나 검사 출신 아닌 법조인으로 임명하는 법원조직법 개정안을 제안하였다. 법률로 제도화할 경우 그 경직성으로 말미암아 부작용이 발생할 우려는 없는지 검토할 여지가 있으나, 4명 소부에 적어도 1명은 법관이나 검사 출신이 아닌 법조인으로 임명하는 것이 바람직하다. 대법원 구성의 다양화를 담보하기 위해 법원조직법에 대법관을 임명할 때 배경, 경험, 가치 등에서 다양성이 반영되도록 하여야 한다는 취지의 원칙 규정을 신설하는 것도 부족하지만 하나의 방안이 될 수 있을 것이다.

재판소원의 도입 여부

정진욱 의원 등 34명은 2025. 5. 7. 헌법소원에 관하여 규정한 헌법재판소법 제68조 제1항 본문 중에서 "법원의 재판을 제외하고는" 부분을 삭제하여 재판소원제도를 도입하는 헌법재판소법 개정안을 제안했다. 헌법소원심판은 '공권력의 행사 또는 불행사로 헌법상 보장된 기본권을 침해받은 자'가 청구하는데, 다른 법률에 구제절차가 있는 경우에는 그 절차를 모두 거친 후에 청구할 수 있다. 재판소원제도는 법원의 재판을 헌법소원심판의 대상인 공권력의 행사로 인정하여 헌법재판소가 법원의 재판이 헌법상 기본권을 침해했는지 다시 심판하는 제도를 말한다. 하급심법원의 재판에 대해서는 대법원에 상고할 수 있으므로 결국 재판소원의 대상은 대법원 판단까지 받아 확정된 재판이다. 재판소원심판을 청구하고자 하는 사람은 대법원 재판까지 거쳐야 하므로 재판소원제도를 도입하는 것은 사실상 4심제를 도입하는 것과 같다. 상대방의 입장에서는 분쟁을 3심 재판으로 종결짓지 못하고 다시 한 번 더 끌려 다녀야 하는 불이익을 감수해야만 한다.

헌법재판소에 의한 헌법소원심판제도를 도입한다고 해서 논리필연적으로 재판소원제도도 도입하여야만 하는 것은 아니고, 재판소원제도까지 도입할 것인지 여부는 각국의 헌법정책적 판단에 따른다. 입법례를 보더라도 독일의 경우에는 재판소원제도를 도입하여 모범적으로 시행하고 있다. 반면 오스트리아의 경우에는 2012년 헌법 개정 이전에는 재판소원을 전혀 인정하지 않았으나, 2012년 헌법 개정 이후에는 행정법원이 제1심으로 한 판결에 대하여 행정재판소에 상소하거나 헌법재판소에 헌법소원을 제기할 수 있도록 하였으나(행정재판소의 재판에 대한 헌법소원은 인정되지 아니함) 일반 민·형사소송의 최고법인 대법원의 판결에 대해서는 재판소원을 인정하지 않고 있다.

재판소원제도의 도입을 주장하는 견해는 독일의 사례를 모델로 삼는다. 그러나 독일과 우리나라의 헌법의 체계와 구체적인 규정, 대법관과 헌법재판관의 임명절차와 자격요건, 임기와 정년, 대법원과 헌법재판소의 규칙제정권의 유무 등을 살펴보면, 현행 헌법하에서 헌법재판소법만 개정해 재판소원제도를 도입하는 것은 헌법위반이다.

첫째, 헌법의 체계와 구체적인 규정의 관점에서 본다. 우리 헌법은 '제5장 법원'과 '제6장 헌법재판소'를 병렬적으로 배치하여 각각 독립된 헌법기관으로 규정하고 있다. 사법권은 법관으로 구성된 법원에 속하고, 법원은 '최고법원인 대법원'과 각급법원으로 조직된다(제101조 제1항, 제2항)고 하여 대법원의 최고법원성을 명확히 하고 있다. 반면 독일 기본법은 '제9장 사법'의 장에 '사법권은 연방헌법재판소, …연방법원 및 주법원이 행사'한다고 규정하고(기본법 제93조), 이어서 연방헌법재판소(제93조, 제94조), 연방법원(제95조, 제96조)의 순으로 배치하여 연방헌법재판소가 연방법원에 비하여 우위에 있는 최고사법기관임을 명확히 하고 있다. 기본법 제95조 제1항은 연방최고법원으로 연방일반법원, 연방행정법원, 연방재정법원, 연방노동법원, 연방사회법원 등 5개 분야로 나누어 설치하고 있다. 독일의 경우 연방헌법재판소만이 독립된 헌법기관으로 인정되고, 연방법원은 헌법기관의 지위가 인정되지 않는다.

둘째, 대법관과 헌법재판관의 임명절차의 관점에서 본다. 우리나라의 경우에는 대법관은 대법원장이 제청하고 국회의 동의를 얻어 대통령이 임명하지만(헌법 제104조 제2항), 헌법재판관은 대통령이 임명하되 3명은 국회가 선출하고 3명은 대법원장이 지명한다(헌법 제111조 제2항, 제3항). 대법관은 모두 개별적으로 국회의 동의를 받아야 하는 반면, 대통령과 대법원장이 지명하는 3명씩 6명의 헌법재판관은 국회의 동의절차가 필요하지 않다. 임명과정에서의 민주적 정당성이라는 측면에서 대법관이 헌법재판관보다 높은 수준이다. 독일의 경우에는 연방헌법재판관은 연방의회(하원)와 연방참사원(상원)에서 선출된 각 8명씩 2개부로 16명인데(기본법 제93조 제2항), 하원은 교섭단체 의석 비례로 구성된 12명의 재판관선출위원회에서 8명의 찬성으로, 상원은 재적의원 2/3 이상의 찬성으로 선출한다. 후보자명부는 연방법무부장관이 제출하고, 대통령이 의회에서 선출된 연방헌법재판관을 임명한다. 반면 연방최고법원의 법관은 각 분야 주무연방장관이 16개 주의 주무장관과 연방의회에서 선출한 동수의 의원으로 구성되는 법관선출위원회와 공동으로 결정하는데(기본법 제95조 제2항), 이 때 의결정족수는 단순다수결이다. 독일의 경우에는 임명절차에서의 민주적 정당성의 측면에서 연방헌법재판관이 연방최고법원 법관보다 훨씬 높은 수준이다.

셋째, 대법관과 헌법재판관의 자격요건의 관점에서 본다. 우리나라의 경우에는 대법관은 20년 이상 법조 직에 있어야 하고 45세 이상이어야 하는 반면(법원조직법 제42조), 헌법재판관은 15년 이상 법조 직에 있으면 되고 40세 이상이면 된다(헌법재판소법 제5조). 대법관이나 헌법재판관이나 모두 법관의 자격을 요구하는데, 대법관이 경력도 더 길고 나이도 더 많을 것을 요구한다. 독일의 경우에는 연방헌법재판관이나 연방최고법원 법관 모두 법관의 자격을 요구하지만, 연방헌법재판관은 40세 이상일 것을 요구하지만 연방최고법원 법관은 35세 이상이면 된다.

연방헌법재판관의 경우 통상 각 부 8명 중 3명씩은 연방최고법원의 법관이 임명되고 나머지 5명씩은 대학교수로 임명되고 있다. 연방헌법재판관이 연방최고법원 법관보다 자격요건이 더 엄격하다.

넷째, 대법관과 헌법재판관의 임기와 정년의 측면에서 본다. 우리나라의 경우에는 대법관과 헌법재판관이 모두 6년 임기로 연임이 가능하고(헌법 제105조 제1, 2항, 제112조 제1항) 정년은 70세로 동일하다(법원조직법 제45조 제3항, 헌법재판소법 제7조 제2항). 독일의 경우에는 연방최고법원의 법관은 임기가 없고 정년이 65세인 반면, 연방헌법재판관은 임기가 12년(중임·연임 불가)이고 정년은 68세이다(기본법 제93조 제3항).

다섯째, 규칙제정권의 측면에서 본다. 우리나라의 경우에는 대법원과 헌법재판소가 각각 독자적인 규칙제정권을 갖는 반면

(헌법 제108조, 제113조 제2항), 독일의 경우에는 연방헌법재판소만이 규칙제정권을 갖는다(기본법 제93조 제4항). 연방최고법원은 독자적인 규칙제정권이 없고 행정부의 관할 연방장관이 규칙을 제정하고, 관할 연방장관은 연방법원에 대하여 최종적인 사법행정권과 직무감독권을 가진다.

이상에서 살펴본 바에 의하면 우리나라에서 재판소원제도를 도입하려면 헌법을 개정하여 모든 헌법재판관의 임명과정에서 국회 재적의원 과반수의 동의를 얻도록 하는 등 대법관 임명에 필요한 민주적 정당성의 수준보다는 높은 수준의 절차를 거치도록 하여야 하고, 자격요건도 법관 출신의 경우에는 대법관보다 강화하여야 하며, 비법조인으로 자격을 확대하여 다양화하는 방안의 도입도 검토해야 한다.

한편 현재의 헌법재판소 인적 구성과 역량으로는 재판소원제도가 도입되더라도 과도한 업무량을 감당할 수 있을지 의문이다. 재판소원제도를 도입하면 재판소원심판청구 건수가 급증할 것이 확실하다. 헌법재판관의 수를 9명 증원하여 독일과 같이 제1부와 제2부로 운영하면서 각각 업무 관할을 달리 하도록 하는 등으로 정비해야 비로소 증가된 업무를 감당할 수 있을 것이다.

결국 재판소원제도 도입 여부는 헌법 개정 시에 진지하게 검토할 문제이고 현행 헌법하에서 도입할 성질의 문제가 아니다. 헌법 개정을 통해 재판소원제도를 도입한다고 할 경우에도 사실상 모든 법률분쟁에 대해 4심제를 도입하는 결과가 되므로 신중한 검토가 필요하다. 재판소원제도를 도입하면서 그 사유를 아무리 제한하더라도 해당 재판이 헌법 제27조(모든 국민은 헌법과 법률이 정한 법관에 의하여 법률에 의한 재판을 받을 권리를 가진다.)의 중요한 내용인 '공정한 재판을 받을 권리'라는 기본권을 침해받았다면서 제기하는 재판소원심판청구에 대해서는 실체적인 판단을 해주어야 할 것이다. 재판의 대상이 된 법적 분쟁에서 헌법문제 또는 기본권 문제를 가려내어 헌법 등의 문제만을 심판범위로 한다는 것도 실제로는 매우 어려운 일이다. 4심제를 도입하여 패소한 당사자에게 기회를 더 준다는 것은 승소한 당사자의 입장에서는 시간과 비용의 부담을 의미하고, 사회 전체의 견지에서도 분쟁의 장기화로 법률관계가 불안정하게 되는 부정적인 효과를 수반한다. 국민의 신속한 재판을 받을 권리를 침해할 우려가 있고, 비용을 감당할 여력이 있는 강자와 부자만 혜택을 보게 될 우려도 있으므로 이러한 점까지도 고려하여 신중하게 결정해야 한다.

대법관의 증원 문제

김용민 의원 등 14명은 2025. 5. 2. 대법관의 수를 기존 14명에서 30명으로 증원하는 내용의 법원조직법 개정안(의안번호 2210375)을 제안했고, 장경태 의원 등 10명은 같은 달 8. 대법관의 정원을 현행 14명에서 100명으로 증원하는 내용의 법원조직법 개정안(의안번호 2210430)을 제안했다. 법제사법위원회 법안심사제1소위원회는 2025. 6. 4. 위 두 법률안을 폐기하고 대안으로 30명으로 증원(공포 후 1년 경과 시 4명, 2년 경과 시 4명, 3년 경과 시 4명, 4년 경과 시 4명 증원)하는 개정안을 의결했다. 제안이유로 최근 5년간 평균 대법원 본안사건 접수건수가 매년 44,000건(그중 2022년에는 52,480건)을 초과하여 대법관 1인당 연간 약 3,600건에 달하는 사건을 처리해야 할 정도로 업무가 과중하므로 대법관을 증원함으로써 대법관들이 개별사건에 충분한 시간과 역량을 투입할 수 있게 하고, 사회적 다양성이 반영된 대법원 구성을 가능케 하여 대법원의 심리 충실성과 사회적 신뢰를 제고한다는 점을 제시하고 있다.

해방 이후 대법관(대법원장 포함)의 수는 최소 9명부터 최대 16명까지 여러 차례 변경된 바 있다. 제3공화국 초기의 약 2년을 제외하고는 대법원 재판은 주로 소부가 하되 판례 변경 등 일정한 경우에는 전원합의체가 했다. 1987년 헌법 이후에는 14명(2005. 12.부터 2007. 12.까지 2년을 제외하고) 체제를 유지하고 있다. 대법관 14명 체제가 38년간 유지되어 온 것은 사회 변화에 부응하지 못했다고 평가할 수도 있겠지만, 오히려 많은 시행착오를 거쳐 적합한 규모를 찾아 정착한 것으로 평가할 수도 있다.

그동안 대법관 증원 방안이 수차 시도된 바 있다. 그러나 대법관을 증원할 경우 최고법원으로서의 대법원의 위상이 추락할 우려가 있고, 전원합의체 구성이 어려워져 대법원의 정책적 판단 기능이 약화될 수 있으며, 하급심 강화 노력과 배치될 수 있다는 점 등의 문제점이 지적되었다. 증원되는 대법관을 임명하는 시기의 야당이 증원 시기에 대하여 문제를 제기할 수도 있다. 신임대법관 임명을 위한 인사청문회나 대통령의 임명 등의 절차가 정치적인 사정이나 이유로 원만하게 진행되지 못하는 경우가 종종 있었는데, 대법관을 증원할 경우 빈번한 인사청문회와 임명의 지연 등으로 혼란과 재판공백이 야기될 우려도 있다. 또한 대법원에 장관급인 대법관을 지나치게 많이 배치하는 것이 사회 전체적인 차원에서 바람직하고 효율적인 인력 활용방안인가 하는 점에서도 의문이 있다. 1명의 대법관이 증원되면 그에 따라 현재 기준으로 최소한 전속재판연구관 2명, 비서관 1명, 주무관 3명, 비서 1명이 증원되어야 한다. 대법관이 증원되면 될수록 그만큼 사법역량이 대법원에 집중될 수밖에 없다.

분쟁을 재판으로 해결해야 하는 국민의 입장에서는 한 번의 재판 결과에 승복하여 분쟁을 종결하는 것이 가장 바람직하고, 또한 사회 전체 차원에서도 가장 효율적이라고 할 수 있다. 당사자가 재판 결과에 승복하는 비율은 법관이 그 사건에 들인 시간에 비례하는데, 각각의 사건에 들이는 법관의 시간을 늘리려면 법관을 증원하여야 한다. 이런 관점에서 보면 하급심, 특히 제1심 판사를 증원하는 것이 급선무이다. 대법관을 증원하는 것은 하급심 강화라는 법원의 근본적인 개혁 방향과도 어긋나는 측면이 있다.

대법관의 증원 여부를 결정하려면 증원 규모뿐만 아니라 소부 구성을 몇 명으로 할 것인지, 소부를 전문재판부 형태로 운영할 것인지, 대법원의 역할 중에서 법령해석의 통일을 중시할 것인지 권리구제를 보다 중시할 것인지, 특히 법령해석의 통일 기능을 강화하기 위한 방안은 무엇인지 등도 함께 고려하여야 한다.

소부를 몇 명으로 구성할 것인지와 관련하여 연혁적으로 3명, 4명, 5명으로 구성하여 운영해 보았는데, 1989. 3.부터 36년 이상 대법관 4명으로 소부를 구성하는 체제를 운영하고 있다. 5명으로 소부를 구성하면 소부 재판에도 소수의견을 기재할 수 있도록 하는 것이 타당하고, 3명으로 운영하면 1명이 사정상 회피하게 될 경우 부 구성에 어려움이 있을 수 있으며 합의의 충실성이 부족하게 될 우려도 있다. 소부 재판을 전원일치 의견으로 하도록 한다면 4명으로 구성하는 것이 가장 바람직하다는 것이 대법관으로 근무한 경험에 근거한 개인적인 의견이다. 소부를 구성하는 4명은 가능한 한 남녀동수로 하고, 재조 경력 없는 1명을 포함하며, 전문분야의 다양성도 고려하여 구성하는 것이 심층적이고 충실한 토론과 올바른 판단을 위해 바람직하다.

소부를 전문재판부 형태로 운영할 것인지 여부와 관련하여 제1공화국과 제2공화국까지는 민사부, 형사부, 특별부의 전문재판부 형태로 운영했으나, 1963년 소부를 다시 구성한 이후에는 전문재판부 형태로 운영하지 않고 모든 사건을 각 부에 동등하게 배당하여 처리하는 형태로 운영하고 있다. 제5공화국 헌법이나 현행 법원조직법이 전문재판부 설치 근거를 두고 있으나, 대법원의 전문재판부는 설치되지 않고 있다. 대법원에 전문재판부를 둘 경우 대법원 구성의 다양화라는 가치와 배치될 우려가 있고, 전원합의체를 활성화하여 법령해석의 통일이라는 대법원의 기능을 강화한다는 방향성에도 부합하지 않는 측면이 있다. 전문법원은 하급심에 두면 충분하고, 대법관은 전문적 지식보다는 보편적 이성과 균형 잡힌 감각에 의한 최종판단을 할 수 있는 사람이 더 적합하다는 지적도 있다.

전원합의체 재판을 통한 법령해석의 통일 기능을 강화한다는 관점에서 보면 판례 변경이나 시행령 무효 선언, 기타 사회적으로 중요한 쟁점에 관한 재판은 소부가 아니라 보다 많은 대법관이 참여하는 재판부가 치열한 논쟁과 토론 및 표결을 거쳐 하는 것이 바람직하다. 판례 변경 등은 대법관 전원으로 구성되는 전원합의체에서만 하거나 또는 제1연합부와 제2연합부와 같이 연합부와 전원합의체를 함께 운영하면서 연합부도 판례 변경 등을 할 수 있도록 하는 방안도 고려할 수 있다.

이러한 사항을 전제로 고려해 볼 수 있는 대법관 증원 방안은 ① 현행 유지 방안(신임 대법관 임명 시 가치와 성향 등의 다양성 반영), ② 4명 소부 1개 증원 방안(4명 증원, 대법원장과 16명의 대법관으로 구성되는 전원합의체 운영), ③ 4명 소부 3개 증원 방안[12명 증원, 1·2·3부로 1연합부(대법원장 포함 13명, 민사·가사·특허 등)와 4·5·6부로 2연합부(대법원장 포함 13명, 형사·행정·노동 등)] 등을 고려해 볼 수 있다. 1969. 1.부터 1981. 1.까지 대법원장을 포함한 16명이 전원합의체 재판을 했는데, 그 체제에서 사법사적으로 높이 평가받는 국가배상법 제2조 제1항 단서가 위헌이라는 전원합의체 판결(대법원 1971. 6. 22. 선고 70다1010 전원합의체 판결)을 선고했다. 그렇기 때문에 4명 소부 1개를 증원하는 경우에는 소부를 전문부로 운영할 필요 없고, 17명 전원합의체를 운영하는 것이 가능할 것이다. 대법관의 수가 20명을 넘어가면 전원합의체를 운영하는 것이 용이하지 않으므로 1연합부와 2연합부 형태로 운영하는 체제를 도입하는 것이 현실적이다. 동등한 수로 구성되는 1연합부와 2연합부를 운영하려면 짝수 개의 소부를 운영하여야 한다. 그런 측면에서 보면 16명을 증원(대법관 30명 안)하여 4명 소부 7개를 운영하는 것은 부적절하고, 12명을 증원하여 4명 소부 6개를 운영하는 방안이 바람직하다. 다만 1·2연합부 체제로 운영하면 전문재판부 운영에 따른 문제점이 그대로 유지되고, 1·2연합부에 모두 관련 있는 쟁점이나 대법관 전체의 의견으로 재판해야 할 중요사건에 대해서는 25명 전원합의체를 운영해야 하는데 충실한 토론이 이루어지지 못한 채 단순 표결에 그쳐 실질적인 전원합의체 심리가 곤란하게 될 우려가 있다.

대법관을 일정 규모 이상으로 증원하는 경우에는 이유 기재를 생략하여 국민들로부터 불신을 받고 있는 심리불속행제도를 그대로 유지하기 어려울 수도 있다. 대법원이 중요사건에 대하여 충실하게 심리하고 법령해석의 통일이라는 정책적 역할을 제대로 수행하기 위해서는 대법원에서 심도 있게 심리할 사건을 선별하는 제도를 도입할 필요가 있다. 법률 선진국들과 우리나라의 사법체계에게 많은 영향을 준 나라들은 대부분 최고법원으로서의 규범제시적 역할을 안정적으로 수행하기 위하여 상고심의 실질심리 사건 선별 제도를 가지고 있다. 독일 연방일반법원은 100명이 훨씬 넘는 법관으로 구성되었음에도 연방법원이 심리할 수 있는 사건을 선택과 집중 원리에 따라 선별하기 위한 제도를 채택하고 있다. 2020년 민사사건 상고건수가 4,644건이고 형사사건 상고건수가 3,105건 정도인데도, 일정한 범위에서 상고허가제(민사사건의 경우) 또는 공판 없는 결정에 의한 재판제도(형사사건의 경우) 등의 상고심 선별제도를 채택하고 있다. 김명수 대법원장은 2023. 1. 5. 상고제도 개선 관련 입법의견을 국회에 제출하면서 대법관을 4명 증원하고, 심리불속행제도를 폐지하는 대신 상고심사제를 도입하는 방안을 제시한 바 있다. 상고심사제도는 본안 절차와 본안 전 심사 절차를 명확히 구별하고, 명백히 법정상고사유에 해당하지 않거나 심사상고사유가 인정되지 않는 경우에는 상고기각결정을 하고, 법정상고사유 또는 심사상고사유가 인정되는 경우에는 본안심사를 하여 판결을 선고하며, 민사사건에 한하여 본안 전 심사기간을 4개월(기산점은 상고이유서에 대한 답변서 제출기간 만료일)로 정하고, 해당 기간이 지난 경우 상고기각결정을 할 수 없도록 했다.

법원 개혁 추진 체계와 일정

법원 존립의 기반은 판결에 대한 주권자인 국민의 신뢰와 존중에 바탕을 둔 권위이다. 그렇기에 법원은 무신불립(無信不立), 즉 국민의 신뢰가 없으면 설 수조차 없는 조직이다. 작용이 있으면 반작용이 있는 법이다. 작용이 강할수록 반작용과 후폭풍도 그만큼 강한 것이 물리법칙이고 역사법칙이다. 내란 국면에서 법원은 역사상 전례가 없는 두 재판, 즉 피고인 윤석열에 대한 구속취소결정과 피고인 이재명의 공직선거법위반 사건에 대한 전원합의체 판결로 인한 후폭풍과 반작용으로 강력한 법원 개혁 요구 앞에 서게 되었다.

두 재판을 계기로 제기되고 있는 법원 개혁 방안들은 사법제도의 본질에 관한 사항들을 포함하고 있으므로 국민의 관점에서 좋은 재판을 하는 법원을 만들기 위해 신중하게 추진하되 반드시 성과를 거두어야 한다. 법원 개혁은 결국 법률 제·개정으로 마무리되어야 하므로 국회가 주도적으로 추진하는 것이 타당하다. 제18대 국회부터 제21대 국회까지는 사법제도개혁특별위원회를 구성하여 법원개혁, 검찰개혁, 변호사제도 개혁을 함께 담당했다. 그러나 검찰개혁과 변호사제도 개혁은 법안 내용까지도 어느 정도 완성되어 있고 국민적 요구도 시급하므로 법제사법위원회에서 처리하는 것으로 충분하다. 법원 개혁만을 위해 별도의 특별위원회를 구성하고, 법원개혁특위 주도로 제22대 국회 임기 안에 모든 법원 개혁 과제를 입법으로 마무리해야 한다.

법원 개혁 과제를 단기과제와 중장기과제로 구분하여 단계적으로 접근할 필요가 있다. 단기과제는 법원개혁특위 구성 후 6개월 안에 입법까지 마무리하도록 한다. 그러한 단기과제로는 대법관 증원 방안 여부와 상고이유서의 원심법원 제출 제도 도입, 재정신청제도의 개선, 구속영장 단계의 조건부석방제도 도입, 국민참여재판(형사사건)의 활성화 방안, 형사법정구조의 개선, 압수·수색영장의 사전심문제도 도입, 한국형 디스커버리 제도의 도입, 판결문 공개 범위의 확대 등을 들 수 있다.

중장기과제는 처음 6개월 동안에는 각 쟁점에 관한 법률안 초안을 입법조사처나 법원행정처 또는 외부용역 등을 통해 제출받고, 다음 6개월이나 1년 정도 연장하여 입법을 마무리하는 일정으로 추진한다. 그러한 중장기과제로는 전자소송과 영상재판의 확대, 원로법관제도 도입, 노동법원 설치, 시군법원의 관할 확대와 법관 상주 시군법원의 확대, 사법보좌관 증원과 관할 조정, 형사사건의 신속처리절차 도입, 예산 편성과 운영에 관한 대법원의 일부 자율권 인정, 징벌배상제 도입과 일정한 유형의 민사배심제 도입, 대표당사자에 의한 집단소송제도 도입, 공적변호인(Public Defender) 제도 도입, 대체적 분쟁해결절차(Alternative Dispute Resolution, ADR) 활성화 방안 등을 들 수 있다.

위기 속에 기회가 있다. 뜨겁게 달아오른 법원 개혁에 대한 국민의 요구를 담아 법원이 국민에게 신뢰받고 존중받는 헌법기관으로 재정립되기를 기대한다.

제 6.

국민참여재판 활성화 방안 -법률 개정안을 중심으로

Ⅰ. 머리말

우리나라에서 국민참여재판제도는 노무현 정부 시기에 대법원에 설치되었던 사법개혁위원회(약칭 '사개위')와 대통령 자문기구로 설치되었던 사법제도개혁추진위원회(약칭 '사개추위')가 추진하여 2007. 6. 1. 제정된「국민의 형사재판참여에 관한 법률」(약칭 '국민참여재판법')에 의하여 도입되었다. 국민참여재판법은 2008. 1. 1.부터 시행되어 실제 형사재판에서 국민참여재판이 실시된 이래 현재 17년 이상 이루어지고 있다.

코로나19 유행으로 2020년 이후 국민참여재판의 실시건수가 연 100건 미만으로 떨어진 이후 회복하지 못하고 있다. 사법 영역에서 국민주권주의를 실현한다는 목적으로 도입된 국민참여재판제도가 침체를 벗어나지 못하고 있는 상황을 극복하고 활성화할 필요가 있다. 이에 그 동안의 연구 성과와 국회에 제출되었던 또는 현재 제출되어 있는 국민참여재판법 개정안{국회 제20대, 제21대 더블어민주당 정성호 의원 대표발의 개정안(의안번호 제2007356호, 제2101783호)과 더블어민주당 박범계 의원 대표발의 개정안(제2209802호)} 등을 참고하여 국민참여재판법 개정안(이하 '개정안')을 마련했다.

국민참여재판법 개정안 신·구 조문 비교표

현 행	개 정 안
제2조(정의) (생략) 1.·2. (생략) (신설)	**제2조(정의)** (현행와 같음) 1.·2. (현행과 같음) 3. "소규모 지원"이란 규모가 작거나 국민참여재판을 위한 인적·물적 여건을 갖추지 못한 지방법원 지원 중 대법원규칙으로 정하는 지원을 말한다.
제5조(대상사건) ① 다음 각 호에 정하는 사건을 국민참여재판의 대상사건(이하 "대상사건"이라 한다)으로 한다. 1. ~ 3. (생략) ② 피고인이 국민참여재판을 원하지 아니하거나 제9조제1항에 따른 배제결정이 있는 경우는 국민참여재판을 하지 아니한다.	**제5조(대상사건)** ① 지방법원이나 그 지원의 합의부 관할 사건 및 단독판사 관할 사건을 .... (각 호 삭제) ② 다음 각 호의 어느 하나에 해당하는 경우는 국민참여재판을 하지 아니한다. 1. 피고인이 국민참여재판을 원하지 아니하는 때 2. 제9조 제1항에 따른 배제결정이 있는 때

<신 설>	③ 제2항 제1호에도 불구하고 대상사건의 전부 또는 일부가 다음 각 호의 어느 하나에 해당하는 사건(이하 "필수적 대상사건"이라 한다)에 대하여는 국민참여재판으로 심판한다. 1. 「형법」 제88조(내란목적의 살인), 제119조 제1항·제2항(폭발물사용살인), 제250조(살인, 존속살해), 제253조(위계 등에 의한 촉탁살인 등), 제291조 제1항(약취, 유인, 매매, 이송 등 살인), 제301조의2 전단(강간 등 살인), 제324조의4 전단(인질살해), 제338조 전단(강도살인), 제340조 제3항(해상강도살인) 2. 「성폭력범죄의 처벌 등에 관한 특례법」 제9조 제1항(강간 등 살인) 3. 「아동·청소년의 성보호에 관한 법률」 제10조 제1항(강간 등 살인), 「아동학대범죄의 처벌 등에 관한 특례법 제4조제1항(아동학대살해) 4. 「특정범죄 가중처벌 등에 관한 법률」 제5조의2 제2항 제2호(약취·유인죄의 가중처벌) 5. 제1호부터 제4호까지의 규정에 해당하는 사건의 미수죄·교사죄에 해당하는 사건 6. 고의의 범죄행위로 사망의 결과에 이르게 한 범죄로서 대법원규칙으로 정하는 범죄에 해당하는 사건 7. 제1호부터 제6호까지의 규정에 해당하는 사건과 「형사소송법」 제11조에 따른 관련사건으로서 병합하여 심리하는 사건

현 행	개 정 안
제6조(공소사실의 변경 등) ① 법원은 공소사실의 일부 철회 또는 변경으로 인하여 대상사건에 해당하지 아니하게 된 경우에도 이 법에 따른 재판을 계속 진행한다. 다만, 법원은 심리의 상황이나 그 밖의 사정을 고려하여 국민참여재판으로 진행하는 것이 적당하지 아니하다고 인정하는 때에는 결정으로 당해 사건을 지방법원 본원 합의부가 국민참여재판에 의하지 아니하고 심판하게 할 수 있다.	**제6조(공소사실의 변경 등)** ① ... 다만, 법원은 다음 각 호의 어느 하나에 해당하는 경우에는 결정으로 해당 사건을 국민참여재판에 의하지 아니하고 심판할 수 있다.
(신설)	1. 심리의 상황이나 그 밖의 사정을 고려하여 국민참여재판으로 진행하는 것이 적당하지 아니하다고 인정하는 때
(신설)	2. 필수적 대상사건에 해당하지 아니하게 된 경우 그 사건의 피고인 또는 변호인이 국민참여재판을 원하지 아니하는 의사를 표시한 때
② ~ ④ (생략)	② ~ ④ (현행과 같음)
(신설)	제6조의2(공소사실의 변경 등으로 인한 국민참여재판절차 회부 등) 지방법원 또는 지원(다만, 소규모 지원을 제외한다) 합의부 또는 단독판사는 공소제기 후 공소사실의 추가나 변경 또는 사건의 병합으로 인하여 필수적 대상사건에 해당하게 된 경우에는 사건을 국민참여재판절차에 회부하여야 한다.
제8조(피고인 의사의 확인) ① ~ ④ (생략) (신설)	**제8조(피고인 의사의 확인)** ① ~ ④ (현행과 같음) ⑤ 필수적 대상사건에 대하여는 제1항부터 제4항까지의 규정을 적용하지 아니한다.

현 행	개 정 안
제9조(배제결정) ① 법원은 공소제기 후부터 공판준비기일이 종결된 다음날까지 다음 각 호의 어느 하나에 해당하는 경우 국민참여재판을 하지 아니하기로 하는 결정을 할 수 있다.	**제9조(배제결정)** ① ... 다음 날까지(다만 제6조의2의 경우에는 국민참여재판절차 회부 후부터 공판준비기일이 종결된 다음날까지로 한다) 다음 각 호의 어느 하나에 해당하는 경우에는 직권으로 또는 피고인 또는 변호인의 신청에 따라 ....
1. (생략)	1. (현행과 같음)
2. 공범 관계에 있는 피고인들 중 일부가 국민참여재판을 원하지 아니하여 국민참여재판의 진행에 어려움이 있다고 인정되는 경우	2. ...(다만, 사건이 필수적 대상사건에 해당하는 경우는 제외한다)
3. 「성폭력범죄의 처벌 등에 관한 특례법」 제2조의 범죄로 인한 피해자(이하 "성폭력범죄 피해자"라 한다) 또는 법정대리인이 국민참여재판을 원하지 아니하는 경우	3. ... 아니하고, 국민참여재판으로 진행할 경우 피해자에게 방지하기 어려운 추가적인 피해가 발생할 현저한 우려가 있는 경우
4. 그 밖에 국민참여재판으로 진행하는 것이 적절하지 아니하다고 인정되는 경우	4. ... 피고인이나 피해자에게 불리하거나 공정한 재판이 저해된다고 인정될 현저한 사유가 있는 경우
(신설)	5. 필수적 대상사건 중 공정한 사법에 대한 국민적 요청이 크지 않은 경우로서 피고인 또는 변호인이 국민참여재판의 배제를 신청하고, 검사의 동의 및 법원의 승인을 거친 경우
② (생략)	② (현행과 같음)
③ 제1항의 결정에 대하여는 즉시항고를 할 수 있다.	③ 제1항의 배제결정 또는 배제신청 기각결정에 대하여는 즉시항고를 할 수 있다.

현 행	개 정 안
제10조(지방법원 지원 관할 사건의 특례) ① 제8조에 따라 피고인이 국민참여재판을 원하는 의사를 표시한 경우 지방법원 지원 합의부가 제9조 제1항의 배제결정을 하지 아니하는 경우에는 국민참여재판절차 회부결정을 하여 사건을 지방법원 본원 합의부로 이송하여야 한다.	**제10조(소규모 지원 관할 사건의 특례)** ① … 소규모 지원 합의부 또는 단독판사가 … 지방법원 본원 합의부 또는 단독판사에게 이송하여야 한다. 사건이 필수적 대상사건에 해당하는 경우(제6조의2에 따라 국민참여재판 회부결정을 하여야 하는 경우를 포함한다)에도 같다.
② 지방법원 지원 합의부가 심판권을 가지는 사건 중 지방법원 지원 합의부가 제1항의 회부결정을 한 사건에 대하여는 지방법원 본원 합의부가 관할권을 가진다.	② 제1항에 따라 소규모 지원 합의부 또는 단독판사에서 지방법원 본원 합의부 또는 단독판사로 이송된 사건에 대하여는 지방법원 본원 합의부 또는 단독판사가 관할권을 가진다.
(신설)	③ 법원은 제1항의 피고인이 국민참여재판을 원하는 의사를 표시하였다가 이를 철회하는 경우에는 사건을 관할 소규모 지원에 이송하여야 한다. 다만, 지방법원 본원 합의부 또는 단독판사는 직권 또는 피고인 및 변호인의 신청에 따라 결정으로 통상절차에 의하여 심판할 수 있다.
제11조(통상절차 회부) ① 법원은 피고인의 질병 등으로 공판절차가 장기간 정지되거나 피고인에 대한 구속기간의 만료, 성폭력범죄 피해자의 보호, 그 밖에 심리의 제반 사정에 비추어 국민참여재판을 계속 진행하는 것이 부적절하다고 인정하는 경우에는 직권 또는 검사·피고인·변호인이나 성폭력범죄 피해자 또는 법정대리인의 신청에 따라 결정으로 사건을 지방법원 본원 합의부가 국민참여재판에 의하지 아니하고 심판하게 할 수 있다.	**제11조(통상절차 회부)** ① … 소규모 지원을 제외한 지방법원 또는 지원의 합의부 또는 단독판사가 국민참여재판에 의하지 아니하고 심판하게 할 수 있다.
② ~ ④ (생략)	② ~ ④ (현행과 같음)

현 행	개 정 안
제13조(배심원의 수) ① 법정형이 사형·무기징역 또는 무기금고에 해당하는 대상사건에 대한 국민참여재판에는 9인의 배심원이 참여하고, 그 외의 대상사건에 대한 국민참여재판에는 7인의 배심원이 참여한다. 다만, 법원은 피고인 또는 변호인이 공판준비절차에서 공소사실의 주요내용을 인정한 때에는 5인의 배심원이 참여하게 할 수 있다. ② (생 략)	**제13조(배심원의 수)** ① <단서 삭제> ② (현행과 같음)
제16조(배심원의 자격) 배심원은 만 20세 이상의 대한민국 국민 중에서 이 법으로 정하는 바에 따라 선정된다.	**제16조(배심원의 자격)** ... 19세 ....
제22조(배심원후보예정자명부의 작성) ① 지방법원장은 배심원후보예정자명부를 작성하기 위하여 행정안전부장관에게 매년 그 관할 구역 내에 거주하는 만 20세 이상 국민의 주민등록정보에서 일정한 수의 배심원후보예정자의 성명·생년월일·주소 및 성별에 관한 주민등록정보를 추출하여 전자파일의 형태로 송부하여 줄 것을 요청할 수 있다. ② 제1항의 요청을 받은 행정안전부장관은 30일 이내에 주민등록자료를 지방법원장에게 송부하여야 한다. ③ 지방법원장은 매년 주민등록자료를 활용하여 배심원후보예정자명부를 작성한다.	**제22조(배심원후보예정자명부의 작성)** ① 지방법원장과 지방법원 지원장(다만, 소규모 지원의 지원장은 제외한다. 이하 같다) ... 19세 .... ② ... 지방법원장 또는 지방법원 지원장 .... ③ 지방법원장 또는 지방법원 지원장 ....

현 행	개 정 안
제30조(무이유부기피신청) ①검사와 변호인은 각자 다음 각 호의 범위 내에서 배심원 후보자에 대하여 이유를 제시하지 아니하는 기피신청(이하 "무이유부기피신청"이라 한다)을 할 수 있다. 1.·2. (생 략) 3. 배심원이 5인인 경우는 3인 ②·③ (생 략)	**제30조(무이유부기피신청)** ① … 범위에서 …. 1.·2. (현행과 같음) <삭 제> ②·③ (현행과 같음)
제36조(공판준비절차) ① 재판장은 제8조에 따라 피고인이 국민참여재판을 원하는 의사를 표시한 경우에 사건을 공판준비절차에 부쳐야 한다. 다만, 공판준비절차에 부치기 전에 제9조 제1항의 배제결정이 있는 때에는 그러하지 아니하다. ② (생략) ③ 지방법원 본원 합의부가 지방법원 지원 합의부로부터 제10조 제1항에 따라 이송받은 사건에 대하여는 이미 공판준비절차를 거친 경우에도 필요한 때에는 공판준비절차에 부칠 수 있다. ④ (생략)	**제36조(공판준비절차)** ① 재판장은 제8조에 따라 피고인이 국민참여재판을 원하는 의사를 표시한 경우나 사건이 필수적 대상사건에 해당하는 경우에 사건을 공판준비절차에 부쳐야 한다. 다만, 공판준비절차에 부치기 전에 제9조 제1항의 배제결정이 있는 때에는 그러하지 아니하다. ② (현행과 같음) ③ 지방법원 본원 합의부 또는 단독판사가 소규모 지원 합의부 또는 단독판사로부터 … . ④ (현행과 같음)
(신설)	**제38조의2(공판 전 설명)** ① 법원은 대상사건이 「성폭력범죄의 처벌 등에 관한 특례법」 제2조에 따른 성폭력범죄 사건(이하 이 법에서 "성범죄사건"이라 한다)인 경우에는

	공정한 재판을 위하여 검사와 피고인·변호인의 모두진술 직후 배심원에 대하여 성인지 관점 등 성 고정관념을 배제하기 위한 설명을 제공하여야 한다. 다만 법원은 증거조사 과정이나 그 이후에도 필요한 경우 위 설명을 추가로 제공할 수 있다. ② 법원은 제1항의 설명을 제공하기 전에 검사와 피고인·변호인으로부터 의견을 들어야 한다.

현 행	개 정 안
제39조(소송관계인의 좌석) ① (생략) ② 검사와 피고인 및 변호인은 대등하게 마주 보고 위치한다. 다만, 피고인신문을 하는 때에는 피고인은 증인석에 위치한다.	**제39조(소송관계인의 좌석)** ①(현행과 같음) ② ... 법대를 향하여 검사는 좌측에, 피고인 및 변호인은 우측에 나란히 ....
제46조(재판장의 설명·평의·평결·토의 등) ① 재판장은 변론이 종결된 후 법정에서 배심원에게 공소사실의 요지와 적용법조, 피고인과 변호인 주장의 요지, 증거능력, 그 밖에 유의할 사항에 관하여 설명하여야 한다. 이 경우 필요한 때에는 증거의 요지에 관하여 설명할 수 있다. ② 심리에 관여한 배심원은 제1항의 설명을 들은 후 유·무죄에 관하여 평의하고, 전원의 의견이 일치하면 그에 따라 평결한다. 다만, 배심원 과반수의 요청이 있으면 심리에 관여한 판사의 의견을 들을 수 있다.	**제46조(재판장의 설명·평의·평결·토의 등)** ① ... 검사·피고인 및 .... ② ... 설명을 ....

③ 배심원은 유·무죄에 관하여 전원의 의견이 일치하지 아니하는 때에는 평결을 하기 전에 심리에 관여한 판사의 의견을 들어야 한다. 이 경우 유·무죄의 평결은 다수결의 방법으로 한다. 심리에 관여한 판사는 평의에 참석하여 의견을 진술한 경우에도 평결에는 참여할 수 없다.	③ ... 아니할 ... 설명을 ... 배심원 4분의 3 이상의 찬성으로 ... 설명한 ....
④ (생 략)	④ (현행과 같음)
⑤ 제2항부터 제4항까지의 평결과 의견은 법원을 기속하지 아니한다.	⑤ 판사는 피고인의 유·무죄를 판단할 때에는 제2항 및 제3항의 평결을 존중하여야 한다. 다만, 다음 각 호의 어느 하나에 해당하는 경우에는 그러하지 아니하다. 1. 평의·평결의 절차 또는 내용이 헌법·법률·명령·규칙 또는 대법원 판례에 위반되는 경우 2. 평결의 내용이 논리법칙 또는 경험법칙에 위반되는 경우 3. 그 밖에 평의·평결의 절차 또는 내용이 부당하다고 인정할 만한 사유가 있는 경우
<신 설>	⑥ 판사는 제2항 및 제3항에 따른 평결이 성립되지 아니한 경우에는 배심원의 평결 없이 판결을 선고하여야 한다. 이 경우 배심원의 의견을 참고할 수 있다.
⑥ (생 략)	⑦ (현행 제6항과 같음)
<신 설>	**제46조의2(항소의 제한)** 배심원 전원이 일치된 의견으로 무죄를 평결하고 법원이 무죄를 선고한 사건에 대하여 검사는 「형사소송법」 제361조의5 제14호를 이유로 항소할 수 없다.

현 행	개 정 안
제49조(판결서의 기재사항) ① 판결서에는 배심원이 재판에 참여하였다는 취지를 기재하여야 하고, 배심원의 의견을 기재할 수 있다.	**제49조(판결서의 기재사항)** ① 판결서에는 재판에 참여한 배심원의 수, 유·무죄 및 양형에 관한 배심원의 의견을 기재하여야 한다.
② (생 략)	② (현행과 같음)
부칙	**부칙**
<신설>	제1조(시행일) 이 법은 공포 후 6개월이 경과한 날부터 시행한다.

Ⅱ. 국민참여재판법 시행 평가

1. 시행 이후 경과

국민참여재판법을 제정할 때 완성된 형태의 제도를 도입하지 못하고 1단계로 배심제와 참심제를 혼합한 과도기적인 형태로 도입했다. 사법개혁위원회는 1단계 국민사법참여제도를 5년간 시행하고 2012년에 완성된 제도를 시행할 것을 건의했다. 국민참여재판법은 대법원에 사법참여기획단을 두어 국민참여재판의 분석과 연구 등을 하고 국민사법참여위원회를 두어 시행 경과에 대한 분석 등을 통하여 국민참여재판제도의 최종적인 형태를 결정하도록 했다(국민참여재판법 제54조, 제55조).

2012. 1. 17. 법률 제11155호로 개정되어 2012. 7. 1.부터 시행된 국민참여재판법은 국민참여재판의 대상사건을 형사 합의부 관할사건 중 일부 중죄사건에서 형사 합의부 관할 모든 사건으로 확대하고(제5조 제1항), 배제결정사유로 성폭력범죄 피해자(또는 법정대리인)가 원하지 않을 경우를 추가했고(제9조 제1항 제3호 신설), 일단 시작된 국민참여재판도 성폭력범죄의 피해자가 원하지 않을 경우 통상의 재판절차로 회부할 수 있도록 했다(제11조 제1항).

대법원은 2012. 5. 29. 국민참여재판법 제55조에 따라 2012. 5. 29. 「국민사법참여위원회 규칙」(대법원규칙 제2405호)을 제정·공포하고, 2012. 7. 12. 국민사법참여위원회를 발족했다. 국민사법참여위원회는 2013. 2. 18. 공청회를 거쳐[1] 3. 6. 제8차 회의에서 최종형태안(이하 '위원회 최종형태안')을 확정·의결했다. 법무부는 국민사법참여위원회안을 독자적으로 수정하여 2014. 6. 12. 법률안(이하 '정부안')을 제출했다.[2] 정부안은 검찰의 의견을 반영하여 위원회 최종형태안 중 일부를 반대하거나 검사의 권한을 확대하는 방안을 제시했다. 위원회 최종형태안은 종합적

---

1 국민사법참여위원회, 국민참여재판제도의 최종 형태 결정을 위한 공청회 결과 보고, 대법원 국민사법참여위원회(2013), 82~84.

2 국민사법참여위원회의 최종형태안과 정부안의 구체적인 내용에 대하여는 임성민, 국민참여재판의 현황 및 활성화 방안에 관한 연구–실시요건 개선을 중심으로–, 사법정책연구원(2024), 20~22. 참조.

인 방안을 제시하여 그대로 입법될 경우 국민참여재판이 활성화될 수 있을 것으로 예상됐고, 일부 국회의원이 이를 받아 법률 개정안을 국회에 제출했으나[3] 입법이 이루어지지 못했다.

대법원은 국민참여재판법 제정 당시 대법원규칙에 위임한 사항을 정하기 위해 「국민의 형사재판 참여에 관한 규칙(약칭 '국민참여재판규칙')」을 제정했다. 국민참여재판규칙이 2015. 6. 2. 개정되면서 재정합의결정을 통하여 단독판사의 관할 사건이 국민참여재판의 대상사건이 될 수 있는 경우에 대비하여 피고인의 의사를 확인하는 절차 및 국민참여재판 안내서의 송달에 관하여 규정하는 조항이 신설되었다(제3조의2, 2015. 7. 1.부터 시행).

김명수 대법원장 시기에 대법원에 구성된 '국민과 함께하는 사법발전위원회(약칭 '사발위')는 ① 신청주의 개선(필수적 대상사건 도입 여부), ② 지방법원 지원으로의 국민참여재판 실시 법원 확대 여부, ③ 배심원 평결의 효력, ④ 전원일치 무죄평결에 기한 무죄판결에 대한 검사의 항소권 제한 여부 등을 주요 쟁점으로 삼아 심도 있는 논의를 거쳐 2018. 6. 5. 4차 회의에서 국민참여재판 활성화 방안에 관한 건의문을 채택했다. 사발위는 '고의 살인

---

3 예컨대 제20대 국회와 제21대 국회에서 더불어민주당 정성호 의원 대표발의 법률 개정안(의안번호 2007356호, 2101783호) 등을 들 수 있다.

범죄 등 중범죄에 대한 필수적 국민참여재판 대상사건 도입'으로 신청주의의 한계를 극복하고(다수의견), '지방법원 지원으로 국민참여재판 관할을 확대'하여 국민의 배심원 참여권 및 신속한 재판을 받을 권리를 신장하며(만장일치 의견), 전원일치 무죄 평결에 따른 무죄 판결 시 검사의 항소권 제한하는(다수의견) 등 현행 국민참여재판제도에 대한 입법적 개선을 추진해야 한다고 건의했다.[4]

2. 국민참여재판의 순기능

국민참여재판을 실시한 결과 다음과 같은 순기능을 확인할 수 있다.

첫째, 국민이 직접 재판절차에 참여함으로써 사법의 민주적 정당성을 강화한다. 형사재판과 법관에 대한 신뢰도에 대하여 2019년 일반 국민 1,042명을 상대로 조사한 결과와 배심원 122명을 상대로 조사한 결과를 비교하면 '① 우리나라 법관들은 피고인의 사회적 지위와 관계없이 모든 피고인을 평등하게 대한다, ② 우리나라 법관들은 재판을 진행하고 판결하는 과정에서 변호사의

4 법원행정처, 국민과 함께하는 사법발전위원회 백서(2020), 131~155; 법원행정처, 국민과 함께하는 사법발전위원회 백서 자료집 상권(2020), 324~462.

법조경력에 영향을 받지 않는다, ③ 우리나라 법관들은 정치권이나 외부의 압력이나 유혹에 영향을 받지 않는다, ④ 우리나라 법관들은 공정하게 재판한다, ⑤ 우리나라 법관들의 판결을 믿을 만하다' 각 항목별로 국민들의 평균점수는 2.29점, 2.35점, 2.03점, 2.35점, 2.36점으로서 '보통(3점)'에 미치지 못하는 반면, 배심원들의 평균점수는 3.83점, 3.72점, 3.36점, 3.72점, 3.36점으로서 전체적으로 '보통(3점)'을 훨씬 상회하고 일반 국민들의 평균점수보다도 최소 1점 이상 높게 나타났다. 배심원으로서 국민참여재판에 참여한 경험이 국민들의 사법에 대한 신뢰 제고로 이어지고 있다고 평가할 수 있다.[5]

둘째, 재판의 투명성을 확보하여 전관예우, 유전무죄 무전유죄 등의 논란을 해소한다.

셋째, 실질적인 법정 중심의 재판을 활성화하여, 공판중심주의·구두변론주의·직접심리주의·집중심리주의의 실현에 기여한다.

넷째, 사실인정 및 법적 판단에 사회적 상식을 반영한다. 2008년부터 2022년까지 실시된 국민참여재판에서 유무죄에 관한 배심원의 평결과 재판부의 판결의 일치율은 93.6%로 재판부가 배심원의 유무죄에 관한 판단을 대체로 존중했다.[6] 2008년

---

5 임성민(주 2), 159~161.

6 임성민(주 2), 42~43.

부터 2022년까지 국민참여재판이 실시된 2,894건 중 평결/판결이 불일치한 사건과 무죄, 공소기각 또는 소년부 송치 등이 선고된 사건 합계 521건을 제외한 나머지 2,373건에 대한 배심원 양형의견과 재판부의 선고형량은 약 90% 해당 사건에서 배심원 양형의견 중 다수의견과 재판부 선고 형량이 근접하는 것으로 나타났다.[7]

다섯째, 법의식의 향상과 법교육적 효과가 있다. 배심원으로 참여한 시민들에게 대화와 토론 통해 민주주의와 법치주의를 체험하게 하는 법교육의 장으로서 활용될 수 있다.

국민참여재판이 위와 같이 긍정적인 순기능이 있음에도 2020년 이후 실시건수가 연간 100건 이하에 머물러 침체를 겪고 있다. 국민사법참여위원회가 최종형태안으로 제시한 위원회안의 입법도 이루어지지 않았다. 국민의 법원에 대한 신뢰도를 높이기 위해서도 국민참여재판이 활성화될 필요가 있다.

---

7 임성민(주 2), 43~44.

Ⅲ. 개정안 설명

1. 국민참여재판 실시 법원의 지방법원 지원으로의 확대

현행 국민참여재판법은 국민참여재판은 지방법원 지원에서는 실시하지 않고 본원(합의부)에서만 실시하며, 지원 관할사건을 국민참여재판으로 진행하고자 하면 본원으로 이송하여 실시하도록 하고 있다. 그 취지는 지원은 대부분 관할 인구가 적고 법원의 규모가 작으며, 1개 합의부에서 민·형·가사사건 등을 함께 담당하는 경우가 많아 국민참여재판까지 시행하기 곤란한 사정을 고려하되, 지원 관할사건의 피고인에게도 국민참여재판을 받을 권리를 보장하기 위해서이다. 이로 인해 ① 본원 합의부의 업무 부담이 상대적으로 가중되고, ② 지원 관할 거주 국민들의 국민참여재판에 참여할 권리가 실현되지 못하며, ③ 피고인의 재판부 쇼핑(forum shopping) 문제[8]가 종종 발생하고, ④ 국민참여재판 신청이 철회되더라도 피고인, 증인 등이 계속하여 원거리 재판을 받아야 하는 불편이 생기는 등의 문제점이 지적되었다.[9]

---

8 피고인은 지원 재판부에서 재판받는 것을 회피하기 위해 국민참여재판을 신청하고 본원으로 이송된 후에 철회하는 전략을 이용할 수 있다. 이를 재판부 쇼핑이라 할 수 있다.

9 임성민(주 2), 276.

지원의 규모가 국민참여재판을 실시할 수 있을 정도라면 굳이 본원으로 이송할 필요 없이 지원에서 국민참여재판을 실시하더라도 아무런 문제가 없다. 김명수 대법원장 시기 사발위는 만장일치 의견으로 실시법원을 지방법원 지원으로 확대하는 방안을 건의했다. 규모가 작거나 국민참여재판을 위한 인적·물적 여건을 갖추지 못하여 국민참여재판을 실시하지 못하는 '소규모지원'을 대법원규칙으로 정하도록 하고(개정안 제2조 제3호),[10] 소규모지원 관할사건을 국민참여재판으로 진행할 경우에는 현행과 같이 본원으로 이송하도록 하고(개정안 제10조 제1, 2항), 소규모지원 이외의 지원 관할사건은 당해 지원에서 국민참여재판을 진행하도록 한다(개정안 제5조 등).

구체적인 소규모지원의 규모에 대해서는 대법원규칙이 정하겠지만, 일응 해당 지원에 근무하는 법관수를 기준으로 할 수 있을 것이다. 지원 관할 인구와 사건 수 등을 고려하여 법관수가 결정되었을 것이기 때문이다. 2023년 말 기준 법관수가 20명 이상인 지원으로는 의정부지방법원 고양지원, 인천지방법원 부천지원, 수원지방법원 성남지원, 수원지방법원 평택지원, 수원지방법원 안산지원, 수원지방법원 안양지원, 대전지방법원 천안

---

10 제22대 국회에서 박범계 의원 대표발의한 개정안(의안번호 2209802호)에 포함되었다.

지원, 대구지방법원 서부지원, 부산지방법원 동부지원, 부산지방법원 서부지원, 광주지방법원 순천지원 등이 있고, 15명 이상인 지원으로는 추가로 의정부지방법원 남양주지원(17명), 춘천지방법원 강릉지원(18명), 부산지방법원 진주지원(16명), 부산지방법원 통영지원(15명), 전주지방법원 군산지원(15명) 등이 있다.[11]

국민참여재판을 활성화하려면 국민참여재판을 실시하는 법원에는 국민참여재판 전용 법정이 마련될 필요가 있다.

2. 국민참여재판 대상사건의 확대

가. 단독판사 관할 사건으로의 확대

현행 국민참여재판법은 국민참여재판의 원칙적인 대상사건을 합의부 관할사건으로 정하고(제5조 제1항), 단독판사 관할 사건의 경우 피고인이 국민참여재판을 신청하면 재정합의사건으로 처리하여 합의부가 국민참여재판을 진행한다. 국민참여재판 실시사건 중 재정합의사건이 차지하는 비중이 2020년에는 총 96건 중 44건으로 45.8%, 2021년에는 총 84건 중 51건으로 60.7%,

11 법원행정처, 2024 사법연감(2024), 부록 재판기관 구성표 1~72.

2022년에는 92건 중 50건으로 54.3%이었다.[12]

원래 국민참여재판의 대상사건을 합의부 관할사건을 정한 이유는 중한 선고형이 예상되는 사건에서 법관 3인이 협의하여 신중한 판단을 하라는 취지였다. 단독사건에 대해서까지 반드시 3인의 법관이 국민참여재판을 진행하여야 할 당위성을 인정하기 어렵다. 배심제를 모범적으로 시행하고 있는 미국은 배심재판을 원칙적으로 단독판사가 진행한다. 그렇기 때문에 단독판사 관할사건의 국민참여재판은 단독판사가 담당하도록 하는 것이 타당하다(개정안 제5조 제1항 등).[13]

국민참여재판의 경우 일반 형사재판에 비하여 법관이나 주무관 등 직원의 입장에서 보면 업무량이 많고 전문성이 요구되는 측면이 있다. 따라서 국민참여재판을 활성화하려는 각 법원별로 국민참여재판 전담재판부와 전담단독판사를 두어야 하고(국민참여재판의 수가 많지 않은 법원의 경우에는 국민참여재판 전담재판부의 부장판사가 국민참여재판 전담단독판사도 맡을 수 있을 것이다), 주무관 등 전담직원도 배치해야 한다.

---

12 임성민(주 2), 256.

13 임성민(주 2), 257~259.

나. 필수적 대상사건의 도입

현행 국민참여재판법은 이른바 신청주의를 채택하여 피고인이 국민참여재판을 신청하는 서면을 제출해야만 국민참여재판을 받을 수 있고, 피고인이 신청 서면을 제출하지 아니한 때에는 국민참여재판을 원하지 아니하는 것으로 본다(제8조 제1, 2, 3항). 2008년부터 2022년까지 총 240,833건의 대상사건(피고인 수 기준)[14] 중 불과 9,439건에서만 피고인이 국민참여재판을 신청하여, 누적 신청률은 약 3.9%에 불과하다.[15] 피고인은 무죄판결이나 유리한 양형을 얻기 쉽다고 판단하거나 배심원들 앞에서 자신의 사정을 자세히 소명할 기회가 주어진다고 기대할 때 국민참여재판을 신청하는 반면, 피고인이 국민참여재판 제도에 관하여 잘 알지 못하거나, 법관 재판과 비교하여 국민참여재판을 신청할 특별한 유인이 없다고 판단할 때 국민참여재판을 신청하지 않는다. 신청주의에 대해서는 국민참여재판의 도입 취지가 사법의 민주성 및 투명성을 제고하는 데 있으므로 무게중심이 국민의 사법 참여에 놓여야 함에도 위헌성 논란을 회피하기 위한 방편으로 제도의 취지를 '피고인의 절차 선택권 보호'로 변질시켰다는 비판이 있다.[16]

---

14 2008년부터 2022년까지 국민참여재판 운영현황은 법원행정처, 2008~2022년 국민참여재판 성과분석(2023) 참조.

15 임성민(주 2), 64.

16 임성민(주 2), 65~71.

국민참여재판을 활성화하기 위해서는 대상사건 결정에서 피고인 신청주의를 개선해야 할 필요성이 있다. 신청주의 개선방안으로는 신청주의 전면 폐지 방안, 신청주의 유지하되 신청 주체 확대 방안, 신청주의 유지하되 필수적 대상사건 도입 방안 등이 제시되고 있다. 일본의 경우에는 사형 또는 무기징역·금고에 해당하는 죄와 관련된 사건(제1호)과 고의의 범죄행위에 의하여 피해자를 사망하게 한 죄와 관련된 사건(제2호)을 재판원재판의 대상사건으로 규정하고(재판원법 제2조 제1항), 이들 사건에 대해서는 피고인의 선택권을 인정하지 않고 있다. 김명수 대법원장 시기의 사발위는 필수적 대상사건 도입 방안을 다수의견으로 건의했다. 필수적 대상사건의 기준으로는 1차적으로는 '고의의 범죄행위로 사망의 결과에 이르게 한 범죄'를 설정하는 방안이 타당하다(개정안 제5조 제3항). 생명을 침해하는 중대범죄 또는 중형선고범죄에 대한 형사재판에 주권자인 국민이 참여하는 것이 국민참여재판 본래의 목적 달성에 부합한다고 할 수 있다.[17] 1차적인 필수적 대상사건 제도가 정착되면 그 범위를 확대하는 방안도 고려해 볼 수 있을 것이다. 고의 범죄로 인한 생명침해범죄를 가장 넓게 보아 미수 등, 치사사건을 모두 포함할 경우 한해 약 600건 내지 850건 정도이나, 일부 배제결정을 해야 할 경우도 있을

17 법원행정처, 국민과 함께하는 사법발전위원회 백서 상권(2019), 354.

것이므로 그보다는 약간 적을 것으로 예상된다.[18] 필수적 대상사건을 도입하여 1년에 600건 정도를 국민참여재판으로 진행할 경우 법관을 32명 정도 증원할 필요가 있다는 분석이 있다.[19]

자백사건을 국민참여재판 대상사건에서 제외할 것인지도 문제로 되나, 국민참여재판에서 양형 판단도 배심원의 주요 업무에 해당하고, 중한 범죄의 양형에 국민들의 시각을 반영함으로써 사법 불신을 해소할 수 있으므로 자백사건이라고 해서 대상사건에서 제외할 필요는 없다.[20]

필수적 대상사건의 경우에도 예외적으로 배제결정을 허용할 것인지도 문제이다. 사건과 증거가 워낙 방대하고, 증거조사에 장기간이 소요되어 국민참여재판으로 진행하는 것이 현실적으로 불가능한 경우도 발생할 수 있다. 필수적 대상사건의 경우에는 어떠한 경우에도 배제결정을 하지 못하도록 한다면 현실적으로 어려움에 봉착할 수도 있다. 그래서 피고인이 국민참여재판을 원하지 않고, 검사도 동의하며, 법원이 판단하여 배제결정을 할 수 있는 예외를 인정할 필요가 있다(개정안 제9조 제1항 제5호).

---

18 임성민(주 2), 270.

19 임성민(주 2), 290.

20 임성민(주 2), 270~272.

3. 철회와 배제결정의 개선

가. 국민참여재판 의사 철회 시 원래 관할법원에의 이송

현행 국민참여재판법과 처리 관행에 따르면 본원 단독사건이나 지원 합의부·단독사건에서 국민참여재판 신청이 들어올 경우 재배당이나 이송절차를 거쳐 본원 합의부가 관할권을 갖게 되는데(제10조), 이후 피고인이 신청을 철회하여 통상절차로 진행되어야 하는 경우에도 본원 합의부에서 일반 형사재판으로 진행한다. 이로 인해 일부 피고인들이 이른바 재판부를 쇼핑하는 사례가 발생하고, 피고인이나 증인 등이 원거리인 본원에서 재판받아야 하는 부담을 감수해야 하는 문제가 발생하기도 한다.

이런 문제점을 해결하기 위해 소규모지원 관할 사건에서 피고인이 국민참여재판 신청을 하여 본원으로 이송된 후 신청의사를 철회하는 경우에는 사건을 관할 소규모지원으로 이송하도록 해야 한다(개정안 제10조 제3항).[21]

나. 배제결정사유의 제한

현행 국민참여재판법에 의하면 법원이 배제결정을 할 수 있는 사유는 배심원·예비배심원·배심원후보자 또는 그 친족의 생명·

21 임성민(주 2), 252~255.

신체·재산에 대한 침해 또는 침해의 우려가 있어서 출석의 어려움이 있거나 이 법에 따른 직무를 공정하게 수행하지 못할 염려가 있다고 인정되는 경우(제1호), 공범 관계에 있는 피고인들 중 일부가 국민참여재판을 원하지 아니하여 국민참여재판의 진행에 어려움이 있다고 인정되는 경우(제2호), 성폭력범죄 피해자 또는 법정대리인이 국민참여재판을 원하지 아니하는 경우(제3호), 그 밖에 국민참여재판으로 진행하는 것이 적절하지 아니하다고 인정되는 경우(제4호, 일반적·포괄적 배제사유) 등이다.

2008년부터 2022년까지 국민참여재판이 신청되어 처리된 총 9,240건(피고인 수 기준) 중 2,285건에 대하여 법원의 배제결정(통상절차회부결정을 포함)이 이루어져 평균 배제율은 24.7%에 달한다. 배제결정의 사유별 비율은 제1호 0.3%, 제2호 4.1%, 제3호 18.4%, 제4호 58.9%, 제11조의 통상절차 회부결정 18.3%이다. 각급 법원별 국민참여재판 배제율은 최저 9.6%에서 최고 46.1%로 그 편차가 크다. 일반적·포괄적 배제사유는 법원의 자의적인 배제결정을 가능하게 하여 국민참여재판의 활성화를 저해하는 주요 요인으로 지적되고 있다.[22]

배제 사유 중 제1호와 제2호는 그 비중도 낮고 그 필요성을 인정할 수 있으므로 그대로 유지해도 무방하다. 제3호는 2012년

22 임성민(주 2), 74~79.

개정 시에 신설되었고, 그 취지는 성폭력범죄 피해자의 2차 피해를 방지함에 있으며, 법원은 가급적 피해자의 의사를 존중하여 배제결정을 하였다. 대법원 2016. 3. 16. 자 2015모2898 결정은 "성폭력범죄 피해자나 법정대리인이 국민참여재판을 원하지 아니한다는 이유만으로 국민참여재판 배제결정을 하는 것은 바람직하다고 할 수 없다"고 판시했다. 현행 제3호 배제사유에 '국민참여재판으로 진행할 경우 피해자에게 방지하기 어려운 추가적인 피해가 발생할 현저한 우려가 있는 경우'라는 요건을 추가하여, 법원의 배제결정에 관한 재량에 일정한 법률상의 제한근거를 마련할 필요가 있다(개정안 제9조 제1항 제3호). 이를 통해 대법원 2015모2898 결정의 주된 취지를 충실히 반영하고, 개별 사안마다 피해자 보호의 필요성이 달라질 수밖에 없는 실무에서 재판부가 신중하면서도 탄력적인 판단을 하도록 유도할 수 있다.[23]

일반적·포괄적인 배제사유인 제4호가 압도적으로 활용되고 있어 이를 제한할 필요가 있다. 국민참여재판 접수사건의 범죄유형과 경중, 난이도, 자백 여부 등이 다양하므로 어느 정도 일반적·포괄적인 배제사유는 불가피한 측면이 있다. 그러나 일반적·포괄적인 배제사유를 보다 엄격화함으로써 법원에 부여된 광범위한

23 임성민(주 2), 210~216.

재량을 제한하는 법률상 근거를 마련하고 재판부에게도 배제결정의 최소한의 일관성·통일성을 확보할 수 있는 판단기준을 제공할 필요가 있다. 제4호 배제사유를 "그 밖에 국민참여재판으로 진행하는 것이 피고인이나 피해자에게 불리하거나 공정한 재판이 저해된다고 인정될 현저한 사유가 있는 경우"라고 개정한다.[24]

제4호의 배제사유를 구체적으로 유형화하여 국민참여재판예규에 규정할 필요가 있다. 나아가 배제결정을 하는 경우 구체적인 이유를 적시하도록 의무화하고, 판결문 검색시스템에 필요적으로 등록하도록 할 필요가 있다.[25]

4. 배심원의 수와 자격

가. 배심원의 수

배심원의 수의 문제는 처음으로 국민참여재판제도의 도입을 의결한 사법개혁위원회에서부터 중요한 쟁점 중 하나가 되었다. 배심제를 지지하는 위원들은 12명을 원칙으로 하여 가능한 한 많은 수로 하려고 했고, 참심제를 지지하는 위원들은 가능한 한 적은 수로 하려고 했다.[26] 그 결과 현행 국민참여재판법은 원칙적

---

24 임성민(주 2), 218~227.

25 임성민(주 2), 229~234.

26 김선수, 사법개혁 리포트, 박영사(2008), 134~135.

으로 법정형이 사형·무기징역 또는 무기금고에 해당하는 대상사건의 경우 9명, 그 외 대상사건의 경우 7명으로 하되, 자백한 경우 5명도 가능하고, 검사·피고인 또는 변호인 동의가 있는 경우 7명과 9명을 달리 정할 수도 있다고 정했다(제13조).

2008년부터 2022년까지 실시한 국민참여재판에서 배심원의 수별 비율은 5명 4.3%(125건), 7명 71.9%(2,080건), 9명 23.8%(689건)이다.[27] 5명제를 채택한 비중은 미미한 편이고, 7명이 가장 높은 비중을 차지했다. 국민참여재판이 국민의 상식을 반영하기 위해 실시된다는 점을 고려하면 배심원을 5명으로 하면 지역사회의 평균적인 의사를 반영하기 어렵고 민주적인 토론이 이루어지기 어려우므로 그 수가 지나치게 적다고 할 수 있다.[28] 위원회 최종형태안은 5명제를 폐지하고 7명과 9명제만은 유지했다. 12명제를 도입할 필요도 있으나, 일단 위원회 최종형태안에 따라 5명제는 폐지하고(개정안 제13조 제1항) 9명제를 원칙으로 하고 7명제를 예외적으로 운영하는 방안을 제시한다. 특별한 사정이 없으면 배심원 수는 9명으로 해서 운영하는 것이 바람직하다.

---

27 임성민(주 2), 37.

28 법원행정처(주 14), 363.

나. 배심원의 자격

민법이 2011. 3. 7. 개정되어 성년이 19세로 되었으므로(제4조), 위원회 최종형태안과 같이 배심원후보예정자의 연령을 만 19세 이상으로 한다(개정안 제22조 제1항).

5. 법정구조 개선

사법개혁추진위원회에서 법정구조와 관련하여 배심원과 예비배심원석을 재판장과 검사·피고인 및 변호인의 사이 왼쪽에 위치하도록 하는 것에 대해서는 쉽게 합의했다. 그러나 검사석과 변호인·피고인석을 어떻게 위치시킬 것인가를 두고 의견이 갈렸다. 현재의 형사법정 구조와 같이 '검사와 피고인 및 변호인은 대등하게 마주 보고 위치'하도록 하느냐 아니면 민사법정 구조와 같이 '법대를 향하여 검사는 좌측에, 피고인 및 변호인은 우측에 나란히 위치'하도록 하느냐에 관하여 의견이 갈렸다.[29] 당시 검찰의 강력한 반발에 직면하여 현행 국민참여재판법은 형사법정 구조와 같은 형태로 규정했다(제39조 제2항).

현재의 국민참여재판 법정구조는 검사석이 배심원석의 옆에 위치하여 검사가 설득의 대상인 배심원들을 정면으로 보지 않고

29 김선수(주 22), 121~125.

있어 불합리하다. 또한 형사소송에서 검사와 변호인·피고인은 대등한 지위의 소송당사자에 불과하므로 법대를 향하여 나란히 위치하는 것이 당사자주의적 형사소송절차에도 부합한다(개정안 제39조 제2항). 위원회 최종형태안도 같은 방안을 제시했다. 또한 각급 법원은 형사법정의 부족으로 형사재판 진행에 어려움을 많이 겪고 있는데, 민사법정이 비어 있음에도 구조가 달라 민사법정을 형사법정으로 사용하지 못하고 있다. 형사법정구조와 민사법정구조를 동일하게 하면 각급 법원은 형사법정의 부족 문제에 대처하는 데 도움이 될 것이다.

국민참여재판의 법정뿐만 아니라 일반형사재판의 법정도 민사법정과 같은 구조로 변경되는 것이 바람직하다. 이를 위해서는 형사소송법 제275조 제3항(검사의 좌석과 피고인 및 변호인의 좌석은 대등하며, **법대의 좌우측에 마주 보고** 위치하고, 증인의 좌석은 법대의 정면에 위치한다. 다만, 피고인신문을 하는 때에는 피고인은 증인석에 좌석한다. → … **법대를 향하여 검사는 좌측에, 피고인 및 변호인은 우측에 나란히** …)을 변경해야 한다.

6. 재판 진행의 개선

가. 배심원에 대한 설명서

국민참여재판에서 배심원들의 법적 지식이 부족한 점을 고려하여, 재판장은 공정한 평의 및 평결이 이루어지도록 공소사실과 쟁점, 관련 판단법칙, 배심원의 권한과 의무 등에 대해 배심원들에게 모두설명, 수시설명, 최종설명 등의 형태로 적정한 설명을 제공한다. 재판장의 설명은 배심원들의 정확한 이해를 위해 간결하고 쉽게 작성된 배심원 설명서에 기초하는 것이 보통이다. 배심원 설명서는 공정한 평의·평결을 위한 전제로서의 기능, 공판과 평의·평결의 기초자료로서의 기능, 피고인 및 변호인의 방어권 행사의 기준으로서의 기능, 항소심에서 재판장 설명이 적절히 이루어졌는지 검토하는 대상으로서의 기능 등을 가진다.[30] 각 범죄유형별로, 자백·부인사건별로 통일화된 방식·내용의 배심원 설명서를 제시함으로써 각 법원과 재판부의 업무 부담을 줄이고, 국민참여재판의 공정성도 제고할 필요가 있다.[31] 특별히 법률 개정이 필요한 것은 아니고, 대법원이 구체적인 연구 등을 통해 정형화된 양식을 만들어 국민참여재판에서 활용될 수 있도록 하면 될 것이다.[32]

---

30 홍진표, 배심원 설명서에 관한 연구, 사법정책연구원(2017), 48~51.

31 임성민(주 2), 322~324.

32 각 범죄유형별, 자백·부인사건별로 제시할 수 있는 구체적인 배심원 설명서 양식에 관하여는 홍진표(주 25), 107~222 참조.

나. 성범죄사건에서 배심원에 대한 설명

2008년부터 2022년까지 실시된 국민참여재판의 무죄율은 12.8%로 같은 기간 전국 법원 1심 형사합의부의 무죄율 4.86%의 약 2.6배에 해당한다. 성범죄 등 사건의 무죄율은 약 23.1%로서 전체 무죄율 12.8%를 크게 상회한다.[33] 이는 성범죄는 범행의 태양이나 죄질이 매우 다양하고 피해자의 진술 외에 직접증거가 없는 경우가 많은 점과 직업법관과는 다른 배심원들의 판단상의 특성이 영향을 미쳤을 가능성도 생각해볼 수 있다. 2008년부터 2020년까지 국민참여재판 사건의 평결과 판결의 불일치 비율이 6.5%인데, 성폭력범죄에서의 불일치 비율은 14.2%로 평균의 2배를 넘는다. 그중 대부분이 '배심원 무죄 평결-재판부 유죄 판결'인데, 이는 배심원이 잘못된 성 고정관념(gender stereotyping)이나 기존의 통념에 따라 피해자나 가해자를 판단하고 있다는 지적이 꾸준히 제기되고 있다.

유엔 총회에서 1979년 채택된 여성차별철폐협약(Convention on the Elimination of All Forms of Discrimination against Women, CEDAW)은 협약의 당사국으로 하여금 성차별을 구성하는 관습, 관행 등 성 고정관념을 철폐할 의무를 부여하고 있다.

---

33 임성민(주 2), 41.

성 고정관념이란 사회 구성원들 사이에 여성 또는 남성에게 적합하다거나 각 성별로 존재하는 것으로 생각되는 특성과 역할의 총체로서 사람들이 각 성에 대해 갖는 비교적 안정된 이미지 내지 믿음을 말한다. 성 역할에 대한 인식과 관념이 편견으로 인한 고정관념으로 채워지고 그러한 틀로 문제를 바라보게 되면 성 역할은 왜곡되고 이는 성차별로 연결되며 남녀의 관계를 구조적으로 불평등한 결과를 낳는다.[34]

법원은 성폭력범죄의 재판에서 배심원이 성 고정관념에 빠지지 않도록 할 의무를 부담한다고 할 수 있다. 법관과 배심원 사이에 '성인지적 관점(gender perspective)'의 측면에서 괴리가 너무 클 경우 성폭력범죄 사건에 관한 판결이 어떤 결론과 내용으로 선고되든 피고인 측으로부터든 아니면 피해자 측으로부터든 비판과 불신의 대상이 될 것이다. 대법원은 증거재판원칙을 보완하는 차원에서 성폭력범죄 피해자 진술의 신빙성을 판단할 때 '성인지 감수성(gender sensibility)'을 잃지 않도록 유의해야 한다는 취지로 판단했다(대법원 2018. 4. 12. 선고 2017두74702 판결, 대법원 2018. 10. 25. 선고 2018도7709 판결). 이에 대해 '감수성'이라는 용어 때문에 증거재판원칙을 무시한 것이라는 취지의 비판이 있어 대법원은 '성인지 감수성'이라는 용어 대신'성인지적 관점'이라

34 박기쁨, 성폭력 범죄의 특수성과 국민참여재판에서의 배심원 지침에 관한 연구, 사법정책연구원(2022), 17~18.

는 용어를 사용했다(대법원 2024. 1. 4. 선고 2023도13081 판결). 배심원이 성 고정관념에서 벗어난 상태에서 성폭력 범죄에 관하여 판단해야만 공정한 재판이 이루어질 수 있다. 형사배심재판을 실시하는 국가들은 성폭력범죄와 관련하여 재판장이 배심원에게 설명하도록 작성된 배심원 설명서 등을 통해 배심원이 성 고정관념에서 벗어나 공정한 평결을 하도록 노력하고 있다.[35]

성폭력범죄 사건에서 국민참여재판을 적극적으로 진행하여 재판장이 배심원에게 구체적인 상황에 맞는 적절한 설명을 통해 성 고정관념에서 벗어난 상태에서 사건을 객관적으로 평가하여 평결하도록 한다면 성폭력범죄 사건의 국민참여재판이 국민들의 성 고정관념을 철폐하는 교육의 장이 될 수 있을 것이다. 이를 위해서는 재판장이 검사와 피고인·변호인의 모두진술 직후 배심원에 대하여 성인지 관점 등 성 고정관념을 배제하기 위한 설명을 제공하도록 하고(다만 증거조사 과정이나 그 이후에도 필요한 경우 설명을 추가로 제공할 수 있다)(개정안 제38조의2 제1항), 재판장이 설명을 제공하기 전에 검사와 피고인·변호인으로부터 의견을 들도록 하면 재판진행의 공정성을 유지할 수 있을 것이다(개정안 제38조의2 제2항).[36]

---

35 박기쁨(주 29), 9~10.

36 성폭력범죄 사건에서 각 사건의 쟁점에 부합하는 배심원 설명서의 구체적인 내용에 대하여는 박기쁨(주 29), 237~249 참조.

7. 평결 관련 개선

가. 배심원 평결정족수

현행 국민참여재판법은 유무죄에 관한 배심원의 평결정족수와 관련하여 전원의 의견이 일치하면 그에 따라 평결하고, 전원의 의견이 일치하지 아니하는 때에는 심리에 관여한 판사의 의견을 들고 다수결의 방법으로 하도록 규정하고 있다(제46조 제2, 3항). 배심원의 평결을 단수다수결로 할 경우 소수의견이 무시되어 평의절차가 형식적인 의사결정 과정으로 전락하여 평의의 질이 하락할 우려가 있다. 개선방안으로는 만장일치제로 단일화 방안, 3/4 가중다수결제 방안 등이 제시된다. 위원회 최종형태안은 3/4 가중다수결제 방안을 채택했고(개정안 제46조 제3항), 평결이 성립되지 아니한 경우에는 배심원 평결 없이 판결을 선고하되 배심원의 의견을 참고할 수 있도록 했다(개정안 제46조 제6항). 만장일치제로 단일화 방안이 배심원의 평의 과정에서 민주적 토론과 상호설득이 가능하고 평의의 질을 최대한 높일 수 있고 평결에 대한 정당성을 확보할 수 있어 가장 바람직하다. 그러나 현재의 상황에서는 배심원 평의 토론의 질을 향상시키고 평결 불성립 가능성을 감소시키는 위원회 최종형태안이 적절한 개정안으로 보인다.[37]

---

37 법원행정처(주 14), 360~362.

나. 평결의 효력

현행 국민참여재판법은 배심원의 유무죄 평결과 양형 의견은 법원을 기속하지 아니한다고 규정하고 있다(제46조 제5항). 배심원 평결의 기속력을 인정하지 않는 것은 국민참여재판제도를 도입한 취지에 반하고, 국민참여재판을 형식적인 것으로 만들며, 평결과 판결의 불일치는 사법불신을 조장하여 국민참여재판제도를 무용한 것으로 만들 우려가 있다. 개선 방안으로는 사실상 기속력 인정 방안, 제한된 법적 기속력 인정 방안, 엄격한 법적 기속력 인정 방안 등이 제시된다.[38]

위원회 최종형태안은 배심원 평결 존중 원칙을 법률에 명시하여 사실상 기속력을 부여하고, 다만 평의·평결의 절차 또는 내용이 헌법·법률·명령·규칙 또는 대법원 판례에 위반되는 경우, 평결의 내용이 논리법칙 또는 경험법칙에 위반되는 경우, 그 밖에 평의·평결의 절차 또는 내용이 부당하다고 인정할 만한 사유가 있는 경우에는 평결 결과와 달리 판결할 수 있도록 있다(개정안 제46조 제5항). 현재의 단계에서는 이 정도의 방안이 적절하다.

---

38 법원행정처(주 14), 347~351.

다. 검사의 항소 제한

현행 국민참여재판법은 제1심이 국민참여재판으로 진행된 사건의 경우에도 제한 없이 항소할 수 있다. 2008년부터 2022년까지 실시된 국민참여재판에 대한 평균 항소율은 81.1%로서 지방법원 본원 1심 형사합의사건의 평균 항소율 63.0%에 비하여 상당히 높다. 피고인 항소율(쌍방 항소 포함)은 57.7%로 지방법원 본원 1심 형사합의사건의 피고인 항소율 52.7%보다 약 5% 높게 나타나는 반면, 검사의 국민참여재판에 대한 항소율(쌍방 항소 포함)은 49.8%로서 지방법원 본원 1심 형사합의사건의 항소율 29.5%를 약 20% 이상 상회한다.[39] 피고인보다 과도하게 높은 검사의 항소율은 배심원의 평결과 재판부의 판결을 경시하는 태도로 여겨질 수 있고, 무죄판결에 대한 검사의 항소가 실질적으로 인용되는 비율이 매우 낮다는 점에서 법원뿐만 아니라 검찰의 인력과 자원을 낭비하는 행위이며, 형사사법에 대한 신뢰 제고라는 국민참여재판의 목적에 역행할 뿐만 아니라, 피고인이 국민참여재판을 신청함에 있어서 심리적 위축감이나 무력감을 느끼게 할 우려가 크다는 문제점이 있다.

대법원은 배심원이 증인신문 등 사실심리의 전 과정에 함께

---

39 임성민(주 2), 44~45.

참여한 후 증인이 한 진술의 신빙성 등 증거의 취사와 사실의 인정에 관하여 만장일치 의견으로 내린 무죄 평결이 재판부 심증에 부합하여 그대로 채택된 경우라면, 항소심에서의 새로운 증거조사를 통해 그에 명백히 반대되는 충분하고도 납득할 만한 현저한 사정이 나타나지 않는 한 한층 더 존중될 필요가 있고(대법원 2010. 3. 25. 선고 2009도14065 판결), 항소심이 충분한 고려 없이 증거신청을 채택하여 증거조사를 실시한 다음 제1심법원에서 이미 고려하였던 사정, 같거나 유사한 취지로 반복된 진술, 유무죄 판단에 관건적이라고 보기 어려운 부수적·지엽적 사정들에 주목하여 의미를 크게 둔 나머지 제1심법원 판단을 쉽게 뒤집는다면, 배심원 만장일치 의견의 무게를 존중하지 않은 채 법리에 반하는 결과 될 수 있으므로 경계할 필요 있다(대법원 2024. 7. 25. 선고 2020도7802 판결)고 판단했다.

김명수 대법원장 시기 사발위는 배심원이 만장일치로 한 평결 결과를 재판부가 받아들여 무죄로 판단한 경우에는 사실오인을 이유로 한 검사의 항소를 제한하자는 견해를 다수의견으로 건의했다.[40] 제20대 국회에서 정성호 의원 대표발의 법률개정안에서도 이를 반영했다. 대법원 판결 취지에 부합하는 내용으로 적절한 방안이라 할 수 있다(개정안 제46조의2).

---

40 법원행정처(주 14), 143~144.

8. 국민참여재판 전담부 설치와 전담 법관 및 직원 배치

국민참여재판은 일반 형사재판에 비하여 관여하는 법관, 법원직원 등의 업무량이 훨씬 많다. 법관의 업무량은 자백사건의 경우 국민참여재판 1건을 수행하는 것은 일반 형사재판을 최소 5.2건에서 최대 7.6건을 수행하는 것과 같고, 부인사건의 경우 국민참여재판 1건을 수행하는 것은 일반 형사재판을 최소 3.7건에서 최대 4.7건을 수행하는 것과 같다고 분석되었고, 참여관의 경우 국민참여재판 1건을 수행하는 것은 일반 형사재판을 최소 3.1건에서 최대 5.5건을 수행하는 것과 같고, 주무관의 경우 국민참여재판을 1건 수행하는 것은 일반 형사재판을 최소 4.5건에서 최대 10.9건을 수행하는 것과 같다고 분석되었다고 한다.[41]

국민참여재판을 활성화하기 위해서는 국민참여재판을 전담하는 재판부 또는 단독판사를 운영할 필요가 있다. 국민참여재판 전담 재판부 부장판사 또는 전담 단독판사를 전담법관으로 보하는 방안을 도입할 필요가 있다. 법원조직법 제42조 제2항 제2문은 법조경력이 20년 이상인 사람 중에서 특정 재판사무만을 담당하는 판사를 임용할 수 있도록 하여 전담법관제도를 정하고 있다. 전담법관의 자격요건을 법조경력 15년 이상으로 낮추어 지방

41 임성민(주 2), 89~90.

법원 부장판사도 전담법관으로 임용할 수 있도록 하고, 국민참여재판 전담부장판사 또는 단독판사를 임용한다면 국민참여재판의 전문성을 강화할 수 있을 것이다.

또한 참여관과 주무관 등 법원직원도 국민참여재판 전담직원을 배치한다면 역시 국민참여재판의 전문성을 강화하는 데 도움이 될 것이다.

Ⅳ. 맺음말

2024. 12. 3. 제20대 대통령 윤석열이 비상계엄을 선포함으로써 초래된 내란국면에서 법원은 3·7 윤석열 피고인에 대한 구소구치소결정과 5·1 이재명 공직선거법위반 사건에 대한 대법원 전합 판결이라는 대참사로 말미암아 국민들의 개혁의 쓰나미 앞에 서게 되었다.

사법 불신을 극복하는 방법 중 가장 대표적인 것이 국민의 사법참여이다. 특히 형사사건에 대한 배심제는 역사적으로 독재정권과는 친하지 않은 제도임이 증명되었다. 즉 근대화 초기에 배심제가 도입되었다가 독재정권이 들어서면서 배심제가 폐지되고, 그 후에 독재정권이 물러나고 민주화가 이루어진 후에 다시 배심제가 부활한 나라가 많다. 러시아가 그랬고, 스페인이 그랬으며, 일본도 배심제가 아닌 참심제 형태의 재판원제도가 도입되었지만 크게 보면 같은 맥락으로 볼 수 있다.

이러한 관점에서 보면 형사사건에서의 국민참여재판은 더욱 활성화될 필요가 있다. 국민사법참여위원회에서 최종형태안을 권고했고, 그 이후 구체적인 법률개정안도 제출되었고, 사법정책연구원 등에서 심도 있는 연구 결과도 나왔음에도 법률개정안이 국회에서 제대로 심사도 되지 않았다. 여러 연구 결과를 종합하여 법률개정안을 제시했다. 아무토록 국회가 신속하게 법률개정안을 심사·처리하여 사법신뢰를 회복하는 데 조금이나마 기여하기를 바란다.

참고자료

- 국민사법참여위원회, 국민참여재판제도의 최종 형태 결정을 위한 공청회 결과 보고, 대법원 국민사법참여위원회(2013)
- 김선수, 사법개혁 리포트, 박영사(2008)
- 박기쁨, 성폭력 범죄의 특수성과 국민참여재판에서의 배심원 지침에 관한 연구, 사법정책연구원(2022)
- 법원행정처, 국민과 함께하는 사법발전위원회 백서(2020)
- ________, 국민과 함께하는 사법발전위원회 백서 자료집 상권(2020)
- ________, 2008~2022년 국민참여재판 성과분석(2023)
- ________, 2024 사법연감(2024)
- 임성민, 국민참여재판의 현황 및 활성화 방안에 관한 연구-실시요건 개선을 중심으로_, 사법정책연구원(2024)
- 홍진표, 배심원 설명서에 관한 연구, 사법정책연구원(2017)
- 박범계 의원 대표발의 국민의 형사재판 참여에 관한 법률 개정안 (의안번호 2209802호)
- 정성호 의원 대표발의 국민의 형사재판 참여에 관한 법률 개정안 (의안번호 2007356호, 2101783호)

제 7.

인터뷰

一. 법률신문 2025. 6. 18. 자

"밀린 개혁 마무리 지금이 기회"

박수연 기자 2025. 6. 18.

국민적 관심사 개혁 잘 되면 이재명 정부의 큰 성과 될 것

법관 사기 저하되는 방향으론 개혁 성과 제대로 낼 수 없어

김선수(64·사법연수원 17기) 전 대법관이 '법원 개혁 방안과 추진 체계·일정에 관한 관견(管見)' 제하의 특별 기고를 법률신문에 보내(6월 12일자) 대법관 증원부터 재판 소원까지 이재명 정부에서 급물살을 타고 있는 '사법 개혁'과 관련한 본인의 견해를 피력했다. 사법연수원 석좌교수로 재직 중인 김 전 대법관을 16일 경기도 일산 사법연수원에서 만나 지면 제약으로 담을 수 없었던, 못 다한 이야기를 들었다.

경기도 일산 사법연수원에서 인터뷰하고 있는 김선수 전 대법관. <사진=백성현 기자>

Q. 지금이 사법 개혁의 적기인가

A. "1987년 사회 민주화 이후 법원 개혁은 꾸준하게 진행됐다. 박근혜 정부 이후에는 상대적으로 개혁이 이뤄지지 않았던 검찰에 대해 주력하느라 법원 개혁 문제는 뒷전으로 밀렸다. 이후 김명수(66·15기) 대법원장이 대법원에 여러 기구를 설치하고 개혁 방안을 마련해 입법 의견의 형태로 국회에 제출했지만 아무런 관심을 받지 못했다. 그러던 차에 서울중앙지방법원 형사합의 제25부의 피고인 윤석열(65·23기)에 대한 구속취소 결정과 대법원의 5월 1일 이재명(61·18기) 당시 더불어민주당 대선후보에 대한 공직선거법 위반 사건 전원합의체(이하 '전합')

파기환송 판결을 계기로 법원 개혁 요구가 국민적 관심사가 됐다. 그동안 밀려 있던 법원 개혁 입법을 종합적으로 마무리하기에 좋은 기회이다. 법원 개혁 과제를 마무리한다면 이재명 정부뿐 아니라 제22대 국회의 큰 성과 중 하나가 될 것이다."

Q. 이 대통령의 공직선거법 위반 상고심 사건 대법원 전합 판결을 보고 느낀 바가 있는지 궁금하다

A. "제도 개혁 요구는 국민들이 그 제도가 잘못 작동하고 있다고 느낄 때 강렬하게 표출된다. 내란 국면에서 내란 사건의 수사와 기소, 공판 과정에서 많은 재판들이 있었다. 검찰이 2025년 1월 피의자 윤석열을 내란 우두머리 혐의로 구속기소 할 때까지만 해도 법원은 국민의 기대에 부응하는 재판을 했다. 그러나 3월 7일 구속취소 결정과 5월 1일 대법원 전합 판결은 국민들이 법원이 내란 세력을 엄호하기 위해 정치의 최전선으로 뛰어들었다고 의심하도록 만들었다. 두 재판은 국민들에게 잠재돼 있던 법원에 대한 불만을 폭발적으로 표출하도록 하는 계기가 됐다. 두 재판이 없었다고 가정하면 법원 개혁 요구가 이렇게 봇물처럼 쏟아지지는 않았을 것이고, 법원 개혁 작업은 좀 더 차분하고 여유 있게 진행되었을 것이다."

Q. 법원 개혁을 국회 법원개혁특별위원회에서 진행하자고 제안한 이유는.

A. "지금 시점에서는 검찰 개혁이 보다 중요한 과제이므로 여기에

모든 역량과 관심이 집중되면 법원 개혁 과제들은 뒤로 밀릴 가능성이 높다. 민주당은 공소와 수사를 분리해 공소청과 중대범죄수사청으로 분리·설치하는 법안을 제안하고 3개월 안에 입법을 마무리하겠다고 밝혔다. 저는 공소(공소청)와 수사(수사청)의 분리 법안에 적극 찬성하고, 3개월 안에 입법을 마무리해 주기를 국민의 한 사람으로서 간절히 바란다. 검찰 개혁 법안의 처리는 일반 상임위원회인 법제사법위원회나 행정안전위원회에서 전력을 기울여야 가능할 것이다.

법원 개혁 법안의 소관 상임위원회는 법사위다. 법사위는 검찰 개혁 법안 처리에 전력을 투구할 것이므로, 법원 개혁 법안의 처리는 상대적으로 뒤로 밀려날 가능성이 높다. 대법관 증원 법안 처리 과정에서 시간이 지체되면 검찰 개혁 법안 처리에도 영향을 미칠 가능성이 있으므로 둘을 분리해 처리하는 것이 양자 모두 성과를 내는 데도 도움이 되지 않을까 생각한다. 법원개혁특위가 구성되지 않은 상태에서 대법관 증원 내용의 법원조직법 개정안만 처리하면, 다른 법원 개혁 과제들은 관심의 대상에서 멀어져 성과를 내지 못할 수 있다. 법원개혁특위를 별도로 구성해 개혁 과제를 단기 과제와 중장기 과제로 구분해 배치하고 종합적으로 추진해야 소기의 성과를 낼 수 있을 것이다."

Q. 전직 대법관으로서 쟁점마다 상세히 개인의 의견을 공개적으로 밝히는 데 부담은 없었나

A. "법원 개혁의 목적이 국민을 위해 좋은 재판을 할 수 있는 법원을 만드는 것이라는 점에 대해 다른 의견이 있는 사람이 없을 것이다. 법원이 국민을 위해 좋은 재판을 하려면 재판을 하는 법관들이 책임감과 함께 자긍심을 가지고 직무를 수행할 수 있어야 한다.

혹시나 법원 개혁이 재판 업무를 담당하고 있는 법관들의 사기를 저하시키고 자괴감을 느끼도록 하는 방향으로 이뤄진다면 소기의 개혁 성과를 내지 못할 수도 있다는 걱정 때문에 바람직한 개혁 방안과 추진 체계·일정 등에 대한 의견을 제시하게 됐다. 막 던져졌던 법원 개혁 방안들은 재판 업무에 충실하게 임하고 있던 법관들로서는 법관직에 대한 근본적인 회의를 느낄 수밖에 없는 내용들도 포함돼 있었다.

대법관직을 수행하지 않았다면 구체적인 개혁 방안 중에는 다른 의견을 밝히는 부분도 있었을 것이다. 퇴임사에서 "저는 이제 앞으로 전임 대법관으로서의 삶을 살아갈 것입니다. 대법관직을 수행하기 전과는 다를 수밖에 없을 것이고, 사회에 전달하는 발언 내용도 달라질 수 있을 것입니다"라고 말했다. 전직 대법관이기에 일선 법관들이 자긍심을 갖고 법관으로서의 책무를 충실하게 수행할 수 있는 방향으로 법원 개혁이 이뤄져야 한다는 관점을 유지할 수밖에 없을 것 같다.

부정적인 견해를 밝힌 대법관 자격의 비법조인으로의 확대는 헌법상 순수한 최고사법기관인 대법원의 위상에 비추어 부적절하고 입법례도 찾아보기 힘들며 그동안 시민사회에서도 주장된 바가 없는 내용이다. 공연히 국민들에게 그 가능성을 살려 두는 것처럼 오해하도록 하는 대신 명확하게 개혁 방안에서 제외할 필요가 있다고 생각했다."

Q. '법령 해석의 통일'이라는 대법원의 정책적 기능과 역할을 강화하기 위해 전합을 재설계할 필요도 있을까

A. "전합 재판과 관련해 '법령 해석의 통일이라는 정책적 역할'이라고 표현하면 쉽게 다가오지 않는데, 이를 '판례를 변경할 때 어떻게 할 것인가'라는 관점에서 생각하면 보다 쉽게 이해할 수 있다. 기존 판례가 시대 변화에 부응하지 못하고 있을 때에는 적절하게 판례를 변경해 줘야 한다. 윤관 코트 이후 김명수 코트까지 각 코트마다 44건 내지 53건의 판례 변경을 했다. 대법원이 꾸준히 시대 변화에 맞춰 판례 변경을 해 왔다고 할 수 있다. 그런데 판례 변경은 소부 재판으로 하기는 어렵다. 가능하다면 모든 대법관이 참여하는 전합에서 하는 것이 가장 바람직하고, 전합이 활성화되기 어려운 구조라면 연합부에서 하는 것도 가능할 것이다.

전합의 기능과 절차의 재설계보다는 대법원 구성의 다양화가 더욱 절실한 과제라고 생각한다. 대법원이 국민의 신뢰를 받는 판결을 할 수 있었던 것은 다양한 가치와 성향을 가진 대법관들이 상대방을 존중하면서 치열하게 토론·논쟁하고, 그 결과를 판결에 담는 숙고의 과정을 거침으로써 가능했다. 김명수 코트 이전의 코트에서는 전합 판결 중에 전원 일치 의견으로 선고한 비중이 가장 높았으나(윤관 코트 104건 중 52건(50%), 최종영 코트 65건 중 30건(46.1%), 이용훈 코트 97건 중 35건(36%), 양승태 코트 116건 중 39건(33.6%)), 김명수 코트에서는 전원 일치 비율은 116건 중 17건으로 14.7%에 불과한 반면 4명 소수의견 28건으로 24.1%, 5명 소수의견 26건으로 22.4%로 가장 높은 비중을 차지했다. 4명 내지 5명 정도의 소수의견이 있어야 토론다운 토론, 논쟁다운 논쟁이 이뤄질 수 있고, 토론과 논쟁이 치열할수록 판결의 질과 완성도가 높아진다. 처음에는 -10과 +10의 지점에 분포했던 두 의견이 치열한 토론을 거치면서 -5와 +3의 지점으로 좁혀져 +3 지점 정도의 의견을 법정의견으로 선고하기도 한다. 전합 판결에 다양한 의견이 수록될수록 사회 전체의 표현의 자유와 관용의 폭이 넓어지며, 실질적인 민주주의 수준도 높아진다. 그렇기에 대법원은 진보와 보수로 구분할 때 다양한 층위의 인사들로 구성될 필요가 있다."

二. 한겨레신문 2025. 6. 25. 자

"법관들 기득권 지키려 개혁 외면하면 검찰처럼 될 것"

이춘재 논설위원의 직격 인터뷰 | 김선수 전 대법관
이춘재기자 / 수정 2025. 6. 25. 13:38등록 2025. 6. 25. 07:00

윤석열 구속취소 결정·이재명 무죄 파기 대법 전합 판결
내란 세력 엄호 의심…'인혁당 사건' 재판에 비교될 만
조희대·지귀연, 국민의 사법개혁 요구 쓰나미 몰고 와

대법관 증원은 하급심 판사 증원 반드시 뒤따라야
사법개혁 논의할 특위 구성해 차근차근 추진해야
법관에게 자괴감, 굴욕감 주는 식으로 진행되면 안 돼

더불어민주당이 추진하는 대법관 증원과 재판소원(헌법재판소가 법원 판결의 위헌 여부를 심사하는 것)을 두고 법조계에서 논쟁이 벌어지고 있다. 조희대 대법원장은 지난 5일 출근길에 "공론의 장이 마련되길 희망한다"며 여당 주도의 대법관 증원을 반대하는 의견을 밝혔다. 그러자 여권에선 '12·3 내란 때도 침묵하던 대법원장이 밥그릇 지키기에만 열을 올린다'는 비판이 나왔다. 야권은 집권여당이 이재명 대통령의 공직선거법 사건 무죄 판결을 뒤집은 '5·1 대법 판결'에 대한 보복을 시도한다고 공격했다.

김선수 전 대법관이 지난 18일 경기 고양시 사법연수원에서 사법개혁을 주제로 한겨레와 인터뷰 하고 있다. © 신소영 기자

지난 12일 김선수 전 대법관의 법률신문 기고문은 이 논쟁에 기름을 부었다. 순수 재야 출신 대법관이자 노동법 전문가로 진보 진영을 대표하는 법조인 가운데 한 명인 그가 대법관 증원과 재판소원을 반대하는 듯한 견해를 밝혔기 때문이다. 반응은 뜨거웠다. 보수언론들은 그의 기고문에 대해 '진보 성향의 김 전 대법관이 여당이 추진하는 사법 개혁 입법안에 우려의 목소리를 냈다'고 보도했다. 진보 진영은 탐탁지 않은 반응이다. 그의 주장은 불만스럽지만, 공개적 대응은 자제하는 분위기다. 그런데 헌법연구관 출신 헌법학자 이황희 성균관대학교 법학전문대학원 교수가 반론을 폈다. 그는 자신의 페이스북에서 "김선수 대법관에 대한 존경심, 그분이 살아온 삶에 대한 경외심을 갖고 있다. 그러나

그것과는 별개로, 이번 글은 고개를 갸웃거리게 만드는 대목들이 적지 않다"며 김 전 대법관의 주장을 조목조목 반박했다. 지난 18일 사법연수원 석좌교수로 있는 김 전 대법관을 만나 최근 논쟁에 대한 그의 생각을 들어봤다.

Q. 민주당 주도의 사법개혁에 반대하는 것처럼 보도되고 있다.

A. "평소 교류가 없던 보수 인사들이 '기고문 잘 봤다'고 연락하더라. 과거 나를 공격했던 보수언론들도 인터뷰를 하자고 전화가 오고. 그래서 정신이 번쩍 들었다. 내가 뭘 잘못했구나! (웃음) 기고문에서 나의 본뜻이 제대로 전달 안 돼서 그런 것 같다."

Q. 기고문의 본래 취지는 뭔가?

A. "지귀연 판사의 윤석열 구속취소 결정과 '5·1 대법 판결'(이재명 대통령 공직선거법 위반 사건)은 국민에게 잠재돼 있던 법원에 대한 불만을 표출하는 계기가 됐다. 법원 개혁의 목적은 국민을 위해 좋은 재판을 할 수 있는 법원을 만드는 것이다. 재판하는 법관들이 책임감과 함께 자긍심을 가지고 직무를 수행할 수 있어야 한다. 법관들에게 자괴감과 굴욕감을 주고, 사기를 떨어뜨리는 방향으로 간다면 개혁의 성과를 거두지 못할 뿐만 아니라 법원이 심각한 상태에 빠질 수도 있다. 그래서 과거 사법개혁에 참여했던 경험(노무현 정부 때 청와대 사법개혁비서관

을 지냄)과 대법관 근무 경험에 근거해 기고문을 작성했다. 만약 내가 대법관을 지내지 않았다면 다른 견해를 밝혔을 부분도 있었을 것이다. 전직 대법관으로 일선 법관들이 자긍심을 가지고 법관으로서의 책무를 충실하게 수행할 수 있는 방향으로 법원 개혁이 이뤄져야 한다는 의견을 밝히게 된 것이다."

Q. 재야에 있을 땐 법관 사기 문제를 거론한 적 없지 않나.

A. "맞다. 법관 사기 문제는 내가 대법관을 안 했더라면 몰랐을 것이다. 일선 법관들은 나름대로 책임감 있게 열심히 일하고 있다. 그분들이 법원 조직에 대해 희망을 잃고 자존감도 상실하고 이런 방향으로 간다면, 개혁의 성과를 거두기 어려울 것이다. 그렇게 하지 않아도 법원이 정상적인 기능을 할 수 있는 방법이 있다. 다만 국민을 위해 좋은 재판을 하는 사법제도를 만드는 것이 법관의 사기보다는 훨씬 중요하다는 점은 변함이 없다."

Q. 법관 사기를 떨어뜨리는 내용은 어떤 것인가?

A. "대법관 임용 자격을 비법조인으로 확대하는 것과 재판소원 제도를 도입하는 방안 등이다. 비법조인 확대는 헌법상 순수한 최고 사법기관인 대법원의 위상에 비춰 부적절하고 입법례도 찾아보기 힘들다. 시민사회에서도 주장된 바 없다. 따라서 국민들에게 비법조인을 대법관으로 임명하는 게 가능한 것처럼 오해하지 않도록 명확하게 개혁 방안에서 제외할 필요가

있다고 생각한다.

또 재판소원 제도를 헌법재판소법 개정으로 도입하는 건 위헌이다. 현행 헌법 아래 재판소원이 가능한지는 그동안 대법원과 헌재 사이에 치열한 논쟁이 있어 왔다. 헌법은 헌재와 대법원을 병렬적이고 독립적인 헌법기관으로 규정하고 있기 때문이다. 개헌할 때 근본적으로 다시 설계해야 한다. 기고문에서는 이강국, 유남석 헌법재판소장의 논문들과 여러 연구 성과를 참고해 위헌성을 뒷받침하는 논거들을 정리했다."

Q. 재판소원은 헌재와 대법원 간에 서열이 있어야 가능하다는 취지인가?

A. "대법원 재판으로 확정된 사건을 헌재가 다시 심판하도록 하는 건 헌재를 대법원보다 상위기관으로 설계하는 것이다. 이 제도 도입을 주장하는 쪽은 주로 독일 사례를 모델로 삼는데, 헌법체계와 규정, 대법관과 헌법재판관의 임명 절차와 자격요건, 임기와 정년, 규칙제정권의 유무 등에서 한국과 차이가 있다."

Q. 헌재의 권한쟁의심판은 이미 법원 판결도 대상이 되기 때문에 헌재가 법원 재판을 심사할 자격이 없다고 주장하는 건 설득력이 떨어진다는 반론(이황희 교수)도 있다. 만약 이재명 대통령의 형사재판을 법원이 진행할 경우, 이 대통령이 대통령의 불소추특권을 침해한다는 이유로 헌재에 권한쟁의심판을 청구할 수 있지 않나?

A. "헌법재판연구원이 발간한 '주석 헌법재판소법'(2015)은 법원이 권한쟁의심판 당사자가 될 수 있는 경우로 '국회가 법률의

제정을 통해 헌법상 법원에 부여된 사법권을 침해하는 경우나 다른 국가기관과의 관계에서 사법행정상 분쟁이 발생하는 경우' 등을 상정하고 있고, 법원을 권한쟁의 당사자로 인정하는 것에 대해 조심스럽게 접근한다. 법원이 이 대통령의 형사재판을 진행할 경우 이 대통령이 불소추특권 침해를 이유로 헌재에 권한쟁의심판을 청구할 수 있다는 점에는 동의한다. 그러나 이는 법원의 재판권 행사가 다른 국가기관의 권한을 침해하는 특별한 경우에 한해 허용되는 것이고, 이를 이유로 일반적인 재판소원을 인정해야 하느냐는 별개의 문제다. 권한쟁의심판과 헌법소원심판은 목적과 대상이 전혀 다른 별개 제도이기 때문이다."

Q. '대법관 증원' 대신 '하급심 강화'가 시급하다고 했는데 이유가 뭔가?

A. "대법관 증원을 무조건 반대한다는 건 아니다. 다만 '30명 증원'과 같은 증원 규모만 결정하는 것만으로는 부족하다. 대법원 소부 구성을 몇 명으로 할 것인지, 소부를 전문재판부 형태로 운영할 것인지, 전원합의체 재판을 어떻게 할 것인지도 고려해야 한다. 대법관 증원보다 중요한 건 먼저, 대법원 구성의 다양화를 실현하는 것이다. 여성 대법관이 최소 6명 이상이 되어서 4명 소부가 남녀 동수로 구성되고, 판사나 검사 경력없는 법조인 출신이 소부에 1명 이상 참여할 필요가 있다. 조희대 대법원장

취임 이후 여성 대법관은 3명에 머물고 있고, 판사나 검사 경력 없는 법조인 출신은 명맥이 끊겼다. 신임 대법관 6명 중 비서울대 출신이 3명에서 1명으로 감소해 서울대 출신이 압도적으로 큰 비중(전체 14명 중 2명만 비서울대)을 차지하고 있다. 5·1 대법 판결과 같은 '참사'가 발생한 것도 조희대 대법원의 획일성이 강화됐기 때문이라고 할 수 있다. 2명(이흥구·오경미) 소수의견(반대의견)이 우려한 심각성을 깨닫지 못하고, 다수의견이 숫자로 눌러 버린 것이다.

대법관을 아무리 증원하더라도 재판으로 분쟁을 마무리할 경우엔 분쟁 당사자 중 한쪽은 패소하기 때문에 모든 당사자가 만족하는 재판을 한다는 건 불가능하다. 국민 처지에서는 한 번의 재판 결과에 승복해 분쟁을 종결하는 것이 가장 바람직하고, 또 사회 전체 차원에서도 가장 효율적이다. 소송비용을 낭비하지 않아도 된다. 당사자가 재판 결과에 승복하는 비율은 법관이 그 사건에 들인 시간에 비례하는데, 각각의 사건에 들이는 법관의 시간을 늘리려면 법관을 증원해야 한다. 이런 관점에서 보면 하급심, 특히 제1심 판사 증원이 급선무다. 대법관 증원은 하급심 강화라는 법원개혁 방향과도 어긋난다. 대법관이 증원되면 그에 따라 재판연구관 등 우수한 자원이 더욱 대법원으로 몰리게 된다. 국회에 법원개혁특위를 구성해 서둘지 말고 차근차근 추진해야 한다."

Q. 윤석열 구속취소 결정과 '5·1 대법 판결'이 법원 개혁 요구의 쓰나미를 불러왔다고 했는데.

A. "지귀연 재판부와 조희대 대법원의 이해할 수 없는 두 판결이 국민으로 하여금 법원이 내란 세력을 엄호하기 위해 정치 최전선으로 뛰어들었다고 의심하도록 만들었다. 두 재판은 해방 이후 80년 사법사상 유례없는 재판으로 영원히 소환될 것이다. 인혁당 재건위 피고인 8명을 사형한 '4·9 사법사상 암흑의 날'에 비견할 만하다.

지귀연 판사의 재판 진행도 의혹을 사기에 충분하다. 초기에는 윤석열 피고인에게만 특혜를 주는 방식(지하 통로를 통한 출입 등)으로 진행됐고, 현재 피고인의 법정 위치도 다른 형사재판들과는 다르다. 변호인석 뒤쪽 열의 맨 앞쪽에서 법정을 전체적으로 둘러보는 자세로 앉아 있는 모습이 재판의 전체 진행 상황을 감독하는 감독자의 위치에 있는 것 같다. 과거 국가보안법 위반 조직 사건의 경우, 구속기간인 6개월 안에 1심 판결을 선고하기 위해 1주일에 3~4일씩 공판기일을 진행하기도 했다. 과연 내란 형사사건 재판부가 구속기간 안에 1심 판결을 선고하기 위해 최선의 노력을 했는지 의문이다. 국민이 내란 사태로 고통받고 있는 트라우마와 이른바 '수거' 대상으로 지목돼 죽임을 당했을 수도 있었던 동료 법관의 처지에 공감한다면 구속기간 안에 1심 판결을 선고하기 위해 최선을 다했어야 한다.

5·1 전합 판결은 처리 절차와 속도의 관점에서 문제가 있다. 항소심 판결 선고 이후 대법원 유죄 취지 파기환송과 파기환송심 공판기일 선정 등 모든 과정이 군사작전 하듯 전례없는 속도로 이뤄져 특정한 목적이 개입됐다고 의심받기에 충분했다. 국민은 대법원이 이재명 당시 대선후보의 자격 박탈 또는 교체를 노렸다고 의심하고 있는데, 그 외에는 달리 설명할 길이 없어 보인다. 사법의 역할과 관련해 적극주의와 소극주의(자제)는 고정적인 것이 아니고 영역에 따라 달리 적용돼야 한다. 부당한 공권력 행사나 입법 미비 등에 대해선 사법이 적극적 해석을 통해 부당한 공권력 행사를 견제하고, 입법 미비를 보충해야 한다. 반면, 국민주권주의와의 관계에선 주권자인 국민 판단에 맡기고 사법은 자제하는 것이 민주주의 원리에 부합한다. 대통령 선거라는 국민의 핵심적인 주권 행사 국면에서 사법은 자제했어야 한다.

윤석열 내란 세력은 전직 대법원장, 전직 대법관, 현직 대법관인 중앙선거관리위원장, 현직 지방법원 부장판사 등을 수거 대상으로 지목하고 그들의 위치 확인을 지시하는 등 그 실행에 착수했다. 비상계엄이 성공했더라면 수거 대상으로 지목된 사람들은 죽임을 당했을 가능성이 높다. 헌재는 '윤 전 대통령이 법조인의 위치 확인 지시에 관여한 행위는 사법권의 독립을 침해했다'고 명확하게 판단했다. 헌재 결정까지 선고됐으므로,

대법원은 동료 법관과 법조인을 지키기 위해서도, 또 사법권의 독립을 수호하기 위해서도 내란 세력에 단호하게 맞서야 했음에도 도대체 왜 내란 세력만이 환호할 재판을 그토록 무리하게 감행했는지 알 길이 없다. 국민과 싸워 이길 수 있다고 생각한 것인가."

Q. 지난 대선 전 '5·1 대법 판결' 문제를 논의하기 위한 법관대표자회의가 정치적 논란을 이유로 대선 후로 연기됐다.

A. "법관들이 역사에서 교훈을 얻었으면 한다. 과거 소장 법관들은 국민들의 법원에 대한 개혁 요구를 법원 수뇌부에 전달하고, 개혁의 실행을 요구하는 의사를 집단적으로 나타냈다. 이른바 '사법파동'이라 불린 사건이다. 국민들은 소장 법관들의 노력을 적극적으로 지지했고, 그 결과 일정한 사법개혁을 이뤄냈다. 두 대법원장(김용철, 김덕주)이 사퇴하고, 새로 임명된 대법원장(이일규, 윤관)이 일련의 사법개혁 조치를 추진하기도 했다.

반면, 검찰은 민주적으로 선출된 정부가 국민의 검찰개혁 요구를 수용해 개혁을 시도하는 것에 저항했다. 그로 인해 국민들은 검찰을 오로지 기득권 유지에 몰두하고 자정능력이 없는 조직으로 봤다. 법관들이 국민의 개혁 요구에 저항해 기득권 지키기에 몰두하는 태도를 보인다면, 검찰과 비슷한 길을 걷게 될 것이다. 사법부 존립의 근거는 국민의 사법부에 대한 신뢰와 존중인데, 법관들이 기득권 유지에 몰두해 자정능력이 없는 집단으로 전락한다면 이는 국민의 신뢰를 배반하는 것으로, 그 독립을 논하기에 앞서 스스로 존립 근거를 부정하는 꼴이 될 수 있다는 점을 명심할 필요가 있다."